1 MONTH OF
FREE
READING

at

www.ForgottenBooks.com

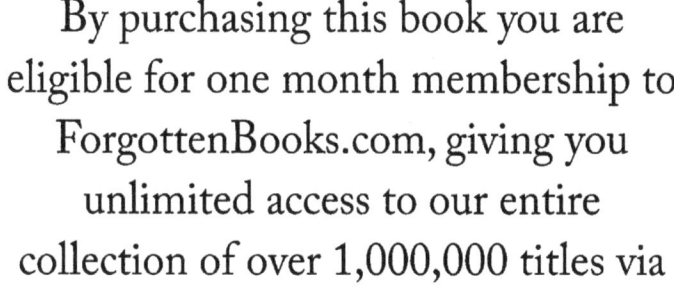

By purchasing this book you are eligible for one month membership to ForgottenBooks.com, giving you unlimited access to our entire collection of over 1,000,000 titles via our web site and mobile apps.

To claim your free month visit:
www.forgottenbooks.com/free921068

ISBN 978-0-265-99868-7

PIBN 10921068

CHOIX

DE

RAPPORTS, OPINIONS

ET

DISCOURS.

Cet ouvrage formera vingt volumes, qui comprendront jusqu'à l'année 1815.

A partir de cette époque chaque session législative sera rédigée en un volume ; plus ou moins fort, selon l'abondance des matières. Cette seconde série a été ouverte par la session de 1819—1820, un volume de huit cents pages, qui se vend séparément de la collection : prix, 10 francs sans portraits, et 12 francs avec les huit portraits. Les sous-cripteurs à tout l'ouvrage ne paient ce volume que 7 et 9 francs.

Quant à la première série, dont le dix-neuvième volume est sous presse, le prix de chaque volume reste fixé à 5 francs sans portraits, et 7 francs avec six portraits pour les souscripteurs.

Libraire-Éditeur.

SE TROUVE ÉGALEMENT, A PARIS,

Chez { DELAUNAY, libraire, Palais-Royal, galerie de bois.
       MONGIE aîné, libraire, boulevard Poissonnière, n° 7.

Agen. — Noubel, imp.-libraire.
Amiens — Allo, libraire.
Angers. — Fourrier-Mame.
Angoulême. — Tremeau et comp.
Arras. — Topino.
Auxerre. — M°. François-Fournier.
Bayonne. — Gosse.
Besançon. — Deis aîné.
Blois. — Aucher-Eloy.

Bordeaux. { Coudert aîné.
             Lawalle et neveu.

Bourges. — Gille.
Brest. — Auger.
Caen. — Auguste Lecrêne.
Calais. — Leleu.
Châlons-s.-Saône. — Delespinasse.
Clermont-Ferrand. — Landriot.
Colmar. — Pannetier, Petit.
Dijon. — Lagier (Victor).
Grenoble. — Durand, Falcon.
Hâvre (le). — Chapelle.
Lyon. — Bohaire, Manel fils, Targe.
Mans (le). Pelon, Pesche.
Marseille. — Camoins, Masvert.
Montpellier. — Gabon, Sevalle.
Montauban. — Rhétoré, Laforgue.
Nantes. — Busseuil jeune, Forest.
Nancy. — Vincenot.
Perpignan. — Tastu.
Poitiers. — Catineau.
Reims. — Delaunay-Leclerc.
Rennes. — Kerpen, Molliex.

Riom. — Salles.
Rochelle (la). — C. Bouyer.
Rouen. — Frère, Renault.
Saint-Etienne. — Jourjon.
Sainte-Menehould. — Mainbourg.
Strasbourg. — Levrault, Février.
Toulon. — Belue, Aug. Aurel.
Toulouse. — Vieusseux aîné.
Tours. — Mad. Legier-Homo.
Valence. — Dourille, Marc-Aurel.
Verdun. — Benit.
Vesoul. — Delaborde.

ÉTRANGER.

Aix-la-Chapelle. — Laruelle fils.
Berlin. — Schlesinger.
Breslau. — T. Korn.
Bruxelles. — De Mat, Lecharlier.
Fribourg (Suisse). A. Eggendorfer.
Genève. — Paschoud.
Lausanne. — Fischer.
Londres. — Bossange.
Milan. — Rodolpho-Vismara.
Moscou. — Gautier.
Naples. — Borel, Vanspandonck et comp°.
Neufchâtel (Suisse). — Gerster.
Pétersbourg. — Graff.
Turin. — Pic.
Varsovie. — Glucaberg et comp°.
Vienne (Autriche). — Gerold.
Wilna. — Zawadzki.

CHOIX

DE

RAPPORTS, OPINIONS

ET

DISCOURS

Prononcés à la Tribune Nationale

depuis 1789 jusqu'à ce jour;

RECUEILLIS

DANS UN ORDRE CHRONOLOGIQUE ET HISTORIQUE

Vox Populi vox Dei.

TOME XVIII. — ANNÉES 1802—1804.

(CONSULAT. — GOUVERNEMENT IMPÉRIAL.)

PARIS,

Alexis EYMERY, Libraire, Editeur de l'Histoire Universelle
de M. le comte de Ségur, rue Mazarine, n° 30.

1822.

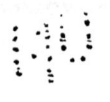

TABLE

DES PRINCIPALES MATIÈRES

CONTENUES DANS CE VOLUME.

III.

Du recrutement de l'armée par la conscription.

IV.

De la création d'une Légion d'Honneur.

V.

{ Du traité d'Amiens
et
Du consulat à vie.

VI.

De la naturalisation des étrangers.

VII.

Situation de la République en l'an 11.

VIII.

De la rupture du traité d'Amiens.

IX.

Organisation du Corps législatif.

X.

Situation de la République en l'an 12.

XI.

Du complot de Georges, Pichegru, etc.

XII.

De l'érection de la statue de Napoléon Bonaparte dans le lieu des séances du Corps législatif (en mémoire de la promulgation du *Code civil*).

XIII.

De l'établissement du gouvernement impérial héréditaire.

FIN DE LA TABLE.

CHOIX

DE

RAPPORTS, OPINIONS

ET

DISCOURS

PRONONCÉS A LA TRIBUNE NATIONALE

DEPUIS 1789 JUSQU'A CE JOUR.

~~~~~~

RÉGIME CONSULAIRE.
ÉTABLISSEMENT DU GOUVERNEMENT IMPÉRIAL.
X—XII. (1802—1804.)

~~~~~~

SOMMAIRE HISTORIQUE.

Bonaparte justifia le 18 brumaire par quatre années de merveilles. Un concert inouï de toutes les volontés et de tous les dévouemens avait encore ajouté à la puissance de son génie : c'est que l'ombre de la République protégeait le consulat.

Mais cette ombre même va disparaître, et les Français, qui se sont endormis souverains, se réveilleront sujets. Ce n'est plus le peuple-roi qui imposera au monde ; un puissant empire s'élève, dont tous les citoyens se perdent dans la personne de leur chef. La France, l'Europe, Bonaparte lui-même, rentrent dans les sentiers vulgaires. En quittant la couronne civique Napoléon descend au diadème, et se fait ainsi des égaux ; il n'est plus qu'un grand roi. La France reprend un maître, et dès lors elle cesse d'être héroïque par sentiment national; elle ne l'est plus que par fierté et soumission. L'armée ne reconnaît plus qu'un chef suprême, dispensateur unique des récompenses, et dont un seul regard enfante des prodiges qui naguère n'étaient dus qu'à l'amour de la patrie. L'Europe, à qui la France avait promis la liberté, se verra contrainte par elle à relever ou à édifier des trônes, et les rois, alors même qu'ils succomberont, n'auront plus à rougir devant les peuples, redevenus instrumens et victimes; ils ne se croiront vaincus que par un monarque leur égal, et responsables que devant Dieu. La noblesse et les priviléges, les honneurs et la vénalité, le fanatisme même, toutes ces hydres que la révolution avait si justement terrassées, renaîtront, dégagées d'abord de leurs traits horribles, et comprimées par le bras de Napoléon; mais, quelque frein qu'il leur oppose, il expiera l'inconcevable erreur de les avoir cru nécessaires à la soumission du peuple, à l'éclat et à l'affermissement de son pouvoir; elles se développeront à l'abri de cette faiblesse qui le portera à imiter les monarques dont la seule grandeur est dans un fastueux entourage; et quarante complots tramés contre sa personne auront révélé leur infernale activité avant qu'il puisse reconnaître qu'il a semé des fléaux.

Cependant ce n'est pas la contre-révolution qui s'opère; elle aurait dévoré son auteur : ce n'est pas non plus la révolution qui présente une nouvelle phase; elle est arrêtée dans son cours. C'est le repos du peuple pendant le passage d'un grand homme, signalant sa marche par des maux cachés sous de plus grands bienfaits. Enfin, l'époque qui s'annonce, unique dans les annales du monde, réclame un historien dont on n'a pas encore vu le modèle : l'apologiste sera flatteur; la mauvaise foi dénigrera; l'amant exclusif de la liberté se montrera trop sévère; l'homme impartial paraîtra froid; il est interdit à l'esclave de souiller jamais de sa plume le récit d'un météore qu'il n'aurait osé regarder, et qui pour lui sera toujours un mystère; quant au philosophe, il se bornera à méditer sur des événemens qui manquaient à la connaissance du cœur humain, et il achèvera son étude.

. Enchaînée par la reconnaissance et par l'admiration, la masse du peuple se soumettra sans murmure à la brillante nullité que lui impose le nouvel ordre de choses. L'immense gloire qu'elle s'est acquise et qui lui est conservée, la gloire que répand sur elle le héros son idole, la protection constante qu'il accorde à ses travaux, les garanties dont il entoure la propriété et les droits civils, le maintien de cette égalité pré-cieuse conquête de 89, la prospérité de l'Etat et sa prépon-dérance en Europe, tout enfin la dédommage de la perte de ses libertés et des sacrifices en tout genre qui lui sont encore demandés. Les fréquens appels des jeunes Français sous les drapeaux exaltent la tendresse des mères ; mais un seul ruban de l'honneur sèche les pleurs de vingt familles ; et, chez le peuple le plus sensible à toutes les célébrités, Bonaparte donne des appâts aux malheurs mêmes de la guerre, en même temps qu'il associe à son immortalité les œuvres de l'intelligence : ainsi le guerrier victorieux jalouse encore une blessure qui atteste sa valeur et les dangers qu'il a courus ; le poète et l'ar-tiste trouvent dans la vie du héros leurs plus heureuses inspi-rations ; tous appellent, épient ses regards, qui tour à tour récompensent ou illustrent. Les citoyens paient de nombreuses contributions ; mais les villes s'embellissent, des ponts s'élè-vent, les marais se dessèchent, des canaux s'ouvrent, de nouvelles routes rapprochent les cités, et le commerce, en fatiguant l'industrie, porte la vie dans tous les ateliers. Heu-reux et fiers, les Français se complaisent dans leur éloignement des affaires publiques. La faculté de publier ses opinions leur sera totalement ravie, et ils ne sembleront pas s'en apercevoir ; ils n'auront en politique d'autre sentiment que celui que per-mettra l'homme en qui ils se sont confiés. Une police vigou-reuse surveillera les grands et les gens en place ; elle frappera surtout les agens de la contre-révolution ; et cette police paraî-tra au peuple être un bienfait ; il ne l'accusera même pas lors-qu'elle atteindra des républicains inflexibles : il est sourd à la voix de la sédition comme aux cris de la liberté ; il hait le trouble, et chérit son illusion.

Mais une classe nombreuse d'individus déshonorera en même temps la noble résignation du peuple et le despotisme tutélaire de Bonaparte ; par elle, s'il eût été possible, cette résignation serait devenue un esclavage, et ce despotisme une tyrannie. Il nous faut encore parler de ces prétendus hommes d'état dont nous avons déjà esquissé la marche cauteleuse et perfide (1). Dévoués par calcul, et rebelles par lâcheté, ils ne savent pas se soumettre ; ils s'humilient ; et lorsqu'on les voit s'opposer, c'est qu'ils ont déjà trahi. Ces hommes s'empareront du trône de Napoléon comme ils avaient auparavant embrassé la statue de la liberté : ils le briseront aussi. Patriciens nouveaux, ils avaient également frappé Cicéron et Catilina ; ils sacrifieront César. Glissés dans les premiers corps de l'État, en possession des emplois, des honneurs et des richesses, ils s'éleveront insolens devant le peuple, et descendront devant leur maître jusques à la bassesse. Organes infidèles, ils lui présenteront l'amour des Français comme l'expression de l'humilité, et leur dévouement comme un gage obligé de sujétion. Quant aux protestations de leur propre fidélité, ils franchiront toutes les bornes de la raison et de la vérité : on pourra croire qu'ils se sont attachés à surpasser tout ce que le style de cour avait jamais offert d'épithètes adulatrices, de locutions viles, d'inspirations hypocrites et de métaphores burlesques : ils auraient flétri la langue si elle n'eût été fixée.

Ces superbes valets de Napoléon ont dit qu'il méprisait les hommes : reproche insidieux de leur vanité blessée. Celui qui sut respecter le malheur, honorer le courage et toutes les vertus ; celui qui voulut orner la terre des ouvrages de l'intelligence ; enfin celui-là aimait ses semblables qui s'attachait à les rendre plus fiers de leur condition ; mais il méprisait ceux qui ravalaient la dignité de l'homme, et ce sont ces êtres dégradés qui ont essayé de faire participer toute l'humanité au juste dédain qu'eux seuls avaient encouru. Napoléon les connaissait bien, et il les laissa néanmoins s'approcher de sa personne ; c'est que dans l'absence de toute intrigue politique,

---

(1) *Voy.* tome XVI, page x. *Voy.* aussi leur conduite à l'époque du 18 brumaire.

et exclus de tout partage dans la popularité, qu'ils ont tant de fois surprise sans la mériter jamais, ces hommes se seraient montrés ses plus dangereux antagonistes : il acheta leur soumission. Voilà sa première faute et ses premiers ennemis. Que si l'on objecte qu'il s'entoura de grands talens, certes il n'en faut pas conclure en faveur de cette classe d'individus ; en se confiant aux patriotes il eût trouvé des talens au moins égaux, et qui surtout auraient été associés à des vertus.

Mais ils lui disaient ces conseillers perfides, et trop souvent son âme obsédée s'est ouverte à leurs impostures, ils lui disaient : — Fuyez les républicains ; dans chacun d'eux voyez un Brutus. Il faut fermer sans retour la place publique aux Gracques. Ecoutez-nous seuls comme les vrais interprètes de l'opinion. Avant vous rien n'était ; tout est à vous et par vous. Régnez. Les Français ne sont pas faits pour un gouvernement libre ; l'unique idée de la patrie ne suffit pas à leur affection civique : il leur faut un maître. Vous êtes l'homme du destin ; qu'ils admirent et obéissent. Leur respect pour les noms historiques rend indispensable une aristocratie illustre... Nous vous ferons un rempart de nos corps. — Ainsi les premières années de la révolution, si fécondes en actes sublimes, n'avaient vu que des démagogues et des anarchistes; les conquêtes de la liberté et ses prodiges, le désintéressement et les sacrifices héroïques des plus pauvres citoyens, les triomphes divers que la République avait obtenus, enfin le siècle de gloire qui s'était écoulé depuis 89 jusqu'à l'an 8 n'offrait plus, selon ces hommes, qu'une série d'égaremens et de malheurs; ils n'admiraient dans nos annales révolutionnaires que les campagnes d'Italie et d'Egypte, le coup d'état de Saint-Cloud, et le trône impérial... Plus tard ils déploreront quinze années d'usurpation. Ah! que parfois Bonaparte savait mieux reconnaître la force de l'opinion et de la diguité nationale ! Sans rien craindre pour sa propre gloire, il laissera à la France sa gloire républicaine, et lorsqu'abattu par la trahison on lui offrira son salut en échange des conquêtes de la liberté, il répondra avec magnanimité *que ces conquêtes ne lui appartiennent point, et qu'il ne peut en disposer.*

En effet, Bonaparte trouva la France dotée de tous les genres

de grandeur ; mais, il faut encore l'avouer, le peuple, après
ce mouvement sublime qui le plaça le premier parmi les
peuples héroïques, se reposait déjà dans son illustration ; les
comices, abandonnées de la majorité saine des citoyens, ne
portaient plus au gouvernement de la République que l'incapacité ou l'intrigue, et dans cet interrègne de la majesté du
peuple les ennemis de la liberté osaient espérer des succès.
Tout régime, excepté l'ancien, convenait alors aux Français,
pourvu qu'il leur procurât une glorieuse tranquillité. Ici
commence cet épisode éclatant qui commandera à la postérité
l'admiration et les respects déjà acquis à la révolution même.

En arrêtant la marche de l'esprit humain vers la perfectibilité
politique, Bonaparte reconnut la nécessité de précipiter les
progrès des arts et des sciences : il fit prendre aux peuples une
autre route que celle qu'ils avaient choisie, et dans laquelle ils
étaient prêts à s'égarer. Le but sera le même, la contre-révolution
était et sera toujours impossible : Bonaparte n'en conçut pas
même la pensée ; il sentait trop bien qu'un opprobre éternel
attend quiconque osera jamais aider à ses sanglantes invasions.
Napoléon rétablira cependant une *monarchie* en France ;
mais l'effroi qu'inspirera d'abord cette seule dénomination se
dissipera bientôt par l'admirable fusion qu'il saura opérer des
intérêts du peuple avec les intérêts du trône ; il règnera glorieux, puissant et respecté, parce qu'il mettra en commun
avec la nation et sa gloire, et sa puissance, et sa propre félicité.
Il se montrera prince à la cour, mais citoyen parmi le peuple,
qu'il s'attachera surtout à ne jamais humilier ; et il parviendra
tellement à rajeunir et honorer les formules du pouvoir, que
lorsqu'il dira *nous* les Français croiront avoir été consultés ;
pendant longtemps ils ne verront dans ses décrets que l'expression de leurs vœux. Tant de confiance réciproque justifie à
toujours et les sujets et le maître.
Le secret de son gouvernement se révèle en quelques mots :
c'est le propre du génie de se montrer à nu à tous les yeux.
Bonaparte brisa les rouages inutiles dont les théories embarrassent le jeu des machines politiques ; il marcha droit des

causes aux résultats. Ainsi l'agriculture, le commerce et l'industrie sont la source directe de la prospérité d'un état ; il leur
donna tous les développemens possibles. Les impôts, quelque
forts qu'ils soient, se paient sans murmure quand ils sont en
rapport avec les revenus des contribuables, et visiblement
appliqués aux besoins de la chose commune : Napoléon accu-
sait les richesses publiques dans la splendeur des cités, et pro-
curait même à la veuve la faculté de doubler son denier.
Jamais avant lui un ordre plus parfait n'avait éclairé les
finances : la recette et l'emploi de plusieurs milliards se jus-
tifiaient avec autant d'exactitude et de facilité que la recette
et l'emploi de la moindre des sommes. La perte du régime
municipal était nécessairement entrée dans celle des droits
et des libertés publiques : Napoléon créa une chaîne administrative vigoureuse et facile, qui embrassait toute la France,
et dont les deux extrémités étaient retenues dans ses mains,
tandis que d'un coup d'œil il en parcourait sans effort tous
les anneaux ; chef-d'œuvre de centralisation, qui serait pourtant
un malheur avec tout autre que son auteur ; il faudrait
pouvoir, comme lui, confondre dans une même pensée l'intérêt
général et les intérêts de localité. La diplomatie est l'art des
gouvernemens faibles et réduits à l'hypocrisie : Napoléon parla
aux rois avec l'indépendance de la force et la franchise du
bon droit. Il saura prendre aussi la dignité du malheur.

C'est injustement que les épithètes de tyran et de despote
lui seront données dans leur acception ordinaire : Bonaparte
ne sera pas tyran, car il ne régnera ni par l'injustice ni par
la cruauté ; et quel est le despote qui pour conserver son
autorité proscrirait l'ignorance, et tiendrait allumé le flam-
beau de l'instruction ?

Mais, reproche éternel, il a voilé les libertés publiques ; le
devait-il ? L'ombre du grand Montesquieu répond affirma-
tivement. Elles étaient devenues un danger entre les mains
des ennemis du peuple. Après les orages nécessaires de la
révolution, dans l'orgueil de tous les genres de succès, dans
le tumulte et la rivalité des opinions et même des dévouemens,
une dictature était le besoin de la France ; et cette dictature,
Bonaparte la rendit d'abord trop brillante pour qu'elle ne

reçût pas l'assentiment national. Premier consul, et même consul à vie, il réunit toutes les opinions, il mérita tous les hommages ; par lui la République française fut saluée de l'Europe entière.

Empereur, il comparaîtra devant le tribunal des générations ; mais là aussi le suivront enchaînés ceux dont les insinuations perfides l'ont entraîné à cesser d'être lui pour se cacher sous des titres surannés et fantastiques, à reconstruire au lieu d'édifier, enfin à remettre en honneur ces orgueilleuses chimères et ces impostures sacrées que la philosophie avait proscrites ; et lorsqu'à l'aspect même de ce redoutable tribunal on verra s'anéantir les petites ambitions qui seules exploitaient tant de maux, Napoléon, resté seul avec sa véritable gloire, désarmera ses accusateurs et ses juges ; ils diront : c'était lui !

———

La session de l'an 10 s'était terminée avec la pacification de l'Europe. Une session extraordinaire s'ouvrit dans la même année pour voir se réconcilier avec la révolution les Français qu'elle avait blessés dans leur croyance.

Le 15 germinal le conseiller d'état Portalis développa les motifs d'une convention passée entre le gouvernement français et le pape (1) ; et le conseiller d'état Regnault (de Saint-Jean-d'Angely) donna lecture du projet de loi organique des cultes. Le Tribunat en vota l'adoption le 17 ; et le 18, après avoir entendu les tribuns Lucien Bonaparte et Jaucourt, le Corps législatif en fit une loi de l'Etat, qui fut promulguée le Dimanche 28 germinal an 10 (18 avril 1802). Sur quatre-vingt-cinq votans dans le Tribunat, le Concordat en réunit soixante-dix-huit, et dans le Corps législatif deux cent vingt-huit sur deux cent quarante-neuf. Aucun orateur ne parla contre ; l'opposition ne se montra que dans les comités.

Le rétablissement du Dimanche, comme celui des quatre grandes fêtes religieuses, était une condition du Concordat ; toutefois son apparition brusque à côté des dénomina-

———

(1) Dès le 26 messidor an 9.

tions de l'ère républicaine parut être au moins un contraste : depuis plusieurs années les actes et papiers publics n'associaient plus le vieux style au nouveau ; et pendant longtemps encore les noms des jours de la semaine resteront introduits dans les mois décadaires.

La proclamation du Concordat eut lieu avec une pompe alors inconnue à beaucoup de monde. Le Sénat, le Corps législatif et le Tribunat en corps, tous les fonctionnaires publics, enfin le premier consul, entouré d'une magnificence qui n'était pas républicaine, se rendirent à la cathédrale, au bruit de salves d'artillerie réitérées ; une messe fut célébrée pontificalement, et pour la première fois le temple de Notre-Dame retentit de ces mots : *Domine, salvam fac Rempublicam ; Domine, salvos fac consules.* Un *Te Deum* fut chanté, et le premier consul reçut le serment des évêques. Le programme de cette cérémonie portait qu'elle avait pour objet *la paix générale et la paix de l'Eglise ;* tous les citoyens s'y trouvèrent ainsi appelés ; et le ministre de l'intérieur, Chaptal, ouvrit en effet un concours aux artistes pour faire consacrer, par des médailles, des tableaux et des groupes en sculpture, *les deux époques du traité d'Amiens et de la loi sur les cultes.*

Le même jour les consuls publièrent la *proclamation* suivante :

« Français, du sein d'une révolution inspirée par l'amour de la patrie éclatèrent tout à coup au milieu de vous des dissensions religieuses, qui devinrent le fléau de vos familles, l'aliment des factions et l'espoir de vos ennemis.

» Une politique insensée tenta de les étouffer sous les débris des autels, sous les ruines de la religion même. À sa voix cessèrent les pieuses solennités où les citoyens s'appelaient du doux nom de frères, et se reconnaissaient tous égaux sous la main du Dieu qui les avait créés ; le mourant, seul avec la douleur, n'entendit plus cette voix consolante qui appelle les chrétiens à une meilleure vie, et Dieu même sembla exilé de la nature.

» Mais la conscience publique, mais le sentiment de l'indépendance des opinions se soulevèrent, et bientôt, égarés par les ennemis du dehors, leur explosion porta le ravage dans nos départemens ; des Français oublièrent qu'ils étaient Français, et devinrent les instrumens d'une haine étrangère.

» D'un autre côté les passions déchaînées, la morale sans appui, le malheur sans espérance dans l'avenir, tout se réunissait pour porter le désordre dans la société.

» Pour arrêter ce désordre il fallait rasseoir la religion sur sa base, et on ne pouvait le faire que par des mesures avouées par la religion même.

» C'était au souverain pontife que l'exemple des siècles et la raison commandaient de recourir pour rapprocher les opinions et réconcilier les cœurs.

» Le chef de l'Église a pesé dans sa sagesse et dans l'intérêt de l'Église les propositions que l'intérêt de l'État avait dictées ; sa voix s'est fait entendre aux pasteurs : ce qu'il approuve, le gouvernement l'a consenti, et les législateurs en ont fait une loi de la République.

» Ainsi disparaissent tous les élémens de discorde ; ainsi s'évanouissent tous les scrupules qui pouvaient alarmer les consciences, et tous les obstacles que la malveillance pouvait opposer au retour de la paix intérieure.

» Ministres d'une religion de paix, que l'oubli le plus profond couvre vos dissensions, vos malheurs et vos fautes ; que cette religion, qui vous unit, vous attache tous par les mêmes nœuds, par des nœuds indissolubles, aux intérêts de la patrie !

» Déployez pour elle tout ce que votre ministère vous donne de force et d'ascendant sur les esprits ; que vos leçons et vos exemples forment les jeunes citoyens à l'amour de nos institutions, au respect et à l'attachement pour les autorités tutélaires qui ont été créées pour les protéger ; qu'ils apprennent de vous que le Dieu de la paix est aussi le Dieu des armées, et qu'il combat avec ceux qui défendent l'indépendance et la liberté de la France !

» Citoyens qui professez les religions protestantes, la loi a également étendu sur vous sa sollicitude. Que cette morale, commune à tous les chrétiens, cette morale si sainte, si pure, si fraternelle, les unisse tous dans le même amour pour la

patrie, dans le même respect pour ses lois, dans la même
affection pour tous les membres de la grande famille!

» Que jamais des combats de doctrine n'altèrent ces sentimens, que la religion inspire et commande!

» Français, soyons tous unis pour le bonheur de la patrie
et pour le bonheur de l'humanité! Que cette religion qui a
civilisé l'Europe soit encore le lien qui en rapproche les habitans, et que les vertus qu'elle exige soient toujours associées
aux lumières qui nous éclairent! »

La réorganisation de *l'instruction publique* fut ensuite
soumise aux législateurs; et, selon les opinions, on eut
lieu de s'étonner ou de s'applaudir qu'après l'acte solennel
de réconciliation avec la cour de Rome la religion ne
soit pas devenue une des bases du nouveau projet : deux
tribuns, Carrion-Nisas (1) et Daru; aperçurent là un

_____

(1) Carrion-Nisas, entraîné par ses souvenirs comme par une trop
facile éloquence, improvisa à ce sujet un discours qui anima pendant
quelques momens la discussion; d'abord il s'éleva avec une grande
véhémence contre les apôtres de la philosophie, puis fit un tableau
touchant de l'éducation monastique : « Eh! s'écria-t-il, qui pourrait
» blâmer le charme que plus d'un esprit excellent éprouve en se rap-
» pelant ces maisons d'étude et de paix! Qui n'a jeté plus d'un regard
» et plus d'un soupir vers les jours et les lieux de l'enfance! Qui ne
» s'est senti mille fois ramené par une involontaire rêverie dans
» l'ombre religieuse des cloîtres et le mélancolique silence des dor-
» toirs!... La postérité notera la dernière moitié du dix-huitième siècle
» comme une époque de maladie pour l'esprit humain. Un homme
» parut entre plusieurs autres qui sembla prendre à tâche de rassem -
» bler en lui toute l'inconstance et toute l'inconséquence de l'homme...
» Il eut une influence prodigieuse sur son siècle : c'est à lui que
» nous devons cette funeste maxime d'éducation que tout homme
» doit être propre à toutes choses, et que la même sagesse doit être
» commune à tous!... Les principes de Rousseau sont incompatibles
» avec toute espèce de police sociale, et les sentimens qu'il inspire sont
» encore plus dangereux, s'il est possible, que ses principes... Mais
» appartient-il à la patrie française, lui qui a toujours pris soigneuse-
» ment le titre de *citoyen* d'un état alors étranger à la France?... »
Le tribun Girardin crut devoir défendre la mémoire de Jean-Jacques.
(Séance du 6 floréal an 10.)

grand vide ou un grave oubli. Un orateur du gouvernement, Rœderer, a répondu :

« Les personnes qui observent avec intérêt l'action et le
jeu des pouvoirs publics, et leurs rapports avec les institutions, ont remarqué avec satisfaction l'indépendance où
celle-ci se trouve relativement à une autre institution colla-
rale à laquelle elle était autrefois affiliée, et qui vient de renaître elle-même. Nul autre système d'enseignement public
n'eût été compatible avec cette indépendance. Il eût été
impossible d'établir en France des milliers d'écoles secondaires
et d'y réunir tous les élèves qui ont besoin de l'instruction de
cet ordre, si l'on y eût aussi enseigné la religion. L'expérience a prouvé que la plupart des pères de famille voulaient
que leurs enfans fussent élevés dans les principes de leur culte,
et qu'ils préféraient les écoles salariées par eux-mêmes, où
l'on enseignait leur religion, aux écoles gratuites qui ne l'en-
seignaient pas. Mais si le gouvernement s'était chargé de la
religion dans les écoles secondaires, devenues nationales, il
aurait fallu remettre l'enseignement au sacerdoce des divers
cultes ; il aurait fallu mettre un enseignement pour chaque
culte avoué par l'Etat dans chaque école ; il aurait fallu en
écarter les enfans dont les parens sont attachés à un autre culte.
On sent assez combien de raisons détournaient d'un pareil
système, et combien il eût été imprudent de l'adopter.
» L'instruction publique et la religion sont et doivent être
deux institutions différentes, qui concourent au même but
par les moyens qui leur sont propres, et qui sont loin de
s'exclure mutuellement. L'instruction et la religion étaient
également réclamées par l'intérêt public : la philosophie, qui
rétablit l'une, a aussi rappelé l'autre, car c'est elle qui a tendu
les bras à la religion ; et cette grande restauration, que quelques gens regardent comme le triomphe de l'une des deux,
fait assurément là gloire de l'une et de l'autre. »
« La religion, ajouta le tribun Jard-Panvilliers, la religion,
sans cesser d'être l'objet du respect des législateurs, ne doit
plus être celui de leurs discussions. La tribune nationale ne
doit point s'emparer du domaine de la chaire évangélique. »

Le projet de loi sur l'instruction publique avait été présenté le 30 germinal, par le conseiller d'état Fourcroy. Plusieurs tribuns ont parlé *pour*; quelques uns *sur*, mais en se bornant à des remarques indépendantes de son admission; un seul, Duchesne, prononça une opinion *contre*. Le Tribunat, conformément à un rapport fait par Jacqueminot au nom de la section de l'intérieur, vota son adoption le 8 floréal, à la majorité de quatre-vingts voix contre neuf.

Reporté au Corps législatif, ce projet fut défendu par les conseillers d'état Fourcroy et Rœderer, et encore appuyé par les orateurs du Tribunat Siméon et Jard-Panvilliers. Dans la séance du 11 floréal an 10 (1er mai 1802), il obtint pour son adoption définitive les suffrages de deux cent cinquante-un législateurs; il y eut vingt-sept boules noires.

On doit encore à la seconde session de l'an 10 l'établissement de la *Légion d'Honneur*. Cette délibération eut de graves résultats; l'opposition républicaine échoua dans ses derniers efforts. Mais elle fut bientôt justifiée des superbes dédains jetés alors sur ses patriotiques alarmes : elle annonçait le retour des priviléges et des majorats; elle voyait renaître l'ambition des titres et le mépris des vertus, enfin la noblesse héréditaire; et ce malheur s'est rapidement consommé.

Le projet de loi portant création d'une Légion d'Honneur fut présenté au Corps législatif le 25 floréal par le conseiller d'état Rœderer, et renvoyé le 27 à l'examen des tribuns (1). Dès le 28 le Tribunat entendit, par l'organe de Lucien Bonaparte, un rapport très peu développé de sa commission de l'intérieur, qui concluait à l'adoption de ce projet. La discussion s'ouvrit aussitôt : Savoye-Rollin parla *contre*; Fréville *pour*; Chauvelin *contre*; Carrion-Nisas *pour*. Le rapporteur, dans une réplique qui s'éloignait du respect dû à la liberté des opinions, insista avec chaleur pour faire triompher l'avis qu'il avait été chargé d'émettre;

(1) Le 26 était un *dimanche*.

et cet avis fut immédiatement confirmé par le Tribunat, à la majorité de cinquante-six voix contre trente-huit.

Les orateurs du gouvernement et ceux du Tribunat se présentèrent le lendemain devant le Corps législatif; et là, dans un discours plus médité, Lucien Bonaparte réunit son rapport et sa réplique à de nouveaux développemens, et essaya de démontrer l'indispensable nécessité d'adopter le projet de loi; la même tâche fut successivement entreprise par les conseillers d'état Rœderer, Marmont et Dumas, par les tribuns Fréville et Girardin; et dans la même séance du 29 floréal (19 mai 1802), à minuit, le président du Corps législatif proclama l'adoption du projet de loi qui établissait une Légion d'Honneur. Un appel nominal avait donné pour résultat : membres présens, deux cent soixante-seize; boules blanches, cent soixante-six; boules noires, cent dix. Ainsi fut obtenu, ou plutôt arraché, un acte qui devait changer le système social.

La ratification du traité d'Amiens était devenue le pré-texte de ce *vœu du Tribunat pour qu'il soit donné au premier consul un* GAGE ÉCLATANT *de la reconnaissance nationale.* Mais quelle récompense allait être digne de l'ar-bitre de toutes les récompenses, tant civiles que militaires, enfin du chef de la Légion d'Honneur? C'est ainsi que la proposition du *gage éclatant*, faite par Chabot (de l'Allier), conduira le second et le troisième consul à la proposition du CONSULAT A VIE. Ici se brise, même ostensiblement, la hié-rarchie législative : des pouvoirs constitués deviennent cons-tituans; la tribune, humiliée, n'est plus que l'organe du pouvoir; tout est déjà passé dans le cabinet du prince.

Chabot (de l'Allier) fait sa proposition le 16 floréal an 10; elle est adoptée dans la même séance. Le 18, sur la proposi-tion de Lacépède, et *considérant ce vœu du Tribunat comme celui de la nation française*, le Sénat réélit le pre-mier consul *pour dix ans* : cette délibération du Sénat fut prise à la presque unanimité; un seul membre, Pérignon, osa dès lors hasarder la proposition du *consulat à vie*, qui fut rejetée tout d'une voix. Une lettre de Bonaparte au Sé-

nat, datée du 19, annonce que *le premier consul ne fera*
ce nouveau sacrifice qu'autant que le peuple commandera
ce qu'autorise le suffrage du Sénat. En conséquence le
second et le troisième consul, de leur propre autorité, et
comme si une réélection de dix années équivalait à une élection indéfinie, prennent un arrêté portant que le peuple sera
consulté sur cette question : *Napoléon Bonaparte sera-t-*
il consul à vie ? Le Tribunat, deux membres exceptés,
Carnot et Duchesne, le Tribunat donne l'exemple; il vote
sur le champ le consulat à vie.

Des registres sont ouverts dans toute la République. Trois
mois s'écoulent à peine, et les second et troisième consuls
font parvenir au Sénat *l'expression de la volonté du peu-*
ple. Appartenait-il au Sénat de vérifier la validité des
votes ? Il dut se borner à n'en faire que le dépouillement.
Ainsi, par un senatus-consulte du 14 thermidor, motivé sur
les procès-verbaux de recencement, Bonaparte est proclamé
consul à vie.

Jusque-là on aurait pu s'appuyer du consentement du
peuple ; mais un acte monstrueux, pour lequel il ne sera
pas consulté, va donner à son vœu une extension telle, que
tout ce qu'il accorde à Bonaparte est garanti à l'héritier
de son choix. Le 16 du même mois, le Sénat est convoqué
pour midi ; vers deux heures on distribue un projet de senatus-consulte qui étonne quelques membres, en effraie d'autres, et paraît à plusieurs n'être qu'un acte nécessaire. A sept
heures sont introduits les conseillers d'état Régnier, Portalis et Dessoles ; ils font la proposition directe de ce projet.
Un rapport, rédigé d'avance, est immédiatement prononcé
par Cornudet, au nom d'une commission que le Sénat avait
nommée pour un autre objet. Le sénateur Lambrechts demande la parole ; il combat avec chaleur des dispositions qui
anéantissent tout principe constitutionnel ; mais il est bientôt
interrompu : les voix ont été comptées; et le Sénat proclame
sans désemparer le *senatus-consulte organique de la Cons-*
titution du 16 thermidor an 10. (*Voyez* plus loin.)

Désormais la seule lecture des discours dévoilera des
menées qui sont indignes de l'histoire : elle ne voit plus

qu'une volonté et des agens. Il importe seulement ici de
lui transmettre que la majorité du peuple ne vota point
le consulat à vie, mais qu'elle le laissa pour ainsi dire
passer sans effroi, sans inquiétude, confiante dans la magnanimité de Bonaparte, autant que rassurée par l'intérêt de
la propre gloire du héros. Les adresses ou pétitions, ainsi
que les registres des votes dont on s'est appuyé dans cette
circonstance, sont en partie l'ouvrage des instrumens de
l'autorité (1).

L'opinion publique, quoique silencieuse, justifiait le
consulat à vie par un raisonnement qui se trouve exprimé
d'une manière remarquable dans un petit écrit publié
comme une réfutation de la proposition de Chabot (de
l'Allier). Voici cet écrit :

UN CITOYEN A UN SÉNATEUR. — 18 *floréal an* 10.

« Le Tribunat vous propose de donner au général Bonaparte, premier consul de la République, un gage éclatant de
la reconnaissance nationale.

« Telle est, a dit un de ses orateurs (Chabot de l'Allier),
» la volonté du peuple français. »

« Nous attendons, a dit un autre (Siméon), que le premier
» corps de la nation se rende l'interprète de cette reconnais-
» sance publique, dont il n'est permis au Tribunat que de
» désirer et de voter l'expression. »

« Sénateur, quelle fonction que celle d'exprimer au chef
de l'État la reconnaissance nationale ! Quelle tâche que celle de
donner une récompense digne de celui qui doit la recevoir et
du peuple qui la décerne !

» Que lui offrirez-vous ? Un accroissement de pouvoir ? Il
n'en a pas manqué si l'on en juge par ce qu'il a fait. Plus
d'éclat et de pompe autour de lui ? Qui peut l'approcher sans
l'émotion du respect, et qui pourrait remarquer ce qui l'en-

_____

(1) La police employa des scribes pour remplir des registres de
noms supposés.

vironne en sachant ce qu'il est? Serait-il moins grand sous
la tente que sous le dais, et sous l'habit de soldat que sous le
manteau doré? Ah! la magnificence n'est-elle pas chez lui un
tribut qu'il paie plutôt qu'une décoration dont il s'entoure?
Lui offrirez-vous des honneurs? Mais quelle autorité peut en
décerner à celui que la nation a chargé de les distribuer, de
qui chacun est flatté d'en recevoir? Des monumens? Mais qui
les exécutera? Ce sera donc lui-même qui s'érigera ceux que
vous aurez décernés! Des monumens! En est-il de plus honorables que la félicité publique, qui est son ouvrage? en est-il
de plus éloquens que les paroles, que les actions dont les pages
de l'histoire offriront le recueil?

» Sénateur, cette récompense seule sera digne de la nation
française qui donnera pour prix des services rendus le droit
d'en rendre encore, qui estimera l'honneur de servir la patrie
le plus grand honneur où puisse prétendre un citoyen, et lui
imposera la félicité publique pour prix de la restauration
générale. Cette récompense sera digne de Bonaparte qui lui
donnera le moyen d'ajouter de la gloire à de la gloire, de consacrer son utilité par une utilité nouvelle, d'affermir l'œuvre
du génie et du courage par la sagesse et la persévérance, et de
contraindre le temps, qui détruit tout, à tout sceller du sceau
de l'immortalité.

» Sénateur, ce qui manque aux grands hommes pour
mûrir de grands desseins, pour les accomplir, pour assurer
toutes les destinées soumises à leur influence, c'est le temps.
Prisonnier dans les étroites limites de la vie humaine, le génie
peut à peine fixer ses pensées, dompter les obstacles, élever
l'édifice qui doit donner à ses conceptions la vie et l'immortalité. Plus avare que la nature, votre politique, ennemie de
vous-mêmes, resserrera-t-elle, étranglera-t-elle dans un
espace de dix, de vingt années des projets pour lesquels la
nature en eût peut-être accordé cent? Marquerez-vous un
terme, un jour, une minute au delà de laquelle tout ouvrage
commencé sera délaissé, toute idée nouvellement conçue sera
condamnée à l'avortement, et où la puissance même de concevoir ne deviendra qu'un stérile tourment?

» Vous cherchez quels dons vous offrirez à cet homme extra-

ordinaire , quelles récompenses vous déposerez devant lui ,
quel monument vous éleverez pour sa gloire ! Vous.ne pouvez
lui faire qu'un don digne de son dévouement; c'est celui du
temps nécessaire pour assurer le bonheur de la France. Donnez–lui LE SIÈCLE qui commence avec lui ; qu'il le remplisse de
ses œuvres, qu'il le distingue et de ceux qui l'ont précédé et
de ceux qui le suivront, qu'il le sépare de tous les autres par
une abondance de bonheur public, par un éclat de gloire
inconnu jusqu'à lui, impossible à soutenir après lui; que
ce siècle soit la colonne qu'il sera chargé de s'ériger à
lui-même, et qu'il l'élève si haut que son nom, placé au
sommet, soit au-dessus de toute atteinte et de toute comparaison!

» Heureuse nation, dont les lois politiques ont tellement
balancé les pouvoirs et déterminé leur intensité, qu'impuissans
contre *la liberté publique*, suffisans pour opérer tous les genres
de bien, on ne peut craindre que la brièveté de leur exercice,
et n'en désirer que la durée! »

Et quelle imagination froide aurait en effet repoussé cette
douce illusion qui montrait *la liberté publique* encore
entourée de respects, lorsque l'homme pour qui l'on sollicitait une prolongation indéfinie de pouvoir rappelait lui-
même le peuple à son plus cher souvenir ! L'anniversaire de
l'héroïque *quatorze juillet* revenait pour la treizième fois ;
les citoyens étaient encore appelés à l'une des dernières fêtes
de la révolution ; et Bonaparte leur disait :

PROCLAMATION. — Fête du QUATORZE JUILLET. (25 *messidor*
an 10.)

« Français, le 14 juillet commença en 1789 les nouvelles
destinées de la France! Après treize ans de travaux, le 14 juillet revient plus cher pour vous, plus auguste pour la postérité.
Vous avez vaincu tous les obstacles, et vos destinées sont
accomplies. Au dedans plus de têtes qui ne fléchissent sous
l'empire de l'égalité; au dehors plus d'ennemis qui menacent
votre sûreté et votre indépendance, plus de colonie française
qui ne soit soumise aux lois, sans lesquelles il ne peut exister

de colonie. Du sein de vos ports le commerce appelle votre
industrie , et vous offre les richesses de l'univers ; dans l'intérieur, le génie de la République féconde tous les germes de
prospérité.

» Français , que cette époque soit pour nous et pour nos
enfans l'époque d'un bonheur durable ! que cette paix s'embel-
lisse par l'union des vertus , des lumières et des arts ! que des
institutions assorties à notre caractère environnent nos lois
d'une impénétrable enceinte ! qu'une jeunesse avide d'instruction aille dans nos lycées apprendre à connaître ses devoirs et
ses droits ! que l'histoire de nos malheurs la garantisse des
erreurs passées , et qu'elle conserve au sein de la sagesse et de
la concorde cet édifice de grandeur qu'a élevé le courage des
citoyens !

» Tels sont le vœu et l'espoir du gouvernement français.
Secondez ses efforts, et la félicité de la France sera immortelle
comme sa gloire !

» Le premier consul. *Signé* BONAPARTE. »

Deux mois après fut célébrée la *fête de la fondation de
la République* (1er vendémiaire an 11). Le poteau indicatif
des repères du canal de l'Ourcq fut solennellement posé ; il
y eut une exposition des produits de l'industrie : le premier
consul porta partout l'encouragement par sa présence ; mais
il ne fit point de proclamation. Depuis deux mois il était
consul à vie.

Les fêtes de la révolution ne tarderont pas à être totalement oubliées.

La session de l'an 11 , ouverte le 2 ventose par le ministre
de l'intérieur, fut en partie consacrée au Code civil. Elle se
termina aux cris de guerre contre les anglais : la perfidie du
cabinet de Londres avait rompu le traité d'Amiens.

Dans la session de l'an 12, ouverte le 15 nivose, et pour
la dernière fois par le ministre de l'intérieur , le Corps législatif se vit définitivement p'acé sous la main du pouvoir.
(*V*. plus loin le sénatus-consulte du 28 frimaire an 12.)
Le Code civil fut achevé dans cette session.

De vastes complots, tramés à l'étranger contre toute la France dans la personne du premier consul, ont signalé la douzième année de la République. Ce n'est pas ici le lieu de s'expliquer sur tous les conspirateurs ; mais il est au moins nécessaire de dire que parmi ceux qui ont succombé il n'y a pas eu une seule victime : c'est vainement que l'esprit de parti voulut en quelque sorte sanctifier Moreau ; cet illustre général avait dans la vie privée les faiblesses d'un homme ordinaire (1).

Ces trames ont servi de prétexte à la proposition d'établir le gouvernement impérial héréditaire, malheur moins grand pour la République que pour le consul : Bonaparte posait des bornes à sa gloire; un peuple peut toujours recommencer sa carrière.

La dignité impériale héréditaire n'a rencontré dans le Tribunat qu'un opposant, Carnot.

Elle a été adoptée par le Sénat conservateur à la majorité de soixante-onze membres contre trois ; Grégoire, Lambrechts, Garat (2).

La majorité du peuple ne la votera point. Du sein même de l'armée s'élevera un cri d'improbation. Mais bientôt on se résignera ; et pendant quelque temps une simple légende servira d'égide au pouvoir et de consolation aux citoyens; ce sont ces mots : *République française. Napoléon empereur.*

Poursuivrons-nous dans leurs conciliabules les fauteurs et les esclaves de ce trône ? Les montrerons-nous, infidèles à leur mandat constitutionnel, trafiquant de la liberté de leur patrie, et portant à la tribune, comme des vœux spontanés, le tribut consenti d'une longue et secrète soumission? Non, ils sont Français; et d'ailleurs les publications officielles les couvriront déjà d'une assez grande honte.

---

(1) *Voyez*-le surtout au 18 fructidor.
(2) Il y avait soixante-seize votans ; mais on trouva deux billets blancs.

I.

DE L'ORGANISATION DES CULTES.

DISCOURS de Bonaparte, *premier consul de la République française*, aux curés de la ville de Milan. (*Prononcé en italien.*) — *Le* 16 *prairial an* 8 (5 *juin* 1800).

« J'ai désiré de vous voir tous rassemblés ici afin d'avoir la satisfaction de vous faire connaître par moi-même les sentimens qui m'animent au sujet de la religion catholique, apostolique et romaine. Persuadé que cette religion est la seule qui puisse procurer un bonheur véritable à une société bien ordonnée, et affermir les bases d'un bon gouvernement, je vous assure que je m'appliquerai à la protéger et à la défendre dans tous les temps et par tous les moyens. Vous, les ministres de cette religion, qui certes est aussi la mienne, je vous regarde comme mes plus chers amis. Je vous déclare que j'envisagerai comme perturbateurs du repos public et ennemis du bien commun, et que je saurai punir comme tels, de la manière la plus rigoureuse et la plus éclatante, et même, s'il le faut, de la peine de mort, quiconque fera la moindre insulte à notre commune religion, ou qui osera se permettre le plus léger outrage envers vos personnes sacrées.

» Mon intention formelle est que la religion chrétienne, catholique et romaine soit conservée dans son entier ; qu'elle soit publiquement exercée, et qu'elle jouisse de cet exercice public avec une liberté aussi pleine, aussi étendue, aussi inviolable qu'à l'époque où j'entrai pour la première fois dans ces heureuses contrées. Tous les changemens qui arrivèrent alors, principalement dans la discipline, se firent contre mon inclination et ma façon de penser. Simple agent d'un gouvernement qui ne se souciait en aucune sorte de la religion catholique, je ne pus alors empêcher tous les désordres qu'il voulait exciter à tout prix, à dessein de la renverser. Actuellement que je suis muni d'un plein pouvoir, je suis décidé à mettre en œuvre tous les moyens que je croirai les plus convenables pour assurer et garantir cette religion.

» Les philosophes modernes se sont efforcés de persuader à la France que la religion catholique était l'implacable ennemie de tout système démocratique et de tout gouvernement républicain : de là cette cruelle persécution que la République française exerça contre la religion et contre ses ministres ; de là toutes les horreurs auxquelles fut livré cet infortuné peuple.

La diversité des opinions qui à l'époque de la révolution régnaient en France au sujet de la religion n'a pas été une des moindres sources de ces désordres. L'expérience a détrompé les Français, et les a convaincus que de toutes les religions il n'y en a pas qui s'adapte, comme la catholique, aux diverses formes de gouvernement; qui favorise davantage en particulier le gouvernement démocratique-républicain, en établisse mieux les droits, et jette plus de jour sur ses principes. Moi aussi je suis philosophe, et je sais que dans une société quelconque nul homme ne saurait passer pour vertueux et juste s'il ne sait d'où il vient et où il va. La simple raison ne peut nous fournir là-dessus aucune lumière; sans la religion on marche continuellement dans les ténèbres, et la religion catholique est la seule qui donne à l'homme des lumières certaines et infaillibles sur son principe et sa fin dernière. Nulle société ne peut exister sans morale, et il n'y a pas de bonne morale sans religion; il n'y a donc que la religion qui donne à l'Etat un appui ferme et durable. Une société sans religion est comme un vaisseau sans boussole : un vaisseau dans cet état ne peut ni s'assurer de sa route, ni espérer d'entrer au port; une société sans religion, toujours agitée, perpétuellement ébranlée par le choc des passions les plus violentes, éprouve en elle-même toutes les fureurs d'une guerre intestine qui la précipite dans un abîme de maux, et qui tôt ou tard entraîne infailliblement sa ruine.

» La France, instruite par ses malheurs, a ouvert enfin les yeux; elle a reconnu que la religion catholique était comme une ancre qui pouvait seule la fixer dans ses agitations, et la sauver des efforts de la tempête : elle l'a en conséquence rappelée dans son sein. Je ne puis pas disconvenir que je n'aie beaucoup contribué à cette belle œuvre. Je vous certifie qu'on a rouvert les églises en France, que la religion catholique y reprend son ancien éclat, et que le peuple voit avec respect ses sacrés pasteurs qui reviennent, pleins de zèle, au milieu de leurs troupeaux abandonnés.

» Que la manière dont a été traité le pape défunt ne vous inspire aucune crainte : Pie VI a dû en partie ses malheurs aux intrigues de ceux à qui il avait donné sa confiance, et en partie à la cruelle politique du Directoire. Quand je pourrai m'aboucher avec le nouveau pape, j'espère que j'aurai le bonheur de lever tous les obstacles qui pourraient s'opposer encore à l'entière réconciliation de la France avec le suprême pasteur de l'Eglise. Je n'ignore pas ce que vous avez souffert, tant dans vos personnes que dans vos biens : vos personnes, encore une fois, seront sacrées à l'avenir, et respectées de tout le monde; quant à vos biens, j'aurai soin de donner les ordres nécessaires pour, qu'ils vous soient rendus au moins en partie, et je ferai en sorte qu'on vous assure pour toujours des moyens d'exister honorablement. Voilà ce que je voulais vous communiquer au sujet de la religion chrétienne, catholique et romaine. Je désire que l'expression de ces sentimens reste gravée dans vos esprits, que vous mettiez en ordre ce que je viens de dire; et j'approuve qu'on en fasse part au public par la voie de l'impression, afin que mes dispositions soient connues non seulement *en Italie et en France,* mais encore dans toute l'Europe. »

CONSEIL D'ETAT. — RAPPORT *sur les articles organiques de la* convention passée *à Paris le* 26 *messidor an* 9 (15 *juillet* 1801) entre le gouvernement français et le pape; *fait par* Portalis, *conseiller d'état, chargé de toutes les affaires concernant les cultes.*

« Toutes nos Assemblées nationales ont décrété la liberté des cultes.

» Le devoir du gouvernement est de diriger l'exécution de cette importante loi vers la plus grande utilité publique.

» Tout gouvernement exerce deux sortes de pouvoirs en matière religieuse ; celui qui compète essentiellement au magistrat politique en tout ce qui intéresse la société, et celui de protecteur de la religion elle-même.

» Par le premier de ces pouvoirs le gouvernement est en droit de réprimer toute entreprise sur la temporalité, et d'empêcher que sous des prétextes religieux on ne puisse troubler la police et la tranquillité de l'Etat; par le second il est chargé de faire jouir les citoyens des biens spirituels qui leur sont garantis par la loi portant autorisation du culte qu'ils professent.

» De là, chez toutes les nations policées, les gouvernemens se sont conservés dans la possession constante de veiller sur l'administration des cultes, et d'accueillir, sous des dénominations qui ont varié selon les lieux et les temps, le recours exercé par les personnes intéressées contre les abus des ministres de la religion, et qui se rapporte aux deux espèces de pouvoirs dont nous venons de parler.

» On n'a plus à craindre aujourd'hui les systèmes ultramontains et les excès qui ont pu en être la suite; nous devons être rassurés contre des désordres auxquels les lumières, la philophie et l'état présent de toutes choses opposent des obstacles insurmontables.

» Dans aucun temps les théologiens sages et instruits n'ont confondu les fausses prétentions de la cour de Rome avec les prérogatives religieuses du pontife romain.

» Il est même juste de rendre aux ecclésiastiques français le témoignage qu'ils ont été les premiers à combattre les opinions ultramontaines : nous citons en preuve la déclaration solennelle du clergé en 1682 ; par cette déclaration il rendit un hommage éclatant à l'indépendance de la puissance publique et au droit universel des nations.

» Les ministres catholiques reconnaissent *un chef visible*, qu'ils regardent comme un centre d'unité dans les matières de foi ; mais ils enseignent en même temps que ce chef n'a aucun pouvoir direct ni indirect sur le temporel des Etats, et qu'il n'a dans les choses mêmes purement spirituelles qu'une autorité subordonnée aux conciles et réglée par les anciens canons.

» Ceux d'entre les ecclésiastiques qui seraient assez aveugles pour croire que le pontife romain ou tout autre pontife peut se mêler, en quelque manière que ce soit, du gouvernement des peuples, inspireraient de justes alarmes, et offenseraient l'ordre social.

» On ne doit jamais confondre la religion avec l'Etat : la religion est la société de l'homme avec Dieu ; l'Etat est la société des hommes entre eux.

» Or pour s'unir entre eux les hommes n'ont besoin ni de révélation, ni de secours surnaturels ; il leur suffit de consulter leurs intérêts, leurs affections, leurs forces, leurs divers rapports avec leurs semblables ; ils n'ont besoin que d'eux-mêmes.

» La question de savoir si le chef d'une société religieuse ou tout autre ministre du culte a un pouvoir sur les Etats se réduit aux termes les plus simples ; chaque homme, par la seule impulsion de la loi naturelle, n'est-il pas chargé du soin de sa propre conservation ? Ce que chaque homme peut pour son salut individuel, pourquoi le corps politique, qui est une vaste réunion d'une multitude d'hommes, ne le pourrait-il pas pour leur salut commun ? La souveraineté est-elle autre chose que le résultat des droits de la nature combinés avec les besoins de la société ?

» Ces questions n'ont jamais appartenu à la théologie ; elles sont purement civiles ; elles doivent être décidées par les maximes générales de la société du genre humain ; car c'est sur le droit universel des gens, qui ne reçoit point d'exception parce qu'il est fondé sur le droit naturel, qu'est appuyé le grand principe de l'indépendance des gouvernemens : nier cette indépendance ce serait affaiblir, ce serait rompre les liens qui unissent les citoyens à la cité, ce serait se rendre criminel d'état.

» Les articles organiques consacrent toutes ces grandes vérités, qui sont le fondement de tout ordre public, et indiquent toutes les précautions que la sagesse de nos pères avait prises pour en conserver le précieux dépôt.

» L'unité de la puissance publique et son universalité sont une conséquence nécessaire de son indépendance : la puissance publique doit se suffire à elle-même ; elle n'est rien si elle n'est tout ; les ministres de la religion ne doivent point avoir la prétention de la partager ni de la limiter.

» Si l'on a vu ces ministres exercer autrefois dans les officialités une autorité extérieure et coactive sur certaines personnes et sur certains objets, il ne faut point perdre de vue que cette autorité n'était que de concession et de privilége ; ils la tenaient des souverains ; ils ne l'exerçaient que sous leur surveillance, et ils pouvaient en être dépouillés s'ils en abusaient (1).

» On doit donc tenir pour incontestable que le pouvoir des clefs est limité aux *choses purement spirituelles* ; que ce pouvoir est plut t un simple ministère qu'une juridiction proprement dite, et que si le mot *juridiction*, inconnu dans les premiers siècles, a été consacré par l'usage, c'est sous la condition qu'on ne veuille pas convertir le devoir d'employer les moyens de persuasion en faculté de contraindre, et le ministère en domination.

» Suivant la remarque d'un écrivain très profond, on ne refuse à l'Eglise le pouvoir coactif ou proprement dit que parce qu'il est impossible qu'elle l'ait, attendu l'objet et la fin du sacerdoce et la nature de l'homme, qui n'est soumis aux préceptes de la religion qu'en tant qu'il est parfaitement libre et capable de mériter et de démériter. Ceux d'entre les ecclésiastiques qui réclameraient ce pouvoir ne sauraient où le placer, et ne pourraient en faire usage sans détruire l'essence même de la religion.

» Lorsqu'en examinant les bornes naturelles du ministère ecclésiastique on attribue exclusivement à la puissance publique la disposition des choses temporelles, en réservant aux pasteurs les matières spirituelles, on n'entend pas sans doute laisser comme vacant entre ces limites le vaste territoire des matières qui ont à la fois des rapports et avec la religion et avec la police de l'Etat, et qui sont appelées *mixtes* par les jurisconsultes ; ni permettre indifféremment aux ministres du culte d'y faire des incursions arbitraires, et d'ouvrir des conflits journaliers avec le magistrat politique. Un tel état de choses entraînerait une confusion dangereuse, et rendrait souvent le devoir de l'obéissance incertain.

_____

(1) Observations de M. Talon.

» Il faut nécessairement qu'il y ait une puissance supérieure qui ait droit, dans cette espèce de territoire, de lever
tous les doutes et de franchir toutes les difficultés ; cette puissance est celle à qui il est donné de peser tous les intérêts, celle
de qui dépend l'ordre public et général, et à qui seule il appartient de prendre le nom de *puissance* dans le sens propre.

» C'est un principe certain que l'intérêt public, dont le gouvernement tient la balance, doit prévaloir dans tout ce qui n'est
pas de l'essence de la religion : aussi le magistrat politique peut
et doit intervenir dans tout ce qui concerne l'administration
extérieure des choses sacrées.

» Il est, par exemple, de l'essence de la religion que sa
doctrine soit annoncée ; mais il n'est pas de l'essence de la religion qu'elle le soit par tel prédicateur ou par tel autre, et il
est nécessaire à la tranquillité publique qu'elle le soit par des
hommes qui aient la confiance de la patrie : il est quelquefois
même nécessaire à la tranquillité publique que les matières de
l'instruction et de la prédication solennelle soient circonscrites
par le magistrat ; nous en avons plusieurs exemples dans les
capitulaires de Charlemagne.

» L'Eglise est juge des erreurs contraires à sa morale et à
ses dogmes ; mais l'Etat a intérêt d'examiner la forme des déci-
sions dogmatiques, d'en suspendre la publication quand quelques raisons d'état l'exigent, de commander le silence sur des
points dont la discussion pourrait agiter trop violemment les
esprits, et d'empêcher même dans certaines occurrences que
les consciences ne soient arbitrairement alarmées.

» La prière est un devoir religieux ; mais le choix de l'heure
et du lieu que l'on destine à ce devoir est un objet de police.

» L'institution des fêtes, dans leur rapport avec la piété,
appartient aux ministres du culte ; mais l'Etat est intéressé à ce
que les citoyens ne soient pas trop fréquemment distraits des
travaux les plus nécessaires à la société, et que dans l'institution
des fêtes on ait *plus d'égard aux besoins des hommes qu'à
la grandeur de l'Etre qu'on se propose d'honorer.*

» Les articles organiques fixent sur ces objets, et sur d'autres
qu'il serait inutile d'énumérer, la part que doit y prendre la
puissance publique.

» La matière des mariages demandait une attention particulière. Anciennement ils étaient célébrés devant le propre curé
des contractans, qui était à la fois ministre du contrat au nom
de l'Etat, et ministre du sacrement au nom de l'Eglise. Cette
confusion dans les pouvoirs différens que l'on confiait à la
même personne en a produit une dans les idées et dans les
principes. Quelques théologiens ont cru et croient encore qu'il

n'y a de véritables mariages que ceux qui sont faits en face de l'Église. Cette erreur a des conséquences funestes : il arrive en effet que des époux, abusés ou peu instruits, négligent d'observer les lois de la République, se marient devant le prêtre sans se présenter à l'officier civil, et compromettent ainsi, par des unions que les lois n'avouent pas, l'état de leurs enfans et la solidité de leurs propres contrats. Il est nécessaire d'arrêter ce désordre, et d'éclairer les citoyens sur un objet duquel dépend la tranquillité des familles.

» En général c'est à la société à régler les mariages ; nous en attestons l'usage de tous les gouvernemens, de tous les peuples, de toutes les nations.

» Le droit de régler les mariages est même pour la société d'une nécessité absolue et indispensable ; c'est un droit essentiel et inhérent à tout gouvernement bien ordonné, qui ne peut abandonner aux passions et à la licence les conditions d'un contrat le plus nécessaire de tous les contrats, et qui est la base et le fondement du genre humain.

» Nous savons que le mariage n'est pas étranger à la religion, qui le dirige par sa morale, *et qui le bénit par un sacrement.*

» Mais les lumières que nous recevons de la morale chrétienne ne sont certainement pas un principe de juridiction pour l'Eglise ; sinon il faudrait dire que l'Eglise a droit de tout gouverner, puisqu'elle a une morale universelle qui s'étend à tout, et qui ne laisse rien d'indifférent dans les actes humains. Ce serait renouveler les anciennes erreurs, qui, sur le fondement que toutes les actions avaient du rapport avec la conscience, faisaient de cette relation un principe d'attraction universelle pour tout transporter à l'Eglise.

» Le rapport du mariage au sacrement n'est pas non plus une cause suffisante pour rendre l'Eglise maîtresse des mariages.

» Aujourd'hui même on reconnaît des mariages légitimes qui ne sont pas sanctifiés par le sacrement : tels sont les mariages des infidèles, et de tous ceux qui ont une foi contraire à la foi catholique ; tels étaient les mariages présumés, qui étaient si communs avant l'ordonnance de Blois. L'usage de l'Eglise est même de ne pas remarier les infidèles qui se convertissent.

» Le mariage est un contrat qui, comme tous les autres, est du ressort de la puissance séculière, à laquelle seule il appartient de régler les contrats.

» Les principes que j'invoque furent attestés par le chancelier *de Pontchartrain* dans une lettre écrite, le 3 septembre 1712, au premier président du parlement de Besançon.

Dans cette lettre le chancelier *de Pontchartrain*, après avoir distingué le mariage d'avec le sacrement de mariage, établit que le mariage en soi est uniquement du ressort de la puissance civile ; que le sacrement ne peut être appliqué qu'à un mariage contracté selon les lois ; que la bénédiction nuptiale, appliquée à un mariage qui n'existerait point encore, serait un accident sans sujet, et qu'un tel abus des choses religieuses serait intolérable.

» Il est donc évident qu'il doit être défendu aux ministres du culte d'administrer le sacrement de mariage, toutes les fois qu'on ne leur justifiera pas d'un mariage civilement contracté.

» Après avoir déterminé les rapports essentiels qui existent entre le gouvernement de l'Etat et l'exercice du culte, les articles organiques entrent dans quelques détails sur la discipline ecclésiastique considérée en elle-même, et dans ses rapports avec la religion.

» La majestueuse simplicité des premiers âges avait été altérée par une multitude d'institutions arbitraires ; le véritable gouvernement de l'Eglise était devenu méconnaissable au milieu de toutes ces institutions. Depuis longtemps on s'était proposé de réformer l'Eglise dans le chef et dans les membres ; mais ces réformes salutaires rencontraient sans cesse de nouveaux obstacles ; la voix des prélats vertueux et éclairés était étouffée, et le mal continuait sous les apparences et le prétexte du bien.

» Les circonstances actuelles sollicitent et favorisent le retour aux antiques maximes de la hiérarchie chrétienne.

» Tel est l'ordre fondamental de cette hiérarchie : tous ceux qui professent la religion catholique sont sous la conduite des évêques, qui les gouvernent dans les choses purement spirituelles, avec le secours des prêtres et des autres clercs.

» Les évêques sont tous égaux entre eux quant à ce qui est de l'essence du sacerdoce ; il n'y en a qu'un qui soit regardé comme établi de droit divin au-dessus des autres, pour conserver l'unité de l'Eglise, et lui donner un chef visible, successeur de celui que le fondateur même du Christianisme plaça le premier entre ses apôtres.

» Toutes les autres distinctions sont réputées de droit humain et de police ecclésiastique (1) ; aussi ne sont-elles pas uniformes ; elles varient selon les temps et les lieux.

» Dans les premières années de l'établissement du christianisme les apôtres et leurs disciples résidèrent d'abord dans les grandes villes ; ils envoyèrent des évêques et des prêtres pour

_____

(1) Fleury, Institut. au droit. eccl. Part. I, chap. 14.

gouverner les églises situées dans les villes moins considérables : ces églises regardèrent comme leurs mères les églises des grandes villes, que l'on appelait déjà *métropoles* dans le gouvernement politique.

» Lorsqu'une religion naît et se forme dans un état elle suit ordinairement le plan du gouvernement où elle s'établit; car les hommes qui la reçoivent et ceux qui la font recevoir n'ont guère d'autres idées de police que celles de l'Etat dans lequel ils vivent.

» En conséquence, à l'imitation de ce qui se passait dans le gouvernement politique, les évêques des grandes villes, tels que ceux d'Alexandrie, Antioche et autres, obtinrent de grandes distinctions; et il faut convenir que ces distinctions furent utiles à la discipline. On reconnut des églises métropolitaines; les pasteurs qui étaient à la tête de ces églises furent appelés *archevêques* : dans la suite on donna à quelques-uns d'entre eux les noms de *patriarche*, *exarque* ou *primat*; quelquefois un grand pouvoir était attaché à ces titres; quelquefois ces titres étaient donnés sans nouvelle attribution de pouvoir.

» Les noms de *patriarche*, *exarque* et autres semblables, furent surtout en usage chez les Grecs. En Occident le titre d'*archevêque* fut uniformément donné à tous les métropolitains; et si les diverses révolutions arrivées dans les Etats qui se formèrent des débris de l'empire romain donnèrent lieu à l'établissement de plusieurs primats, ce titre ne fut qu'honorifique pour tous ceux qui le portèrent, à l'exception du primat archevêque de Lyon, dont la supériorité était reconnue par l'archevêque de Tours, par l'archevêque de Sens, et par celui de Paris, autrefois suffragant de Sens (1).

» L'ancienneté des métropoles et leur évidente utilité pour le maintien de la discipline doivent en garantir la conservation; mais le judicieux abbé Fleury a remarqué qu'elles avaient été trop multipliées, et qu'on ne les avait souvent érigées que pour honorer certaines villes : il observe qu'elles étaient plus rares dans les premiers siècles, et que leur trop grand nombre est un abus préjudiciable au bien de l'Eglise (2).

» Dans les premiers temps il y avait un évêque dans chaque ville; dans la suite plusieurs villes ont été sous la direction du même évêque.

» L'étendue plus ou moins grande des diocèses a suivi les changemens et les circonstances qui influaient plus ou moins

---

(1) Fleury, XVI, ch. 14.
(2) Fleury, Disc. IV, n. 4.

sur leur circonscription : on trouve des diocèses immenses en Allemagne et en Pologne ; ils sont plus réduits en Italie ; en France on les réunissait ou on les démembrait, selon que des motifs d'utilité publique paraissaient l'exiger. Aujourd'hui les changemens survenus dans les circonscriptions politiques et civiles rendent indispensable une nouvelle circonscription des métropoles et des diocèses dans l'ordre ecclésiastique, car la police extérieure de l'Église a toujours plus ou moins de rapport avec celle de l'Empire.

» Pour conserver l'unité il ne faut qu'un évêque dans chaque diocèse.

» Les fonctions essentiellement attachées à l'épiscopat sont connues : les évêques ont exclusivement l'administration des sacremens de l'*ordre* et de la *confirmation ;* ils ont la direction et la surveillance de l'instruction chrétienne, des prières, et de tout ce qui concerne l'administration des choses spirituelles ; ils doivent prévenir les abus et écarter toutes les superstitions (1).

» Dans les articles organiques on rappelle aux évêques l'obligation qui leur a été imposée dans tous les temps de résider dans leur diocèse, et celle de visiter annuellement au moins une partie des églises confiées à leur soin : cette résidence continue est la vraie garantie de l'accomplissement de tous leurs devoirs.

» Les prêtres et les autres clercs doivent reconnaître les évêques pour supérieurs ; car les évêques sont comptables à l'Église et à l'Etat de la conduite de tous ceux qui administrent les choses ecclésiastiques sous leur surveillance.

» La division de chaque diocèse en différentes paroisses a été ménagée pour la commodité des chrétiens, et pour assurer partout la distribution des bienfaits de la religion dans un ordre capable d'écarter tout arbitraire et de ne rien laisser d'incertain dans la police de l'Eglise.

» La loi de la résidence est obligatoire pour les prêtres qui ont une destination déterminée, comme pour les évêques.

» Un des plus grands abus dans la discipline de nos temps modernes prenait sa source dans les ordinations vagues et sans titre, qui multipliaient les prêtres sans fonction, dont l'existence était une surcharge pour l'Etat, et souvent un sujet de scandale pour l'Eglise. Les évêques sont invités à faire cesser cet abus : ils seront tenus de faire connaître au gouvernement tous ceux qui se destineront à la cléricature ; et ils ne pourront promouvoir aux ordres que des hommes qui puissent offrir par

(1) Fleury, Instit. au droit ecclés. Part. I, ch. 12.

une propriété personnelle un gage de la bonne éducation qu'ils ont reçue, et des liens qui les attachent à la patrie.

» On laisse aux évêques la liberté d'établir des chapitres cathédraux, et de choisir des coopérateurs connus sous le nom de vicaires généraux ; mais ils n'oublieront pas que ces coopérateurs naturels sont les prêtres attachés à la principale église du diocèse pour l'administration de la parole et des sacremens, et que la plus sage antiquité a toujours regardés comme le véritable sénat de l'évêque. Ils peuvent choisir encore, parmi les curés qui desservent les paroisses, un *premier prêtre* chargé de correspondre avec eux sur tout ce qui est relatif aux besoins et à la discipline des églises. Ce premier prêtre, quelquefois désigné sous le nom d'*archiprêtre*, quelquefois sous celui de *doyen rural*, ou sous toute autre dénomination, a été connu dans le gouvernement de l'Eglise dès les temps les plus reculés.

» Pour avoir de bons prêtres et de bons évêques il est nécessaire que ceux qui se destinent aux fonctions ecclésiastiques, reçoivent l'instruction et contractent les habitudes convenables à leur état : de là l'établissement des séminaires, autorisé et souvent ordonné par les lois (1). Les séminaires sont comme des maisons de *probation* où l'on examine la vocation des clercs, et où on les prépare à recevoir les ordres, et à faire les fonctions qui y sont attachées ; l'enseignement des séminaires, comme celui de tous les autres établissemens d'instruction publique, est sous l'inspection du magistrat politique. Les articles organiques rappellent les dispositions des ordonnances qui enjoignent à tous professeurs de séminaire d'enseigner les maximes qui ont été l'objet de la déclaration du clergé de France de 1682, et qui ne peuvent être méconnues par aucun bon citoyen.

» C'est aux archevêques ou métropolitains à veiller sur la discipline des diocèses, à écouter les réclamations et les plaintes qui peuvent leur être portées contre les évêques ; à pourvoir, pendant la vacance des siéges, au gouvernement des diocèses dans les lieux où il n'y a point de chapitres cathédraux autorisés par le dernier état de la discipline ; à pourvoir par des vicaires généraux au gouvernement des siéges vacans.

» Toute distinction entre le clergé séculier et régulier est effacée. Les conciles généraux avaient depuis longtemps défendu d'établir de nouveaux ordres religieux, crainte que leur trop grande diversité n'apportât de la confusion dans l'Eglise ; et ils avaient ordonné à toutes les personnes engagées dans les ordres ou congrégations déjà existantes de rentrer dans leurs

(1) Ordonnance de Blois.

cloîtres et de s'abstenir de l'administration des cures, attendu
que leur devoir était de s'occuper, dans le silence et dans la
solitude, de leur propre perfection, et qu'ils n'avaient point
reçu la mission de communiquer la perfection aux autres.
Toutes ces prohibitions avaient été inutiles; il a été remarqué
que la plupart des ordres religieux n'ont été établis que depuis
les défenses qui ont été faites d'en former : il est à remarquer
encore que, nonobstant les prohibitions des conciles, le clergé
régulier continuait à gouverner des cures importantes. Ce qui
est certain c'est que la ferveur dans chaque ordre religieux n'a
guère duré plus d'un siècle, et qu'il fallait sans cesse établir des
maisons de réforme, qui bientôt elles-mêmes avaient besoin de
réformation.

» Toutes les institutions monastiques ont disparu; elles
avaient été minées par le temps. Il n'est pas nécessaire à la religion qu'il existe des institutions pareilles, et, quand elles existent, il est nécessaire qu'elles remplissent le but pieux de leur
établissement. La politique, d'accord avec la piété, a donc
sagement fait de ne s'occuper que de la régénération des clercs
séculiers, c'est à dire de ceux qui sont vraiment préposés,
par leur origine et par leur caractère, à l'exercice du culte.

» La discipline ecclésiastique ne sera plus défigurée par des
exemptions et des priviléges funestes et injustes, ou par des
établissemens arbitraires qui n'étaient point la religion.

» Tous les pasteurs exerceront leurs fonctions conformément aux lois de l'Etat et aux canons de l'Eglise ; ceux d'entre
eux qui occupent le premier rang n'oublieront pas que toute
domination leur est interdite sur les consciences, et qu'ils doivent respecter dans leurs inférieurs la liberté chrétienne, si fort
recommandée par la loi évangélique, et qui ne comporte entre
les différens ministres du culte qu'une autorité modérée et une
obéissance raisonnable.

» Sous un gouvernement qui protége tous les cultes il
importe que tous les cultes se tolèrent réciproquement : le
devoir des ecclésiastiques est donc de s'abstenir, dans l'exercice
de leur ministère, de toute déclamation indiscrète qui pourrait
troubler le bon ordre. Le christianisme, ami de l'humanité,
commande lui-même de ménager ceux qui ont une croyance
différente, *de souffrir tout ce que Dieu souffre*, et de vivre
en paix avec tous les hommes.

» Quand on connaît la nature de l'esprit humain et la force
des opinions religieuses, on ne peut s'aveugler sur la grande
influence que les ministres de la religion peuvent avoir dans la
société ; cependant qui pourrait croire que depuis dix ans
l'autorité publique a demeuré étrangère au choix de ces minis-

tres ? Elle semblait avoir renoncé à tous les moyens de surveiller
utilement leur conduite. Ignorait-on qu'un culte qui n'est pas
exercé publiquement sous l'inspection de la police, un culte
dont on ne connaît point les ministres, et dont les ministres ne
connaissent pas eux-mêmes les conditions sous lesquelles ils
existent ; un culte qui embrasse une multitude invisible
d'hommes, souvent façonnés, dans le secret et dans le mystère,
à tous les genres de superstition, peut à chaque instant devenir
un foyer d'intrigues, de machinations ténébreuses, et dégénérer en conspiration sourde contre l'Etat ? La sagesse des
nations n'a pas cru devoir abandonner ainsi au fanatisme de
quelques inspirés, ou à l'esprit dominateur de quelques intrigans, un des plus grands ressorts de la société humaine. En
France le gouvernement a toujours présidé d'une manière plus
ou moins directe à la conduite des affaires ecclésiastiques; aucun
particulier ne pouvait autrefois être promu à la cléricature sans
une permission expresse du souverain. C'est la raison d'état qui
dans ce moment commandait plus que jamais les mesures qui
ont été concertées pour placer non l'Etat dans l'Eglise, mais
l'Eglise dans l'Etat; pour faire reconnaître dans le gouvernement
le droit essentiel de nommer les ministres du culte, et de s'assurer ainsi de leur fidélité et de leur soumission aux lois de la patrie.

» Après avoir réglé tout ce qui peut intéresser l'ordre public
on a pourvu, dans les articles organiques, à la subsistance de
ceux qui se vouent au service de l'autel, à l'établissement et
l'entretien des édifices destinés à l'exercice de la religion.

» Il ne faut pas sans doute que la religion soit un impôt,
mais il faut des temples où puissent se réunir ceux qui la professent. « Tous les peuples policés, dit un philosophe moderne,
» habitent dans des maisons; de là est venue naturellement
» l'idée de bâtir à Dieu une maison où ils puissent l'adorer,
» et l'aller chercher dans leurs craintes ou leurs espérances.
» En effet, rien n'est plus consolant pour les hommes qu'un
» lieu où ils trouvent la Divinité plus présente, et où tous
» ensemble ils font parler leurs faiblesses et leurs misères » (1).

» D'autre part, une religion ne pouvant subsister sans
ministres, il est juste que ces ministres soient assurés des
choses nécessaires à la vie si l'on veut qu'ils puissent exercer
toutes leurs fonctions, et en *remplir* les devoirs sans être distraits par le soin inquiet de leur conservation et de leur existence (2).

» En France il y avait partout des temples consacrés au

---

(1) Esprit des lois, liv. XXV, chap. 3.
(2) *Ibid.* chap. 4.

culte catholique. Ceux de ces temples qui sont aliénés le sont
irrévocablement; s'il en est qui aient été consacrés à quelque
usage public il ne faut point changer la nouvelle destination
qu'ils ont reçue; mais ce sera un acte de bonne administration
de ne point aliéner ceux qui ne le sont point encore, et de leur
conserver leur destination primitive. Dans les lieux où il n'y
aurait point d'édifices disponibles, les préfets, les administrateurs locaux pourront se concerter avec les évêques pour trouver un édifice convenable.

» Quant à la subsistance et à l'entretien des ministres, il y
était pourvu dans la primitive Eglise par les oblations libres
des chrétiens; dans la suite les églises furent richement dotées,
et alors on ne s'occupa qu'à mettre des bornes aux biens et aux
possessions du clergé. Ces grands biens ont disparu; et les
ministres de la religion se trouvent de nouveau réduits à solliciter de la piété le nécessaire qui leur manque.

» Dans les premiers âges du Christianisme le désintéressement des ministres ne pouvait être soupçonné, et la ferveur
des chrétiens était grande; on ne pouvait craindre que les
ministres exigeassent trop, ou que les chrétiens donnassent trop
peu; on pouvait s'en rapporter avec confiance aux vertus de
tous. L'affaiblissement de la piété et le relâchement de la discipline donnèrent lieu à des taxations, autrefois inusitées, et
changèrent les rétributions volontaires en contributions forcées :
de là les droits que les ecclésiastiques ont perçus sous le titre
d'*honoraires* pour l'administration des sacremens. Ces droits,
dit l'abbé *Fleury*, qui ne se paient qu'après l'exercice des
fonctions, ne présentent rien qui ne soit légitime, *pourvu que
l'intention des ministres qui les reçoivent soit pure, et qu'ils
ne les regardent pas comme un prix des sacremens ou des
fonctions spirituelles, mais comme un moyen de subvenir
à leurs nécessités temporelles.*

» Les ministres du culte pourront trouver une ressource dans
les droits dont nous parlons, et qui ont toujours été maintenus
sous le nom de *louables coutumes*. Mais la fixation de ces droits
est une opération purement civile et temporelle, puisqu'elle se
résout en une levée de deniers sur les citoyens : il n'appartient
donc qu'au magistrat politique de faire une telle fixation. Les
évêques et les prêtres ne pourraient s'en arroger la faculté; le
gouvernement seul doit demeurer arbitre entre le ministre qui
reçoit et le particulier qui paie. Si les évêques statuaient
autrefois sur ces matières par forme de réglement, c'est qu'ils
y avaient été autorisés par les lois de l'Etat, et nullement par
la suite ou la conséquence d'un pouvoir inhérent à l'épiscopat.
Cependant, comme ils peuvent éclairer sur ce point le magis-

trat politique, on a cru qu'ils pouvaient être invités à présenter les projets de réglemens, en réservant au gouvernement la sanction et l'autorisation de ces projets.

» Les fondations particulières peuvent être une autre source de revenus pour les ministres du culte; mais il est des précautions à prendre pour arrêter la vanité des fondateurs, pour prévenir les surprises qui pourraient leur être faites, et pour empêcher que les ecclésiastiques ne deviennent les héritiers de tous ceux qui n'en ont point ou qui ne veulent point en avoir. L'édit de 1749, intervenu sur les acquisitions des gens de mainmorte, portait que toute fondation, quelque favorable qu'elle fût, ne pourrait être exécutée sans l'aveu du magistrat politique; il ne permettait d'appliquer aux fondations que des biens d'une certaine nature; il ne permettait pas que les familles fussent dépouillées de leurs immeubles, ou que l'on arrachât de la circulation des objets qui sont dans le commerce. Aujourd'hui il était d'autant plus essentiel de se conformer aux sages vues de cette loi, que la faculté de donner des immeubles joindrait à tant d'autres inconvéniens celui de devenir un prétexte de solliciter et d'obtenir, sous les apparences d'une fondation libre, la restitution souvent forcée des biens qui ont appartenu aux ecclésiastiques, et dont l'aliénation a été ordonnée par les lois.

» Cependant il a paru raisonnable de faire une exception à la défense de donner des immeubles, dans les cas où la libéralité n'aurait pour objet qu'un édifice destiné à ménager un logement convenable à l'évêque ou au curé. Le logement fait partie de la subsistance et du nécessaire absolu; il a toujours été rangé par les lois dans la classe des choses qu'elles ont indéfiniment désignées sous le nom d'*alimens*. Au reste, le produit des fondations est trop éventuel pour garantir la subsistance actuelle des ministres; celui des oblations est étranger aux évêques, et il serait insuffisant pour le curé. Il faut pourtant que les uns et les autres puissent vivre avec décence et sans compromettre la dignité de leur ministère; il faut même, jusqu'à un certain point, que les ministres du culte puissent devenir des ministres de bienfaisance, et qu'ils aient quelques moyens de soulager la pauvreté et de consoler l'infortune.

» D'après la nouvelle circonscription des métropoles, des diocèses et des paroisses, on a pensé que l'on ne pouvait assigner aux archevêques ou métropolitains un revenu au dessous de *quinze mille francs*, et aux évêques au dessous de *dix mille*.

» Les curés peuvent être distribués en deux classes : le revenu des curés de la première classe sera fixé à *quinze cents francs*; celui de la seconde à *mille francs*.

» Les pensions décrétées par l'Assemblée constituante en faveur des anciens ecclésiastiques seront payées en acquittement du traitement déterminé. Le produit des oblations et des fondations présente une autre ressource; en sorte qu'il ne s'agira jamais que de fournir le supplément nécessaire pour assurer là subsistance et l'entretien des ministres.

» Les ecclésiastiques pensionnaires de l'Etat ne doivent point avoir la liberté de refuser arbitrairement les fonctions qui pourront leur être confiées; ils seront privés de leurs pensions si des causes légitimes, telles que leur grand âge ou leurs infirmités, ne justifient leur refus.

» En déclarant nationaux les biens du clergé catholique, on avait compris qu'il était juste d'assurer la subsistance des ministres à qui ces biens avaient été originairement donnés ; on ne fera donc qu'exécuter ce principe de justice en assignant aux ministres catholiques des secours supplémentaires jusqu'à la concurrence de la somme réglée pour le traitement de ces ministres.

» Telles sont les bases des articles organiques. Quelles espérances n'est-on pas en droit de concevoir pour le rétablissement des mœurs publiques ! Les sciences ont banni pour toujours la superstition et le fanatisme, qui ont été si longtemps les fléaux des Etats; la sagesse ramène à *l'esprit de la pure antiquité* des institutions qui sont par leur nature la source et la garantie de la morale; désormais les ministres de la religion seront dans l'heureuse impuissance de se distinguer autrement que par leurs lumières et par leurs vertus. Tous les bons esprits bénissent dans cette occurrence les vues et les opérations du gouvernement. Dans le seizième siècle le chef de la religion catholique fut le restaurateur des lettres en Europe ; dans le dix-neuvième un héros philosophe devient le restaurateur de la religion. »

RAPPORT *au Conseil d'état* (par le même) *sur les articles organiques des cultes protestans.*

« Une portion du peuple français professe la religion protestante. Cette religion se divise en diverses branches; mais nous ne connaissons guère en France que les protestans connus sous le nom de *Réformés*, et les *Luthériens* de la confession d'Augsbourg.

» Toutes les communions protestantes s'accordent sur certains principes. Elles n'admettent aucune hiérarchie entre les pasteurs ; elles ne reconnaissent en eux aucun pouvoir émané d'en haut; elles n'ont point de chef visible. Elles enseignent que tous les droits et tous les pouvoirs sont dans la société des fidèles, et en dérivent. Si elles ont une police, une discipline, cette police et cette discipline sont réputées n'être que des établissemens de convention. Rien dans tout cela n'est réputé de droit divin.

» Nous ne parlerons pas de la diversité de croyance sur certains points de doctrine; l'examen du dogme est étranger à notre objet.

» Nous observerons seulement que les diverses communions protestantes ne se régissent pas de la même manière dans leur gouvernement extérieur.

» Le gouvernement des églises de la confession d'Augsbourg est plus gradué que celui des églises réformées; il a des formes plus sévères. Les églises réformées, par leur régime, sont plus constamment isolées; elles ne se sont donné aucun centre commun auquel elles puissent se rallier dans l'intervalle plus ou moins long d'une assemblée synodale à une autre.

» Ces différences dans le gouvernement des églises réformées et dans celui des églises de la confession d'Augsbourg ont leur source dans les circonstances diverses qui ont présidé à l'établissement de ces églises. Les pasteurs des diverses communions protestantes nous ont adressé toutes les instructions nécessaires. Je dois à tous le témoignage qu'ils se sont empressés de faire parvenir leurs déclarations de soumission et de fidélité aux lois de la République et au gouvernement. Ils professent unanimement que l'Église est dans l'État, que l'on est citoyen avant d'être ecclésiastique, et qu'en devenant ecclésiastique on ne cesse pas d'être citoyen. Ils se félicitent de professer une religion qui recommande partout l'amour de la patrie et l'obéissance à la puissance publique. Ils bénissent à l'envi le gouvernement français de la protection éclatante qu'il accorde à tous les cultes qui ont leur fondement dans les grandes vérités que le Christianisme a notifiées à l'univers.

» D'après les instructions reçues soit par écrit, soit dans des conférences, il était facile de fixer le régime convenable à chaque communion protestante; on ne pouvait confondre des églises qui ont leur discipline particulière et séparée.

» De là les articles organiques ont distingué les églises de la confession d'Augsbourg d'avec les églises réformées, pour conserver à toutes leur police et la forme de leur gouvernement.

» D'abord on s'est occupé de la circonscription de chaque église ou paroisse; on a donné un consistoire local à chaque église pour représenter la société des fidèles, en qui, d'après la doctrine protestante, résident tous les pouvoirs. On a fixé le nombre des membres qui doivent composer ce consistoire; on a déterminé leur qualité et la manière de les élire. Les églises

réformées sont maintenues dans la faculté d'avoir des assemblées synodales ; et les églises de la confession d'Augsbourg
auront, outre les consistoires locaux et particuliers à chaque
église, des inspections et des consistoires généraux.

» Les articles organiques s'occupent ensuite du traitement
des pasteurs ; ils maintiennent en leur faveur les oblations qui
sont consacrées par l'usage, ou qui pourront l'être par des
réglemens ; ils pourvoient à l'établissement des académies ou
séminaires destinés à l'instruction de ceux qui se vouent au
ministère ecclésiastique. Rien n'a été négligé pour faire participer les protestans au grand bienfait de la liberté des cultes.
Cette liberté, jusqu'ici trop illusoire, se réalise aujourd'hui.
Qu'il est heureux de voir ainsi les institutions religieuses placées sous la protection des lois, et les lois sous la sauvegarde,
sous la salutaire influence des institutions religieuses ! »

DISCOURS *sur l'organisation des cultes.*, *et* EXPOSÉ DES
MOTIFS *du projet de loi relatif à la* convention passée
entre le gouvernement français et le pape; *lus devant
le Corps législatif* par le conseiller d'état Portalis. —
Séance du 15 germinal an 10 (5 avril 1802*).*

« Citoyens législateurs, depuis le 18 brumaire l'ouverture
de chacune de vos sessions semble avoir été signalée par quelque
événement glorieux, par quelque époque mémorable pour la
nation. La dernière le fut par la paix continentale de l'Europe.
Quelques mois se sont à peine écoulés, et la vôtre l'est par la
paix du monde.

» Nous avons été grands dans la guerre; nous le serons dans
la paix.

» Nous avons tout fait pour la gloire; c'est à votre sagesse,
en harmonie avec les vues du gouvernement, à établir et à
consacrer les institutions salutaires qui peuvent fonder le
bonheur.

» Depuis longtemps le gouvernement s'occupait des moyens
de rétablir la paix religieuse en France. J'ai l'honneur de
vous présenter l'important résultat de ses opérations, et de
mettre sous vos yeux les circonstances et les principes qui les
ont dirigées.

» Le catholicisme avait toujours été parmi nous la religion
dominante; depuis plus d'un siècle son culte était le seul dont
l'exercice public fût autorisé; les institutions civiles et politiques étaient intimement liées avec les institutions religieuses ;

le clergé était le premier ordre de l'Etat ; il possédait de grands biens, il jouissait d'un grand crédit, il exerçait un grand pouvoir.

» Cet ordre de choses a disparu avec la révolution.

» Alors la liberté de conscience fut proclamée ; les propriétés du clergé furent mises à la disposition de la nation : on s'engagea seulement à fournir aux dépenses du culte catholique, et à salarier ses ministres.

» On entreprit bientôt de donner une nouvelle forme à la police ecclésiastique.

» Le nouveau régime avait à lutter contre les institutions anciennes.

» L'Assemblée constituante voulut s'assurer par un serment de la fidélité des ecclésiastiques, dont elle changeait la situation et l'état. La formule de ce serment fut tracée par les articles 21 et 38 du titre II de la Constitution civile du clergé, décrétée le 12 juillet 1790, et proclamée le 24 août suivant.

» Il est plus aisé de rédiger des lois que de gagner les esprits et de changer les opinions. La plupart des ecclésiastiques refusèrent le serment ordonné, et ils furent remplacés dans leurs fonctions par d'autres ministres.

» Les prêtres français se trouvèrent ainsi divisés en deux classes ; celle des assermentés, et celle des non assermentés. Les fidèles se divisèrent d'opinion comme les ministres. L'opposition qui existait entre les divers intérêts politiques rendit plus vive celle qui existait entre les divers intérêts religieux : les esprits s'aigrirent ; les dissensions théologiques prirent un caractère qui inspira de justes alarmes à la politique.

» Quand on vit l'autorité préoccupée de ce qui se passait, on chercha à la tromper ou à la surprendre.

» Tous les partis s'accusèrent réciproquement.

» La législation qui sortit de cet état de fermentation et de trouble est assez connue.

» Je ne la retracerai pas ; je me borne à dire qu'elle varia selon les circonstances, et qu'elle suivit le cours des événemens publics.

» Au milieu de ces événemens les consciences étaient toujours plus ou moins froissées. On sait que le désordre était à son comble lorsque le 18 brumaire vint subitement placer la France sous un meilleur génie.

» A cette époque les affaires de la religion fixèrent la sollicitude du sage, du héros qui avait été appelé par la confiance nationale au gouvernement de l'Etat, et qui, dans ses brillantes campagnes d'Italie, dans ses importantes négociations avec les divers cabinets de l'Europe, et dans ses glorieuses

expéditions d'outre-mer, avait acquis une si grande connaissance des choses et des hommes.

Nécessité de la religion en général.

» Une première question se présentait : *la religion en
général est-elle nécessaire aux corps de nation? est-elle
nécessaire aux hommes?*

» Nous naissons dans des sociétés formées et vieillies; nous
y trouvons un gouvernement, des institutions, des lois, des
habitudes, des maximes reçues : nous ne daignons pas nous
enquérir jusqu'à quel point ces diverses choses se tiennent
entre elles; nous ne demandons pas dans quel ordre elles se
sont établies. Nous ignorons l'influence successive qu'elles ont
eue sur notre civilisation, et qu'elles conservent sur les mœurs
publiques et sur l'esprit général ; trop confians dans nos
lumières acquises, fiers de l'état de perfection où nous sommes
arrivés, nous imaginons que, sans aucun danger pour le bonheur commun, nous pourrions désormais renoncer à tout ce
que nous appelons préjugés antiques, et nous séparer brusque-
ment de tout ce qui nous a civilisés. De là l'indifférence de
notre siècle pour les institutions religieuses et pour tout ce
qui ne tient pas aux sciences et aux arts, aux moyens d'industrie et de commerce, qui ont été si heureusement développés
de nos jours, et aux objets d'économie politique, sur lesquels
nous paraissons fonder exclusivement la prospérité des états.

» Je m'empresserai toujours de rendre hommage à nos
découvertes, à notre instruction, à la philosophie de nos temps
modernes.

» Mais, quels que soient nos avantages, quel que soit le
perfectionnement de notre espèce, les bons esprits sont forcés
de convenir qu'aucune société ne pourrait subsister sans morale,
et que l'on ne peut encore se passer de magistrats et de lois.

» Or l'utilité ou la nécessité de la religion ne dérive-t-elle
pas de la nécessité même d'avoir une morale? L'idée d'un Dieu
législateur n'est-elle pas aussi essentielle au monde intelligent
que l'est au monde physique celle d'un Dieu créateur et premier moteur de toutes les causes secondes? L'athée, qui ne
reconnaît aucun dessein dans l'univers, et qui semble n'user
de son intelligence que pour tout abandonner à une fatalité
aveugle, peut-il utilement prêcher la règle des mœurs en des-
séchant par ses désolantes opinions la source de toute moralité?

» Pourquoi existe-t-il des magistrats? pourquoi existe-t-il
des lois? pourquoi ces lois annoncent-elles des récompenses et
des peines? C'est que les hommes ne suivent pas uniquement
leur raison ; c'est qu'ils sont naturellement disposés à espérer et

à craindre, et que les instituteurs des nations ont cru devoir mettre cette disposition à profit pour les conduire au bonheur et à la vertu. Comment donc la religion, qui fait de si grandes promesses et de si grandes menaces, ne serait-elle pas utile à la société?

» Les lois et la morale ne sauraient suffire.

» Les lois ne règlent que certaines actions ; la religion les embrasse toutes : les lois n'arrêtent que le bras ; la religion règle le cœur : les lois ne sont relatives qu'au citoyen ; la religion s'empare de l'homme.

» Quant à la morale, que serait-elle si elle demeurait reléguée dans la haute région des sciences, et si les institutions religieuses ne l'en faisaient pas descendre pour la rendre sensible au peuple?

» La morale sans préceptes positifs laisserait la raison sans règle ; la morale sans dogmes religieux ne serait qu'*une justice sans tribunaux.*

» Quand nous parlons de la force des lois, savons-nous bien quel est le principe de cette force? Il réside moins dans la bonté des lois que dans leur puissance : leur bonté seule serait toujours plus ou moins un objet de controverse. Sans doute une loi est plus durable et mieux accueillie quand elle est bonne ; mais son principal mérite est d'être loi, c'est à dire son principal mérite est d'être non un raisonnement, mais une décision ; non une simple thèse, mais un fait. Conséquemment une morale religieuse qui se résout en commandemens formels a nécessairement une force qu'aucune morale purement philosophique ne saurait avoir : la multitude est plus frappée *de ce qu'on lui ordonne que de ce qu'on lui prouve.* Les hommes en général ont besoin d'être fixés ; il leur faut des maximes plutôt que des démonstrations.

» La diversité des religions positives ne saurait être présentée comme un obstacle à ce que la vraie morale, à ce que la morale naturelle puisse jamais devenir universelle sur la terre. Si les diverses religions positives ne se ressemblent pas, si elles diffèrent dans leur culte extérieur et dans leurs dogmes, il est du moins certain que les principaux articles de la morale naturelle constituent le fond de toutes les religions positives. Par là les maximes et les vertus les plus nécessaires à la conservation de l'ordre social sont partout sous la sauvegarde des sentimens religieux et de la conscience ; elles acquièrent ainsi un caractère d'énergie, de fixité et de certitude qu'elles ne pourraient tenir de la science des hommes.

» Un des grands avantages des religions positives est encore de lier la morale à des rites, à des cérémonies, à des pratiques qui en deviennent l'appui : car n'allons pas croire que l'on puisse conduire les hommes avec des abstractions ou des maximes froidement calculées. La morale n'est pas une science spéculative ; elle ne consiste pas uniquement dans l'art de bien penser, mais dans celui de bien faire : il est moins question de connaître que d'agir ; or les bonnes actions ne peuvent être préparées et garanties que par les bonnes habitudes : c'est en pratiquant des choses qui mènent à la vertu, ou qui du moins en rappellent l'idée, qu'on apprend à aimer et à pratiquer la vertu même.

» Sans doute il n'est pas plus vrai de dire, dans l'ordre religieux, que les rites et les cérémonies sont la vertu, qu'il ne le serait de dire, dans l'ordre civil, que les formes judiciaires sont la justice ; mais comme la justice ne peut être garantie que par des formes réglées qui préviennent l'arbitraire, dans l'ordre moral la vertu ne peut être assurée que par l'usage et la sainteté de certaines pratiques qui préviennent la négligence et l'oubli.

» La vraie philosophie respecte les formes autant que l'orgueil les dédaigne : il faut une discipline pour la conduite, comme il faut un ordre pour les idées. Nier l'utilité des rites et des pratiques religieuses en matière de morale, ce serait nier l'empire des notions sensibles sur des êtres qui ne sont pas de purs esprits ; ce serait nier la force de l'habitude.

» Il est une religion naturelle, dont les dogmes et les préceptes n'ont point échappé aux sages de l'antiquité, et à laquelle on peut s'élever par les seuls efforts d'une raison cultivée ; mais une religion purement intellectuelle ou abstraite pourrait-elle jamais devenir nationale ou populaire ? Une religion sans culte public ne s'affaiblirait-elle pas bientôt ? ne ramenerait-elle pas infailliblement la multitude à l'idolâtrie ? S'il faut juger du culte par la doctrine, ne faut-il pas conserver la doctrine par le culte ? Une religion qui ne parlerait point aux yeux et à l'imagination pourrait-elle conserver l'empire des âmes ? Si rien ne réunissait ceux qui professent la même croyance, n'y aurait-il pas en peu d'années autant de systèmes religieux qu'il y a d'individus ? Les vérités utiles n'ont-elles pas besoin d'être consacrées par de salutaires institutions ?

» Les hommes en s'éclairant deviennent-ils des anges ? Peuvent-ils donc espérer qu'en communiquant leurs lumières ils éleveront leurs semblables au rang sublime des pures intelligences !

» Les savans et les philosophes de tous les siècles ont constamment manifesté le désir louable de n'enseigner que ce qui est bon, que ce qui est raisonnable ; mais se sont-ils accordés

entre eux sur ce qu'ils réputaient raisonnable et bon ? Règne-
t-il une grande harmonie entre ceux qui ont discuté et qui
discutent encore les dogmes de la religion naturelle ? Chacun
d'eux n'a-t-il pas son opinion particulière, et n'est-il pas
réduit à son propre suffrage ? Depuis les admirables Offices du
consul romain a-t-on fait, par les seuls efforts de la science
humaine, quelque découverte dans la morale ? Depuis les Dissertations de Platon est-on agité par moins de doutes dans la
métaphysique ? S'il y a quelque chose de stable et de convenu
sur l'existence et l'unité de Dieu, sur la nature et la destination de l'homme, n'est-ce pas au milieu de ceux qui professent
un culte et qui sont unis entre eux par les liens d'une religion
positive ?

» L'intérêt des gouvernemens humains est donc de protéger
les institutions religieuses, puisque c'est par elles que la conscience intervient dans toutes les affaires de la vie ; puisque
c'est par elles que la morale et les grandes vérités qui lui servent de sanction et d'appui sont arrachées à l'esprit de système
pour devenir l'objet de la croyance publique ; puisque c'est
par elles enfin que la société entière se trouve placée sous la
puissante garantie de l'auteur même de la nature.

» Les états doivent maudire la superstition et le fanatisme.

» Mais sait-on bien ce que serait un peuple de sceptiques et
d'athées ?

» Le fanatisme de Muncer, chef des anabaptistes, a été
certainement plus funeste aux hommes que l'athéisme de
Spinosa.

» Il est encore vrai que des nations agitées par le fanatisme
se sont livrées par intervalles à des excès et à des horreurs qui
font frémir.

» Mais la question de préférence entre la religion et
l'athéisme ne consiste pas à savoir si, dans une hypothèse
donnée, il n'est pas plus dangereux qu'un tel homme soit fanatique qu'athée, ou si, dans certaines circonstances, il ne vau-
drait pas mieux qu'un peuple fût athée que fanatique ; mais
si, dans la durée des temps et pour les hommes en général,
il ne vaut pas mieux *que les peuples abusent quelquefois de
la religion que de n'en point avoir.*

» *L'effet inévitable de l'athéisme*, dit un grand homme,
*est de nous conduire à l'idée de notre indépendance, et
conséquemment de notre révolte.* Quel écueil pour toutes les
vertus les plus nécessaires au maintien de l'ordre social !

» Le scepticisme de l'athée isole les hommes autant que la
religion les unit ; il ne les rend pas tolérans, mais frondeurs ;
il dénoue tous les fils qui nous attachent les uns aux autres ; il

se sépare de tout ce qui le gêne, et il méprise tout ce que les autres croient ; il dessèche la sensibilité ; il étouffe tous les mouvemens spontanés de la nature ; il fortifie l'amour-propre, et le fait dégénérer en un sombre égoïsme ; il substitue des doutes à des vérités ; il arme les passions, et il est impuissant contre les erreurs ; il n'établit aucun système, il laisse à chacun le droit d'en faire ; il inspire des prétentions sans donner des lumières ; il mène par la licence des opinions à celle des vices ; il flétrit le cœur ; il brise tous les liens ; il dissout la société.

» L'athéisme aurait-il du moins l'effet d'éteindre toute superstition, tout fanatisme ? Il est impossible de le penser.

» La superstition et le fanatisme ont leur principe dans les imperfections de la nature humaine.

» La superstition est une suite de l'ignorance et des préjugés. Ce qui la caractérise est de se trouver unie à quelqu'un de ces mouvemens secrets et confus de l'âme qui sont ordinairement produits par trop de timidité ou par trop de confiance, et qui intéressent plus ou moins vivement la conscience en faveur des écarts de l'imagination ou des préjugés de l'esprit. On peut définir la superstition une croyance aveugle, erronée ou excessive, qui tient presque uniquement à la manière dont nous sommes affectés, et que nous réduisons, par un sentiment quelconque de respect ou de crainte, en règle de conduite ou en principe de mœurs.

» Avec une imagination vive, avec une âme faible, ou avec un esprit peu éclairé, on peut être superstitieux dans les choses naturelles comme dans les choses religieuses. Il n'est pas contradictoire d'être à la fois impie et superstitieux ; nous en prenons à témoin les incrédules du moyen âge et quelques athées de nos jours.

» D'autre part toute opinion quelconque, religieuse, politique, philosophique, peut faire des enthousiastes et des fanatiques. De simples questions de grammaire nous ont fait courir le risque d'une guerre civile ; on s'est quelquefois battu pour le choix d'un histrion.

» D'après le mot d'un célèbre ministre, la dernière guerre, dans laquelle la France a si glorieusement soutenu le poids de l'univers, a-t-elle été autre chose que la guerre des *opinions armées*, et y a-t-il une guerre religieuse qui ait fait répandre plus de sang ?

» On ne saurait donc imputer exclusivement à la religion des maux qui ont existé et qui existeraient encore sans elle.

» Loin que la superstition soit née de l'établissement des religions positives, on peut affirmer que sans le frein des doctrines et des institutions religieuses il n'y aurait plus de terme à la crédulité, à la superstition, à l'imposture. Les hommes en général ont besoin d'être croyans pour n'être pas crédules ; ils ont besoin d'un culte pour n'être pas superstitieux.

» En effet, comme il faut un code de lois pour régler les intérêts, il faut un dépôt de doctrine pour fixer les opinions. Sans cela, suivant l'expression de Montaigne, *il n'y a plus rien de certain que l'incertitude même.*

» La religion positive est une digue, une barrière qui seule peut nous rassurer contre ce torrent d'opinions fausses et plus ou moins dangereuses que le délire de la raison humaine peut inventer.

» Craindrait-on de ne remédier à rien en remplaçant les faux systèmes de philosophie par de faux systèmes de religion ?

» La question sur la vérité ou sur la fausseté de telle ou telle autre religion positive n'est qu'une pure question théologique qui nous est étrangère. Les religions, même fausses, ont au moins l'avantage de mettre obstacle à l'introduction des doctrines arbitraires : les individus ont un centre de croyance ; les gouvernemens sont rassurés sur des dogmes, une fois connus, qui ne changent pas ; la superstition est pour ainsi dire régularisée, circonscrite et resserrée dans des bornes qu'elle ne peut ou qu'elle n'ose franchir.

» Il n'y a point à balancer entre de faux systèmes de philosophie et de faux systèmes de religion. Les faux systèmes de philosophie rendent l'esprit contentieux et laissent le cœur froid : les faux systèmes de religion ont au moins l'effet de rallier les hommes à quelques idées communes, et de les disposer à quelques vertus. Si les faux systèmes de religion nous façonnent à la crédulité, les faux systèmes de philosophie nous conduisent au scepticisme ; or les hommes en général, plus faits pour agir que pour méditer, ont plus besoin, dans toutes les choses pratiques, de motifs déterminans que de subtilités et de doutes. Le philosophe lui-même a besoin, autant que la multitude, du courage d'ignorer et de la sagesse de croire ; car il ne peut ni tout connaître ni tout comprendre.

» Ne craignons pas le retour du fanatisme ; nos mœurs, nos lumières empêchent ce retour. Honorons les lettres, cultivons les sciences en respectant la religion, et nous serons philosophes sans impiété, et religieux sans fanatisme.

» Ce qui est inconcevable, c'est que dans le moment même où l'on annonce que la protection donnée aux institutions religieuses pourrait nous replonger dans des superstitions fanatiques, on prétend d'un autre côté que l'on fait un trop grand bruit de la religion, et qu'elle n'a plus aucune sorte de prise sur les hommes.

» Il faut pourtant s'accorder : si les institutions religieuses

peuvent inspirer du.fanatisme, c'est par le ressort prodigieux
qu'elles donnent à l'âme; et dès lors il faut.convenir qu'elles
ont une grande influence, et qu'un gouvernement serait peu
sage de les mépriser ou de les négliger.

» Avancer que la religion n'arrête aucun désordre dans les
pays où.elle est le plus en honneur, puisqu'elle n'empêche pas
les crimes et les scandales dont nous sommes les témoins, c'est
proposer une objection qui frappe contre la morale et les lois
elles-mêmes, puisque la morale et les lois n'ont pas la force de
prévenir tous les crimes et tous les scandales.

» A la vérité, dans les siècles même les plus religieux, il
est des hommes qui ne croient point à la religion ; d'autres
qui y croient faiblement, ou qui ne s'en occupent pas. Entre
les plus fermes croyans, peu agissent conformément à leur.
foi ; mais aussi ceux qui croient.à la religion la pratiquent
quelquefois, s'ils ne la pratiquent pas toujours ; ils peuvent
s'égarer, mais ils reviennent plus facilement. Les impressions
de l'enfance et de l'éducation ne s'éteignent jamais entièrement
chez les incrédules mêmes. Tous ceux qui paraissent incrédules
ne le sont pas ; il se forme autour d'eux une sorte d'esprit général qui les entraîne malgré eux-mêmes, et qui règle jusqu'à
un certain point, sans qu'ils s'en doutent, leurs actions et leurs
pensées. Si l'orgueil de leur raison les rend sceptiques, leurs
sens et leur cœur déjouent plus d'une fois les sophismes de leur
raison.

» La multitude est d'ailleurs plus accessible à la religion.
qu'au scepticisme ; conséquemment les idées religieuses ont
toujours une grande influence sur les hommes en masse, sur
les corps de nation, sur la société générale du genre humain.

» Nous voyons les crimes que la .religion n'empêche pas ;
mais voyons-nous ceux qu'elle arrête? Pouvons-nous scruter
les consciences, et y voir tous les noirs projets que la religion
y étouffe, et toutes les salutaires pensées qu'elle y fait naître ?
D'où vient que les hommes, qui nous paraissent si mauvais
en détail, sont en masse de si honnêtes gens ? Ne serait-ce point
parce que les inspirations, les remords, auxquels des méchans
déterminés résistent, et auxquels les bons ne cèdent pas toujours, suffisent pour régir le général des hommes dans le plus
grand nombre de cas, et pour garantir, dans le cours ordinaire de la vie, cette direction uniforme et universelle sans
laquelle.toute société durable serait impossible ?

» D'ailleurs on se trompe si, en contemplant la société
humaine, on imagine que cette grande machine pourrait aller
avec un seul des ressorts qui la font mouvoir; cette erreur est
aussi évidente que dangereuse. L'homme n'est point un être

simple ; la société, qui est l'union des hommes , est nécessairement le plus compliqué de tous les mécanismes. Que ne,
pouvons-nous la décomposer! et nous apercevrions bientôt le
nombre innombrable de ressorts imperceptibles par lesquels
elle subsiste. Une idée reçue, une habitude , une opinion qui
ne se fait plus remarquer a souvent été le principal ciment de
l'édifice. On croit que ce sont les lois qui gouvernent ; et partout ce sont les mœurs : les mœurs sont le résultat lent des
circonstances, des usages, des institutions. De tout ce qui existe
parmi les hommes , il n'y a rien qui embrasse plus l'homme
tout entier que la religion.

» Nous sentons plus que jamais la nécessité d'une instruction
publique. L'instruction est un besoin de l'homme ; elle est surtout un besoin des sociétés ; et nous ne protégerions pas les institutions religieuses , qui sont comme les canaux par lesquels
les idées d'ordre , de devoir , d'humanité, de justice , coulent
dans toutes les classes de citoyens ! La science ne sera jamais
que le partage du petit nombre ; mais avec la religion on peut
être instruit sans être savant : c'est elle qui enseigne, qui révèle
toutes les vérités utiles à des hommes qui n'ont ni le temps ni
les moyens d'en faire la pénible recherche. Qui voudrait donc
tarir les sources de cet enseignement sacré , qui sème partout
les bonnes maximes , qui les rend présentes à chaque individu,
qui les perpétue en les liant à des établissemens permanens et
durables, et qui leur communique ce caractère d'autorité et
de popularité sans lequel elles seraient étrangères au peuple,
c'est à dire à presque tous les hommes.

» Écoutons la voix de tous les citoyens honnêtes, qui dans
les assemblées départementales ont exprimé leur vœu sur ce
qui se passe depuis dix ans sous leurs yeux.

« Il est temps, disent-ils (1), que les théories se taisent
» devant les faits. Point d'instruction sans éducation , et point
» d'éducation sans morale et sans religion.

» Les professeurs ont enseigné dans le désert, parce qu'on
» a proclamé imprudemment qu'il ne fallait jamais parler de
» religion dans les écoles.

» L'instruction est nulle depuis dix ans. Il faut prendre la
» religion pour base de l'éducation.

» Les enfans sont livrés à l'oisiveté la plus dangereuse, au
» vagabondage le plus alarmant.

» Ils sont sans idée de la Divinité , sans notion du juste et de

(1) Analise des procès verbaux des conseils généraux des départemens.

» l'injuste : de là des mœurs farouches et barbares ; de là un
» peuple féroce.

» Si l'on compare ce qu'est l'instruction avec ce qu'elle
» devrait être, on ne peut s'empêcher de gémir sur le sort qui
» menace les générations présentes et futures. »

» Ainsi toute la France appelle la religion au secours de la
morale et de la société.

» Ce sont les idées religieuses qui ont contribué plus que
toute autre chose à la civilisation des hommes. C'est moins
par nos idées que par nos affections que nous sommes sociables ;
or n'est-ce pas avec les idées religieuses que les premiers législateurs ont cherché à modérer et à régler les passions et les
affections humaines ?

» Comme ce ne sont guère des hommes corrompus ou des
hommes médiocres qui ont bâti des villes et fondé des empires,
on est bien fort quand on a pour soi la conduite et les plans
des instituteurs et des libérateurs des nations. En est-il un seul
qui ait dédaigné d'appeler la religion au secours de la politique ?

» Les lois de Minos, de Zaleucus, celle des Douze-Tables,
reposent entièrement sur la crainte des dieux. Cicéron, dans
son Traité des Lois, pose la providence comme la base de toute
législation. Platon rappelle à la Divinité dans toutes les pages
de ses ouvrages. *Numa avait fait de Rome la ville sacrée
pour en faire la ville éternelle.*

» Ce ne fut point la fraude, ce ne fut point la superstition,
dit un grand homme, qui fit établir la religion chez les Romains ;
ce fut la nécessité où sont toutes les sociétés d'en avoir une.

» Le joug de la religion, continue-t-il, fut le seul dont le
peuple romain, dans sa fureur pour la liberté, n'osa s'affranchir ;
et ce peuple, qui se mettait si facilement en colère, avait
besoin d'être arrêté par une puissance invisible.

» Le mal est que les hommes en se civilisant, et en jouissant
de tous les biens et des avantages de toute espèce qui naissent
de leur perfectionnement, refusent de voir les véritables causes
auxquelles ils en sont redevables : comme dans un grand arbre
les rameaux nombreux et le riche feuillage dont il se couvre
cachent le tronc, et ne nous laissent apercevoir que des fleurs
brillantes et des fruits abondans.

» Mais, je le dis pour le bien de ma patrie, je le dis pour le
bonheur de la génération présente et pour celui des générations à venir, le scepticisme outré, l'esprit d'irréligion, trans-
formé en système politique, est plus près de la barbarie qu'on
ne pense.

» Il ne faut pas juger d'une nation par le petit nombre
d'hommes qui brillent dans les grandes cités. A côté de ces

hommes il existe une population immense qui a besoin d'être gouvernée, qu'on ne peut éclairer, qui est plus susceptible d'impressions que de principes, et qui, sans les secours et sans le frein de la religion, ne connaîtrait que le malheur et le crime.

» Les habitans de nos campagnes n'offriraient bientôt plus que des hordes sauvages, si, vivant isolés sur un vaste territoire, la religion, en les appelant dans les temples, ne leur fournissait de fréquentes occasions de se rapprocher, et ne les disposait ainsi à goûter la douceur des communications sociales.

» Hors de nos villes c'est uniquement l'esprit de religion qui maintient l'esprit de société : on se rassemble, on se voit dans les jours de repos ; en se fréquentant on contracte l'habitude des égards mutuels ; la jeunesse, qui cherche à se faire remarquer, étale un luxe innocent, qui adoucit les mœurs plutôt qu'il ne les corrompt ; après les plus rudes travaux on trouve à la fois l'instruction et le délassement ; des cérémonies augustes frappent les yeux et remuent le cœur : les exercices religieux préviennent les dangers d'une grossière oisiveté. A l'approche des solennités les familles se réunissent ; les ennemis se réconcilient, les méchans mêmes éprouvent quelques remords : on connaît le respect humain. Il se forme une opinion publique, bien plus sûre que celle de nos grandes villes, où il y a tant de coteries et point de véritable public. Que d'œuvres de miséricorde inspirées par la piété ! que de restitutions forcées par les terreurs de la conscience !

» Otez la religion à la masse des hommes, par quoi la remplacerez-vous ? Si l'on n'est pas préoccupé du bien, on le sera du mal : l'esprit et le cœur ne peuvent demeurer vides.

» Quand il n'y aura plus de religion, il n'y aura plus ni patrie ni société pour des hommes qui, en recouvrant leur indépendance, n'auront que la force pour en abuser.

» Dans quel moment la grande question de l'utilité ou de la nécessité des institutions religieuses s'est-elle trouvée soumise à l'examen du gouvernement ? Dans un moment où l'on vient de conquérir la liberté, où l'on a effacé toutes les inégalités affligeantes, et où l'on a modéré la puissance et adouci toutes les lois. Est-ce dans de telles circonstances qu'il faudrait abolir et étouffer les sentimens religieux ? C'est surtout dans les états libres que la religion est nécessaire. *C'est là*, dit Polybe, *que, pour n'être pas obligé de donner un pouvoir dangereux à quelques hommes, la plus forte crainte doit être celle des dieux.*

» Le gouvernement n'avait donc point à balancer sur le

principe général d'après lequel il devait agir dans la conduite
des affaires religieuses.

· » Mais plusieurs choses étaient à peser dans l'application de
ce principe.

Impossibilité d'établir une religion nouvelle.

» L'état religieux de la France est malheureusement trop
connu : nous sommes à cet égard environnés de débris et de
ruines. Cette situation avait fait naître dans quelques esprits
l'idée de profiter des circonstances pour créer une religion nouvelle, qui eût pu être, disait-on, plus adaptée aux lumières,
aux mœurs, et aux maximes de liberté qui ont présidé à nos
institutions républicaines.

» Mais on ne fait pas une religion comme l'on promulgue
des lois : *si la force des lois vient de ce qu'on les craint, la
force d'une religion vient uniquement de ce qu'on la croit :*
or la foi ne se commande pas.

» Dans l'origine des choses, dans des temps d'ignorance et
de barbarie, des hommes extraordinaires ont pu se dire inspirés, et, à l'exemple de *Prométhée*, faire descendre le feu
du ciel pour animer un monde nouveau; mais ce qui est possible chez un peuple naissant ne saurait l'être chez des nations
usées, dont il est si difficile de changer les habitudes et les idées.

» Les lois humaines peuvent tirer avantage de leur nouveauté, parce que souvent les lois nouvelles annoncent l'intention de réformer d'anciens abus, ou de faire quelque nouveau
bien ; mais en matière de religion tout ce qui a l'apparence de
la nouveauté porte le caractère de l'erreur ou de l'imposture.
*L'antiquité convient aux institutions religieuses, parce
que, relativement à ces sortes d'institutions, la croyance
est plus forte et plus vive à proportion que les choses qui
en sont l'objet ont une origine plus reculée ; car nous n'a-
vons pas dans la tête des idées accessoires, tirées de ces
temps-là, qui puissent les contredire.*

» De plus on ne croit à une religion que parce qu'on la
suppose l'ouvrage de Dieu ; tout est perdu si on laisse entrevoir
la main de l'homme.

» La sagesse prescrivait donc au gouvernement de s'arrêter
aux religions existantes, qui ont pour elles la sanction du
temps et le respect des peuples.

» Ces religions, dont l'une est connue sous le nom de religion catholique, et l'autre sous celui de religion protestante,
ne sont que des branches du Christianisme ; or quel juste motif
eût pu déterminer la politique à proscrire les cultes chrétiens ?

» Il paraît d'abord extraordinaire que l'on ait à examiner aujourd'hui si les états peuvent s'accommoder du Christianisme, qui depuis tant de siècles constitue le fond de toutes les religions professées par les nations policées de l'Europe ; mais on n'est plus surpris quand on réfléchit sur les circonstances.

» A la renaissance des lettres il y eut un ébranlement ; les nouvelles lumières qui se répandirent à cette époque fixèrent l'attention sur les abus et les déréglemens dans lesquels on était tombé ; des esprits ardens s'emparèrent des discussions ; l'ambition s'en mêla ; on fit la guerre aux hommes au lieu de régler les choses, et au milieu des plus violentes secousses on vit s'opérer la grande scission qui a divisé l'Europe chrétienne.

» De nos jours, quand la révolution française a éclaté, une grande fermentation s'est encore manifestée ; elle s'est étendue à plus d'objets à la fois : on a interrogé toutes les institutions établies ; on leur a demandé compte de leurs motifs ; on a soupçonné la fraude ou la servitude dans toutes ; et comme, dans une telle situation des esprits, on s'accommode toujours davantage des voies extrêmes, parce qu'on les répute plus décisives, on a cru que, pour déraciner la superstition et le fanatisme, il fallait attaquer toutes les institutions religieuses.

» On voit donc par quelles circonstances il a pu devenir utile, et même nécessaire, de confronter les institutions qui tiennent au Christianisme avec nos mœurs, avec notre philosophie, avec nos nouvelles institutions politiques.

» Quand le Christianisme s'établit le monde sembla prendre une nouvelle position : les préceptes de l'Évangile notifièrent la vraie morale à l'univers ; ses dogmes firent éprouver aux peuples, devenus chrétiens, la satisfaction d'avoir été assez éclairés pour adopter une religion qui vengeait en quelque sorte la Divinité et l'esprit humain *de l'espèce d'humiliation* attachée aux superstitions grossières des peuples idolâtres.

» D'autre part, le Christianisme joignant aux vérités spirituelles qui étaient l'objet de son enseignement toutes les idées sensibles qui entrent dans son culte, l'attachement des hommes fut extrême pour ce nouveau culte, qui parlait à la raison et aux sens.

» La salutaire influence de la religion chrétienne sur les mœurs de l'Europe et de toutes les contrées où elle a pénétré a été remarquée par tous les écrivains. Si la boussole ouvrit l'univers, c'est le Christianisme qui l'a rendu sociable.

» On a demandé si dans la durée des temps la religion chrétienne n'a jamais été un prétexte de querelle ou de guerre ; si elle n'a jamais servi à favoriser le despotisme et à troubler les états ; si elle n'a pas produit des enthousiastes et des fanatiques; si les ministres de cette religion ont constamment employé leurs soins et leurs travaux au plus grand bonheur de la société humaine.

» Mais quelle est donc l'institution dont on n'ait jamais abusé ! quel est le bien qui ait existé sans mélange de mal ! quelle est la nation, quel est le gouvernement, quel est le corps, quel est le particulier qui pourrait soutenir en rigueur la discussion du compte redoutable que l'on exige des prêtres chrétiens !

» Il ne serait donc pas équitable de juger la religion chrétienne et ses ministres d'après un point de vue qui répugne au bon sens. N'oublions pas que les hommes abusent de tout, et que les ministres de la religion sont des hommes.

» Mais, pour être raisonnable et juste, il faut demander si le Christianisme en soi, à qui nous sommes redevables du grand bienfait de notre civilisation, peut convenir encore à nos mœurs, à nos progrès dans l'art social, à l'état présent de toutes choses.

» Cette question n'est certainement pas insoluble, et il importe au bien des peuples et à l'honneur des gouvernemens qu'elle soit résolue.

Christianisme.

» Des théologiens sans philosophie, et des philosophes qui n'étaient pas sans prévention, ont également méconnu la sagesse du Christianisme. Il faut pourtant connaître ce que l'on attaque et ce que l'on défend.

» Comme les institutions religieuses ne sont jamais indifférentes au bonheur public, comme elles peuvent faire de grands biens ou de grands maux, il faut que les états sachent, une fois pour toutes, à quoi s'en tenir sur celles de ces institutions qu'il peut être utile ou dangereux de protéger.

» Nous nous honorons à juste titre de nos découvertes, de l'accroissement de nos lumières, de notre avancement dans les arts, et de l'heureux développement de tout ce qui est agréable ou bon.

» Mais le Christianisme n'a jamais empiété sur les droits imprescriptibles de la raison humaine. Il annonce que la terre a été donnée en partage aux enfans des hommes ; il abandonne le monde à leurs disputes, et la nature entière à leurs recherches. S'il donne des règles à la vertu, il ne prescrit aucune limite au génie. De là, tandis qu'en Asie et ailleurs des perstitions grossières ont comprimé les élans de l'esprit et les efforts de l'industrie, les nations chrétiennes ont partout multiplié les arts utiles et reculé les bornes des sciences.

» Il y a des pays où le bon goût n'a jamais pu pénétrer, parce qu'il en a constamment été repoussé par les préjugés religieux : ici la clôture et la servitude des femmes sont un obstacle à ce que les communications sociales se perfectionnent, et conséquemment à ce que les choses d'agrément puissent prospérer; là on prohibe l'imprimerie; ailleurs la peinture et la sculpture des êtres animés sont défendues : dans chaque moment de la vie le sentiment reçoit une fausse direction, et l'imagination est perpétuellement aux prises avec les fantômes d'une conscience abusée.

» Chez les nations chrétiennes les lettres et les beaux-arts ont toujours fait une douce alliance avec la religion ; c'est même la religion qui, en remuant l'âme et en l'élevant aux plus hautes pensées, a donné un nouvel essor au talent ; c'est la religion qui a produit nos premiers et nos plus célèbres orateurs, et qui a fourni des sujets et des modèles à nos poètes ; c'est elle qui parmi nous a fait naître la musique, qui a dirigé le pinceau de nos grands peintres , le ciseau de nos sculpteurs , et à qui nous sommes redevables de nos plus beaux morceaux d'architecture.

» Pourrions-nous regarder comme inconciliable avec nos lumières et avec nos mœurs une religion que les Descartes, les Newton, et tant d'autres grands hommes s'honoraient de professer, qui a développé le génie des Pascal, des Bossuet, et qui a formé l'âme de Fénélon ?

» Pourrions-nous méconnaître l'heureuse influence du Christianisme sans répudier tous nos chefs-d'œuvre en tout genre , sans les condamner à l'oubli, sans effacer les monumens de notre propre gloire ?

» En morale n'est-ce pas la religion chrétienne qui nous a transmis le corps entier de la loi naturelle ? Cette religion ne nous enseigne-t-elle pas tout ce qui est juste , tout ce qui est saint, tout ce qui est aimable ? En recommandant partout l'amour des hommes, et en nous élevant jusqu'au créateur, n'a-t-elle pas posé le principe de tout ce qui est bien ? n'a-t-elle pas ouvert la véritable source des mœurs ?

» Si les corps de nation, si les esprits les plus simples et les moins instruits sont aujourd'hui plus fermes que ne l'étaient autrefois les Socrate et les Platon sur les grandes vérités de l'unité de Dieu , de l'immortalité de l'âme humaine, de l'existence d'une vie à venir, n'en sommes-nous pas redevables au Christianisme ?

XVIII.   4

» Cette religion promulgue quelques dogmes particuliers ; mais ces dogmes ne sont point arbitrairement substitués à ceux qu'une saine métaphysique pressent ou démontre : ils ne remplacent pas la raison ; ils ne font qu'occuper la place que la raison laisse vide, et que l'imagination remplirait incontestablement plus mal.

» Enfin il existe un sacerdoce dans la religion chrétienne ; mais tous les peuples qui ne sont pas barbares reconnaissent une classe d'hommes particulièrement consacrée au service de la Divinité. L'institution du sacerdoce chez les chrétiens n'a pour objet que l'enseignement et le culte ; l'ordre civil et politique demeure absolument étranger aux ministres d'une religion qui n'a sanctionné aucune forme particulière de gouvernement, et qui recommande aux pontifes, comme aux simples citoyens. de les respecter toutes, comme ayant toutes pour but la tranquillité de la vie présente, et comme étant toutes entrées dans les desseins d'un Dieu créateur et conservateur de l'ordre social.

» Tel est le Christianisme en soi.

» Est-il une religion mieux assortie à la situation de toutes les nations policées, et à la politique de tous les gouvernemens ? Cette religion ne nous offre rien de purement local, rien qui puisse limiter son influence à telle contrée ou à tel siècle, plutôt qu'à tel autre siècle ou à telle autre contrée : elle se montre non comme la religion d'un peuple, mais comme celle des hommes ; non comme la religion d'un pays, mais comme celle du monde.

» Après avoir reconnu l'utilité ou la nécessité de la religion en général, le gouvernement français ne pouvait donc raisonnablement abjurer le Christianisme, qui ; de toutes les religions positives, est celle qui est la plus accommodée à notre philosophie et à nos mœurs.

» Toutes les institutions religieuses ont été ébranlées et détruites pendant les orages de la révolution ; mais en contemplant les vertus qui brillaient au milieu de tant de désordres, en observant le calme et la conduite modérée de la masse des hommes, pourquoi refuserions-nous de voir que ces institutions avaient encore leurs racines dans les esprits et dans les cœurs, et qu'elles se survivaient à elles-mêmes dans les habitudes heureuses qu'elles avaient fait contracter au meilleur des peuples ? La France a été bien désolée ; mais que serait-elle devenue si, à notre propre insu, ces habitudes n'avaient pas servi de contrepoids aux passions ?

» La piété avait fondé tous nos établissemens de bienfaisance, et elle les soutenait. Qu'avons-nous fait quand, après la dévastation générale, nous avons voulu rétablir nos hospices ? Nous avons rappelé ces vierges chrétiennes connues sous le nom de *sœurs de la charité*, qui se sont si généreusement consacrées au service de l'humanité malheureuse, infirme et souffrante. Ce n'est ni l'amour-propre ni la gloire qui peuvent encourager des vertus et des actions trop dégoûtantes et trop pénibles pour pouvoir être payées par des applaudissemens humains. *Il faut élever ses regards au-dessus des hommes ; et l'on ne peut trouver des motifs d'encouragement et de zèle que dans cette piété qui anime la bienfaisance, qui est étrangère aux vanités du monde, et qui fait goûter dans la carrière du bien public des consolations que la raison seule ne pourrait nous donner.* On a fait d'autre part la triste expérience que des mercenaires, sans motif intérieur qui puisse les attacher constamment à leur devoir, ne sauraient remplacer des personnes animées par l'esprit de la religion, c'est à dire par un principe qui est supérieur aux sentimens de la nature, et qui, pouvant seul motiver tous les sacrifices, est seul capable de nous faire braver tous les dégoûts et tous les dangers.

» Lorsqu'on est témoin de certaines vertus il semble qu'on voit luire un rayon céleste sur la terre. Eh quoi ! nous aurions la prétention de conserver ces vertus en tarissant la source qui les produit toutes ! Ne nous y trompons pas ; il n'y a que la religion qui puisse ainsi combler l'espace immense qui existe entre Dieu et les hommes.

Quelle est la véritable tolérance que les gouvernemens doivent aux divers cultes dont ils autorisent l'exercice.

» On imaginera peut-être que la politique faisait assez en laissant un libre cours aux opinions religieuses, et en cessant d'inquiéter ceux qui les professent.

» Mais je demande si une telle mesure, qui ne présente rien de positif, qui n'est pour ainsi dire que négative, aurait jamais pu remplir le but que tout gouvernement sage doit se proposer.

» Sans doute la liberté que nous avons conquise, et la philosophie qui nous éclaire, ne sauraient se concilier avec l'idée d'une religion dominante en France, et moins encore avec l'idée d'une religion exclusive.

» J'appelle religion *exclusive* celle dont le culte public est autorisé privativement à tout autre culte. Telle était parmi nous la religion catholique dans le dernier siècle de la monarchie.

» J'appelle religion *dominante* celle qui est plus intimement liée à l'État, et qui jouit dans l'ordre politique de certains privilèges qui sont refusés à d'autres cultes dont l'exercice public est pourtant autorisé. Telle était la religion catholique en Pologne, et telle est la religion grecque en Russie.

» Mais on peut protéger une religion sans la rendre ni exclusive ni dominante. Protéger une religion c'est la placer sous l'égide des lois ; c'est empêcher qu'elle ne soit troublée ; c'est garantir à ceux qui la professent la jouissance des biens spirituels qu'ils s'en promettent, comme on leur garantit la sûreté de leurs personnes et de leurs propriétés : dans le simple système de protection il n'y a rien d'exclusif ni de dominant ; car on peut protéger plusieurs religions, on peut les protéger toutes.

» Je conviens que le système de protection diffère essentiellement du système d'indifférence et de mépris que l'on a si mal à propos décoré du nom de tolérance.

» Le mot *tolérance* en fait de religion ne saurait avoir l'acception injurieuse qu'on lui donne quand il est employé relativement à des abus que l'on serait tenté de proscrire, et sur lesquels on consent à fermer les yeux.

» La tolérance religieuse est un devoir, une vertu d'homme à homme ; et en droit public cette tolérance est le respect du gouvernement pour la conscience des citoyens, et pour les objets de leur vénération et de leur croyance. Ce respect ne doit pas être illusoire, il serait pourtant si dans la pratique il ne produisait aucun effet utile ou consolant.

» D'après ce que nous avons déjà eu occasion d'établir, on doit sentir combien le secours de la religion est nécessaire au bonheur des hommes.

» Indépendamment de tout le bien moral que l'on est en droit de se promettre de la protection que je réclame pour les institutions religieuses, observons que le bon ordre et la sûreté publique ne permettent pas que l'on abandonne pour ainsi dire ces institutions à elles-mêmes. L'État ne pourrait avoir aucune prise sur des établissemens et sur des hommes que l'on traiterait comme étrangers à l'État : le système d'une surveillance raisonnable sur les cultes ne peut être garanti que par le plan connu d'une organisation légale de ces cultes. Sans cette organisation, avouée et autorisée, toute surveillance serait nulle ou impossible, parce que le gouvernement n'aurait aucune garantie réelle de la bonne conduite de ceux qui professeraient des cultes obscurs dont les lois ne se mêleraient pas, et qui dans leur invisibilité, s'il m'est permis de parler ainsi, sauraient toujours échapper aux lois.

» Les circonstances particulières dans lesquelles nous vivons fortifient ces considérations générales.

-- » On a vu par les événemens de la révolution que le catholicisme a été l'objet principal de tous les coups qui ont été
portés aux établissemens religieux ; et cela n'étonne pas. La
religion catholique avait toujours été dominante ; elle était
même devenue exclusive par la révocation de l'édit de Nantes,
et on croyait avoir à lui reprocher cette révocation, qui avait
eu des suites si funestes pour la France. Une religion que l'on
a soupçonnée d'être réprimante est réprimée à son tour quand
les circonstances provoquent cette espèce de réaction. Ajoutez
à cette première circonstance que le clergé jouissait d'une
existence politique, liée à la monarchie que l'on renversait :
la violence dont on usa contre le catholicisme fut d'autant plus
vive qu'on se crut autorisé à le poursuivre moins comme une
religion que comme une tyrannie.

. » Mais la violence, et les nouveaux plans de police ecclésiastique que la violence appuyait, ne produisirent que des
schismes scandaleux qui défigurèrent la religion, qui trou-
blèrent la France, et qui la troublent encore.

» En cet état que devait-on faire ?

» Était-il d'une politique sage et humaine de continuer
la persécution commencée contre ceux qui résistaient aux
innovations ?

» La force ne peut rien sur les âmes ; la conscience est
notre sens moral le plus rebelle : les actes de violence ne
peuvent rien opérer en matière religieuse que comme *moyen
de destruction.*

» Un gouvernement compromet toujours sa puissance quand,
se proposant d'agir sur des âmes exaltées, il veut mettre en
opposition les récompenses et les menaces de la loi avec les
promesses et les menaces de la religion ; la terreur qu'il cherche
alors à inspirer force l'esprit à se replier sur des objets qui lui
impriment une terreur bien plus grande encore. Au milieu
de ces terribles agitations le fanatisme déploie toute son
énergie ; il se soutient par le fanatisme ; il devient son aliment
à lui-même.

. » Notre propre expérience ne nous a-t-elle pas démontré
qu'en persécutant on ne réussit qu'à faire dégénérer l'esprit
de religion en esprit de secte ? On croyait par les terreurs et
par les supplices augmenter le nombre des bons citoyens ; on
ne faisait tout au plus que diminuer celui des hommes.

» J'observe que tout système de persécution serait évidemment incompatible avec l'état actuel de la France

» Sous un gouvernement absolu, où l'on est plutôt régi par
des fantaisies que par des lois, les esprits sont peu effarouchés
d'une tyrannie, parce qu'*une tyrannie, quelle qu'elle soit*,

n'y est jamais une chose nouvelle ; mais dans un gouvernement qui a promis de garantir la liberté politique et religieuse,
tout acte d'hostilité exercé contre une ou plusieurs classes de
citoyens à raison de leur culte ne serait propre qu'à produire
des secousses : on verrait dans les autres une liberté dont on
ne jouirait pas soi-même ; on supporterait impatiemment une
telle rigueur ; on deviendrait plus ardent parce qu'on se regarderait comme plus malheureux. Sachons qu'on n'afflige jamais
plus profondément les hommes que quand on proscrit les objets
de leur respect ou les articles de leur croyance ; on leur fait
éprouver alors la plus insupportable et la plus humiliante de
toutes les contradictions.

» D'ailleurs qu'avons-nous gagné jusqu'ici à proscrire des
classes entières de ministres, dont la plupart s'étaient distingués
auprès de leurs concitoyens par la bienfaisance et par la vertu ?
Nous avons aigri les esprits les plus modérés ; nous avons compromis la liberté en ayant l'air de séparer la France catholique
d'avec la France libre.

» Il existe des prêtres turbulens et factieux ; mais il en existe
qui ne le sont pas : par la persécution on les confondrait tous.
Les prêtres factieux et turbulens mettraient cette situation à
profit pour usurper la considération qui n'est due qu'à la véritable sagesse ; on ne les regarderait que comme malheureux et
opprimés, et le malheur a je ne sais quoi de sacré qui commande la pitié et le respect.

» Au lieu des assemblées publiques surveillées par la police,
et qui ne peuvent jamais être dangereuses, nous n'aurions que
des conciliabules secrets, des trames ourdies dans les ténèbres ;
les scélérats se glorifieraient de leur courage ; ils en impose-
raient au peuple par les dangers dont ils seraient environnés ;
ces dangers leur tiendraient lieu de vertus, et les mesures que
l'on croirait avoir prises pour empêcher que la multitude ne
fût séduite deviendraient elles-mêmes le plus grand moyen de
séduction.

» De plus, voudrions-nous flétrir notre siècle en transformant en système d'état des mesures de rigueur que nos lumières
ne comportent pas, et qui répugneraient à l'urbanité française ?
Voudrions-nous flétrir la philosophie même, dont nous nous
honorons à si juste titre, et donner à croire que l'intolérance
philosophique a remplacé ce qu'on appelait l'intolérance sacerdotale ?

» Le gouvernement a donc senti que tout système de persécution devenait impossible.

» Fallait-il ne plus se mêler des cultes, et continuer les
mesures d'indifférence et d'abandon que l'on paraissait avoir

adoptées toutes les fois que les mesures révolutionnaires s'adoucissaient? Mais ce plan de conduite, certainement préférable à la persécution, n'offrait-il pas d'autres inconvéniens et d'autres dangers?

» La religion catholique est celle de la très grande majorité des Français.

» Abandonner un ressort aussi puissant c'était avertir le premier ambitieux ou le premier brouillon qui voudrait de nouveau agiter la France de s'en emparer et de le diriger contre sa patrie.

» A peine touchons-nous au terme de la plus grande révolution qui ait éclaté dans l'univers; qui ne sait que dans les tempêtes politiques, ainsi qu'au milieu des grands désastres de la nature, la plupart des hommes, invités par tout ce qui se passe autour d'eux à se réfugier dans les promesses et dans les consolations religieuses, sont plus portés que jamais à la piété et même à la superstition? Qui ne connaît la facilité avec laquelle on reçoit dans les temps de crise les prédictions, les prophéties les plus absurdes, tout ce qui donne de grandes espérances pour l'avenir, tout ce qui porte l'empreinte de l'extraordinaire, tout ce qui tend à nous venger de la vicissitude des choses humaines? Qui ne sait encore que les âmes froissées par les événemens publics sont plus sujettes à devenir les jouets du mensonge et de l'imposture? Est-ce dans un tel moment qu'un gouvernement bien avisé consentirait à courir le risque de voir tomber le ressort de la religion dans des mains suspectes ou ennemies?

» Dans les temps les plus calmes il est de l'intérêt des gouvernemens de ne point renoncer à la conduite des affaires religieuses; ces affaires ont toujours été rangées par les différens codes des nations dans les matières qui appartiennent à la haute police de l'Etat.

» Un état n'a qu'une autorité précaire quand il a dans son territoire des hommes qui exercent une grande influence sur les esprits et sur les consciences sans que ces hommes lui appartiennent au moins sous quelques rapports.

» L'autorisation d'un culte suppose nécessairement l'examen des conditions suivant lesquelles ceux qui le professent se lient à la société, et suivant lesquelles la société promet de l'autoriser : la tranquillité publique n'est point assurée si l'on néglige de savoir ce que sont les ministres de ce culte, ce qui les caractérise, ce qui les distingue des simples citoyens et des ministres des autres cultes; si l'on ignore sous quelle discipline ils entendent vivre, et quels réglemens ils promettent d'observer : l'Etat est menacé si ces réglemens peuvent être faits ou changés sans

son concours, s'il demeure étranger ou indifférent à la forme
et à la constitution du gouvernement qui se propose de régir
les âmes, et s'il n'a dans des supérieurs légalement connus et
avoués des garans de la fidélité des inférieurs.

» On peut abuser de la religion la plus sainte : l'homme
qui se destine à la prêcher en abusera-t-il, n'en abusera-t-il pas,
s'en servira-t-il pour se rendre utile ou pour nuire, voilà la
question. Pour la résoudre il est assez naturel de demander
quel est cet homme, de quel côté est son intérêt, quels sont
ses sentimens, et comment il s'est servi jusqu'alors de ses talens
et de son ministère. Il faut donc que l'État connaisse d'avance
ceux qui seront employés : il ne doit point attendre tranquillement l'usage qu'ils feront de leur influence ; il ne doit
point se contenter de vaines formules ou de simples présomptions quand il s'agit de pourvoir à sa conservation et à sa
sûreté.

» On comprend donc que ce n'était qu'en suivant par rapport
aux différens cultes le système d'une protection éclairée qu'on
pouvait arriver au système bien combiné d'une surveillance
utile; car, nous l'avons déjà dit, protéger un culte ce n'est
point chercher à le rendre dominant ou exclusif; c'est seulement
veiller sur sa doctrine et sur sa police pour que l'État puisse diriger des institutions si importantes vers la plus grande utilité
publique, et pour que les ministres ne puissent corrompre la
doctrine confiée à leur enseignement, ou secouer arbitrairement
le joug de la discipline, au grand préjudice des particuliers et
de l'État.

» Le gouvernement, en sentant la nécessité d'intervenir
directement dans les affaires religieuses par les voies d'une
surveillance protectrice, et en considérant les scandales et les
schismes qui désolaient le culte catholique, professé par la
très grande majorité de la nation française, s'est d'abord occupé
des moyens d'éteindre ces schismes et de faire cesser ces scandales.

*Nécessité d'éteindre le schisme qui existait entre les ministres catho-
liques, et utilité de l'intervention du pape pour pouvoir remplir ce
but.*

» Un schisme est par sa nature un germe de désordre qui
se modifie de mille manières différentes, et qui se perpétue à
l'infini; chaque titulaire, l'ancien, le nouveau, le plus nouveau, ont chacun leurs sectateurs dans le même diocèse, dans
la même paroisse, et souvent dans la même famille. Ces sortes
de querelles sont bien plus tristes que celles qu'on peut avoir
sur le dogme, *parce qu'elles sont comme une hydre qu'un*

*nouveau changément de pasteur, peut à chaque instant repro-
duire.*

» D'autre part, toutes les querelles religieuses ont un caractère qui leur est propre. « Dans les disputes ordinaires , dit un
» philosophe moderne, comme chacun sent qu'il peut se trom-
» per, l'opiniâtreté et l'obstination ne sont pas extrêmes; mais
» dans celles que nous avons sur la religion, comme par la nature
» de la chose chacun croit être sûr que son opinion est vraie ,
» nous nous indignons contre ceux qui, au lieu de changer
» eux-mêmes, s'obstinent à nous faire changer. »

» D'après ces réflexions , il est clair que les théologiens sont
par eux-mêmes dans l'impossibilité d'arranger leurs différens.
Heureusement les théologiens catholiques reconnaissent un
chef, un centre d'unité dans le pontife de Rome. L'intervention de ce pontife devenait donc nécessaire pour terminer des
querelles jusqu'alors interminables.

» De là le gouvernement conçut l'idée de s'entendre avec le
Saint-Siége.

» La constitution civile du clergé décrétée par l'Assemblée
constituante n'y mettait aucun obstacle, puisque cette constitution n'existait plus ; on ne pouvait la faire revivre sans perpétuer le schisme qu'il fallait éteindre. Le rétablissement de la
paix était pourtant le grand objet , et il suffisait de combiner les
moyens de ce rétablissement avec la police de l'État et avec les
droits de l'empire.

» Il faut sans doute se défendre contre le danger des opinions
ultramontaines , et ne pas tomber imprudemment sous le joug
de la cour de Rome; mais l'indépendance de la France catholique n'est-elle pas garantie par le précieux dépôt de nos
anciennes libertés ?

» L'influence du pape, réduite à ses véritables termes, ne
saurait être incommode à la politique : si quelquefois on a cru
utile de relever les droits des évêques pour affaiblir cette
influence, quelquefois aussi il a été nécessaire de la réclamer et
de l'accréditer contre les abus que les évêques faisaient de leurs
droits.

» En général il est toujours heureux d'avoir un moyen canonique et légal d'apaiser des troubles religieux.

Plan de la convention passée entre le gouvernement et le pape.

» Les principes du catholicisme ne comportent pas que le
chef de chaque état politique puisse , comme chez les Luthériens, se déclarer chef de la religion; et dans les principes
d'une saine politique on pourrait penser qu'une telle réunion

des pouvoirs spirituels et temporels dans les mêmes mains n'est pas sans danger pour la liberté.

» L'histoire nous apprend que dans certaines occurrences des nations catholiques ont établi des patriarches ou des primats pour affaiblir ou pour écarter l'influence directe de tout supérieur étranger.

» Mais une telle mesure était impraticable dans les circonstances; elle n'a jamais été employée que dans les états où on avait sous la main une église nationale, dont les ministres n'étaient pas divisés, et qui réunissait ses propres efforts à ceux du gouvernement pour conquérir son indépendance.

» D'ailleurs il n'est pas évident qu'il soit plus utile, à un état dans lequel le catholicisme est la religion de la majorité, d'avoir dans son territoire un chef particulier de cette religion, que de correspondre avec le chef général de l'église.

» Le chef d'une religion, quel qu'il soit, n'est point un personnage indifférent : s'il est ambitieux il peut devenir conspirateur ; il a le moyen d'agiter les esprits; il peut en faire naître l'occasion; quand il résiste à la puissance séculière, il la compromet dans l'opinion des peuples ; les dissensions qui s'élèvent entre le sacerdoce et l'empire deviennent plus sérieuses : l'église qui a son chef toujours présent forme réellement un état dans l'Etat ; selon les occurrences elle peut même devenir une faction. On n'a point ces dangers à craindre d'un chef étranger, que le peuple ne voit pas, qui ne peut jamais naturaliser son crédit, comme pourrait le faire un pontife national, qui rencontre dans les préjugés, dans les mœurs, dans le caractère, dans les maximes d'une nation dont il ne fait pas partie, des obstacles à l'accroissement de son autorité; qui ne peut manifester des prétentions sans réveiller toutes les rivalités et toutes les jalousies; qui est perpétuellement distrait de toute idée de domination particulière par les embarras et les soins de son administration universelle; qui peut toujours être arrêté et contenu par les moyens que le droit des gens comporte, moyens qui, bien ménagés, n'éclatent qu'au dehors, et nous épargnent ainsi les dangers et le scandale d'une guerre à la fois religieuse et domestique.

» Les gouvernemens des nations catholiques se sont rarement accommodés de l'autorité et de la présence d'un patriarche ou d'un premier pontife national ; ils préfèrent l'autorité d'un chef éloigné, dont la voix ne retentit que faiblement, et qui a le plus grand intérêt à conserver des égards et des ménagemens pour des puissances dont l'alliance et la protection lui sont nécessaires.

» Dans les communions qui ne reconnaissent point de chef

universel le magistrat politique s'est attribué les fonctions et la
qualité de chef de la religion, tant on a senti combien l'exercice
de la puissance civile pourrait être traversé s'il y avait dans un
même territoire deux chefs, l'un pour le sacerdoce et l'autre
pour l'empire, qui pussent partager le respect du peuple, et
quelquefois même rendre son obéissance incertaine. Mais
n'est-il pas heureux de se trouver dans un ordre de choses
où l'on n'ait pas besoin de menacer la liberté pour rassurer la
puissance?

» Dans la situation où nous sommes le recours au chef général de l'Eglise était donc une mesure plus sage que l'érection
d'un chef particulier de l'église catholique de France; cette
mesure était même la seule possible.

» Pour investir en France le magistrat politique de la dictature sacerdotale il eût fallu changer le système religieux de la
très grande majorité des Français : on le fit en Angleterre,
parce que les esprits étaient préparés à ce changement; mais
parmi nous pouvait-on se promettre de rencontrer les mêmes
dispositions?

» Il ne faut que des yeux ordinaires pour apercevoir entre
une révolution et une autre révolution les ressemblances
qu'elles peuvent avoir entre elles et qui frappent tout le monde;
mais pour juger sainement de ce qui les distingue, pour apercevoir la différence, il faut une manière de voir plus perçante
et plus exercée, il faut un esprit plus judicieux et plus profond.

» Assimiler perpétuellement ce qui s'est passé dans la révolution d'Angleterre avec ce qui se passe dans la nôtre, ce serait
donc faire preuve d'une grande médiocrité.

» En Angleterre la révolution éclata à la suite et même au
milieu des plus grandes querelles religieuses, et ce fut l'exaltation des sentimens religieux qui rendit aux âmes le degré d'énergie et de courage qui était nécessaire pour attaquer et renverser
le pouvoir.

» En France, au contraire, les mœurs et les principes luttaient
déjà depuis longtemps contre la religion, et on ne voyait en
elle que les abus qui s'y étaient introduits.

» En Angleterre on n'avait point eu l'imprudence de
dépouiller le clergé de ses biens avant de lui demander le sacrifice de sa discipline et de sa hiérarchie.

» En France on voulait tout exiger du clergé après lui
avoir ôté jusqu'à l'espérance.

» En Angleterre les opinions religieuses furent aux prises avec
d'autres opinions religieuses; mais la politique, qui sentait le
besoin de s'étayer de la religion, se réunit à un parti religieux
qui protégeait la liberté, qui en fut protégé à son tour, et qui

finit par placer la constitution de l'Etat sous la puissante garantie de la religion même.

» En France, où, après la destruction de l'ancien clergé, tout concourait à l'avilissement du nouveau qu'on venait de lui substituer, la politique avait armé toutes les consciences contre ses plans ; et les troubles religieux qu'il s'agit d'apaiser ont été l'unique résultat des fautes et des erreurs de la politique.

» Il est essentiel d'observer que dans ces troubles, dans ces dissensions, tout l'avantage a dû naturellement se trouver du côté des opinions mêmes que l'on avait voulu proscrire; car la conduite qui avait été tenue envers ceux qui avaient embrassé les opinions nouvelles avait décrié ces opinions, et n'avait pu qu'augmenter le respect du peuple pour celles qui tenaient à l'ancienne croyance, qui avaient reçu une nouvelle sanction de la fidélité et du courage des ministres qui s'en étaient déclarés les défenseurs : car en morale nous aimons sinon pour nous-mêmes, du moins pour les autres, tout ce qui suppose un effort; et en fait de religion nous sommes portés à croire les témoins *qui se font égorger.*

» Or une grande maxime d'état, consacrée par tous ceux qui ont su gouverner, est qu'il ne faut point chercher mal à propos à changer une religion établie, qui a de profondes racines dans les esprits et dans les cœurs, lorsque cette religion s'est maintenue à travers les événemens et les tempêtes d'une grande révolution.

» S'il y a de l'humanité à ne point affliger la conscience des hommes, il y a une grande sagesse à ménager dans un pays des institutions et des maximes religieuses qui tiennent depuis longtemps aux habitudes du peuple, qui se sont mêlées à toutes ses idées, qui sont souvent son unique morale, et qui font partie de son existence.

» Le gouvernement ne pouvait donc proposer des changemens dans la hiérarchie des ministres catholiques sans provoquer de nouveaux embarras et des difficultés insurmontables.

» Il résulte de l'analise des procès-verbaux des conseils généraux des départemens, que la majorité des Français tient au culte catholique; que dans certains départemens *les habitans tiennent à ce culte presque autant qu'à la vie;* qu'il importe de *faire cesser les dissensions religieuses;* que les *habitans des campagnes aiment leur religion;* qu'ils regrettent *les jours de repos consacrés par elle;* qu'ils regrettent *ces jours où ils adoraient Dieu en commun;* que les *temples étaient pour eux des lieux de rassemblement où les affaires, le besoin de se voir, de s'aimer, réunissaient toutes les familles, et entretenaient la paix et l'harmonie;* que le res-

pect pour *les opinions religieuses est un des moyens les plus*
puissans pour ramener le peuple à l'amour des lois ; que
l'amour que les Français ont pour le culte de leurs aïeux
peut d'autant moins alarmer le gouvernement, que ce culte
est soumis à la puissance temporelle ; que les ministres
adressent dans leurs oratoires des prières pour le gouverne-
ment ; qu'*ils ont tous rendu des actions de grâces en recon-*
naissance de la paix ; qu'*ils prêchent tous l'obéissance aux*
lois et à l'autorité civile ; que la liberté réelle du culte et un
exercice avoué par la loi réuniraient les esprits, feraient
cesser les troubles, et ramèneraient tout le monde aux prin-
cipes d'une morale qui fait la force du gouvernement ; que
la philosophie n'éclaire qu'un petit nombre d'hommes ; que *la*
religion seule peut créer et épurer les mœurs ; que *la morale*
n'est utile qu'autant qu'elle est attachée à un culte public ; que
l'on contribuerait beaucoup à la tranquillité publique en réu-
nissant les prêtres des différentes opinions ; que *la paix ne se*
consolidera que lorsque les ministres du culte catholique
auront une existence honnête et assurée ; qu'*il faut accorder*
aux prêtres un salaire qui les mette au dessus du besoin ; et
enfin qu'*il est fortement désirable qu'une décision du pape*
fasse cesser toute division dans les opinions religieuses, vu
que c'est l'unique moyen d'assurer les mœurs et la probité.

» Tel est le vœu de tous les citoyens appelés par les lois à
éclairer l'autorité sur la situation et les besoins des peuples ;
tel est le vœu des bons pères de famille, qui sont les vrais magistrats des mœurs, et qui sont toujours les meilleurs juges
quand il s'agit d'apprécier la salutaire influence de la morale
et de la religion.

» Les mêmes choses résultent de la correspondance du gouvernement avec les préfets.

« Ceux qui critiquent le rétablissement des cultes, écrivait
» le préfet du département de la Manche, ne connaissent que
» Paris ; ils ignorent que le reste de la population le désire et
» en a besoin. Je puis assurer que l'attente de l'organisation reli-
» gieuse a fait beaucoup de bien dans mon département, et
» que depuis ce moment nous sommes tranquilles à cet égard. »

» Le préfet de Jemmape assurait « que tous les bons citoyens,
» les respectables pères de famille, soupirent après cette orga-
» nisation, et que la paix rendue aux consciences sera le sceau
» de la paix générale que le gouvernement vient d'accorder aux
» vœux de la France. »

» On lit dans une lettre du préfet de l'Aveyron, sous la date
du 19 nivose, « que ; les habitans de ce département tirant les
» conséquences les plus rassurantes de quelques expressions

» relatives au culte du compte rendu par le gouvernement à
» l'ouverture du Corps législatif, on a vu les esprits se tran-
» quilliser, les ecclésiastiques d'opinions différentes devenir
» plus tolérans les uns envers les autres. »

» Il serait inutile de rappeler une multitude d'autres lettres
qui sont parvenues de toutes les parties de la République, et
qui offrent le même résultat.

» Le vœu national pourrait-il être mieux connu et plus clairement manifesté ?

» Or c'est ce vœu que le gouvernement a cru devoir consulter, et auquel il a cru devoir satisfaire; car on ne peut raisonnablement mettre en question si un gouvernement doit
maintenir ou protéger un culte qui a toujours été celui de la
très grande majorité de la nation, et que la très grande majorité de la nation demande à conserver.

» Il ne s'agit plus de détruire; il s'agit d'affermir et d'édifier. Pourquoi donc le gouvernement aurait-il négligé un des
plus grands moyens qu'on lui présentait pour ramener l'ordre
et rétablir la confiance ?

» Comment se sont conduits les conquérans qui ont voulu
conserver et consolider leurs conquêtes ? Ils ont partout laissé
au peuple vaincu ses prêtres, son culte et ses autels. C'est avec
la même sagesse qu'il faut se conduire après une révolution,
car une révolution est aussi une conquête.

» Les ministres de la République auprès des puissances
étrangères mandent que *la paix religieuse a consolidé la
paix politique*; qu'elle a arraché le poignard à l'intrigue et au
fanatisme, et que c'est le rétablissement de la religion qui
réconcilie tous les cœurs égarés avec la patrie.

» Indépendamment des motifs que nous venons d'exposer,
et qui indiquaient au gouvernement la conduite qu'il a tenue
dans les affaires religieuses, des considérations plus vastes
fixaient encore sa sollicitude.

» Les Français ne sont pas des insulaires; ceux-ci peuvent
facilement se limiter par leurs institutions, comme ils le sont
par les mers.

» Les Français occupent le premier rang parmi les nations
continentales de l'Europe : les voisins les plus puissans de la
France, ses alliés les plus constans, les nouvelles républiques
d'Italie, dont l'indépendance est le prix du sang et du courage
de nos frères d'armes, sont catholiques. Chez les peuples modernes la conformité des idées religieuses est devenue entre les
gouvernemens et les individus un grand moyen de communication, de rapprochement et d'influence; or il importait à la
nation française de ne perdre aucun de ses avantages, de for-

tifier et même d'étendre ses liens d'amitié, de bon voisinage, et toutes ses relations politiques : pourquoi donc aurait-elle renoncé à un culte qui lui est commun avec tant d'autres peuples?

» Voudrait-on nous alarmer par la crainte des entreprises de la cour de Rome ?

» Mais le pape, comme souverain, ne peut plus être redoutable à aucune puissance ; il aura même toujours besoin de l'appui de la France; et cette circonstance ne peut qu'accroître l'influence du gouvernement français dans les affaires générales de l'Église, presque toujours mêlées à celles de la politique.

» Comme chef d'une société religieuse, le pape n'a qu'une autorité limitée par des maximes connues qui ont plus particulièrement été gardées parmi nous, mais qui appartiennent au droit universel des nations.

» Le pape avait autrefois dans les ordres religieux une milice qui lui prêtait obéissance, qui avait écrasé les vrais pasteurs, et qui était toujours disposée à propager les doctrines ultramontaines. Nos lois ont licencié cette milice ; et elles l'ont pu, car on n'a jamais contesté à la puissance publique le droit d'écarter ou de dissoudre des institutions arbitraires qui ne tiennent point à l'essence de la religion, et qui sont jugées suspectes ou incommodes à l'État.

» Conformément à la discipline fondamentale, nous n'aurons plus qu'un clergé séculier, c'est à dire des évêques et des prêtres, toujours intéressés à défendre nos maximes comme leur propre liberté, puisque leur liberté, c'est à dire les droits de l'épiscopat et du sacerdoce, ne peuvent être garantis que par ces maximes.

» Le dernier état de la discipline générale est que les évêques doivent recevoir l'institution canonique du pape. Aucune raison d'état ne pouvait déterminer le gouvernement à ne pas admettre ce point de discipline, puisque le pape, en instituant, est collateur forcé, et qu'il ne peut refuser arbitrairement l'institution canonique au prêtre qui est en droit de la demander ; et les plus grandes raisons de tranquillité publique, le motif pressant de faire cesser le schisme, invitaient le magistrat politique à continuer un usage qui n'avait été interrompu que par la constitution civile du clergé, constitution qui n'existait plus que par les troubles religieux qu'elle avait produits.

» Avant cette constitution et sous l'ancien régime, si le pape instituait les évêques, c'était le prince qui les nommait. On avait regardé avec raison l'épiscopat comme une magistrature qu'il importait à l'État de ne pas voir confiée à des hommes qui n'eussent pas été suffisamment connus. La nomi-

nation du roi avait été remplacée par les élections du peuple
convoqué en assemblées primaires : ce mode disparut avec les
lois qui l'avaient établi, et on ne lui substitua aucun autre
mode. Toutes les élections d'évêques depuis cette époque ne furent assujetties à aucune forme fixe, à aucune forme avouée
par l'autorité civile : le gouvernement n'a pas pensé qu'il fût
sage d'abandonner plus longtemps ces élections au hasard des
circonstances.

» Par la Constitution sous laquelle nous avons le bonheur
de vivre, le pouvoir d'élire réside essentiellement dans le Sénat
et dans le gouvernement. Le Sénat nomme aux premières autorités de la République : le gouvernement nomme aux places
militaires, administratives, judiciaires et politiques; il nomme
à toutes celles qui concernent les arts et l'instruction publique.

» Les évêques ne sont point entrés formellement dans la
prévoyance de la Constitution; mais leur ministère a trop de
rapport avec l'instruction, avec toutes les branches de la police, pour pouvoir être étranger aux considérations qui ont
fait attribuer au premier consul la nomination des préfets, des
juges et des instituteurs. Je dis en conséquence que ce premier
magistrat, chargé de maintenir la tranquillité et de veiller sur
les mœurs, doit compter dans le nombre de ses fonctions et
de ses devoirs le choix des évêques, c'est à dire le choix des
hommes particulièrement consacrés à l'enseignement de la
morale et des vérités les plus propres à influer sur les consciences.

» Les évêques, avoués par l'Etat et institués par le pape,
avaient par notre droit français la collation de toutes les places
ecclésiastiques de leurs diocèses. Pourquoi se serait-on écarté
de cette règle ? Il était seulement nécessaire, dans un moment
où l'esprit de parti peut égarer le zèle et séduire les mieux intentionnés, de se réserver une grande surveillance sur les choix
qui pourraient être faits par les premiers pasteurs.

» Puisque les Français catholiques, c'est à dire puisque la
très grande majorité des Français demandait que le catholicisme fût protégé; puisque le gouvernement ne pouvait se refuser à ce vœu sans continuer et sans aggraver les troubles qui
déchiraient l'Etat, il fallait, par une raison de conséquence,
pourvoir à la dotation d'un culte qui n'aurait pu subsister sans
ministres, et le droit naturel réclamait en faveur de ces
ministres des secours convenables pour assurer leur subsistance.

» Telles sont les principales bases de la convention passée
entre le gouvernement français et le Saint-Siége.

Réponse à quelques objections.

» Quelques personnes se plaindront peut-être de ce que l'on n'a pas conservé le mariage des prêtres, et de ce que l'on n'a pas profité des circonstances pour épurer un culte que l'on présente comme trop surchargé de rits et de dogmes.

» Mais quand on admet ou que l'on conserve une religion il faut la régir d'après ses principes.

» L'ambition que l'on témoigne et le pouvoir que l'on voudrait s'arroger de perfectionner arbitrairement les idées et les institutions religieuses sont des prétentions contraires à la nature même des choses.

» On peut corriger par des lois les défectuosités des lois ; on peut, dans les questions de philosophie, abandonner un système pour embrasser un autre système que l'on croit meilleur ; mais on ne pourrait entreprendre de perfectionner une religion sans convenir qu'elle est vicieuse, et conséquemment sans la détruire par les moyens mêmes dont on userait pour l'établir.

» Nous convenons que le catholicisme a plus de rits que n'en ont d'autres cultes chrétiens ; mais cela n'est point un inconvénient, car on a judicieusement remarqué que c'est pour cela même que *les catholiques sont plus invinciblement attachés à leur religion.*

» Quant aux dogmes, l'État n'a jamais à s'en mêler, pourvu qu'on ne veuille pas en déduire des conséquences éversives de l'Etat ; et la philosophie même n'a aucun droit de se formaliser de la croyance des hommes sur des matières qui, renfermées dans les rapports impénétrables qui peuvent exister entre Dieu et l'homme, sont étrangères à toute philosophie humaine. L'essentiel est que la morale soit pratiquée : or, en détachant la plupart des hommes des dogmes qui fondent leur confiance et leur foi, on ne réussirait qu'à les éloigner de la morale même.

» La prohibition du mariage, faite aux prêtres catholiques, est ancienne ; elle se lie à des considérations importantes. Des hommes consacrés à la Divinité doivent être honorés ; et dans une religion qui exige d'eux une certaine pureté corporelle, il est bon qu'ils s'abstiennent de tout ce qui pourrait les faire soupçonner d'en manquer. Le culte catholique demande un travail soutenu et une attention continuelle : on a cru devoir épargner à ses ministres les embarras d'une famille. Enfin le peuple aime dans les réglemens qui tiennent aux mœurs des ecclésiastiques tout ce qui porte le caractère de la sévérité, et on l'a bien vu dans ces derniers temps par le peu de confiance qu'il a témoigné aux prêtres mariés. On eût donc choqué toutes

les idées en annonçant sur ce point le vœu de s'éloigner de tout
ce qui se pratique chez les autres nations catholiques.

» Personne n'est forcé de se consacrer au sacerdoce : ceux
qui s'y destinent n'ont qu'à mesurer leur force sur l'étendue
des sacrifices qu'on exige d'eux; ils sont libres : la loi n'a point
à s'inquiéter de leurs engagemens quand elle les laisse arbitres
souverains de leur destinée.

» Le célibat des prêtres ne pourrait devenir inquiétant pour
la politique; il ne pourrait devenir nuisible qu'autant que la
classe des ecclésiastiques serait trop nombreuse, et que celle
des citoyens destinés à peupler l'État ne le serait pas assez.
C'est ce qui arrive dans les pays qui sont couverts de monas-
tères, de chapitres, de communautés séculières et régulières
d'hommes et de femmes, et où tout semble éloigner les
hommes de l'état du mariage et de tous les travaux utiles. Ces
dangers sont écartés par nos lois, dont les dispositions ont mis
dans les mains du gouvernement les moyens faciles de concilier l'intérêt de la religion avec celui de la société.

» En effet, d'une part nous n'admettons plus que les ministres dont l'existence est nécessaire à l'exercice du culte, ce qui
diminue considérablement le nombre des personnes qui se
vouaient anciennement au célibat. D'autre part, pour les
ministres mêmes que nous conservons, et à qui le célibat est
ordonné par les réglemens ecclésiastiques, la défense qui leur
est faite du mariage par ces réglemens n'est point consacrée
comme *empêchement dirimant* dans l'ordre civil : ainsi leur
mariage, s'ils en contractaient un, ne serait point nul aux yeux
des lois politiques et civiles, et les enfans qui en naîtraient
seraient légitimes; mais dans le for intérieur et dans l'ordre
religieux ils s'exposeraient aux peines spirituelles prononcées
par les lois canoniques : ils continueraient à jouir de leurs droits
de famille et de cité; mais ils seraient tenus de s'abstenir de
l'exercice du sacerdoce. Conséquemment, sans affaiblir le nerf
de la discipline de l'Église, on conserve aux individus toute la
liberté et tous les avantages garantis par les lois de l'État;
mais il eût été injuste d'aller plus loin, et d'exiger pour les
ecclésiastiques de France, comme tels, une exception qui les
eût déconsidérés auprès de tous les peuples catholiques, et
auprès des Français mêmes auxquels ils administreraient les
secours de la religion.

» Il est des choses qu'on dit toujours parce qu'elles ont
été dites une fois; de là le mot si souvent répété que le catholicisme est la religion des monarchies, et qu'il ne saurait convenir aux républiques.

» Ce mot est fondé sur l'observation faite par l'auteur de

l'Esprit des lois, qu'à l'époque de la grande scission opérée dans l'Eglise par les nouvelles doctrines de Luther et de Calvin, la religion catholique se maintint dans les monarchies absolues, tandis que la religion protestante se réfugia dans les gouvernemens libres.

» Mais tout cela ne s'accorde point avec les faits : la religion protestante est professée en Prusse, en Suède et en Danemarck, lorsqu'on voit que la religion catholique est la religion dominante des cantons démocratiques de la Suisse et de toutes les républiques d'Italie.

» Sans doute la scission qui s'opéra dans le Christianisme influa beaucoup sur les affaires politiques, mais indirectement. La Hollande et l'Angleterre ne doivent pas précisément leur révolution à tel système religieux plutôt qu'à tel autre, mais à l'énergie que les querelles religieuses rendirent aux hommes, et au fanatisme qu'elles leur inspirèrent.

» Jamais, dit un historien célèbre (Hume), sans le zèle et l'enthousiasme qu'elles firent naître, l'Angleterre ne fût venue à bout d'établir la nouvelle forme de son gouvernement.

» Ce que dit cet historien de l'Angleterre s'applique à la Hollande, qui n'eût jamais tenté de se soustraire à la domination espagnole si elle n'eût craint qu'on ne lui laisserait pas la faculté de professer sa nouvelle doctrine.

» Tant qu'en Bohème et en Hongrie les esprits ont été échauffés par les querelles de religion, ces deux états ont été libres ; cependant ils combattaient pour le catholicisme. Sans ces mêmes querelles l'Allemagne n'aurait peut-être pas conservé son gouvernement : c'est le trône qui a protégé le luthéranisme en Suède; c'est la liberté qui a protégé le catholicisme ailleurs : mais l'exaltation des âmes, qui accompagne toujours les disputes de religion, quel que soit le fond de la doctrine que l'on soutient ou que l'on combat, a contribué à rendre libres des peuples qui, sans un grand intérêt religieux, n'eussent eu ni la force ni le projet de le devenir.

» Sur cette matière le système de Montesquieu est donc démenti par l'histoire.

» La plupart de ceux qui ont embrassé ce système, c'est à dire qui ont pensé que le catholicisme est la religion favorite des monarchies absolues, croient pouvoir le motiver sur les fausses doctrines de la prétendue infaillibilité du pape, et du pouvoir arbitraire que les théologiens ultramontains lui attribuent. Mais il n'est pas plus raisonnable d'argumenter de ces doctrines pour établir que le despotisme est dans l'esprit de la religion catholique, qu'il ne le serait d'argumenter des doctrines exagérées des anabaptistes sur la liberté et sur l'égalité pour

les égards, les ménagemens, la tolérance qu'on lui demandait autrefois pour les autres?

» Aucun motif raisonnable ne s'opposoit donc à l'organisation d'un culte qui a été longtemps celui de l'État, qui est encore celui de la très grande majorité du peuple français, et pour lequel tant de motifs politiques sollicitaient cette protection de surveillance, sans laquelle il eût été impossible de mettre un terme aux troubles religieux, et d'assurer le maintien d'une bonne police dans la République.

» Mais comment organiser un culte déchiré par le plus cruel de tous les schismes?

» On avait déjà fait un grand pas en reconnaissant la primatie spirituelle du pontife de Rome, et en consentant qu'il ne fût rien changé dans les rapports que le dernier état de la discipline ecclésiastique a établis entre ce pontife et les autres pasteurs.

» Mais il fallait des moyens d'exécution.

» Comment accorder les différens titulaires qui étaient à la tête du même diocèse, de la même paroisse, et dont chacun croyait être seul le pasteur légitime de cette paroisse ou de ce diocèse?

» Les questions qui divisaient les titulaires n'étaient pas purement théologiques : elles touchaient à des choses qui intéressent les droits respectifs du sacerdoce et de l'empire ; elles étaient nées des lois que la puissance civile avait promulguées sur les matières ecclésiastiques. Il n'était pas possible de terminer par les voies ordinaires des dissensions qui, relatives à des objets mêlés avec l'intérêt d'état et avec les prérogatives de la souveraineté nationale, n'étaient pas susceptibles d'être décidées par un jugement doctrinal, et qui ne pouvaient conséquemment avoir que le triste résultat d'inquiéter la conscience du citoyen, ou de faire suspecter sa fidélité.

» Une grande mesure devenait nécessaire; il fallait arriver jusqu'à la racine du mal, et obtenir simultanément les démissions de tous les titulaires, quels qu'ils fussent. Ce prodige, préparé par la confiance que la sagesse du gouvernement avait su inspirer, et par l'ascendant que l'éclat de ses succès en tout genre lui assuroit sur les esprits et sur les cœurs, s'est opéré, avec l'étonnement et l'admiration de l'Europe, à la voix consolante de la religion, et au doux nom de la patrie.

» Par là tout ce qui est utile et bon est devenu possible, et les sacrifices que la force n'avait jamais pu arracher nous ont été généreusement offerts par le patriotisme, par la conscience et par la liberté.

» Que donne l'État en échange de tous ces sacrifices? Il

donne à ceux qui seront honorés de son choix le droit de faire
du bien aux hommes, en exerçant les augustes fonctions de
leur ministère ; et si les raisons supérieures qui ont engagé le
gouvernement à diminuer le nombre des offices ecclésiastiques
ne lui permettent pas d'employer les talens et les vertus de
tous les pasteurs démissionnaires, il n'oubliera jamais avec quel
dévouement ils ont tous contribué au rétablissement de la paix
religieuse.

» Nous avons dit en commençant que dès les premières
années de la révolution le clergé catholique fut dépouillé des
grands biens qu'il possédait. Le temporel des états étant entièrement étranger au ministère du pontife de Rome, comme à
celui des autres pontifes, l'intervention du pape n'était certainement pas requise pour consolider et affermir la propriété
des acquéreurs des biens ecclésiastiques : les ministres d'une
religion qui n'est que l'éducation de l'homme pour une autre
vie n'ont point à s'immiscer dans les affaires de celle-ci. Mais il
a été utile que la voix du chef de l'Église, qui n'a point à promulguer des lois dans la société, pût retentir doucement dans
les consciences, et y apaiser des craintes ou des inquiétudes que
la loi n'a pas toujours le pouvoir de calmer. C'est ce qui explique la clause par laquelle le pape, dans sa convention avec le
gouvernement, reconnaît les acquéreurs des biens du clergé
comme propriétaires incommutables de ces biens.

» Nous ne croyons pas avoir besoin d'entrer dans de plus
longs détails sur ce qui concerne la religion catholique. Je ne
dois pourtant pas omettre la disposition par laquelle on déclare
que cette religion est celle des trois consuls et de la très grande
majorité de la nation ; mais je dirai en même temps qu'en cela
on s'est réduit à énoncer deux faits qui sont incontestables,
sans entendre par cette énonciation attribuer au catholicisme
aucun des caractères politiques qui seraient inconciliables avec
notre nouveau système de législation. Le catholicisme est en
France, dans le moment actuel, la religion des membres du
gouvernement, et non celle du gouvernement même ; il est
la religion de la majorité du peuple français, et non celle de
l'État. Ce sont là des choses qu'il n'est pas permis de confondre,
et qui n'ont jamais été confondues.

Cultes protestans.

» Comme la liberté de conscience est le vœu de toutes nos
lois, le gouvernement, en s'occupant de l'organisation du
culte catholique, s'est pareillement occupé de celle du culte
protestant. Une portion du peuple français professe ce culte,
dont l'exercice public a été autorisé en France jusqu'à la révocation de l'édit de Nantes.

» A l'époque de cette révocation le protestantisme fut proscrit, et on déploya tous les moyens de persécution contre les protestans. D'abord on les chassa du territoire français ; mais comme on s'aperçut ensuite que l'émigration était trop considérable, et qu'elle affaiblissait l'État, on défendit aux protestans de sortir de France sous peine des galères. En les forçant à demeurer au milieu de nous, on les déclara incapables d'occuper aucune place et d'exercer aucun emploi ; le mariage même leur fut interdit : ainsi une partie nombreuse de la nation se trouva condamnée à ne plus servir Dieu ni la patrie. Etait-il sage de précipiter par de telles mesures des multitudes d'hommes dans le désespoir de l'athéisme religieux, et dans les dangers d'une sorte d'athéisme politique qui menaçait l'État ? Espérait-on pouvoir compter sur des hommes que l'on rendait impies par nécessité, que l'on asservissait par la violence, et que l'on déclarait tout à la fois étrangers aux avantages de la cité et aux droits mêmes de la nature ! N'était-il pas évident que ces hommes, justement aigris, seraient de puissans auxiliaires toutes les fois qu'il faudrait murmurer et se plaindre ? Ne les forçait-on pas à se montrer favorables à toutes les doctrines, à toutes les idées, à toutes les nouveautés qui pouvaient les venger du passé, et leur donner quelque espérance pour l'avenir ? Je m'étonne que nos écrivains, en parlant de la révocation de l'édit de Nantes, n'aient présenté cet événement que dans ses rapports avec le préjudice qu'il porta à notre commerce, sans s'occuper des suites morales que le même événement a eues pour la société, et dont les résultats sont incalculables.

» Dans la révolution l'esprit de liberté a ramené l'esprit de justice, et les protestans, rendus à leur patrie et à leur culte, sont redevenus ce qu'ils avaient été, ce qu'ils n'auraient jamais dû cesser d'être, nos concitoyens et nos frères. La protection de l'État leur est garantie à tous égards comme aux catholiques.

» Dans le protestantisme il y a diverses communions. On a suivi les nuances qui les distinguent.

» L'essentiel pour l'ordre public et pour les mœurs n'est pas que tous les hommes aient la même religion, mais que chaque homme soit attaché à la sienne ; car lorsqu'on est assuré que les diverses religions dont on autorise l'exercice contiennent des préceptes utiles à la société, il est bon que chacune de ces religions soit observée avec zèle.

» La liberté de conscience n'est pas seulement un droit naturel ; elle est encore un bien politique. On a remarqué que là où il existe diverses religions également autorisées chacun dans son culte se tient davantage sur ses gardes, et craint de

faire des actions qui déshonoreraient son église , et l'exposeraient au mépris ou aux censures du public. On a remarqué de
plus que ceux qui vivent dans des religions rivales ou tolérées
sont ordinairement plus jaloux de se rendre utiles à leur patrie
que ceux qui vivent dans le calme et les honneurs d'une religion dominante. Enfin , veut-on bien se convaincre de ce que
je dis sur les avantages d'avoir plusieurs religions dans un état ,
que l'on jette les yeux sur ce qui se passe dans un pays où il y
a déjà une religion dominante , et où il s'en établit une autre à
côté : presque toujours l'établissement de cette religion nouvelle est le plus sûr moyen de corriger les abus de l'ancienne.

» En s'occupant de l'organisation des divers cultes le gouvernement n'a point perdu de vue la religion juive ; elle doit participer, comme les autres , à la liberté décrétée par nos lois.
Mais les juifs forment bien moins une religion qu'un peuple ;
ils existent chez toutes les nations sans se confondre avec elles.
Le gouvernement a cru devoir respecter l'éternité de ce peuple,
qui est parvenu jusqu'à nous à travers les révolutions et les
débris des siècles, et qui, pour tout ce qui concerne son sacerdoce et son culte, regarde comme un de ses plus grands priviléges de n'avoir d'autres réglemens que ceux sous lesquels il
a toujours vécu , parce qu'il regarde comme un de ses plus
grands priviléges de n'avoir que Dieu même pour législateur.

Motifs du projet de loi proposé.

» Après avoir développé les principes qui ont été la base des
opérations du gouvernement, je dois m'expliquer sur la forme
qui a été donnée à ces opérations.

» Dans chaque religion il existe un sacerdoce ou un ministère
chargé de l'enseignement du dogme, de l'exercice du culte ,
et du maintien de la discipline. Les choses religieuses ont une
trop grande influence sur l'ordre public pour que l'Etat demeure
indifférent sur leur administration.

» D'autre part la religion en soi, qui a son asile dans la
conscience , n'est pas du domaine direct de la loi ; c'est une
affaire de croyance, et non de volonté : quand une religion est
admise on admet par raison de conséquence les principes et
les règles d'après lesquels elle se gouverne.

» Que doit donc faire le magistrat politique en matière religieuse ? Connaître et fixer les conditions et les règles sous lesquelles l'État peut autoriser, sans danger pour lui, l'exercice
public d'un culte.

» C'est ce qu'a fait le gouvernement français relativement
au culte catholique. Il a traité avec le pape, non comme souverain étranger, mais comme chef de l'église universelle , dont

RAPPORT *fait au Tribunat, au nom d'une commission spéciale* (1), *par* Siméon, *sur le* Concordat *passé avec le pape, ses articles organiques*, etc. — *Séance du 17 germinal an* 10.

« Citoyens tribuns, parmi les nombreux traités qui depuis moins de deux ans viennent de replacer la France au rang que lui assignent, dans la plus belle partie du monde, le génie et le courage de ses habitans, la convention sur laquelle je suis chargé de vous faire un rapport présente des caractères et doit produire des effets bien remarquables.

» C'est un contrat avec un souverain qui n'est pas redoutable par ses armes, mais qui est révéré par une grande partie de l'Europe comme le chef de la croyance qu'elle professe, et que les monarques mêmes qui sont séparés de sa communion ménagent et recherchent avec soin.

» L'influence que l'ancienne Rome exerça sur l'univers par ses forces, Rome moderne l'a obtenue par la politique et par la religion. Ennemie dangereuse, amie utile, elle peut miner sourdement ce qu'elle ne saurait attaquer de front. Elle peut consacrer l'autorité, faciliter l'obéissance, fournir un des moyens les plus puissans et les plus doux de gouverner les hommes.

» A cause même de cette influence, on lui a imputé d'être plus favorable au despotisme qu'à la liberté ; mais l'imputation porte sur des abus dont les lumières, l'expérience, et son propre intérêt ont banni le retour.

» Les principes de Rome sont ceux d'une religion qui, loin d'appesantir le joug de l'autorité sur les hommes, leur apprit qu'ils ont une origine, des droits communs, et qu'ils sont frères ; elle allégea l'esclavage, adoucit les tyrans, civilisa l'Europe. Combien de fois ses ministres ne réclamèrent-ils pas les droits des peuples ! Obéir aux puissances, reconnaître tous les gouvernemens, est sa maxime et son précepte. Si elle s'en écartait, on la repousserait, on la contiendrait par sa propre doctrine ; elle aurait à craindre de se montrer trop inférieure aux diverses sectes chrétiennes qui sont sorties de son sein, et qui déjà lui ont causé tant de pertes. Elle a sur elles les avantages de l'aînesse ; mais, toutes recommandables par la tige commune à laquelle elles remontent, et par l'utilité de la morale qu'elles enseignent unanimement avec Rome, elles

(1) Nommée le 15, et composée des tribuns Siméon, Lucien Bonaparte, Savoie-Rollin, Roujoux, Arnould, Jard-Panvilliers, Jaucourt.

lui imposent, par leur existence et leur rivalité, une grande circonspection.

» Des législateurs n'ont point à s'occuper des dogmes sur lesquels elles se sont divisées ; c'est une affaire de liberté individuelle et de conscience : il s'agit, dans un traité, de politique et de gouvernement. Mais c'est déjà un beau triomphe pour la tolérance, dont Rome fut si souvent accusée de manquer, que de la voir signer un concordat qui ne lui donne plus les prérogatives d'une religion dominante et exclusive, de la voir consentir à l'égalité avec les autres religions, et de ne vouloir disputer avec elles que de bons exemples et d'utilité, de fidélité pour les gouvernemens, de respect pour les lois, d'efforts pour le bonheur de l'humanité.

» Un concordat fut signé, il y a bientôt trois siècles, entre deux hommes auxquels les lettres et les arts durent leur renaissance, et l'Europe l'aurore des beaux jours qui depuis l'ont éclairée ; je veux dire François Iᵉʳ et Léon X. C'est aussi à une grande époque de restauration et de perfectionnement que le concordat nouveau aura été arrêté.

» Les premiers fondemens de l'ancien concordat furent jetés à la suite de la bataille de Marignan : c'était la dix-huitième bataille à laquelle se trouvait le maréchal de Trivulce ; il disait qu'elle avait été un combat de géans, et que les autres n'étaient auprès que des jeux d'enfans. Qu'eût-il dit de celle de Maringo ! Quels autres que des géans eussent monté et descendu les Alpes avec cette rapidité, et couvert en un moment de leurs forces et de leurs trophées l'Italie, qui les croyait si loin d'elle ? Le nouveau concordat est donc aussi, comme l'ancien, le fruit d'une victoire mémorable et prodigieuse.

» Combien les maux inséparables des conquêtes ont paru s'adoucir aux yeux de la malheureuse Italie, lorsqu'elle a vu cette religion, dont elle est le siége principal, à laquelle elle porte un si vif attachement, non seulement protégée dans son territoire, mais prête à se relever chez la nation victorieuse, qui jusque là ne s'était montrée intolérante que pour le catholicisme !

» Nous n'aurons pas seulement consolé l'Italie ; toutes les nations ont pris part à notre retour aux institutions religieuses.

» Effrayées de l'essor que notre révolution avait pris, et des excès qu'il avait entraînés, elles avaient craint pour les deux liens essentiels des sociétés, l'autorité civile et la religion : il leur paraissait que nous avions brisé à la fois le frein qui doit contenir les peuples les plus libres, et ce régulateur plus puissant, plus universel que les lois, qui modère les passions, qui suit les hommes dans leur intérieur, qui ne leur défend pas

seulement le mal, mais leur commande le bien; qui anime
et fortifie toute la morale, répand sur ces préceptes les espérances et les craintes d'une vie à venir, et ajoute à la voix
souvent si faible de la conscience les ordres du ciel et les
représentations de ses ministres.

» Comme il a été nécessaire de raffermir le gouvernement,
affaibli par l'anarchie; de lui donner des formes plus simples
et plus énergiques; de l'entourer de la puissance et de l'éclat
qui conviennent à la suprême magistrature d'un grand peuple,
de le rapprocher des usages établis chez les autres nations,
sans rien perdre de ce qui est essentiel à la liberté dans une
République, il n'était pas moins indispensable de revenir à
cet autre point commun à toutes les nations civilisées, la religion.

» Comme le gouvernement avait été ruiné par l'abus des
principes de la démocratie, la religion avait été perdue par
l'abus des principes de la tolérance.

» L'un avait introduit dans le gouvernement et l'administration l'ignorance présomptueuse, l'inconséquence, le fanatisme politique et la tyrannie sous des formes populaires;
l'autre avait amené l'indifférence et bientôt l'oubli des devoirs
publics et privés, déchaîné toutes les passions, développé toute
l'avidité de l'intérêt le plus cupide, détruit l'éducation, et
menacé de corrompre à la fois et la génération présente et
celle qui doit la remplacer.

» Rappelons-nous ce qu'on a dit chez une nation notre
rivale et notre émule dans tous les genres de connaissances, et
qu'on n'accusera point apparemment de manquer de philosophie. Quels reproches des hommes célèbres par la libéralité de
leurs idées et par leurs talens n'ont-ils pas faits à notre irréligion! Et quand on pourrait penser que leur habileté politique
les armait contre nous d'argumens auxquels ils ne croyaient
pas, n'est-ce pas un bien de les leur avoir arrachés, et de les
réduire au silence sur un objet aussi important?

» S'il est des hommes assez forts pour se passer de religion,
assez éclairés, assez vertueux pour trouver en eux-mêmes tout
ce qu'il faut quand ils ont à surmonter leur intérêt en opposition avec l'intérêt d'autrui ou avec l'intérêt public, est-il permis
de croire que le grand nombre aurait la même force?

» Des sages se passeraient aussi de lois; mais ils les respectent, les aiment et les maintiennent, parce qu'il en faut à
la multitude. Il lui faut encore ce qui donne aux lois leur sanction la plus efficace; ce qui, avant qu'on puisse les mettre
dans sa mémoire, grave dans le cœur les premières notions du
juste et de l'injuste; développe, par le sentiment d'un Dieu

vengeur et rémunérateur, l'instinct qui nous éloigne du mal
et nous porte au bien. L'enfant, en apprenant dès le berceau
les préceptes de la religion, connaît, avant de savoir qu'il y a
un code criminel, ce qui est permis, ce qui est défendu ; il
entre dans la société tout préparé à ses institutions.

» Ils seraient donc bien peu dignes d'estime les législateurs
anciens, qui tous fortifièrent leur ouvrage du secours et de l'autorité de la religion! Ils trompaient les peuples, dit-on...; comme
s'il n'était pas constant qu'il existe dans l'homme un sentiment
religieux qui fait partie de son caractère et qui ne s'efface
qu'avec peine; comme s'il ne convenait pas de mettre à profit
cette disposition naturelle; comme si l'on ne devait pas s'aider,
pour gouverner les hommes , de leurs passions et de leurs sentimens, et qu'il valût mieux les conduire par des abstractions!

» Hélas! qu'avions-nous gagné à nous écarter des voies
tracées , à substituer à cette expérience universelle des siècles
et des nations de vaines théories ?

» L'Assemblée constituante, qui avait profité de toutes les
lumières répandues par la philosophie ; cette Assemblée, où l'on
comptait tant d'hommes distingués dans tous les genres de
talens et de connaissances , s'était gardée de pousser la tolérance des religions jusqu'à l'indifférence et à l'abandon de
toutes. Elle avait reconnu que , la religion étant un des plus
anciens et des plus puissans moyens de gouverner, il fallait
la mettre plus qu'elle ne l'était dans les mains du gouvernement; diminuer sans doute l'influence qu'elle avait donnée
à une puissance étrangère ; détruire le crédit et l'autorité
temporelle du clergé, qui formait un ordre distinct dans l'Etat,
mais s'en servir en le ramenant à son institution primitive , et
le réduisant à n'être qu'une classe de citoyens utiles par leur
instruction et leurs exemples.

» L'Assemblée constituante ne commit qu'une faute, et la
convention qui nous occupe la répare aujourd'hui ; ce fut de
ne pas se concilier avec le chef de la religion. On rendit
inutile l'instrument dont on s'était saisi dès lors qu'on l'em-
ployait à contre-sens, et que malgré le pontife, les pasteurs
et les ouailles, on formait un schisme au lieu d'opérer une
réforme. Ce schisme jeta les premiers germes de la guerre
civile que les excès révolutionnaires ne tardèrent pas à développer.

» C'est au milieu de nos villes et de nos familles divisées,
c'est dans les campagnes dévastées de la Vendée qu'il faudrait
répondre à ceux qui regrettent que le gouvernement s'occupe
de religion.

» Que demandait-on dans toute la France , même dans les

départemens où l'on n'exprimait ses désirs qu'avec circonspection et timidité? La liberté de conscience et des cultes ;
de n'être pas exposé à la dérision parce qu'on était chrétien ;
de n'être pas persécuté parce qu'on préférait, au culte abstrait
et nouveau de la raison humaine, le culte ancien du Dieu des
nations.

» Que demandaient les Vendéens les armes à la main? :
Leurs prêtres et leurs autels. Des malveillans, des rebelles
et des étrangers associèrent, il est vrai, à ces réclamations
pieuses des intrigues politiques; à côté de l'autel, ils plaçaient
le trône. Mais la Vendée a été pacifiée aussitôt qu'on a promis
de redresser son véritable grief. Un bon et juste gouvernement
peut être imposé aux hommes; leur raison et leur intérêt les y
attachent promptement : mais la conscience est incompressible ;
on ne commande point à son sentiment. De tous les temps,
chez tous les peuples, les dissensions religieuses furent les plus
animées et les plus redoutables.

» Ce n'est point la religion qu'il faut en accuser, puisqu'elle
est une habitude et un besoin de l'homme ; ce sont les imprudens qui se plaisent à contrarier ce besoin, et qui, sous prétexte d'éclairer les autres, les offensent, les aigrissent et les
persécutent.

» Nous rétrogradons, disent-ils; nous allons retomber dans
la barbarie... J'ignore si le siècle qui nous a précédés était barbare ; si les hommes de talens qui ont préparé, au delà de leur
volonté, les coups portés au Christianisme étaient plus civilisés
que les Arnaud, les Bossuet et les Turenne : mais je crois qu'aucun d'eux n'eut l'intention de substituer à l'intolérance des
prêtres, contre lesquels ils déclamèrent si éloquemment, l'intolérance des athées et des déistes. Je sais que les philosophes les
moins crédules ont pensé qu'une société d'athées ne pourrait
subsister longtemps; que les hommes ont besoin d'être unis
entre eux par d'autres règles que celles de leur intérêt, et par
d'autres lois que celles qui n'ont point de vengeur lorsque leur
violation a été secrète; qu'il ne suffit pas de reconnaître un
Dieu; que le culte est à la religion ce que la pratique est à la
morale; que, sans culte, la religion est une vaine théorie bien-
tot oubliée; qu'il en est des vérités philosophiques comme des
initiations des anciens : tout le monde n'y est pas propre.

» Et si l'orgueil, autant que le zèle de ce qu'on croyait la
vérité, a porté à dévoiler ce qu'on appelait des erreurs, on ne
pensait certainement pas aux pernicieux effets que produirait
cette manifestation. Qui aurait voulu acheter la destruction
de quelques erreurs non démontrées, au prix du sang de
ses semblables et de la tranquillité des états ?

» À l'homme le plus convaincu de ces prétendues erreurs, je dirai donc : nous ne rétrogradons pas ; ce sont vos imprudens disciples qui avaient été trop vite et trop loin : le peuple, resté loin d'eux, avait refusé de les suivre : c'est avec le peuple et pour le peuple que le gouvernement devait marcher ; il s'est rendu à ses vœux, à ses habitudes, à ses besoins.

» Les cultes, abandonnés par l'Etat, n'en existaient pas moins ; mais beaucoup de leurs sectateurs, offensés d'un abandon dont ils n'avaient pas encore contracté l'habitude, et qui était sans exemple chez toutes les nations, rendaient à la patrie l'indifférence qu'elle témoignait pour leurs opinions religieuses. On se les rattache en organisant les cultes ; on se donne des partisans et des amis, et l'on neutralise ceux qui voudraient encore rester irréconciliables ; on ôte tous les prétextes aux mécontentemens et à la mauvaise foi ; on se donne tous les moyens.

» Comment donc ne pas applaudir à un traité qui, dans l'intérieur, rend à la morale la sanction puissante qu'elle avait perdue ; qui pacifie, console et satisfait les esprits ; qui, à l'extérieur, rend aux nations une garantie qu'elles nous reprochaient d'avoir ôtée à nos conventions avec elles ; qui ne nous sépare plus des autres peuples par l'indifférence et le mépris pour un lien commun auquel tous se vantent d'être attachés ? C'est au premier bruit du concordat que les ouvertures de cette paix, qui vient d'être si heureusement conclue, furent écoutées. Nos victoires n'avaient pas suffi ; en attestant notre force, elles nous faisaient craindre et haïr : la modération, la sagesse qui les ont suivies, cette grande marque d'égards pour l'opinion générale de l'Europe, nous les ont fait pardonner, et ont achevé la réconciliation universelle.

» Le concordat présente tous les avantages de la religion, sans aucun des inconvéniens dont on s'était fait contre elle des argumens trop étendus et dans leurs développemens et dans leurs conséquences :

» Un culte public qui occupera et attachera les individus sans les asservir ; qui réunira ceux qui aimeront à le suivre, sans contraindre ceux qui n'en voudront pas ;

» Un culte soumis à tous les réglemens que les lieux et les circonstances pourront exiger.

» Rien d'exclusif ; le chrétien protestant aussi libre, aussi protégé dans l'exercice de sa croyance que le chrétien catholique.

» Le nom de la République et de ses premiers magistrats prennent, dans les temples et dans les prières publiques, la place qui lui appartient, et dont le vide entretenait des prétentions et de vaines espérances.

» Les ministres de tous les cultes soumis particulièrement à l'influence du gouvernement, qui les choisit ou les approuve, auquel ils se lient par les promesses les plus solennelles, et qui les tient dans sa dépendance par leurs salaires.

» Ils renoncent à cette antique et riche dotation que des siècles avaient accumulée en leur faveur; ils reconnaissent qu'elle a pu être aliénée, et consolident ainsi, jusque dans l'intérieur des consciences les plus scrupuleuses, la propriété et la sécurité de plusieurs milliers de familles.

» Plus de prétexte aux inquiétudes des acquéreurs des domaines nationaux, plus de crainte que la richesse distraie ou corrompe les ministres des cultes; tout puissans pour le bien qu'on attend d'eux, ils sont constitués dans l'impuissance du mal.

» On n'a point encore oublié les exemples touchans et sublimes que donnèrent souvent les chefs de l'église gallicane: Fénélon remplissant son palais de victimes de la guerre, sans distinction de nation et de croyance; Belzunce prodiguant ses sollicitudes et sa vie au milieu des pestiférés; d'Apchon se précipitant au travers d'un incendie, plaçant au profit d'un enfant qu'il arracha aux flammes la somme qu'il avait offerte en vain à des hommes moins courageux que lui.

» Ils marcheront sur ces traces honorables ces pasteurs éprouvés à l'adversité, qui, ayant déjà fait à leur foi le sacrifice de leur fortune, viennent de faire à la paix de l'Eglise celui de leur existence. Ils y marcheront également ceux qui ont aussi obéi aux invitations du souverain pontife, dont ils n'entendirent jamais se séparer, et qui, reconnaissant sa voix, lui ont abandonné les siéges qu'ils occupaient pour obéir à la loi de l'Etat. Tous réconciliés et réunis, ils n'attendent que d'être appelés pour justifier et faire bénir la grande mesure qui va être prise.

» L'humanité sans doute peut inspirer seule de belles actions; mais on ne niera pas que la religion n'y ajoute un grand caractère. La dignité du ministre répand sur ses soins quelque chose de sacré et de céleste; elle le fait apparaître comme un ange au milieu des malheureux. L'humanité n'a que des secours bornés, et trop souvent insuffisans : là où elle ne peut plus rien, la religion devient toute puissante; elle donne des espérances et des promesses qui adoucissent la mort; elle fut toujours chez tous les peuples le refuge commun des malheureux contre le désespoir. Ne fût-ce qu'à ce titre, il aurait fallu la rétablir comme un port secourable après tant de tempêtes.

» Et les pasteurs d'un autre ordre, je parle des ministres protestans comme des curés catholiques, qui n'a pas été témoin de leurs services multipliés et journaliers? Qui ne les a pas vus instruisant l'enfance, conseillant l'âge viril, consolant la caducité, étouffant les dissensions, ramenant les esprits? Qui n'a pas été témoin des égards et du respect que leur conciliait l'utilité de leur état; égards que leur rendaient ceux mêmes qui, ne croyant pas à la religion, ne pouvaient s'empêcher de reconnaître dans leurs discours et leurs actions sa bienfaisante influence? Ces bienfaits de tous les jours et de tous les momens ils étaient perdus, et ils vont être rendus à nos villes et à nos campagnes, qui en étaient altérées.

» A côté de ces éloges on pourrait, j'en conviens, placer des reproches, et opposer aux avantages dont je parle des inconvéniens et des abus, car il n'est aucune institution qui n'en soit mêlée; mais où la somme des biens excède celle des maux, où des précautions sages peuvent restreindre celle-ci et augmenter celle-là, on ne saurait balancer.

» Les abus reprochés au clergé ont été depuis dix ans développés sans mesure; on a fait l'expérience de son anéantissement. Les vingt-neuf trentièmes des Français réclament contre cette expérience; leurs vœux, leurs affections rappellent le clergé; ils le déclarent plus utile que dangereux; il leur est nécessaire. Ce cri presque unanime réfute toutes les théories.

» D'ailleurs le rétablissement, tel qu'il est, satisfaisant pour ceux qui le réclament, ne gênera en rien la conduite de ceux qui n'en éprouvent pas le besoin. La religion ne contraint personne; elle ne demande plus pour elle que la tolérance dont jouit l'incrédulité.

» Que ceux qui se croient forts et heureux avec Spinosa et Hobbes, jouissent de leur force et de leur bonheur; mais qu'ils laissent à ceux qui le professent le culte des Pascal, des Fénélon, ou celui des Claude et des Saurin; qu'ils n'exigent pas que le gouvernement vive dans l'indifférence des religions, lorsque cette indifférence aliénerait de lui un grand nombre de citoyens, lorsqu'elle effraierait les nations, qui toutes mettent la religion au premier rang des affaires d'état.

» C'est principalement sous ce point de vue, citoyens tribuns, que la commission que vous avez nommée a pensé que le concordat mérite votre pleine et entière approbation.

» Il me reste à vous entretenir des articles organiques qui accompagnent et complètent le concordat. Je ne fatiguerai pas votre attention par l'examen minutieux de chaque détail; ils sortent tous comme autant de corollaires des principes qui ont dû déterminer le concordat , et que j'ai tâché de vous développer. Je ne vous ferai remarquer que les dispositions principales; vous y apercevrez, je crois, de nouveaux motifs d'adopter le projet de loi qui est soumis à votre examen.

» Quoique les entreprises de la cour de Rome, grâce aux progrès des lumières et à sa propre sagesse, puissent être reléguées parmi les vieux faits historiques dont on doit peu craindre le retour, la France s'en était trop bien défendue, elle avait trop bien établi, même sous le pieux Louis IX, l'indépendance de son gouvernement et les libertés de son église, pour que l'on pût négliger des barrières déjà existantes.

» Comme auparavant, aucune bulle, bref, rescript, ou quelqu'expédition que ce soit venant de Rome, ne pourra être reçue, imprimée, publiée ou exécutée sans l'autorisation du gouvernement.

» Aucun mandataire de Rome, quel que soit son titre ou sa dénomination, ne pourra être reconnu, s'immiscer de fonctions ou d'affaires ecclésiastiques, sans l'attache du gouvernement.

» Le gouvernement examinera, avant qu'on puisse les publier, les décrets des synodes étrangers et même des conciles généraux; il vérifiera et repoussera tout ce qu'ils auraient de contraire aux lois de la République, à ses franchises et à la tranquillité publique.

» Point de concile national ni aucune autre assemblée ecclésiastique sans sa permission expresse.

» L'appel comme d'abus est rétabli contre l'usurpation et l'excès de pouvoir, les contraventions aux lois et réglemens de la République, l'infraction des canons reçus en France, l'attentat aux libertés et franchises de l'église gallicane; contre toute entreprise ou procédé qui compromettrait l'honneur des citoyens, troublerait arbitrairement leur conscience, tournerait contre eux en oppression ou en injure.

» Ainsi toutes les précautions sont prises et pour le dedans et pour le dehors.

» Les archevêques et évêques seront des hommes mûrs et et déjà éprouvés; ils ne pourront être nommés avant l'âge de trente ans.

» Ils devront être originaires Français.

» Ils seront examinés sur leur doctrine par un évêque et deux prêtres nommés par le premier consul.

» Ils feront serment non seulement d'obéissance et de fidélité au gouvernement établi par la Constitution de la République, mais de ne concourir directement ni indirectement à rien de ce qui serait contraire à la tranquillité publique, et d'avertir de ce qu'ils découvriraient ou apprendraient de préjudiciable à l'Etat.

» Les curés, leurs coopérateurs prêteront le même serment. Ils devront être agréés par le premier consul.

» L'organisation des séminaires lui sera soumise.

» Les professeurs devront signer la déclaration de 1682, et enseigner la doctrine qui y est contenue.

» Le nombre des étudians et des aspirans à l'état ecclésiastique sera annuellement communiqué au gouvernement; et pour que cette milice utile ne se multiplie cependant pas outre mesure, les ordinations ne pourront être faites sans que le gouvernement n'en connaisse l'étendue et ne l'ait approuvée.

» La différence des lithurgies et des catéchismes avait eu des inconvéniens qui pouvaient se reproduire; elle semblait rompre l'unité de doctrine et de culte. Il n'y aura plus pour toute la France catholique qu'une seule lithurgie et un même catéchisme.

» On reprochait au culte romain la multiplicité de ses fêtes. Plus de fêtes sans la permission du gouvernement, à l'exception du dimanche, qui est la fête universelle de tous les chrétiens.

» La pompe des cérémonies sera retenue plus ou moins dans les temples, selon que le gouvernement jugera que les localités permettent une plus grande publicité, ou qu'il faudra respecter l'indépendance et la liberté des cultes différens.

» Des places distinguées seront assignées dans les temples aux autorités civiles et militaires : à la tête des citoyens, dans les solennités religieuses, comme dans les fêtes civiles, leur présence protégera le culte, et contiendrait au besoin les indiscrétions du zèle.

» Trop longtemps on avait confondu le mariage, que le seul consentement des époux constitue, avec la bénédiction qui le consacre. Désormais les ecclésiastiques, ministres tout spirituels, étrangers à l'union naturelle et civile, ne pourront répandre leurs prières et les bénédictions du ciel que sur les mariages contractés devant l'officier qui doit en être, au nom de la société, le témoin et le rédacteur.

» Le progrès des sciences physiques nous a donné un calendrier d'équinoxe et décimal : beaucoup d'hommes restaient attachés au calendrier des solstices par habitude. C'eût été un léger inconvénient si cette habitude ne s'était fortifiée de la répugnance pour des institutions nouvelles plus importantes, si elle n'avait formé dans l'Etat comme deux peuples qui n'avaient plus la même langue pour s'entendre sur les divisions de l'année: l'exemple des ecclésiastiques entretenait cette bigarrure. Ils suivront le calendrier de la République ; ils pourront seulement désigner les jours par les noms qui leur sont donnés depuis un temps immémorial chez toutes les nations.

» Il importait peu à la liberté que le jour du repos fût le dixième ou le septième ; mais il importait aux individus que le retour de ce jour fût plus rapproché. Il importait aux protestans comme aux catholiques, c'est à dire à presque tous les Français qui célèbrent le dimanche, de n'en être pas détournés par les travaux dont ceux qui étaient fonctionnaires publics n'avaient pas la faculté de s'abstenir même dans ce jour. Il importait à l'Etat, qui doit craindre la multiplicité des fêtes, que l'oisiveté et la débauche ne se saisissent pas de toutes, et ne déshonorassent pas tour à tour la décade et le dimanche. Le dimanche amènera donc le repos général. Ainsi tout se concilie, tout se rapproche, et, jusque dans des détails qu'on aurait d'abord crus minutieux, on découvre une profonde sagesse et un ensemble parfait.

» Chacun vit de son travail ou de ses fonctions ; c'est le droit de tous les hommes : les prêtres ne sauraient en être exclus. De pieuses prodigalités avaient comblé de richesses le clergé de France, et lui avaient créé un immense patrimoine : l'Assemblée constituante l'appliqua aux besoins de l'Etat, mais sous la promesse de salarier les fonctions ecclésiastiques. Cette obligation, trop négligée, sera remplie avec justice, économie et intelligence.

» Les pensions des ecclésiastiques établies par l'Assemblée constituante s'élèvent à environ dix millions. On emploiera de préférence les ecclésiastiques pensionnés ; on imputera leurs pensions à leurs traitemens, et en y ajoutant 2,600,000 fr. tout le culte sera soldé. Il n'en coûte pas au trésor public la quinzième partie de ce que la nation a gagné à la réunion des biens du clergé.

» L'ancien traitement des curés à congrue, qui étaient les plus nombreux, est amélioré.

» Distribués en deux classes, ils recevront les appointemens de la première ou de la seconde, selon l'importance de leurs paroisses. Plus de cette scandaleuse différence entre le curé *simple congruiste* et le curé *gros décimateur*. Aucun ecclésiastique ne viendra dîmer sur le champ qu'il n'a pas cultivé, et disputer au propriétaire une partie de sa récolte : cette institution, à laquelle les députés du clergé renoncèrent dans la célèbre nuit du 4 août, ne reparaîtra plus ; c'est de l'Etat seul que les ecclésiastiques, comme les autres fonctionnaires publics, recevront un honorable salaire. Quelques oblations légères et proportionnées seront seulement établies ou permises, à raison de l'administration des sacremens.

» La richesse des évêques est notablement diminuée : ce n'est pas du faste que l'on attend d'eux ; c'est l'exemple, et ils le promettent, de la modération et des vertus.

» Si des hommes pieux veulent établir des fondations, et redoter le clergé, le gouvernement, auquel ces fondations seront soumises, en modérera l'excès. D'avance il est pourvu à ce que des biens-fonds ne soient pas soustraits à la circulation des ventes, et ne tombent pas en main-morte. Les fondations ne pourront être qu'en rentes constituées sur l'Etat ; ingénieuse conception, qui achève d'attacher les ecclésiastiques à la fortune de la République, qui les intéresse au maintien de son crédit et de sa prospérité!

» Tels sont, citoyens tribuns, les traits principaux qui nous ont paru recommander les articles organiques du concordat à votre adoption et à la sanction du Corps législatif. Le résultat en est l'accord heureux et, ce semble, imperturbable de l'Empire et du sacerdoce; l'Eglise placée et protégée dans l'Etat pour l'utilité publique et pour la consolation individuelle, mais sans danger pour l'Etat et sa Constitution; les ecclésiastiques incorporés avec les citoyens et les fonctionnaires publics, soumis comme eux au gouvernement, sans aucun privilége : ils pourront sans doute enseigner leurs dogmes, parler avec la franchise de leur ministère au nom du ciel, mais sans troubler la terre.

» C'est avec un bien vif sentiment de plaisir que l'on voit ce bel ouvrage couronné par une semblable organisation des cultes protestans.

» La même protection est assurée à leur exercice, à leurs ministres; les mêmes précautions sont prises contre leurs abus; les mêmes encouragemens promis à leur conduite et à leurs vertus.

» Ils sont donc entièrement effacés ces jours de proscription et de deuil, où des citoyens n'avaient pour prier en commun que le désert, au milieu duquel la force venait encore dissiper leurs pieux rassemblemens !

» Elles avaient, il est vrai, déjà cessé, même avant la révolution, ces vexations odieuses, et dès son aurore elles avaient fait place à une juste tolérance. Les protestans purent avoir des temples ; mais l'Etat était resté étranger et indifférent à leur culte : ce n'est que d'aujourd'hui qu'il leur rend les droits qu'ils avaient à son attention et à son intérêt, et que la révocation de l'édit de Nantes, si malheureuse pour eux et pour toute la France, est entièrement réparée.

» Catholiques, protestans, tous citoyens de la même République, tous disciples du Christianisme, divisés uniquement sur quelques dogmes, vous n'avez plus de motifs de vous persécuter ni de vous haïr! Comme vous partagiez tous les droits civils , vous partagerez la même liberté de conscience, la même protection, les mêmes faveurs pour vos cultes respectifs.

»Ames douces et pieuses, qui avez besoin de prières en commun, de cérémonies, de pasteurs, réjouissez-vous! Les temples vont être ouverts ; les ministres sont prêts.

»Esprits indépendans et forts, qui croyez pouvoir vous affranchir de tout culte, on n'attente point à votre indépendance : réjouissez-vous ! car vous aimez la tolérance. Elle n'était qu'un sentiment, tout au plus une pratique assez mal suivie; elle devient une loi : un acte solennel va la consacrer. Jamais l'humanité ne fit de plus belle conquête.

»La commission, composée des citoyens Lucien Bonaparte , Savoye-Rollin, Roujoux, Jaucourt, Arnould, Jard-Panvilliers et moi, vous propose unanimement, citoyens tribuns, l'adoption du projet de loi. »

PRÉSENTATION *du cardinal légat* à latere « auprès de notre très cher fils en Jésus-Christ Napoléon Bonaparte, premier consul de la République française » (1). — *Audience du* 19 *germinal an* 10, *en présence des ministres, des conseillers d'état, du corps diplomatique,* etc.

DISCOURS *du cardinal légat.*

« Général premier consul, c'est au nom du souverain pontife, et sous vos auspices, général premier consul, que je viens remplir au milieu des Français les augustes fonctions de légat *à latere.*

» Je viens au milieu d'une grande et belliqueuse nation , dont vous avez rehaussé la gloire par vos conquêtes, et assuré la tranquillité extérieure par une paix universelle, et au bonheur de laquelle vous allez mettre le comble en lui rendant le libre exercice de la religion catholique. Cette gloire vous était réservée, général consul ; le même bras qui gagna des batailles, qui signa la paix avec toutes les nations, redonne de la splendeur aux temples du vrai Dieu, relève ses autels, et raffermit son culte.

» Consommez, général consul, cette œuvre de sagesse si longtemps désirée par vos administrés ! Je ne négligerai rien pour y concourir.

» Interprète fidèle des sentimens du souverain pontife, le premier et le plus doux de mes devoirs est de vous exprimer

_____

(1) Texte de la bulle de nomination du cardinal Caprara.

ses tendres sentimens pour vous, et son amour pour tous les Français Vos désirs régleront la durée de ma demeure auprès de vous ; je ne m'en éloignerai qu'en déposant entre vos mains les monumens de cette importante mission, pendant laquelle vous pouvez être sûr que je ne me permettrai rien qui soit contraire aux droits du gouvernement et de la nation. Je vous donne pour garant de ma sincérité et de la fidélité de ma promesse mon titre, ma franchise connue, et, j'ose le dire, la confiance que le souverain pontife et vous-même m'avez témoignée. »

Réponse du premier consul.

« Les vertus apostoliques qui vous distinguent, monsieur le cardinal, me font vous voir avec plaisir dépositaire d'une aussi grande influence sur les consciences.

» Vous puiserez dans l'Evangile les règles de votre conduite ; et par là vous contribuerez puissamment à l'extinction des haines, à la consolidation de l'union dans ce vaste empire. Le peuple français n'aura jamais qu'à s'applaudir du concert qui a eu lieu entre Sa Sainteté et moi dans le choix de votre personne.

» Le résultat de votre mission sera pour la religion chrétienne, qui dans tous les siècles a fait tant de bien aux hommes, un nouveau sujet de triomphe.

» Elle en recevra de nouvelles félicitations du philosophe éclairé et des véritables amis des hommes. »

II.

DE L'ORGANISATION DE L'INSTRUCTION PUBLIQUE.

Exposé des Motifs *du projet de loi présenté au Corps législatif* par le conseiller d'état Fourcroy. — *Séance du 30 germinal an 10 (20 avril 1802).*

« Citoyens législateurs, lorsque de grandes secousses ont déchiré le sein du globe et renversé les édifices qui en couvraient la surface, les hommes ne peuvent réparer solidement leur ancien ouvrage et relever les monumens écroulés qu'après avoir eu le temps d'en recueillir et d'en étudier les ruines. Ils commencent par rassembler les débris avec méthode ; ils cherchent dans leur rapprochement l'ancienne ordonnance que l'art leur avait donnée : ils veulent toujours faire mieux qu'ils n'avaient fait d'abord ; mais ils n'y parviennent jamais qu'à l'aide des tentatives répétées, des efforts soutenus, et du temps, qui commande aux unes et aux autres.

» Tel est le sort des institutions renversées par le bouleversement des empires. Ceux qui sont appelés les premiers à les rétablir, quel que soit le talent qu'ils y consacrent et le courage qu'ils y portent, ne peuvent pas se flatter de faire un ouvrage durable : les oscillations politiques qui durent encore impriment à leurs nouvelles créations un caractère de faiblesse qui tend à les détruire dès leur naissance. Il faut que tous les germes de dissension et de discorde soient étouffés ; que tous les esprits soient rapprochés par le besoin et le désir du repos ; que le calme soit entièrement rétabli ; que les malheurs soient oubliés ou près de l'être ; que la paix, réparatrice de tant de maux, ait consolé la terre, pour que les institutions puissent prendre la vigueur et la solidité qui en assurent la durée.

» Cette vérité, que l'histoire de tous les peuples nous a révélée, et que la nôtre confirme avec tant de force depuis douze années, est surtout applicable à l'organisation de l'instruction publique, qui tient une place si éminente dans l'économie des nations, puisqu'elle perpétue dans leur sein les connaissances sur lesquelles reposent leur soutien et leur prospérité.

» Placé dans les heureuses circonstances dont je viens de parler, le gouvernement, en portant ses regards et sa vigilance sur l'état actuel des écoles publiques, en les comparant avec le besoin et les vœux des citoyens, a reconnu que plusieurs des institutions anciennes exigeaient quelques réformes, et que celles qui ont été établies par la loi du 3 brumaire an 4, quoique dirigées par des vues plus grandes et plus libérales que les anciens colléges et les universités qu'elles ont remplacés, n'avaient point obtenu tout le succès que le législateur en avait espéré. Constamment occupé de ce qui existe, pour conserver ce qui est bien, pour corriger ce qui est défectueux, pour réformer ce qui est mal, le gouvernement, éclairé sur l'état actuel des écoles centrales, n'a pu se dissimuler que le peu d'utilité du plus grand nombre de ces écoles ne permettait point de les maintenir.

» Effrayé de la nullité presque totale des écoles primaires, et des suites que doit amener un état de choses qui laisse une grande partie de la génération dénuée des premières connaissances indispensables pour communiquer avec celles qui la précèdent et qui doivent la suivre, il a senti que la réorganisation de ces écoles était un des besoins les plus urgens, et qu'il était impossible d'en ajourner plus longtemps l'exécution.

» Les écoles spéciales de sciences et d'arts utiles, soit celles qui ont résisté aux orages de la révolution, soit celles dont on doit l'établissement à la Convention nationale, n'ont pas moins appelé l'attention du gouvernement. En général les institutions d'études supérieures ont eu des avantages plus marqués, soit par l'ancienneté même de l'existence de quelques unes d'entre elles, et par l'habitude contractée d'en suivre l'instruction, soit par l'utilité plus prochaine et plus immédiatement sentie des objets d'enseignement qu'on y trouve. Mais ces écoles offrent encore des lacunes indispensables à remplir. Il n'y a pas d'écoles de droit et de jurisprudence, dont il est impossible de se passer. Trois écoles de médecine sont trop peu nombreuses pour l'étendue du territoire et pour la population actuelle de la France. Enfin Paris, qui renferme presque tous les genres d'instruction approfondie dans ses écoles spéciales, ne peut plus rester seul parmi plusieurs villes populeuses, abondantes en richesses et en ressources, où les sciences et les arts doivent porter de nouvelles lumières et diriger l'industrie de leurs nombreux habitans. La loi du 3 brumaire an 4 n'a pas seulement rendu un service signalé au peuple français en recréant des institutions renversées par les malheurs des temps ; elle a solennellement annoncé et promis des écoles spéciales aux départemens.

» Ces trois motifs, la nécessité d'organiser des écoles primaires, celle de corriger les défauts que six années d'existence ont montrés dans l'institution des écoles centrales, enfin celle d'établir les écoles spéciales qui manquent au territoire agrandi et à la masse de population augmentée du peuple français, ont déterminé le gouvernement à s'occuper d'une nouvelle organisation de l'instruction publique.

» Le gouvernement, en recherchant un nouveau mode d'enseignement approprié à l'état actuel des connaissances et au génie de la nation française, a cru nécessaire de sortir de la route accoutumée. Instruit par le passé, il a rejeté les formes anciennes des universités, dont la philosophie et les lumières appelaient la réformation depuis près d'un demi-siècle, et qui n'étaient plus d'accord avec les progrès de la raison ; il n'a vu dans les écoles centrales que des institutions peu nombreuses, trop également, trop uniformément organisées pour des départemens inégaux ou variés en population, en ressources et en moyens. Il a pris néanmoins ce que chacun de ces deux systèmes, successivement adoptés, avait de bon, et il en a fait disparaître les abus. Sans perdre de vue la réussite qui est due aux bons maîtres et aux habiles professeurs, il a surtout songé au moyen d'assurer la réussite des nouvelles écoles par le concours des élèves.

» Il a pensé que pour fonder les institutions littéraires et scientifiques sur une base solide il fallait commencer par y attacher des élèves, et peupler les classes d'étudians pour 'ne pas courir le risque de ne les peupler que de professeurs. Tel est le but qu'il a voulu frapper en créant un nombre assez considérable de pensions nationales pour que leur fonds , distribué dans les lycées, puisse suffire à leur entretien. Le fondement total du nouveau système est établi sur cette conception , dont la grandeur est digne du peuple français , et dont la convenance au temps présent sera facilement sentie par tous ceux qui savent apprécier l'état des circonstances où nous vivons.

» De nombreuses familles, signalées par les services que leurs chefs ont rendus à la cause de la liberté , verront une carrière ouverte pour leurs enfans , et y trouveront une indemnité des sacrifices qu'elles ont faits à leur pays. Les défenseurs de la patrie recevront dans leurs enfans la récompense due à leur courage, à leurs longs travaux et à leur infatigable constance. Le talent et l'étude , le travail et les premiers succès de l'enfance et de la jeunesse conduiront à un état assuré autant qu'honorable ceux qu'une bonne éducation aura déjà placés dans la vraie route du savoir. L'émulation et l'espérance renaîtront partout : les parens soigneront dans leurs enfans l'instruction première , qui les conduira désormais à des places assurées et à une fortune légitime. Les peuples réunis à la France, qui , parlant une langue différente et accoutumés à des institutions étrangères, ont besoin de renoncer à d'anciennes habitudes et de se former sur celles de leur nouvelle patrie, ne peuvent trouver chez eux les moyens nécessaires pour donner à leurs fils l'instruction , les mœurs, le caractère qui doivent les confondre avec les Français. Quelle destinée plus avantageuse pour eux et en même temps quelle ressource pour le gouvernement , qui ne désire rien tant que d'attacher ces nouveaux citoyens à la France ! Combien d'espérances ne sont pas renfermées dans cette génération , qui , choisie parmi la jeunesse studieuse, s'élevera pour tous les genres de gloire ! Quelle pépinière d'hommes éclairés pour tous les états, pour toutes les conditions , et quelle masse de lumières répandues dans toutes les classes de la société !

» Mais il ne suffit pas de montrer les avantages généraux du système adopté dans le nouveau projet de loi ; il faut en décrire le mécanisme, en développer les différentes parties , et le faire connaître dans toute son étendue au Corps législatif, qui doit le juger.

» Neuf titres le partagent et en distribuent les dispositions de manière à les présenter dans leur place respective , et à donner à la loi toute la clarté et toute la méthode qui lui est nécessaire.

» Le premier titre, contenu dans un seul article, divise l'enseignement et les écoles en quatre degrés, dont il donne la nomenclature générale.

» Le titre second traite des écoles primaires. Quatre articles suffisent pour en déterminer l'organisation : d'après leurs dispositions, une de ces écoles pourra appartenir à plusieurs communes ; les maires et les conseils municipaux choisiront les instituteurs, leur fourniront un logement aux frais des communes, et fixeront la rétribution qui sera payée par les parens. Ces écoles seront placées sous la responsabilité des sous-préfets.

» Avec de pareilles dispositions il serait difficile que les petites écoles ne fussent point établies ; elles permettent l'emploi de tous les moyens ; elles ne supposent point ces rapports de calculs entre les écoles et la population, que repoussent toutes les circonstances de localité. Détachée des revenus communaux, toujours trop faibles pour pouvoir y subvenir, partout l'institution des écoles primaires ne rencontrera plus cet obstacle qui en a jusqu'ici paralysé l'établissement. Le gouvernement, en recherchant les causes qui ont empêché jusqu'à présent l'organisation de ces écoles, malgré les efforts de plusieurs Assemblées, et malgré les dispositions de la loi du 3 brumaire an 4, les a reconnues dans une trop grande uniformité de mesures, et dans la véritable impossibilité de payer les maîtres sur les fonds publics. L'expérience de ce qui se faisait autrefois l'a convaincu qu'il faut en confier le soin aux administrations locales, qui y ont un intérêt direct, et qui en feront dans chaque commune une affaire de famille. Une surveillance active, une attention soutenue, des soins non discontinués seront indispensables, il est vrai, pour obtenir la réussite de ces institutions ; il faudra échauffer le zèle des municipalités, intéresser la gloire des fonctionnaires, qui, placés plus près du peuple, en connaissent mieux les besoins ; il faudra faire revivre la bienfaisance, si naturelle au cœur des Français, et qui renaîtra si promptement lorsqu'on connaîtra le respect religieux que le gouvernement veut porter aux dotations locales. Tous ces moyens de succès seront employés par les administrateurs ; et le gouvernement, qui en connaît tout le prix, ne négligera rien de ce qui est nécessaire pour l'obtenir.

» Le titre III a pour objet les écoles secondaires, destinées à l'enseignement des connaissances littéraires et des premiers élémens des sciences. Le gouvernement regrette que l'état des finances ne lui ait pas permis d'entreprendre leur établissement, et de recréer ce que les colléges anciens avaient d'utile, en élaguant les abus qui s'y étaient introduits. Ce n'est qu'àprès avoir reconnu que les moyens nécessaires pour cette opération importante ne sont pas en ce moment à sa disposition, qu'il a cru devoir adopter un autre mode. Depuis la suppression des colléges et des universités, des écoles anciennes ont pris une nouvelle extension, et il s'est formé un assez grand nombre d'établissemens particuliers pour l'instruction littéraire de la jeunesse. Je pourrais citer ici avec éloge, parmi ces institutions particulières, anciennes ou nouvelles, les écoles de Sorrèze, de July, de la Flèche, les pensionnats d'Evreux, de Fontainebleau, de Metz, et plusieurs autres encore qui se sont soutenus ou élevés avec éclat depuis la révolution.

» Le gouvernement a pensé que s'il réunissait des moyens d'encouragement à ce que l'industrie particulière a déjà produit dans ce genre, les écoles secondaires qui existent prendraient une plus grande activité, et de nouvelles écoles seraient bientôt ajoutées aux anciennes. On verra par la suite qu'un examen et un concours, établis pour placer un certain nombre d'élèves de ces établissemens dans les lycées, constituent l'un des plus sûrs de ces moyens, celui dont l'exemple de l'école Polytechnique annonce la réussite.

» Le gouvernement propose d'y joindre pour encouragement la concession d'un local pour l'institution de nouvelles écoles secondaires, et des gratifications annuelles aux cinquante maîtres de ces écoles qui se distingueront le plus.

» En invitant les communes qui en sont privées à former de pareilles institutions à leurs frais, le gouvernement, à qui plusieurs demandes de cette nature ont été déjà faites, a lieu d'espérer que les villes qui ont eu autrefois des colléges, dont les bâtimens sont restés à leur disposition, s'empresseront de concourir à leur rétablissement. On peut prévoir que les avances nécessaires pour cette entreprise, toujours plus utile que coûteuse, seront bientôt couvertes, et remboursées par les parens qui voudront placer leurs enfans dans la carrière des lettres et des arts. Ceux des publicistes qui pensent, avec Smith, que l'instruction doit être abandonnée aux entreprises particulières, trouveront dans cette partie du projet la réalisation de leurs idées : ceux qui croient au contraire que le gouvernement doit offrir à tous les moyens d'instruction, reconnaîtront qu'il a fait à cet égard tout ce qu'il peut faire dans les circonstances où il est placé. Il aurait fallu plus de deux millions de dépenses annuelles pour établir, aux frais du trésor public, deux cent cinquante écoles secondaires; et toutefois ce nombre, indispensable, eût été inférieur à celui des colléges qui existaient en 1790, et qui devaient presque tous leur existence à des fondations particulières.

» Une nouvelle espérance se présente à la pensée du législateur dans l'établissement de ces écoles secondaires par les
communes; il voit naître entre ces institutions littéraires et
celles des particuliers une louable et noble émulation, garant
certain du succès des unes et des autres; car l'émulation dans
la carrière des lettres et des arts conduit à la gloire, et ne tourne
jamais qu'au profit de la société, tandis que la rivalité dans la
route de l'ambition et de la fortune ne produit que la haine, la
jalousie et la discorde.

» Le titre 4 du projet de loi traite des lycées, qui remplaceront
les écoles centrales. Il y en aura un au moins par arrondissement de tribunal d'appel. On ne détermine ni leur nombre ni
leur placement dans le projet, parce qu'ils doivent être choisis
d'après toutes les convenances réunies, parce que cette réunion
ne peut être que le produit de lentes informations, de renseignemens positifs, de comparaisons difficiles; parce qu'enfin le
gouvernement ne peut renoncer à l'espoir de surpasser, dans
cette nouvelle organisation, le nombre de trente-deux, auquel
il s'était d'abord fixé.

» Dans les lycées, ce qui était autrefois enseigné dans les
colléges pourra être cumulé avec les objets d'enseignement des
écoles centrales. On y comprendra l'étude de la littérature
ancienne et moderne dans tous ses degrés, et celle des sciences
mathématiques et physiques, nécessaires dans le plus grand
nombre des professions. On a supprimé ce qu'il y avait de
suranné et de surabondant, ce qui péchait par les deux genres
d'excès dans les institutions précédentes. Tout ce qui appartient
à une éducation libérale se trouvera compris dans les lycées;
néanmoins ils ne seront pas tous uniformes et égaux. Les loca-
l tés, la population, les ressources, les habitudes, les dispositions pour diverses connaissances, les besoins, variés comme
le sol et l'industrie, exigent impérieusement une diversité dans
les genres et le nombre des sciences enseignées. La loi doit
cependant fixer un *minimum* en ce genre, puisqu'il est nécessaire qu'aucune de ces écoles nationales ne soit dépourvue du
caractère d'universalité d'enseignement sur lequel elles sont
fondées, et qui en constitue le type. Aussi le projet exige-t-il
au moins huit professeurs; mais il laisse au gouvernement
le droit d'augmenter ce nombre, ainsi que celui des objets
d'instruction dans ceux des lycées qui le mériteront par le
nombre et par les progrès de leurs élèves. Les lycées recevront
quatre genres d'élèves : ceux que le gouvernement y placera
immédiatement, ceux des écoles secondaires qui y entreront
par le concours, les enfans que les parens y mettront en pension, et des élèves externes. L'enseignement y sera progressif,

depuis les premiers principes des langues et de la littérature
des anciens, qui doivent commencer toute éducation libérale,
jusqu'aux élémens des sciences, qui ont reçu un si grand accroissement en France durant le dernier tiers du dix-huitième siècle.
Les élèves, à tous les degrés d'instruction, y trouveront dans
des classes successives et graduées tous les genres de connaissances qui peuvent les guider dans le plus grand nombre des
états de la société, et celles mêmes qui doivent initier quelques
uns d'entre eux dans l'étude approfondie des sciences.

» Une des parties du projet qui le distingue le plus de l'état
actuel des établissemens d'instruction, c'est le genre d'administration des lycées. Le vide laissé dans la loi du 3 brumaire
sur cette partie a rendu difficile, incertaine, variable ou
nulle l'administration des écoles centrales. Dans les lycées
dont un pensionnat nombreux est la base, où une population
studieuse sera rassemblée, ce vide, s'il y avait existé, aurait eu
des effets bien plus fâcheux encore que dans les écoles centrales, dont tous les élèves sont des externes; on a donc dû
s'occuper de former une administration forte. Un supérieur,
sous le nom de proviseur, surveillera en chef toutes les parties;
il aura sous lui deux fonctionnaires, l'un attaché aux études
comme censeur, l'autre occupé du matériel comme procureur:
le premier surveillera tout ce qui appartient à la discipline, à
l'étude, à la conduite des élèves; il les suivra partout; il s'occupera de l'emploi de leur temps, de leurs progrès, de leurs
mœurs : le second dirigera toutes les parties de dépenses de
l'établissement; il s'assurera de la bonne dispensation, de l'entretien, du renouvellement des fournitures de tous les genres.
Ces deux fonctionnaires, subordonnés au proviseur, formeront
avec lui un conseil qui comprendra toute l'administration
intérieure. Les professeurs ne s'occuperont que de leurs travaux et de leurs leçons; ils n'en seront point détournés par des
détails administratifs; ils n'auront la discipline des écoliers que
dans leurs classes, et par rapport aux devoirs qu'ils leur donneront à faire; aucun soin étranger aux études et aux progrès
des élèves ne les empêchera de se livrer à leurs honorables et
pénibles fonctions. Les muses veulent posséder tout entiers et
sans partage les hommes qui s'attachent à elles.

» Un bureau, composé des principaux magistrats et du proviseur, vérifiera les comptes; et aura la surveillance générale,
ainsi que le maintien de l'ordre. Cette marche ancienne de
l'administration des écoles a eu trop d'effets heureux pour qu'on
ne s'empresse pas de l'emprunter des temps antérieurs à la
révolution.

» Il manquait encore, dans les institutions que celles-ci

doivent remplacer, une inspection destinée à surveiller sans
cesse les écoles et l'état des études. Le plan nouveau remplit
cette lacune; trois inspecteurs généraux, nommés par le premier consul, revêtus de la force et de la dignité si nécessaires
à leur importante mission, parcourront les lycées, les visite-
ront avec beaucoup de soin, et éclaireront le gouvernement,
dont ils seront en quelque sorte l'œil toujours ouvert dans les
écoles, sur leur état, leurs succès ou leurs défauts. Cette nouvelle institution sera la clef de la voûte, et tiendra toutes les
parties de l'administration studieuse dans une activité soutenue,
sans laquelle elles pourraient languir et se détériorer.

» Les administrateurs immédiats des lycées seront nommés
par le premier consul; chacun des professeurs ne le sera par le
premier magistrat de la République, pour la première organisation des lycées, que sur deux candidats présentés au gouvernement par les trois inspecteurs généraux des études, réunis
à trois membres de l'Institut, qui parcourront à cet effet les
départemens pour y examiner les hommes propres à cette utile
fonction. Par la suite, et les lycées une fois organisés, la présentation sera toujours de deux sujets; mais l'un d'eux sera présenté par les trois inspecteurs généraux, et l'autre par le conseil
administratif réuni aux professeurs de l'école où la place sera
vacante. Ainsi sera garanti le bon choix des hommes destinés à
former la jeunesse et à lui donner tout à la fois une instruction
solide, et l'exemple de mœurs pures.

» Tous les fonctionnaires des lycées, administrateurs et
professeurs, seront promus des écoles plus faibles dans les
plus fortes, suivant le zèle et le talent qu'ils montreront dans
leurs fonctions : le mérite et les services rendus trouveront ainsi
leur récompense, et elle deviendra en même temps profitable
à l'instruction.

» Tel est le système des écoles destinées à remplacer tout à
la fois et une partie des anciens colléges et les écoles centrales.
Quoique le *minimum* du nombre des lycées ne soit que le tiers
de ces dernières, en supposant qu'on n'en établisse qu'un par
arrondissement de tribunal d'appel, il embrassera réellement
et plus d'objets d'enseignement, et des parties d'instruction plus
utiles ; et d'ailleurs six années d'expérience ont bien prouvé
que le nombre des écoles centrales qui se sont distinguées a
toujours été au dessous de celui qui est porté ici pour le *minimum* des établissemens qu'on propose. Sous ce rapport, il n'y
aura donc réellement point de suppression, et tout annonce au
contraire qu'il existera un véritable accroissement dans l'instruction publique.

» On reconnaîtra surtout le caractère d'augmentation et de

perfectionnement dans le titre 5, consacré aux écoles spéciales.
On est convenu de désigner par ce nom celles des écoles publiques
supérieures où l'on enseigne en particulier, et dans toute leur
profondeur, les sciences utiles, la jurisprudence, la médecine,
l'histoire naturelle, etc. Il ne faut pas confondre néanmoins ce
genre d'écoles avec celles du génie, de l'artillerie, des ponts
et chaussées, d'hydrographie, de géographie, qui, toutes spéciales qu'elles sont essentiellement en raison des sciences qu'on
y enseigne en particulier, sont mieux déterminées cependant
par le nom d'écoles de services publics, à cause de l'utilité
immédiate qu'en retire le gouvernement. Nous montrerons
bientôt le rapport qui existe entre ce genre d'écoles et celles
dont il est question ici.

» Le titre 5 du projet ne traite que des premières, ou des
écoles spéciales proprement dites, et n'embrasse point les
écoles de services publics. Après avoir montré les écoles spéciales comme le dernier degré d'instruction, ce titre prononce
le maintien de celles qui existent déjà, et donne l'énumération
d'un assez grand nombre de nouvelles écoles spéciales.

» Il pourra y avoir dix écoles de droit. Ces institutions si
utiles, qui n'existent plus depuis près de dix années, repren-
dront, par une nouvelle organisation, la splendeur et l'importance qu'elles avaient perdues longtemps avant la révolution.
Au moment de les établir, on fixera pour ces écoles un mode
d'examen des élèves, plus sûr que l'ancien pour déterminer
leur capacité, et plus propre que lui à garantir aux citoyens le
degré de confiance que doivent mériter des hommes aux lumières
et à la probité desquels ils sont forcés de livrer la défense de
leur honneur et de leur fortune.

» Aux trois écoles de médecine qui existent aujourd'hui, il
pourra en être ajouté trois nouvelles. Ce nombre de six, inférieur à ce qu'il y avait autrefois de facultés de médecine, présentera cependant dans l'organisation un perfectionnement qui
n'a peut-être jamais existé. Pour apprécier la vérité de cette
assertion, également applicable aux écoles de droit, on n'a qu'à
se rappeler le discrédit, on pourrait dire même l'avilissement
où la plupart de ces deux genres d'écoles étaient tombés, et le
ridicule qui couvrait depuis longtemps les examens et les
réceptions des docteurs en droit et en médecine. Au reste,
comme ces établissemens importent beaucoup à la sûreté des
citoyens, et comme ils demandent des dispositions législatives
et pénales, leur organisation fera le sujet d'une loi particulière.

» Les sciences physiques et mathématiques ont fait trop de
progrès en France, leurs applications aux arts utiles, aux

services publics et à la prospérité générale sont trop multipliées et trop directes pour qu'il ne soit pas nécessaire d'en répandre le goût, d'en développer l'instruction, et de leur ouvrir de nouveaux asiles où leur enseignement puisse offrir tout à la fois les moyens d'en étendre les avantages et d'en favoriser les progrès. Il sera donc établi quatre écoles spéciales nouvelles d'histoire naturelle, de physique et de chimie, et une école spéciale consacrée aux mathématiques transcendantes.

» Les arts mécaniques et chimiques, qu'on enseigne depuis si longtemps dans plusieurs universités d'Allemagne sous le nom de *technologie*, auront deux écoles spéciales, placées dans les villes les plus riches en industrie et en manufactures. Généralement désirées, ces écoles contribueront à la prospérité nationale par les méthodes nouvelles qu'elles feront connaître, les instrumens et les procédés peu connus ou inconnus encore qu'elles répandront, les bons modèles de machines qu'elles montreront ; en un mot, par tous les moyens que la mécanique et la chimie fournissent aux arts.

» Une école d'économie publique, éclairée par la géographie et l'histoire, sera ouverte pour ceux qui voudront approfondir les principes des gouvernemens et l'art de connaître leurs intérêts respectifs. Sans lui donner ces trop nombreuses distributions de cours et de classes qui tiennent plus au faste qu'à la véritable richesse de la science, on trouvera dans cette nouvelle école un ensemble de connaissances qui n'a point encore existé dans la France.

» L'art de la guerre, dont les temps modernes et le peuple français ont donné de si grands exemples et de si éclatantes leçons, aura son école spéciale, et cette école, telle que le gouvernement l'a conçue, en recevant comme soldats des jeunes gens sortis des lycées, formera pour ses armées des officiers habiles dans la théorie comme dans la pratique et dans l'administration militaire.

» Aux trois écoles principales d'arts du dessin, actuellement en activité, il en sera ajouté une quatrième, devenue nécessaire depuis que ces arts ramènent dans nos demeures le goût pur des belles formes, dont la Grèce antique nous a laissé de si grands modèles. Cette nouvelle école ne portera aucune atteinte à celles qui existent déjà dans quelques villes, et surtout dans celles de la ci-devant Belgique. Loin de songer à détruire celles-ci, le gouvernement, en rendant justice au zèle des citoyens qui les soutiennent à leurs frais, et des maîtres qui y font connaître et revivre le talent des fameux peintres flamands, ne négligera aucun moyen d'en étendre l'utilité et d'en favoriser l'accroissement.

» Il y aura un professeur d'astronomie dans chacun des observatoires en activité, et l'art de la navigation tirera de nouveaux secours de ces écoles, la plupart placées dans de grands ports. La connaissance du ciel et l'étude des mouvemens des corps célestes, qui reçoit chaque année des accroissemens bien remarquables par les efforts réunis des géomètres les plus illustres et des observateurs les plus infatigables, peut avoir trop d'influence sur les progrès de la civilisation pour que le gouvernement ne soit pas empressé d'en favoriser les progrès et d'en répandre les lumières.

» Les langues des peuples voisins, avec lesquels nous avons des communications si fréquentes, seront enseignées dans plusieurs lycées : c'est tout à la fois un hommage que nous devons aux nations éclairées qui nous environnent, et une utile préparation au commerce.

» Enfin la musique et la composition auront aussi huit professeurs placés sur différens points du territoire français. Nous ne devons pas négliger un art qui adoucit les mœurs, qui échauffe le courage, et qui nous procure tant de jouissances.

» L'agriculture, que la tradition seule communique, que l'exemple, les expériences et les méthodes, étendus peu à peu dans les campagnes, perfectionnent avec lenteur, mais avec certitude, n'a pas paru de nature à être enseignée dans des écoles spéciales, parce qu'elles seraient fréquentées par ceux qui ne cultivent pas, et parce que ceux qui travaillent aux champs ne les suivraient point, ou les suivraient sans les entendre. C'est aux propriétaires à professer ce grand art dans leurs possessions, et aux sociétés d'agriculture à répandre les bonnes pratiques dans leurs départemens respectifs : d'ailleurs les principes de sciences naturelles, qui sont applicables à toutes les branches d'économie rurale, seront donnés dans un assez grand nombre d'établissemens pour que tous ceux qui ont à cœur les progrès de cet art nourricier en puisent les moyens dans les lycées et les écoles spéciales.

» La nomination des professeurs des écoles spéciales sera faite autrement que celle des lycées : leur degré d'instruction plus relevé, leur nombre moins multiplié, exigeaient une présentation différente. Deux sujets, l'un indiqué par l'Institut national, l'autre par les trois inspecteurs généraux, seront présentés au gouvernement pour chaque place, et pour la première formation des écoles spéciales nouvelles. Un troisième sujet, présenté par l'école spéciale elle-même, concourra avec les deux sujets proposés, comme il vient d'être dit, pour remplir une place vacante dans les écoles spéciales une fois organisées. Le premier consul nommera l'un de ces sujets qui lui auront été indiqués par le savoir et par les maîtres de la science.

» Toutes ces écoles spéciales nouvelles seront placées près de quelques lycées, au nombre d'une, de deux, ou même de plus de deux, suivant leurs rapports, leur influence réciproque, et l'importance des villes où ces lycées seront établis. Il est bien reconnu que, rapprochées les unes des autres, elles s'éclairent mutuellement, se fortifient, s'élèvent et s'agrandissent par leur contact et par une sorte de réaction les unes sur les autres. Elles seront d'ailleurs régies comme les lycées auxquels elles appartiendront, et par le même conseil administratif.

» Le projet présente, séparée des autres écoles spéciales, et dans le titre VI qui lui est consacré, l'organisation générale d'une école spéciale de l'art de la guerre, qui mérite d'avoir son enseignement particulier chez un peuple que cet art a le plus illustré et le mieux servi dans les temps modernes. Cette séparation dans un titre particulier n'a pas seulement pour objet de faire ressortir cette institution importante, mais elle était commandée par la nature même de l'école, et par la nécessité de la distinguer des autres écoles spéciales, soit parce que son objet est véritablement indépendant des lycées, soit parce qu'elle doit être soumise à une administration et à une discipline différentes de celles qui régiront ces institutions. On ne doit pas confondre cette nouvelle école avec l'ancienne école militaire. Outre qu'elle ne sera pas destinée à une caste particulière qui n'existe plus, le mode d'enseignement qui y sera donné l'éloignera beaucoup de l'établissement qui portait le même nom : elle sera ouverte à tous les élèves des lycées qui se seront distingués dans leurs études, et qui y seront admis par un véritable concours; cinq cents de ces élèves y seront entretenus pendant deux ans aux frais de la République; ils y recevront toute l'instruction qui est nécessaire aux hommes de guerre, soit dans la théorie, soit dans l'administration, soit dans la pratique de l'art militaire. Le nombre de ces élèves surpassant de beaucoup celui des élèves qui pourront être placés dans chacun des autres genres d'écoles spéciales, les deux cents cinquante jeunes gens qui y entreront chaque année seront pris soit parmi les pensionnaires nationaux, soit parmi les pensionnaires non nationaux et les élèves externes des lycées; savoir, cent parmi les premiers, et cent cinquante parmi les seconds. Il a paru juste d'ouvrir ici la carrière de l'art militaire à tous les élèves des lycées, de les appeler tous à ce concours, et de distribuer même le plus grand nombre des places aux élèves non pensionnés par la patrie, afin de présenter aux parens qui les auront entretenus près des lycées la perspective d'un avancement fait pour alléger

leur sacrifice. Les élèves seront soumis à la discipline militaire;
leurs deux années d'exercices et d'étude dans l'art de la guerre
leur seront comptées pour temps de service ; ceux d'entre eux
qui, pendant deux ans, se seront le plus distingués dans leurs
études et par leur conduite, entreront officiers dans les corps
au sortir de l'école. Comme cet établissement doit être régi
autrement que les écoles spéciales précédentes, il sera placé
dans les attributions du ministre de la guerre, et les professeurs en seront nommés immédiatement par le premier consul.

» Le titre VII contient une des parties les plus importantes
du projet de loi; on y traite des élèves nationaux. Sur six mille
quatre cents pensionnaires ou élèves entretenus près des lycées,
deux mille quatre cents seront pris immédiatement par le
gouvernement parmi les enfans des citoyens qui ont bien servi
la République, et pendant dix ans parmi les enfans des habitans
des départemens réunis; et quatre mille seront choisis, d'après
un concours, parmi les élèves des écoles secondaires. La base du
système qui constitue la nouveauté de ce plan, et sa différence
d'avec tous ceux qui ont été proposés jusqu'ici, repose tout
entière sur cette dernière disposition. L'expérience d'une école
fameuse dès son berceau, comme elle l'est après sept années
d'existence, a donné la première idée de la création des quatre
mille élèves placés aux lycées par un concours. On doit à
l'établissement de l'école Polytechnique les grandes études faites
en mathématiques, le goût si répandu de cette science, et la
formation d'une foule d'écoles où on les enseigne aujourd'hui. En
voyant cette multitude d'écoles particulières, ouvertes depuis
sept années à la science des calculs, en comptant le nombre
considérable d'élèves qui viennent y puiser une instruction faite
pour leur ouvrir une carrière fructueuse, on serait tenté de craindre que cette ardeur pour les mathématiques ne repoussât et ne
fît négliger d'autres branches non moins utiles de connaissances.
Cet exemple au moins est une grande et utile leçon pour le
législateur : il permet d'espérer que la création de quatre mille
pensions dans les lycées rendra plus florissantes les écoles secondaires actuelles, et qu'elle engagera les communes où les individus à en établir de nouvelles. Ainsi le sort des lycées doit fixer
et améliorer celui des écoles particulières qui tiennent aujour-
d'hui lieu des colléges ; ils doivent devenir un puissant motif
d'encouragement pour en fonder de nouvelles dans les lieux
où il n'y en a point encore, surtout pour les villes qui, possédant autrefois un ou plusieurs colléges, se trouvent privées
depuis près de dix années de cette source d'instruction.

» Lorsque les élèves auront fini leurs six années d'études dans
les lycées, leur application et leurs progrès trouveront, au
premier terme de leurs travaux, une nouvelle carrière d'espé-

rance et de succès. Deux dixièmes d'entre eux seront placés dans les diverses écoles spéciales, où ils continueront d'être instruits et entretenus aux frais du trésor public, de manière à acquérir avec gloire un état et une existence assurés dans la République. Jamais avantage plus grand n'a été offert à la jeunesse studieuse. La bonne conduite, l'attachement à leurs devoirs, les études fructueuses, conduiront ceux des élèves qui se seront le plus distingués à puiser dans les sciences ou dans les arts libéraux les moyens de parvenir à une profession honorable ; jurisprudence, médecine, mathématiques, physique, art militaire, manufactures, diplomatie, administration, astronomie, commerce, peinture, architecture, toutes les routes du savoir et des talens qui rendent les hommes chers et utiles à leurs semblables leur seront ouvertes. Ceux qui ne passeront pas par ce genre de concours dans les écoles spéciales pourront se destiner, par une étude particulière des mathématiques, aux écoles de services publics, et s'ouvrir ainsi une autre carrière non moins glorieuse et non moins avantageuse dans le génie, l'artillerie, la marine, les ponts et chaussées, les mines et la géographie.

» Le gouvernement n'a pas parlé de ces dernières écoles spéciales, connues depuis quelques années sous la dénomination précise d'écoles *d'applications* ou de *services publics*. Destinées à lui fournir des sujets éclairés pour fortifier et défendre les places de l'Etat, élever ses monumens publics, ouvrir ses routes, creuser ses canaux, construire et diriger ses flottes, rectifier l'exploitation de ses mines, toutes ces écoles sont dans une activité et jouissent d'un éclat qui ne laisse presque rien à désirer. Placées plus près du gouvernement, parce qu'elles lui sont plus immédiatement utiles, elles doivent être laissées à sa direction immédiate ; il doit avoir la faculté de les disposer, de les modifier suivant ses besoins ; mais il ne peut méconnaître les rapports et les contacts qui existent entre elles et les lycées, et les autres écoles spéciales dont il vous propose aujourd'hui la création ; il sait que, puisqu'elles ont toutes des affinités intimes, elles doivent avoir aussi des influences réciproques les unes sur les autres : les élèves des premières peuvent devenir les élèves des secondes ; l'émulation doublera leurs efforts, et le bien qui doit résulter de ce concours rejaillira tout entier sur la prospérité publique.

» L'article qui termine le titre VII autorise le gouvernement à distribuer en quantité inégale les élèves nationaux dans les lycées. Si le partage uniforme était établi par la loi, on voudrait en vain, et contre la nature des choses, élever toutes les écoles au même niveau, et ce genre de nivellement pourrait bien amener une médiocrité égale dans toutes, sans produire, sans faire même espérer une supériorité remarquable dans aucune. D'ailleurs il n'y aurait plus d'émulation, de concurrence pour faire mieux et pour atteindre la perfection ; toute ouverture, toute voie aux récompenses serait interdite, et le but de la loi serait manqué.

» Le titre VIII a pour objet la fixation générale des pensions, et leur emploi pour l'entretien des lycées. Il fixe le terme moyen des six mille quatre cents pensions à 700 fr. ; il laisse au gouvernement à déterminer et à varier le taux de ces pensions pour chaque lycée : les unes en effet pourront s'élever au dessus de 700 fr., et les autres être réduites à 500, suivant les lieux où ces écoles seront placées, et suivant le prix des vivres e t des denrées de ces différens lieux. Ces pensions serviront à la nourriture, à l'entretien et à l'instruction des élèves. Celles que paieront les parens pour leurs enfans seront égales aux pensions du gouvernement, parce qu'il ne doit y avoir aucun prétexte de prééminence entre les élèves, ni aucune espérance laissée aux spéculations des administrateurs. Les élèves externes des lycées, comme ceux des écoles spéciales, paieront une rétribution qui devra être proposée par les bureaux d'administration des lycées, et confirmée par le gouvernement.

» Non seulement les pensions serviront à la nourriture et à l'entretien des élèves ; elles fourniront encore au traitement fixe des trois administrateurs et des professeurs des lycées, qui sera déterminé par le gouvernement, et prélevé sur ces pensions. A ce traitement fixe sera joint un traitement supplétif, pris sur celles des pensionnaires non nationaux et sur la rétribution des externes ; et ce supplément sera également fixé par le gouvernement. Par là le mérite et le zèle des professeurs, du censeur et du procureur de chaque lycée, recevront une récompense proportiônnée au nombre des élèves qu'ils attireront. On a jugé convenable de ne pas comprendre dans cette disposition les proviseurs des lycées, qui recevront immédiatement du gouvernement un supplément d'honoraire relatif à leur traitement et à leurs services.

» Dans le neuvième et dernier titre du projet de loi, sont comprises plusieurs dispositions générales qui en complètent le système, et qui n'appartiennent à aucun des titres précédens : tels sont l'entretien des bâtimens des écoles, mis à la charge des communes où elles seront placées ; la défense de donner le nom d'institut et de lycée à aucun des établissemens particuliers ; la fixation d'une retraite pour les administrateurs et les professeurs des écoles ; l'acceptation par le gouvernement de dons, legs et fondations en faveur de l'instruction. Je dois répéter, relativement à ce dernier article, que le gouvernement, frappé des malheurs dont a été suivie la destruction presque totale des dotations anciennes des établissemens d'instruction, et de la nécessité de rappeler la bienfaisance et l'amour des lettres à l'une de ses plus douces et de ses plus utiles conceptions, est bien déterminé à entourer du respect le plus profond et le plus inaltérable ces dotations, comme les fruits les plus précieux de la philanthropie, et à consacrer par des monumens durables la reconnaissance nationale pour les bienfaiteurs de l'humanité qui feront ce grand et noble usage de leur fortune.

» Je ferai ici une remarque générale sur l'ensemble du projet. Il semble ne rien contenir sur l'éducation des enfans et des jeunes gens, et l'avoir ainsi isolée de l'instruction. Mais outre que, dans des écoles bien organisées, l'étude et la culture des lettres est un grand moyen de bonne éducation, les deux bases sur lesquelles celle-ci repose sont à la disposition du gouvernement, soit dans les réglemens que l'organisation des écoles exigera, soit dans le choix des maîtres et des fonctionnaires de ces institutions. Le bon et l'entier emploi du temps, des occupations réglées qui le partageront tout entier, et surtout de bons exemples, des mœurs pures et douces dans les chefs, voilà le véritable cours de morale qu'il faut faire suivre à la jeunesse, et la vraie manière de faire prendre à ses passions naissantes la direction qui doit la conduire à son bonheur et à celui des autres.

» Le projet ne présente point de titre sur les dépenses de l'instruction, et sur les fonds qui y seront affectés. Il fixe cependant le taux, le nombre, et par conséquent le montant des pensions destinées à l'entretien des lycées ; quant aux autres dépenses, surtout celles des écoles spéciales, elles feront partie du budget présenté chaque année au Corps législatif, et seront comprises dans les fonds attribués au ministère de l'intérieur. Cependant il est utile, à l'exposé du projet, que le Corps législatif soit instruit du total des dépenses que le nouveau plan exigera, et quoiqu'on ne puisse donner ici sur cet objet qu'un simple aperçu, il suffira néanmoins pour éclairer les législateurs.

» Aux 4,480,000 francs distribués en six mille quatre cents pensions dans les lycées, il faut ajouter 2 millions pour les écoles spéciales, 560,000 francs pour les sept cents élèves entretenus chaque année auprès de ces dernières écoles, 150,000 fr. pour les gratifications des cinquante maîtres des écoles secondaires, 120,000 fr. pour le traitement et les voyages des trois inspecteurs généraux, pour les frais d'examens annuels des élèves des écoles secondaires, et pour quelques dépenses imprévues. Ces sommes réunies forment un total de 7,310,000 francs pour toute l'instruction publique, ce qui excède de près de 2 millions les dépenses attribuées à cette partie de l'administration dans les dernières années ; mais cette augmentation, qui d'ailleurs n'aura lieu que peu à peu et d'ici à dix-huit mois au plus tôt, paraîtra sans doute bien faible si on la compare aux avantages qui naîtront du nouveau système. A la vérité, on n'a porté dans le calcul approximatif les dépenses des écoles spéciales, soit anciennes, soit nouvelles, qu'à 2 millions, quoiqu'elles paraissent devoir coûter davantage, à en juger par celles qui existent déjà, parce qu'on suppose que la rétribution exigée des élèves des écoles de droit et de médecine, soit pour en suivre les leçons, soit pour y acquérir, par les examens et la réception, le droit d'en exercer les professions, suffira en peu de temps aux frais de leur entretien, et que ces frais seront diminués pour les autres écoles spéciales par la rétribution qu'on imposera aux élèves qui les fréquenteront. Si ce secours n'était pas compté, il faudrait ajouter au moins 690,000 francs à la somme indiquée, et l'instruction coûterait 8 millions au lieu de 7,310,000 francs. Dans tous les cas, ce surcroît de dépenses de 2 millions et demi à peu près ne pesera que très peu sur le trésor public, puisque, sans parler de quelques anciennes fondations qui subsistent encore, la loi du 29 ventose an 9 affecte un fonds particulier de domaines nationaux pour ce service important ; et ce fonds, à mesure qu'il sera réalisé, pourra fournir au gouvernement le moyen de donner à l'instruction publique un développement qu'il ne serait pas prudent d'adopter aujourd'hui, mais qu'il est permis d'espérer pour un temps peu éloigné.

» Voilà, citoyens législateurs, et les bases et les motifs du projet que le gouvernement soumet aujourd'hui à vos lumières. Il espère que vous y reconnaîtrez l'esprit qui l'anime pour la prospérité de l'Etat, que vous y retrouverez les moyens d'atteindre le but vers lequel plusieurs autres projets ont sans doute été dirigés, sans qu'ils aient pu y parvenir encore. Il ne s'est pas dissimulé les objections de tous les genres qui pourraient y être faites : ce sujet, comme tous les problèmes indéterminés, est de sa nature susceptible de tous les écarts de l'imagination, de tous les prestiges qu'elle peut enfanter ; c'est un champ vaste et sans limites, où la pensée peut s'égarer dans mille routes diverses, et où les meilleurs esprits peuvent errer sans se rencontrer jamais. Pour bien juger un plan d'instruction publique, pour porter dans ce jugement un esprit indépendant et dégagé de toute prédilection, de toute préoccupation en

faveur d'un système, il faudrait en quelque sorte oublier tout
ce que les autres ont publié, tout ce qui a existé jusqu'ici,
faire presque abnégation de ses propres idées. Peut-être est-il
permis de croire, d'après la divergence des opinions, des
théories, de la pratique même, que la recherche de la vérité
admet dans ce genre d'institution une diversité de méthodes,
comme il en existe dans les sciences les plus exactes. Ce n'est
donc pas la manière individuelle de voir et de sentir qu'il faut
consulter ici, car elle ne ferait que conduire à un dissentiment
dont il serait impossible de prévoir le terme : il s'agit véritablement de savoir si le plan qu'on propose convient au peuple
français, s'il s'accorde avec les idées libérales adoptées aujour-
d'hui, avec la marche du gouvernement, avec les moyens qui
sont à sa disposition ; il s'agit de le comparer à l'état actuel de
l'instruction, aux besoins, aux habitudes du peuple français,
aux convenances du moment. Faut-il ajouter ici que ce plan a
réuni l'assentiment de quelques uns des hommes dont l'Europe
estime les grandes lumières, et consulte avec fruit les méditations ? En vous le présentant avec confiance, le gouvernement, qui le croit approprié au génie des Français, désire surtout que vous y trouviez le germe de toutes les améliorations
et de l'extension future dont il lui paraît être susceptible. En
l'adoptant comme loi de l'Etat, il pense que vous aurez rendu
un nouveau service au peuple, et décrété l'une des bases les
plus solides de la prospérité publique. »

OBSERVATIONS *sur les moyens de faire entrer l'étude de
l'agriculture et de l'économie rurale dans l'instruction publique ; présentées au Tribunat* par Chassiron.
— *Séance du* 6 *floréal an* 10.

« Tribuns, je parle devant les représentans d'un peuple
dont la puissance ne repose pas dans des contrées lointaines et
dans ses colonies, qui ne sont que l'accessoire de sa puissance,
mais à une nation dont la force et la grandeur repose principalement sur l'étendue, la fertilité de son territoire, et l'industrie de ceux qui l'habitent.

» Lorsqu'il s'agit de donner à un tel peuple un système
d'instruction publique, je ne craindrai pas d'élever la voix en
faveur de *l'agriculture*, et de dire que, quels que soient les
progrès que nous ayons pu faire dans l'art de la civilisation et
du gouvernement, il ne serait pas de notre sagesse de rejeter
sans examen les institutions qui, adoptées par les peuples voisins, ont eu parmi eux le succès le moins contesté, et ont
imprimé une marche rapide à leur prospérité.

» Si je parcours l'Allemagne j'y vois des maisons *d'institution* pour les *instituteurs mêmes*, qui doivent porter et répandre dans les campagnes l'instruction nécessaire aux campagnes.

» A Milan je vois une chaire d'économie politique et rurale, professée par l'illustre Beccaria.

» Dans l'Autriche, la Lusace, la Silésie, des livres classiques, des manuels, des catéchismes d'agriculture sont les premières études des fils du fermier et du laboureur.

» Dans l'électorat d'Hanovre, le Danemarck, la Bohême, je retrouve les mêmes institutions.

» Je les vois encore dans la Saxe et parmi les sages Helvétiens.

» En Angleterre le fils du propriétaire, du fermier, du laboureur, est placé à seize ou dix-huit ans chez un riche fermier de Sutfolc, ou autre canton bien cultivé de l'Angleterre.

» Dans le pays de l'Europe où les sciences et les arts ont fait les progrès les moins rapides, à *Saragosse enfin*, on vient de former des institutions d'agriculture, et des sommes importantes leur sont confiées pour les progrès de l'art agricole.

» Ainsi partout autour de nous celui qui cultive la terre connaît les premiers élémens qui, suivant leurs différentes proportions, constituent les diverses natures de terrain.

» Celui qui plante un arbre connaît les premiers principes de la végétation, et par conséquent le sol qui est propre à l'arbre qu'il veut planter ; il a de légères connaissances en mécanique, en arpentage, en construction rurale ; il a vu de bons modèles, des outils bien faits, différens instrumens aratoires. En Angleterre enfin, le fermier, le propriétaire, le cultivateur est un homme instruit, dont la conversation intéresse le voyageur.

» Quels ont été les effets sur l'agriculture de *semblables institutions*? Pour le savoir il faut parcourir les pays où elles sont *instituées*; les plaines du Milanais, les champs de la Belgique, les fermes de l'Angleterre; ou, si l'on veut des expériences moins lointaines, que l'on parcoure les environs de Paris, où des comités agricoles avaient été répandre l'instruction dans les campagnes: généralement elles sont bien cultivées dans un sol souvent médiocre. On sait qu'il faut alterner, varier ses cultures; que la terre consent à toujours produire, mais qu'elle veut dans ses productions la même diversité que l'habitant des villes veut dans ses plaisirs.

» Sans doute il reste encore beaucoup à faire ; mais les premiers pas sont faits; et c'est à l'ancienne société d'agriculture de Paris, c'est aux comités agricoles que ces succès sont dus.

» Portez plus loin vos pas : la ligne de démarcation est tracée par l'ignorance la plus profonde ; plus de prairies artificielles ; toujours la même culture ; des jachéres éternelles; un sol épuisé par des productions toujours les mêmes ; l'excès du travail des hommes ; des bestiaux fatigués ; de chétives productions, et souvent un sol fertile qui accuse l'ignorance des mains qui le cultivent.

» Cependant, là comme ailleurs , le *Traité* de .Gilbert *sur les prairies artificielles*, l'*Instruction* de Daubenton *pour les bergers*, le *Dictionnaire* de Roziers sont sur les boutiques de tous les libraires. Le gouvernement a fait répandre avec une profusion digne d'éloge plusieurs de ces ouvrages.

» Quelques hommes courageux et estimables ont formé des établissemens utiles ; mais ils restent isolés au milieu des campagnes ; le préjugé les entoure , parce que l'habitant des campagnes manque de l'instruction nécessaire pour savoir bien lire et bien observer : il est là comme il serait dans un atelier, dans une manufacture dont il verrait les produits sans pouvoir deviner le mécanisme et la main d'œuvre employés pour les obtenir. Il faut donc les lui expliquer, et ne pas se borner à la *tradition* qui l'égare, à l'*exemple* qu'il ne suit pas, aux *expériences* et aux *méthodes* qu'il repousse, s'il n'est déjà instruit.

» Il est impossible que de tels faits, tracés sur le sol de la France entière, ne frappent pas l'œil de l'observateur et de l'homme d'état ; et cependant qu'avons-nous fait, que faisons-nous encore pour sortir d'un tel état de choses? Une *loi sur l'instruction publique* nous est donnée, et *le nom d'agriculture* n'y est pas prononcé. Dans nos académies, dans nos discours oratoires nous appelons *l'agriculture le premier des arts*; dans nos lois, dans nos institutions nous la regardons comme *le plus vil des métiers*: que dis-je! le plus vil des métiers exige encore un apprentissage ; l'agriculture est abandonnée à la plus honteuse routine, et, par un contraste assez frappant, la stupide ignorance semble reléguée en même temps dans les salons de nos Lucullus modernes, et dans l'humble chaumière qui couvre nos cultivateurs! Chassons-la du moins de ce dernier asile.

» Ne croyez cependant pas, citoyens tribuns, que je vienne demander pour l'homme des champs une instruction dispendieuse, des chaires, des lycées, des écoles spéciales. Non, je ne veux rien changer aux institutions qu'on vous propose; je veux seulement les rendre plus utiles.

» *Il y aura*, dit la loi, *des écoles primaires.* Je demande qu'un des premiers livres qui sera dans les mains des enfans des campagnes leur donne des connaissances agricoles ; je ne dirai pas utiles, mais indispensables. Quelques gravures en bois fixeraient leur attention à la tête de chaque leçon ; des estampes de dix centimes de valeur, placées sur les murs des écoles, représenteraient la meilleure charrue, les herses les plus convenables, un arbre fruitier bien taillé, une bonne ruche.

» Ainsi ils s'instruiraient en s'amusant ; et l'on sait que de tous nos sens, la vue est celui à qui nous devons nos connaissances les plus multipliées, les plus utiles, les plus ineffaçables.

» Des connaissances plus étendues pourraient attendre les habitans des campagnes dans un âge plus avancé ; nous aurons nécessairement pour les cultes *des séminaires, des maisons d'instruction.* Imitons encore ici l'exemple des peuples voisins.

» Les premières études des ministres seront consacrées à la religion, à la morale, à la Constitution de leur pays.

» Mais pourquoi n'exigerait-on pas qu'ils apprissent les premiers élémens de la *chimie rurale, de la botanique rurale, de l'histoire naturelle du laboureur,* en un mot de *l'agriculture ?*

» Ne sont-ils pas destinés à répandre l'instruction dans les campagnes ? N'est-ce pas là leur plus beau, leur plus grand *ministère ?* Et quand un ministre, un curé serait un bon agriculteur, dont l'exploitation servirait de modèle au canton, croit-on qu'ils en seraient moins respectables et moins respectés ? Le temps n'est plus où les hommes semblaient être appréciés à raison de leur inutilité.

» Ce que je demande aujourd'hui pour l'agriculture peut se concilier parfaitement avec les institutions qu'on nous propose ; il ne s'agit que de principes élémentaires. De plus hautes sciences appartiennent à nos écoles spéciales, à nos sociétés d'agriculture ; elles peuvent répandre les instructions utiles ; mais il faut commencer par ouvrir dans nos campagnes *les yeux* et *les oreilles* de ceux qui doivent les entendre. Hâtons-nous de profiter du moment ; mettons à profit les institutions que nous formons, et que la France au dix-neuvième siècle ne reste pas en fait d'agriculture au dessous de l'Europe entière ; qu'on ne puisse pas lui adresser les reproches que Columelle faisait autrefois aux Romains : *ils veulent avoir des maîtres de peinture, de musique, d'escrime et de danse ; et le premier des arts, le plus utile, le plus moral de tous les arts* (l'agriculture) *ne trouvera parmi eux ni maîtres ni disciples.*

» Les vues que je propose doivent intéresser également l'homme d'état et le législateur. L'instruction, le travail, l'aisance donnent des mœurs, et les mœurs sont le complément des lois : *que peuvent les lois sans les mœurs ?* a dit le plus philosophe des poètes de l'antiquité.

» Les produits territoriaux alimentent le commerce, les manufactures, les arts et sont aussi *la base la plus solide de nos finances, la source la plus féconde de la richesse de l'Etat.*

» Ainsi tout se lie, tout se tient, tout se coordonne dans un bon système d'administration publique; c'est une vaste chaîne qui embrasse toute la société, mais dont le premier anneau doit être fixé à la terre si l'on veut poser des bases éternelles à la prospérité de l'Etat.

» Espérons, citoyens tribuns, que le gouvernement entendra les vœux que nous formons aujourd'hui, et qu'il profitera des institutions nouvelles pour répandre dans nos campagnes des connaissances dont elles manquent réellement, et dont la propagation peut avoir une influence si marquée sur la prospérité publique.

» Nous faisons les plus grands efforts pour rappeler la culture dans nos colonies dévastées, et nous oublions que nous possédons le sol le plus fertile, sous le climat le plus heureux, le plus susceptible de tout produire. Quelle est donc la colonie qui peut nous donner des richesses égales à celles que la France peut trouver sur son propre sol, fécondé par une meilleure culture, que nous n'obtiendrons jamais que par des exemples utiles joints à de bonnes institutions? Celles que je propose se lient parfaitement avec le système d'instruction publique que nous allons adopter; elles tendent à lui donner une direction utile pour les mœurs publiques, pour la prospérité de l'Etat, pour le soulagement des peuples. Peut-on lui accorder un dégrèvement plus heureux que l'augmentation des produits industriels et territoriaux?

» Ce que je demande pour les écoles primaires ne coûtera pas un centime à l'Etat, et peut lui valoir des *millions* chaque année.

» Je propose de rappeler le clergé à son institution primitive : ah! s'il avait imprimé dans le cœur des peuples de si longs souvenirs, c'est qu'ils y avaient été gravés par la reconnaissance; nos pères n'avaient pas oublié que leurs ancêtres avaient vu ce même clergé défricher nos montagnes, dessécher des marais, rendre fécondes des landes et des bruyères, et habiter des déserts.

» Je me résume, et je demande qu'à l'instar des peuples voisins :

» 1°. Les livres élémentaires destinés à nos écoles primaires offrent quelques chapitres, quelques leçons consacrés aux premiers élémens de l'art agricole et de l'économie rurale.

» 2°. Que dans nos écoles spéciales les professeurs d'histoire naturelle, de botanique, de physique, de chimie, soient tenus d'en faire l'application à l'agriculture; qu'ils décrivent les substances animales, minérales et végétales du sol français avant de s'occuper de celles qu'on trouve *dans des contrées lointaines*.

» 3°. Enfin je désire que dans les maisons consacrées à l'instruction des ministres des différens cultes il y ait des cours de botanique, de physique et d'économie rurale.

» On ne contestera pas leur caractère, on les croira toujours les ministres d'un dieu de miséricorde et de paix quand ils s'occuperont à répandre sur la terre ses bienfaits et ses largesses.

» On croit toujours à la mission de celui qui nous rend heureux.

» Citoyens tribuns, les observations que je viens de vous soumettre n'attaquent ni le principe ni les conséquences du projet de loi qui vous est présenté; elles ne tendent qu'à lui donner un plus grand degré d'utilité, et si vous les adoptez elles porteront la consolation et l'espérance dans nos champs; leurs habitans verront avec reconnaissance que le Tribunat regarde comme l'un de ses devoirs les plus sacrés de rappeler sans cesse leur intérêt au gouvernement, qui bientôt, n'en doutons pas, ne nous laissera même plus de vœux à former pour la prospérité de nos villes et de nos campagnes. Le passé, le présent sont pour nous de sûrs garans de l'avenir; le même génie tutélaire veille sur nous; mais l'époque actuelle est celle qu'il faut saisir; c'est un de ces momens heureux qu'on ne rencontre pas deux fois dans la vie des peuples, et surtout des empires.

» Nous expions encore les erreurs commises sous Louis XIV, et qui ont été si funestes à nos ateliers, à nos manufactures; nous expions les erreurs que nous avons commises nous-mêmes dans notre système colonial : ne nous exposons pas à de nouveaux regrets en fondant un système d'instruction publique incomplet, et qui ne s'appuierait pas sur les bases larges et solides que la nature elle-même a données à la prospérité et à la grandeur du peuple français. »

» *Nota*. Plusieurs orateurs ont combattu les vues que je propose par des idées différentes : on eût pu en présenter mille autres; la carrière est *sans bornes*. Personne n'a répondu *aux faits, à l'exemple de l'Europe entière* et de la France *elle-même*.

» Laissons là les systèmes; écoutons enfin *l'expérience :*

un *seul fait* détruit les *plus belles théories*, et tous les systèmes réunis ne détruiront pas un *seul fait*. »

Opinion de Duchesne, *contre l'ensemble du projet de
loi; prononcée au Tribunat. — Séance du 7 floréal
an 10.*

« Citoyens tribuns, je n'aurai point à vous entretenir de la
théorie neuve et profonde développée par le rapporteur de la
section de l'intérieur sur *l'éducation publique*, comparée
aux *institutions politiques*, et sur l'influence que celles-ci ont
toujours eue dans cette branche si importante de la législation
des peuples libres.

» Je m'empresse de reconnaître avec lui « que la vaste éten-
» due des états modernes, leurs relations commerciales et les
» arts d'une civilisation plus avancée, ont rendu désormais
» impossibles (parmi nous) le retour des anciennes institu-
» tions de la Grèce, » relatives à l'éducation des jeunes
citoyens; et il me paraît plus curieux qu'utile de rechercher
jusqu'à quel point ces institutions célèbres pourraient être conservées dans un pays où le gouvernement est fondé sur le *système représentatif* et sur la *séparation des pouvoirs*.

» Mais cette forme de gouvernement que nous avons eu le
bonheur de conquérir, et que nous désirons tous de conserver, s'alliant éminemment avec l'amour de la patrie, et étant
d'ailleurs fondée sur *l'égalité des droits*, qui est la base du
système représentatif, il s'agit de décider dans cet état de
choses si l'instruction publique ne doit pas être un bienfait
commun à tous les citoyens, et d'examiner ensuite si le projet
de loi qu'on nous propose a atteint ce but dans toute la latitude
que la nature même du bienfait doit comporter.

» Quand je me borne à parler *d'instruction* publique, j'entends, ainsi que le rapporteur, que nous n'avons point, que
nous n'aurons jamais à nous occuper d'aucun plan *d'éducation
publique;* parce qu'à cet égard l'expérience des temps modernes suffit pour repousser de vaines hypothèses, incompatibles avec nos habitudes sociales.

» Le même rapporteur a fort bien prouvé, et je me plais
à emprunter ses expressions, qu'un grand peuple peut
être *libre* et conserver son *indépendance*, sans se montrer
« ivre de gloire comme les *Athéniens*, insatiable d'austérités
» comme les *Spartiates*, dévoré de l'ambition des conquêtes
» comme les *Romains*. »

» Mais ce peuple cesserait bientôt d'être heureux et libre s'il
retombait dans les ténèbres de l'ignorance : il faut qu'il soit
instruit tout à la fois de ses droits et de ses devoirs; il faut

que , du sein même des dernières classes de la société , puissent
jaillir des talens et des vertus que le défaut d'instruction laisserait enfouis , au grand détriment de la patrie ; et c'est sous
ce rapport que les premiers élémens de l'instruction publique
deviennent un besoin pour tous les individus.

» Une vérité si sensible ne pouvait point échapper aux
lumières de la section chargée de l'examen du projet de loi ;
aussi l'a-t-elle développée par l'organe de son rapporteur, en
nous disant « qu'il ne faut qu'éclairer les hommes pour les
» attacher à leurs devoirs légitimes, à leurs intérêts véritables,
» à tous les élémens du bonheur général et particulier ; qu'en
» un mot, c'est des *lumières communes* et de leur *diffusion*
» *dans les diverses classes de la société* que dépendent la
» liberté, l'indépendance, le repos et la prospérité des na-
» tions. »

» J'ajouterai à ces observations que la nation française étant
tout à la fois agricole, industrieuse, et commerçante, et le génie de
ses habitans les portant avec ardeur vers ces trois grandes sources
de la prospérité générale , la culture , le commerce et les arts,
il est de la politique du législateur de seconder de tout son pouvoir ces heureuses dispositions ; or il ne peut le faire qu'à l'aide
d'un premier degré d'instruction qui, sagement dirigée, doit
nécessairement étendre le vaste domaine de l'industrie.

» J'en appelle à cet égard à l'expérience de tous ceux qui
ont été en situation de comparer le génie actif et entreprenant
des habitans des montagnes à celui des habitans des plaines
circonvoisines.

» Les premiers, instruits de bonne heure dans la lecture,
l'écriture et les premiers élémens du calcul, parce que la
rigueur du climat ne leur permet aucune autre occupation
dans la saison d'hiver, fournissent chaque année à l'Europe
entière de nombreuses colonies qui portent partout leur utile
et laborieuse industrie ; des fortunes souvent rapides, et d'éton-
nans succès dans les arts, en sont souvent la récompense : tandis que les habitans des plaines , dépourvus des mêmes moyens
de s'instruire dans leur jeunesse, languissent de race en race
sur la glèbe qui les a vu naître.

» Donnez à tous la même instruction dans les écoles primaires ; que la nation l'ordonne, l'encourage, et les protége ;
et vous obtiendrez bientôt les mêmes résultats. L'influence
heureuse des lumières dissipera partout les erreurs et les honteux préjugés de l'ignorance ; l'État y gagnera insensiblement
un prodigieux accroissement de sujets propres à tous les arts
industriels ; car il est des connaissances dont il suffit de développer les premiers germes , en laissant au génie naturel de

l'homme où à son intérêt particulier le soin de les perfectionner.

» Une observation plus importante encore vient naturellement à la suite de ces réflexions générales.

» La révolution française ne s'est pas opérée en faveur seulement de certaines classes de la société; elle a eu pour but
l'avantage *commun* d'une masse d'hommes absolument *égaux*
quant à leurs *droits civils et politiques*. Tous ont concouru à
la précieuse conquête de la liberté ; tous sont intéressés à la
maintenir : le retour d'aucun *privilége* ne doit en flétrir le
triomphe, et le plus dangereux privilége serait celui qui prive-
rait la majeure partie du peuple français des avantages inap-
préciables de l'*instruction publique* dans son premier degré,
pour reporter toute la munificence nationale sur des écoles
particulières, inaccessibles au plus grand nombre des citoyens.

» Ici ce n'est point de l'intérêt du trésor public que nous
avons à nous occuper, mais bien plutôt du sort de la génération
actuelle et des générations futures chez un peuple non moins
jaloux de sa véritable gloire que de sa liberté.

» Doit-on et peut-on laisser dans un état d'abandon les
écoles *primaires*, lorsqu'on déploie tant de magnificence pour
doter et soutenir des lycées et des écoles spéciales, dont
l'utilité, sous le rapport du progrès des sciences et des arts,
n'est pas moins incontestable? Cette immense population qui
fait la force des états, mais qui ne saurait tout entière trouver
place dans les écoles des degrés supérieurs, ne sera-t-elle pas
en droit de reprocher au législateur son indifférence pour elle,
quand elle verra qu'elle n'est comptée pour rien dans tous les
sacrifices qu'exige l'instruction publique, et que ses propres
instituteurs restent sans salaire ni récompense?

» On ne peut se dissimuler, tribuns, que ces plaintes
seraient à beaucoup d'égards fondées. Il reste donc à examiner
si les dispositions du projet ne sont pas de nature à y donner
lieu, et ce qu'il y aurait à faire pour les prévenir.

» La loi proposée organise trois degrés d'instruction; 1° dans
les écoles *primaires*, qui seront établies par les communes;
2° dans les écoles *secondaires*, qui seront établies par des
communes ou tenues par des maîtres particuliers; 3° dans
les lycées et les écoles spéciales, qui seront seules et en grande
partie *entretenues aux frais du trésor public*.

» C'est cette dernière disposition que j'attaque essentiellement, parce que j'ai déjà fait sentir qu'une dépense aussi
véritablement nationale que l'est celle de l'instruction publique
devait se reverser avec égalité sur toutes les classes de citoyens;
parce que s'il est nécessaire d'étendre, dans un état tel que la

France république, le domaine des arts et des sciences, afin qu'ils puissent y fleurir au plus haut degré, il l'est encore plus de pourvoir aux besoins immédiats de la classe nombreuse des artisans et des cultivateurs, et que cette dernière destination de fonds publics n'est pas moins sacrée ni moins impérieusement exigée que l'autre.

» Cependant on vous propose d'abandonner entièrement le premier degré de l'instruction publique à la seule vigilance des conseils généraux des communes, sous la surveillance des sous-préfets; on ne lui applique d'autres fonds que la rétribution fournie par les parens; et ce sera sur ces mêmes fonds que seront pris les frais de l'instruction *gratuite* qu'on espère de procurer à un *cinquième* des enfans dans chaque commune.

» A-t-on pu sérieusement se flatter de remonter les ressorts de l'instruction publique dans les campagnes avec de si faibles moyens!

» D'abord le projet n'établit rien de coactif; il laisse tout à la faculté des conseils généraux. Or si ces conseils négligent non de remplir un devoir imposé, mais d'exercer la simple faculté qu'on leur laisse, comment les sous-préfets pourront-ils les y contraindre? Même embarras si les communes peu populeuses refusent de se réunir soit pour nommer un instituteur, soit pour lui assigner un logement; enfin, si les parens refusent de payer la rétribution qu'on attend de leur part, et s'ils préfèrent de se réunir entre eux pour salarier un instituteur de leur propre choix, quelle sera la ressource pour fournir l'instruction *gratuite* au *cinquième* des enfans admissibles dans les écoles primaires?

» Ainsi tout est illusion dans cette partie du nouveau système : son succès ne repose d'un côté que sur le zèle constant des conseils généraux des communes; de l'autre que sur la bonne volonté et sur la générosité des parens qui jouiront d'une certaine aisance.

» Peut-on bien se flatter d'organiser partout l'instruction publique et de la rendre uniforme avec de tels élémens? L'expérience de tout ce qui s'est passé jusqu'à présent dans les campagnes n'annonce-t-il pas au contraire que l'insouciance des administrateurs des communes, leurs petites rivalités entr'elles, le défaut de fonds spécialement affectés à l'instruction, et l'indigence ou l'avarice des parens, continueront, comme par le passé, d'opposer une barrière insurmontable à l'enseignement public?

» Je considérerai donc les écoles primaires comme des établissemens abandonnés au hasard de quelques dispositions heureuses dans certaines localités, et dans tous les cas comme une institution purement facultative, tant que je ne verrai pas la nation elle-même s'interposer dans leur organisation, protéger l'instruction publique dans son premier degré comme dans les degrés ultérieurs, et l'encourager par tous les sacrifices que l'état de nos finances peut comporter.

» Je sais qu'on peut objecter l'immensité de la dépense si l'Etat salariait un instituteur dans chaque commune ; et à cet égard on vous a présenté dans la séance d'hier des calculs uniquement basés sur une loi de la Convention, que personne ne propose de remettre en vigueur.

» Mais outre que le fonds de cette dépense pourrait être pris sur la diminution de beaucoup d'autres qui sont moins utiles, il serait facile de la circonscrire en se bornant à établir au moins *deux* et au plus *six* instituteurs salariés dans chaque arrondissement de justice de paix, sauf à les répartir selon les convenances locales et selon les besoins de la population.

» Le salaire que je proposerais de leur attribuer serait modique ; on pourrait le réduire à 300 francs, outre le logement, qui serait fourni par la commune de leur résidence. Le surplus de leur traitement consisterait dans les rétributions modérées, mais forcées, auxquelles les parens seraient assujettis pour chaque élève fréquentant les écoles, et dont un *cinquième* de ceux-ci resteraient affranchis conformément au projet.

» Je prouverai bientôt que les seuls retranchemens à faire sur la partie de la dépense relative aux écoles spéciales, et principalement sur les places pensionnées dans les lycées, dont on propose de porter le nombre à *six mille quatre cents*, suffirait pour faire face à l'entretien des écoles primaires d'après les bases que je viens d'indiquer.

» Aucune considération ne doit donc nous porter à concentrer toute la bienfaisance nationale dans les seuls lycées et dans les seules écoles spéciales, au lieu de répandre une portion de sa salutaire influence sur les écoles primaires, qui sont l'aliment du peuple et le besoin de tous. Un sentiment profond de justice et une sage politique commandent au contraire de reverser sur le premier degré d'instruction une partie des secours que la nation destine à l'éducation publique, et c'est même l'unique moyen de faire accueillir avec faveur dans l'opinion de nos concitoyens toute la partie du nouveau plan qui n'a pour but que le progrès toujours désirable des arts et des sciences.

» Je passe aux dispositions du projet concernant les écoles *secondaires.*

» Je dois d'abord prévenir ici que je ne réclamerai point pour ces écoles du second ordre les mêmes secours qu'il me paraît nécessaire d'accorder aux écoles *primaires.*

» La différence entre ces deux établissemens est en effet sensible.

» Dans les uns on n'apprend que les élémens de la lecture, de l'écriture et du calcul ; et comme ces connaissances préliminaires ne peuvent être trop répandues, comme il importe à chaque classe de la société de pouvoir les acquérir, comme enfin la classe industrieuse des artisans, des cultivateurs ne doit en être nulle part privée, cette partie de l'enseignement peut être à juste titre considérée comme une dette nationale envers tous les membres de la grande famille sans exception.

» Dans les autres, je veux dire dans les écoles secondaires, on s'occupe de l'étude des langues, des principes de littérature, et de l'étude des premiers élémens des sciences exactes ; les sujets qu'on y destine appartiennent à la classe la moins nombreuse et la plus fortunée, à quelques exceptions près ; et ces exceptions, quant aux individus, seront toujours peu nombreuses. Il n'y a donc aucune nécessité que l'État vienne au secours de ces écoles, et qu'il en salarie les instituteurs ; tout ce qu'il peut faire est sagement proposé par le projet de loi : c'est d'établir et de distribuer convenablement un certain nombre de colléges publics sous le nom de *lycées* ou sous toute autre dénomination moins fastueuse, dans lesquels les enfans des citoyens pourront, comme dans les écoles *secondaires,* se livrer à l'étude des langues et apprendre les premiers élémens de toutes les sciences ; où l'instruction sera gratuite pour les enfans de ceux qui ne sont pas en état de la payer, et dont l'administration sera sans cesse sous l'œil éclairé du gouvernement.

» Mais par cela même qu'il ne veut point, qu'il ne peut pas salarier les écoles *secondaires,* il faut que ses agens se bornent à une simple inspection de police sur ces établissemens ; et il ne doit ni soumettre leur existence à son *autorisation,* ni s'immiscer en aucune manière dans l'*enseignement* plus ou moins varié qu'on y observera.

» C'est sous ces deux derniers rapports que je trouve le projet défectueux, impraticable même, jusqu'à certain point injuste, et d'ailleurs nuisible aux progrès des connaissances humaines.

» L'article 6 considère comme *écoles secondaires* toutes celles qui seront établies par les communes ou tenues par des particuliers, et dans lesquelles on enseignera les langues *latine* et *française,* les premiers principes de la *géographie,* de l'*histoire* et des *mathématiques*. Pourquoi cette nomenclature, ou plutôt pourquoi cette restriction ? car en comparant la disposition de cet article à celle de l'article 10, qui prescrit les objets de l'enseignement dans les lycées, il semblerait que ceux-ci doivent rester en possession exclusive d'enseigner les langues *anciennes* autres que la *latine*, ainsi que la *rhétorique*, la *logique*, la *morale* et la *physique*, tandis que les écoles secondaires seraient bornées à un enseignement d'un ordre moins relevé.

» Cependant le but de l'enseignement, soit dans les lycées, soit dans les écoles réputées secondaires, doit être absolument le même, s'il est possible ; et loin de resserrer dans celles-ci l'émulation, il importe au contraire de l'exciter en invitant les instituteurs de ces écoles à modeler l'instruction de leurs élèves sur celle qui sera adoptée dans les lycées.

» On y parviendrait sans peine en leur présentant la perspective honorable d'arriver aux places de professeurs dans les lycées, et de voir leurs propres élèves admis à égalité de mérite dans les écoles spéciales en *concours* avec ceux des lycées. Mais il faut du moins laisser, quant au mode d'enseignement, la plus entière latitude à leur zèle, à leurs talens et à leur industrie.

» On ne peut se dissimuler en effet que la plus grande liberté pourra seule favoriser l'accroissement des écoles secondaires, et continuer à faire fleurir celles qui existent.

» Déjà l'on a reconnu les services que ces établissemens particuliers rendent à la société ; l'orateur du gouvernement a cité les noms de quelques-uns avec éloge : nous en connaissons tous, à Paris principalement, qui jouissent d'une réputation distinguée. Il n'y a donc aucun motif d'imposer à ceux qui les dirigent, ni aux communes qui voudront en former de semblables, des entraves toujours décourageantes, et qui ne pourraient que nuire à leur succès.

» On peut ranger dans cette cathégorie l'*autorisation* du gouvernement exigée par l'article 8, ainsi que la *surveillance* et *l'inspection* particulière des préfets.

» Sous quels rapports cette autorisation pourrait-elle être réputée nécessaire, dès que l'Etat ne se propose ni de nommer ni de salarier les instituteurs des écoles secondaires ? N'est-ce pas ouvrir la porte aux sollicitations et à l'intrigue, dont l'effet n'est que trop souvent de la fermer au talent modeste pour faire triompher à son préjudice la médiocrité, moins discrette, et les prétentions jalouses, qui trouvent toujours des protecteurs ?

» Au surplus, aucun avantage pour l'Etat ni pour les parti-

edifiers ne pourrait compenser les inconvéniens d'un système de
prohibition appliqué à la partie de l'instruction publique qui
comporte le plus de libéralité dans les idées et de liberté dans
les moyens ; il faut donc y renoncer, pour se restreindre,
quant aux écoles secondaires, aux simples encouragemens qu'on
jugera à propos de donner soit aux communes, soit aux instituteurs, au lieu de fatiguer les unes et de repousser les autres
par la difficulté d'obtenir des *autorisations* qui deviendraient
insensiblement de véritables *priviléges*.

» Les mêmes motifs ne permettent pas d'attribuer aux préfets une *inspection* immédiate sur les écoles secondaires :
quelques uns pourraient en abuser, soit pour réglementer l'enseignement d'une manière contraire aux vues et même aux
forces de l'instituteur, soit pour imposer d'autres conditions
également nuisibles au succès de l'entreprise.

» Ainsi c'est une simple surveillance qu'il s'agit d'attribuer
ici à ces magistrats, et ils l'ont déjà par la nature même des
choses. Elle est utile et nécessaire par rapport aux personnes et
par rapport aux choses ; mais elle suffira pour prévenir tous les
dangers qu'on pourrait redouter ; les mœurs, l'ordre public et
la morale seront respectés dans les écoles secondaires sous
l'influence d'une autorité protectrice et paternelle : là doit se
borner la prévoyance du législateur, et tout ce qui en excède
les limites me paraît devoir être retranché du projet.

» Je pourrais terminer ici mes observations, citoyens tribuns,
puisque j'ai déjà prouvé que le gouvernement ne s'occupe
point assez du sort des écoles *primaires*, tandis qu'il s'occupe
trop du sort des écoles *secondaires*.

» Il n'entre point dans mon plan d'attaquer les parties du
projet qui concernent l'organisation des lycées et des écoles spéciales ; je reconnais au contraire qu'elles contiennent d'excellentes vues, et mon vœu personnel est qu'après avoir fondé des
écoles *primaires* dignes de ce nom l'État se montre prodigue
de sacrifices pour étendre le progrès des arts et des sciences par
tous les encouragemens qu'il pourra donner tant aux lycées
qu'aux écoles spéciales et d'application.

» Mais comme ce dernier but peut-être rempli d'une manière
également honorable pour la nation en retranchant du projet
certaines dispositions qui entraîneront des dépenses dont on n'a
pas assez calculé l'étendue, je ne puis me dispenser de présenter
à cet égard quelques réflexions.

» La première et la plus importante se rattache au projet
d'entretenir aux frais de la République *six mille quatre cents
élèves, pensionnaires dans les lycées et dans les écoles spéciales.*

» J'admets la nécessité de créer ou plutôt de maintenir deux mille quatre cents places de cette espèce, et de les affecter spécialement aux fils des *militaires*, ou des *fonctionnaires* dans l'ordre judiciaire, administratif ou municipal, *qui auront bien servi la République*; et pendant dix ans aux enfans des citoyens des départemens réunis; tout est grand, généreux, politique et sage dans cette conception, et nous ne pouvons qu'y applaudir.

» Mais je suis loin de donner mon assentiment à la création toute nouvelle de quatre mille places destinées pour des sujets *pris dans un nombre d'élèves des écoles secondaires qui seront présentés au gouvernement d'après un examen et un concours*, selon la disposition du titre VII, article 34.

» Ici je n'aperçois qu'une source féconde d'abus, de faveurs pour les uns, d'injustice pour les autres. De quelque manière qu'on s'y prenne, quelle que soit d'un côté la circonspection du gouvernement, d'un autre la vigilance et le zèle de ses agens, il arrivera presque toujours que certaines écoles obtiendront d'injustes préférences, et que certains individus en obtiendront avec la même facilité, grâce à tous les moyens d'intrigue que les parens ne manqueront pas de mettre en jeu.

» Je supposerai maintenant que le choix des quatre mille élèves pensionnés par l'État pourra être complètement épuré par l'examen et le concours; et je demande si dans l'ordre des probabilités, je dirai même dans l'ordre naturel des choses, il n'arrivera pas presque toujours que le choix du gouvernement reposera tout entier sur les enfans des citoyens aisés, et qui, à quelques exceptions près, n'auront aucun besoin de ce secours.

» J'entendais dire hier à cette tribune que la disposition de l'article 34 du projet tournerait à l'avantage de la classe industrieuse et pauvre; que l'admission au concours pour les quatre mille places était même le seul moyen qui fût dans la main du gouvernement soit pour favoriser cette classe utile, soit pour distinguer ceux de ses enfans qui montreraient une grande aptitude, et pour ouvrir à ceux-ci la noble carrière des arts et des sciences.

» Mais autant cette intention serait louable, autant il serait difficile de lui trouver un appui dans les bases du projet de loi que nous examinons.

» En effet, dès que le concours ne pourra s'ouvrir qu'entre les élèves des *écoles secondaires*, il est évident que les enfans de la classe des citoyens pauvres en seront constamment exclus, puisque ceux de la classe aisée peuvent seuls continuer d'être admis dans ces mêmes écoles d'après le plan proposé, et personne n'y sera *gratuitement* admis, si ce n'est par la libre volonté des instituteurs.

» Il y a donc dans l'observation que je combats une méprise sur laquelle il est bon de s'entendre.

» Je n'examinerai point au reste si dans l'intérêt prépondérant des arts et des sciences, ou si dans celui d'une sage politique il convient de donner à l'instruction une telle latitude qu'elle devienne accessible dans tous ses degrés aux diverses classes de la société.

» L'affirmative, dans un gouvernement fondé sur le système représentatif, ne serait pas susceptible de doute; mais j'ai déjà annoncé que je n'entends réclamer au profit de la classe pauvre que le *premier degré d'instruction*, parce qu'il est un besoin pour elle, et parce que la nation peut seule acquitter cette respectable dette.

» Fidèle à mon principe, je soutiens maintenant qu'il est à tous égards préférable de destiner à cet utile emploi les fonds qu'on voudrait appliquer à l'entretien dans les lycées et dans les écoles spéciales de *quatre mille élèves*, dès qu'il est démontré que ce dernier bienfait serait entièrement reversé sur une classe de citoyens qui peut se passer des secours de l'Etat. L'orateur du gouvernement a déclaré que cette dépense, pour six mille quatre cents élèves, serait de 4,480,000 fr.; elle serait donc de *trois millions* environ pour les quatre mille privilégiés, qui ne devraient leur nomination qu'au concours. Hé bien, cette dernière somme suffirait en grande partie pour salarier, sur le pied de 300 francs, tous les instituteurs des écoles primaires; je le prouve par un calcul simple.

» Le *maximum* des arrondissemens des justices de paix a été fixé à *trois mille six cents* par la loi du 8 pluviose an 9. En plaçant dans chaque arrondissement *deux* instituteurs au moins, et *six* au plus, ainsi que je l'ai proposé, le terme moyen serait *quatre*, et le nombre total de ces instituteurs serait de *quatorze mille quatre cents*, dont le salaire, à raison de 300 francs, ne s'élèverait qu'à 4,320,000 francs.

» Or, je le demande à tous ceux qui sont sincèrement attachés à la Constitution de leur pays, et à qui les droits du peuple sont chers, je leur demande si les nombreux avantages qu'on doit attendre du premier degré d'instruction parmi les enfans des cultivateurs et des artisans, lorsque les instituteurs seront salariés, peuvent être balancés par ceux qu'on espère de l'établissement de quatre mille places *gratuites*, soit dans des lycées, soit dans des écoles spéciales.

» Vous avez donc à opiner, citoyens tribuns, d'une part entre l'intérêt de quelques familles privilégiées de fait, si elles ne le sont pas de droit , et d'autre part entre celui d'une immense population qui restera sans aucune instruction si le projet est admis , puisque ce projet épuise d'une autre manière tous les fonds destinés pour l'instruction publique.

» Ce que je viens de dire à l'égard des quatre mille pensions créées par l'article 34 , je pourrais le répéter relativement à *l'école spéciale militaire*, dont il serait difficile de raccorder les élémens avec les principes admis chez un peuple libre , qui respecte l'égalité des droits, et qui est jaloux de ne point y laisser porter atteinte.

» Je ne sais d'ailleurs si les jeunes gens qui se destineront au service militaire pourront, en sortant des écoles spéciales, trouver une meilleure école d'instruction et de pratique que dans le sein même de ces phalanges victorieuses qui se sont couvertes de tant de gloire dans la guerre de la liberté, et d'où sont sortis , par le seul effort de leur génie, tant de grands capitaines , tant de généraux habiles.

» Je pourrais aussi fixer votre attention sur quelques parties du plan d'instruction qui comporte des dépenses susceptibles de modération , et je ne citerai à cet égard que la création de trois *inspecteurs généraux* dont le traitement et les voyages coûteront seuls à l'État 120,000 francs.

» Mais il ne suffit pas d'avoir prouvé que le seul retranchement des pensions, applicables à d'autres individus qu'à ceux dont les pères auront rendu d'éminens services à la patrie, laisserait à la disposition du gouvernement toutes les ressources nécessaires pour donner la vie au premier degré d'instruction publique , si l'on y joignait la dépense relative à l'école spéciale militaire.

» Des considérations d'une haute importance commandent ce changement de destination : elles sont puisées dans les droits inaltérables du peuple , qui le désire ; dans l'intérêt bien entendu de l'agriculture, du commerce et des arts ; enfin dans l'obligation de se montrer juste avant d'être libéral, et de pourvoir à des besoins de première nécessité avant de créer des priviléges.

» Je vote en conséquence contre l'adoption du projet. »

OPINION *de Daru, sur la nécessité d'admettre la religion dans l'instruction publique; prononcée au Tribunat.* — *Séance du 8 floréal an* 10.

« Citoyens tribuns, en prenant la parole sur l'importante loi que vous discutez, je dois commencer par un aveu ; c'est que j'ai pu consacrer à peine quelques momens à mettre en

ordre les réflexions que je vais vous soumettre. J'avais cru
devoir m'imposer le silence dans cette discussion, d'abord par
la juste défiance que j'ai de moi-même, et surtout parce que
les observations que la lecture du projet de loi m'a suggérées
me paraissaient devoir naître d'elles-mêmes dans tous les
esprits : il me semble impossible qu'elles aient échappé à ceux
qui ont été chargés d'examiner ce projet. Je regrette que les
orateurs qui m'ont précédé à cette tribune m'aient laissé le
soin de les développer : peut-être ne devrais-je expliquer leur
silence que par la certitude qu'ils avaient de l'inutilité de ces
développemens ; mais cette réflexion même m'encourage ; elle
me persuade qu'au moins mes idées ne sont pas fausses, et que
je ne compromets que mon amour-propre en vous les soumettant.

» Je vous devais cet aveu, citoyens tribuns, moins pour me
concilier une bienveillance que vous accordez à tous ceux qui
ne cherchent ici que la vérité, que pour protester de mon
respect pour une assemblée devant laquelle je ne pense pas
que l'on doive prendre la parole sans avoir gravement médité
ce qu'on vient lui dire, et pesé les expressions dont on peut
le revêtir. Au reste, si mes réflexions vous paraissent fausses,
vous m'excuserez en considérant le peu de temps que j'ai eu
pour les approfondir ; si elles vous paraissent justes, vous les
recevrez avec plus de confiance, puisqu'elles vous sont présentées sans art.

» Le rapporteur de la loi sur l'instruction publique a judicieusement distingué l'*éducation* de l'*instruction*. L'instruction enrichit l'esprit ; l'éducation s'attache particulièrement au
caractère : celle-ci, considérée dans l'universalité des citoyens,
n'est que le résultat des mœurs, des institutions publiques, du
système général de la législation : c'est dans la Constitution de
l'Etat qu'est sa base fondamentale.

» La loi qui vous est présentée n'a pas un si grand objet :
elle n'organise, si je puis m'exprimer ainsi, que le mécanisme
de l'instruction ; elle en fixe les divers degrés ; elle classe les
écoles ; elle détermine le nombre des élèves et des professeurs,
l'avancement de ceux-là, le choix de ceux-ci ; pour exciter
leur émulation, elle assure aux uns une vieillesse honorée, et
promet aux autres, comme récompense de leurs travaux, de les
initier à des connaissances plus sublimes ; enfin elle règle
l'ordre intérieur, le régime économique des maisons d'éducation.

» Ces objets sont importans sans doute, et il n'est pas nécessaire d'agrandir encore cette question pour la rendre digne de
l'attention des philosophes. Evitons de discuter des paradoxes :

les paradoxes sont les préjugés de ceux qui ont de l'imagination, comme les vieilles erreurs sont les préjugés de ceux qui ne savent pas réfléchir : mais évitons aussi ces vieilles erreurs et cette manie trop commune de regretter toujours le passé, manie qui n'est excusable que dans des vieillards, parce qu'ils n'ont pas eu eux-mêmes la force nécessaire pour jouir du présent.

» Je m'abstiendrai donc de discuter ici le paradoxe sur l'inutilité des sciences, et je ne l'aurais pas même rappelé si j'avais pu, hier à cette même tribune, entendre sans un sentiment pénible un orateur, dont je fais profession d'être l'ami, attaquer cruellement la mémoire du bienfaiteur de l'enfance. Faibles que nous sommes ! courbons-nous devant son génie ; évitons de partager ses erreurs ; oublions ses fautes personnelles, puisque nous n'en devons la connaissance qu'à son repentir. Dans quelques siècles les cendres de l'auteur d'Emile verront tomber sur elles les voûtes fragiles du Panthéon ; mais combien de pages immortelles resteront sur ces débris pour porter aux peuples qui nous auront succédé de sublimes leçons de vertu et des modèles d'éloquence !

» Espérons que nos enfans ne seront pas déshérités de ses bienfaits : n'oublions pas que nous-mêmes nous lui devons en partie ces semences de liberté que nous avons vues se développer après lui, et songeons que le progrès des lumières est, après la vertu, le plus sûr garant de cette liberté.

» Les gouvernemens qui veulent être absolus cherchent à maintenir ou à plonger les gouvernés dans l'ignorance.

» Les gouvernemens qui ont une plus haute idée de la gloire favorisent la propagation des lumières. Les hommes qui veulent être libres se pressent vers ce dépôt sacré des connaissances humaines, qui peut être encore l'asile de la véritable indépendance et du bonheur, même au milieu de la misère et de la servitude générales.

» C'est là que l'homme prend cette noble fierté qui soumet tout à l'examen de la raison, qui oppose une force terrible à toutes les dominations injustes, qui appelle au tribunal de l'opinion publique de toutes les usurpations de l'autorité, et, ce qui est plus noble encore, qui calme les passions viles, et ajoute à la puissance de ce tribunal intérieur que chacun de nous porte dans soi-même.

» Qui l'eût cru, qu'au moment où le peuple français venait de ressaisir ses droits, ses libérateurs détruiraient des institutions que des conquérans auraient peut-être respectées, et qu'un peuple nouvellement affranchi renoncerait lui-même au plus sûr garant de son indépendance !

» On aurait droit de s'en étonner si. dans une révolution il ne fallait distinguer les résultats nécessaires des circonstances de ce qui est l'ouvrage de la philosophie.

» Écoutez certains hommes; ils accuseront la révolution et les philosophes d'avoir anéanti l'instruction comme la morale.

» Les philosophes n'ont pas besoin de défenseurs; ils ne repoussent pas l'injure.

» La cause de la révolution n'est la cause de personne; personne ne peut se vanter de l'avoir faite : ses malheurs appartiennent au moins autant à ceux qui l'ont nécessitée par leurs fautes qu'à ceux qui l'ont provoquée par leurs plaintes ou par leur courage; et lorsqu'elle compte parmi ses accusateurs un si grand nombre de ses complices, sa défense est peut-être plus particulièrement le devoir de ceux qui, indépendans encore de tous les partis, sont assez heureux, après dix ans de querelles, pour n'avoir pas un mot à rétracter.

» Mais est-il vrai que cette révolution ait été si fatale aux connaissances humaines ? Ce peuple qu'on accuse de vanité, et à qui je ferais plutôt le reproche d'être souvent par légèreté son propre accusateur; ce peuple, troublé par dix ans de discordes, de misères, de combats, est-il donc resté en arrière des nations savantes de l'Europe ? N'a-t-il donc fait des conquêtes que sur la terre? N'a-t-il pas reculé les bornes des sciences comme celles de son empire? N'a-t-il pas fondé une école dont les élèves auraient un nom s'ils n'étaient si nombreux ? Et dans cette période de dix ans de combats, les lettres mêmes, les arts amis de la paix sont-ils restés sans gloire ?

» Ah ! soyons plus justes; respect et reconnaissance à ces hommes qui, tourmentés du noble besoin de la célébrité, ont dédaigné l'injustice, l'oubli de leurs contemporains, s'en sont vengés par des bienfaits, et, au milieu des chants de victoire qui retentissaient de toutes parts, ont forcé la renommée à s'occuper d'eux!

» Mais en accordant que la génération présente n'est pas restée oisive, on lui reproche d'avoir négligé le soin de celle qui devait lui succéder. Ce n'est point un reproche qu'il faut faire à tels ou tels hommes; c'est un fait malheureusement trop vrai dont il faut gémir : la même révolution, qui a appris aux jeunes gens qu'un homme n'est jamais rien que par lui-même, en a détourné un grand nombre de leurs travaux en les appelant à la défense de la patrie.

» D'autres, plus malheureux, n'étaient pas en âge de la servir, et sont arrivés trop tard pour s'instruire; ils n'ont trouvé que les ruines de ces lycées où la jeunesse puisait les premiers élémens des sciences et de la morale.

. » Ces établissemens étaient confiés à des hommes qui appartenaient à un ordre privilégié ; cet ordre, par la loi constitutionnelle de l'Etat, formait le tiers de la volonté nationale ; cet ordre fut dépouillé non seulement de ses priviléges, mais de ses immenses richesses. De bonne foi, eût-il été prudent que la génération qui venait de le dépouiller lui confiât ses enfans?

» Ajoutez que bientôt après les membres du clergé se divisèrent : les uns furent proscrits ; les moins malheureux ne furent qu'abandonnés.

» Ainsi furent renversées ces institutions antiques où chacun de nous avait recueilli les germes de ces talens qu'il a pu consacrer à son pays.

» Pour les remplacer on créa une institution nouvelle, qui était mixte de sa nature, puisqu'elle participait de l'instruction publique et de l'éducation domestique. Ces écoles furent lentes à s'organiser, non que la France ne pût fournir un assez grand nombre de maîtres ; c'étaient les élèves qui manquaient.

» L'opinion, plus forte que toutes les lois, repoussa cette institution, malgré ce qu'elle avait d'utile. Quelle fut la cause de cette résistance ? Je ne crois pas me tromper en l'attribuant aux opinions religieuses. Rien de plus juste sans doute que ce sentiment qui dit à l'homme qu'on ne peut pas plus lui défendre que lui ordonner de croire ; rien de plus naturel que les alarmes que durent concevoir des parens lorsqu'on leur proposa de confier leurs enfans à un maître qui garderait le plus profond silence sur la religion qu'eux-mêmes professaient.

» Cependant alors les enfans pouvaient recevoir dans leur famille cette instruction si importante dont le législateur ne s'occupait pas ; ils ne devaient point habiter les maisons où on leur enseignait les sciences humaines, et le père pouvait journellement, soit par lui-même, soit par les soins d'autrui, suppléer au silence du professeur. En cela le législateur était au moins conséquent ; il ne distinguait, il ne reconnaissait aucun culte, mais il laissait aux pères le moyen d'élever leurs enfans dans le leur.

» Aujourd'hui le législateur sent l'insuffisance de cette instruction passagère, la nécessité d'isoler les enfans de leur famille, de les réunir, de les renfermer dans une même habitation, de leur donner des soins continuels ; et cette conception est justifiée par les avantages bien reconnus de ce qu'on appelle l'éducation commune.

» Il y a peu de jours que le législateur a reconnu que la presque totalité du peuple français professe une religion ; et l'universalité des citoyens fonde sur cette déclaration l'espérance du bonheur et de la tranquillité de l'Etat.

» Je rapproche ces deux idées, et je ne puis voir sans étonnement que le projet de loi sur l'instruction publique ne fasse aucune mention des idées de religion à donner aux enfans.

» La loi laisse à tous les citoyens une liberté indéfinie pour le choix entre toutes les opinions religieuses ; elle reconnaît l'existence des cultes non seulement comme constante, mais comme utile à l'ordre public et à la morale. Si elle l'est, l'ordre public, la morale sont intéressés à ce que les opinions religieuses se propagent ; et quand même cette utilité n'existerait pas, nul citoyen n'a besoin pour cela de l'assentiment général, puisque sa foi est indépendante de la loi même.

» Si ce raisonnement est sans réponse, comme je le crois, il n'y aurait que deux moyens d'en éluder la conséquence.

» L'un serait de déclarer qu'un père n'a pas le droit de désigner la religion dans laquelle il veut que ses enfans soient élevés ; ce qui ferait frémir la nature, ce qui effraierait au moins autant le père déiste que les pères les plus crédules.

» L'autre serait d'ordonner que les enfans n'entendraient parler de religion que lorsque leur éducation serait à peu près finie, lorsqu'ils rentreraient dans leurs familles, lorsqu'ils seraient en état de choisir, c'est à dire à l'âge de la puberté, à l'âge des passions. On prévoit aisément quelles seraient les suites de ce système.

» Mais, quelles qu'elles pussent être, il faut se rappeler que le législateur ne s'occupe ici que d'une partie de l'espèce humaine ; que les filles, sur lesquelles il ne peut pas réclamer une pareille influence, resteraient dans le sein de la famille, qu'elles y puiseraient d'autres principes ; et voilà la génération qui doit nous suivre, celle qui a le plus de droits à notre intérêt, composée de frères, de sœurs, de femmes, de maris, détestant ou au moins méprisant mutuellement leur croyance.

» Si ces conséquences ne devaient pas effrayer le législateur, pouvons-nous douter qu'elles n'effrayassent les pères ; et ne voyez-vous pas déjà les nouvelles écoles frappées de la même stérilité que celles qui les ont précédées ? Peut-on penser que des parens religieux se sépareraient de leurs enfans, et les confieraient pendant six ans à des instituteurs qui ne leur donneraient aucune idée de religion, eux qui ont mieux aimé faire des sacrifices ou laisser leurs enfans sans instruction, plutôt que de les envoyer pendant quelques heures apprendre les sciences humaines chez un maître qu'ils soupçonnaient d'incrédulité ou d'indifférence ?

» Que ce soit préjugé, fanatisme, obstination, haine de l'institution politique, le mot n'y fait rien ; il suffit que la chose existe pour se convaincre qu'on n'aurait probablement qu'un très petit nombre d'élèves, et que par conséquent le but du législateur serait manqué.

» Vous n'avez pas besoin, tribuns, que je vous avertisse que ces observations ne se rapportent qu'aux maisons d'éducation entretenues par l'Etat.

» Je pense que cette omission si importante détruirait toutes les espérances que la loi qui vous est présentée permet de concevoir.

» Il me paraît impossible, dans l'état actuel de la législation, de retrancher entièrement la religion de l'instruction publique. Je dis plus ; j'avoue que, quel que fût l'état de la législation, je ne concevrais pas une éducation qui ferait abstraction de toutes les idées religieuses. La nature des choses est telle qu'elles s'y introduiraient nécessairement d'elles-mêmes; et à ce mot je conçois d'autres craintes, qui me font ajouter que le silence du législateur à cet égard serait impolitique.

» Une expérience éternelle a averti les gouvernemens de se méfier de l'influence des prêtres. Cette influence n'a jamais été plus grande que lorsque les prêtres ont pu pénétrer dans le secret des consciences, et surtout lorsqu'ils ont eu à diriger des esprits faibles, sans expérience, des imaginations mobiles et susceptibles d'exaltation.

» Je sais que, s'ils concevaient des projets dangereux, ils ne pourraient guère faire servir des enfans à leurs desseins ; en général on ne redoute pas des instrumens si faibles dans une main ennemie. Mais cherchons bien la raison de cette sécurité ; ne serait-ce point qu'on présume que ces enfans s'éloigneront peu à peu des prêtres dans l'âge mûr, que la foi ou la crédulité s'affaibliront avec l'âge? Mais alors pourquoi leur inculquer dès leur jeunesse des principes qu'on espérerait leur voir abjurer? Est-ce donc l'âge de l'innocence qui a besoin d'être effrayé par les peines terribles dont la religion menace les criminels?.

» Soyons plus conséquens. Puisque nous voulons inspirer des idées religieuses à nos enfans, désirons que leur raison les approuve un jour, et que leur vie entière en soit plus pure et plus heureuse ; n'outrageons point d'avance, par une méfiance cruelle, des hommes à qui des fonctions augustes viennent d'être rendues; que les sages montrent combien ils abhorrent toute espèce de persécution; que les pères appellent la religion au secours de leur autorité, mais qu'ils étudient avec le plus grand soin le caractère, la capacité, la doctrine, les mœurs de l'homme qui sera chargé d'ouvrir ces âmes innocentes à la parole céleste.

» Que le législateur imite la prudence du père de famille

XVIII.

9

qui n'admet point dans sa maison le ministre insinuant qui
voudrait s'y introduire, et qui s'applique à choisir avec discernement le sage vieillard à qui il confiera la pureté de sa fille.

» Mais, outre la sollicitude paternelle que le gouvernement
doit aux enfans, son propre intérêt lui commande la vigilance
sur tous les principes que ces enfans doivent recevoir.

» Il ne faut pas qu'il permette que l'instruction religieuse
s'introduise dans l'instruction publique; il faut qu'il l'y appelle
pour la diriger et la surveiller.

» Quelques uns expliqueront peut-être le silence de la loi en
pensant que ces dispositions sont réservées pour des articles
réglementaires; mais qu'y a-t-il de plus important dans la
société que l'éducation? qu'y a-t-il de plus important dans
l'éducation que l'instruction religieuse? Qu'y a-t-il par conséquent de plus digne des méditations et de la sanction du
législateur?

» Je me résume.

» Il me paraît impossible de ne pas admettre la religion
dans l'instruction publique. Cette omission, je crois l'avoir
prouvé, paralyserait l'instruction elle-même; elle serait
injuste pour les enfans, effrayante pour les pères; elle serait
impolitique, c'est à dire dangereuse pour l'Etat. Elle doit être
réparée par une loi.

» Cette loi sera difficile sans doute : elle aura à prévoir la
réunion de plusieurs enfans de différentes religions; elle aura
à déterminer le choix des ministres, la surveillance à laquelle
ils seront soumis... Je m'arrête. L'embarras que j'éprouve
pour indiquer ce qu'il faudrait faire m'inspire quelque honte
d'avoir hasardé ces réflexions sur ce qui a été fait : elles ont
pour objet non pas d'attaquer une loi dont les dispositions sont
généralement sages, mais d'y faire remarquer une omission
importante, et c'est précisément parce que j'approuve ce projet
que je voudrais en rendre le succès plus certain. »

DISCOURS *de* FOURCROY, *orateur du gouvernement; prononcé devant le Corps législatif.—Séance du* 10 *floréal
an* 10.

« Citoyens législateurs, le vœu que viennent d'émettre les
orateurs du Tribunat, les puissans motifs par lesquels ils l'ont
soutenu, sembleraient réduire au silence les orateurs du gouvernement, si d'ailleurs l'importance du sujet qui vous occupe
n'appelait une discussion solennelle, et si, dans le cours de
celle qui a eu lieu dans plusieurs des séances du Tribunat, il
n'avait été présenté quelques difficultés qu'il ne faut pas laisser

sans réponse. Les objections doivent surtout être repoussées ; les éclaircissemens les plus précis doivent être donnés dans une matière qui intéresse si essentiellement l'utilité publique, et sur laquelle les défiances, les soupçons, le doute même, s'ils pouvaient s'introduire dans les esprits, compromettraient le sort des institutions que le gouvernement propose à votre sagesse de sanctionner. A la vérité, si l'on en excepte un seul des orateurs du Tribunat à qui l'ensemble du projet a paru défectueux, les objections, les difficultés qui lui ont été opposées sont et peu nombreuses et de nature à n'exiger que quelques éclaircissemens pour dissiper le léger nuage qu'elles auraient pu rassembler sur le plan qui vous est soumis. Quelques considérations générales suffiront, et j'y trouverai même des armes assez fortes pour combattre victorieusement celui des orateurs qui, en attaquant les principales bases du nouveau projet, semble s'être le plus éloigné des dispositions qui le constituent : elles me fourniront en même temps l'occasion de donner sur le mécanisme même du projet, et sur son exécution, quelques développemens qui n'ont pas dû faire partie de l'exposition des motifs, et qui sont néanmoins très propres à mettre dans tout leur jour les avantages du plan nouveau.

» Je suivrai dans ces considérations l'ordre du projet ; je traiterai successivement, et le plus brièvement qu'il me sera possible, des écoles primaires, des écoles secondaires, des lycées et des écoles spéciales. Je ne dirai rien des parties du projet qui ont été généralement approuvées, même de la part du très petit nombre d'orateurs qui l'ont combattu.

Des écoles primaires.

» Quoique la première exposition des motifs ait présenté avec précision, mais avec force, les raisons qui ont engagé le gouvernement à laisser aux conseils municipaux le soin d'organiser et d'entretenir, et aux sous-préfets celui de surveiller les écoles primaires, on est plusieurs fois revenu dans la discussion sur la crainte de voir encore ces institutions languissantes ou nulles. En insistant beaucoup, et avec raison sans doute, sur la nécessité et la justice d'offrir à tous une première instruction, qui est en effet le besoin de tous ; on a témoigné des regrets sur ce que ces écoles n'étaient pas fondées aux dépens du trésor public, et sur ce qu'on n'en assurait pas ainsi l'existence d'une manière irréfragable : on aurait voulu au moins des moyens correctifs pour forcer les conseils municipaux à s'en occuper et à les organiser. On reproche au projet de ne rien dire sur l'instruction des filles. On ne voit pas le sort des instituteurs assez certain pour les regarder comme établis soli-

dement. On voudrait que la tenue des registres civils fût réunie
aux fonctions de ces maîtres. Enfin on sacrifierait volontiers
même la plus grande partie des pensions des lycées pour en
reporter la dépense sur les écoles primaires. Voilà un tableau
fidèle des objections ou des regrets relatifs à l'organisation du
premier degré d'instruction ; chacune d'elles me fournit une
réponse aussi simple que facile.

« Sans doute, montrer à lire, écrire et chiffrer, est le besoin
de tous les hommes vivans en société ; aucun ne devrait ignorer
ces premiers moyens de communication et de conduite sociale.
Mais, malgré cette grande vérité, quel est le peuple nombreux
où il existe dans toutes les communes une école gratuite qui y
soit consacrée ? quel est le gouvernement qui peut soutenir ou
qui soutient ce fardeau ? Si cela n'existe nulle part, excepté
dans quelques pays resserrés et d'une très faible population,
c'est qu'il n'est pas dans la nature des choses que cela existe ;
c'est qu'il est hors de la limite du possible qu'une pareille organisation soit établie chez un grand peuple. En effet, il faut au
moins quarante mille écoles : en les portant à 500 fr. chacune
pour le salaire du maître et pour sa maison, il faut une somme
annuelle de vingt millions pour ce seul objet; et en joignant cette
somme à celle qu'exigent les autres parties d'instruction, près
de trente millions seront ajoutés aux dépenses du gouvernement.
Demandera-t-on cette addition aux contributions dans un
moment où tant d'autres besoins également impérieux, celui de
réparations urgentes, etc., se font si vivement sentir? Réduira-
t-on ces vingt millions à la moitié, soit en affectant cette réduction au nombre des instituteurs , soit en la portant sur le traitement de chacun? Dans cette seconde hypothèse, la même
cause de non succès se trouve reproduite. Et d'ailleurs supposons encore que le trésor public puisse fournir vingt millions par an pour cette dépense ; croyez-vous avoir tout fait en
payant quarante mille instituteurs? N'avez-vous pas à craindre
mille abus sur ces quarante mille traitemens? ne deviendront-
ils pas une sorte de prime pour la négligence, l'inertie, l'insouciance, si toutefois ils ne l'offrent pas d'abord à l'intrigue ?
Quelle différence entre ce mode, qui, supposé possible, ne serait
peut-être pas digne d'être adopté, et celui d'abandonner aux
magistrats de la famille l'établissement de cette institution
domestique? Elle est le besoin de tous ; elle doit être l'affaire et
la première affaire de tous. Laissez chaque commune s'arranger
avec un instituteur; laissez-lui le choix d'un homme dont les
mœurs pures et l'instruction lui soient bien connues; donnez à
toutes les convenances locales le règne et l'influence qu'elles
doivent avoir ; n'exigez pas des moyens coactifs là où la per-

suasion est seule nécessaire ; éclairez l'intérêt de chacun, et comptez sur ses conseils ; croyez que les sous-préfets , sous la responsabilité desquels la loi placera leur succès, prendront pour ces écoles tous les moyens qui seront à leur disposition ; espérez surtout que la bienfaisance fondera comme autrefois une partie de ces établissemens. Voyez ce que dix-huit mois de tranquillité et de retour ferme aux principes ont déjà produit dans ce genre !

» Le projet de loi ne s'occupe point de l'instruction des filles... Mais ne prévoit-on pas que dans les communes auxquelles cette organisation est confiée on ne négligera pas de faire ce qui est convenable à cet égard? Ne sait-on pas encore que c'est dans les familles que cet apprentissage domestique , comme celui des ouvrages qui conviennent aux filles , s'établit naturellement ? Est-il besoin de dire que dans les villes les deux genres d'écoles ont toujours été distingués pour les deux sexes , et qu'il eût été superflu d'énoncer cette distinction ?

» Quant aux fonctions diverses qui pourraient être attribuées au maître, le gouvernement en a fait l'objet de ses sollicitudes; il ne négligera pas les secours qu'il pourra tirer des instituteurs probes et assez éclairés pour tenir des registres civils et remplir quelques fonctions municipales; il y est intéressé pour le bien des administrés et pour la consolidation des écoles elles-mêmes. On peut se reposer à cet égard sur ses soins ; tout ce qu'il pourra faire pour améliorer le sort de ces hommes utiles , pour les attacher aux lieux où ils seront appelés par la confiance des communes , il le fera avec empressement.

» Il ne sera donc pas nécessaire de mutiler une partie du projet, ni de faire crouler l'une de ses bases les plus solides , comme un orateur l'avait proposé au Tribunat, pour établir des écoles primaires. Si les communes pouvaient méconnaître leur propre intérêt au point de ne pas assez soigner cette institution, il resterait au gouvernement à les y contraindre par des réglemens et des mesures qui sont toujours à sa disposition; mais il est assuré d'avance qu'il n'aura pas besoin d'en venir à cette extrémité , puisque dans la plupart des communes il existe quelques établissemens dont il ne s'agira que de régulariser ou de modifier l'état actuel.

Des écoles secondaires.

» Le plus grand nombre des membres du Tribunat qui ont pris part à la discussion a parfaitement saisi l'esprit du projet de loi sur les écoles secondaires. Quelques uns auraient désiré qu'il y eût de ces écoles dans les grandes cités pour l'instruction gratuite de la jeunesse. On a dit ailleurs les regrets que le gou-

vernement avait eus de ne pas pouvoir proposer en ce moment
ces institutions. Mais ces regrets sont affaiblis et par l'existence
actuelle de beaucoup d'écoles particulières qui remplacent avec
avantage les anciens colléges, et par la persuasion où l'on doit
être que les communes s'occuperont elles-mêmes d'établir un
assez grand nombre de ces écoles. Déjà dans beaucoup de villes
on se plaint de la destruction des écoles centrales, et ces plaintes
succèdent quelquefois à celles que l'on faisait il y a quelques
mois sur le peu d'utilité de ces écoles. S'il est vrai qu'on
n'attache leur véritable prix aux jouissances devenues habituelles que lorsqu'on est sur le point de les perdre ; s'il l'est
encore que l'on n'aime point à perdre inopinément une chose
même dont on n'avait pas su jouir assez, mais dont on ne veut
pas être entièrement privé, n'est-il pas permis d'espérer que
les communes qui n'auront pas de lycée, et qui avaient une
école centrale, trouveront les moyens, en conservant le local,
les collections, les frais déjà faits pour son établissement, de la
convertir en une école secondaire, plus forte et plus utile
même qu'un ancien collége ? Voilà tout à coup soixante-dix
écoles presque toutes organisées, qui, avec quelques modifications dans les études et les classes, se rapprocheront aisément
du genre d'instruction littéraire essentiellement utile à la jeunesse ; la dépense descendra tout à coup presque à la moitié
de celle des écoles centrales ; les communes où elles sont situées
pourront être autorisées par le gouvernement, ou par des lois
particulières, à faire provisoirement les frais de ces établissemens, à l'aide d'une contribution additionnelle. Comme je l'ai
déjà dit, cette dépense pourra bientôt ou diminuer, ou disparaître, par les élèves qui paieront une rétribution ou une
pension. Si les communes trouvent nécessaire d'y entretenir
quelques jeunes gens peu fortunés, elles pourraient créer des
bourses destinées à cet objet. Enfin, en supposant même que
ces écoles secondaires exigeassent continuellement une dépense
communale pour leur entretien, cette dépense pourra-t-elle
être mise en parallèle avec les avantages de tous les genres qui
en résulteront pour les habitans ?

» En énonçant ce vœu sur la conversion du plus grand
nombre des écoles centrales actuelles en écoles secondaires, et
sur la restauration facile d'une partie des anciens colléges qui
ont excité des regrets, je dois dire ma pensée tout entière. Ce
n'est plus à sept années, péniblement usées dans l'étude unique
du latin, que doit être bornée l'instruction de ces écoles secondaires. Emanations des anciennes écoles centrales, dont il est
nécessaire de conserver au moins l'esprit, ces institutions
réformées doivent offrir aux premiers élans de la jeunesse,

avec l'étude des langues anciennes plus approfondie, avec une discipline plus propre au succès de cette étude, celle de la géographie, de l'histoire, des élémens des sciences physiques et mathématiques, qui ne seront plus écartées désormais d'une éducation libérale. C'est par là seulement qu'elles seront aussi utiles qu'elles peuvent l'être : elles semeront de fleurs la route des instructions littéraires, difficiles dans leurs premiers temps ; elles donneront à ceux des jeunes gens qui termineront là leur instruction des connaissances utiles à une foule de professions dans lesquelles ils n'auraient peut-être plus l'occasion de les acquérir; elles prépareront aux études plus sérieuses et plus profondes des lycées. Cinq ou six professeurs, trois de langues anciennes, auxquelles ils associeront la géographie ou l'histoire, deux ou trois de sciences mathématiques et physiques, suffiront à la plupart de ces écoles. Ainsi ceux des hommes qui se sont courageusement voués à l'enseignement dans les écoles centrales, et qui ne pourront pas être appelés dans les lycées et dans les écoles spéciales, ne perdront pas le fruit de leurs travaux et de leurs sacrifices ; ainsi le nouvel ordre de choses, pour améliorer le système entier d'instruction publique, ne fera point de plaies sur lesquelles le gouvernement ait à gémir. Il dépend des communes, et même des conseils généraux de département, de faire ce grand bien, et d'aider le gouvernement dans l'organisation des écoles.

» Ce que je viens d'exposer doit aussi rassurer les citoyens recommandables qui ont fait depuis quelques années des établissemens particuliers d'instruction élevée au niveau des connaissances actuelles, et par conséquent au dessus des anciens colléges. Il existe à Paris et dans quelques départemens des écoles où l'on enseigne tout à la fois les langues anciennes, les belles-lettres, les sciences exactes et les arts du dessin; les professeurs, les maîtres y sont nombreux et très distingués; on y voit des collections de livres et de machines, des cabinets, des laboratoires, des ateliers, où sont réunis tous les moyens, toutes les ressources pour l'étude et l'expérience, pour la théorie et la pratique. J'en ai plusieurs fois visité quelques unes, et j'ai applaudi à ces institutions. Il serait très fâcheux de porter la moindre atteinte à des écoles déjà si florissantes, et rien ne doit faire craindre ni même soupçonner que le gouvernement ait pu en avoir l'intention. Dans sa proposition de regarder comme écoles secondaires celles où l'on enseigne les langues, la géographie, l'histoire et les élémens des sciences, et de soumettre ces écoles, sous le rapport des élèves qu'elles fourniront aux lycées, à la surveillance des préfets, il ne faut voir que le désir d'élever le plus grand nombre des pensionnats à un degré

ne peut en repousser, si l'on doit même y applaudir une instruction plus relevée, il est nécessaire qu'on y assure celle qui doit servir d'introduction à l'instruction lycéenne. Voilà sur quoi doit être établie la surveillance du gouvernement : elle ne contient rien qui puisse nuire au genre d'indépendance dont ces écoles ont besoin ; elle ne doit donc point alarmer les amis des lumières et de la liberté.

» Je ne dirai plus qu'un mot sur les écoles secondaires. Leur succès, fondé sur les besoins d'une portion des citoyens, est garanti par les quatre mille places que leurs élèves trouveront dans les lycées ; d'isolées et d'incohérentes qu'elles étaient par rapport aux écoles centrales, elles seront désormais attachées au système d'instruction ; elles auront une place déterminée dans la série des études ; elles feront une partie nécessaire du plan méthodique de l'enseignement. C'est ainsi que les anciens collèges suivaient les petites écoles, et précédaient les *facultés*, qui formaient autrefois le dernier degré de l'instruction publique.

Les lycees.

» Il existe cependant une différence notable entre le système actuel et l'ancienne hiérarchie des écoles. Les lycées, qui commencent l'enseignement détaillé des lettres et des sciences, et qui seront placés au-devant des écoles spéciales, formeront un intermédiaire entre les premiers principes des sciences exactes donnés dans les écoles secondaires, et leur étude approfondie dans les écoles spéciales. Cet intermédiaire n'existait point entre les collèges et les facultés d'autrefois, ou au moins il n'était représenté que par les deux dernières classes, de *logique* et de *physique*, qu'on renfermait sous la dénomination générale de philosophie dans les collèges. Mais qu'enseignait-on pendant ces deux années que le plus grand nombre des écoliers ne passaient point dans les collèges, et devant lesquelles ils s'arrêtaient la plupart comme devant une barrière qu'ils n'avaient que peu d'intérêt à franchir ? Les formes du raisonnement, présentées avec l'appareil et le langage barbares de prétendus commentateurs d'Aristote, qui l'avaient altéré en voulant le faire entendre, ouvraient à la jeunesse la carrière de cette philosophie ; une morale, aride par sa méthode et rebutante par sa sécheresse, venait ensuite, accompagnée d'une métaphysique qui contrariait et obscurcissait même les idées profondes de Locke et de Condillac ; on n'apprenait réellement la première année que l'art de rédiger un syllogisme en forme, et de se préparer aux disputes scolastiques des thèses, qui terminaient cette fastidieuse étude. Tout cela devait bientôt ou

être oublié dans la plupart des professions, ou diriger vers de
fausses routes dans l'étude des sciences exactes, lorsqu'on s'y
livrait au sortir de cette classe. La seconde année de cette philosophie des colléges, consacrée à la physique, n'en portait
presque que le nom : quinze ans avant la suppression des universités, à peine y avait-on ébauché un véritable enseignement
des mathématiques et de la géométrie; six mois tout au plus
étaient accordés à ces sciences, qui auraient dû occuper trois
ou quatre années de la jeunesse. Sur trois ou quatre cents écoliers, il s'en trouvait quelquefois deux ou trois dont l'application et l'intelligence, ou dont une disposition particulière
favorisait assez les progrès pour leur faire tirer quelque profit
de cette étude, et pour décider leur goût. Au lieu d'un cours
de physique et d'histoire naturelle, un démonstrateur ambu-
lant venait montrer quelques phénomènes électriques ou magné-
tiques, quelques expériences dans le vide, la circulation du
sang dans le mésentère d'une grenouille, le spectacle du gros-
sissement de quelques objets par le microscope. Là se bornait
l'étude de la nature dans les colléges, et l'on décorait ces
séances de quelques heures du nom de physique, parce que,
quelques mois auparavant, on avait dicté des cahiers de théories et d'explications, qui n'étaient que des mots vides de sens
pour la majorité des élèves. Je n'ai point chargé le tableau;
j'ai dit ce que j'ai vu, ce que plusieurs de ceux qui m'écoutent
ont vu comme moi. Je n'ai point voulu faire une injurieuse
critique des hommes qui étaient chargés de cet enseignement :
plusieurs d'entre eux en reconnaissaient les abus; plusieurs en
gémissaient, cherchaient à étendre, à rectifier cette instruction, et commençaient même à y réussir.

» Les écoles centrales avaient remédié à ce vice ancien ;
si leur nombre, trop considérable ; leur égalité, trop con-
trastante avec la différence des lieux, des habitudes, des dispositions; leur origine, placée dans des temps où les factions
et les partis gâtaient les plus belles institutions, n'avaient
point mis un obstacle insurmontable à leur succès; si surtout
des études préliminaires leur avaient préparé des élèves disposés à profiter de l'instruction qui en faisait la base, elles
auraient entièrement rempli le but que la philosophie avait
marqué dans leur création. C'est véritablement une amélioration
de ces écoles qui se présente dans les lycées. Leur nombre,
plus petit, sera néanmoins supérieur à celui des écoles centrales,
qui ont eu un succès réel ; les connaissances au dessus de celles
des écoles secondaires, qui en composeront l'enseignement, ne
sont que l'extension et le développement de celles qui consti-
tuaient les deux classes anciennes de philosophie. La logique,

la morale, qui n'est, sous beaucoup de rapports, qu'une suite
de bons raisonnemens sur ce qu'on se doit et sur ce qu'on
doit aux autres ; les mathématiques, dont le besoin se retrouve
aujourd'hui partout ; les sciences physiques , dont il est presque
honteux d'ignorer les élémens, dont l'étude répand tant de
charmes sur l'existence et promet tant de services, tant de
lumières utiles dans tout le cours de la vie , quel que soit le
genre d'occupations auxquelles on doive se livrer ; voilà ce qui,
en rapprochant les lycées actuels des écoles centrales qu'ils
remplaceront, les éloigne le plus des anciennes méthodes ,
qu'aucun être raisonnable ne voudrait, ne pourrait plus suivre
aujourd'hui. Voilà les études qui formeront les jeunes gens
déjà instruits dans les écoles secondaires , et qui , en préparant
aux leçons profondes des écoles spéciales ceux des élèves qui
poursuivront la carrière des sciences, fourniront à tous les
autres une première moisson de connaissances dont ils trouveront mille occasions de faire un usage avantageux, à tel poste
qu'ils soient placés après leur sortie des lycées.

» Ces écoles philosophiques ne seront point bornées à ces
parties déjà relevées de l'instruction : on y réunira l'enseignement de la littérature ancienne et moderne, ou la rhétorique
des anciens colléges ; elles auront même ce qui appartient aux
écoles secondaires ; elles offriront une suite de classes désignées
autrefois sous le nom d'*humanités* , où ceux des jeunes élèves
placés immédiatement et sans concours par le gouvernement,
au nombre de deux mille quatre cents, puiseront la première
instruction nécessaire pour arriver aux classes supérieures dont
je viens de parler. C'est pour cela que j'ai présenté les lycées ,
dans mon premier discours , comme des réunions d'écoles
secondaires et d'écoles centrales. Mais cette série de classes ,
cette échelle scholaire ne sera pas toute parcourue par tous les
élèves , et le projet, en limitant à six années le *maximum* du
temps pendant lequel ils pourront y demeurer, n'obligera pas
tous les pensionnaires à y rester pendant tout ce temps ; il
sera permis, à ceux qui y seront entrés les plus âgés et les plus
forts, d'en sortir plus tôt, soit pour prendre une profession
quelconque dans le monde , soit pour entrer dans la carrière
des écoles spéciales , si leurs progrès et leur avancement sont
assez rapides pour être admis avant le terme. En un mot , la
marche des élèves sera proportionnée à leurs efforts et à leurs
succès ; leur intelligence, leur aptitude seront étudiées et connues ; et la diversité que la nature elle-même a placée dans les
facultés de l'esprit deviendra la règle de la progression que l'on
fera suivre aux élèves.

» Cette partie du projet de loi a réuni le plus grand nombre

des suffrages, et je ne trouve presque aucune objection à combattre contre l'établissement des lycées. On a bien exprimé
le regret que leur nombre ne fût pas plus considérable; mais
outre qu'il est facile de pressentir que si ce nombre n'a point
été fixé par le gouvernement c'est qu'il n'a pas voulu renoncer
à l'espérance de le porter au-delà de celui qu'il s'était d'abord
proposé pour limite, ce que j'ai dit plus haut sur le parti que
les départemens peuvent prendre relativement à celles des
écoles centrales qui se trouvent supprimées doit singulière-
ment affaiblir ce regret.

» Parlerai-je ici de quelques reproches qui ont été faits sur
une disposition relative à l'administration des lycées, et à ceux
qui en seront chargés? Rangerai-je parmi les véritables objections cette opinion d'un orateur qui, sans désapprouver l'ensemble du projet, et tout en proposant son adoption au Tribunat,
voudrait qu'on n'eût point exigé, après la première organisation des lycées, que les administrateurs immédiats de ces écoles
fussent mariés? Ne suffit-il pas pour le réfuter de citer la
raison qu'il donne en prétendant que des célibataires aimeront
mieux, et plus également, tous les enfans? C'est aux pères de
famille qui m'entendent que j'abandonnerai cette réfutation.
Si le sujet n'était pas aussi sérieux, je répondrais, à la méta-
phore que l'orateur dissident a tirée du premier de nos auteurs
comiques : vous craignez qu'Orgon ne remplace Tartufe; je
suis persuadé que, s'il pouvait exister encore des Orgons dans
les choix éclairés qui seront faits, il se trouverait des Cléanthes
plus adroits et plus heureux dans l'art de détromper les hommes
séduits, et d'arracher le masque aux hypocrites..... Mais il ne
sied point de plaisanter dans une discussion aussi grave, surtout lorsqu'à côté du reproche léger dont je parle se trouve
une violente attaque portée à un des philosophes qui, malgré
les erreurs de son imagination et les égaremens de son excessive sensibilité, a laissé pour son siècle et pour son pays des monumens littéraires destinés à illustrer à jamais l'un et l'autre :
la gloire de J.-J. Rousseau est placée trop haut sans doute
pour que quelques déclamations hasardées puissent l'atteindre;
qu'il me suffise donc de dire qu'en parlant de l'instruction publique c'est mal défendre la cause dont on se charge que d'in-
jurier la mémoire d'un des philosophes européens qui a le
mieux traité et le plus honoré ce beau sujet.

» Je ne répondrai pas au même orateur lorsqu'il propose de
rétablir un corps enseignant, lorsqu'il croit que c'est le seul
moyen d'entretenir une fidèle tradition et une méthode constante dans l'enseignement. Pour faire avancer l'instruction,
pour la tenir toujours à la hauteur des connaissances on n'a

plus besoin de ces corporations, qui ont été d'ailleurs fort
utiles dans des temps peu éclairés. L'uniformité des méthodes,
lorsque les sciences s'accroissent et se perfectionnent, devient
une routine dangereuse : c'est le juste reproche qu'on a fait
aux universités. Évitons de retomber dans des vices anciens,
et que les lumières ont proscrits en les faisant reconnaître. Le
choix des hommes chargés de l'enseignement, l'influence des
travaux de l'Institut, les rapports continuels des inspecteurs
généraux des études avec les lycées et tous les genres d'écoles,
donneront à nos institutions la régularité et la stabilité qu'elles
doivent avoir ; la possibilité de faire passer successivement les
professeurs et les administrateurs dans plusieurs de ces écoles
y maintiendra l'espèce d'uniformité qui leur conviendra.

Des écoles spéciales.

« J'ai peu de chose à ajouter sur les écoles spéciales ; ce que
j'en ai dit dans l'exposition des motifs a obtenu l'assentiment
presque général, ainsi que les articles du projet qui les concernent. C'est soutenir une des bases de la gloire nationale,
c'est préparer de grands moyens pour la prospérité de la République que de multiplier et de disperser ces grands foyers
de lumière sur sa surface. Le vœu des amis des sciences et des
arts sera rempli tout entier.

» L'agriculture n'a pas d'écoles qui lui soient spécialement
consacrées, parce que, comme *science*, elle est l'application
de plusieurs de celles qu'on enseigne dans les autres écoles spéciales, et, comme *art*, c'est aux champs, c'est en maniant et
en dirigeant la charrue qu'on en prend et qu'on en donne des
leçons. On croirait à tort que c'est un oubli du gouvernement.
Ce qu'a désiré l'un des orateurs du Tribunat relativement aux
connaissances à donner aux enfans des agriculteurs, à celles
dont pourront être pourvus les ministres des cultes pour répandre quelque lumière utiles dans les campagnes, ne sera
point négligé dans l'organisation des écoles, et dans la dispensation du temps et des études.

» L'un des orateurs dont j'ai réfuté quelques objections ne
veut point d'école militaire ; il croit que l'art de la guerre s'apprend seulement dans les camps, et que c'est au milieu de nos
phalanges victorieuses qu'on doit toujours en recevoir les
exemples et en apprécier les principes. En accordant à cette
assertion ce qu'elle a de réel, elle ne prouve point assurément
l'inutilité d'une école militaire. Quand celle-ci ne servirait
qu'à retracer au courage naissant les hauts faits de nos armées,
les travaux de nos soldats, les grands talens et les brillans
succès de nos généraux, elle serait une véritable dette de la

reconnaissance nationale. Il est presque superflu d'ajouter ici l'exposé, même le plus succinct, des avantages que l'on peut tirer pour une partie de la jeunesse de démonstrations méthodiques et suivies sur l'art de la guerre, et sur toutes ses branches. Réduire en leçons l'expérience glorieuse de nos armées et celle des généraux qui les ont conduites à la victoire; comparer les campagnes de la liberté à celles que l'histoire nous a conservées, ou que la tradition nous a transmises; mettre également à profit pour l'avenir et les succès et les revers des grands capitaines; accoutumer en même temps au maniement des armes et à la discipline militaire une jeunesse qui doit toujours être prête à voler à la défense de la patrie; former enfin des officiers instruits; voilà ce qui marque, pour l'école spéciale militaire, la place honorable qu'elle doit tenir parmi les institutions nouvelles que le projet de loi va créer.

» Il me sera sans doute permis de ranger parmi les paradoxes cette opinion singulière qui rejette l'enseignement des langues vivantes, en le représentant comme la source d'un engouement pour les mœurs et les coutumes des peuples qui nous avoisinent. Ce serait bien plutôt, en affectant d'écarter de nos études tout ce qui est relatif aux idiomes et aux usages des nations voisines, qu'on pourrait craindre de voir naître un goût plus prononcé et plus impérieux pour tout ce qui leur appartient. Les obstacles, les prohibitions produisent ou augmentent l'engouement, comme la pression provoque l'élasticité et le ressort des matières qui en sont susceptibles. Et d'ailleurs que doit-on redouter des habitudes des peuples voisins transportées chez nous comme les nôtres le sont chez eux? Si elles sont mauvaises ou préjudiciables, l'usage en fera justice, tandis que la privation en conserverait le désir; si elles sont bonnes, c'est une acquisition de plus, c'est un pas vers la perfection. Mais un intérêt bien plus puissant, celui des communications commerciales et des correspondances nécessaires entre les peuples éclairés, nous invite à cultiver les langues vivantes. En Russie, en Suède, en Allemagne, en Prusse, en Angleterre, en Espagne, en Italie, l'étude de la langue française fait partie de toute éducation libérale; pourquoi les langues du nord et du midi seraient-elles donc exclues de nos institutions littéraires? Pourquoi repousser cette grande pensée qui deviendra quelque jour un fait historique, celle de regarder tous les peuples de l'Europe comme un seul peuple, également éclairé, marchant d'un pas égal vers la perfection de l'état civil, et ne différant dans ses diverses tribus que par quelques nuances dans leurs mœurs, comme ils ne diffèrent au physique que par quelques nuances de forme ou de couleur. ?

» Je passerai sous silence toutes les autres parties du projet de loi, soit parce qu'elles n'ont été attaquées par personne, soit parce que quelques objections qui leur ont été faites ont été victorieusement détruites par plusieurs orateurs du Tribunat, soit enfin parce qu'elles ont été l'objet d'éloges unanimes. Vous avez pu juger, citoyens législateurs, par les développemens que je viens de vous offrir, et qui sont plutôt des explications que des réponses ou des réfutations, à combien de vues importantes et d'améliorations utiles le projet de loi peut conduire. J'ai prouvé cette fois que, bien conçu et bien exécuté, il ne renverse presque rien de ce qui existe, et qu'il ajoute beaucoup à ce qu'on possède; j'ai fait voir qu'il peut être établi sans secousse et sans destruction, qu'il dirigera un meilleur emploi des hommes et des choses, qu'il est d'accord avec l'état des connaissances humaines et les besoins de la société, qu'il forme dans toute sa contexture un système complet d'instruction où tous et chacun trouveront la part qui leur convient. Il ne reste plus que votre sanction pour donner à ce projet l'auguste caractère de loi de l'Etat, et pour autoriser le gouvernement à faire jouir les Français des avantages qu'il leur promet. »

III.

DU RECRUTEMENT DE L'ARMÉE PAR LA CONSCRIPTION.
(*Voyez* tome XVI.)

EXPOSÉ DES MOTIFS *du projet de loi présenté au Corps législatif; par Lacuée, conseiller d'état. — Séance du 21 floréal an* 10 (11 *mai* 1802).

« Citoyens législateurs, pouvoir maintenir l'armée à son complet sur le pied de paix, et la porter facilement au pied de guerre dès que les circonstances l'exigeront, tel est le double but que le gouvernement s'est proposé d'atteindre par le projet de loi qu'il soumet aujourd'hui à votre approbation.

» Le gouvernement devait-il chercher à atteindre ce double but ? l'a-t-il atteint ? a-t-il employé pour y arriver les moyens dont il devait faire usage? Tels sont, citoyens législateurs, les questions à l'examen desquelles j'ai cru devoir me livrer devant vous.

» Ce n'est pas à vous, citoyens législateurs, qu'il est besoin de prouver que les consuls doivent mettre au rang de leurs premiers devoirs le soin de tenir constamment l'armée à son complet de paix; vous savez que cette obligation, imposée à tous les gouvernemens modernes par le système politique qui régit l'Europe, l'est plus particulièrement encore au gouvernement français, entouré de voisins puissans, belliqueux, et qui sans cesse ont sous les armes des corps militaires très nombreux.

» Si le second objet de la sollicitude des consuls pouvait paraître moins important, si l'on disait qu'il est inutile de former une réserve chez une nation dont tous les citoyens sont soldats, et bons soldats, qui compte une population très nombreuse, et dont l'armée présente à son pied de paix une force imposante, je répondrais : jadis l'armée de ligne était proportionnellement aussi forte qu'elle l'est aujourd'hui, et derrière elle on avait néanmoins placé une réserve considérable. Toutes les grandes puissances de l'Europe ont une armée toujours existante, et toutes lui ont cependant préparé des auxiliaires. L'Assemblée constituante, cette Assemblée dont l'opinion sera toujours d'un grand poids parmi nous, ne s'était pas bornée à avoir une armée formidable; elle avait encore voulu qu'on organisât un corps auxiliaire très nombreux. Et pourquoi, nous, n'aurions-nous pas aussi nos auxiliaires ? Une réserve, ce nom est du meilleur augure, une réserve composée d'hommes façonnés à la discipline et aux exercices militaires, qui pourront avec promptitude et sans secousse entrer au besoin dans les cadres de l'armée, préparés pour les recevoir ; cette réserve nous mettra en mesure ou de prévenir le retour de la guerre, ou de la finir avec cette heureuse rapidité qui en diminue les maux et en accroît la gloire.

» Ainsi le gouvernement devrait s'occuper des moyens de tenir l'armée au complet de paix, et de la faire aisément passer au pied de guerre en formant une réserve.

» Mais les cent vingt mille hommes demandés par le gouvernement suffiront-ils au complément de l'armée et à la formation d'une réserve ?

» La paix ayant permis de resserrer les cadres de l'armée, le nombre des congés n'ayant été fixé qu'au cinquième de l'effectif, et beaucoup de défenseurs de la République étant attachés à la profession des armes par la gloire qu'ils y ont acquise et par la juste considération qu'elle leur procure, il n'est pas douteux que soixante mille hommes ne nous suffisent pour le complément de l'armée. Si, après les avoir employés, il restait quelque vide, il serait peu sensible; si au contraire, ce nombre excédait les besoins, le gouvernement ne l'appellerait pas tout entier. Il sait, il l'a déjà prouvé, combien il importe à la prospérité publique de n'arracher à l'agriculture, aux

sciences, aux arts et au commerce que les bras impérieusement réclamés par la sûreté générale.

» Quant à la réserve, si elle était définitivement bornée à
soixante mille hommes, elle serait évidemment insuffisante ;
mais vous verrez, en comparant la loi que nous vous soumet-
tons avec celle du 19 fructidor an 6, que le projet du gouvernement est de porter cette réserve à cent cinquante mille
hommes dans le cours d'une période conscriptionnaire ; et nul
ne doute que ce nombre de valeureux soldats, joints à ceux qui
formeront le pied de paix, ne soit assez grand pour empêcher
la balance politique de pencher du côté des peuples qui deviendraient nos ennemis, ou pour entraîner et fixer la victoire sous
nos drapeaux.

» Ici, citoyens législateurs, notre tâche pourrait passer
pour terminée, car nous avons prouvé que ce que le gouvernement vous soumet est nécessaire et juste ; mais comme les
consuls veulent non seulement ne vous proposer que ce qui
est bon, mais encore n'opérer le bien qu'en employant des
moyens approuvés par la Constitution, avoués par les principes qui lui servent de base, et en harmonie avec l'esprit
national, je vais examiner le projet de loi sous ces différens
rapports.

» Il était impossible au gouvernement de ne point recourir
à la conscription tant pour compléter l'armée que pour former
la réserve ; une loi, qu'on peut regarder comme un des fondemens de la République, lui en imposait le devoir ; et, j'ose le
dire, si cette loi n'eût pas existé, il aurait dû la provoquer.
En effet, aux yeux de tout homme sage, la conscription militaire est le *palladium* de la gloire au dehors et de la liberté
au dedans.

» Mais la conscription, telle qu'elle fut créée en l'an 6, et
qui était alors une institution excellente, ne devait-elle point
éprouver aujourd'hui quelques modifications ? Les circonstances, les hommes, la Constitution, l'esprit national, tout
étant modifié, il fallait aussi modifier la conscription ; il fallait
la mettre en harmonie avec nos principes, nos mœurs, nos
institutions et nos relations politiques. C'est pour y parvenir
que le gouvernement ne vous demande plus de mettre à sa disposition la totalité des deux classes qu'il avait droit de réclamer,
mais uniquement la portion de ces deux classes dont il croit
avoir réellement besoin. Mu par des idées également libérales,
il ne se réserve point, comme on l'a fait jusqu'ici, le droit de
demander à chaque département le nombre d'hommes qu'il
doit fournir : c'est à vous, citoyens législateurs, qu'il a cru
devoir déférer la répartition de cette importante contribution.

Ce n'est plus aux préfets et sous-préfets, ses agens les plus immédiats, qu'il attribue les répartitions secondaires ; c'est aux conseils de département, d'arrondissement et de commune ; et certes cette manière d'agir, ce sacrifice d'une prérogative essentielle est fait pour donner une haute idée des principes du gouvernement.

» Les remplacemens, tels qu'ils avaient été permis par la loi du 17 ventose an 8, avaient des avantages ; mais l'expérience a prouvé qu'ils offraient des inconvéniens nombreux et majeurs.

» La loi nouvelle, en fermant en quelque sorte les yeux sur les substitutions de gré à gré autorisées par les magistrats, a conservé ce que la loi ancienne avait de bon : en énumérant d'une manière très précise les qualités nécessaires pour être admis au rang des conscrits, et en créant des fonctionnaires qui ont le devoir et l'intérêt de n'admettre parmi eux que des individus dignes et capables de l'être, elle a banni tout ce que l'ancien mode avait de vicieux.

» Les juris, les certificats des officiers de santé et leurs visites avaient multiplié d'une manière effrayante les faussaires, les myopes, les infirmes, et n'avaient dépendant point éloigné de l'armée un grand nombre d'hommes incapables de lui être utiles. Il fallait remédier à ce triple mal. Le gouvernement a cru y parvenir en substituant à tout cet appareil, que l'expérience a montré inutile, la désignation faite par les conseils généraux de commune. Aura-t-il réussi ? Tout porte à le croire : s'il s'était trompé, il faudrait non revenir à l'ancien mode, beaucoup trop vicieux, mais en chercher, en créer un nouveau.

» Quoique la loi de l'an 8 eût eu de grands ménagemens pour les individus maltraités en même temps par la nature et la fortune, la loi nouvelle en a encore de beaucoup plus grands : elle devient, il est vrai, un peu plus exigeante pour les hommes que la fortune a bien traités ; mais ce qu'elle exige d'eux est bien peu considérable si on le compare à ce qu'ils doivent, à ce qu'elle leur donne, et à l'emploi qu'elle fait de leur rétribution.

» Une autre innovation, qui vous frappera sans doute, c'est la réunion des conscrits du même département dans les mêmes corps : ainsi nos légions deviendront des espèces de familles ; dès lors les peines seront plus légères, les jouissances plus douces, les vertus guerrières plus éclatantes, et les vertus civiles plus nombreuses.

» En parcourant le tableau qui a été fait pour la répartition entre les départemens, vous remarquerez que le nom de tous nos départemens européens y est inscrit, et que ceux qui y paraissent pour la première fois y sont très ménagés. Vous

approuverez sans doute cette précaution : épuisés par les pertes
que la révolution leur a fait éprouver, ils avaient droit à cette
espèce de dégrèvement. Une répartition arithmétiquement
exacte était impossible pour ces départemens; elle l'était de
même pour quelques autres : aussi, le gouvernement s'est-il plus
astreint dans ces calculs à l'équité qu'à une justice rigoureuse.

» Dans un petit nombre d'années la population militaire
étant mieux connue, et aucun département n'ayant plus besoin
d'être dégrevé, les charges seront plus proportionnelles, et
par conséquent plus légères pour le plus grand nombre.

» Le système d'une réserve établi, il fallait jeter dans la loi
les grandes bases de son organisation; et c'est ce qu'on a fait en
créant les officiers de recrutement, en faisant connaître d'où
ils seront tirés, en disant quand et comment les conscrits de la
réserve seront appelés, en indiquant les principales observances auxquelles ils seront astreints. De plus grands détails
eussent sans doute été indignes de la majesté de la loi; mais
elle devait descendre dans ceux qu'elle renferme, afin de montrer qu'elle considère les conscrits de la réserve plutôt comme
des soldats désignés que comme des individus faisant déjà
partie de l'armée.

» Telles sont, citoyens législateurs, les vues qui ont dirigé
le gouvernement dans la confection de la loi qu'il soumet
aujourd'hui à votre approbation. Elle l'obtiendra sans doute,
puisqu'elle consacre l'une de nos plus importantes institutions,
la conscription; elle l'obtiendra puisqu'elle crée une institution qui assure à la France ou une paix durable, ou des victoires si nous sommes jamais forcés de reprendre les armes; elle
l'obtiendra, puisque toutes les dispositions nouvelles qu'elle contient et les modifications qu'elle fait subir aux lois antérieures
sont toutes au profit de l'égalité et des principes libéraux que
nous avons tous promis de conserver, et qu'il est de notre honneur et de notre intérêt de fortifier et de rendre durables. »

DISCOURS *prononcé* par Daru, *orateur du Tribunat,
devant le Corps législatif. — Séance du 28 floréal
an* 10.

« Citoyens législateurs, depuis dix ans les levées de troupes
ont été commandées par les dangers de la patrie; aujourd'hui
elles le sont par une sage prévoyance. Ce n'est plus pour repousser l'étranger loin de vos frontières, pour assurer votre indépendance, pour mériter la considération de vos ennemis
que vous devez entretenir des armées; c'est pour conserver
tous les biens que ces armées vous ont conquis.

» Mais plus les dangers sont éloignés, plus il est nécessaire de justifier, aux yeux d'un peuple qu'on respecte, la nécessité des sacrifices qu'on lui demande. Si la Charte constitutionnelle de l'Etat impose au législateur l'obligation de discuter publiquement les impôts pécuniaires, quelle ne doit pas être la solennité des délibérations sur les charges personnelles ?

» J'ai pensé que cette considération servirait d'excuse aux développemens dans lesquels je crois devoir entrer en examinant le projet de loi qui vous est soumis, et qui a pour objet les mesures à prendre pour le recrutement de l'armée.

» C'est sans doute à l'époque où les lois ne sont plus que l'ouvrage de la sagesse et non celui des circonstances, au moment où un système régulier de recrutement va s'établir, qu'il importe d'examiner ce système.

» Mais ici l'expérience doit venir à l'appui des théories ; et c'est d'après cette idée que je me permettrai de parcourir rapidement l'histoire de l'administration militaire, pour connaître l'effet qu'ont produit les diverses mesures que le législateur a successivement essayées.

» Je diviserai ce travail en deux parties. Dans la première j'examinerai, dans ses motifs et dans ses résultats, le système du recrutement adopté sous la monarchie, pendant la durée de l'Assemblée constituante, et pendant la guerre de la liberté.

» Dans la seconde j'examinerai si la contribution personnelle est nécessaire, dans quelle proportion elle est répartie sur la masse de la population ; si la loi qui vous est soumise est sagement conçue, si elle est juste, et je finirai par la comparaison du système de la contribution pécuniaire avec celui de la contribution personnelle.

» Ce serait méconnaître l'importance et la gravité d'un tel sujet que de chercher à répandre quelques ornemens sur cette discussion ; l'intérêt que de si grandes questions inspirent suppléera, pour soutenir votre attention, à l'insuffisance de l'orateur qui entreprend de les approfondir.

Iʳᵉ Partie. *Système des milices établi dans presque toute l'Europe.*

» L'expérience ayant appris à toutes les puissances à entretenir constamment une armée de réserve, le système des milices est admis dans presque toute l'Europe.

» En Russie les miliciens étaient destinés à la garde des frontières ; mais depuis 1784 ils ont été fondus dans les troupes réglées, avec cette différence qu'ils n'y servent qu'un certain nombre de jours pendant la paix, et seulement pour s'exercer.

» Ce système a été emprunté du Danemarck, où une ordonnance du 20 juin 1778 l'avait établi.

» En Norwège il y a treize régimens de milices, de mille seize hommes chacun.

« En Suède la force des milices s'élève à trente-cinq mille hommes, dont neuf mille de cavalerie ; elles sont organisées en régimens qui restent dans les provinces et sont entretenus par elles.

» En Angleterre la force des milices s'élève à deux cent mille hommes, et les contribuables sont obligés à fournir un fantassin ou un cavalier, selon leur fortune.

» En Espagne la levée s'opère par le sort, et entretient un corps d'environ trente-six mille hommes.

» En Prusse et en Suisse la milice est une véritable conscription ; tout homme en âge de porter les armes est soldat.

» Il résulte de ces observations qu'en général presque toutes les puissances entretiennent pendant la paix des troupes auxiliaires destinées à renforcer l'armée active en cas de guerre : mais que le système adopté pour la levée des troupes se modifie suivant les circonstances particulières à chaque nation.

» Il a même éprouvé parmi nous beaucoup de variations successives.

Notice historique sur les milices en France.

» Sous le régime féodal le souverain, qui n'était pas alors le même que le peuple, n'avait avec ce peuple aucunes relations immédiates : ainsi les rois n'appelaient point à la guerre leurs sujets, mais les vassaux de la couronne ; c'étaient ceux-ci qui marchaient à la guerre avec le contingent d'hommes déterminé pour chacun d'eux ; et dans ces temps, où la monarchie n'était en quelque sorte qu'une fédération, la durée du service de chaque seigneur était limitée ordinairement à très peu de jours (1).

» Cependant, dans les circonstances extraordinaires, le roi avait le droit d'appeler tous ses sujets à la défense de l'Etat. Philippe-le-Bel en fit usage lorsqu'il ordonna à tous les Français, depuis l'âge de dix-huit ans jusqu'à soixante, de se tenir prêts à marcher (2). C'était ce qu'on appelait l'arrière-

(1) « Au siége d'Avignon, en 1226, le comte de Champagne demanda la permission de se retirer après quarante jours, *de consuetudine gallicanâ*, suivant la coutume française.

» Louis IX dit, dans une de ses ordonnances, *que le baron et ses hommes doivent suivre le roi en son ost, et le servir soixante jours et soixante nuits quand il en est semons.* »

(2) « En 1302. »

ban ; mais ce n'était pas encore une levée qui répondît à l'idée que le nom de *milice* présente aujourd'hui.

» On fait assez généralement remonter cette institution à Charles VII. Il institua des compagnies d'ordonnance, et engagea les communes à se charger de leur entretien ; il ordonna ensuite que chaque paroisse choisît un des hommes les plus propres à la guerre pour aller en campagne dès qu'il serait commandé. Ainsi on voit que cette institution est née de la guerre malheureuse dont la France était alors le théâtre.

» François Ier créa sept légions de six mille hommes, levées chacune dans une province particulière ; tous les officiers et soldats devaient être de la province à laquelle la légion appartenait. Plusieurs provinces ne levèrent point leur légion, et cet établissement fut de courte durée. Il paraît que le cardinal de Richelieu avait conçu l'idée d'organiser un corps de soixante mille hommes de réserve permanent ; cependant on ne trouve dans l'histoire du règne de Louis XIII qu'une levée de trois mille hommes, demandés à la ville de Paris, et fournis par des enrôlemens volontaires (1).

» Il était réservé à Louis XIV de réaliser cette idée. Il ordonna en 1688 (2) la levée de trente régimens de milices : chaque village fournissait un ou deux hommes armés et équipés ; ils étaient enrôlés pour deux ans. Ces régimens, dès leur création, servirent très bien pendant la guerre ; ils furent licenciés à la paix.

» On les rappela en 1701 (3), au nombre de trente-trois mille trois cent quarante-cinq hommes, et on les renvoya dans leurs foyers à la paix d'Utrecht. Cette levée fut faite par le sort.

» En 1719 (4) on fit une nouvelle levée, qui fut de vingt-trois mille quatre cents hommes, et on les rendit bientôt à leurs familles ; mais les dernières guerres du règne de Louis XIV avaient tellement épuisé la population, qu'on fut obligé de faire concourir au tirage qui eut lieu pour cette levée jusqu'aux hommes mariés.

» Ce ne fut qu'en 1726 que l'établissement des milices ac-

---

(1) « Un écrivain fort instruit, le citoyen Servan, auteur de l'article *Milice* dans l'*Encyclopédie méthodique*, attribue à ce service rendu par la ville de Paris le privilége qu'elle a toujours conservé d'avoir un régiment de milices particulières, et de le former par des engagemens volontaires. »

(2) « Ordonnance du 29 novembre 1688. »

(3) « Ordonnance du 26 janvier 1701. »

(4) « Ordonnance du 15 janvier 1719. »

quit quelque permanence, et par conséquent c'est de cette époque que date leur véritable institution, toutes les levées antérieures ne pouvant être considérées que comme des opérations commandées par le besoin, et non comme des mesures de prévoyance.

» L'ordonnance du 16 février prescrivit une levée de soixante mille hommes de milice, choisis par le sort sur tous les garçons de seize à quarante ans, et même, à leur défaut, parmi les hommes mariés. Leur engagement devait durer pendant quatre ans, soit qu'on fût en paix, soit qu'on fût en guerre (1).

» En 1742 la force des milices fut augmentée de trente mille hommes, et la durée de l'engagement portée à six ans.

» Au commencement de 1743 (2) une nouvelle levée de dix-huit cents hommes fut ordonnée dans la ville de Paris.

» La même année vit une autre levée de trente-six mille hommes (3).

. » On voit déjà combien Louis XV profitait d'une institution créée dans les dernières années du règne de son prédécesseur, et combien étaient fréquentes et rapprochées ces demandes de nouveaux contingens, qui en quinze mois s'élevèrent à quatre-vingt mille hommes.

» Ce fut en 1745 (4) que le maréchal de Saxe imagina de récompenser le zèle des milices en leur offrant un noble motif d'émulation. Il fit créer, de l'élite des milices, ces régimens de grenadiers royaux qui servirent avec tant de gloire, et qui semblaient annoncer d'avance à l'Europe ce dont était capable une armée de citoyens français.

» Les milices furent licenciées en 1748 (5), rassemblées ensuite momentanément pendant les années suivantes (6), et

____

(1) « L'ordonnance du 29 janvier 1739 détermina le mode du tirage. Ces soixante mille hommes furent renouvelés, moitié au commencement de 1729, conformément à l'ordonnance du 21 juillet 1728, et moitié à la fin de 1730, d'après l'ordonnance du 12 octobre 1730.

(2) « Ordonnance du 18 janvier 1743. C'est l'origine du *régiment de Paris*. A cette époque les milices étaient organisées en cent trois bataillons. »

(3) « L'ordonnance du 10 juillet 1743 prescrivit cette levée, à laquelle il faut remarquer que les hommes mariés, âgés de moins de vingt ans, furent assujettis. L'ordonnance du 15 septembre 1744 détermina l'organisation des bataillons en huit compagnies de fusiliers et une de grenadiers, formant en tout six cent dix hommes. »

(4) « Ordonnance du 10 avril 1745. On les recruta en 1746 (ordonnance du 28 janvier); on doubla la force de leurs compagnies, qui étaient de cinquante hommes, par ordonnance du 10 mars suivant. »

(5) « Ordonnance du 6 août 1748. »

(6) « Ordonnances des 5 décembre 1756, 4 novembre 1757, 25 août 1758, 15 août 1760. »

rappelées à l'époque de la guerre de sept ans, qui fut la dernière où elles eurent occasion de se signaler (1).

» Depuis la paix de 1763 elles restèrent sans activité, furent
renouvelées périodiquement par le moyen du tirage au sort, et
éprouvèrent quelques changemens dans leur organisation (2),
jusqu'en 1775, où un ministre, qui avait plus de caractère que
de talent, effaça ces corps précieux du tableau de l'armée (3)
de la même main qui venait de supprimer les troupe fastueuses
qui composaient la maison du roi.

» Le comte de Saint-Germain, en poursuivant rigoureusement les abus, se laissa entraîner jusqu'à ne voir dans les
milices qu'une dépense inutile; cependant il conserva le tirage
au sort pour désigner les hommes destinés à marcher en temps
de guerre, mais qu'il était défendu d'appeler hors de cette
nécessité.

» Ce licenciement ne dura que trois ans; les régimens de
grenadiers royaux et les bataillons provinciaux furent recréés
par l'ordonnance du premier mars 1778, l'une des meilleures
du dernier règne. Ces milices formaient un corps de soixante-
quatorze mille cinq cent cinquante hommes.

» En 1776 on en avait créé un autre, sous le nom de canon-
niers-gardes-côtes, et cette dénomination désigne leur destination. Leur nombre était de vingt-six mille, et leur enrôlement durait cinq ans.

» Ainsi, dans les derniers temps de la monarchie, la France
avait une réserve de soixante - quatorze mille cinq cent cinquante auxiliaires, un corps de vingt-six mille hommes qui
veillait à la sûreté de ses côtes, et une armée active qui aurait
dû être d'environ cent soixante-dix mille hommes au complet.

» Les troupes réglées se recrutaient par des engagemens
volontaires; les cent mille hommes de milices par des enrôlemens
forcés. Un des auteurs qui ont recueilli le plus d'observations
intéressantes sur les milices, le chevalier Despommelles, évaluait à six cent mille hommes le nombre des garçons ou veufs
sans enfans en état de porter les armes. Cette évaluation serait
aujourd'hui au dessous de la vérité, parce que la population

---

(1) « Elles furent licenciées par l'ordonnance du 20 novembre 1762,
qui réforma les grenadiers royaux. »
(2) « Ordonnance du 25 novembre 1763, qui détermina le mode de
la levée et organisa les milices en bataillons; — des 20 octobre 1766,
27 novembre 1767, 19 novembre 1768; — du 4 août 1771, qui forma
de ces bataillons quarante-sept régimens provinciaux et onze régimens
de grenadiers royaux; — des 17 avril 1772, 7 avril 1773, 19 octobre
1773, 1er décembre 1774. »
(3) « Ordonnance du 15 décembre 1775. »

de la France s'est accrue, et que l'on n'admet plus les exemptions très abusives de l'ancien régime, qui rendaient le système des milices extrêmement odieux (1).

» Sur ce nombre de six cent mille hommes on levait tous les ans :

» 1°. Pour le recrutement des troupes de ligne, par enrôlement volontaire, environ. . . . . 18,000 h.

» 2°. Pour le remplacement des milices, fortes de 74,550 hommes, et dont l'engagement durait six ans, un sixième de ce nombre, c'est à dire. . . . . 12,425 h. }
» Et pour le remplacement des pertes éventuelles, environ. . . 3,500 } 15,925

» 3°. Pour le remplacement annuel de 526,000 gardes-côtes, dont le service durait cinq ans. . . . . 5,200 h. }
» Et pour le remplacement des pertes éventuelles, environ. . . 1,500 } 6,700

» Total général du recrutement annuel, non compris l'armée de mer. . . . . . 40,625 h.

» Ce nombre était à la population, évaluée à 25,000,000 d'habitans, dans le rapport de 1 à 615.

» A la masse de garçons ou veufs en âge de porter les armes, évaluée à 600,000 hommes, comme 1 est à 15.

» Mais comme sur ces 40,625 recrues il y en avait 18,000 enrôlés volontairement, il s'ensuivait que l'enrôlement forcé se réduisait à 22,625, qui [étaient, avec la masse des hommes sujets au tirage, dans la proportion de 1 à 25 ou 26.

Examen des divers systèmes de recrutement par l'Assemblée constituante. (Voyez tomes I, IV et VII de ce Recueil.)

» L'Assemblée constituante (2) examina les avantages des

_____

(1) « Les ordonnances sur les milices exemptaient de cette contribution les officiers de justice et de finance, et leurs enfans ; les employés aux recettes et fermes du roi ; les médecins, chirurgiens et apothicaires ; les avocats, procureurs, notaires et huissiers ; les étudians dans les universités et les collèges, depuis un an au moins ; les commerçans et maîtres de métiers dans les villes où il y avait maîtrise ; les maîtres des postes aux lettres et aux chevaux, et pour ceux-ci un postillon par quatre chevaux ; les laboureurs faisant valoir au moins une charrue, et un fils ou domestique à leur choix, s'ils en faisaient valoir deux ; les valets servant les ecclésiastiques, officiers ou nobles. »

(2) « Son comité militaire était (d'abord) composé des députés Emmery, Wimpfen, Rostaing, d'Egmont, Dubois-Crancé, Bouthilier, Noailles, de Panat, de Flanchslanden, Menou et Mirabeau l'aîné. »

divers systèmes de recrutement. Soit qu'on dût considérer la défense de la patrie comme un devoir ou comme un droit, les principes généralement admis dès les premiers jours de la révolution rendaient ce droit ou ce devoir commun à tous les citoyens, et l'on ne proposa d'en exempter que le monarque et l'héritier présomptif de la couronne (1).

» On discuta avec quelque étendue la question de savoir si les citoyens devaient y concourir de leur personne ou de leur fortune.

» On reconnut d'abord que si on se décidait pour le service personnel il serait juste d'autoriser à se faire remplacer ceux que « leurs affaires, leurs habitudes et leur genre de vie même » rendraient peu propres ou, peu disposés au métier des » armes. » (2)

» On vit dans l'obligation du service personnel un moyen d'augmenter la population, en portant les célibataires au mariage; une institution qui assurerait à l'armée une espèce d'hommes plus robustes, plus exempts des vices trop communs dans les grandes villes; et l'on sentit dès cette époque qu'une armée de citoyens était préférable sous tous les rapports à une armée de stipendiaires.

» Mais on avait pesé aussi les inconvéniens de ce système : on ne pouvait prendre d'autre base que la population pour la répartition de cette contribution personnelle.

» D'abord les hommes en état de porter les armes n'étaient pas répartis dans une égale proportion sur toute la surface de la France; l'esprit des habitans des diverses provinces ne les portait pas également au service militaire; le commerce et les manufactures perdraient un grand nombre de bras nécessaires à l'Etat; les campagnes seraient obligées de fournir en raison de leur population comme les villes, ce qui nuirait à l'agriculture ; les citoyens appelés au service, et autorisés à se faire remplacer, paieraient pour ce remplacement une contribution infiniment plus forte que la contribution générale établie pour le recrutement.

» Enfin on fut effrayé de la comparaison que l'on ne manquerait pas de faire entre cette institution et celle des milices, qui, quoique beaucoup moins onéreuse, avait excité des réclamations universelles, consignées dans tous les cahiers.

» Ces considérations firent proposer la préférence en faveur du système qui n'obligeait les citoyens qu'à contribuer de leur fortune à la défense publique.

(1) « Rapport de Bouthilier, séance du 19 novembre 1789. »
(2) « *Idem.* »

d'instruction qui puisse se diriger immédiatement vers celle des lycées, et non la pensée d'abaisser ceux des établissemens particuliers qui se sont élevés d'eux-mêmes à une plus grande hauteur.

» Quoique la crainte de l'influence du gouvernement sur les écoles secondaires tenues par des particuliers n'ait été exprimée que dans une des opinions émises dans le Tribunat: quoique la majorité des orateurs ait reconnu la justice et l'utilité de cette influence, il suffit qu'un seul doute ait été élevé sur cette disposition pour qu'il soit nécessaire d'en soutenir ici les avantages. La surveillance confiée aux préfets sur les écoles secondaires ne doit pas être regardée comme une gêne inquisitoriale, ni comme une entrave sur la discipline et l'enseignement des écoles particulières. En la considérant comme telle, un antagoniste du projet a pu la trouver injuste dans l'opinion où il est qu'il ne doit pas être pris quatre mille élèves dans ces écoles pour les placer dans les lycées; mais cette dernière opinion a été trop bien réfutée par un des orateurs du Tribunat pour qu'il soit nécessaire de la combattre encore : sa réfutation doit donc entraîner celle de l'opinion secondaire qui l'accompagne, et qui n'en est que la conséquence. J'ajouterai cependant ici quelques considérations. Personne ne doute que le gouvernement n'ait le droit, et ne doive même compter parmi ses devoirs, de surveiller tous les établissemens d'instruction ; de savoir quel genre d'enseignement on y donne, s'il est d'accord avec le système général adopté, s'il n'est ni opposé ni contradictoire ; de s'assurer de l'état des mœurs et de la bonne conduite des maîtres et des élèves. Il n'en est pas des écoles ouvertes au public, même dans des maisons particulières, comme des établissemens ordinaires de commerce ou de manufacture ; il importe ici que les esprits de l'enfance et de la jeunesse reçoivent, par de bons exemples et par des préceptes sûrs, des impressions qui soient en harmonie avec les idées, les usages, les habitudes du peuple à qui ils appartiennent. Si le principe n'est point contesté, combien ce droit d'inspection, ce devoir de surveillance du gouvernement ne doivent-ils pas être plus étendus, plus nécessaires, lorsque la jeunesse, élevée et instruite dans les écoles secondaires, est appelée à concourir au bienfait d'un prix inestimable, celui d'une instruction plus avancée, et destinée à la conduire à un état honorable! Sans astreindre les écoles particulières à une règle rigoureusement semblable à celle des écoles publiques, sans leur presorire scrupuleusement les matières et le mode d'enseignement, il importe qu'on montre bien dans ces écoles les élémens des connaissances littéraires et scientifiques qui doivent précéder les études des lycées. Si l'on

« On avouait les inconvéniens de ce système, qui était celui du recrutement volontaire.

» Le plus grand de tous était son insuffisance.

» Le ministre de la guerre (1), qui proposait d'entretenir une armée de cent cinquante mille hommes, avouait qu'aux premiers bruits de la guerre la prudence commanderait de la doubler. Tout le monde devait reconnaître que le recrutement ordinaire ne pouvait fournir un accroissement si rapide, et on proposa une conscription.

» Mais l'esprit de parti, qui s'empara de cette idée, la couvrit de quelque défaveur en l'exagérant.

» Il voulait que la conscription comprît depuis le dernier citoyen jusqu'à la seconde tête de l'Empire, et que tout remplacement fût absolument interdit (2).

» Ce système de la conscription n'eût que peu de défenseurs (3). Mirabeau lui-même, dont l'opinion avait tant d'influence dans cette Assemblée, se borna à demander que le rejet de cette proposition ne compromît pas l'existence de la garde nationale (4. Un grand nombre d'orateurs (5) s'attachèrent à prouver les inconvéniens de la conscription.

» On y vit un impôt qui ne pesait que sur le pauvre, une loi destructive de l'égalité. Dans cette délibération l'esprit de système entraîna la plupart des orateurs au-delà de la vérité : les uns ne voyaient dans l'armée actuelle que des mercenaires ; les autres ne voulaient voir dans un soldat enrôlé qu'un homme libre, qui, par un amour raisonné de son pays ou de la gloire, faisait volontairement le sacrifice de sa liberté individuelle et de ses jours : ils oubliaient que les recruteurs, « peu délicats,
» sur le choix des moyens, pourvu qu'ils procurent des
» hommes, favorisent le libertinage et le provoquent même ;
» qu'ils emploient la fraude, souvent la violence, toujours la
» séduction; que, répandus en grand nombre, surtout dans les
» grandes villes, ils y trafiquent ouvertement des hommes; ils en
» établissent un commerce entre eux, et que cette manière
» d'opérer, également immorale et fâcheuse pour les villes dans
» lesquelles ils sont établis, devient en même temps très dis-
» pendieuse pour les régimens qui les emploient, et par con-
» séquent pour l'État qui les paie. »

---

(1) « Latour-du-Pin ; mémoire dont le rapport fut fait le 12 décembre 1789. »
(2) « Opinion de Dubois-Crancé, séance du 12 décembre 1789. »
(3) « Dubois-Crancé, Beauharnais, d'Harambure. »
(4) « Séance du 16 décembre 1789. »
(5) « Bouthilier, Liancourt, Mirabeau cadet, Wimpfen, Dambly, Bureau-de-Puzy, Toulongeon, Noailles, d'Egmont. »

» Ils oubliaient ces vérités, et cependant elles venaient d'être prononcées à la tribune; et à qui étaient-elles échappées? A l'un (1) des orateurs de ce parti. « Quelle loi, disait l'un des » membres les plus estimables de cette Assemblée (2), quelle » loi que celle qui peut écraser le cœur d'un homme de bien » entre la douleur ou l'infamie, et la nécessité d'obéir à des » devoirs qui lui répugnent, auxquels il n'est appelé ni par sa » complexion, ni par sa force physique, ni par son énergie » morale, ni par ses talens, ni par ses goûts! Et ce serait chez » la même nation qui vient de fonder avec tant d'éclat l'édi- » fice de sa liberté politique et civile que le patriotisme égaré » érigerait cet étrange monument à la servitude et à l'immora- » lité! et les mêmes législateurs qui viennent de donner à » l'univers l'exemple d'un respect religieux pour les droits » imprescriptibles de l'humanité, pourraient dans cet instant » contredire à ce point leurs principes, et violer par une loi » fondamentale de l'Etat la liberté personnelle de tous les » citoyens! Et ce serait à des hommes dont on aurait éteint » l'émulation, flétri le caractère, découragé les vertus par une » contrainte légale, aussi rigoureuse que peu nécessaire, que » la France confierait l'honneur de ses armes, la garde et la » tutelle de son indépendance et de ses droits! »

» Ce discours était éloquent peut-être, et je me réserve de l'approfondir; mais une raison plus forte, et que personne n'osait dire, déterminait l'opinion de cette grande Assemblée: elle craignait de se dépopulariser, et elle rejeta ce système de la conscription pour prononcer que l'armée se recruterait par des enrôlemens volontaires (3).

» Ce même esprit perce dans la suite de ses opérations. Peut-être cette Assemblée ne prévoyait-elle pas dès lors com- bien l'édifice qu'elle venait de commencer aurait besoin de défenseurs; elle montrait, elle cherchait à inspirer une sécu- rité parfaite; et lorsqu'elle délibéra sur l'organisation de l'armée on établit en principe que la France, constante dans ses intentions pacifiques, et assurée de celles de ses voisins, n'avait besoin d'entretenir habituellement que cent quarante- deux mille hommes, et on proposa de réduire de vingt et un mille l'armée actuelle, qui s'élevait à cent soixante-trois (4).

» Ainsi on diminuait ses moyens de défense au moment où

---

(1) « Bouthilier. »
(2) « Bureau-de-Puzy, séance du 16 décembre 1789. »
(3) « Décret du 16 décembre 1789. »
(4) « Rapport de Bouthilier au nom du comité militaire, séance du 20 janvier 1790. »

l'on se faisait des ennemis ; et dans le même discours on ajoutait que les circonstances politiques pouvaient tourner à la fois
contre nous les forces réunies de l'Angleterre, de la Prusse, de
l'empereur et de la Hollande. Il est vrai que dans ce cas ou
annonçait un renfort de cent mille hommes préparés pendant
la paix. Cette coalition était effrayante, et les événemens ont
prouvé que la prévoyance de l'orateur ne s'étendait pas encore
assez loin (1).

» Quoique la réduction de l'armée eût facilité la solution du
problème du recrutement, l'Assemblée constituante prouvait
par son irrésolution qu'elle ne comptait que faiblement sur les
enrôlemens volontaires, et qu'elle n'avait aucun système sur
les moyens de porter l'armée au pied de guerre en cas de nécessité.

» On avait développé avec talent les rapports de la constitution de l'armée avec la constitution de l'Etat (2) ; mais on
n'avait nullement abordé la question la plus difficile, celle sur
les moyens d'exécution. C'est toujours là que viennent échouer
les auteurs des théories.

» Six mois s'écoulèrent sans qu'on reprît cette discussion.
Vers le milieu de 1790, le comité militaire proposa de porter

---

(1) « Au moment où l'on proposait à l'Assemblée nationale de France
de n'avoir qu'une armée de cent quarante-deux mille hommes, la diète
de Pologne arrêtait l'organisation de la sienne ainsi qu'il suit :

	Hommes.
» Etat-major	45
» Cavalerie nationale ; huit brigades de mille huit cent dix-neuf hommes chacune. 14,552	⎫
» Quatre régimens de gardes à cheval, de quatre cent soixante-cinq hommes 1,860	⎬ 23,257
» Cinq pulks de cavalerie, de treize cent soixante-neuf hommes. 6,845	⎭
» Cavalerie de la Lithuanie	10,650
» Infanterie, régiment des gardes à pied. . . . 1,556	⎫
» Garde hongroise 146	⎪
» Dix-sept régimens de douze compagnies de cent soixante-seize hommes 35,904	⎬ 39,998
» Quatre bataillons de chasseurs, de cinq cent quatre-vingt-dix-huit hommes 2,392	⎭
» Infanterie de la Lithuanie	21,991
» Artillerie, vingt compagnies, y compris celles du génie .	3,326
» Total	99,267

» La dépense de cette armée était évaluée à 46,375,579 florins.

(2) « Discours d'Alexandre Lameth et de Liancourt, séance du
9 février 1790. »

la force de l'armée sur le pied de paix jusqu'à cent cinquante-
quatre mille hommes, et d'en avoir constamment cinquante
mille en réserve dans les départemens (1). Les moyens de
recrutement pour cette réserve n'étaient pas même indiqués,
et sa destination n'était guère moins incertaine. Quelle devait
être cette destination ? Écoutons le rapporteur : « Ces soldats,
» retirés dans leurs départemens, pourraient s'occuper à l'agri-
» culture et au commerce, et pourraient aussi former la maré-
» chaussée, les gardes des bois, les commis des douanes. » On
voit ce que c'était que l'inactivité qu'on promettait dans ce
système à une troupe qui ne devait avoir *qu'une paie peu
considérable* (2).

» Enfin on indiqua l'idée de prendre cinquante mille hommes
de réserve dans ceux qui se retireraient de l'armée active après
y avoir servi six ans. C'était ajourner à bien longtemps l'organisation de ces auxiliaires ; c'était vouloir remplacer les milices
par des vétérans ; et cependant, à l'époque de cette discussion,
les rapporteurs mêmes du comité militaire disaient : « Il est
» instant d'organiser l'armée ; les circonstances dont nous
» sommes environnés, l'agitation de l'Europe, les événemens
» qui semblent se préparer nous le prescrivent impérieuse-
» ment. » (3)

» Ce fut au milieu de cet orage que le décret du 18 août 1790
fixa la force de l'armée à cent cinquante-un mille hommes,
sans faire aucune mention de l'armée de réserve.

» Ainsi, pendant un an, on avait écrit des volumes pour
dix mille hommes de plus ou de moins, et dans cet intervalle
les événemens avaient décidé la question ; il n'y avait plus
d'armée.

» L'indiscipline l'avait désorganisée ; tous les soldats étaient
en insurrection, tous les officiers étaient en fuite, et les dangers approchaient : aussi dès le commencement de l'année 1791
vit-on se multiplier les décrets pour l'augmentation de la force
militaire (4).

---

(1) « Rapport fait au nom du comité militaire par Noailles, séance
du 13 juillet 1790. »

(2) « Ce n'est pas la destination de ces soldats que je blâme. Il n'avait
pas une juste idée de l'institution militaire ce paysan suédois qui dans
la diète s'opposa à ce que les troupes fussent employées à la levée des
impôts, en disant : *et que deviendra la dignité du soldat ?*

» La dignité du soldat est de prêter main-forte aux lois, comme de
défendre la patrie contre les ennemis extérieurs ; ceux qui ont vanté ce
mot n'étaient pas des esprits justes. »

(3) « Rapport d'Alexandre Lameth, séance du 29 juillet 1790. »

(4) « Décret du 14 février 1791 sur les moyens de pourvoir à la
sûreté de la France, et de lever cent mille auxiliaires ;

» On revenait toujours à cette idée favorite de former une réserve de soldats auxiliaires, à qui l'on assurait une paie de trois sous pour les porter à s'inscrire volontairement (1), et l'on comptait tellement sur le succès de cette mesure qu'on crut devoir confirmer par une loi (2) l'abolition du régime des milices, prononcée tumultuairement dans la fameuse nuit du 4 août 1789.

» Cependant le ministre de la guerre avouait (3) qu'on n'avait pu encore compléter l'armée active.

» Après avoir par quelques décrets essayé de réaliser ce système de l'inscription volontaire, on ordonna que les départemens frontières fourniraient le nombre d'hommes exigé par leur position, et que les autres fourniraient de deux à trois mille hommes chacun (4).

» L'année 1792 était commencée, et il manquait encore cinquante et un mille hommes au complet de l'armée (5).

» Tel fut le résultat des longues délibérations d'une Assemblée recommandable par de grands souvenirs, mais qui dans les commencemens s'aveugla peut-être sur ses dangers; qui parut s'attacher à la conservation de sa popularité plus qu'à consolider son ouvrage, et qui détruisit l'armée du monarque sans organiser celle de la nation.

» Cependant, en accusant son imprévoyance, avouons qu'elle y avait elle-même habilement suppléé. Cette Assemblée

---

» Décret relatif aux recrutemens, engagemens, rengagemens et congés, du 25 mars 1791;

» Décret additionnel sur la levée de cent mille auxiliaires, du 20 avril 1791;

» Décret contenant des mesures générales pour la sûreté de l'Etat, du 15 juin 1791;

» Décret pour mettre la garde nationale en activité, du 21 juin 1791.

» Décret du 24 juin 1791, qui autorise les généraux à armer les gardes nationales;

» Décret du 9 juillet 1791, qui porte tous les régimens au complet de guerre, et augmente le nombre des gardes nationales en activité;

» Décret du 29 juillet 1791, qui porte à quatre-vingt-dix-sept mille le nombre des gardes nationales en activité;

» Décret du 12 août 1791, relatif à la formation des gardes nationales destinées à la défense des frontières. »

(1) « Rapports d'Alexandre Lameth et de Mirabeau, séance du 28 janvier 1791. »

(2) « Du 20 mars 1791. »

(3) « Mémoire du ministre de la guerre, d'où il résulte qu'au 1er mars l'armée n'était encore que de cent trente mille sept cent quatre vingt-deux sous-officiers ou soldats. »

(4) « Décret du 21 juin 1791. »

(5) « Rapport du ministre de la guerre, séance du 17 janvier 1792. »

en se séparant laissa la nation animée d'un esprit d'enthousiasme que les résistances ne firent qu'exalter ; il semblait que
le peuple français, plus sûr de lui-même que ses législateurs,
n'attendît que le premier coup de canon de ses ennemis pour
déployer tout l'appareil de sa puissance.

Recrutement des armées pendant la guerre de la liberté. (*Voyez*
entr'autres le tome XIII de ce recueil, pour la *première réquisition.*)

» Ce fut un beau spectacle de voir au premier signal du
danger ce peuple se précipiter vers ses frontières, et détromper,
par des coups terribles, ces rois imprudens qui croyaient
que cette guerre ne serait pour eux qu'une marche triom-
phale.

» A peine le danger était-il certain, que les représentans du
peuple vinrent déclarer à la tribune : « Ce ne sont pas les
» hommes de bonne volonté qui nous manquent; c'est l'ar-
» deur des volontaires nationaux qui ralentit le recrute-
» ment. » (1)

» Si nous ouvrons les comptes de ce ministre qui le premier
a donné l'exemple de soumettre ses opérations au jugement
de ses concitoyens(2), nous verrons une armée de cent soixante
mille hommes s'élever dans quelques mois à six cent quarante-
cinq mille, et dans un an dépasser le nombre de ces armées
fabuleuses dont les calculateurs ne pouvaient concevoir ni les
mouvemens ni l'existence.

» Ce recrutement sans exemple, occasionné par la guerre
de la liberté, peut se distinguer en quatre opérations successives, dont les résultats méritent d'être consignés dans l'histoire.

» 1°. La levée en masse ordonnée en 1791 (3), et qui ne
s'effectua que l'année suivante.

» 2°. La levée de trois cent mille hommes en 1793.

» 3°. La réquisition.

» 4°. La conscription.

» *Levée en masse.* Lorsque la guerre se déclara l'infanterie
de ligne n'était composée que de cent six régimens de deux
bataillons. On porta les premiers bataillons à l'armée; on
réserva les seconds pour la garde des places et l'instruction des
recrues ; et on éprouva dès cette première campagne que

---

(1) « Discours de Dumas, rapporteur du comité militaire de l'Assemblée législative , séance du 19 janvier 1792. »

(2) « Premier compte rendu par le ministre de la guerre Petiet. »

(3) « Lois du 24 juin 1791, des 12 et 18 août. »

chacun de ces corps isolés ne présentait pas une masse assez considérable.

» Les volontaires nationaux montraient une telle ardeur pour passer de leurs bataillons dans ceux de l'armée de ligne, qu'il fallut les contenir (1); et en cela le législateur donna une grande preuve de sagesse; il prévoyait d'avance que ces bataillons de volontaires devaient non pas recruter les troupes réglées, mais les remplacer (2).

» Il serait difficile d'établir avec précision le produit de ce recrutement, auquel l'enthousiasme national eut une si grande part; mais il est certain qu'on n'exagère point en évaluant la première levée pour compléter les cadres de l'armée à . . . . 50,000 hommes.

» La masse des bataillons de volontaires nationaux à 100,000

» La seconde levée, qui eut lieu en septembre 1792, à 100,000
                                                   _____
» Ainsi cette première opération donna   250,000 hommes.

» *Levée de* 1793. Par la loi du 24 février 1793, tous les hommes non mariés, depuis dix-huit jusqu'à quarante ans, furent appelés à fournir trois cent mille hommes, répartis entre les départemens, suivant leur population. Le mode de la levée fut laissé au choix des citoyens.

» Les hommes désignés pour marcher furent autorisés à se faire remplacer, mais en équipant à leurs frais le remplaçant. (3)

» Deux mois après (4) une nouvelle loi ordonna une levée de trente mille hommes pour compléter la cavalerie.

» Cette levée de trois cent trente mille hommes ne fut pas complète, parce que cette époque fut celle de l'insurrection des départemens de l'ouest; cependant on en évalue le résultat

_____

(1) « Rapport de Dumas, séance du 19 janvier 1792. »

(2) « Beaucoup de lois subséquentes organisèrent ces levées; celle du 28 août 1792 ajouta des compagnies de canonniers à chaque bataillon; celle du 2 septembre créa des troupes légères à cheval; celles des 9, 10 et 24 septembre permirent la levée des compagnies franches; celle du 12 septembre prescrivit des mesures pour l'armement et l'équipement des volontaires. »

(3) « Le soin d'habiller et d'armer ces trois cents mille hommes fut confié aux administrations locales, auxquelles la loi fixait pour cet objet un délai de huit jours. »

(4) « Le 16 avril. »

à . . . . 144,000 hommes.

» Les troubles intérieurs qui éclatèrent
en mai 1793 donnèrent lieu à une nouvelle
formation de bataillons, qu'on peut évaluer à 50,000

» Ainsi, dans les six premiers mois de
1793, l'armée reçut un accroissement d'environ . . . . 194,000 hommes.

» Ce fut à cette époque que l'on donna aux troupes une
organisation plus analogue aux circonstances, qu'on amalgama
les régimens d'infanterie avec les bataillons de volontaires,
qu'on forma l'infanterie en demi-brigades de deux mille quatre
cent trente-un hommes, divisées en trois bataillons (1), et
qu'on adopta un système régulier de recrutement sous le nom
de réquisition.

» *Réquisition.* La loi du 16 août avait déclaré que le
peuple français se levait en masse pour la défense de sa liberté;
celle du 23 classa les hommes suivant leur âge, et mit en
réquisition la première classe, composée de citoyens non
mariés ou veufs sans enfans, de dix-huit à vingt-cinq ans.

» Nul n'était exempt de la réquisition que les fonctionnaires
publics; nul ne pouvait se faire remplacer. Le législateur, en
refusant de reconnaître quelques cas d'exception qui auraient
été raisonnables, ouvrit la porte à toutes les dispenses de faveur.
Ceux qui furent autorisés à les donner les prodiguèrent, mais
en les distribuant suivant leurs affections, parce qu'il n'y avait
point de règles déterminées; et tandis qu'une loi trop générale
ruinait des familles indigentes, laissait des terres sans culture,
mettait un grand nombre de jeunes gens en fuite, et leurs
familles dans l'embarras, des exemptions innombrables trans-
formaient tous les jeunes gens un peu aisés en *myopes*, en
infirmes, et tous ceux qui étaient un peu protégés en *fonctionnaires* inutiles, qui épuisaient le trésor public et encom-
braient toutes les administrations.

» Malgré ces abus, on estime que les diverses levées faites
en vertu de la loi sur la réquisition n'ont pas donné, depuis
la fin de 1793 jusqu'en l'an 7, moins de quatre cent mille
hommes.

» Ce nombre est infiniment au dessous de celui qui était
appelé par la loi; car en évaluant la population de la France à

---

(1) « Loi du 12 août 1793. »

trente-un millions d'âmes (1), il aurait pu s'élever à un million cinq cent mille hommes, si on ne se trompe pas en supposant que le rapport de la masse de la population est, avec le nombre des jeunes gens de dix-huit à vingt-cinq ans, comme 21 est à 1.

» Mais il faut considérer qu'on fut obligé d'exempter de la réquisition les départemens de l'ouest, et que cette loi ne fut exécutée ni dans la Belgique, ni dans les quatre départemens de la rive gauche du Rhin, ni dans l'île de Corse.

« Ces exceptions admises, on évaluait les sept classes des réquisitionnaires à fournir par le reste de la République à plus d'un million (2).

» Ainsi la réquisition n'a réellement produit que les deux cinquièmes de ce qu'elle devait produire. Deux causes y ont influé.

» D'abord beaucoup de jeunes gens de l'âge de la réquisition étaient déjà aux armées lorsque la loi a été rendue.

» En second lieu les levées précédentes avaient fait marier de bonne heure un grand nombre de jeunes gens qui en prévoyaient de nouvelles.

» *Conscription.* La loi sur la conscription est du 19 fructidor an 6; elle n'appelle au service militaire que les jeunes gens de vingt à vingt-cinq ans.

» A cette époque les exemptions en faveur des départemens nouvellement réunis et de ceux de l'ouest subsistaient encore (3), et une partie des jeunes conscrits se trouvait déjà enlevée par la réquisition (4); c'étaient ceux de vingt-trois à vingt-cinq

---

(1) « Voyez le tableau annexé à la loi du 27 pluviose an 5. La population de la République y est évaluée à 31,870,460 individus. »

(2) « Jeunes gens de 18 à 19 ans. 180,000
de 19 à 20 . . . . : 170,000
de 20 à 21 160,000
de 21 à 22 150,000
de 22 à 23 140,000
de 23 à 24 130,000
de 24 à 25 120,000

1,050,000

(3) « Ce privilége a été continué par l'arrêté du 6 floréal an 8, qui a assimilé les jeunes gens des neuf départemens de la Belgique aux porteurs de congé; comme tels, les a exemptés du service en payant 300 francs, ou en justifiant que leurs contributions ne s'élevaient pas à 50 francs. »

(4) « Ceux qui avaient eu dix-huit ans à l'époque du 23 août 1793, qui correspond au 5 fructidor an 1er, se trouvaient avoir vingt-quatre ans au 19 fructidor an 6, date de la nouvelle loi; et ceux de l'année suivante formaient la dernière classe de la conscription. »

ans. Ainsi la loi n'enrôlait réellement, au commencement de
l'an 7, que les trois premières classes de la conscription, c'est
à dire les jeunes gens de vingt à vingt-trois ans.

» Plusieurs lois appelèrent successivement ces jeunes gens
aux armées.

» Celle du 3 vendémiaire an 7 convoqua la première classe
de la conscription, qu'on évaluait à cent quatre-vingt-dix mille
hommes. Il paraît que ce calcul, pour lequel on n'avait alors
que des données fort incertaines, était exagéré (1).

» Elle produisit . . . . 96,635 hommes.

» La loi du 28 germinal suivant ordonna
une nouvelle levée de cent cinquante mille
hommes, à prendre sur ce qui restait de la
première classe, et sur les deuxième et
troisième classes; elle produisit 81,977

177,612 hommes.

» La loi du 14 messidor de la même année ordonna la mise
en activité de toutes les classes, qui devaient fournir ensemble
environ quatre cent cinquante mille hommes, et qui, en ayant
déjà fourni. 178,612
pouvaient en donner encore 271,388.

» Elle produisit en l'an 7. . 65,787 }
» En l'an 8 . . . . . . 65,377 } 131,164

» En l'an 8 la loi du 17 ventose mit la
première classe de l'an 8 à la disposition
du gouvernement, qui, par son arrêté du
même jour, mit en activité. 33,000

» Total du produit de la conscription. 342,776 hommes.

» Ces calculs ne peuvent être d'une exactitude rigoureuse;
ils ne sont que le résultat de quelques recherches, et non de
communications officielles; mais, s'ils ne s'éloignent pas de la
vérité, on voit que ces levées, faites pendant la guerre de la
liberté, c'est à dire depuis la fin de 1791 jusques et compris
l'an 8, forment, indépendamment des enrôlemens volontaires,
savoir :

» Première levée en masse. . . . 250,000 hommes.
» Levée de 1793 194,000
» Réquisition 400,000
» Conscription. 342,776

» Total. . . . . 1,186,776 hommes.

(1) « A cause de l'exemption de plus de vingt départemens. »

» Ainsi fut armé, dans un court espace d'années, ce million de soldats qui ont changé la face de l'Europe, accru la puissance de la République, et permis désormais au législateur de calculer, dans les loisirs de la paix, les mesures qui doivent maintenir la sûreté et la gloire de la France.

» Cette paix au dedans, cette considération au dehors seront l'ouvrage de la sagesse; mais la sagesse doit calculer sur les passions humaines, et elle n'oublie pas qu'elle doit s'entourer de l'appareil de la force pour être toujours respectée. Ainsi, d'après la connaissance qu'on aura de la politique de nos voisins, la politique française entretiendra constamment une armée qui sera dans une proportion convenable avec les leurs.

SECONDE PARTIE. — *Double objet du recrutement.*

» Le système du recrutement de l'armée ne doit pas seulement avoir pour objet le remplacement des hommes que les corps de troupes perdent pendant la paix ; il doit être combiné de manière à donner aussi à ces troupes l'accroissement rapide que peut nécessiter la guerre.

» C'est en cela que ce système était vicieux sous notre ancien régime. L'armée active se recrutait uniquement, comme nous l'avons vu, par des enrôlemens volontaires, dont le nombre s'élevait à peu près au huitième de cette armée; mais pendant la guerre les pertes des corps excédaient annuellement ce huitième, et d'ailleurs l'armée, même au complet, se trouvait insuffisante.

» Le gouvernement d'alors n'avait pas d'autre ressource légale que la levée des milices : ces milices formaient une seconde ligne, mais ne suppléaient pas à l'insuffisance de la première jusqu'à ce que ces nouveaux soldats fussent exercés et aguerris.

» Il en résultait que les corps de troupes réglées devenaient bientôt trop faibles, et que les dangers de la guerre, ainsi que la levée des milices, rendaient le recrutement volontaire plus difficile, précisément au moment où il fallait lui donner plus d'activité.

» De là l'emploi des mesures arbitraires, les enlèvemens d'hommes par une force injuste ou par des ruses odieuses; et il faut remarquer que ces enrôlemens forcés ne pouvaient guère avoir lieu que dans les villes, et ne fournissaient en général que des soldats trop peu robustes pour résister aux fatigues de la guerre.

» On était obligé de finir par où l'on aurait dû commencer, par l'incorporation des milices dans les troupes de ligne.

« L'expérience de la guerre de 1757 a prouvé que la faible
» espèce d'hommes dont l'armée se trouvait alors composéé
» en fit périr plus de cinquante mille dans les hôpitaux; de
» sorte que ce ne fut qu'après une incorporation de quarante
» neuf bataillons de milices que l'armée prit de la consis-
» tance (1). »

» Il importe donc, en discutant le système du recrutement,
de ne pas perdre de vue que l'armée doit être recrutée d'hommes
robustes, c'est à dire dans les campagnes plutôt que dans
les villes, et que l'organisation du recrutement doit être telle
qu'on puisse facilement élever les corps au pied de guerre sans
recourir à des moyens toujours vexatoires et souvent incertains.

Nécessité de la contribution personnelle.

» Quand tous les avantages se réuniraient en faveur du système de l'enrôlement volontaire, il resterait à examiner si ce
moyen peut suffire au recrutement de l'armée.

» Ce moyen ne fournissait autrefois qu'environ dix-huit
mille hommes par an; ces levées étaient en partie une dette des
officiers à qui on accordait des congés.

» Aujourd'hui on ne pourrait imposer une pareille obligation à des officiers la plupart sans fortune; les frais du recrutement retomberaient par conséquent à la charge du trésor public;
et il faudrait le rendre bien plus considérable, puisque l'armée
est infiniment plus nombreuse, et qu'au lieu de la renouveler
par huitième tous les ans, comme autrefois, il faut la renouveler par cinquième.

» La durée de l'engagement était fixée à huit ans pour les
troupes réglées; depuis on l'a réduite à cinq, et même les rapporteurs du comité militaire de l'Assemblée constituante voulaient la réduire à trois ans pour les soldats auxiliaires qui
composaient la réserve de l'armée.

» Cette courte durée a quelques avantages : elle facilite le
recrutement; elle diminue la désertion; elle peut être admise
plus facilement chez notre nation que dans le reste de l'Europe,
parce que le Français, doué assez généralement d'une intelligence heureuse, d'une prestesse naturelle, n'a pas besoin d'un
long exercice pour apprendre le maniement des armes et les
évolutions du soldat. Mais ces élémens ne sont pas tout ce qui
constitue un bon militaire; il y a deux armes, celle de l'artillerie et celle de la cavalerie, qui exigent des connaissances
qu'on n'acquiert que par une assez longue pratique : d'ailleurs

(1) « Mémoire de Despommelles. »

il faut, pour former un bon soldat, que les devoirs militaires
soient devenus une habitude ; et ces devoirs se composent non
seulement de la partie mécanique de leur état, mais encore des
qualités morales qu'un soldat doit avoir, c'est à dire de cet honneur, de cette probité, de cette subordination qui font la véritable force des armées.

» Ce doit être une des vues du législateur de retenir sous les
drapeaux des soldats qui, ayant déjà rempli la durée de l'engagement prescrit par la loi, seraient autorisés à réclamer leur
congé : il faut qu'ils soient retenus par l'amour de leur état et
la perspective des avantages qu'il assure ; mais il ne serait pas
d'une sage politique de compter sur ces rengagemens pour se
dispenser de lever des recrues à raison du cinquième du complet de l'armée.

» Ce nombre excéderait de beaucoup tout ce qu'on peut
espérer du recrutement volontaire, et l'insuffisance de ce moyen
deviendrait bien plus sensible encore lorsqu'il faudrait, par un
accroissement rapide de ses forces, préparer de grandes opérations.

» Cette insuffisance évidente du recrutement volontaire justifie le système de l'enrôlement forcé ; car l'obligation de marcher en personne commence là où finit la possibilité de trouver
des hommes qui s'offrent pour la défense de l'Etat.

Répartition de la contribution personnelle.

» Examinons maintenant jusqu'à quel point cette contribution personnelle pèse sur la population.

» Le nombre des habitans de la France est évalué, pour les
cent deux départemens continentaux, à trente-deux millions.
D'après cette donnée on peut calculer par approximation la
population militaire, et le nombre des jeunes gens susceptibles
d'être compris sur les tables de la conscription.

» Un auteur qui a fait beaucoup de recherches sur cette partie de la statistique (Moheau) a formé des tables qui présentent
un rapport des individus de chaque âge avec une population
donnée (1).

» Pour connaître la totalité des hommes en état de porter les
armes, il retranche de la masse de la population

» 1°. Pour les femmes. . . . . $\frac{17}{33}$

» 2°. Pour les hommes au dessous de seize ans. $\frac{1}{6}$

_____

(1) « Recherches sur la population de la France. »

» 3°. Pour les hommes au dessus de quarante ans. $\frac{2}{7}$

» Ces trois fractions égalent. . . . . . . $\frac{157}{198}$

» D'où il suit que le nombre des hommes de seize à quarante ans est à la population comme 4 est à 19.

» Et que dans un grand péril la France aurait à choisir ses défenseurs parmi plus de six millions d'hommes en âge de porter les armes (1). Nos lois actuelles sur la conscription appellent au service tous les hommes de vingt à vingt-cinq ans, sans distinction des hommes mariés et des célibataires. Les tables de la conscription prouvent que le nombre des hommes de la première classe, c'est à dire de vingt à vingt-un ans, s'élève au moins à deux cent mille ; d'où il suit que la totalité de la conscription présente une masse de près d'un million de soldats.

» Il faut en déduire les infirmes, et ceux que le défaut de taille rend inhabiles au métier des armes.

» Telle est la somme des ressources sur lesquelles on peut calculer.

» Il est difficile de dire quels seront les besoins ordinaires de l'avenir, parce qu'on ne peut guère prévoir quelle sera la force dont les circonstances politiques rendront l'entretien indispensable.

» Si nous supposons que cette armée soit, sur le pied de paix, de trois cent mille hommes, il faudra d'abord en déduire la

---

(1) « Mais dans l'état actuel de la civilisation on n'appelle ordinairement au service militaire que les célibataires, lesquels sont à la masse de la population dans le rapport de 17 à 30. Cette différence devient même plus considérable parmi les hommes de seize à quarante ans, parce que cet âge est celui de la force et du mariage ; ainsi il ne faut guère compter que sur un tiers d'hommes non mariés ou veufs sans enfans. Je suis porté à croire qu'il y a quelque inexactitude dans ces rapports, qui résultent des calculs de Moheau ; car d'après lui il n'y aurait que deux millions de garçons de seize à quarante ans, et les tables de la conscription prouvent que le nombre des hommes de vingt à vingt-un ans s'élève à environ deux cent mille, ce qui doit donner, pour la classe seule des hommes de vingt à vingt-cinq, près d'un million.

» Le comte de Latour-du-Pin, ministre de la guerre en 1789, est le premier ministre qui ait présenté un travail à peu près complet sur les rapports qui existent entre l'ordre civil et l'ordre militaire ; c'est à dire qui ait fourni des renseignemens précis qui puissent mettre à même de comparer la population et les diverses circonstances locales avec les besoins de l'armée.

» Ce travail, étant le premier de ce genre, devait être nécessairement imparfait, et les événemens subséquens ne permettent plus de le considérer que comme un aperçu sur un état de choses qui a changé sous bien des rapports. »

totalité de ceux qui ne se recrutent point par la conscription, c'est à dire :

les officiers, au nombre de . . . . 22,000 h.
les employés, dont le nombre s'élève à . . 2,000
et les vétérans 14,000

» Total 38,000 (1)

» Ainsi il restera deux cent soixante-deux mille hommes à remplacer par cinquième tous les ans, c'est à dire que la conscription aura à fournir annuellement cinquante-deux mille quatre cents hommes (2), ou à peu près le quart des conscrits de vingt à vingt-un ans. Cette levée sera à la population dans le rapport de 1 soldat sur 611 habitans de tout sexe et de tout âge. On a vu que ce rapport était de 1 sur 615 avant la révolution ; ainsi on prendra annuellement un jeune homme sur soixante-huit familles (3).

» Mais il faudra ajouter à cette levée celle que nécessitera l'entretien de l'armée navale, et il n'est pas possible d'évaluer d'avance la force de cette armée, même par approximation.

» Il faut ensuite appliquer ce calcul aux différentes espèces d'hommes dont l'armée a besoin.

» Elle se compose de trois sortes de troupes, dont une seule peut être recrutée d'hommes d'une taille moyenne ; les deux autres, l'artillerie et la cavalerie, demandent des soldats d'une taille plus élevée.

» Des observations faites dans les provinces de l'intérieur de la France nous apprennent qu'il y a un célibataire en âge de porter les armes, de la taille de cinq pieds un pouce et au dessus, sur quarante-huit habitans, et un de cinq pieds trois pouces sur cent quatre-vingt-dix-neuf (4).

---

(1) « Il y a actuellement :
» Officiers de toutes armes 22,140
» Employés de l'état major des places . . . . . 1,050⎫
» Employés de l'artillerie . . . . 399⎬ 1,994
» Gardes du génie . . . . 545⎭
» Dix demi-brigades de vétérans . . . . . . 13,618⎫ 14,242
» Compagnies de canonniers vétérans . . . . 624⎭

38,376

(2) « Il est juste de remarquer que le remplacement devrait être de plus du cinquième, parce qu'il y a d'autres causes de diminution que les congés ; mais il est plus que probable que les rengagemens compenseront ce déficit. »

(3) « En calculant sur quatre têtes et demie par feu. »

(4) « Moheau, *Recherches sur la population de la France*. De tels

» On voit que les hommes de cinq pieds trois pouces sont quatre fois au moins plus rares que ceux de cinq pieds un pouce. Or les troupes dont le service exige des hommes d'une taille élevée forment au moins le quart de l'armée ; ainsi, puisqu'on doit prendre, comme nous l'avons dit, un soldat sur six cents habitans, il en résulte qu'une population de deux mille quatre cents âmes devra fournir trois fantassins et un soldat d'artillerie, ou un cavalier. Mais cette proportion change suivant les lieux, et c'est une considération à laquelle il faut avoir égard lorsqu'on désigne les départemens qui doivent recruter les diverses armes.

» Une autre circonstance non moins importante, et qui prouve combien il est difficile de bien asseoir cette espèce d'imposition, c'est l'esprit plus ou moins militaire des habitans.

» La première idée qui se présente lorsqu'il s'agit de la répartition d'une contribution personnelle, d'une contribution à laquelle tous les citoyens du même âge sont indistinctement assujettis, c'est qu'elle doit être répartie proportionnellement à la population.

» Mais l'équité, autant que l'intérêt de l'Etat, s'oppose à ce qu'on adopte exclusivement cette base ; il est indispensable d'avoir égard à d'autres circonstances.

» Si nous consultons l'expérience, nous verrons que les villes, qui forment à peine le cinquième de la population totale de la France, ont fourni constamment les deux tiers des recrues de l'armée.

» L'expérience nous apprend encore que la nature n'a pas réparti également entre les citoyens des diverses parties de la France les avantages physiques qui semblent désigner un homme comme destiné au service militaire. Ainsi, dans les provinces du nord, le nombre des hommes que leur taille rend inhabiles au service n'est que d'un septième, tandis que dans les

---

calculs ne sont jamais d'une exactitude rigoureuse. Il résulte de ceux de cet auteur qu'il y a un célibataire en âge de porter les armes :

de 5 pieds 1 pouce et au dessus sur   48 habitans.
de 5 pieds 2 pouces. . . . . sur   85
de 5 pieds 3 pouces. . . . . sur   199
de 5 pieds 4 pouces. . . . . sur   511
de 5 pieds 5 pouces. . . . . sur   1,417
de 5 pieds 6 pouces. . . . . sur   2,398
de 5 pieds 7 pouces. . . . . sur   7,795

» Il est bon de remarquer que cette proportion doit être maintenant au dessous de la réalité, depuis la réunion de la Belgique et des quatre départemens du Rhin, où les hommes sont en général d'une taille plus élevée que dans les départemens méridionaux. »

provinces du midi ils sont dans le rapport d'un cinquième avec le nombre total (1).

» Il résulte encore d'une longue suite d'observations que le climat et beaucoup de circonstances locales influent sur le caractère des hommes, et les portent plus ou moins à l'état militaire; ainsi on avait calculé que la moitié septentrionale de la France, dont la population était évaluée à quatorze millions cinq cent mille âmes (2), comptait quatre-vingt-dix-huit mille de ses habitans dans l'armée, tandis que la moitié méridionale n'en avait fourni que trente-sept mille sur une population de dix millions; c'est à dire que le nord fournissait un soldat sur cent quarante-neuf habitans, et le midi un sur deux cents soixante dix-neuf. Si on voulait particulariser cette observation, on trouverait des différences encore plus remarquables : l'Alsace fournissait un soldat sur soixante-cinq habitans, et la généralité d'Auch un sur six cent vingt-huit, c'est à dire dix fois moins (3).

» Si nous consultons la politique, elle nous apprendra que dans certains pays l'agriculture, les arts, le commerce, la navigation occupent une plus grande partie des hommes que dans certains autres; que si l'on voulait répartir rigoureusement les levées des soldats, proportionnellement à la population, le commerce et l'agriculture perdraient dans le midi une partie des bras qu'ils sont accoutumés à employer, et que dans le nord, au contraire, il resterait un nombre d'hommes qu'on ne pourrait occuper.

» Ces réflexions, appuyées sur des faits, montrent de combien d'élémens se compose cette opération, qui paraît si simple, par laquelle on détermine le contingent de chaque département; et elles me dispensent sans doute d'entrer dans l'examen du projet de répartition qui fait suite à la loi sur laquelle vous allez prononcer.

» L'administrateur d'un canton peut n'y voir qu'un tableau, le contribuable une imposition inégale; l'homme d'état doit y

---

(1) « Rapport de Bouthillier au nom du comité militaire, séance du 19 novembre 1789. »

(2) « Nombres exacts.

	Ames.
» Population du nord	14,641,285
» —————— midi	10,430,598
» Hommes des provinces du nord dans l'armée . . .	98,068
» Hommes des provinces du midi	37,278
(3) « Population de l'Alsace.	654,885
» Population de la généralité d'Auch.	887,731
» Soldats fournis par l'Alsace.	10,657
» Soldats fournis par la généralité d'Auch.	1,413

voir la combinaison de mille circonstances qui ne permettent
pas une justice rigoureuse.

Examen de la loi présentée.

» Après avoir déroulé devant vous l'histoire du recrutement
militaire; après avoir comparé les résultats des divers systèmes,
analisé les théories, et démontré peut-être la nécessité de la
conscription, il me sera facile, si je suis parvenu à répandre
quelque lumière sur des questions importantes, décidées
jusqu'à ce jour par l'habitude plutôt que par le raisonnement,
il me sera facile, dis-je, d'éclairer en peu de mots votre
opinion sur la loi qui vous est soumise.

» Pour cela je n'aurai qu'à comparer ses dispositions avec
les principes que nous avons établis.

» L'auteur de ce projet de loi a conçu à la fois deux idées :
d'abord celle de recruter l'armée actuelle de la manière la
moins onéreuse aux citoyens ; secondement celle de préparer
les moyens de rendre en peu de jours cette armée aussi formidable que le pourraient exiger les circonstances.

» Il est nécessaire d'incorporer soixante mille hommes
dans cette armée, qui occupe encore de si vastes états sur le
continent, qui protége vos alliés, qui vous répond de la paix
de l'Europe, et qui recommence la conquête de vos colonies.
Ces soixante mille hommes sont nécessaires pour réparer les
pertes qu'elle a éprouvées depuis deux ans, et pour rendre à
leurs familles ces vieux soldats qui ont mérité le repos après
avoir acquis tant de gloire.

» Pour que cette contribution fût moins onéreuse, on a
dû y assujettir tous ceux qu'il était juste d'y faire concourir,
et on l'a répartie également sur les conscrits de l'an 9 et de
l'an 10 ; car aucunes levées n'avaient été faites en l'an 9.
Chacune de ces classes doit donc fournir trente mille hommes.
Celle de l'an 8 en avait déjà fourni trente-trois mille il y a
deux ans, pendant la guerre ; ainsi cette classe avait acquitté
sa dette par cette levée, qui a coopéré au grand ouvrage de la
paix.

» Le gouvernement, en vous proposant cette mesure, est
loin de renoncer sans doute à la ressource que peuvent offrir
les enrôlemens volontaires. Il n'ignore pas qu'une sage politique les commande ; il sait combien les anciens soldats sont
précieux, et il ne néglige pour les retenir rien de ce qui
peut exciter une ambition généreuse : on remarque même
qu'il se ménage, par des dispositions fiscales, les moyens
de subvenir aux frais de ce recrutement, sans proposer d'au-

tres impôts dont la nature ne fût pas analogue à celle des dépenses.

» Mais en complétant cette armée active le gouvernement a voulu créer une autre armée qui, sans être nullement onéreuse aux particuliers ni à l'Etat, pût assurer cet accroissement rapide de forces qui garantît toujours le succès des premières opérations de la guerre. Il se propose, ses orateurs vous l'ont dit, de porter cette armée à cent cinquante mille hommes ; elle sera complète dans trois ans, et dans la suite il suffira non pas de lever, mais d'enregistrer annuellement trente mille hommes pour la recruter. « Prouver les obstacles et même » l'impossibilité de la levée subite d'une armée de cent mille » hommes pendant la guerre, c'est démontrer la nécessité de » son existence pendant la paix. » (1)

» Ici, comme dans toutes les circonstances de la guerre, il faut se garder de se laisser effrayer par le nombre. Si l'on ne voyait dans cette loi qu'une levée de cent vingt mille soldats, le citoyen, le législateur lui-même pourrait concevoir quelques alarmes ; mais remarquons d'abord que cette contribution militaire est arriérée d'un an ; que deux classes de la conscription s'y trouvent maintenant soumises ; que la moitié des conscrits appelés doivent, à moins de circonstances extraordinaires, rester dans leurs foyers pendant toute la durée de leur engagement, et qu'ainsi le résultat de cette mesure n'est réellement qu'une levée de trente mille hommes sur une classe de la conscription. Quel est celui de nous qui ne bénirait la providence si l'état à venir de l'Europe et de la République permettait de fixer à ce nombre de trente mille hommes les levées annuelles que la France aura à faire désormais ?

» Quant aux conscrits désignés pour la réserve, de quel droit pourront-ils se plaindre, eux que la loi appelait à marcher, lorsque leur enrôlement même sera une faveur ?

» Remarquons maintenant quelques autres dispositions de cette loi qui prouvent l'esprit de sagesse qui l'a dictée.

» Cette armée de réserve n'entraîne aucuns frais pour le trésor public ; les officiers qui doivent l'instruire sont pris dans l'armée active.

« Chaque arrondissement sera destiné pour cinq ans au re » crutement des mêmes corps de l'armée. » (2)

» Ici se présente une question importante, celle de savoir si

_____

(1) « *Mémoire sur la nécessité des troupes provinciales*, par Despommelles. »

(2) « Titre II, article 7. »

les corps de troupes doivent constamment être recrutés dans le même pays.

» Les avantages de ce système sont que les soldats retrouveraient dans leurs corps des amis, des parens, les usages de leur patrie; que ces avantages les attacheraient à leur état; qu'ils quitteraient leurs familles avec moins de regrets; qu'ils éviteraient de commettre dans leurs corps des fautes dont la honte les suivrait jusque dans leurs foyers; qu'enfin la désertion serait infiniment rare, parce que les soldats ne quittent ordinairement leurs drapeaux que pour retourner dans leur pays, et qu'ils n'y trouveraient que difficilement un asile, puisque leur retour nécessiterait le départ d'un de leurs concitoyens (1).

» Les inconvéniens ne sont pas d'une moindre importance. Il faudrait toujours tenir les corps éloignés du pays d'où ils tireraient leurs recrues; on verrait s'établir dans chaque troupe non pas cet esprit de corps qui tient à l'émulation, mais cet esprit de pays qui tient aux habitudes; les différens idiomes se perpétueraient dans les régimens, de sorte qu'on aurait une armée composée de troupes flamandes, provençales, bretonnes, alsaciennes, et non une armée vraiment française; s'il survenait des rixes entre les corps, ces rixes occasionneraient des haines héréditaires; enfin, à la guerre, les pertes considérables qu'une troupe pourrait éprouver couvriraient toute une contrée de deuil, et les pères, déjà inconsolables de la perte d'un fils, seraient punis de leur malheur par le sacrifice de l'autre.

» Il paraît que ces inconvéniens sont encore plus graves que les avantages ne sont séduisans : le gouvernement, qui les a pesés, a cherché à profiter de ceux-ci en évitant ceux-là; il a pris un parti mitoyen. On voit qu'il veut faire une expérience utile, et il n'est pas imprudent de prédire qu'elle n'aura pas partout le même succès; mais du moins est-il évident que cette mesure doit rendre moins pénible le sacrifice que la loi exige des conscrits.

» Le plus sûr moyen de les y déterminer c'est d'être juste.

---

(1) « L'idée d'affecter une portion du territoire au recrutement d'une partie de l'armée a été réalisée en Prusse. On y a établi une conscription générale qui rend les pères responsables pour leurs enfans; les jeunes gens de dix-huit ans qui disparaissent du pays sont traités comme déserteurs, et, si l'on ne peut les saisir, leurs biens sont confisqués; seulement on en laisse la jouissance au père jusqu'à sa mort, lorsqu'il peut prouver qu'il n'a eu aucune part à la désertion de son fils.

» Chaque canton a un ou plusieurs régimens à recruter, et cette proportion se détermine non seulement d'après la population, mais encore d'après la richesse du pays, parce qu'on n'admet dans la cavalerie que des fils de paysans possédant terre et chevaux. »

» L'équité dans cette circonstance consiste non seulement à répartir également la charge qu'on impose, mais encore à admettre les exceptions nécessaires et raisonnables.

» Quant à la répartition, elle est confiée aux magistrats chargés le plus immédiatement des intérêts du peuple ; à ces magistrats qui, nécessairement domiciliés dans le lieu où ils exercent leurs fonctions momentanées, ont plus besoin que tous les autres de conserver l'estime de leurs concitoyens, à ces magistrats municipaux dont le désintéressement garantit en quelque sorte la probité comme l'indépendance.

» La loi se repose entièrement sur eux du soin de déterminer le mode de son exécution. Quelques bons esprits ont vu dans cette latitude une occasion de discorde, et peut-être une source d'injustices ; ils auraient désiré que le mode de l'indication des conscrits fût uniforme ; qu'on ne pût jamais y rien voir d'arbitraire, et que la loi n'occasionnât pas dans le cœur d'un homme ce combat si douteux de la tendresse d'un père avec les devoirs du magistrat.

» Mais l'auteur du projet de loi a pensé que déterminer le mode des choix ce serait rendre la loi plus rigoureuse ; que le seul moyen de l'adoucir était d'avoir égard aux circonstances locales ; qu'il était impossible de résoudre le problème de la justice et de l'uniformité ; qu'il fallait donner aux magistrats du peuple un grand témoignage de confiance ; que la surveillance des intéressés était une garantie suffisante de l'équité qu'on désire dans la répartition ; et qu'enfin des réglemens sages suffiraient pour prévenir les abus qu'on a raison de craindre.

» Quant aux exceptions qu'il est impossible de ne pas admettre, il y en a de deux sortes, celles qui sont commandées par la nature, et celles qui sont conseillées par l'intérêt général de la société.

» La nature, en refusant à quelques individus la constitution qui rend habile au service militaire, les a dispensés sans doute de concourir personnellement à la défense de la patrie : la loi les oblige, s'ils ne sont pas indigens, à y contribuer du moins par une taxe pécuniaire. Cette disposition a paru à quelques hommes, dont l'opinion est respectable, n'être qu'un impôt sur le malheur ; ils ont pensé que le même principe qui exempte les indigens des contributions pécuniaires exempte aussi les infirmes de tout service personnel.

» Ils ont trouvé cette taxe onéreuse pour le pauvre ; ils ont remarqué qu'elle doit s'étendre sur tous les conscrits infirmes, tandis que la contribution personnelle n'atteint qu'une partie des conscrits valides. Ces objections sont graves, sans doute ;

mais on peut les atténuer en disant que tout citoyen doit à la patrie non seulement les impôts, mais sa personne; que les infirmes, dispensés de contribuer par eux-mêmes à la défense de l'Etat, ne peuvent se plaindre de la loi, qui, en raison de cette exemption, augmente leur contribution pécuniaire; que les conscrits valides, bien qu'ils ne soient pas compris dans une première levée, restent exposés à faire partie des levées suivantes; au lieu que les infirmes, appelés dès la première fois à se racheter par une contribution, rentrent définitivement dans la classe des hommes non sujets au service militaire.

» Mais du moins les causes d'invalidité, quoiqu'elles aient été le prétexte de beaucoup d'abus, peuvent en général être assez facilement appréciées et constatées.

» Il n'en est pas de même des autres circonstances qui doivent faire dispenser un jeune homme valide du service personnel; ces circonstances s'apprécient différemment, selon les lieux, et le caractère des juges. Les règles qu'on a tenté d'établir sur cet objet ont toujours été imparfaites, et l'orateur du gouvernement qui a présenté la loi que nous discutons avoue que ce problème n'est pas encore résolu.

» Aussi cette loi ne contient-elle aucune disposition à cet égard : seulement elle autorise la substitution d'un conscrit à un autre conscrit de la même classe. Ces substitutions doivent être faites de gré à gré : il en résulte bien évidemment un motif de sécurité pour tous ceux à qui des inclinations libérales doivent faire supposer ou procurent les moyens de profiter de cette faculté du remplacement; il est juste même de remarquer que cette disposition est plus favorable aux conscrits que la loi actuelle, car elle ne les rend point responsables de leur remplaçant.

» La loi ajoute qu'il faut que ces remplaçans soient agréés par le militaire chargé de recevoir les recrues.

» La raison en est évidente; les conscrits qui voudraient fournir un remplaçant le choisiraient toujours parmi les indigens les plus faibles, les moins bien constitués, les moins dignes de servir, parce que cette espèce d'hommes serait à plus bas prix. Les corps militaires repousseraient en vain cette espèce de recrues; les municipalités seraient doublement intéressées à se débarrasser d'un habitant sans moyens d'existence, et à conserver ceux qui leur sont utiles.

» On objectera toujours que toutes ces dispositions sont plus favorables aux riches qu'aux citoyens sans fortune. Il faut l'avouer; mais il faut reconnaître aussi que cet inconvénient est dans la nature des choses.

» Quoi que les législateurs puissent faire, ils n'empêcheront

pas le riche de jouir des avantages que son aisance lui procure ;
et si la loi ne lui en laisse pas les moyens, il les trouvera dans
la corruption. Il est évident que c'est pour le pauvre que l'impôt
est onéreux ; mais on ne peut pas niveler les fortunes, car il n'y
aurait plus que des pauvres, et il faut que tout impôt soit général pour fournir le produit nécessaire.

» Remarquons cependant que la loi n'autorise aucune classe
de citoyens à se croire exempte de l'obligation imposée à tous :
ce serait en prononçant des exemptions, en les transformant
en principes, qu'elle cesserait d'être juste (1). On reconnaît
qu'elles sont quelquefois nécessaires ; et sans doute il est à
désirer que l'expérience nous apprenne à perfectionner cette
partie de notre législation.

» Le philosophe gémit de l'inégale répartition des avantages
de la société ; quelquefois il croit en apercevoir la compensation
dans les bienfaits de la nature, particulièrement réservés à
ceux que ne favorise pas la fortune : mais quelques politiques
s'élèvent avec force contre la loi de l'enrôlement forcé ; ils
l'attaquent dans son principe ; ils la déclarent injuste pour les
citoyens, et dangereuse pour l'Etat.

» Je vais ici m'élever à des considérations plus générales ;
j'entreprends de démontrer les avantages de cette conscription, et de dissiper les craintes qu'elle inspire.

Du recrutement volontaire et de l'enrôlement forcé.

» Les adversaires du système de l'enrôlement forcé ont quelquefois abusé des mots ; ils ont opposé à ce nom celui de l'enrôlement volontaire, et il ne leur a pas été difficile de démontrer
que l'enrôlement forcé était une atteinte à la liberté civile ; qu'il
compromettait l'autorité du législateur, dégradait l'état militaire, et que les soldats entraînés par l'amour de la gloire étaient
préférables à des recrues arrachés par la force du sein de leurs
foyers.

» Telles furent les exagérations où s'égarèrent la plupart
des orateurs de l'Assemblée constituante.

» Les meilleurs soldats, cela est incontestable, sont ceux

(1) « Nul ne doit exposer ses jours ni pour un prêtre, ni pour un
» magistrat, ni pour un père de famille à la fleur de son âge, ni pour
» l'homme de commerce ou d'industrie, ni pour un homme enfin en
» état de se défendre par lui-même. C'est assez, pour celui qui met
» quelque prix à sa liberté et à sa vie, de prêter son service aux vieil-
» lards, aux femmes et aux enfans ; il ne peut l'étendre davantage. »
(*Discours de Liancourt, séance du 15 décembre 1789.*)

que fait armer non pas l'ardeur de la gloire, mais l'amour de la patrie. Notre nation, plus qu'aucune autre peut-être, est susceptible de ce noble enthousiasme, et elle en a donné récemment une preuve qui a dépassé toutes les espérances. Mais le zèle, l'enthousiasme ne durent qu'un moment, et c'est par des efforts soutenus qu'un Etat conserve sa vigueur politique ; lorsque le temps de l'enthousiasme est passé on n'a plus des volontaires, mais des mercenaires, et ce problème se réduit à savoir si des soldats achetés valent mieux que des soldats appe- lés par la loi.

» Les véritables termes de cette question se réduisent donc à ceux-ci : l'Etat doit-il demander aux citoyens, pour le recru- tement de l'armée, une contribution pécuniaire ou une contri- bution personnelle ?

» D'abord toute contribution est nécessairement une charge onéreuse; il ne faut pas se faire illusion à cet égard.

» Le recrutement volontaire, qui doit s'effectuer par le moyen de la contribution pécuniaire, est par sa nature une opération lente, et dont les résultats sont incertains. Il faut avant tout que la contribution pécuniaire soit perçue; il faut que tous les moyens d'exécution soient préparés; le succès de ces moyens tient à l'intelligence d'une multitude d'agens subal- ternes dont l'entretien est une charge de plus pour l'Etat; les moyens employés par ces agens sont quelquefois plus odieux que la séduction même, et, quelque activité qu'on puisse en attendre, le recrutement ne s'opère que partiellement; le dépo- sitaire de la force publique ne peut jamais compter sur un ren- fort déterminé, et dans le moment où le danger exige des secours plus considérables l'ardeur des recrues se ralentit : de sorte que les résultats de cette mesure sont en raison inverse de son objet; elle ne fournit pas une ressource assurée pour élever rapidement une armée au pied de guerre.

» Quelle est ensuite l'espèce d'hommes que ces enrôlemens volontaires procurent ? Le superflu de la population des villes; l'expérience l'a démontré : les villes fournissaient autrefois les deux tiers des recrues de l'année, et de ces deux tiers la capi- tale seule en fournissait ordinairement un (1).

» Quel était le résultat de cette espèce de recrutement ? Une désertion effrayante, et, ce qui est bien plus dangereux en- core, l'habitude de la désertion à l'étranger. On n'évaluait pas

_____

(1) « La ville de Paris, suivant Despommelles, fournissait, année commune, six mille trois cent trente-neuf recrues, dont mille sept cents à peu près natifs de Paris. »

à moins de trois mille hommes par an les pertes que cette désertion faisait éprouver à la population de la France (1).

« Défendons-nous de toute exagération. Il ne faut pas s'interdire absolument les engagemens volontaires ; il ne serait pas juste de ne voir dans ceux qui sont portés à les contracter que des hommes prêts à vendre leur vie à tous les partis ; il faut se rappeler qu'il y a toujours dans la masse d'une grande population des hommes dénués, par leurs habitudes, des moyens ordinaires d'existence, et dont l'existence serait même dangereuse si le législateur ne leur offrait un asile et un moyen de payer leur dette à l'État.

« C'est le chef-d'œuvre de la politique de transformer en citoyens utiles les oisifs à charge à la société.

« Mais ces hommes ont souvent altéré par des vices leur constitution physique ; ils ne sont point endurcis aux travaux pénibles, accoutumés à la sobriété ; et s'il fallait démontrer à la raison qu'ils résistent moins aux fatigues que les habitans des campagnes, on en trouverait la preuve dans cette guerre terrible que nous venons de terminer.

« Autrefois la prévoyance de l'administration évaluait d'avance le nombre des malades au sixième de l'armée. Cette proportion se trouva juste en 1792, avant que nos troupes fussent recrutées en grande partie de paysans ; mais après ce recrutement immense, auquel nos campagnes contribuèrent si puissamment, le nombre des malades ne fut plus, avec la force des troupes, que dans la proportion d'un quinzième ou d'un treizième (2), c'est à dire qu'on en vit la moitié moins.

_____

(1) « Rapport de Bouthillier à l'Assemblée constituante, séance du 19 novembre 1789. »

(2) « Au mois de décembre 1792 la force de l'armée était de cent
» soixante mille deux cent trente hommes ; le nombre des malades
» d'environ vingt-cinq mille hommes, c'est à dire un peu moins du
» sixième. Au mois de vendémiaire an 3 la force était de un million
» cent soixante-neuf mille cent quarante-quatre ; le nombre des
» malades de soixante-dix mille, c'est à dire moins d'un seizième.

» Au mois de vendémiaire an 4 la force était de sept cent cinquante-
» sept mille soixante-deux hommes ; le nombre des malades était de
» cinquante mille, par conséquent dans la proportion d'un quinzième.

» Au mois de brumaire an 4 la force était de sept cent cinquante-
» huit mille deux cent vingt-neuf hommes ; le nombre des malades de
» quarante-huit mille sept cent soixante-quatre, ce qui revient à un
» peu moins du quinzième, mais non compris les hôpitaux civils.
» Actuellement (nivose an 5) la force est de cinq cent trente et un
» mille cinquante-six hommes, et le nombre des malades de quarante
» et un mille sept, ou environ un treizième. » (_Premier compte rendu
du ministre de la guerre Petiet.)

» Il faut cependant remarquer, pour bien apprécier ces faits, que

» Il est donc constant que l'enrôlement volontaire ne remplit pas les deux conditions que nous avons exigées pour reconnaître un bon système de recrutement.

» On a objecté que dans le système de la contribution personnelle il serait toujours indispensable d'admettre la faculté du remplacement, et qu'alors ce remplacement deviendrait pour les citoyens une charge plus onéreuse que la contribution pécuniaire si elle était générale.

» En effet, si le gouvernement était chargé de la levée à prix d'argent, il fixerait ce prix; il n'aurait point de concurrens; il pourrait prendre des mesures économiques pour les dépôts de recrues et leur conduite jusqu'aux drapeaux. Au contraire, si les citoyens appelés au service militaire payaient eux-mêmes le recrue destiné à les remplacer, la concurrence ferait hausser le prix des engagemens.

» L'artiste, le cultivateur ne pourraient atteindre le prix mis au remplacement par la mollesse du riche oisif, dont les affaires ne sont trop souvent que des plaisirs; et il est évident que cette obligation deviendrait une charge bien plus onéreuse que l'impôt régulier que le législateur répartirait dans une sage proportion, et confierait au pouvoir exécutif, pour subvenir aux frais du recrutement.

» Mais remarquons ici que les auteurs de cette objection font une pétition de principe. Ils disent que le prix des hommes haussera, parce qu'ils supposent qu'on ne fera qu'acheter des recrues; mais c'est ce que l'Etat a grand intérêt d'empêcher. Dans nos mœurs actuelles il est indispensable d'admettre à certains égards la faculté du remplacement; mais le défaut de moyens pécuniaires, l'ardeur naturelle à la jeunesse empêcheront que l'usage en soit général. Nous verrons nos armées se recruter d'hommes robustes, ayant un domicile, une famille, des mœurs, et il ne nous restera plus qu'à former le vœu de voir se répandre dans toute la République cet esprit patriotique qui existait autrefois en Suisse et dans quelques unes de nos provinces, où un homme du peuple ne pouvait guère espérer d'obtenir la main d'une femme avant d'avoir servi l'Etat, et s'il n'avait un sabre à suspendre sur le chevet du lit nuptial.

» Ici des politiques méfians manifesteront peut-être d'autres craintes. Il ne faut pas répandre, diront-ils, cet esprit militaire; il est dangereux pour la liberté.

» Je ne répondrai pas, avec un orateur de l'Assemblée cons-

---

par le mot *armée* on entend toutes les troupes, et que plus l'armée est considérable, plus la proportion des malades doit diminuer, parce qu'il y a beaucoup de corps qui ne font pas une guerre active. »

tituante (1), « que la conscription militaire favorise le despo-
» tisme chez quelques peuples , parce qu'elle y est une loi du
» despote, mais qu'elle devient la sauvegarde de la liberté lors-
» qu'elle est ordonnée par la nation. »

» Je me permettrai de dire, en respectant l'opinion d'un
homme qui a donné de grandes preuves de dévouement à la
République, que la conscription fait nécessairement perdre
de sa popularité à celui qui l'ordonne , et augmente inévitable-
ment la force de celui à qui on confie le droit d'en disposer.

» Il serait illusoire de chercher à éviter ce double inconvénient ; il dérive de la nature des choses.

» Mais est-il vrai que la conscription , en propageant l'esprit militaire, soit dangereuse pour la liberté ? Quoi ! dit-on,
pour former des hommes libres vous les élevez dans les camps,
où l'on ne contracte que l'habitude de l'obéissance , ou l'habitude plus dangereuse encore de l'autorité ! vous voulez leur
faire aimer la liberté , et vous commencez par leur en imposer
le sacrifice !

» Oui ; mais ce sacrifice est momentané , mais il est imposé
à tous les citoyens ; et si l'on consulte l'histoire, où trouvera-
t-on des nations plus libres que ces nations guerrières dont
tous les hommes étaient soldats ? L'esprit militaire est dangereux lorsqu'il s'accoutume à regarder les hommes comme
de vils instrumens de sa fortune, à enfreindre les lois, à
dominer par la force ; mais qui ne sent que ces moyens d'oppression doivent diminuer précisément chez le peuple où la
profession militaire a été la profession de tous ? Quelle arro-
gance pourraient se permettre des soldats devant ceux qui
auraient été leurs chefs ou leurs modèles ? Quelle résistance
un oppresseur ne devrait-il pas attendre d'une nation accoutumée aux armes ? Quelle noble opinion les citoyens ne con-
çoivent-ils pas d'eux-mêmes lorsqu'ils ont concouru à la défense de l'Etat ? Pour avoir un juste sentiment de ses droits
il faut avoir rendu quelques services. Ce sera donner ce sentiment à tous les Français que de leur dire que l'état de défenseur de la patrie est une condition nécessaire de l'existence ; alors se taira la vanité que donnent les services vulgaires.

» Après avoir vu un soldat dans un citoyen, on s'accoutu-
mera à demander quels sont ses autres droits à l'estime publique,
et l'on n'imitera pas ces nations du nord chez lesquelles tous les
états de la société sont gradués sur l'échelle des fonctions militaires. L'égalité des droits naîtra de celle des obligations , et
une considération particulière sera promise aux vertus qui

(1) « Menou, séance du 12 décembre 1789. »

font chérir la paix, aux talens qui embellissent l'existence.

» Ainsi le système de la contribution personnelle assure à l'armée une meilleure espèce d'hommes que ceux que procurent les enrôlemens volontaires : il diminue la désertion ; il facilite l'accroissement rapide de la force publique ; il donne aux hommes un sentiment plus profond de leurs droits ; il augmente la force de la masse des citoyens ; il est un garant de plus pour la liberté.

» En développant les résultats de la loi qu'on vous présente, l'orateur peut émouvoir votre sensibilité par le spectacle des familles affligées ; il peut vous demander pourquoi, après avoir signé la paix, vous entretenez des armées si formidables ; comment vous ne craignez pas, en imposant de si grands sacrifices, de perdre la confiance du peuple souverain dont vous êtes les mandataires. L'Europe entière voudrait que vous écoutassiez ce langage.

» Le législateur s'élève à de plus hautes pensées : il ne se livre point imprudemment à la sécurité que peuvent inspirer des circonstances passagères ; il évite de faire des lois pour un moment, il cherche à poser pour un long avenir les bases de l'édifice social ; il veut améliorer le sort de ses contemporains, mais il n'oublie pas qu'il est responsable de la paix du monde ; il sait faire le sacrifice de son amour-propre, de son repos, et il préfère aux acclamations qui suivent une popularité momentanée l'estime respectueuse que lui gardent les sages et la postérité.

» Le Tribunat nous charge de vous porter le vœu qu'il a émis pour l'adoption de la loi. »

IV.

DE LA CRÉATION D'UNE LÉGION D'HONNEUR.

MOTIFS *du projet de loi*, exposés *devant le Corps législatif* par le conseiller d'état Rœderer. — *Séance du 25 floréal an* 10 (15 *mai* 1802).

« Législateurs, la Légion d'Honneur qui vous est proposée doit être une institution auxiliaire de toutes nos lois républicaines, et servir à l'affermissement de la révolution.

» Elle paie au service militaire comme au service civil le prix du courage qu'ils ont tous mérité ; elle les confond dans la même gloire, comme la nation les confond dans sa reconnaissance.

» Elle unit par une distinction commune des hommes déjà unis par d'honorables souvenirs ; elle convie à de douces affections des hommes qu'une estime réciproque disposait à s'aimer.

» Elle met sous l'abri de leur considération et de leur serment nos lois conservatrices de l'égalité, de la liberté, de la propriété.

» Elle efface les distinctions nobiliaires qui plaçaient la gloire héritée avant la gloire acquise, et les descendans des grands hommes avant les grands hommes.

» C'est une institution morale qui ajoute de la force et de l'activité à ce ressort de l'honneur qui meut si puissamment la nation française.

» C'est une institution politique qui place dans la société des intermédiaires par lesquels les actes du pouvoir sont traduits à l'opinion avec fidélité et bienveillance, et par lesquels l'opinion peut remonter jusqu'au pouvoir.

» C'est une institution militaire qui attirera dans nos armées cette portion de la jeunesse française qu'il faudrait peut-être disputer sans elle à la mollesse compagne de la grande aisance.

» Enfin c'est la création d'une nouvelle monnaie, d'une bien autre valeur que celle qui sort du trésor public ; d'une monnaie dont le titre est inaltérable, et dont la mine ne peut être épuisée puisqu'elle réside dans l'honneur français ; d'une monnaie enfin qui peut seule être la récompense des actions regardées comme supérieures à toutes les récompenses. »

OPINION *de* Savoye-Rollin, *tribun*. — *Séance du* 28 *floréal an* 10.

« Citoyens Tribuns, depuis que le Tribunat existe il n'a point reçu de loi plus importante que celle qu'on lui propose. En me déterminant à la combattre je n'ai consulté ni mes forces, ni la brièveté du temps laissé à la discussion ; je viens remplir un rigoureux devoir : vous m'écouterez avec indulgence ; vous ne la refuserez point à un travail nécessairement précipité : vous m'écouterez avec attention, car il s'agit de l'examen d'une loi qui attaque dans ses fondemens la liberté publique.

» Quel est le but qu'énonce la loi proposée? C'est de décerner des récompenses aux militaires et aux fonctionnaires publics qui auront rendu de grands services à la République. Quel est le moyen qu'elle emploie? C'est d'organiser une Légion d'Honneur qui sera composée de six mille légionnaires à vie, et qui recevra dans son sein successivement, et à mesure des vacances, tous ceux qui ont mérité des distinctions militaires et civiles.

» Ce moyen est si visiblement étranger au but que la loi assigne, il est si palpable qu'il n'est pas nécessaire de créer un corps privilégié pour récompenser les défenseurs d'une république, qu'il a bien fallu chercher à revêtir ce corps de fonc-

tions tout à la fois imposantes et spéciales ; en conséquence on
le dévoue, par « un serment d'honneur, au service de la Répu-
» blique, à la conservation de son territoire, à la défense de
» son gouvernement, de ses lois, de ses propriétés ; à repousser
» toute entreprise tendant à rétablir le régime féodal, et les
» titres et qualités qui en étaient l'attribut ; à concourir enfin
» de tout son pouvoir au maintien de la liberté et de l'éga-
» lité. »

» Je n'examine point encore si, l'universalité des citoyens
étant soumise aux mêmes devoirs, aux mêmes obligations que
ce serment prescrit, il n'en résulte pas que les attributions de
ce corps ne sauraient former un titre à son existence ; je
découvre dans les motifs joints à la loi de nouveaux rapports
qu'on essaie de lui rendre favorables. Il est considéré comme
une institution auxiliaire de toutes les lois républicaines ; on
veut que cette institution soit morale en ce qu'elle replacera
dans toutes les âmes le ressort si puissant de l'honneur ; qu'elle
soit politique, en ce qu'elle se trouvera un intermédiaire
propre à concilier les actes du gouvernement avec les vœux de
l'opinion ; qu'elle soit militaire, en ce qu'elle ouvrira de brillantes perspectives à la jeunesse française. Il ne suffit pas,
dit-on, d'organiser des pouvoirs politiques et civils ; ils attendent
la vie des institutions ; les institutions sont au corps social ce
que le mouvement est à la matière.

» Il est facile sans doute de présenter une institution sous
des faces riantes, lorsqu'en supposant perpétuellement ce qui
est en question on en fait découler tous les biens qui seraient
enviés par les gouvernemens les plus libres ; cette méthode de
raisonner des auteurs du projet m'indique la marche que je dois
suivre ; c'est de remettre en question tout ce qu'ils ont supposé
prouvé.

» Ainsi je démontrerai que l'institution d'une Légion d'Honneur est directement contraire à la lettre et à l'esprit de la
Constitution : à sa lettre, parce qu'elle n'autorise point la
création d'un corps militaire distinct des forces de terre
et de mer par des fonctions et des prérogatives extraordinaires ; à son esprit, parce que dans une constitution représentative la division des pouvoirs ne peut être altérée en aucun
sens.

» Si le corps intermédiaire qu'on propose participait de tous
les pouvoirs comme on le donne à entendre, il serait inconstitutionnel par sa confusion même ; s'il avait des prérogatives
particulières sans pouvoir, il serait encore inconstitutionnel,
parce qu'il romprait l'égalité des droits. Un état libre ne comporte qu'un ordre de citoyens et des magistrats : si ce corps

n'avait ni pouvoirs ni prérogatives il serait inutile, et ce qui est inutile ne doit pas être l'objet d'une loi.

» L'institution blesse littéralement la Constitution. Le prétexte dont le projet de loi se colore est dans l'article 87 ; sa seule lecture dément le prétexte : *il sera décerné des récompenses nationales aux guerriers qui auront rendu des services éclatans en combattant pour la République.* Je vois là des récompenses individuelles accordées à nos braves; mais pouvait-on penser qu'on abuserait de cet article au point d'en induire qu'il autorise la formation d'un corps privilégié et perpétuel, concentrant parmi six mille individus trois millions de rentes, et n'offrant au reste d'une armée immense que les chances incertaines et tardives des remplacemens ? La Constitution n'a ni exprimé ni indiqué une semblable mesure, et en l'interprétant ainsi on ne l'exécute point ; on la viole.

» Elle est encore mise ouvertement à l'écart sous un autre rapport. La Légion d'Honneur a un grand conseil d'administration... Ce conseil aura donc quelque chose à administrer; or, administrer en vertu d'une loi, c'est exercer une fonction publique. Je le demande, comment un sénateur, *à jamais inéligible à toute autre fonction publique*, sera-t-il du conseil d'administration sans choquer expressément l'Acte constitutionnel?

» Si l'on m'objectait qu'il y a trop de subtilité dans cet argument, je répondrais qu'il est puisé dans la signification naturelle des mots ; au lieu qu'il a fallu oublier au même moment et sa langue et sa Constitution pour découvrir un ordre de chevalerie dans une simple promesse de récompenser individuellement nos guerriers distingués.

» Quand l'expression littérale d'un acte est si peu ménagée, il est inévitable que son esprit le soit encore moins.

» En admettant que la Légion d'Honneur soit un nouveau pouvoir à introduire dans l'Etat, je soutiens que le pacte constitutionnel s'y oppose. Je cherche dans le serment qu'elle prononce la nature de ses fonctions; elles consistent à veiller au maintien du gouvernement comme à celui des droits du peuple... Mais tout citoyen a la même tâche à remplir; serait-ce donc le serment d'honneur qui la rendrait plus spéciale? Serait-ce encore que la plupart des membres de cette Légion, s'étant illustrés dans les différentes carrières qu'ils ont parcourues, ont acquis une influence proportionnée à l'éclat de leur réputation? S'ils en usent comme de simples particuliers, rien n'est plus juste ; la vertu doit être honorée et respectée; mais si cette influence devient collective, si elle élève le corps qui la possède au niveau des autres corps constitués de l'Etat, si elle

lui donne une puissance que la Constitution n'a pas créée, je
soutiens une seconde fois qu'il ne faut pas le souffrir ; car s'il
avait plus de force que tout le peuple, même pour défendre le
gouvernement, qu'on m'explique comment celui-ci aurait l'in-
prudence de le tolérer! N'est-il pas évident qu'il pourrait le
renverser comme il pourrait le soutenir? Veut-on examiner la
garantie qu'il offre aux droits du peuple? Pour qu'elle soit plus
efficace, il a donc des moyens que les autres citoyens n'ont pas?
S'il a ces moyens, sous quelque nom qu'on les désigne, ils
brisent l'égalité commune ; ils sont de funestes prérogatives ;
ils sont enfin contraires à l'institution même, qui promet de
défendre la liberté et l'égalité.

» On parle de créer des institutions : j'y consens tant qu'elles
ne seront ni des pouvoirs ni des priviléges. Dans la théorie
qu'on vous a présentée, on confond les gouvernemens repré-
sentatifs avec les gouvernemens monarchiques. Il est indispensable dans la monarchie de balancer par des corps intermédiaires l'énorme prépondérance de la royauté : dans les républiques ils sont une source intarissable de dissensions, parce
qu'ils détruisent l'égalité de tous les citoyens. Dans les monarchies, où le pouvoir souverain est un, la sauvegarde du
peuple est dans la multiplicité des obstacles qui tempèrent
l'ardeur des volontés du maître : dans les gouvernemens repré-
sentatifs, le pouvoir souverain est divisé ; le peuple n'est subordonné qu'à ses magistrats, et il ne connaît de magistrats que
ceux que la Constitution avoue.

» Je suis dispensé de raisonner dans l'hypothèse que la
Légion d'Honneur n'est point un corps intermédiaire, puisqu'on l'a montrée sous ce point de vue, et qu'on l'a décorée
d'une triple influence, morale, politique et militaire ; j'ai donc
prouvé, en ne l'envisageant même que sous les aspects des
auteurs du projet, qu'elle est incompatible avec un gouvernement représentatif.

» Maintenant j'examinerai ce qu'est véritablement cette
Légion ; j'établirai qu'en la plaçant parmi vous vous acceptez
un patriciat dont la continuelle tendance sera de vous rendre
une noblesse héréditaire et militaire ; que le mélange dans ce
corps des autorités militaires et civiles ne fait qu'ajouter aux
vices de sa composition et aux difficultés de l'accueillir.

» De toutes les causes qui ont produit la révolution française, la plus remarquable en influence et en énergie est celle
de la division qui régnait entre les différens ordres de l'Etat.

» L'ordre qui était le dernier par son rang était devenu, dans
le cours de deux siècles d'un commerce actif et d'une industrie
florissante, le premier par la richesse et les lumières. La no-

blesse luttait cependant encore avec avantage contre lui, en lui
opposant ses priviléges et la possession où elle était de presque
toutes les grandes places. Les hommes éclairés des deux ordres
n'approuvaient point ce partage inégal des pouvoirs publics
entre les enfans d'une patrie commune; des écrits pleins de
force et de raison répandaient depuis un demi-siècle des flots
de lumière sur les droits essentiels et inaliénables de l'espèce
humaine; l'agriculture réclamait contre des impôts onéreux
qu'elle ne payait point à l'État; le commerce et l'industrie sollicitaient la suppression des entraves qui gênaient leur course.
A cette préparation de tous les esprits se joignit la révolution
de l'Amérique anglaise, qui les échauffa de son noble exemple.
Les hommes les plus distingués, des hommes de tous les rangs
prirent une part active dans la querelle de deux grands peuples:
elle tourna au profit de la liberté. La France ne tarda pas à
l'invoquer pour elle-même; un cri unanime la proclama
en 1789. Mais l'enthousiasme de l'union des volontés ne dura
qu'un moment; les résistances intérieures se manifestèrent de
toutes parts. L'Europe se ligua en faveur de la minorité; une
guerre cruelle ensanglanta les quatre parties du monde. Ce n'est
qu'après douze ans d'effroyables maux, mais dans la cause la
plus sainte et la plus juste, que l'ascendant de la République a
vaincu; que, guidée par un de ces hommes rares sans lesquels
les révolutions ne s'achèvent pas, elle peut enfin recueillir au
sein de la paix des fruits qui lui ont coûté si cher. Risquera-
t-elle imprudemment de les perdre, en admettant parmi ses
pouvoirs constitués un corps qui recèle tous les germes de
l'inégalité des conditions?

» La Légion d'Honneur en effet ne manque d'aucun des
élémens qui ont fondé parmi tous les peuples la noblesse héréditaire; on y trouve des attributions particulières de pouvoirs,
des honneurs et des titres, et des revenus fixes. Il faut même
remarquer que presque nulle part la noblesse n'a commencé
avec autant d'avantages. Ainsi, sur les cabanes de Rome nais-
sante, la prééminence accordée à quelques vieillards créa les
patriciens, et leurs descendans, quoique dénués de titres et de
marques extérieures d'honneur, formèrent le premier corps de
la République. Ainsi, au milieu des camps des barbares, les
fiefs furent d'abord des chevaux de bataille, des armes et des
repas; les dignités de duc et de comte furent précaires comme
les récompenses; mais les unes et les autres augmentèrent successivement de valeur; de temporaires devinrent à vie, puis
enfin transmissibles, et opprimèrent l'Europe pendant huit
siècles.

» Se reposerait-on sur nos lumières acquises pour arrêter la

nouvelle institution dans ses progrès? Considérez l'Europe
entière, encore couverte de ces mêmes préjugés, qui ont eu
pour berceau les vastes forêts de la Germanie! Examinez nos
mœurs, nos opinions, nos lois, encore teintes de celles de nos
ancêtres! Les lumières s'étendent, les arts se perfectionnent,
les connaissances se multiplient, mais le cœur humain ne
change pas; que les mêmes circonstances se représentent, il
retombe dans les mêmes erreurs, il éprouve les mêmes pen-
chans. Les États-Unis, à la fin d'une guerre semblable à la
nôtre par ses causes et par ses effets, ont vu se former dans leur
sein un ordre de chevalerie composé de leurs guerriers les plus
illustres; le modeste Washington lui-même entra dans l'association. Cet ordre, qui s'était institué sans recourir à l'autorité
supérieure, ne recevait que des officiers, consacrait l'hérédité
des titres, adoptait une marque distinctive, et créait réellement
une noblesse : il la créait chez un peuple qui n'en connaissait
d'aucun genre; cependant un mélange d'admiration, de respect et de reconnaissance pour ses défenseurs étouffa ses plaintes.
enfin divers Etats s'élevèrent contre l'ordre, et prirent des résolutions rigoureuses : l'ordre alors se hâta de modifier ses statuts, renonça formellement à l'hérédité, se voua à l'obscurité
et au silence, et ne reparut plus en public qu'à la fête annuelle
de la commémoration de la liberté.

» Si un peuple simple, mais fier, qui n'a jamais eu la superstition de respecter dans les autres des distinctions qui l'humi-
lieraient dans ses droits, a secoué si difficilement le joug que
voulaient lui imposer ses libérateurs, que n'avez-vous pas à
craindre d'un autre peuple qui, habitué de longue main à
l'inégalité des rangs, les verrait reparaître sans surprise? La
noblesse n'existe nullement dans les titres qu'elle s'est forgés;
elle vit tout entière dans l'opinion de ceux qui veulent y croire;
d'où je conclus qu'il est assez indifférent que la Légion d'Honneur ne promette pas des distinctions héréditaires si l'on remarque dans les esprits une tendance générale à les admettre.

» Cette Légion reproduira donc évidemment des préjugés
mal éteints, et ces préjugés l'aideront puissamment à fortifier
son influence militaire. Son amalgame avec des hommes civils
ne saurait y apporter aucun changement : ces derniers y seront
à peine en raison d'un sixième; mais le vice le plus réel qui naît
de leur réunion c'est de rétablir absolument les idées des peuples barbares, qui faisaient sortir du pouvoir militaire tous les
autres pouvoirs : ainsi c'était un principe fondamental de la
féodalité que ceux qui étaient sous la puissance militaire de
quelqu'un étaient aussi sous sa juridiction civile; c'était un
principe fondamental que les dignités qui donnaient les béné-

fices donnaient le commandement militaire, et qu'au droit de mener à la guerre était attaché le droit de rendre la justice : il était simple que dans cet ordre de choses le pouvoir civil, complètement subordonné, ne connût que des dénominations militaires, que des récompenses militaires. Quelques faibles traces s'en étaient conservées sous l'ancien régime, puisque les titres d'*écuyer*, de *chevalier* se retrouvaient encore dans la magistrature ; mais c'est blesser aujourd'hui sans ménagement les principes d'un gouvernement libre que d'imaginer, à titre de récompenses, de conférer des grades militaires aux magistrats, comme on continue de le faire à la Porte-Ottomane et en Russie ; que de déplacer ainsi les pouvoirs non pas pour les confondre, non pas pour les mettre sur la même ligne, mais pour marquer en traits ineffaçables l'infériorité du pouvoir civil, qui sans contestation, dans un pays libre, n'est rien s'il n'est pas le premier de tous. Je n'accuserai pas la loi d'avoir eu ce dessein ; mais je l'accuse de l'avoir effectué. La preuve résulte du rapprochement des articles 5 et 9 du titre II : l'article 5 porte *qu'en temps de guerre les actions d'éclat feront titre pour tous les grades* ; l'article 9 *qu'après la première formation de la Légion nul ne pourra parvenir à un grade supérieur qu'après avoir passé par le plus simple grade*. Il suit de là qu'un officier qui aura emporté une redoute à la pointe de l'épée s'élèvera subitement aux grades supérieurs, et que Montesquieu, avec son livre immortel de l'*Esprit des lois*, sera relégué dans les derniers rangs. Cette bizarre gradation des récompenses n'a pas besoin de commentaires.

» Concluons donc qu'il ne peut y avoir aucune cohérence entre les récompenses civiles et militaires, et que sous ce rapport le projet de loi est, s'il est possible, encore plus inexécutable qu'inconstitutionnel.

» Pour juger sainement de ce qu'on doit penser de ces tentatives faites pour instituer ces espèces d'ordre de chevalerie, il faut dire un mot de leur origine. On en découvre la trace à peu près à cette époque où les barbares, qui avaient renversé l'empire romain, cherchèrent, par un mouvement général et presque simultané, à sortir de leur état d'ignorance et de la servitude de l'anarchie ; alors se formèrent ces associations ou plutôt ces confréries d'hommes entreprenans, mais généreux, qui dans l'absence des lois mirent leur honneur à punir l'injustice et à protéger la faiblesse ; ils se firent les réparateurs de tous les torts ; ils remplirent les forêts du bruit de leurs exploits, et se montrèrent réellement utiles tant que les peuples demeurèrent plongés dans le chaos des lois féodales. Toutes les institutions de chevalerie qui méritent une place dans l'histoire remontent à ces temps reculés ; ce n'est ensuite dans les temps modernes que par esprit d'imitation , souvent de politique et quelquefois de galanterie , que les rois et les princes ont fait des chevaliers et distribué des cordons. Mais certes depuis plusieurs siècles nul souverain n'a songé à confier la police de ses états à des chevaliers errans ou à des ordres de chevalerie.

» Il ne faut donc voir dans la loi qu'on vous propose que ce qu'elle renferme précisément ; c'est une pure corporation militaire, et sans fonctions ; car le serment ne présente que des obligations communes à tous les citoyens.

» Mais, comme institution militaire, elle est destructive de la liberté publique, parce qu'elle crée un ordre privilégié dont la tendance secrète est la noblesse héréditaire , et qui en produira tous les effets avant même qu'elle soit établie, parce que les distinctions personnelles , comme les transmissibles , introduisent un esprit particulier dans l'esprit général, séparent les citoyens des citoyens , et sèment entre eux des germes inépuisables de confusion et de discorde.

» Je m'expliquerai encore sur la dénomination exclusive de Légion d'Honneur. Il n'est pas plus possible d'assigner une place fixe à l'honneur que de régler ses caprices : tel corps a éminemment et constamment de l'honneur parce qu'il en a eu beaucoup une fois ; tel corps n'a pu jamais recouvrer dans l'opinion l'honneur qu'il avait perdu, quoiqu'il l'eût mille fois racheté. Il est encore dans la nature de l'honneur de ne point être donné , mais de s'acquérir. Il est donc très imprudent de lui prescrire des lois ; il n'en reçoit jamais de l'autorité : il n'en reçoit pas toujours de l'opinion.

» Pressé par le temps, qui ne m'a pas même permis de repasser mes idées, j'ignore si j'ai pu vous faire partager une faible partie de ma profonde conviction sur les dangers de cette loi ; mais n'en aurai-je pas assez dit pour vous prouver du moins qu'elle mérite , par son extrême importance, plus d'un jour de discussion ? Son dernier article porte qu'elle pourra n'être organisée qu'au 1er vendémiaire an 12 : j'en vote sûrement aujourd'hui le rejet ; mais pourquoi n'ajournerait-on pas une loi dont, dans tous les cas, on veut ajourner l'exécution ? »

OPINION *de* Chauvelin, *tribun.* — *Séance du* 28 *floréal an* 10.

« Tribuns, vous vous apercevrez aisément que c'est presque sans préparation que je me présente à cette tribune.

» En me livrant à l'étude du projet pour éclairer mon vote, de grands inconvéniens, des conséquences dangereuses m'ont

vivement frappé , et je crois de mon devoir de vous soumettre
mes idées , quoique le temps me permette à peine de les mettre
en ordre.

» Outre que dans une discussion aussi raccourcie il faut
éviter toute répétition , je craindrais d'affaiblir en les reproduisant toutes les considérations présentées par un préopinant
sur les vices et les dangers du projet.

» Ces vices , ces dangers me paraissent grands , je l'avoue ,
et , bien sûr que les motifs par lesquels ils vous ont été développés n'ont pas manqué de faire sur vous une forte impression , je me bornerai à vous faire remarquer combien les auteurs
et les défenseurs du projet se sont écartés du but qu'ils annoncent.

» Sans doute il fallait , il faut acquitter toute là dette de la
reconnaissance nationale envers nos illustres guerriers ; il fallait confirmer les récompenses déjà décernées ; il fallait en
ajouter de nouvelles , honorables , signalées , éclatantes.

» Si ce but unique eût été atteint par le projet , une voix
unanime l'eût confirmé.

» Ses auteurs et ses défenseurs ne parlent , il est vrai , que
de récompenses ; mais , par un singulier écart , ils vont envelopper ces récompenses dans une conception que je suis loin
de trouver heureuse.

» Fallait-il en effet , pour créer des récompenses , et pour
les décerner égales aux vertus civiles , aux dévouemens et aux
exploits guerriers , incorporer des fonctionnaires civils dans
une organisation toute guerrière , leur donner des titres , des
grades , des devoirs , des relations de commandement et d'o-
béissance , enfin les associer , dans un nombre nécessairement si
petit , à cette masse armée qu'on appelle à les envelopper dans
son sein ?

» Dans les états libres , dans les républiques anciennes , on
a vu souvent les exploits militaires payés par des distinctions
civiles , par des récompenses tout à fait étrangères aux attributs
de la guerre comme aux trophées de la victoire ; une couronne
de laurier , une feuille de chêne ornait également la tête du
conquérant et du magistrat , du poète et de l'artiste. Mais on
pourrait s'étonner de voir , pour la première fois dans une république , payer l'héroïsme civil par une qualification militaire , par des grades et des signes qui ne sont rien aux yeux
de la raison s'ils ne sont achetés dans les combats.

» C'est en un mot prendre la partie pour le tout dans une
association politique , que vouloir fondre le civil dans le militaire ; c'est au contraire vers la direction opposée qu'il serait
très essentiel de tendre toujours.

» Fallait-il pour créer des récompenses mettre spécialement
sous la garantie privilégiée et comme exclusive de six mille
personnes en France tout ce qui intéresse de plus près la nation entière, le maintien de la liberté, de l'égalité, la défense du gouvernement?

» Si le serment exigé était nécessaire à l'affermissement de
nos droits, c'est à tous les Français, c'était au moins à
tous les fonctionnaires publics qu'il fallait le demander.

» Sans doute cette précaution a paru superflue aux auteurs
de notre Constitution, et vous avez imité leur sécurité en
imposant à chacun de nous une simple promesse de fidélité
à cette Constitution.

» Il résulterait cependant du serment prêté par les seuls
légionnaires qu'il y aurait dans la République des hommes
plus engagés que vous à la défense des droits du peuple, à la
garantie de sa liberté, au maintien de l'égalité; que vous, ses
mandataires, ses magistrats; que vous, qui influez à chaque
instant sur son sort par vos délibérations, vos pensées, vos actes
et vos opinions!

» Oui, je le répète, si ce serment est nécessaire, c'est à
vous, c'est au peuple, c'est aux quatre cent mille hommes
de votre armée qu'il faut le faire prêter à la fois.

» S'il est superflu, il ne peut aboutir qu'à remettre en question tout ce qui est irrévocablement jugé; à remettre en question l'égalité, consacrée par toutes vos lois, déjà chère à tous
les Français, préparée par les mœurs depuis un demi-siècle,
plutôt reconnue que conquise dès 89, et implorée même aujour-
d'hui par les hommes qui se sont si vainement armés contre
elle; à remettre en question le retour de cet absurde régime
féodal, qui se survivait depuis longtemps à lui-même avant
sa destruction définitive, contre lequel il est permis d'être
suffisamment rassuré par les lumières du 19ᵉ siècle, par dix ans
de victoires, par la fécondité de nos campagnes et le bonheur
de leurs habitans.

» Fallait-il enfin, pour créer des récompenses, s'écarter
encore de son but en ne les faisant pas personnelles, en instituant une corporation tout à la fois politique et militaire,
étrangère à l'armée comme aux corps civils constitués?

» Une corporation établie et répartie sur toute la France
par les quinze chefs-lieux de cohorte, et dont la hiérarchie et
les affiliations, subordonnées ou collatérales, concourent à
former une organisation forte et puissante, menacent du retour
de cet esprit de corps qui dénature les meilleures pensées et
corrompt les intentions les plus généreuses?

» Une corporation qui, formée sous le titre et les couleurs

de la liberté et de l'égalité, blesserait par trois de ses membres la Constitution dans le Sénat, l'égalité dans le Corps législatif et dans le Tribunat?

» Une corporation qui, participant aux vices de la noblesse par ses distinctions de corps, à ceux de l'ancien clergé par ses dotations et la possession de main-morte, tendrait à former bientôt un ordre dans l'Etat? car ce n'est pas l'hérédité qui constitue uniquement l'existence d'un ordre privilégié ; l'ancien clergé de France en était la preuve.

» Une corporation enfin que l'auteur de l'exposé des motifs de la loi vous annonce déjà lui-même comme *une institution politique qui place dans la société des intermédiaires par lesquels les actes du pouvoir sont traduits à l'opinion avec fidélité et bienveillance, et par lesquels l'opinion peut remonter jusqu'au pouvoir.*

» Je vous le demande, citoyens tribuns, n'avez-vous pas cru, en lisant ces paroles, y lire la définition du plus impérieux comme du plus beau de vos devoirs ?

» Oui, dans un gouvernement représentatif, et chez un peuple assez heureux pour posséder une discussion publique de ses lois, les véritables, les seuls intermédiaires entre lui et son gouvernement ce sont les corps constitués.

» Ici c'est par le Sénat, c'est par le Corps législatif, c'est par vous que les actes du pouvoir doivent être *traduits à l'opinion*; c'est par le Sénat, par le Corps législatif et par vous que *l'opinion doit remonter jusqu'au pouvoir.*

» Si cette communication, cette espèce de circulation vous est étrangère, si elle agit hors de vous, qui, choisis parmi toutes les classes de la société, renouvelés incessamment en elle, liés à tous les divers intérêts qui l'unissent, présentez ici sa vive image, vous devenez ici plus qu'inutiles; l'essence de votre existence n'est plus en vous-mêmes ; elle est transportée hors de vous.

» Tels sont les principes et la nature du système représentatif, cette première des pensées modernes. Là où ce système n'aurait pas atteint sa perfection on pourrait tenter de l'obtenir, mais non de le dénaturer, de l'abâtardir en cherchant à le combiner avec ces inventions destructives, dignes de l'enfance des sociétés, bonnes pour remédier alors par des vœux, des confréries, des associations et des corps informes et bizarres, à tous les abus de l'injustice et de l'ignorance.

» Dans l'embarras de satisfaire d'une manière digne de son objet la reconnaissance nationale, on a pu rechercher une monnaie qui la représente et la retrace à tous les yeux ; mais

au moins faudrait-il que cette monnaie fût bien uniquement
personnelle, et qu'elle ne fût pas frappée aux dépens de la
souveraineté inaliénable de la collection de tous les Français.

» Sans doute il faut effacer les distinctions nobiliaires aux
yeux de ceux qui les remarquent encore, mais les effacer et
non les couvrir, les anéantir sans les remplacer, les détruire
par des principes, et non les combattre par d'autres préjugés ;
enfin ne pas tomber dans l'erreur d'une troupe qui aurait
vaincu l'ennemi sur un point faible et mal fortifié, et s'y
renfermerait ensuite comme pour lui offrir sa revanche. Je
me résume.

» Le projet proposé, *pour payer aux services militaires
comme aux services civils le prix du courage qu'ils ont
tous mérité*, se détourne de cet objet par l'établissement
d'une institution militaire de la plus haute importance.

» Cette institution, toute militaire dans ses titres, ses formes
et son organisation, loin de réunir les services militaires et
civils dans un genre de distinction qui consacre leurs droits,
égaux et mutuels, ne tendrait, en incorporant le civil au
militaire, qu'à dénaturer tous les principes sur les relations
réciproques qu'ils doivent avoir pour le bonheur de la société.

» Le serment, exigé des seuls légionnaires, contre le retour
du régime féodal et pour le maintien de l'égalité et de la liberté,
est inutile, et ne pourrait être que nuisible ; ces avantages reposent et doivent reposer sur des bases plus étendues et plus
solides.

» L'espèce de corporation privilégiée qui serait établie par
le projet menacerait de former un état dans l'Etat, constitue-
rait un ordre intermédiaire, nuisible à côté d'une Constitution
représentative, pernicieux dès qu'il recevrait des circonstances
toute direction contraire à son objet.

» Enfin le besoin, le devoir de décerner des récompenses aux
vertus civiles, aux services militaires, peuvent être satisfaits
par des moyens plus simples, et dont les conséquences ne pourraient offrir aucun danger.

» Je vote le rejet du projet. »

DISCOURS *de* Lucien Bonaparte, *orateur du Tribunat;
prononcé devant le Corps législatif. — Séance du
29 floréal an* 10.

« Législateurs, le Tribunat a adopté le projet de loi portant
création d'une Légion d'Honneur ; il nous a confié le soin de
développer dans votre sein les motifs de son adoption.

» Nous examinerons ce projet de loi sous le double aspect
des récompenses militaires et des récompenses civiles.

» Nous jouissons des douceurs de la paix; le moment est donc arrivé d'organiser le mode de récompense nationale que la Constitution promet aux guerriers qui se sont distingués en combattant pour la République.

» Déjà le gouvernement a commencé l'exécution de cette volonté constitutionnelle, et beaucoup *d'armes d'honneur* ont été distribuées dans les armées.

» Aujourd'hui ces mesures partielles sont devenues insuffisantes : ceux qui en sont l'objet ont reçu une distinction honorable ; mais cette distinction n'est pas assez éclatante : ils jouissent de pensions proportionnées à leurs grades ; mais ces pensions, prélevées sur le trésor public, ne sont point assez indépendantes des circonstances ; en un mot, les *brevets d'honneur* ne sont point assez fortement constitués. Depuis la paix ces brevets sont devenus des marques trop faibles de la reconnaissance nationale : la paix a tellement relevé, tellement consolidé le bienfait, qu'il est juste de relever, de consolider la récompense.

» Pour remplir ce devoir, pour acquitter la promesse du peuple comme le veulent sa grandeur et sa justice, le gouvernement propose la formation d'une *Légion d'Honneur.*

» Le Tribunat a vu dans ce mode de récompense militaire deux grands avantages.

» 1°. Sans blesser les principes de la Constitution, le projet de loi rend aussi éclatante que possible la distinction déjà établie par les brevets d'honneur.

» 2°. Il fixe les pensions attachées à ces brevets d'honneur d'une manière indépendante du trésor public, et conforme à l'intérêt national.

1°. *Sans blesser les principes de la Constitution, le projet de loi rend aussi éclatante que possible la distinction déjà établie par les brevets d'honneur.*

» Aujourd'hui, citoyens législateurs, les brevetés jouissent peu de cette récompense qu'aucune autre ne peut racheter ; isolés, inconnus, ils sont pour ainsi dire invisibles sur le vaste champ de leur gloire ; le cœur ému du Français les demande en vain ; en vain l'œil curieux de l'étranger les cherche dans la foule ; rien ne les désigne à la reconnaissance du Français, à l'admiration de l'étranger ; et lorsque le service se voit partout, la récompense ne se voit nulle part.

» Cet état s'améliore par le projet de loi : désormais les brevetés auront pour chef le chef du gouvernement ; formés en légion, ils se prêteront réciproquement l'éclat de leurs grandes actions ; et cette masse commune de gloire les embrassera tous de sa vaste auréole.

» Ils sont divisés en quinze cohortes , dont chacune aura son chef-lieu : ainsi quinze chefs-lieux leur serviront de points centraux sur le sol de la République ; ainsi ces rivages et ces monts , accoutumés depuis dix ans au bruit de leurs victoires , retentiront des accens plus doux de leur triomphe.

» Nommés à vie, et n'étant pas amovibles, chacun de leurs jours sera, jusqu'à la fin de leur existence, marqué du caractère sacré de la gloire.

» Enfin, quels que soient leur uniforme ou leurs décorations, les légionnaires seront reconnus au milieu de leurs concitoyens, et ce n'est qu'alors qu'ils seront dignement récompensés.

» Ils le seront dignement : ils ne peuvent point l'être davantage ; la République ne peut pas mieux s'acquitter envers ses défenseurs ; et certes il n'est point de vœux si ambitieux qu'ils ne doivent être satisfaits par une distinction qui suit l'homme jusqu'au tombeau. Le législateur ne peut rien voir au-delà ; car il faudrait oublier totalement le siècle où nous vivons pour supposer désirables parmi nous des distinctions héréditaires. Les châtimens sont personnels comme les délits ; les récompenses doivent être personnelles comme les services ; et il n'y a pas plus de véritable gloire dans des récompenses héréditaires qu'il n'y aurait de honte dans des punitions héréditaires : cette vérité, démontrée à tous les bons esprits, est de plus chère à tous les cœurs généreux. La vanité peut présenter à l'homme indolent, dégénéré, l'image des vertus de ses aïeux comme une vertu qui lui est propre ; mais la gloire remplit les cœurs qu'elle embrase de l'émulation individuelle ; la gloire dit à l'homme dont le père ne fut point illustre dans la société : —Homme nouveau, le monde s'ouvre devant toi ; élance-toi dans la carrière ; sois intrépide au champ de bataille, intrépide au milieu des factions ; étends le cercle des sciences humaines, perfectionne les arts utiles ; cultive les beaux-arts, jouissances privilégiées des nations polies ; défends, illustre ta patrie, et tu deviendras grand parmi les tiens, et tu ne mourras pas tout entier. —

» Cette gloire parle-t-elle au descendant d'un héros, — Descendant des héros , lui dit-elle , imite tes ancêtres si tu veux comme eux obtenir mes faveurs : ils ont vaincu pour la France sur les Pyrénées, sur les Alpes ; suis leurs traces ; suis-moi sur les Alpes, sur les Pyrénées. Tes ancêtres , honneur de la magistrature, ont défendu l'opprimé contre l'oppresseur ; suis leurs traces ; suis-moi dans les sentiers pénibles de la magistrature. Sois aussi grand que tes pères, ou du moins deviens assez illustre pour ne pas être accablé du poids de leur nom : ce nom n'est pas une vertu pour toi ; c'est un devoir de plus d'en acquérir. —

» Ainsi parla toujours cette gloire immortelle; sa voix sépare irrévocablement le préjugé des distinctions héréditaires du sentiment sublime des distinctions personnelles ; et quoique le système des distinctions héréditaires ait été suivi même dans plus d'une république, il n'en est pas moins contraire à la dignité humaine; il n'en est pas moins condamnable devant l'honneur, la raison et la philosophie.

» Mais quelque soin que le gouvernement ait pris, en fixant les récompenses militaires, de s'arrêter aux bornes posées par la Constitution, il est des esprits tellement susceptibles d'une défiance honorable qu'ils trouvent dans une distinction personnelle un ordre privilégié, et même le germe d'une noblesse héréditaire. C'est ici que se présentent naturellement leurs objections.

1°. La Légion d'Honneur, disent-ils, est un corps privilégié; elle est alarmante pour la liberté publique, et contraire à l'égalité.

2°. En soumettant ses membres à un serment particulier, et les dotant en biens territoriaux, elle contient le germe d'une noblesse héréditaire.

» Nous ne combattrons ces objections que par leur analise.

» *Première objection.* La Légion d'Honneur n'est pas un corps privilégié ; elle n'est pas alarmante pour la liberté publique, ni contraire à l'égalité.

» Pour qu'un corps soit privilégié il faut que ses membres aient des droits ou des pouvoirs exclusifs que n'ont point les autres membres de la société : or les légionnaires n'ont pas un seul droit, pas une seule parcelle de pouvoir ; ils n'ont point de priviléges, mais seulement une distinction honorable qui suffit pour récompenser, parce qu'elle émeut puissamment l'imagination, et la satisfait sans produire néanmoins aucun résultat dans l'ordre politique.

» Cette distinction n'a point de résultat dans l'ordre politique, car les légionnaires n'ont ni droits ni pouvoirs militaires, ni droits ni pouvoirs civils, ni droits ni pouvoirs judiciaires.

1°. Ils n'ont point de droits militaires ; car pour arriver à tous les grades de l'armée il n'est pas besoin de faire partie de la Légion. La Légion ne donne donc aucun droit. Mais elle offre, dit-on, un pouvoir militaire inquiétant. Qu'est-ce qu'un pouvoir militaire inquiétant ? La réflexion et l'histoire nous disent que c'est un pouvoir qui peut devenir assez fort pour s'élever contre le gouvernement et dominer l'Etat : or la Légion ne peut point exciter cette inquiétude , puisqu'elle est toute dans le gouvernement , rien sans lui, rien hors de lui. Mais bien plus ; la Légion, formée des braves qui sont déjà brevetés dans les divers corps , et de ceux qui le seront à l'avenir , ne forme pas même un corps militaire ; car les brevetés sont en activité de service sur les divers points de la République. Ainsi la Légion forme un corps pour l'éclat de la récompense, et n'en forme pas un pour la force ; elle n'offre donc pas un pouvoir militaire inquiétant : l'établissement de ses quinze chefs-lieux n'a pour but que l'administration des biens nationaux qui lui sont concédés.

2°. La Légion ne confère aucun droit, aucun pouvoir civil; elle est absolument étrangère à la représentation et à tous les degrés de l'administration publique ; ses membres n'ont aucun caractère, aucun droit, aucune prééminence devant aucune des autorités constituées , et il faudrait avoir la fureur des comparaisons pour en établir entre la Légion et un ordre intermédiaire : la Légion n'est et ne peut être intermédiaire qu'entre les services rendus au peuple français et les récompenses décernées en son nom.

3°. Enfin la Légion n'a ni droits ni pouvoirs judiciaires , car elle n'a point de tribunaux spéciaux, point de juridiction particulière ; ses membres ne sortent en rien de la classe de tous les citoyens; si la reconnaissance nationale les distingue, la justice impassible les voit d'un air indifférent.

» Nous avons prouvé, citoyens législateurs, que le projet de loi n'attribue aux légionnaires aucun droit, aucune prérogative militaire, civile ni judiciaire ; qu'il consacre seulement une distinction personnelle qui n'a aucun résultat dans l'ordre politique : il n'offre donc rien de contraire à l'égalité des droits établie par la Constitution.

» Nous avons prouvé qu'il n'établissait pas un pouvoir inquiétant, puisque la Légion , sous le point de vue de force agissante, ne forme pas même un corps militaire. Le projet de loi n'offre donc rien d'alarmant pour la liberté.

» La grande objection qui représentait la Légion comme un corps privilégié et dangereux est donc dénuée de toute espèce de fondement ; elle est donc réduite à une déclamation vaine , sans aucun sens déterminé ; et c'est sous ce point de vue que le Tribunat l'a envisagée en votant l'adoption du projet de loi.

» *Seconde objection.* Les adversaires du projet , après avoir essayé de démontrer qu'il créait un ordre privilégié , se

sont attachés à prouver qu'il renfermait le germe d'une noblesse héréditaire. Voyons si les craintes qu'ils ont voulu faire
pressentir pour l'avenir sont mieux fondées que celles qu'ils
ont témoignées pour le présent.

» 1°. Les craintes pour l'avenir se fondent d'abord sur le serment des légionnaires. Pourquoi, disent-ils, la loi leur impose-
rait-elle un serment qu'elle n'impose pas aux autres citoyens?
Pourquoi! Parce que, recevant de la société une distinction particulière, il convient à la société qu'ils lui dévouent plus particulièrement leur existence; parce que, dans un état bien
constitué, une distinction pour des services rendus doit être un
gage et un garant que l'on en rendra de nouveau. Et si ce
serment particulier a un but utile pour la société, il ne peut
que paraître juste et convenable à ceux qui reçoivent d'elle
la plus grande marque de reconnaissance que puisse donner
une république.

» De quel principe peut donc provenir l'effroi que ce serment a paru inspirer à quelques hommes ? Ont-ils une inquiétude louable pour la prospérité de la République? Mais les légionnaires jurent de se dévouer au service de la République
et à la conservation de son territoire dans son intégrité. Appré-
hendent-ils que ce serment ne soit contraire au gouvernement
que le peuple français honore et chérit ? Mais les légionnaires
jurent de se dévouer à la défense du gouvernement et des lois.
Craignent-ils que ce serment ne consacre une association d'individus privilégiés, injurieuse à l'égalité ? Mais les légionnaires jurent de combattre toute entreprise tendante à rétablir
le régime féodal, à reproduire les titres et qualités qui en
étaient l'attribut. Sont-ils animés d'un saint enthousiasme pour
les défenseurs de la patrie ? Mais ce serment est dans le cœur
de tous les défenseurs de la patrie. Enfin, trembleraient-ils
pour les acquéreurs des biens nationaux ? Mais les légionnaires
jurent de les défendre. D'où provient donc l'effroi de certains
hommes!

» 2°. Sans doute, citoyens législateurs, la simple lecture
du serment aura fixé votre opinion. Si la faiblesse des objections auxquelles il a donné lieu vous paraît évidente, il nous
reste à démontrer combien sont dépourvus de fondement les
argumens opposés à la dotation des légionnaires en biens territoriaux.

» La noblesse héréditaire, dit-on, a commencé par la concession de propriétés territoriales faites par les barbares aux
chefs qui les avaient conduits à la victoire; le projet de loi,
consacrant une immense concession de biens territoriaux, renferme donc le germe d'une noblesse héréditaire.

» Pour croire ce rapprochement juste, il faudrait être étranger à l'histoire, ou l'avoir lue avec peu de fruit.

» En effet, citoyens législateurs, personne de vous n'ignore que dans les siècles passés, lorsque des nations entières de barbares, poussées par la soif des conquêtes, se précipitaient sur quelques régions alors délaissées par la Providence, les vainqueurs se partageaient les terres des vaincus ; vous savez que les provinces, les villes, les héritages étaient assignés en propriétés personnelles à chaque chef des barbares ; que leurs enfans héritèrent ensuite de ces propriétés personnelles, et que cette hérédité territoriale a produit les titres nobiliaires et les fiefs. Mais où les adversaires du projet trouvent-ils une assignation personnelle et héréditaire de propriété ? Il n'en existe point dans le projet de loi. Les biens qui forment la dotation de la Légion appartiennent à la légion en masse ; la Légion les administre ; et pour cela sont établis, sur le territoire de la République, quinze chefs-lieux d'administration. Les revenus de ces biens servent à acquitter les pensions des légionnaires ; mais aucun d'eux n'a, ni par le droit ni par le fait, aucune espèce de propriété, ni héréditaire ni même personnelle, sur les biens de la Légion. Il n'y a donc aucune espèce de parité entre ces revenus et les propriétés qui fondèrent, dans les siècles de barbarie, les premiers titres de noblesse héréditaire ; un esprit solide ne peut donc pas être frappé d'un rapprochement aussi insensé, car non seulement il n'y a point de parité, mais une opposition absolue de principes, et par conséquent de résultats nécessaires. C'est la même distance qui existe entre ces peuplades qui cherchaient un sol meilleur, parce qu'elles n'avaient point de patrie, et les peuples policés de l'Europe, qui ne reconnaissent de sol désirable que celui de la patrie ; entre ces guerriers fameux par leurs forces corporelles et leur courage féroce, qui ne savaient user de la force que pour *vaincre et dépouiller*, et ces soldats français qui n'emploient la valeur qu'à vaincre pour défendre la liberté de leur patrie et les propriétés de leurs concitoyens : c'est la même distance qui existe entre les gouvernemens de ces temps misérables et le gouvernement de la République ; en un mot, c'est l'immense intervalle qui sépare ces siècles de ténèbres et le dix-neuvième siècle.

» Les alarmes pressenties pour l'avenir sont donc aussi peu fondées que celles qu'on a témoignées pour le présent. Il n'y a dans le serment imposé aux légionnaires, ni dans leur dotation en biens territoriaux, aucun germe de noblesse héréditaire : bien loin de là, tous les germes de philosophie et de bonne politique, développés sous le gouvernement actuel, re-

posent dans cè serment et dans cette dotation ; germes conservateurs de tout ee qui existe pour le bonheur de la patrie , ils
ne sont un poison que pour ses ennemis, et ils ne peuvent paraître tels qu'à l'esprit trop ombrageux d'un bon citoyen qui
s'égare, ou à cette lâche envie que les succès du gouvernement
font frémir, et qui est assez malheureuse pour souffrir de la
félicité publique.

2°. *Le projet de loi fixe d'une manière indépendante du trésor public,
.et conforme à l'intérêt national, les pensions attachées aux brevets
d'honneur.*

» Le projet de loi affecte à chacune des quinze cohortes des
biens nationaux portant 200,000 francs de rentes ; les pensions seront acquittées sur cette somme; elles deviennent par
ce moyen indépendantes des circonstances ; et comme les légionnaires sont nommés à vie, ce n'est plus une pension que
la loi leur assigne annuellement, mais un traitement certain
pour le reste de leurs jours.

» La dotation de la Légion en biens nationaux a l'avantage
en outre de ménager les ressources du trésor public.

» Si nous la considérons ensuite sous l'aspect d'un intérêt
national plus relevé , nous verrons dans cette dotation un nouvel appui pour les acquéreurs des biens nationaux. Non , rien
ne peut plus alarmer ces légitimes possesseurs ; qu'ils reposent
en paix : la justice et la foi de la nation assuraient leurs droits ;
la victoire les a confirmés ; la religion les a naguère consacrés,
et aujourd'hui enfin la Légion d'Honneur achève de les établir
d'une manière inébranlable.

» Nous croyons inutile , citoyens législateurs, de développer
cette seconde vue qui a motivé notre adoption, et qui nous a
paru éminemment sage.

» Le projet de loi sur la Légion d'Honneur exécute donc d'une
manière digne du peuple français l'article 87 de la Constitution , qui a voulu que des récompenses nationales fussent décernées aux défenseurs de la patrie ; elle porte ces récompenses
aussi loin qu'il convient de les porter parmi nous ; ses principes sont conformes à ceux de la Constitution et de la philosophie, et, par l'ingénieuse dotation des légionnaires en biens
nationaux , l'intérêt public se trouve associé à ce grand acte de
reconnaissance.

Seconde partie. *Récompenses civiles.*

» L'âme délivrée des pressentimens sinistres qui nous environnaient, passons maintenant, citoyens législateurs , à l'exa-

men de la seconde partie ; examinons la question des récompenses que la Constitution n'assigne pas , et que le projet de
loi assigne à ceux qui ont rendu de grands services civils.

» Nous considérerons aussi cette question sous deux points
de vue.

» 1°. Malgré le silence de la Constitution , la loi doit récompenser les services civils.

2°. Elle ne peut point les récompenser plus convenablement
qu'en admettant les fonctionnaires publics dans la Légion
d'Honneur.

» 1°. Les services militaires , sans doute , ne peuvent être
trop récompensés ; quelques époques de notre révolution ajoutent à la valeur ordinaire de ces services une valeur inappréciable , si on se rappelle que les armées pendant longtemps ont
soutenu seules la gloire de la France , tandis qu'au dedans la
discorde insatiable dévorait jusqu'aux familles des défenseurs
de la patrie : en ces temps où un esprit ennemi régnait dans le
sein de la cité , on eût dit que l'esprit national avait reflué tout
entier sur nos frontières.

» Toutefois les armées auraient vaincu inutilement si l'affreuse discorde avait continué à dominer parmi nous ; si le courage civil n'avait point animé ceux qui mirent un terme aux
fureurs politiques, on ne peut se le dissimuler , nos armées
auraient en vain couvert l'Allemagne et l'Italie de leurs trophées. Depuis longtemps elles marchaient de conquête en conquête ; leurs exploits gigantesques frappaient l'univers d'étonnement, et rendaient à la patrie l'espérance et la joie : cependant la paix s'éloignait devant leurs victoires ; elle s'éloignait
parce que nos désordres civils n'offraient aucune garantie à nos
voisins ; parce que, les peuples craignant pour eux-mêmes la
contagion révolutionnaire qui nous dévorait , toute communication ouverte avec nous leur paraissait fatale. Pour atteindre la
paix , l'ordre intérieur était une victoire nécessaire à laquelle
toutes les autres conquêtes ne pouvaient point suppléer ; et devant cette grande considération les services civils prennent un
caractère si auguste , que leur récompense devient aussi un devoir national et sacré.

» Mais pourquoi les diverses constitutions qui ont promis
des récompenses militaires n'en promirent-elles point de civiles?

» Ces promesses ayant été faites par des législateurs au nom
du peuple qu'ils représentaient , il est facile de sentir pourquoi
les services civils ne furent point inscrits dans la liste des récompenses. Certes, lorsque vous proclamâtes la reconnaissance
nationale , vous voulûtes oublier qu'en révolution la carrière

politique est une lice où se livre un combat perpétuel; vous voulûtes l'oublier; cependant, chaque jour entourés de clameurs
séditieuses, enveloppés de piéges perfides, ne combattiez-
vous pas chaque jour pour la République? Que de nuits mêmes,
que de nuits passées en présence d'ennemis furieux, sur ces
bancs où la proscription a choisi tant de victimes! Comme le
champ de bataille, cette enceinte n'était pas couverte de pous-
sière, baignée de sang; mais à cette porte s'aiguisaient les
poignards, là se dressaient les échafauds!

» La mort que l'on trouve dans les camps est au moins honorable. Le fer, il est vrai, est quelquefois plus terrible que
la mort; des blessures profondes laissent d'affreuses cicatrices; celui qui partit dans tout l'éclat de la jeunesse revient
sous le toit paternel abattu, mutilé, se traînant avec peine :
que de larmes répandues sous le toit paternel! que de regrets!
Mais à ces regrets succède une noble fierté; les égards respectueux de tout ce qui l'environne adoucissent les maux du guerrier, et le sang qu'il a versé sur le champ de bataille produit
du moins une gloire assurée.

» Le sort des hommes publics est quelquefois plus terrible.
Si nous opposons à ce tableau d'un guerrier mutilé le tableau
d'une victime politique, si nous interrogeons la liste sanglante,
si nous évoquons l'ombre d'un magistrat ou d'un législateur
victime de la multitude ou de la tyrannie, quelle scène affreuse
s'ouvre devant nous! Ici l'intrépide magistrat s'agite au milieu
d'une foule égarée; il s'efforce de faire entendre sa voix; il
montre à tous le signe auguste de sa puissance : mais ces for-
cenés, poussés par les furies, veulent du sang; le sang peut
seul les satisfaire! Le magistrat s'oppose vainement à leur
rage; assailli de tous côtés, il brave les injures, il brave les
menaces; au péril de ses jours, il veut apaiser la révolte; il
veut au péril de ses jours sauver la victime qu'on poursuit; il
la couvre de son manteau, la presse contre son sein, et, percé
de mille coups, il tombe avec elle expirant! Le magistrat a
péri! Aura-t-il du moins un tombeau? Non, citoyens, pour
lui point de tombeau, point d'honneurs, point de pompe funèbre pour lui! Ses membres déchirés, exécrable trophée d'une
foule en délire, sont portés en triomphe jusque sur le seuil de
sa demeure; ses amis osent à peine et en silence plaindre son
sort; ils fuient devant ses restes! *Il a trahi le peuple!* s'écrie-
t-on de tous côtés; *il a trahi le peuple!* et sa mémoire flétrie
n'est pour sa famille que le présage sinistre d'une ruine prochaine!

»Plus loin voyez cette multitude qui couvre la place publique.
Un empressement joyeux semble à peine l'agiter; tranquille,

elle paraît célébrer une fête ; elle se presse autour d'un char
qui roule lentement au milieu d'elle : c'est un char funèbre ;
il porte à l'échafaud ce législateur dont les tyrans redoutaient
le courage. Le législateur victime , au front calme , contemple
cette foule, qui peut-être lui prodigua jadis tant d'acclamations
bruyantes ; il cherche quelques consolations dans les regards
de ses concitoyens ; il espère y lire au moins une indignation
cachée contre les tyrans : vain espoir ! *Il a trahi le peuple !*
s'écrie-t-on de tous côtés ; *il a trahi le peuple !* et tous les
yeux se détournent de lui avec horreur. Il s'avance abreuvé
d'amertume, absorbé dans sa douleur ; il ne voit point l'instrument du supplice déjà levé sur sa tête ; son âme tout entière
souffre de l'ingratitude publique , et le terme fatal arrive sans
consolation pour lui, sans espoir pour les enfans qu'il laisse ,
privés d'appui, privés d'honneurs, à la merci des tyrans !

» N'arrêtons pas davantage nos regards sur ces tristes tableaux qui retracent à chacun de nous tant de noms honorables,
tant de souvenirs douloureux ! Cette esquisse rapide suffit sans
doute pour rappeler à tous que dans les temps de révolution
la carrière politique est une lice où se livre un combat perpétuel.

» Dans l'intervalle des révolutions ce combat cesse , il est
vrai ; mais alors la carrière publique est remplie de ces longs
travaux qui maintiennent les sociétés, les instruisent , les ho-
norent, et conservent au milieu d'elles tous les bienfaits des lumières et des lois : de même qu'après la guerre l'armée se
borne à des services moins brillans , moins périlleux, mais non
moins utiles.

» 2°. Il fallait donc suppléer au silence de la Constitution, et
récompenser les services civils : c'est ce que le projet de loi
propose. Il déclare que les fonctionnaires publics pourront être
admis dans la Légion d'Honneur, pourvu qu'ils aient fait
partie de la garde nationale.

» Il ne s'offrait pas , citoyens législateurs , de parti plus
convenable. En écartant ce mode, il eût fallu créer des écharpes
d'honneur ou toute autre distinction civile ; mais , outre l'inconvénient de multiplier de pareilles institutions, la sagesse du
projet de loi nous paraît démontrée par l'observation suivante.

» La Légion établit un centre d'unité entre les citoyens qui
remplissent les emplois civils et militaires ; elle atteindra par
ce moyen un but très utile. En effet, chacun des divers états
de la société prétend avoir des droits de prééminence à la reconnaissance publique ; ces prétentions rivales nourrissent
des jalousies secrètes, forment un esprit de corps souvent fu-

neste : la Légion d'Honneur tend à détruire cet esprit de corps et ces prétentions rivales ; elle réunit les militaires, les magistrats, les administrateurs, les artistes, les savans les plus distingués. Revêtus de la même distinction, on verra s'établir entre eux une sorte d'égalité fraternelle ; et cet heureux système d'union, établi entre les légionnaires, se propagera sans doute dans la société.

» Telles sont les vues principales qui ont mérité les suffrages du Tribunat au projet de loi qui nous occupe. Les récompenses militaires et civiles nous paraissent organisées dans la Légion d'Honneur d'une manière digne de la grandeur de la nation, proportionnées aux services rendus, et conformes aux lois fondamentales de la République.

» Nous avons approuvé les détails d'exécution comme les bases du projet ; nous avons reconnu, dans la composition du grand conseil d'administration, cette marche sage et mesurée, toujours guidée par l'esprit constitutionnel, qui consacre à chaque pas le système représentatif et les grands principes d'ordre civil et politique ; nous avons vu, et vous verrez sans doute avec un intérêt d'homme et un orgueil de citoyen, ces quinze asiles hospitaliers ouverts dans les chefs-lieux de cohorte, qui nous promettent quinze établissemens sinon aussi somptueux, du moins aussi utiles que la plus belle des institutions du siècle de Louis XIV.

» Voilà les présages que le présent offre naturellement à l'avenir, et que justifient deux années de prodiges ! Livrez-vous, citoyens législateurs, à ces heureux présages ; organisez les récompenses militaires et civiles ; unis d'intention et d'esprit avec un gouvernement réparateur, continuez jusqu'à la dernière heure de votre session, jusque dans le sein de la nuit, à consolider cette République immortelle, qui depuis six semaines a vu se consacrer dans cette auguste enceinte des lois favorables au crédit, à l'instruction publique ; des traités de paix dignes de la grande nation que vous représentez, et des institutions religieuses aussi chères aux besoins des peuples qu'à la tolérance et à la philosophie. Au dessus des alarmes vaines, terminez, comme vous l'avez commencée, la session la plus courte, mais la plus glorieuse, la plus chère à la France ; et, de retour dans vos foyers, entourés des bénédictions universelles, vous direz à vos concitoyens : *nous avons semé des récompenses pour recueillir des vertus* !

» J'émets, au nom du Tribunat, son vœu d'adoption sur le projet de loi qui crée une Légion d'Honneur.

Discours *prononcé* par Rœderer, *orateur du gouver-*
nement; devant le Corps législatif. — *Séance du*
29 *floréal an* 10.

« Législateurs, un représentant de la nation disait il y a
quelques années ces paroles remarquables :

« L'art de gouverner les hommes n'est que l'art de s'emparer
» de leurs passions et de les diriger vers un but proposé. Une
» femme ordinaire en sait plus là-dessus que ceux qui se mêlent
» de donner des lois aux nations.

» Nos assemblées nationales ont manqué le but : elles ont
» bien excité les passions ; mais elles ne s'en sont pas emparé:
» *c'est qu'elles ont fait des décrets, ce qui est facile, mais*
» *elles n'ont pas fait d'institutions.*

» . . . . . Faute de savoir diriger les passions, les corps
» législatifs furent entraînés par elles.

» . . . . . L'avantage de la guerre, la plus extraordinaire
» qu'il y ait eu, sera de former cinq cent mille hommes au
» courage, à la patience, à l'abstinence, à la sobriété, à la
» générosité, à la franchise. Les vertus guerrières sont répu-
» blicaines ; *alors il paraîtra peut-être un législateur digne*
» *d'elles.* »

» Ces paroles, écrites dans le temps de la Convention par
une illustre victime de la liberté, mon collègue à l'Assemblée
constituante, par Rabaut Saint-Étienne, frère du citoyen qui
préside cette séance, sont la prédiction et la théorie du projet
de loi que le gouvernement a présenté au Corps législatif.

» En effet, citoyens législateurs, quel est le pouvoir des lois
civiles et politiques sans le secours des institutions morales?

» La nature des lois est de contenir par l'intérêt ; celle des
institutions est de conduire par les lumières, les passions, les
habitudes. Les institutions morales sont les liens qui lient les
hommes aux choses, qui font qu'ils aident au mouvement de
la machine sociale ; elles mettent en harmonie toutes les passions, toutes les opinions, toutes les habitudes avec tous les
intérêts, et entretiennent entre eux et elles une heureuse intelligence : l'autorité commande et se fait obéir ; les institutions
font que l'autorité est souvent prévenue, et que l'obéissance
est toujours facile.

» Le gouvernement a embrassé cette année un système suivi
d'institutions ; et celle qui vous est proposée est la troisième de
celles qu'il avait à soumettre à votre sagesse.

» L'instruction publique va se trouver rétablie de la manière
la plus favorable à la propagation des lumières : voilà la part

de l'esprit et de la raison. Le culte a regagné, pour l'enseignement et l'insinuation des devoirs, l'accès des consciences. Il
restait à atteindre et à satisfaire dans le cœur des citoyens cette
passion nationale de l'honneur, autre conscience du Français,
qui impose bien au-delà du devoir, et détermine ce que la
conscience se contente quelquefois de conseiller : c'est l'objet
et le but de la Légion d'Honneur.

» *L'honneur* a toujours été une partie distinctive du caractère français ; mais quand il n'y avait point de nation en France,
quand la féodalité la couvrait, quand *les honneurs*, aliment
de l'honneur, étaient le privilége de quelques uns, au lieu de
l'honneur national il y avait l'honneur de cour, l'honneur de
caste, l'honneur de corps, enfin l'honneur de plébéien, que
l'orgueil avait réduit à n'être que la crainte du déshonneur.
Dans tout cela, sans doute, se mêlait *l'honneur français*,
mais avec quelles nuances et quel alliage !

» La révolution a fait disparaître ces nuances, ces variétés :
en opposant l'honneur de tous à l'honneur de quelques uns ;
en intéressant l'honneur de tous au bien général, au lieu de ne
l'attacher qu'à des intérêts isolés ; en retrempant toutes les
âmes, en les relevant, elle a préparé l'accomplissement de ce
vœu ou de cette prédiction que je rappelais tout à l'heure.
Nous avons maintenant un honneur national, qui, après s'être
signalé, demande aliment et récompense ; il veut être reconnu,
proclamé, étroitement engagé à l'intérêt public ; il demande
de nobles liens à la patrie ; et le législateur l'a entendu.

» Quelle circonstance, citoyens législateurs, pour la concession qui vous est proposée, que celle de la paix générale,
qui est comme la clôture de la révolution ! Vous allez en même
temps acquitter la dette de la reconnaissance, et sceller la promesse de nouveaux services.

» Quatre mille braves ont été déjà décorés d'armes d'honneur ; mais plusieurs encore ont des titres à faire valoir ; mais
tous désirent voir consacrer par l'aveu national la distinction
qu'ils ont obtenue. Mais les militaires n'ont pas eu seuls la
gloire du courage, et la gloire du courage n'est pas la seule qui
ait brillé dans cette révolution dont nous voyons le terme ; les
services civils attendent aussi leur récompense et leur encouragement. La Légion d'Honneur satisfait à tous ces droits, à
tous ces intérêts ; elle paie la dette nationale.

» Et comment payer autrement qu'en cette monnaie de
l'honneur des actes de dévouement qui sont au-dessus de toutes
les récompenses ! L'or ne paie ni les hautes vertus ni les hautes
actions : les trésors de l'honneur seuls sont assez opulens ; seuls
ils sont solvables pour toutes celles qu'a produites la guerre de

la liberté. L'or, législateurs, vous n'en donneriez jamais assez
aux citoyens illustres pour que leur honorable opulence attestât
la munificence publique au milieu de ce faste ruineux qui
écrase aujourd'hui toutes les fortunes ! Donnez-leur une autre
distinction que celle de l'or, et qu'un titre honorable leur
épargne l'humiliation d'acheter par leur dépense l'attention et
les égards.

» Citoyens législateurs, en récompensant ainsi, vous encou-
ragerez encore plus que vous ne récompenserez.

» Il n'est point échappé sans doute à votre attention qu'autant cette jeunesse opulente qui fait le mouvement et l'éclat de
nos cités mettait de zèle au service militaire lorsque c'était un
privilége d'entrer au service militaire au rang d'officier, autant
il est à craindre qu'elle n'y mette de l'indifférence aujourd'hui,
que les drapeaux sont consacrés à l'égalité. L'attrait que le privilége donnait autrefois, il est nécessaire qu'une institution en
offre l'équivalent aujourd'hui; il faut que l'orgueil soit assez
excité par l'appât d'une récompense d'honneur, par l'aspect de
la considération assurée à ceux qui l'ont obtenue, pour qu'il ne
laisse pas hésiter dans le dévouement au service de l'État; au
moins lorsqu'un intérêt pressant le demandera.

» Dans le jeu de la machine politique, l'institution de la
Légion produira un aussi bon effet sans doute que dans le
système militaire ; elle en adoucira l'action ; elle la rendra plus
facile, plus régulière. Quel lien unit aujourd'hui l'autorité centrale avec les autorités extrêmes, les premiers magistrats de la
République avec la magistrature judiciaire, administrative,
départementale, communale, municipale, avec la masse des
citoyens? Une correspondance officielle d'ordres et d'obéissance : quelle sécheresse, quelle dureté dans de tels rapports!
Par où croit-on que circule l'esprit public, qui s'en va éclair-
cissant de proche en proche tous les doutes, déterminant toutes
les hésitations? C'est par les insinuations amicales, les correspondances, les conversations particulières des citoyens accrédités dans l'opinion avec les citoyens obscurs. La lettre d'un
correspondant de Paris, arrivée dans une petite ville en même
temps qu'une loi qui inquiète et, agite, les conversations dont
cette lettre est le texte suffisent la plupart du temps pour tout
calmer, tout éclaircir. C'est par ces rapports, souvent peu suivis,
souvent fortuits, de quelques hommes sages, animés d'un
même esprit, que s'entretient et se fortifie l'union des citoyens
avec le gouvernement. Hé bien, en établissant par la Légion
une sorte de fraternité entre tous les amis des mêmes principes,
on prépare de ces relations de confiance qui mettent de l'unité
dans les opinions ; on place dans les relations de société, dans

les divers corps militaires ou civils , dont les légionnaires feront partie, autant d'hommes accrédités qui seront écoutés , et serviront de ralliement à l'opinion des citoyens bien intentionnés. C'est ainsi qu'autrefois le militaire décoré était consulté sur l'honneur du corps, sur celui des particuliers, sur la discipline ; il était le dépositaire des plaintes secrètes , et le conseiller des devoirs. Voilà ce que j'ai appelé *des intermédiaires* utiles à la politique, et je n'ai pas été peu surpris qu'au Tribunat on ait argumenté contre cette théorie toute morale, comme contre le système des corps intermédiaires des monarchies , quoiqu'il fût d'ailleurs bien entendu que la Légion n'était point un corps , n'avait point de fonctions, que ce n'était qu'une association d'hommes répandus dans tous les corps , et livrés à tous les genres de services publics, sans cohésion, et même sans communications habituelles.

» Ce que je viens de dire , législateurs, et surtout ce qui a été dit avant moi, suffit pour vous montrer l'intention et le but du projet de loi. Mais j'ai à répondre à plusieurs objections ; elles se réduisent à trois.

» La première c'est que le projet de loi appelle un sénateur dans le grand conseil d'administration , et que l'article 18 de la Constitution défend au sénateur l'exercice de toute fonction publique.

» La seconde c'est que l'institution forme autorité dans autorité , *imperium in imperio*.

» La troisième c'est qu'elle blesse l'égalité.

» De ces trois objections il n'y en a qu'une de sérieuse ; c'est la dernière. Peu de mots suffiront sur les deux autres.

» L'institution ne forme point autorité dans autorité : 1° elle n'est point une corporation ; 2° elle ne peut avoir d'autorité que sur les biens affectés à chaque cohorte, et encore cette autorité sera déléguée à une partie de la cohorte ; 3° elle a pour chef les chefs de l'Etat.

» Si l'institution n'est point une corporation , si elle n'a aucune fonction publique, l'article 18 de la Constitution, qui interdit toute fonction aux sénateurs, n'y est point applicable. Ici il faut observer que la loi n'affecte pas même au grand conseil, comme aux cohortes, une portion quelconque de domaines nationaux ; de sorte qu'il n'a pas même entre les mains l'administration de biens qui est confiée aux cohortes, et qui au reste n'est pas plus une fonction publique que ne le serait la gestion des domaines nationaux affectés au Sénat s'il la gérait lui-même.

» Je passe donc à la grande objection, celle qui accuse l'institution proposée de blesser l'égalité.

» Elle n'est qu'une distinction accordée au mérite personnel, ou plutôt ce n'est que la distinction du mérite même qui est reconnue et consacrée.

» Si elle blesse l'égalité, c'est que sans doute le mérite éminent la blesse aussi.

» Et en effet, il offense l'égalité absolue, mais non pas l'égalité de droits, puisque tout le monde, pouvant prétendre au mérite, ayant le droit d'être vertueux, généreux, courageux, a le droit d'acquérir la distinction du courage, de la générosité, de la vertu ; or l'égalité de droits est la seule que le bon sens, les lois des pays libres aient jamais voulu consacrer. Avant la révolution le fils d'un plébéien ne pouvait entrer au service par le grade d'officier ; c'était là un état de choses offensant pour l'égalité, parce que les moyens de montrer son courage, son dévouement à la patrie étaient le privilége des patriciens. Mais qu'a de commun la Légion d'Honneur avec ce privilége ? Accorde-t-elle aux membres qui la composent le privilége des périls, des sacrifices et du dévouement ? Choisit-elle ses membres dans une classe privilégiée ? Non. En quoi donc blesse-t-elle l'égalité ?

» On répond : elle la blesse de quatre manières ; d'abord en ce qu'elle assure cinq sixièmes des places aux services militaires ; 2° en ce qu'elle fait entrer les citoyens que les services civils ont rendus honorables par un grade inférieur à celui qui peut être donné au service militaire ; 3° en ce qu'elle fait passer sous une dénomination et sous un pouvoir militaire le fonctionnaire civil, et *militarise* les récompenses au lieu de les civiliser ; 4° en ce qu'elle tend à ramener des distinctions héréditaires et des priviléges.

» Je répondrai à ces quatre propositions.

» Et d'abord je demande sur quoi l'on se fonde pour supposer qu'il n'y a que le sixième des places de réservées au civil ? La proportion n'est déterminée nulle part. A la vérité, la Légion ne doit guère excéder six mille personnes, et quatre mille militaires, ayant reçu des armes d'honneur, en sont membres de plein droit. Mais 1° il reste un tiers des places à donner ; pourquoi préjuger qu'il n'y aura que moitié de ce tiers décernée aux services civils ? 2° Le grand nombre des militaires appelés à composer en ce moment la Légion est un effet de la guerre ; après quinze ou vingt ans de paix les citoyens engagés dans les services civils, doués des qualités civiles, auront sur les militaires, alors oisifs, le même avantage qu'après une si terrible guerre ceux-ci ont dû avoir sur les premiers. 3° Enfin, pour être en droit de préjuger que le nombre des hommes civils ne sera pas proportionné avec celui des militaires ; et que les uns seront plus favorisés que les autres , il faudrait que le corps électoral de la Légion fût militaire ; or je vois que le mode établi pour la composition tend à le rendre plutôt civil que militaire, puisqu'il est formé des trois consuls et des délégués de quatre corporations civiles.

» Je passe à la seconde objection. On a dit : « Le projet
» porte qu'après la première formation il faudra passer par le
» plus simple grade pour parvenir aux grades supérieurs ; or
» cette condition n'est imposée que pour les services civils , et
» une *action d'éclat* à la guerre suffit pour autoriser une
» nomination à tous les grades. Ainsi, a-t-on ajouté, un
» militaire entrera dans la Légion comme grand officier ,
» tandis que Montesquieu , tenant à la main l'*Esprit des lois*,
» n'entrera que par le grade de légionnaire. »

» Je réponds d'abord que la loi laisse à l'arbitrage du grand conseil l'admission des membres de la Légion ; que ce grand conseil est essentiellement civil ; qu'ainsi , quand il aura à balancer entre un magistrat tel que Montesquieu et un militaire , il n'élevera celui-ci au dessus du premier que pour un de ces actes de dévouement si sublimes que le prix de l'honneur lui sera dû plutôt qu'au plus beau livre ; et ici j'ose ajouter que Montesquieu serait le premier à mettre en principe que *l'utilité* d'un livre et celle d'une action périlleuse étant égales, le grade d'honneur est dû à l'action périlleuse, parce que l'honneur seul peut l'inspirer , et que la composition du meilleur livre n'est pas une des actions qui n'ont leur source que dans l'honneur : il serait révoltant qu'un guerrier qui aurait sauvé la patrie fût réduit à passer par le dernier grade; au lieu que jamais l'opinion ne s'offensera de ne pas voir arriver d'emblée au premier rang un officier civil.

» Vient enfin cette question : pourquoi le projet de loi a-t-il *militarisé* l'institution au lieu de la *civiliser* ?

» Il n'y a de militaire dans l'institution que son titre de Légion et les dénominations des grades.

» Au fond la Légion est une institution morale, politique ; civile et militaire. De tous les reproches auxquels le gouvernement pouvait s'attendre, le dernier était sans contredit celui d'avoir formé une corporation militaire. Quatre mille sabres d'honneur ont été distribués dans l'armée française, et aucune distinction civile n'a encore été accordée : en cela se rencontrait une grande inégalité entre le civil et le militaire ; cependant personne ne songeait à réclamer contre elle , lorsque le gouvernement a eu recours au moyen de la faire cesser, et a proposé la Légion. Et c'est lorsqu'il y appelle les hommes distingués par les services civils qu'on l'accuse de les méconnaître !

Quoi de plus injuste ! *Tout était si bien !* a dit hier un honorable membre du Tribunat ; *il ne s'agissait que de régulariser la distribution des sabres d'honneur !* Et il jetait cette exclamation après beaucoup de plaintes sur l'espèce de répudiation à laquelle il trouvait condamnés les fonctionnaires civils ! Cette manière de critiquer n'est pas dangereuse.

» Si l'on demande maintenant pourquoi la nomenclature des grades est plutôt militaire que civile, je réponds : parce que toute la nation est militaire au besoin, et que jamais il n'est nécessaire qu'elle soit toute fonctionnaire civile ; parce que tout entière elle a pris les armes dans la guerre de la liberté ; parce qu'il n'est pas un Français qui ne puisse porter sans ridicule un titre militaire, et qu'il est peu de titres de fonctions civiles qui pussent être appliqués à tout militaire digne d'entrer dans la Légion.

» Je passe donc à la grande difficulté.

» On objecte que l'institution ne tardera pas à devenir héréditaire. C'est le sort, dit-on, de toutes les distinctions de ce genre : les enfans héritent de la considération de leur père, et acquièrent des priviléges ; l'histoire nous montre que toutes les distinctions ont d'abord été accordées à vie, et qu'elles ont fini par être transmises des pères aux enfans, et par leur donner dans la société des avantages exclusifs...

» J'observe d'abord que cette objection attaque non seulement la Légion d'Honneur, mais même les armes d'honneur qui ont été décernées depuis la guerre : toutes ces distinctions passent aux enfans après la mort des pères ; ce sont des reliques de famille qui se transmettent de génération en génération. Pourquoi les amis de l'égalité n'exigent-ils pas qu'à la mort d'un militaire décoré son sabre, son habit, son brevet d'honneur soient enterrés avec lui ? Pourquoi ne réclame-t-on pas contre les concessions mêmes de ces armes, contre le brevet qui les donne, contre les gazettes qui les publient ? Ne sont-ce pas là des titres de famille ?

» Ne pourrait-on pas appliquer aux habits distinctifs des fonctions publiques ce qu'on dit des décorations du mérite ? L'habit du général en chef, celui du législateur ne sont-ils pas des monumens de leur haute existence ? Si l'on garde cet habit dans la famille, s'il est peint avec le portrait de celui qui le portait, l'habit, le tableau ne sont-ils pas des monumens de famille qui serviront au petit-fils du législateur ou du général pour prouver aux descendans d'un simple soldat ou d'un simple artisan, qu'il a dans son origine quelque chose de plus distingué qu'eux ?

» Eh ! quelles étranges inquiétudes travaillent ces amans

jaloux de l'égalité absolue ! L'histoire, disent-ils, les avertit et les effraie... L'histoire! Hé, mais, où sont donc les familles patriciennes qui nous sont venues en France de ces épées croisées, dans l'ancien régime, sur la poitrine cicatrisée de nos vétérans? Quelles familles patriciennes nous sont donc venues de cet ordre de Saint-Louis, qui était conféré aux services militaires, quelle que fût l'origine de celui qui les avait rendus? Quelle noblesse est venue aux enfans des portraits de famille qui représentaient leurs pères sous des habits de fonctions ou de services publics éminens?

» Gardons-nous de confondre avec des priviléges politiques le faible avantage d'opinion qui peut être attaché au nom qu'on porte, et au souvenir d'un père ou d'un aïeul ! Outre que cette transmission d'honneur est la récompense des pères, le lien de respect qui leur attache les enfans est le motif qui porte à imiter les bons exemples de famille, il faut avouer que toute gêne qu'on voudrait y apporter serait inutile.

» Dans les siècles éclairés et dans les pays où l'on a l'imprimerie, des gazettes, des histoires, des greffes, des notaires, on ne peut empêcher les grandes actions d'être recueillies, et les noms de leurs auteurs d'être historiques. Défendra-t-on aux enfans de porter le nom de leurs pères dans la crainte qu'ils ne conservent quelque rayon de leur gloire? Dans les pays dès longtemps civilisés il y a la distinction des riches ; on ne peut l'empêcher sans donner atteinte à la propriété ou à l'industrie : voudrait-on que cette distinction inévitable fût la seule, et laissera-t-on l'or seul en droit de fixer les regards et d'attirer le respect? Non, sans doute. Qu'on souscrive donc à cette transmission inévitable de la considération des pères aux enfans, et qu'on cesse de la confondre avec les priviléges politiques !

» On cite l'exemple des seigneurs féodaux qui ont transmis leurs droits avec leur nom et leurs titres. Mais comment confondre les concessions féodales avec une simple distinction? Certes il fallait bien que les distinctions féodales fussent héréditaires, puisqu'elles étaient tout ensemble réelles et personnelles; puisqu'elles rendaient celui qui en était revêtu propriétaire de terres, propriétaire d'hommes sous le nom de vassaux, et que son titre, sa terre, ses hommes, tout suivait les lois de la propriété, se transmettait comme elle du père aux enfans. En faisant un fief on faisait une seigneurie, un seigneur; le seigneur mort, le fief, la seigneurie en réclamaient un autre, et cet autre était l'héritier du sang. Mais, dites-vous, la Légion est dotée de trois millions... Je réponds : ne comparez pas la fondation des fiefs à la dotation de la Légion. Les fiefs étaient des propriétés données à perpétuité à des individus :

ici on ne dote que la Légion, et les individus n'ont droit qu'à
une part déterminée dans les fruits. Législateurs, une loi qui
est votre ouvrage assure soixante millions de biens nationaux
aux invalides; d'après l'objection, vous auriez donc voté là
une institution féodale! Le Sénat est doté en domaines nationaux; ce serait donc aussi une institution féodale qu'aurait
votée le peuple français en votant la Constitution?

» On a opposé à l'institution de la Légion d'Honneur
l'exemple des États-Unis d'Amérique, où l'ordre de Cincinnatus fut aboli peu après sa formation; mais une connaissance
plus approfondie de cette institution aurait empêché de la
confondre avec la Légion.

» L'ordre de Cincinnatus s'était formé spontanément, et la
Légion est formée par la loi.

» L'ordre de Cincinnatus s'était organisé indépendant, et
la Légion a pour chef le premier consul.

» L'ordre de Cincinnatus avait son congrès, lequel avait
dans chaque état des affiliés, qui par ce moyen se trouvaient
liés à une sorte d'autorité étrangère à chaque état : la
Légion est toute sous la dépendance d'une même autorité.

» L'ordre de Cincinnatus était héréditaire : le titre de
légionnaire est personnel et à vie.

» Enfin l'ordre de Cincinnatus, purement militaire, n'ad-
mettait les fonctionnaires civils qu'en très petit nombre, et ne
leur communiquait pas l'hérédité, qui était réservée aux militaires : la Légion admet pour tous les genres de service, dans
des proportions indéterminées, et elle admet à un rang égal,
à un titre égal.

» Enfin, en Amérique le pouvoir a besoin de peu d'énergie
parce qu'il commande à peu d'hommes, dispersés sur un vaste
territoire; et en France le gouvernement républicain a besoin
d'appui.

» Je reviens donc à la question.

» Non seulement la Légion d'Honneur ne blesse point l'égalité, non seulement elle ne présente aucune raison qui puisse
faire craindre qu'elle ne la blesse à la suite, et que la distinction qu'elle conférera ne devienne héréditaire et privilégiée;
mais je vais bien plus loin, et je dis qu'elle est un obstacle
éternel à toute distinction de ce genre.

» D'abord on ne conteste pas qu'elle n'efface les anciennes
distinctions nobiliaires dont il subsiste encore des souvenirs en
France; c'est un mérite que la critique n'a pas daigné lui reconnaître, mais qu'elle oserait encore moins nier : la Légion
d'Honneur recule loin de la pensée les souvenirs du patriciat;
elle lui ferme pour ainsi dire le passage qui conduit du passé

dans l'avenir. Ainsi d'abord elle débarrasse les générations qui vont suivre d'un danger qui sans elle aurait pu se reproduire ; l'institution est donc un obstacle à l'ancien patriciat.

, » Mais elle est aussi un obstacle à l'institution d'une noblesse nouvelle : elle l'est par les circonstances de sa création ; elle l'est par le serment qu'elle impose. Fondée sur les victoires remportées par les armées de l'égalité, son origine, son existence seront une protestation toujours subsistante et toujours forte contre les inégalités héréditaires ; consacrée par un serment à l'égalité, elle ne pourra admettre d'inégalités héréditaires qu'en rendant parjures tous ses membres. Ah! s'il pouvait arriver que des descendans de quelques héros de la guerre de la liberté osassent opposer les services de leurs pères aux citoyens qui voudraient en rendre à la suite, qu'ils voulussent marcher les égaux de ceux qui en auraient rendu de signalés, partager avec eux par droit d'héritage des honneurs digne prix de la vaillance ; s'il pouvait arriver que les descendans des guerriers de la liberté osassent dire à la suite, comme l'ont fait les nobles de l'ancien régime : nous seuls nous pouvons posséder les places éminentes ; nous seuls nous pouvons entrer au service militaire par le grade d'officier ; le reste est né pour obéir... ; si jamais pouvaient renaître de telles prétentions, le titre de la Légion d'Honneur, le serment de ses membres serait là pour les accuser et les proscrire ! Votre loi, législateurs, votre loi, dépositaire du vœu des fondateurs et des premiers légionnaires, étincellerait à l'instant de leur colère, et de l'arche où elle serait déposée sortiraient ces mots :

» —Enfans rebelles ! lorsque nous avons opposé nos actions à ceux qui n'avaient pour eux que des actions de leurs pères, était-ce pour que votre orgueilleuse inutilité opposât nos services aux dignes citoyens qui auraient la noble émulation de nous égaler ? Quand nous avons renversé les priviléges, était-ce pour vous donner des priviléges ? Notre gloire, au lieu d'autoriser vos prétentions, avertit tous ceux qui seront dignes de nous imiter de frapper vos têtes coupables ! Le prix que nous avons reçu de nos services attend ceux qui auront fait justice de votre insolence ! —

» Voilà, si je ne me trompe, législateurs, ce que votre loi et le serment qu'elle consacrera répéteront éternellement et fortement à ceux qui voudraient s'écarter de nos principes ; voilà ce que prononcera la bouche de chaque citoyen qui, en entrant dans la Légion, prêtera le serment de *s'opposer à toute entreprise tendant au rétablissement du régime féodal, et de concourir de tout son pouvoir au maintien de la liberté et de l'égalité.* Est-il possible d'opposer une plus forte

barrière au retour des priviléges héréditaires ? Et quelle institu-
-tion peut être plus conservatrice de l'égalité, que celle qui appelle
chaque année cent , deux cents des plus honorables citoyens à
jurer solennellement sur leur honneur le maintien de l'égalité ,
en entrant dans une Légion née des victoires de l'égalité sur les
priviléges ! Quelle institution plus conservatrice de l'égalité
que celle qui appelle les hommes éminens par des services personnels à se liguer contre l'orgueil des origines !

» Législateurs , vous le savez , l'égalité a ses héros comme
elle a ses victimes ; sans doute elle tient d'une main le niveau auquel elle soumet *les droits* de tous; mais qui l'empêche
d'offrir de l'autre le dédommagement ou la récompense due
à quelques uns ? Elle veut tout tenir à la même hauteur devant
la loi ; mais elle ne dédaigne pas d'attacher ceux à qui cet as-
sujettissement peut paraître pénible : elle comprime l'orgueil,
mais elle se plaît à satisfaire l'honneur ; l'honneur , cette passion des Français , est le sentiment auquel l'égalité elle-même
vous presse , citoyens législateurs , d'attacher le lien qui doit
unir les citoyens à la patrie , et entretenir ensemble dans leur
âme cette émulation vive qui mène aux grandes choses, et cette
fraternité qui préserve de l'orgueil dans les succès , ou de l'envie dans les défaites. »

LOI. (*Adoptée le* 29 *floréal an* 10 — 19 *mai* 1802.)

TITRE Ier. *Création et organisation.*

Art 1er. En exécution de l'article 87 de la Constitution , concernant les récompenses militaires , et pour récompenser aussi
les services et les vertus civiles , il sera formé une Légion
d'Honneur.

2. Cette Légion sera composée d'un grand conseil d'administration , et de quinze cohortes, dont chacune aura son chef-
lieu particulier.

3. Il sera affecté à chaque cohorte des biens nationaux portant deux cent mille francs de rente.

4. Le grand conseil d'administration sera composé de sept
grands officiers ; savoir : des trois consuls , et de quatre autres
membres, dont un sera nommé entre les sénateurs par le Sénat,
un autre entre les membres du Corps législatif par le Corps
législatif , un autre entre les membres du Tribunat par le Tribunat , et un enfin entre les conseillers d'état par le Conseil
d'état. Les membres du grand conseil d'administration conserveront pendant leur vie le titre de grand officier, lors même
qu'ils seraient remplacés par l'effet de nouvelles élections.

5. Le premier consul est de droit chef de la Légion , et président du grand conseil d'administration.

6. Chaque cohorte sera composée de sept grands officiers , de vingt commandans , de trente officiers, et de trois cent cinquante légionnaires.

Les membres de la Légion sont à vie.

7. Il sera affecté à chaque grand officier. . . 5,000 fr.

A chaque commandant. 2,000

A chaque officier. 1,000

Et à chaque légionnaire 250

Ces traitemens sont pris sur les biens affectés à chaque cohorte.

8. Chaque individu admis dans la Légion jurera , sur son honneur , *de se dévouer au service de la République, à la conservation de son territoire dans son intégrité , à la défense de son gouvernement , de ses lois , et des propriétés qu'elles ont consacrées ; de combattre , par tous les moyens que la justice , la raison et les lois autorisent, toute entreprise tendant à rétablir le régime féodal , à reproduire les titres et qualités qui en étaient l'attribut ; enfin de concourir de tout son pouvoir au maintien de la liberté et de l'égalité.*

9. Il sera établi dans chaque chef-lieu de cohorte un hospice et des logemens pour recueillir soit les membres de la Légion que leur vieillesse , leurs infirmités ou leurs blessures auraient mis dans l'impossibilité de servir l'État , soit les militaires qui, après avoir été blessés dans la guerre de la liberté , se trouveraient dans le besoin.

Titre II. *Composition.*

Art. 1er. Sont membres de la Légion tous les militaires qui ont reçu des armes d'honneur.

Pourront y être nommés les militaires qui ont rendu des services majeurs à l'État dans la guerre de la liberté ;

Les citoyens qui par leur savoir , leurs talens, leurs vertus ont contribué à établir ou à défendre les principes de la République , ont fait aimer et respecter la justice , ou l'administration publique.

2. Le grand conseil d'administration nommera les membres de la Légion.

3. Durant les dix années de paix qui pourront suivre la première formation , les places qui viendront à vaquer demeureront vacantes jusqu'à concurrence du dixième de la Légion , et par la suite jusqu'à concurrence du cinquième. Ces places ne seront remplies qu'à la fin de la première campagne.

4. En temps de guerre il ne sera nommé aux places vacantes qu'à la fin de chaque campagne.

5. En temps de guerre les actions d'éclat feront titre pour tous les grades.

6. En temps de paix il faudra avoir vingt-cinq années de service militaire pour pouvoir être nommé membre de la Légion ; les années de service en temps de guerre compteront double, et chaque campagne de la guerre dernière comptera pour quatre années.

7. Les grands services rendus à l'Etat dans les fonctions législatives, la diplomatie, l'administration, la justice ou les sciences, seront aussi des titres d'admission, pourvu que la personne qui les aura rendus ait fait partie de la garde nationale du lieu de son domicile.

8. La première organisation faite, nul ne sera admis dans la Légion qu'il n'ait exercé pendant vingt-cinq ans ses fonctions avec la distinction requise.

9. La première organisation faite, nul ne pourra parvenir à un grade supérieur qu'après avoir passé par le plus simple grade.

10. Les détails de l'organisation seront déterminés par des réglemens d'administration publique ; elle devra être faite au 1er vendémiaire an 12, et, passé ce temps, il ne pourra y être rien changé que par des lois.

V.

DU TRAITÉ D'AMIENS

ET

DU CONSULAT A VIE.

Communication faite au Corps législatif et au Tribunat.

MESSAGE des consuls de la République (1). — *Séance du 16 floréal an 10 (6 mai 1802).*

« Citoyens législateurs, le gouvernement vous adresse le traité qui met un terme aux dernières dissensions de l'Europe, et achève le grand ouvrage de la paix.

» La République avait combattu pour son indépendance : son indépendance est reconnue ; l'aveu de toutes les puissances consacre les droits qu'elle tenait de la nature et les limites qu'elle devait à ses victoires.

» Une autre République est venue se former au milieu

---

(1) Lu au Corps législatif par Berlier, et au Tribunat par Régnier.

d'elle, s'y pénétrer de ses principes, et y reprendre à sa source l'esprit antique des Gaulois : attachée à la France par le souvenir d'une commune origine, par des institutions communes, et surtout par le lien des bienfaits, la République italienne a pris son rang parmi les puissances comme parmi nos alliés ; elle s'y maintiendra par le courage, et s'y distinguera par les vertus.

» La Batavie, rendue à l'unité d'intérêts, affranchie de cette double influence qui tourmentait ses conseils et qui égarait sa politique, a repris son indépendance, et trouve dans la nation qui l'avait conquise la garantie la plus fidèle de son existence et de ses droits. La sagesse de son administration lui conservera sa splendeur, et l'active économie de ses citoyens lui rendra toute sa prospérité.

» La république Helvétique, reconnue au dehors, est toujours agitée au dedans par des factions qui se disputent le pouvoir. Le gouvernement, fidèle aux principes, n'a dû exercer sur une nation indépendante d'autre influence que celle des conseils ; ses conseils jusqu'ici ont été impuissans ; il espère encore que la voix de la sagesse et de la modération sera écoutée, et que les puissances voisines de l'Helvétie ne seront pas forcées d'intervenir pour étouffer des troubles dont la continuation menacerait leur propre tranquillité.

» La République devait à ses engagemens et à la fidélité de l'Espagne de faire tous ses efforts pour lui conserver l'intégrité de son territoire : ce devoir elle l'a rempli dans tout le cours des négociations avec toute l'énergie que lui permettaient les circonstances. Le roi d'Espagne a reconnu la loyauté de ses alliés, et sa générosité a fait à la paix le sacrifice qu'ils s'étaient efforcés de lui épargner : il acquiert par là de nouveaux droits à l'attachement de la France, et un titre sacré à la reconnaissance de l'Europe. Déjà le retour du commerce console ses états des calamités de la guerre, et bientôt un esprit vivifiant portera dans ses vastes possessions une nouvelle activité et une nouvelle industrie.

» Rome, Naples, l'Etrurie, sont rendues au repos et aux arts de la paix.

» Lucques, sous une constitution qui a réuni les esprits et étouffé les haines, a retrouvé le calme et l'indépendance.

» La Ligurie a posé, dans le silence des partis, les principes de son organisation ; et Gênes voit rentrer dans son port le commerce et les richesses.

» La république des Sept-Iles est encore, ainsi que l'Helvétie, en proie à l'anarchie ; mais, d'accord avec la France, l'empereur de Russie y fait passer les troupes qu'il avait à Naples pour y reporter les seuls biens qui manquent à ces heureuses contrées, la tranquillité, le règne des lois, et l'oubli des haines et des factions.

» Ainsi, d'une extrémité à l'autre, l'Europe voit le calme renaître sur le continent et sur les mers, et son bonheur s'asseoir sur l'union des grandes puissances et sur la foi des traités.

» En Amérique, les principes connus du gouvernement ont rendu la sécurité la plus entière à la Martinique, à Tabago, à Sainte-Lucie; on n'y redoute plus l'empire de ces lois imprudentes qui auraient jeté dans les colonies la dévastation et la mort; elles n'aspirent plus qu'à se réunir à la métropole, et elles lui rapportent, avec leur confiance et leur attachement, une prospérité au moins égale à celle qu'elle y avait laissée.

» A Saint-Domingue, de grands maux ont été faits, de grands maux sont à réparer; mais la révolte est chaque jour plus comprimée. Toussaint, sans places, sans trésors, sans armée, n'est plus qu'un brigand errant de morne en morne avec quelques brigands comme lui, que nos intrépides éclaireurs poursuivent, et qu'ils auront bientôt atteints et détruits.

» La paix est connue à l'île de France et dans l'Inde; les premiers soins du gouvernement y ont déjà reporté l'amour de la République, la confiance en ses lois, et toutes les espérances de la prospérité.

» Bien des années s'écouleront désormais pour nous sans victoires, sans triomphes, sans ces négociations éclatantes qui font les destinées des états; mais d'autres succès doivent marquer l'existence des nations, et surtout l'existence de la République : partout l'industrie s'éveille; partout le commerce et les arts tendent à s'unir pour effacer les malheurs de la guerre; des travaux de tous les genres appellent la pensée du gouvernement.

» Le gouvernement remplira cette nouvelle tâche avec succès aussi longtemps qu'il sera investi de l'opinion du peuple français : les années qui vont s'écouler seront, il est vrai, moins célèbres; mais le bonheur de la France s'accroîtra des chances de gloire qu'elle aura dédaignées.

» Le premier consul, *signé* BONAPARTE. »

MOTIFS du traité de paix, *exposés par* Rœderer, *conseiller d'état.*
(*Même séance.*)

« Citoyens législateurs, nous croyons être dispensés de développer les motifs du traité d'Amiens.

» Les motifs de ce traité sont réunis dans ces deux mots : *la gloire et le bonheur de la France.* Qui entreprendrait de donner des motifs à l'acte qui accomplit le vœu de tous les cœurs! quelles paroles ne seraient pas exubérantes! quelles expressions ne seraient pas trop faibles, étant côuvertes par les acclamations du monde!

» Ce n'est pas à une froide exposition de motifs que s'offre ici la parole; c'est à l'expression des sentimens qu'inspirent les circonstances; et si vous exigez quelque chose des orateurs du gouvernement, sans doute, citoyens législateurs, c'est qu'ils s'affranchissent de cette loi du gouvernement même qui leur interdit son éloge; je dirais presque la reconnaissance qui lui est due.

» Et pourquoi l'éloge nous serait-il interdit? Pourquoi serions-nous privés d'un droit commun à tous les Français? Jamais hommes honorés de la confiance d'un gouvernement ne purent moins être soupçonnés de vouloir se louer eux-mêmes en rendant un juste hommage au chef de l'Etat. Toujours précédés par lui dans les voies du bien public, nous n'avons d'autre mérite que le mérite facile de l'y suivre; c'est de lui que nous recevons chaque jour l'exemple de l'application et du dévouement; et entre les grandes pensées qui ont brillé dans son administration, il n'en est aucune qui ne soit sortie de son âme ou de son génie.

» Citoyens législateurs, vous aurez remarqué avec intérêt que le négociateur du traité d'Amiens (1) est le même à qui l'Europe doit et le traité de Lunéville, qui nous a donné la paix continentale, et le concordat, qui l'a cimentée, et le traité de Paris, qui l'a étendue par delà les mers jusques en Amérique.

» Le choix de ce négociateur avait facilité la pacification générale en manifestant les intentions du chef de l'Etat, et en intéressant au succès des négociations jusqu'à ses affections de famille.

» Aujourd'hui l'hommage que les négociateurs étrangers rendent dans leurs cours respectives à l'heureux mélange de talent et de moralité, de fermeté et de douceur, de franchise et d'habileté qui le caractérise; la reconnaissance qu'il a obtenue du peuple français, et dont le Tribunat a porté l'expression au gouvernement dès l'époque du traité de Lunéville; en un mot sa considération, qui s'unit à la gloire du nom qu'il porte, sont autant d'otages donnés au repos du monde et à la prospérité de la patrie. »

_____

(1) Joseph Bonaparte.

PROPOSITION *faite* par Chabot (de l'Allier), *tribun.* = Même séance. (Après la lecture du message des consuls.)

« Citoyens tribuns, chez tous les peuples on décerna des honneurs publics et des récompenses nationales aux hommes qui par des actions éclatantes avaient honoré leur pays, ou l'avaient sauvé de grands périls.

» Quel homme eut jamais plus que le général Bonaparte des droits à la reconnaissance nationale !

» Quel homme, soit à la tête des armées, soit à la tête du gouvernement, honora davantage sa patrie, et lui rendit des services plus signalés !

» Sa valeur et son génie ont sauvé le peuple français des excès de l'anarchie, des fureurs de la guerre ; et ce peuple est trop grand, trop magnanime, pour laisser sans une *grande récompense* tant de gloire et tant de bienfaits.

» Soyons, tribuns, soyons ses organes. C'est à nous surtout qu'il appartient de prendre l'initiative lorsqu'il s'agit d'exprimer, dans une circonstance si mémorable, les sentimens et la volonté du peuple.

» Je propose que le Tribunat prenne l'arrêté dont la teneur suit :

ARRÊTÉ. (*Pris sur le champ, et à l'unanimité.*)

» Le Tribunat émet le vœu qu'il soit donné au général Bonaparte, premier consul de la République, *un gage éclatant* de la reconnaissance nationale.

» Le Tribunat arrête que ce vœu sera adressé par des messagers d'état au Sénat conservateur, au Corps législatif et au gouvernement. »

DISCOURS *prononcé* par Siméon, *orateur de la députation* (1) *chargée de porter aux consuls les* félicitations du Tribunat sur la ratification du traité de paix. — *Du* 17 *floréal an* 10.

» Citoyens consuls, jamais les félicitations du Tribunat n'avaient été déterminées par des événemens aussi mémorables. Ce n'est plus une moisson brillante, mais sanglante et amère de lauriers ; ce sont les fruits d'une guerre glorieuse, adoucis et mûris par la paix. A côté du magnifique tableau que les ora—

---

(1) Nommée le 16, sur la proposition de Siméon ; elle était composée de quinze membres, dont quatorze désignés par le sort.

teurs du gouvernement nous présentèrent hier de la situation
où elle met l'Europe , nous pouvons placer celui de l'intérieur
de la République , si embelli par la comparaison du passé , si
riche des améliorations du présent, si heureux des espérances
et des gages de l'avenir !

» Une nouvelle carrière s'ouvre devant le peuple français :
le même génie et la même habileté y guideront ses chefs ; les
mêmes efforts les y seconderont ; le même attachement les y
suivra.

» Elles méritèrent bien de la patrie ces armées qui l'ont
sauvée , défendue , agrandie ; celui qui les conduisit tant de
fois à la victoire a les mêmes droits sur la reconnaissance nationale. Ces droits sont écrits partout; je les lis sur les drapeaux de ces braves soldats, si fiers de la gloire de leur général;
ils sont gravés sur les sommets des Alpes comme dans les
plaines d'Italie.

» La victoire seule ne les a pas tracés ; d'autres monumens
les attestent.

» Qui a pacifié la Vendée , fait cesser les dernières proscriptions , rendu la paix aux consciences , la liberté aux cultes , aux
familles des membres chéris et malheureux ?

» Je me hâte ; je crains de paraître louer quand il ne s'agit
que d'être juste , et de marquer en peu de mots un sentiment
profond, que l'ingratitude seule aurait pu étouffer. Nous attendons que le premier corps de la nation se rende l'interprète
de ce sentiment général dont il n'est permis au Tribunat que
de désirer et de voter l'expression. Quelle qu'elle soit, citoyen
premier consul , elle ajoutera à vos honneurs les témoignages,
si précieux pour une grande âme , de la reconnaissance publique ; vous appartiendrez au peuple français par ce lien de
plus , bien autrement puissant que celui du pouvoir et des
dignités ; il attachera plus que jamais votre bonheur au bonheur de la nation , et votre gloire à sa liberté. »

Réponse du premier consul.

« Le gouvernement est vivement touché des sentimens que
vous manifestez au nom du Tribunat.

» Cette justice que vous rendez à ses opérations est le prix
le plus doux de ses efforts; il y reconnaît le résultat de ces communications plus intimes qui vous mettent en état de mieux
apprécier la pureté de ses vues et de ses pensées.

» Pour moi , je reçois avec la plus sensible reconnaissance
le vœu émis par le Tribunat.

» Je ne désire d'autre gloire que celle d'avoir rempli tout
entière la tâche qui m'est imposée ; je n'ambitionne d'autre ré-

compense que l'affection de mes concitoyens : heureux s'ils sont
bien convaincus que les maux qu'ils pourraient éprouver seront
toujours pour moi les maux les plus sensibles ! que la vie ne
m'est chère que par les services que je puis rendre à la patrie !
que la mort même n'aura point d'amertume pour moi si mes
derniers regards peuvent voir le bonheur de la République aussi
assuré que sa gloire ! »

SÉNATUS-CONSULTE. — Du 18 floréal an 10. (*Adressé
le 20 au Corps législatif et au Tribunat.*)

« Le Sénat, réuni au nombre de membres prescrit par l'article 90 de l'Acte constitutionnel ;

» Vu le message des consuls de la République, transmis
par trois orateurs du gouvernement, et relatif à la paix de la
France avec l'Angleterre ;

» Après avoir entendu sa commission spéciale, chargée, par
son arrêté du 16 de ce mois, de lui présenter ses vues sur le
témoignage de reconnaissance nationale que le Sénat est d'avis
de donner au premier consul de la République ;

» Considérant que dans les circonstances où se trouvent la
République il est du devoir du Sénat conservateur d'employer
tous les moyens que la Constitution a mis en son pouvoir
pour donner au gouvernement la stabilité qui seule multiplie
les ressources, inspire la confiance au dehors, établit le crédit
au dedans, rassure les alliés, décourage les ennemis secrets,
écarte les fléaux de la guerre, permet de jouir des fruits de la
paix, et laisse à la sagesse le temps d'exécuter tout ce qu'elle
peut concevoir pour le bonheur d'un peuple libre ;

» Considérant de plus que le magistrat suprême qui, après
avoir conduit tant de fois les légions républicaines à la victoire,
délivré l'Italie, triomphé en Europe, en Afrique, en Asie, et
rempli le monde de sa renommée, a préservé la France des
horreurs de l'anarchie qui la menaçait, brisé la faux révolutionnaire, dissipé les factions, éteint les discordes civiles et
les troubles religieux, ajouté aux bienfaits de la liberté ceux
de l'ordre et de la sécurité, hâté les progrès des lumières, consolé l'humanité, et pacifié le continent et les mers, a les plus
grands droits à la reconnaissance de ses concitoyens, ainsi qu'à
l'admiration de la postérité ;

» Que le vœu du Tribunat, parvenu au Sénat dans la séance
de ce jour, peut dans cette circonstance être considéré comme
celui de la nation française ;

» Que le Sénat ne peut pas exprimer plus solennellement
au premier consul la reconnaissance de la nation qu'en lui

donnant une preuve éclatante de la confiance qu'il a inspirée au peuple français ;

» Considérant enfin que le second et le troisième consul ont dignement secondé les glorieux travaux du premier consul de la République :

» D'après tous ces motifs, et les suffrages ayant été recueillis au scrutin secret,

Le Sénat décrète ce qui suit :

» Art. 1er. Le Sénat conservateur, au nom du peuple français, témoigne sa reconnaissance aux consuls de la République.

» 2. Le Sénat conservateur réélit le citoyen Napoléon Bonaparte premier consul de la République française pour les dix années qui suivront immédiatement les dix ans pour lesquels il a été nommé par l'article 39 de là Constitution.

» 3. Le présent sénatus-consulte sera transmis par un message au Corps législatif, au Tribunat et aux consuls de la République.

» Signé TRONCHET, président; CHASSET, SERRURIER, secrétaires. »

MESSAGE *adressé au Corps législatif et au Tribunat par les* (second et troisième) consuls. — *Du* 21 *floréal an* 10.

« Les consuls de la République vous transmettent la réponse du premier consul à la délibération du Sénat conservateur en date du 18 de ce mois, et l'arrêté qu'ils ont pris en conséquence de la résolution du premier consul.

» Le second consul, *signé* CAMBACÉRÈS. »

« Du 19 floréal an 10 de la République » une et indivisible.

» BONAPARTE, *premier consul de la République*, au Sénat conservateur.

» Sénateurs, la preuve honorable d'estime consignée dans » votre délibération du 18 sera toujours gravée dans mon » cœur.

» Le suffrage du peuple m'a investi de la suprême magis- » trature : je ne me croirais pas assuré de sa confiance si l'acte » qui m'y retiendrait n'était encore sanctionné par son suf- » frage.

» Dans les trois années qui viennent de s'écouler, la fortune » a souri à la République ; mais la fortune est inconstante, » et combien d'hommes qu'elle avait comblés de ses faveurs » ont vécu trop de quelques années !

» L'intérêt de ma gloire et celui de mon bonheur semble-
» raient avoir marqué le terme de ma vie publique au moment
» où la paix du monde est proclamée.

» Mais la gloire et le bonheur du citoyen doivent se taire
» quand l'intérêt de l'Etat et la bienveillance publique l'ap-
» pellent.

» Vous jugez que je dois au peuple un nouveau sacrifice : je
» le ferai si le vœu du peuple me commande ce que votre
» suffrage autorise.

» Le premier consul, *signé* BONAPARTE. »

« Du 20 floréal an 10 de la République
» une et indivisible.

» Les consuls de la République , sur les rapports des ministres ;

» Le Conseil d'état entendu ;

» Vu l'acte du Sénat conservateur du 18 de ce mois ;

» Le message du premier consul au Sénat conservateur en
date du lendemain 19 ;

» Considérant que la résolution du premier consul est un
hommage éclatant rendu à la souveraineté du peuple ; que le
peuple, consulté sur ses plus chers intérêts, ne doit connaître
d'autres limites que ses intérêts mêmes ;

» Arrêtent ce qui suit :

» Art. 1er. Le peuple français sera consulté sur cette
question : *Napoléon Bonaparte sera-t-il consul à vie ?*

» 2. Il sera ouvert dans chaque commune un registre où
les citoyens seront invités à consigner leur vœu sur cette
question.

» 3. Ces registres seront ouverts aux secrétariats de toutes
les administrations , aux greffes de tous les tribunaux, chez
tous les maires et tous les notaires.

» 4. Le délai pour voter dans chaque département sera de
trois semaines , à compter du jour où cet arrêté sera parvenu
à la préfecture, et de sept jours à compter de celui où l'expédition sera parvenue à chaque commune.

» 5. Les ministres sont chargés de l'exécution du présent
arrêté, lequel sera inséré au Bulletin des lois.

» Le second consul, *signé* Cambacérès. »

Propositions *faites au Tribunat immédiatement après la lecture du message (ci-dessus) des consuls. (Le 24 floréal.)*

1°. Par Siméon.

« Je vois dans l'arrêté qui vient de nous être communiqué une mesure digne de l'assentiment le plus exprès du Tribunat.

» Bonaparte a acquis par d'éclatans et d'innombrables services des droits à la reconnaissance nationale.

» Le Tribunat a émis le vœu qu'il lui en soit donné des témoignages.

» Le Sénat a décerné non ceux que l'opinion publique, dirigée par le sentiment, prononçait, mais ceux qu'il a cru autorisés par ses attributions.

» Bonaparte a pensé que le fardeau d'une élection anticipée, quoique dans l'acte du Sénat, est principalement dans les pouvoirs du peuple, auquel seul il appartient de le lui imposer ; ce n'est que du peuple, comme ce n'est que pour le peuple, qu'il accepterait la prorogation de la suprême magistrature.

» Alors ses collègues au consulat ont avec raison arrêté que le peuple sera consulté ; ils ont usé de l'initiative qui appartient au gouvernement, et ils ont posé la question telle que l'indique l'opinion générale : *Napoléon Bonaparte sera-t-il consul à vie ?*

» Le peuple décidera ; et j'espère qu'il se déterminera moins encore d'après sa reconnaissance que par le besoin qu'il a de repos et de stabilité.

» Il est juste que ce peuple, qui s'est levé avec tant de succès contre ses ennemis, puisse, à présent qu'il n'en a plus, se lever à son propre profit pour le plus grand de ses amis et de ses défenseurs ; qu'il juge, comme le disait hier un de nos honorables collègues, si son vœu est rempli, ou comment il veut le remplir lui-même.

» Je demande « l'impression du message du gouvernement, » et qu'il lui en soit fait un pour le remercier d'avoir pris le » moyen le plus convenable et le plus constitutionnel de rem- » plir le vœu que le Tribunat avait émis relativement au pre- » mier consul. » (*Adopté.*)

2°. Par Chabot (de l'Allier).

« Citoyens collègues, le Tribunat avait émis le vœu qu'il fût donné au général Bonaparte, premier consul de la République, *un gage éclatant* de la reconnaissance nationale : le *Sénat* conservateur n'a pas pensé que la Constitution lui permît de remplir dans toute sa latitude ce vœu, qui était aussi dans son cœur. Nous pouvons maintenant, nous devons l'énoncer tout entier devant le peuple français, appelé à le consacrer.

» Je demande que « les membres du Tribunat expriment » leur vœu sur la question proposée par l'arrêté du gouverne- » ment comme les principales autorités de la République l'ont » exprimé sur la Constitution de l'an 8; qu'en conséquence il » soit ouvert sur le champ, au secrétariat de la commission » administrative, un registre sur lequel chaque membre du » Tribunat inscrira son vote, et que le résultat en soit présenté » au gouvernement par une députation. » (*Adopté.*)

3º. *Le président.*

» Quel jour le Tribunat veut-il fermer le registre des votes?»

Boissy-d'Anglas. « Je demande qu'il reste trois jours ouvert, afin de donner aux membres absens le temps de venir voter. »

Gillet-Lajacqueminière. « Les membres de la commission administrative feront prévenir les absens ; je demande en conséquence que le registre soit clos demain au soir. » (*Adopté.*)

PROPOSITIONS *faites au Corps législatif immédiatement après la lecture du message des consuls du 21 floréal an 10.* (Séance du même jour.)

1º. Par RABAUT-POMMIER.

» Citoyens législateurs, vous méditez en ce moment sur l'arrêté que le gouvernement vient de vous communiquer par un message. Vous vous demandez sans doute si la mesure qu'il ordonne tournera au profit de la République ; vous réfléchissez comme moi sur les conséquences qui pourraient en être le résultat. En effet, c'est vers l'intérêt public que doivent se reporter toutes les pensées du législateur ; c'est aussi sous ce rapport que je veux le considérer.

» Deux ans et demi de gloire et de bonheur se sont écoulés depuis le 18 brumaire ; et dans ce court intervalle de temps la constante sollicitude du gouvernement s'est portée sur tout ce qui pouvait fermer les plaies du corps social, rétablir l'ordre, maintenir la tranquillité publique, et faire rendre à la grande nation le rang qu'elle doit occuper dans le monde politique. Ses efforts ont été couronnés par les plus glorieux succès. Vous avez entendu hier le Sénat conservateur vous en faire le récit, et présenter au premier consul, *comme un gage de la reconnaissance publique*, une prolongation de ses fonctions, que déjà le peuple avait devancée par ses vœux, mais dont il n'appartient qu'à lui seul de mesurer la durée sur l'étendue de sa reconnaissance et de ses besoins.

» Le premier consul désire que le peuple soit consulté. Vous voyez comme moi dans cette honorable conduite du premier consul un hommage rendu à la souveraineté du peuple français, à ce grand principe que notre révolution a si solennellement consacré, et qui a survécu à tous les orages politiques. Le Corps législatif, lui-même soumis à cette volonté suprême, par qui et pour qui il existe, ne saurait exprimer trop solennellement sa reconnaissance pour cette grande marque de respect pour la volonté nationale. En conséquence je propose qu'une députation, composée d'un membre de chacun des départemens de la République, soit chargée de porter au gouvernement l'expression de ses sentimens. » (*Adopté. On choisit le plus âgé des membres de chaque députation.*)

2°. Par V-iennot-Vaublanc.

(Il expose que le Corps législatif doit mettre dans toutes ses démarches une méditation et une lenteur qui leur donnent de l'aplomb et leur concilient les suffrages publics; en conséquence il demande que le président nomme une commission de six membres qui se joindront au bureau, examineront avec lui la proposition adoptée, et en feront leur rapport. — Le Corps législatif adopte cette proposition, et nomme membres de la commission Vaublanc, Lagrange, Marcorelle, Fulchiron, Pictet-Diodati et Lobjoy.)

Rapport *fait* par Vaublanc *dans la séance extraordinaire du 22 floréal an* 10.

« La commission m'a chargé de vous présenter le résultat de ses méditations. Elle a cherché à concilier ce qui est dû à la dignité du Corps législatif et à celle du gouvernement. Les motifs de ● détermination seront suffisamment énoncés dans le projet d'arrêté que j'ai l'honneur de vous présenter en son nom.

» Le Corps législatif, ayant entendu la commission nom-
» mée dans sa séance du 21 floréal pour lui proposer les moyens
» de régulariser les mesures qu'il avait prises sur le message
» du gouvernement du même jour;

» Considérant que, tandis que les citoyens émettaient leur
» vœu pour l'acceptation de la Constitution, les commissions
» législatives existantes alors ouvrirent des registres sur les-
» quels les membres des deux Conseils inscrivirent leur vœu
» individuel ;

» Considérant en outre que dans la circonstance actuelle les
» membres du Corps législatif pourraient n'être pas arrivés
» aux lieux de leur domicile assez à temps pour y inscrire leur
» vœu sur les registres publics ; arrête :

» 1°. La députation d'un membre par département, nom-
» mée dans la séance d'hier, se rendra au palais du gouverne-
» ment pour présenter aux consuls l'expression des sentimens
» du Corps législatif.

2°. Un registre sera ouvert à la commission administra-
» tive pour y recevoir le vœu individuel des membres du
» Corps législatif sur l'objet énoncé dans l'arrêté du gouver-
» nement, et le résultat en sera transmis au gouvernement
» avant la fin de la session actuelle. »

Discours de Ségur. (Même séance.)

« Législateurs, quoique mon opinion soit conforme à celle
de la commission, il me semble qu'elle n'a pas assez précisé
l'ouverture immédiate du registre ; je prends la parole pour
la motiver.

» Lorsque le Tribunat émit un vœu dicté par la reconnaissance nationale pour le premier magistrat de la République,
le Corps législatif, qui éprouvait le même sentiment, crut
avec regret que la Constitution lui interdisait la faculté de
l'exprimer, et de prendre à cet égard aucune initiative. Je
craignis dès lors, d'après les entraves imposées par la Constitution, qu'aucune des autorités établies ne pût remplir complétement un vœu que je crois général. Dans une aussi grande
circonstance, lorsqu'il s'agit de décider si la gloire de nos
armes, les douceurs de la paix, la restauration de l'ordre public, la compression de toutes les factions, seront durables ou
passagères ; lorsqu'il faut imprimer le sceau de la constance à
nos institutions, et enlever aux ennemis du peuple français le
funeste espoir de voir renaître les troubles et les orages qui
tourmentaient la République avant le 18 brumaire ; lorsqu'il
s'agit enfin de donner à l'homme que la France admire, et que
l'Europe nous envie, une récompense digne de nous et de lui,
c'est au peuple souverain seul qu'il faut s'adresser ; c'est lui
seul qui peut réaliser complétement nos vœux, et, par un acte
de sa volonté libre et suprême, assurer solidement son bonheur et son repos en donnant à Bonaparte la marque la plus

éclatante de sa confiance, et le digne prix de ses travaux et de
ses périls.

» La réponse du premier consul au Sénat est parfaitement
conforme à cette opinion. Cet illustre citoyen, à l'esprit duquel
aucune grande pensée n'échappe, exprime à la fois sa reconnaissance pour cette grande autorité et son respect profond
pour la majesté du peuple souverain. Enfin les consuls et le
Conseil d'état, en convoquant la nation, nous donnent le juste espoir de voir disparaître ces tristes bornes que le vrai patriotisme regardait avec inquiétude, et l'envie avec une joie basse
et perfide. Cet arrêté des consuls qui nous est communiqué,
citoyens législateurs, nous laisse une entière liberté d'exprimer nos sentimens; ce n'est point ici l'un de ces actes sur lesquels le silence impartial d'un juge nous est imposé; c'est un
appel au peuple, dont nous faisons partie, et dont nous
sommes les représentans.

» Il me semble, citoyens législateurs, que cette double position de citoyens et de représentans de la nation nous indique
naturellement les deux résolutions que doit prendre le Corps
législatif. Comme législateurs, nous devons envoyer au premier consul une nombreuse députation, pour lui exprimer la
satisfaction que nous fait éprouver sa réponse, où nous admi-
rons tous les sentimens qui justifient si bien la confiance nationale; et, comme citoyens, nous devons ouvrir à l'instant, dans le
bureau de notre commission, un registre où chacun de nous
souscrira son vœu. Ce vœu, je n'en doute pas, répété bientôt
dans toute la République, rassurant tous les amis de la patrie,
enlevant toute espérance aux factions, liera constamment notre
sort aux destinées glorieuses du conquérant de l'Italie et de
l'Egypte, du citoyen courageux qui a terrassé l'anarchie, du
héros dont le génie audacieux a franchi les Alpes; désarmé tous
nos ennemis, vaincu tous nos préjugés, calmé toutes les consciences, et qui vient enfin de donner la paix au monde.

» Je propose donc au Corps législatif l'envoi de la députation nommée à la séance d'hier, et l'ouverture immédiate d'un
registre pour inscrire individuellement notre vœu, et enfin *que
le résultat de cette inscription soit transmis au gouvernement par la députation.* »

Vaublanc. « Cet amendement a été discuté et écarté par la
commission; elle a examiné ce qui serait le plus convenable,
que le vœu fût porté au premier consul ou par un message ou
par la députation, ou qu'il lui fût envoyé par la commission
administrative. Elle a pensé qu'il ne s'agissait pas d'un acte
législatif, mais de l'émission du vœu individuel de chaque

membre comme citoyen sur la question proposée au peuple français par l'arrêté des consuls de la République du 20 de ce mois ; que l'ouverture d'un registre d'inscription dans l'enceinte du Corps législatif a pour objet de faciliter la prompte émission de ce vœu, et qu'il suffisait que le résultat en fût transmis au gouvernement par la commission administrative. »

Le Corps législatif passe à l'ordre du jour sur l'amendement proposé par Ségur, et adopte l'arrêté présenté par Vaublanc.

DISCOURS *prononcé* par Chabot (de l'Allier), *orateur de la députation de quinze membres chargée de présenter au gouvernement les* votes individuels des membres du Tribunat sur le consulat à vie. — *Le 24 floréal an 10.*

« Citoyens consuls, nous venons déposer dans les mains du gouvernement les votes individuels des membres du Tribunat sur cette question soumise à la décision du peuple ; *Napoléon Bonaparte sera-t-il consul à vie ?*

« Voter sur cette grande question, c'était pour le Tribunat voter sur l'exécution même du vœu qu'il avait solennellement émis à sa séance du 16 floréal, et il était convenable sans doute qu'ayant pris l'initiative de la mesure, il fût aussi le premier à l'exécuter.

» Mais bientôt le peuple tout entier manifestera sa volonté suprême. Et comment ne s'empresserait-il pas d'attacher à ses destinées, par le lien le plus durable, l'homme dont la valeur et le génie ont déjà fait tant de prodiges ! qui, toujours vainqueur à la tête des armées, fut toujours grand et magnanime à la tête du gouvernement ; qui sauva la liberté publique, termina la guerre la plus sanglante par la paix la plus honorable, rétablit la morale et la religion, ramena l'ordre et la sécurité, et qui veut encore ajouter à tant de bienfaits celui de consacrer sa vie entière au bonheur de ses concitoyens !

» C'est donc sur ses intérêts les plus chers que le peuple français est appelé à émettre son vœu ; et c'est aussi sous les rapports politiques de la plus haute importance qu'il doit considérer la *proposition* qui lui est faite de nommer *à vie* le chef de sa magistrature suprême.

» Il verra que cette mesure a surtout pour objet d'assurer le repos dont il a si grand besoin, de donner au gouvernement la stabilité qui fait sa force, de calmer les inquiétudes et les craintes sur les événemens futurs, d'éloigner pour jamais les prétentions et les espérances de tous les partis ; de fixer en un mot l'avenir, et de terminer pour toujours la révolution.

» Tels sont les grands motifs qui ont déterminé le Tribunat dans les résolutions qu'il a prises, et sans doute la nation tout entière les sanctionnera bientôt par ses suffrages.

» Une autre considération importante s'offre encore aux amis de la liberté.

» Trop souvent pendant le cours de la révolution on n'avait invoqué la souveraineté du peuple que pour faire en son nom les actes les plus contraires à ses droits.

» Aujourd'hui le premier magistrat de la nation demande lui-même qu'elle soit consultée sur la durée de ses fonctions.

» Et la nation est convoquée pour exprimer son vœu.

» Que cet hommage éclatant rendu à la souveraineté du peuple soit solennellement proclamé !

» Mais qu'avait-on besoin de cette garantie nouvelle ?

» Bonaparte a des idées trop grandes et trop généreuses pour s'écarter jamais des principes libéraux qui ont fait la révolution et fondé la République.

» Il aime trop la véritable gloire pour flétrir jamais par des abus de pouvoir la gloire immense qu'il s'est acquise.

» En acceptant l'honneur d'être le magistrat suprême des Français, il contracte de grandes obligations, et il les remplira toutes.

» La nation qui l'appelle à la gouverner est libre et généreuse ; il respectera, il affermira sa liberté, et ne fera rien qui ne soit digne d'elle.

» Investi de sa confiance entière, il n'usera du pouvoir qu'elle lui délègue que pour la rendre heureuse et florissante.

» Il distinguera ses véritables amis, qui lui diront la vérité, d'avec les flatteurs, qui chercheront à le tromper.

» Il s'entourera des hommes de bien, qui, ayant fait la révolution, sont intéressés à la soutenir.

» Il sentira qu'il est de son intérêt comme de sa gloire de conserver aux autorités chargées de concourir avec lui à la formation des lois de l'Etat la dignité, la force et l'indépendance que doivent avoir les législateurs d'un grand peuple.

» Bonaparte enfin sera toujours lui-même ; il voudra que sa mémoire arrive glorieuse et sans reproche jusqu'à la postérité la plus reculée ; et ce ne sera jamais de Bonaparte qu'on pourra dire *qu'il a vécu trop de quelques années !* »

RÉPONSE *du premier consul.*

« Ce témoignage de l'affection du Tribunat est précieux au gouvernement.

» L'union de tous les corps de l'Etat est pour la nation une garantie de stabilité et de bonheur.

» La marche du gouvernement sera constamment dirigée dans l'intérêt du peuple, d'où dérivent tous les pouvoirs, et pour qui seul travaillent tous les gens de bien. »

DISCOURS *prononcé* par Viennot-Vaublanc, *orateur de la députation (de cent deux membres) chargée de porter au gouvernement le* vœu *du Corps législatif sur le consulat à vie.* — *Le 24 floréal an* 10.

« Citoyens consuls, le Corps législatif, après avoir félicité le gouvernement sur la paix générale, devait, d'après la nature de ses fonctions, attendre que le Sénat conservateur et le Tribunat prissent l'initiative de la reconnaissance nationale.

» En recevant le vœu prononcé par le Tribunat nous avons regretté que les bornes constitutionnelles de nos fonctions ne nous permissent pas de nous unir à une démarche qui n'était que l'expression du vœu de tous les Français.

» L'arrêté que le gouvernement nous a transmis consacre l'hommage que le premier consul a rendu à la souveraineté nationale. Le Corps législatif a vu dans cet appel fait à une nation libre le seul moyen digne d'elle de proclamer une noble récompense des plus nobles travaux; il a cru qu'il devait annoncer son opinion par une démarche solennelle. Il partage la reconnaissance exprimée par les actes du Sénat et du Tribunat, et rend hommage, comme le gouvernement, au principe de la souveraineté nationale : c'est à elle à prononcer, c'est à elle à marquer les premières années d'une magistrature si glorieuse par une résolution utile aux intérêts de la République, rassurante pour le repos de l'Europe, autant qu'honorable pour le magistrat illustre qui en est l'objet.

» Citoyen premier consul,

» Lorsque le génie de la France vous confia ses destinées vous nous promîtes la paix. Cette promesse solennelle retentit dans tous les cœurs; et aux difficultés de ce grand ouvrage une confiance inébranlable opposait la promesse du premier magistrat : elle est accomplie aujourd'hui; la France n'a plus d'ennemis.

» Nous attendons de vous maintenant le plus haut degré de gloire et de prospérité auquel un peuple puisse parvenir par la liberté politique, civile et religieuse; par l'agriculture, le commerce, les arts de l'industrie et du génie. Vos principes et vos talens en sont un gage assuré; et, aux obstacles que présentera la nature des choses, la confiance nationale opposera la magnanimité de vos desseins et la constance de vos travaux.

» Ainsi toujours, entre le peuple et vous, subsistera le lien inaltérable d'une auguste et mutuelle confiance, qui lui garantit vos efforts pour son bonheur, et vous assure des siens pour vos succès.

» Bientôt, par une résolution nationale, sera satisfaite la reconnaissance publique, et le gouvernement affermi ; bientôt seront récompensés les travaux d'une magistrature couverte par vous d'un éclat digne de la grandeur du peuple qui l'a instituée. »

RÉPONSE *du premier consul.*

« Les sentimens que vous venez d'exprimer, et cette députation solennelle, sont pour le gouvernement un gage précieux de l'estime du Corps législatif.

» J'ai été appelé à la magistrature suprême dans des circonstances telles que le peuple n'a pu peser dans le calme de la réflexion le mérite de son choix.

» Alors la République était déchirée par la guerre civile ; l'ennemi menaçait les frontières ; il n'y avait plus ni sécurité ni gouvernement. Dans une telle crise ce choix a pu ne paraître que le produit indélibéré de ses alarmes.

» Aujourd'hui la paix est rétablie avec toutes les puissances de l'Europe ; les citoyens n'offrent plus que l'image d'une famille réunie, et l'expérience qu'ils ont faite de leur gouvernement les a éclairés sur la valeur de leur premier choix. Qu'ils manifestent leur volonté dans toute sa franchise et dans toute son indépendance ; elle sera obéie : quelle que soit ma destinée, consul ou citoyen, je n'existerai que pour la grandeur et la félicité de la France. »

DISCOURS *sur le traité de paix d'Amiens*, prononcé par Gallois, *orateur du Tribunat, devant le Corps législatif.— Séance du* 30 *floréal an* 10.

« Législateurs, le traité conclu à Amiens, et que vous avez transmis au Tribunat, rétablit l'union entre deux peuples dont la guerre ou la paix produit depuis un siècle la guerre ou la paix du monde ; il est le dernier acte de la pacification générale.

» Cette guerre désastreuse, qui pendant dix années avait bouleversé l'Europe, si terrible par l'énergie de sa cause, par toutes les passions qu'elle avait soulevées, par tous les moyens d'action et de résistance qu'elle avait inspirés, par les revers comme par les succès des principes contraires qui en dirigeaient les mouvemens, est enfin terminée par une paix que peuvent

également avouer l'honneur et l'intérêt des nations, par une
paix digne des triomphes qui l'ont préparée et de tous les sentimens généreux qui l'ont invoquée et accomplie.

» Comment un peuple qui voulait être libre et indépendant
put-il trouver au rang de ses ennemis un peuple qui devait à
son indépendance et à sa liberté toute sa puissance, son bonheur et sa gloire? Législateurs, laissons sur l'origine et toutes
les circonstances de cette guerre le voile dont l'humanité vient
enfin de les couvrir; ce n'est pas au jour de la réconciliation
qu'il faut rappeler les souvenirs de la discorde.

» Trop longtemps les assemblées nationales des deux peuples
ont retenti des sermens de la haine et des cris d'extermination;
trop longtemps des vœux impies contre l'humanité ont été
accueillis, honorés comme les vives expressions de l'amour
de la patrie : on voulait exalter les âmes; on ne faisait qu'en-
flammer les imaginations, et, sans donner à la guerre des
moyens plus décisifs, on rendait le retour à la paix plus
difficile.

» Dans le cours de cette longue et cruelle division, quelques
paroles de paix se firent entendre; mais la défiance, la crainte,
d'anciens et profonds ressentimens étaient restés au fond des
cœurs, et l'humanité perdit l'espérance de voir finir tant de
maux. Il fallait, pour que la paix fût véritablement rétablie,
que les hommes dont les passions avaient allumé la guerre, ou
dont l'aveugle obstination l'avait tant prolongée, eussent perdu
leur funeste influence dans les conseils des états; il fallait
qu'en France un gouvernement, appelé par tous les vœux et
tous les intérêts, fort de la confiance de la nation et de l'ascendant de la gloire, pût offrir à l'Europe, dans la paix intérieure rétablie par ses soins, un gage de stabilité pour la paix
étrangère.

» Alors l'Europe vit un terme aux calamités dont elle était
accablée; tous les obstacles qui s'opposaient à la paix furent
enfin écartés; tous les motifs, toutes les circonstances qui
pouvaient en diminuer les difficultés se trouvèrent réunis; et
tandis que le roi de la Grande-Bretagne présentait à la France,
pour la sincère et prompte conciliation de leurs intérêts, l'honorable caractère d'un des plus illustres citoyens de l'empire
britannique, le premier magistrat de la nation confiait l'expression du vœu public et de ses sentimens à la noble franchise,
à la libéralité d'esprit et aux affections personnelles du négociateur qui l'avait secondé avec tant de succès dans les premiers
actes de la pacification générale : ce choix fut pour ainsi dire
la proclamation de la paix. Trois mois, en effet, s'étaient à
peine écoulés, et la paix était rendue au monde.

» Législateurs , avant de vous offrir les considérations générales qui résultent de ce traité , je dois mettre sous vos yeux
l'examen de ses dispositions principales.

» La première est relative aux prisonniers des deux états.
Il a été décidé par l'article 2 que les dépenses d'entretien et de
nourriture des prisonniers de chaque nation seraient payées
par leurs gouvernemens respectifs.

» C'est à la paix de 1763 que cette règle a été établie pour
la première fois. L'Angleterre avait pris pendant le cours de
la guerre environ vingt–uu mille matelots français ; elle exigea
par l'article 3 du traité que leurs dépenses seraient payées par
la France. La même disposition fut renouvelée à la paix
de 1783.

» Les discussions qui s'étaient élevées sur cet objet à l'époque
des préliminaires se sont reproduites dans la négociation du
traité défiuitif. « Les puissances contractantes , disaient les
» préliminaires , se réservent de décider cette question par le
» traité définitif, conformément au droit des gens et aux prin-
» cipes consacrés par l'usage. » Le droit des gens et les principes consacrés par l'usage étaient sans doute suffisamment
établis par cette longue suite de traités uniformes d'après lesquels , y est-il dit , « les prisonniers sont rendus sans rançon ni
» répétition quelconque » ; et ce droit et cet usage ne pouvaient
être altérés par les seuls traités de 1763 et de 1783 , qu'on ne
doit regarder que comme des exceptions. Le gouvernement
français , après avoir refusé de reconnaître cette disposition
comme principe , l'a adoptée comme moyen plus prompt de
conciliation et de paix ; mais il a fait admettre par compensation « qu'on porterait en compte non seulement les dépenses
» faites par les prisonniers des nations respectives , mais aussi
» par les troupes étrangères qui , avant d'être prises , étaient
» à la solde et à la disposition de l'une des parties contrac-
» tantes. »

» La justice de cette compensation a été hautement reconnue
par l'un des ministres britanniques dans la séance de la chambre
des communes du 4 novembre dernier. Il a déclaré que,
« puisque ces troupes étaient non seulement à la solde, mais
» à la disposition de l'Angleterre, il était raisonnable de les
» traiter comme prisonniers de guerre anglais. »

» Déjà le gouvernement anglais s'est empressé de rendre à
leur patrie ces braves Français qui dans les rigueurs d'une
longue captivité, aggravées encore sans mesure par des passions politiques qui leur étaient étrangères, ne cessaient de
faire des vœux pour la prospérité de la France , et lui offraient
chaque jour, dans les chants consacrés à la victoire nationale,

leur enthousiasme pour sa gloire, et l'oubli de tous les maux qu'ils souffraient pour elle.

» Toutes les possessions et colonies de la République française et de ses alliés, qui ont été conquises par l'Angleterre dans le cours de la guerre actuelle, leur sont restituées, à l'exception de l'île de la Trinité, qui est cédée par l'Espagne à l'Angleterre, et les établissemens de l'île de Ceylan, qui lui sont cédés par la république Batave. Le cap de Bonne-Espérance reste à la république Batave en toute souveraineté comme avant la guerre.

» Ainsi la France recouvre la Martinique, Sainte-Lucie et Tabago, améliorées, et surtout préservées des calamités de la guerre et de la dévastation des troubles intérieurs ; elle recouvre ses établissemens d'Afrique et de l'Inde, prêts à recevoir toutes les impulsions d'une industrie plus libre, plus active et plus forte. Bientôt le commerce, reprenant son essor, protégé par une législation éclairée, par un gouvernement juste et ferme, par la gloire du nom français, rentrera dans ses anciennes routes, et en cherchera de nouvelles.

» Nos pêcheries sur les côtes de Terre-Neuve, etc., « sont » remises, par l'article 15, sur le même pied où elles étaient » avant la guerre. »

» On sait que le traité de paix du 3 septembre 1783 termina toutes les contestations qui existaient depuis le traité d'Utrecht, en réglant de nouvelles limites, et que la déclaration explicative du même jour donna à la pêche française plus de facilités et de sûreté. Il résulta de ce nouvel ordre de choses une très grande amélioration : on voit en effet, par les tableaux comparatifs de 1773 et de 1788, que dans l'espace de ces quinze années les valeurs d'exportation s'élevèrent de six millions à douze millions et demi. L'honneur du pavillon français fut rétabl par ce traité ; la pêche fut protégée par les bâtimens de guerre jusqu'en 1793 ; nos pêcheries, sur un territoire borné, occupaient autant de bras que toutes les pêcheries anglaises.

» Le traité d'Amiens nous replace dans la même situation où nous étions avant la guerre. Bientôt une grande activité régnera dans les ports de l'Océan destinés à ces expéditions ; et déjà les capitaux, reprenant leur ancienne direction, vont ranimer et étendre cette branche précieuse du commerce et de la marine de la France

» L'Angleterre restitue à la république Batave ses îles à épiceries, ses établissemens de l'Inde et ses colonies de Surinam, Demerari, Berbice, Essequibo, que les capitaux et l'industrie des Anglais out portées au plus haut degré de prospérité. Des états authentiques publiés récemment prouvent qu'en 1801 les exportations de quelques denrées ont été les unes vingt fois, les autres quarante fois plus considérables qu'en 1799. Ainsi l'occupation temporaire de ces colonies par l'Angleterre aura donné à la république Batave un accroissement de richesses dans cette partie du monde.

» L'Angleterre n'a pu certainement faire valoir comme un sacrifice la restitution du Cap ; il a été prouvé, par des calculs qui paraissent mériter toute confiance, que le commerce du Cap depuis que l'Angleterre le possède, c'est à dire depuis 1795, n'est entré dans son commerce général que pour la sixcentième partie.

» On sait d'ailleurs dans quelles dépenses excessives cet établissement a jusqu'ici entraîné le gouvernement anglais. Ce n'est que sous l'administration économe et attentive des Hollandais que le Cap peut être une possession utile, et payer les frais de son régime civil et militaire.

» Le changement que la révolution batave a produit dans le système politique et administratif de la République, en faisant cesser la domination des intérêts exclusifs, et introduisant plus de liberté dans l'organisation commerciale du Cap, va donner à cette colonie un degré de prospérité qu'elle n'avait jamais eu.

» Tout ce que l'Angleterre pouvait désirer, c'est le droit qui lui est accordé, ainsi qu'aux autres puissances contractantes, « d'y faire relâcher leurs bâtimens de toute espèce, » et d'y acheter les approvisionnemens nécessaires, comme » auparavant, sans payer d'autres droits que ceux auxquels » la République batave assujettit les bâtimens de sa nation. »

» Les établissemens de l'île de Ceylan sont pour l'Angleterre une acquisition très utile, considérés sous le rapport de l'intérêt politique ; elle y trouve des moyens de défense pour ses domaines de l'Inde, des ports vastes et sûrs pour ses flottes, des retraites pour ses armées ; mais, sous le rapport de l'intérêt commercial, Ceylan n'a rien ajouté jusqu'ici à la richesse de ses possesseurs. Les longues et sanglantes guerres que la compagnie hollandaise a eues à soutenir pendant un siècle avec les habitans de l'île et les vices de son régime intérieur y avaient arrêté tout progrès d'amélioration : il est reconnu qu'avant la guerre le revenu territorial, les douanes et les autres petites branches de commerce ne suffisaient pas pour payer les frais de son administration et de sa défense.

» Par l'article 4 le roi d'Espagne cède à l'Angleterre l'île de la Trinité, qu'elle occupe depuis 1797. Le gouvernement espagnol avait déjà commencé la prospérité de cette colonie en ouvrant ses ports à tous les vaisseaux, en y appelant les capitaux et l'industrie de toutes les nations. Placée entre le nord et le sud de l'Amérique, cette île sera pour l'Angleterre un nouveau théâtre de combinaisons commerciales. Mais l'Espagne trouvera sans doute dans les améliorations qu'elle a déjà faites à son système colonial, et dans celles dont il est encore susceptible, le moyen d'affaiblir une activité qui lui serait nuisible.

» La République, vous a dit le gouvernement dans son
» message du 16 de ce mois, devait à ses engagemens et à
» la fidélité de l'Espagne de faire tous ses efforts pour lui
» conserver l'intégrité de son territoire : ce devoir elle l'a
» rempli dans tout le cours des négociations avec toute l'é-
» nergie que lui permettaient les circonstances. Le roi d'Es-
» pagne a reconnu la loyauté de ses alliés, et sa générosité
» a fait à la paix le sacrifice qu'ils s'étaient efforcés de lui
» épargner : il acquiert par là de nouveaux droits à la re-
» connaissance de l'Europe. Déjà le retour du commerce con-
» sole ses états des calamités de la guerre, et bientôt un es-
» prit vivifiant portera dans ses vastes possessions une nou-
» velle activité et une nouvelle industrie. »

» L'article 7 détermine de nouvelles limites entre la Guyane française et la Guyane portugaise. La limite de l'intérieur reste au même point où l'avait fixée le traité de Madrid du 7 vendémiaire dernier. Celle du côté de la mer est établie à la rivière d'Arawari, et se trouve ainsi reculée d'environ un degré vers le nord. Mais le véritable objet qu'on devait se proposer est rempli, puisqu'on a enfin terminé des difficultés qui existaient depuis un siècle entre les deux états, en réglant des limites que le traité d'Utrecht avait mal indiquées, et qu'on a fait cesser de vains motifs d'inquiétude et de crainte.

» La rectification des frontières de l'Espagne et du Portugal, en Europe, reste fixée conformément à l'article 3 du traité de Badajoz, par lequel le district d'Olivenza à été cédé à l'Espagne.

» L'article 10 a pour objet la nouvelle organisation de l'île de Malte. La création d'une langue maltaise, et le droit accordé aux habitans d'occuper la moitié des emplois civils, auront une grande influence sur l'amélioration du régime intérieur ; les abus qu'on reprochait à l'ancienne administration pourront être plus facilement corrigés. Les Maltais, trouvant dans un gouvernement plus national la protection et l'exercice des droits dont ils se plaignaient d'être privés, n'iront plus, pour se soustraire à l'autorité établie, s'attacher au service des autres puissances, ou acheter les patentes d'un évêque ou d'un inquisiteur: on ne les verra plus faire naître leurs enfans sur une terre voisine pour leur donner, par le titre d'une naissance étrangère , le droit de concourir au gouvernement de leur pays.

» D'après les articles préliminaires , l'île de Malte devait être évacuée par les troupes anglaises , et rendue à l'ordre de Saint-Jean de Jérusalem ; on avait stipulé en outre que, pour assurer l'indépendance absolue de cette île , soit envers la France, soit envers l'Angleterre , elle serait mise sous la garantie et la protection d'une puissance tierce qui serait désignée par le traité définitif.

» On a trouvé sans doute trop de difficultés dans ce choix : on a dû craindre que l'indépendance d'un état faible placée sous la garantie d'un état puissant ne ressemblât trop à une dépendance réelle , et qu'une telle disposition ne fît naître les dangers mêmes qu'on voulait prévenir; on a dû voir que le seul moyen d'établir cette indépendance était d'appeler à la protection et à la garantie de ce nouvel ordre de choses toutes les puissances dont les intérêts opposés ne pouvaient être conciliés qu'en les réunissant dans un intérêt commun.

» L'indépendance de Malte et sa neutralité sont une mesure utile à toutes les puissances maritimes. Sa situation dans la Méditerranée , sa proximité des côtes d'Afrique , de celles d'Italie , de France et d'Espagne , auraient fait pour chacune d'elles , de la possession exclusive de cette île , un objet continuel de jalousie et d'inquiétude ; aucune n'eût trouvé dans cette nouvelle acquisition des avantages suffisans pour dédommager des frais de défense et d'administration qu'elle aurait exigés. Quant à l'Angleterre en particulier , qui occupait cette île depuis deux ans , il est bien reconnu que Malte ne peut offrir à son industrie aucun nouveau moyen de développement : l'Angleterre n'a jamais eu dans le Levant qu'un commerce très borné ; ses importations n'étaient pas de plus de sept millions de notre monnaie dans le même temps où celles de la France étaient de plus de trente-cinq. Pendant tout le cours de la guerre les exportations des manufactures anglaises n'ont pas excédé deux millions sept cent mille livres par année.

» L'intérêt commun des puissances maritimes est que les ports de Malte soient ouverts à leur commerce et à leur navigation , et que chacune d'elles puisse trouver dans un hospice général des moyens égaux de secours et de sûreté : cet avantage leur est assuré par le traité.

» Une seule puissance est exceptée de ces dispositions ; ce sont les états barbaresques. L'entrée des ports de Malte leur est interdite « jusqu'à ce que, dit le § 9, par le moyen d'un arrangement que procureront les parties contractantes , le système d'hostilités qui subsiste entre les états barbaresques,

» l'ordre de Saint-Jean de Jérusalem et les puissances pos-
» sédant des langues, ou concourant à leur exécution, ait
» cessé. »

» On ne pouvait en effet, dans l'état actuel d'hostilités,
établir que l'ordre de Malte, qui reçoit de ces puissances une
partie de ses revenus, offrirait dans ses ports à leurs ennemis un asile sûr, où ils pourraient attendre les bâtimens de
commerce à leur sortie des ports de la Sicile, de l'Adriatique,
du Levant.

» Mais cette union des quatre grandes puissances maritimes
pour la liberté et la sûreté des mers, cette stipulation solennelle en faveur de la justice et de la civilisation, distinguent
par un caractère bien honorable le système de politique qui
a dirigé la négociation d'Amiens. Ce n'est point en effet pour
leur propre intérêt qu'elles forment ce noble concours ; leurs
traités particuliers avec les puissances barbaresques donnent
à leur commerce et à leur navigation une garantie suffisante :
c'est pour des intérêts étrangers, que leurs anciens principes
de politique, que les maximes hautement avouées de leurs écrivains et de leurs hommes d'état leur ont jusqu'ici dénoncés
comme des intérêts ennemis, et que l'humanité peut justement leur reprocher d'avoir longtemps combattus par des
moyens trop peu dignes d'elles.

» Puisse ce généreux projet, si digne d'un siècle qui donne
tant d'espérances pour le triomphe des idées libérales, ramener
enfin la culture, l'industrie, tous les bienfaits de la société civile sur ces côtes, si célèbres autrefois par leurs arts, leurs
richesses, leur commerce, et où depuis tant de siècles une
population immense végète dans l'ignorance, l'oppression et
le pillage !

» L'article 20 consacre une disposition que réclamaient depuis
longtemps la morale publique et l'intérêt général de la société :
il autorise chacune des puissances contractantes à demander le
renvoi devant les tribunaux de son territoire de toutes les personnes qui, après y avoir commis des crimes de meurtre, de
falsification, de banqueroute frauduleuse, se seraient réfugiées
sur le territoire de l'autre puissance. Mais cette traduction en
justice ne pourra avoir lieu, est-il dit dans l'article, « que lors-
» que l'évidence du crime sera si bien constatée que les lois du
» lieu où l'on découvrira la personne ainsi accusée auraient au-
» torisé sa détention et sa traduction devant la justice, au cas
» que le crime y eût été commis. »

» Cet article fait cesser le scandale de ces asiles politiques
qui offraient, dans le droit de juridiction territoriale, une invitation permanente aux délits étrangers ; qui ouvraient aux

plus grands coupables de tous les empires une retraite sûre ,
où ils pouvaient braver les lois de leurs pays, et recueillir le
fruit de tous leurs attentats. Il établit enfin le principe qu'il
est des crimes qui par leur nature sont des actes d'hostilité
contre le genre humain. Mais, en ôtant aux coupables cette
grande espérance d'impunité, il laisse à l'innocence persécutée
ou méconnue tous les secours que lui doit la bonté , tout l'appui que lui doit la justice ; il lui laisse le droit de respirer en
paix dans l'asile qu'elle a choisi. Il concilie ainsi le maintien
de l'ordre public avec la protection de la liberté individuelle ,
les devoirs envers la société générale avec l'indépendance de
l'Etat , la punition du crime avec le respect dû à la vertu malheureuse.

» Tels sont , législateurs , les principales dispositions du
traité que vous avez offert à l'examen du Tribunat ; vous y remarquerez, comme lui, l'esprit d'équité qui a présidé à la discussion de tous les droits , au balancement de toutes les prétentions, de toutes les espérances. C'est en effet dans ces com-
pensations réciproques, dans ces combinaisons de pouvoir, de
territoire et d'influence, faites avec justice et modération, que
se trouve la véritable garantie de toute paix , parce que c'est là
que se trouve l'intérêt qu'ont les puissances contractantes de
n'en point interrompre le cours.

» L'expérience ne l'a que trop appris , ce n'est point l'acte
de la pacification qui constitue la paix des peuples ; un traité
de paix n'est trop souvent qu'un appel au temps et à la fortune.

» Qu'attendre en effet, pour le repos des empires , de ces
stipulations immodérées qui satisfont un moment l'orgueil
d'une nation aux dépens de son véritable intérêt, et ne savent
que placer les peuples entre la jalousie qu'excite la puissance
et le mépris qu'inspire la faiblesse ? Elles laissent le présent
sans stabilité , et l'avenir sans garantie.

» Heureusement pour la tranquillité de l'Europe , cette
paix est utile à chacune des puissances contractantes. Dans la
situation forcée où les tenait depuis dix ans l'exagération continue de tous leurs moyens, la paix était devenue pour elles le
premier, le plus impérieux des besoins ; toutes avaient un
égal intérêt de terminer une guerre destructive de leur agriculture, de leur industrie, de leur commerce. Il n'est aucune
d'elles pour qui l'avantage qu'elle aurait désiré acquérir, ou
qu'elle aurait voulu conserver, eût pu balancer les malheurs
d'hostilités nouvelles.

» Partout en effet les plus éclatans, les plus solennels témoignages de la joie publique ont donné à cette paix , si long-

temps désirée , la sanction de la conscience nationale; partout
la voix des peuples a déclaré que les gouvernemens pacificateurs
avaient bien mérité de la patrie et de l'humanité.

» Le traité d'Amiens laisse la France et l'Angleterre dans
la possession des avantages qui convenaient plus particulièrement à l'une et à l'autre par rapport à sa situation politique ;
elles ne peuvent ni se nuire par la nature de leurs acquisitions,
ni se troubler dans l'emploi des moyens qui y sont analogues.

» La France a agrandi son empire continental. Forcée de
vaincre pour n'être pas soumise à la domination du vainqueur,
d'occuper le territoire de ses ennemis pour ne pas subir le partage du sien , elle en a conservé une partie comme compensation des calamités de la guerre.

» Et cet accroissement même , pour nous servir ici des propres expressions de l'un des ministres de sa majesté britannique , « cet accroissement n'est pas aussi grand qu'il pourrait
» le paraître si on le compare à l'accroissement des autres
» puissances principales du continent. »

» Mais la France a , comme l'Angleterre, de grands maux
à réparer : elle a besoin de rétablir sur son territoire les principes de prospérité que la guerre extérieure et les troubles civils
ont détruits ou affaiblis ; elle a besoin de créer de nouvelles
sources de richesses, proportionnées à l'accroissement de son
empire et de son existence politique ; elle a besoin qu'une législation éclairée, qu'une administration vigilante étendent
partout leur commune influence, pour faciliter à l'industrie
nationale tous ses moyens d'action , pour écarter les obstacles
qui pourraient en contrarier les mouvemens.

» Et cependant , au moment même où toutes les pensées,
tous les intérêts se dirigent vers le développement de sa force
intérieure , des hommes dont les conseils violens ont si longtemps égaré les chefs des nations menacent l'Europe de l'ambition de la France , et appellent de nouvelles calamités pour
le monde !

» Non, l'Europe n'a point à craindre que la France, eni-
vrée du souvenir de ses triomphes et du sentiment de sa grandeur, aille rouvrir la carrière des combats pour y chercher un
prix si peu digne de sa véritable gloire. Lorsqu'elle vit son indépendance attaquée, son territoire menacé et près d'être envahi, elle s'arma, pour le maintien de ses droits , de toute la
puissance que lui offraient la dignité nationale outragée et la
liberté en péril : à sa voix la partie la plus généreuse , la plus
active , la plus énergique du peuple français courut se précipiter sur tous les champs de bataille pour y triompher ou périr.
Elle triompha, et l'indépendance de l'Europe fut sauvée avec

l'indépendance de la France. La terre a retenti de ces miracles de la valeur, de la constance, du dévouement à la patrie, et l'histoire les redira aux dernières générations pour l'exemple et l'honneur de la nature humaine. Aujourd'hui le noble objet de tant d'efforts est rempli : la France a fait assez pour sa sûreté, pour sa gloire; elle sait que la force réelle d'un état est dans sa force reproductive, dans l'augmentation du travail, dans l'accroissement et la circulation des capitaux, dans la liberté du commerce et de l'industrie, dans un système défensif bien organisé, dans les lois civiles qui protégent les personnes et les propriétés, dans les lois politiques qui sont la garantie des bonnes lois civiles et de leur impartiale exécution.

« Bien des années, vous disait le gouvernement il y a peu
» de jours, bien des années s'écouleront désormais sans vic-
» toires, sans triomphes, sans ces négociations éclatantes qui
» font la destinée des états; mais d'autres succès doivent mar-
» quer l'existence des nations, et surtout l'existence de la
» République. Partout l'industrie s'éveille; partout le com-
» merce et les arts tendent à s'unir pour effacer les malheurs
» de la guerre; des travaux de tous les genres appellent la
» pensée du gouvernement. Le gouvernement remplira cette
» nouvelle tâche avec succès aussi longtemps qu'il sera investi
» de l'opinion du peuple français. Les années qui vont s'écou-
» ler seront moins célèbres; mais le bonheur de la France
» s'accroîtra des chances de gloire qu'elle aura dédaignées. »

» C'est dans cette direction invariable de toutes les pensées et de tous les efforts individuels, de tous les actes de la législation et du gouvernement vers l'amélioration de l'Etat, que se trouvent ainsi heureusement réunies et la garantie de la prospérité de la France et celle de la paix de l'Europe.

» L'Angleterre, pendant le cours de la guerre qui vient de finir, a acquis dans l'Inde un royaume riche et puissant, qui, réuni à son ancien territoire, forme le tiers du continent indien : la paix d'Amiens lui assure la possession des établissemens hollandais de Ceylan et de l'île de la Trinité. Ainsi un théâtre plus grand s'est ouvert aux entreprises de son industrie; bientôt de nouvelles combinaisons vont lier ensemble d'une manière plus intime toutes les parties de la puissance commerciale et de la puissance politique de la Grande-Bretagne.

» Tandis qu'elle enverra ses vaisseaux rouvrir ses anciens marchés, chercher partout des marchés nouveaux, la France, riche d'elle-même, ranimera, multipliera sur son vaste et fertile territoire tous les élémens de sa prospérité; elle rétablira ses routes, en construira de nouvelles, creusera des canaux, agrandira sa navigation et sa marine, étendra son commerce par son agriculture, excitera l'action de toutes les industries, donnera plus de stabilité à ses institutions civiles et politiques, et assurera sur leurs véritables bases la richesse, la puissance et la liberté de la nation.

» Ainsi la France et l'Angleterre, placées chacune dans une situation différente, et développant dans cette situation tous les moyens d'activité qui lui sont propres, marcheront ensemble vers un but commun, leur bonheur mutuel et le maintien de la paix du monde.

» Éclairées enfin par une trop longue et trop funeste expérience, elles sauront que ce n'est plus ni la jalousie mercantile qu'elles doivent choisir pour conseil, ni les préventions nationales qu'elles doivent prendre pour règle de leurs rapports de commerce et de politique; elles sauront que leur véritable intérêt est dans l'accroissement réciproque de leur agriculture, de leur commerce et de leur industrie, pour que tous leurs moyens d'échange deviennent plus nombreux, que tous les produits du territoire et de l'art acquièrent une plus grande valeur dans un marché plus étendu, plus rapproché, et dont les retours sont plus prompts; pour que des modèles nouveaux de perfection dans l'immense domaine des arts, des lettres et des sciences, soient constamment offerts à leur commune activité; enfin pour que la richesse de l'une devienne le gage permanent de la richesse de l'autre. Elles sauront que cette politique libérale est aujourd'hui le résultat nécessaire de la forces des choses, du progrès des lumières, de l'état des sociétés; et elles diront, avec cet illustre pair d'Angleterre dont la mort prématurée a été une calamité publique : *donnons un autre but à la rivalité nationale ; faisons fleurir ensemble, au sein de la paix, l'agriculture, les manufactures et le commerce.*

» Que ce dernier vœu d'une âme généreuse, d'un véritable ami de son pays, devienne enfin le vœu des deux nations! Que l'émulation des bonnes lois, de la liberté, de tous les efforts de la raison humaine pour le perfectionnement de la société vienne enfin remplacer, dans le siècle qui commence, cette sanglante rivalité qui pendant huit siècles, et pendant quarante années du siècle dernier, a désolé les deux empires pour de vaines prétentions de territoire, de trône et de commerce exclusif! Oui, c'est à ce noble concours de toutes les lumières, de tous les arts, de toutes les vertus des deux nations, que sont maintenant attachées leurs nouvelles destinées et toutes les espérances du genre humain.

» Le Tribunat a voté à l'unanimité l'adoption du projet de loi. »

PROPOSITION *faite* par Darracq *au Corps législatif après
la conversion en loi du traité d'Amiens.* — Séance
du 30 *floréal an* 10.

« Mes collègues, je viens vous proposer de terminer votre
intéressante session par un grand acte, par un acte tellement grand que l'importance des travaux que vous y avez
approuvés et le bien qui doit en découler sont seuls capables de
le balancer, peuvent seuls le légitimer.

» L'homme est essentiellement imitateur; les beaux exemples
le portent au faîte de la gloire.

» Aussi les anciens et les modernes ont-ils confié aux métaux
les plus capables de résister aux ravages du temps les événemens, les hauts faits dont ils ont cru devoir enrichir la postérité ; et peut-être est-ce entr'autres à ce soin que nous sommes
redevables de notre civilisation.

» Sans doute que *l'imprimerie*, ajoutant à ce moyen antique,
nous fournit des facilités de développement que n'eurent pas
les premiers peuples ; mais elle ne saurait ni exclure ni remplacer la *gravure*.

» Combien d'accidens ont privé, peuvent encore priver la
société de découvertes heureuses, de traits brillans, d'exemples
magnanimes, dont *l'imprimerie* aurait seule reçu le dépôt !

» Et chaque jour de nouvelles fouilles mettent en lumière des
médailles qui révèlent ou qui éclairent des faits intéressans de
la plus haute antiquité.

» Puis, comme on l'a dit, le peuple en général ne lit pas,
n'a pas le temps de lire ; et il est des actions, des événemens
dont on ne sauroit trop lui retracer l'histoire.

» *L'imprimerie* ne peut presque rien pour lui ; la gravure
peut tout.

» Or, je le demande, est-il, je ne dis pas même pour des
Français, mais pour des amis de l'humanité, de l'ordre, est-il
pour des citoyens, pour des hommes, un événement plus intéressant que la pacification universelle, à qui vous venez de
donner le caractère de loi !

» Les législateurs de la France peuvent-ils léguer à la postérité quelque chose de plus avantageux, de plus grand, quelque
chose de plus digne et de leur mission et de la gloire qu'ils lui ont
préparée !

» Quelques magnifiques que soient les avantages que cet acte
du gouvernement assure à la France et pour l'étendue de son
territoire, et pour sa population, et pour le rang qu'elle doit
occuper parmi les nations, j'en suis moins touché que de la
garantie qu'ont promis à sa liberté des puissances qui ne nous

combattaient que par prévention contre cette même liberté.

» O liberté! liberté! idole des grands cœurs! quand, avec les moyens de le féconder, tu ne porterais pas avec toi le germe de toutes les vertus, de tous les genres de gloire, de prospérité, de bonheur, qui doivent enfin te concilier toutes les affections;

» Quand la Légion d'Honneur, dont le génie protecteur de la République vient de l'embellir et de la fortifier, ne t'offrirait pas un boulevart impénétrable;

» Le traité d'Amiens est pour toi un sanctuaire qu'on ne violera pas impunément; il ne sera désormais plus possible de lever sur toi une main sacrilége sans provoquer contre soi les foudres de l'Europe entière!

» Gloire immortelle à ses heureux auteurs!

» Et déjà les Français éprouvent sa salutaire influence.

» On exerçait chez eux naguère une tyrannie barbare jusque sur les consciences, et aujourd'hui, laissant le domaine des cœurs à celui qui se réserva d'y lire seul, on ne demande aux Français que des vertus (1).

» Ainsi, après avoir par ce traité assuré le culte de la liberté politique, le gouvernement fait jouir la France de la liberté civile, et chaque citoyen de la liberté de conscience.

» Je pense, mes collègues, que vous voudrez éterniser autant que possible le souvenir de ce bienfait, et des trois magistrats à la sagesse, au civisme, à l'union parfaite de qui la France et l'Europe en sont redevables.

» En vous associant en quelque manière à leur gloire par cet acte de justice, le grand et rare exemple que vous transmettrez ainsi à la postérité, déposant et de votre amour pour les talens et les vertus, et de votre attachement aux intérêts, au bonheur de l'humanité, et surtout de la nation que vous représentez, peut faire de vos neveux un peuple de héros.

» Je vous propose d'arrêter qu'une médaille, frappée à nos frais par les soins de votre commission administrative, consacrera cet heureux événement, et qu'il en sera offert une en or à chacun des trois consuls » (*Adopté à l'unanimité.*)

MESSAGE *des consuls au Sénat, sur l'émission du vœu pour le consulat à vie. — Du 10 thermidor an 10 (29 juillet 1802).*

« Sénateurs, le 16 floréal dernier le Tribunat émit le vœu qu'il fût donné au premier consul un *gage éclatant* de la reconnaissance nationale. Ce vœu fut applaudi par le Corps législatif, et répété par un mouvement spontané des citoyens.

(1) Que Dieu juge le culte, et l'homme la vertu.

» Le Sénat éleva plus haut ses pensées, et dans l'accomplissement de ce vœu il voulut trouver un moyen de plus de donner au gouvernement cette stabilité qui seule « multiplie » les ressources, imprime la confiance au dehors, établit le » crédit au dedans, rassure les alliés, décourage les ennemis, » écarte les fléaux de la guerre, permet de jouir des fruits de la » paix, et laisse à la sagesse le temps d'exécuter tout ce » qu'elle peut concevoir pour le bonheur d'un peuple libre. »

» Le premier consul pensa que les circonstances de sa première nomination lui faisaient une loi de n'accepter cette réélection que quand le peuple français aurait donné par son assentiment une preuve de son attachement et de sa confiance permanente pour le magistrat qui avait été l'objet de son premier choix.

» Dans cette position nous crûmes devoir exécuter en entier la pensée du Sénat.

» Le peuple français y a répondu ; de presque tous les départemens sont parvenus au gouvernement les actes qui contiennent l'expression de sa volonté. C'est au Sénat que nous avons cru, dans cette circonstance nouvelle, qu'il appartenait de dépouiller et de proclamer le vœu du peuple : nous avons ordonné au ministre de l'intérieur de mettre à sa disposition les registres où le vœu national est consigné.

» Nous invitons le Sénat à prendre dans sa sagesse les mesures qu'il croira les plus convenables pour en constater le résultat.

» Le second consul, *signé* CAMBACÉRÈS. »

RAPPORT *sur le recensement des votes, fait au Sénat conservateur* par Lacépède. —*Séance du* 14 *thermidor an* 10.

« Citoyens sénateurs, vous avez renvoyé à votre commission spéciale, établie par votre arrêté du 11 de ce mois, un message du gouvernement relatif à la nomination du citoyen Napoléon Bonaparte au premier consulat à vie.

» Vous avez chargé particulièrement votre commission de vérifier les registres des votes que les citoyens français viennent d'émettre.

» Votre commission s'est assurée que ces registres ont tous les caractères de l'authenticité : ils renferment les registres originaux des communes, revêtus des signatures de chaque votant, et attestés par le maire ; réunis par arrondissement, et certifiés par le sous—préfet ; rassemblés par département, et reconnus par le préfet pour authentiques ; présentent enfin les formes que les lois ou les usages ont consacrés.

» Votre commission a dressé un procès-verbal de l'état de ces registres ; elle aura l'honneur de le mettre sous vos yeux. Elle vous présentera aussi le tableau des résultats du dépouillement des votes ; ce tableau offre pour chaque département le nombre des suffrages pour la nomination du citoyen Napoléon Bonaparte au premier consulat à vie , et celui des votes contraires à cette nomination.

» Votre commission spéciale a constaté que trois millions cinq cent soixante-huit mille huit cent quatre-vingt-cinq citoyens français ont voté pour que le premier consul soit à vie le premier magistrat de la nation, et que huit mille trois cent soixante-quatorze citoyens s'y sont opposés.

» Elle a comparé ce nombre de trois millions cinq cent soixante-huit mille huit cent quatre-vingt-cinq à celui des citoyens qui ont émis leur vœu dans les différentes circonstances où le peuple français a fait connaître sa volonté souveraine ; elle a trouvé que la Constitution de l'an 8 a été acceptée par trois millions onze mille sept citoyens , celle de l'an 1ᵉʳ par un million huit cent un mille neuf cent dix-huit , et celle de l'an 3 par un million cinquante-sept mille trois cent quatre-vingt-dix.

» Elle a vu par conséquent que le peuple français n'avait jamais exprimé sa volonté par un aussi grand nombre de suffrages que pour rendre la magistrature suprême perpétuelle dans la personne du citoyen Napoléon Bonaparte.

» Elle vous propose donc de proclamer ce vœu solennel , et de remplir par là le devoir que la Constitution vous a imposé en vous établissant l'organe du peuple pour ce qui intéresse le pacte social.

» Elle vient aussi vous entretenir d'un second devoir bien cher à chacun de nous.

» Vous n'avez pas seulement à proclamer la volonté du peuple ; vous devez aussi exprimer la vive reconnaissance qu'il s'est empressé de témoigner de toute part pour le héros qui , précédé par la victoire et guidé par la sagesse, a éteint tous les feux de la guerre , et brisé tous les traits de l'horrible discorde.

» Nous vous proposons donc de donner un grand éclat à la manifestation de la volonté nationale , de porter vous-mêmes au premier consul l'expression des sentimens du peuple souverain ; et comme la haute prévoyance du Sénat conservateur embrasse tous les temps , et s'étend à tous les intérêts , nous avons cru qu'un monument durable , élevé par votre autorité , digne du Sénat , d'une grande nation , et du premier consul d'un peuple libre , devait attester à la postérité la reconnaissance des Français.

» C'est ainsi qu'interprètes fidèles d'une nation aimante et généreuse, donnant un grand exemple aux descendans de vos concitoyens, absolvant les républiques du reproche d'ingratitude, servant la liberté jusque dans les siècles à venir, vous aurez fait ce qu'exigent de vous dans cette circonstance mémorable votre respect pour le peuple souverain, le soin de votre dignité, qui est une propriété du peuple, votre admiration pour le premier consul, les égards mutuels que se doivent les dépositaires du pouvoir suprême, la stabilité du gouvernement, la gloire de la nation et sa prospérité.

» Votre commission m'a chargé en conséquence de vous présenter ce projet. »

Projet de sénatus-consulte.

« Le Sénat conservateur, réuni au nombre de membres prescrit par l'article 90 de la Constitution ;

» Délibérant sur le message des consuls de la République du 10 de ce mois ;

» Après avoir entendu le rapport de la commission spéciale chargée de vérifier les registres des votes émis par les citoyens Français ;

» Vu le procès-verbal fait par la commission spéciale, et qui constate que trois millions cinq cent soixante-dix-sept mille deux cent cinquante-neuf citoyens ont donné leurs suffrages, et que trois millions cinq cent soixante-huit mille huit cent quatre-vingt-cinq citoyens ont voté pour que Napoléon Bonaparte soit nommé premier consul à vie ;

» Considérant que le Sénat, établi par la Constitution organe du peuple pour ce qui intéresse le pacte social, doit manifester d'une manière éclatante la reconnaissance nationale envers le héros vainqueur et pacificateur, et proclamer solennellement la volonté du peuple français de donner au gouvernement toute la stabilité nécessaire à l'indépendance, à la prospérité et à la gloire de la République,

» Décrète ce qui suit :

» Art. Ier. Le peuple français nomme, et le Sénat proclame Napoléon Bonaparte premier consul à vie.

» 2. Une statue de *la Paix*, tenant d'une main le laurier de la *Victoire*, et de l'autre le décret du Sénat, attestera à la postérité la reconnaissance de la nation.

» 3. Le Sénat portera au premier consul l'expression de la confiance, de l'amour et de l'admiration du peuple français. »
(*Adopté.*)

DISCOURS *du Sénat en corps au premier consul, en lui remettant le sénatus-consulte qui le nomme consul à vie*, prononcé par Barthélemy, *président, le* 15 *thermidor an* 10.

« Citoyen premier consul, le peuple français, reconnaissant des immenses services que vous lui avez rendus, veut que la première magistrature de l'État soit inamovible entre vos mains. En s'emparant ainsi de votre vie tout entière il n'a fait qu'exprimer la pensée du Sénat, déposée dans son sénatus-consulte du 18 floréal. La nation, par cet acte solennel de gratitude, vous donne la mission de consolider nos institutions.

» Une nouvelle carrière commence pour le premier consul.

» Après des prodiges de valeur et de talens militaires, il a terminé la guerre, et obtenu partout les conditions de paix les plus honorables. Les Français sous ses auspices ont pris l'attitude et le caractère de la véritable grandeur. Il est le pacificateur des nations et le restaurateur de la France; son nom seul est une grande puissance.

» Déjà une administration de moins de trois années a presque fait oublier cette époque d'anarchie et de calamités qui semblait avoir tari les sources de la prospérité publique.

» Mais il reste des maux à guérir et des inquiétudes à dissiper. Les Français, après avoir étonné le monde par des exploits guerriers, attendent de vous, citoyen premier consul, tous les bienfaits de la paix que vous leur avez procurée.

» S'il existait encore des semences de discorde, la proclamation du consulat perpétuel de Bonaparte les fera disparaître : tout est maintenant rallié autour de lui; son puissant génie saura tout maintenir et tout conserver. Il ne respire que pour la prospérité et le bonheur des Français; il ne leur donnera jamais que l'élan de la gloire et le sentiment de la grandeur nationale. En effet, quelle nation mérite mieux le bonheur ! et de quel peuple plus éclairé et plus sensible pourrait-on désirer l'estime et l'attachement !

» Le Sénat conservateur s'associera à toutes les pensées généreuses du gouvernement; il secondera de ses moyens toutes les améliorations qui auront pour but de prévenir le retour des maux qui nous ont affligés si longtemps, d'étendre et de consolider les biens que vous avez ramenés parmi nous. C'est un devoir pour lui de concourir ainsi à l'accomplissement des vœux du peuple, qui vient de manifester d'une manière si éclatante son zèle et son discernement.

» Le sénatus-consulte que le Sénat en corps vient vous remettre, citoyen premier consul, contient l'expression de sa reconnaissance particulière. Organe de la volonté souveraine, il a cru devoir, pour mieux remplir les intentions du peuple français, appeler les arts à perpétuer le souvenir de ce mémorable événement. »

« Sénateurs, la vie d'un citoyen est à sa patrie. Le peuple français veut que la mienne tout entière lui soit consacrée. J'obéis à sa volonté.

» En me donnant un nouveau gage, un gage permanent de sa confiance, il m'impose le devoir d'étayer le système de ses lois sur des institutions prévoyantes.

» Par mes efforts, par votre concours, citoyens sénateurs, par le concours de toutes les autorités, par la confiance et la volonté de cet immense peuple, la liberté, l'égalité, la prospérité de la France seront à l'abri des caprices du sort et de l'incertitude de l'avenir. Le meilleur des peuples sera le plus heureux, comme il est le plus digne de l'être, et sa félicité contribuera à celle de l'Europe entière.

» Content alors d'avoir été appelé, par l'ordre de celui de qui tout émane, à ramener sur la terre la justice, l'ordre et l'égalité, j'entendrai sonner la dernière heure sans regret, et sans inquiétude sur l'opinion des générations futures.

» Sénateurs, recevez mes remercîmens d'une démarche aussi solennelle. Le Sénat a désiré ce que le peuple français a voulu, et par là il s'est plus étroitement associé à tout ce qui reste à faire pour le bonheur de la patrie.

» Il m'est bien doux d'en trouver la certitude dans le discours d'un président aussi distingué. »

RAPPORT *fait au Sénat conservateur* par Cornudet, *le* 16 *thermidor an* 10, *sur le* projet de sénatus consulte organique de la Constitution *présenté le même jour par les conseillers d'état Régnier, Portalis et Dessoles.*

« Citoyens sénateurs, le peuple français a voulu consolider son gouvernement en rendant sa suprême magistrature inamovible.

» Cette inamovibilité, par l'accroissement de forces qu'elle donne à la puissance exécutrice, nécessite évidemment la révision de son organisation politique.

» Le premier acte de Bonaparte, ce nom marche seul vers l'éternité de la gloire, le premier acte de Bonaparte consul à vie a donc dû être d'appeler à cette révision le Sénat, conservateur des droits de la nation.

» Citoyens sénateurs, le système soumis à votre délibération est le même corps que la Constitution, mais rendu plus robuste.

» Ce principe démocratique, élément absolu de tout gouvernement libre, qui fait partie du peuple, comme de sa source, la nomination aux divers offices, remis dans le *moi* commun, est gardé ; mais il est plus heureusement combiné.

» Les corps nationaux que la Constitution crée conservent leur orbite ; mais leurs fonctions sont plus cohérentes, mieux définies ; et le ministère de la nation, pour la garde de ses inaliénables droits, est réalisé.

» Une opinion générale de réprobation, qui peut la méconnaître? s'est prononcée contre ces listes de confiance établies par la Constitution; véritables listes de réduction de la nation, ces listes ne se recomposant à aucune période, et le retirement d'aucun nom sur ces listes n'étant praticable.

» Le projet qui vous est soumis remplace très populairement ces listes par l'institution des différens colléges électoraux, dont une partie du mécanisme a déjà la sanction de l'expérience parmi nous.

» Cette institution ne déshérite aucun membre de la cité.

» Avec quelle sagesse cette institution, qui, par la nature de la perpétuité de ses membres, renferme un penchant aristocratique, est obligée d'observer cette égalité de droit, plus encore peut-être le charme du citoyen français que la liberté, parce que son caractère est une grande estime de soi, en nommant nécessairement la moitié des candidats hors de son sein !

» Mais il faut principalement considérer cette institution, 1° par rapport à son office, 2° par rapport à la perpétuité de ses membres : c'est sous ces rapports que cette institution entre dans le système de contre-poids que la garde de la liberté, l'honneur et le besoin de la nation prescrit aujourd'hui d'ordonner.

» L'office de ces colléges électoraux est de former une liste de candidats pour chaque place vacante dans les administrations municipale, communale, départementale, dans le Tribunat, dans le Corps législatif, dans le Sénat. Cette liste est double pour chacune des places qui tiennent pour ainsi dire à la famille, et pour les places nationales, dans la proportion la plus simple qui puisse garantir un choix distingué.

» Il existera donc un concours vraiment populaire, parce qu'il est spécial, et qu'il est réduit à son moindre terme, pour la nomination à ces fonctions publiques que leur nature assigne à des délégués plus ou moins directs du peuple.

» Ici vient se placer, citoyens sénateurs, une considération

majeure , laquelle recommande l'établissement des corps électoraux comme une idée mère de la République.

» Dans nos empires modernes on s'est rendu nécessaire un
grand état militaire ; de là il suit que la profession des armes a
et doit avoir un grand éclat : il est donc essentiel de créer un
moyen de lustre pour les hommes civils qui puisse , lorsqu'ils
sont les uns et les autres compétiteurs devant la nation , soutenir le concours de ceux-ci dans la distribution des dignités
et des grands emplois.

» Or, dans les républiques qui ne reconnaissent pas de clas-
sification de conditions , le lustre qui s'attache aux hommes
civils ne peut naître que de la manifestation répétée de la confiance et de l'estime des citoyens.

» Notre organisation politique réclame donc essentiellement
que l'on donne une influence populaire sur les élections à toutes
les fonctions publiques.

» Cette influence ne saurait d'ailleurs , il faut bien le
remarquer, être plus considérable que celle donnée aux colléges électoraux que le projet établit, sans retomber dans la
pure démocratie; constitution sur-humaine , si elle n'est pas
l'absence de tout gouvernement.

» En second lieu, la perpétuité des membres de ces collèges
électoraux en forme un véritable corps politique dans lequel
il ne peut manquer de s'établir un esprit commun et social,
éveillé sur l'intérêt national , et d'une continue direction.

» Ainsi le gouvernement aura une opinion publique certaine à respecter.

» Dans le pouvoir législatif il faut distinguer deux branches ,
dont la division dans l'exercice est non moins essentielle que la
division des autorités administrative et judiciaire , qui dérivent
toutes deux du pouvoir exécutif.

» Ces deux branches du pouvoir législatif sont la législation
politique et la législation civile.

» La législation civile règle les intérêts que l'association
forme entre ses membres considérés comme individus : elle
comprend aussi le consentement à l'impôt, parce que l'impôt
est une délibation de la propriété; droit individuel que l'association ne crée pas , mais qu'elle accroît et qu'elle garantit :
elle comprend enfin les réglemens locaux qui excèdent le pouvoir administratif.

» La législation politique s'applique aux actes de la souveraineté.

» Le corps de la nation a un *moi* personnel.

» Les jugemens de ce *moi*, pour sa conservation, ne peuvent être remis au même corps, dont la constitution est d'être

sévère sur les sacrifices que chaque citoyen doit à l'Etat, et qui est toujours en quelque sorte partie contre la personne morale de la nation.

» Cette division, que la nature du gouvernement républicain y rend plus indispensable, paraît exister dans la Constitution, mais elle n'y existe que dans le nom des corps qu'elle institue.

» Le projet présenté l'exécute cette division; il fait entrer dans le domaine du Sénat la législation politique.

» Il rend en même temps les consuls membres du Sénat qu'ils président; donne aux ministres le droit de discussion au Sénat, mais sans voix délibérative; conséquence absolue du concours nécessaire du gouvernement à la législation politique, dont il est, dans tous les systèmes sociaux, partie intégrante.

» Le projet soumis à la délibération réalise véritablement dans le Sénat ce ministère de la nation pour la garde de ses droits, que la Constitution y indique et qu'elle n'établit pas.

» Car, sérieusement, la conservation de la chose publique peut-elle résulter d'un simple jugement de l'esprit, soit lorsqu'il existe tyrannie de la part du gouvernement, soit contre l'usurpation du *forum* par les factions?

» D'une part le Sénat a donc le droit de dissoudre le Corps législatif ou le Tribunat, et l'un et l'autre dans les cas où, soit par l'influence de l'étranger, soit par quelque vertige démagogique, soit par quelque autre esprit de faction, ces corps arrêteraient l'action du gouvernement.

» D'autre part l'action du droit souverain de police, que le gouvernement peut être nécessité d'exercer, est modérée par la délibération d'un corps nombreux dont les membres sont indépendans par leur inamovibilité; et toujours un compte doit être donné au Sénat de l'exécution des mesures de sûreté prises après le délai prescrit par l'article 46 de la Constitution. Il existe donc une garantie positive de la jouissance des articles 76, 77, 78, 79 et 80 de la Constitution, qui forment proprement pour nous la loi d'un peuple voisin dite l'*habeas corpus*.

» Le projet soumis, pour garantir l'indépendance judiciaire, statue de plus qu'il n'appartient qu'au Sénat de connaître des jugemens qui blesseraient la foi de la nation, seraient un empiétement sur l'action directe du gouvernement, qui en un mot attaqueraient la sûreté de l'Etat.

» Cette attribution en effet découle essentiellement de l'office du Sénat, qui est de rétablir la circulation de l'action sociale lorsqu'elle se trouve troublée.

» Ainsi le Sénat acquiert toute l'existence politique que son titre devait lui conférer.

» Mais la grande puissance du Sénat, dont les membres sont inamovibles, exige que le gouvernement ait lui-même un moyen de conservation personnel contre ce corps ; moyen qui soit moral, car la corruption dégrade ; moyen qui soit civil, car il importe que pour exercer son influence légitime et né-cessaire le gouvernement ne soit pas réduit à l'emploi de la force, qui ruine tous les droits et tous les devoirs.

» Le projet soumis, suivant l'exemple d'un peuple voisin, donne à cette fin au gouvernement le droit de faire entrer, par sa pure nomination, dans le Sénat, un nombre déterminé de citoyens qui d'ailleurs auraient les conditions requises.

» Le projet institue un conseil privé chargé de rédiger les projets de sénatus-consulte, et circonscrit ainsi, pondération essentielle, dans son orbite constitutionnel le Conseil d'état, qui demeure *conseil législatif* et *administratif.*

» La volonté du peuple, que vous avez prononcée hier, citoyens sénateurs, en déclarant le premier consul consul à vie, amène la conséquence de l'inamovibilité des deux autres consuls.

» Sans cette inamovibilité la nation n'aurait pas évidemment la garantie de l'indépendance des opinions du second et du troi-sième consuls, lesquelles doivent entrer dans la délibération du premier consul comme conseils.

» Le projet soumis déclare donc que les trois consuls sont institués à vie.

» Le point capital, le point que la constitution de tout état, et particulièrement d'une république, doit nécessairement régler, et régler d'une manière évidente et sans équivoque, est le mode de succession ou de remplacement à la suprême magistrature.

» La Constitution confère bien au Sénat l'élection des con-suls ; mais elle garde le silence sur les formes et sur le mode de cette élection : là cependant est le lien de la Constitution.

» Ce qui rend si abstrus les problêmes politiques, c'est que le terme inconnu de l'équation se multiplie par toutes les pas-sions tumultueuses et déréglées dont l'expérience ne découvrira jamais toute l'intensité ; leur résolution ne peut donc être que plus ou moins probable, et dès lors que plus ou moins heureuse dans l'application.

» La suprême magistrature dans aucun état ne peut long-temps demeurer vacante sans devenir la proie de la force. La résolution qui aura l'effet de prévenir le plus sûrement que la place publique ne s'empare de l'élection est évidemment la plus juste détermination, parce qu'elle a pour elle le plus de probabilités de prudence.

» Or telle est la combinaison que le projet soumis offre ; il doit sensiblement, par un rapprochement nécessaire, amener dans le plus court délai une transaction supérieure aux hasards de l'hérédité, et qui en promet le repos entre le consul ou les consuls *présentateurs*, et le Sénat *nominateur*, pour la nomination.

» Le projet soumis à votre délibération, citoyens sénateurs, relève l'autel de l'humanité à côté du gouvernement ; je veux dire, rétablit le droit de grâce, droit qui existe chez tous les peuples, droit qui serait encore nécessaire quand les jurés et les juges ne seraient pas sujets à l'erreur, droit dont l'absence est une des causes du scandale que présentent souvent les séances des jurés, et lequel fait calomnier cette institution, qui nourrira la liberté dans le cœur des citoyens.

» Mais en même temps, pour que ce droit de grâce ne devienne pas une impunité dangereuse à la société, le projet en pondère l'exercice en le soumettant à l'avis d'un conseil privé particulier dont il détermine la composition.

» Cependant, dernière question que votre commission s'est faite, et qu'elle a dû examiner avec sévérité, ces dispositions, soumises à votre délibération, ne doivent-elles pas recevoir leur sanction de l'acceptation du peuple, de qui tout pouvoir social émane, à l'imitation de tout ce qui a été suivi pour les Constitutions qui se sont succédé depuis 1793 ?

» Votre commission n'hésite pas, citoyens sénateurs ; à se prononcer contre cette doctrine comme étant une exagération de l'époque où elle est née. La plus difficile conception de l'entendement humain peut-elle sérieusement être délibérée par la foule ? et dès lors peut-elle de bonne foi devenir l'objet de son acceptation, qui, si elle n'est pas une jonglerie, doit être éclairée ?

» Il faut fermer sans retour la place publique aux Gracques. Le vœu des citoyens sur les lois politiques auxquelles ils obéissent s'exprime par la prospérité générale ; la garantie des droits de la société place absolument la pratique du dogme de la souveraineté du peuple dans le Sénat, qui est le lieu de la nation. Voilà la seule vraie doctrine sociale pour nous.

» Et l'établissement des collèges électoraux et leurs opérations, ô puritains ! seront la véritable acceptation populaire du sénatus-consulte, et une acceptation qui ne pourra être contestée, car nul n'est forcé de voter par aucun genre de contrainte.

» Citoyens sénateurs, votre commission a le sentiment de la

nécessité de donner sans délai, par un grand acte national qui
se lie à celui d'hier, une nouvelle vie aux institutions que le 18
brumaire a élevées.

» Le projet de sénatus-consulte qui vous est soumis lui paraît
répondre dignement à l'auguste mission de consolidation dont
le peuple français a investi Bonaparte en le nommant consul à
vie, et dont vous avez reconnu si solennellement le caractère.

». Le héros vainqueur et pacificateur était aussi destiné par sa
fortune à être le législateur de la République française.

» Ainsi le second peuple de l'histoire par sa puissance sera,
par la force du même génie, le premier par sa Constitution
politique.

» Votre commission (1), citoyens sénateurs, vous propose
à l'unanimité de convertir en sénatus-consulte organique de la
Constitution le projet soumis à votre délibération. » (*Adopté.*)

SÉNATUS-CONSULTE ORGANIQUE DE
LA CONSTITUTION.

Du 6 thermidor an 10 (4 août 1802).

TITRE PREMIER.

Art. 1er. Chaque ressort de justice de paix a une assemblée
de canton.

2. Chaque arrondissement communal ou district de sous-
préfecture a un collége électoral d'arrondissement.

3. Chaque département a un collége électoral de département.

TITRE II. — *Des assemblées de canton.*

4. L'assemblée de canton se compose de tous les citoyens
domiciliés dans ce canton, et qui y sont inscrits sur la liste
communale d'arrondissement.

A dater de l'époque où, aux termes de la Constitution, les
listes communales doivent être renouvelées, l'assemblée de
canton sera composée de tous les citoyens domiciliés dans le
canton, et qui y jouissent des droits de citoyen.

5. Le premier consul nomme le président de l'assemblée de
canton.

_____

(1) Composée des sénateurs Barthélemy, président; Fargues et
Vaubois, secrétaires; Lacépède, Laplace, Lefebvre, Jacqueminot,
Demeunier et Cornudet.

Ses fonctions durent cinq ans ; il peut être renommé indéfiniment.

Il est assisté de quatre scrutateurs , dont deux sont les plus âgés , et les deux autres les plus imposés des citoyens ayant droit de voter dans l'assemblée de canton.

Le président et les quatre scrutateurs nomment le secrétaire.

6. L'assemblée de canton se divise en sections pour faire les opérations qui lui appartiennent.

Lors de la première convocation de chaque assemblée , l'organisation et les formes en seront déterminées par un réglement émané du gouvernement.

7. Le président de l'assemblée de canton nomme les présidens des sections.

Leurs fonctions finissent avec chaque assemblée sectionnaire.

Ils sont assistés chacun de deux scrutateurs , dont l'un est le plus âgé , et l'autre le plus imposé des citoyens ayant droit de voter dans la section.

8. L'assemblée de canton désigne deux citoyens sur lesquels le premier consul choisit le juge de paix du canton.

Elle désigne pareillement deux citoyens pour chaque place vacante de suppléant du juge de paix.

9. Les juges de paix et leurs suppléans sont nommés pour dix ans.

10. Dans les villes de cinq mille âmes l'assemblée de canton présente deux citoyens pour chacune des places du conseil municipal. Dans les villes où il y aura plusieurs justices de paix, ou plusieurs assemblées de canton, chaque assemblée présentera pareillement deux citoyens pour chaque place du conseil municipal.

11. Les membres des conseils municipaux sont pris par chaque assemblée de canton sur la liste des cent plus imposés du canton. Cette liste sera arrêtée et imprimée par ordre du préfet.

12. Les conseils municipaux se renouvellent tous les dix ans par moitié.

13. Le premier consul choisit les maires et adjoints dans les conseils municipaux : ils sont cinq ans en place ; ils peuvent être renommés.

14. L'assemblée de canton nomme au collége électoral d'arrondissement le nombre des membres qui lui est assigné, en raison du nombre de citoyens dont elle se compose.

15. Elle nomme au collége électoral de département , sur une liste dont il sera parlé ci-après, le nombre de membres qui lui est attribué.

16. Les membres des colléges électoraux doivent être domiciliés dans les arrondissemens et départemens respectifs.

17. Le gouvernement convoque les assemblées de canton, fixe le temps de leur durée et l'objet de leur réunion.

Titre III. — Des colléges électoraux.

18. Les colléges électoraux d'arrondissement ont un membre pour cinq cents habitans domiciliés dans l'arrondissement.

Le nombre de membres ne peut néanmoins excéder deux cents, ni être au-dessous de cent vingt.

19. Les colléges électoraux de département ont un membre par mille habitans domiciliés dans le département, et néanmoins ces membres ne peuvent excéder trois cents ni être au-dessous de deux cents.

20. Les membres des colléges électoraux sont à vie.

21. Si un membre d'un collége électoral est dénoncé au gouvernement comme s'étant permis quelque acte contraire à l'honneur ou à la patrie, le gouvernement invite le collége à manifester son vœu; il faut les trois quarts des voix pour faire perdre au membre dénoncé sa place dans le collége.

22. On perd sa place dans les colléges électoraux pour les mêmes causes qui font perdre le droit de citoyen.

On la perd également lorsque, sans empêchement légitime, on n'a point assisté à trois réunions successives.

23. Le premier consul nomme les présidens des colléges électoraux à chaque session.

Le président a seul la police du collége électoral lorsqu'il est assemblé.

24. Les colléges électoraux nomment, à chaque session, deux scrutateurs et un secrétaire.

25. Pour parvenir à la formation des colléges électoraux de département, il sera dressé dans chaque département, sous les ordres du ministre des finances, une liste de six cents citoyens les plus imposés aux rôles des contributions foncière, mobiliaire et somptuaire, et au rôle des patentes.

On ajoute à la somme de la contribution, dans le domicile du département, celle qu'on peut justifier payer dans les autres parties du territoire de la France et de ses colonies.

Cette liste sera imprimée.

26. L'assemblée de canton prendra sur cette liste les membres qu'elle devra nommer au collége électoral du département.

27. Le premier consul peut ajouter aux colléges électoraux d'arrondissement dix membres pris parmi les citoyens

appartenans à la Légion d'Honneur, ou qui ont rendu des services.

Il peut ajouter à chaque collége électoral de département vingt citoyens, dont dix pris parmi les trente plus imposés du département, et les dix autres soit parmi les membres de la Légion d'Honneur, soit parmi les citoyens qui ont rendu des services.

Il n'est point assujetti, pour ces nominations, à des époques déterminées.

28. Les colléges électoraux d'arrondissement présentent au premier consul deux citoyens domiciliés dans l'arrondissement pour chaque place vacante dans le conseil d'arrondissement.

Un, au moins, de ces citoyens doit être pris nécessairement hors du collége électoral qui le désigne.

Les conseils d'arrondissement se renouvellent par tiers tous les cinq ans.

29. Les colléges électoraux d'arrondissement présentent à chaque réunion deux citoyens pour faire partie de la liste sur laquelle doivent être choisis les membres du Tribunat.

Un, au moins, de ces citoyens doit être pris nécessairement hors du collége qui le présente.

Tous deux peuvent être pris hors du département.

30. Les colléges électoraux de département présentent au premier consul deux citoyens domiciliés dans le département pour chaque place vacante dans le conseil général du département.

Un de ces citoyens, au moins, doit être pris nécessairement hors du collége électoral qui le présente.

Les conseils généraux de département se renouvellent par tiers tous les cinq ans.

31. Les colléges électoraux de département présentent à chaque réunion deux citoyens pour former la liste sur laquelle sont nommés les membres du Sénat.

Un, au moins, doit être pris nécessairement hors du collége qui le présente, et tous deux peuvent être pris hors du département.

Ils doivent avoir l'âge et les qualités exigés par la Constitution.

32. Les colléges électoraux de département et d'arrondissement présentent chacun deux citoyens domiciliés dans le département pour former la liste sur laquelle doivent être nommés les membres de la députation au Corps législatif.

Un de ces citoyens doit être pris nécessairement hors du collége qui le présente.

Il doit y avoir trois fois autant de candidats différens sur la liste, formée par la réunion des présentations des colléges électoraux de département et d'arrondissement, qu'il y a de places vacantes.

33. On peut être membre d'un conseil de commune et d'un collége électoral d'arrondissement ou de département.

On ne peut être à la fois membre d'un collége d'arrondissement et d'un collége de département.

34. Les membres du Corps législatif et du Tribunat ne peuvent assister aux séances du collége électoral dont ils feront partie. Tous les autres fonctionnaires publics ont droit d'y assister et d'y voter.

35. Il n'est procédé par aucune assemblée de canton à la nomination des places qui lui appartiennent dans un collége électoral, que quand ces places sont réduites aux deux tiers.

36. Les colléges électoraux ne s'assemblent qu'en vertu d'un acte de convocation émané du gouvernement, et dans le lieu qui leur est assigné.

Ils ne peuvent s'occuper que des opérations pour lesquelles ils sont convoqués, ni continuer leurs séances au delà du temps fixé par l'acte de convocation.

S'ils sortent de ces bornes, le gouvernement a le droit de les dissoudre.

37. Les colléges électoraux ne peuvent, ni directement, ni indirectement, sous quelque prétexte que ce soit, correspondre entr'eux.

38. La dissolution d'un corps électoral opère le renouvellement de tous ses membres.

TITRE IV. — *Des consuls.*

39. Les consuls sont à vie.

Ils sont membres du Sénat, et le président.

40. Les second et troisième consuls sont nommés par le Sénat sur la présentation du premier.

41. A cet effet, lorsque l'une des deux places vient à vaquer, le premier consul présente au Sénat un premier sujet ; s'il n'est pas nommé, il en présente un second ; si le second n'est pas accepté, il en présente un troisième, qui est nécessairement nommé.

42. Lorsque le premier consul le juge convenable, il présente un citoyen pour lui succéder après sa mort, dans les formes indiquées par l'article précédent.

43. Le citoyen nommé pour succéder au premier consul prête serment à la République entre les mains du premier consul, assisté des second et troisième consuls, en présence du

Sénat, des ministres, du Conseil d'état, du Corps législatif,
du Tribunat, du tribunal de cassation, des archevêques, des
évêques, des présidens des tribunaux d'appel, des présidens
des colléges électoraux, des présidens des assemblées de canton, des grands officiers de la Légion d'Honneur, et des maires
des vingt-quatre principales villes de la République.

Le secrétaire d'état dresse le procès-verbal de la prestation
de serment.

44. Le serment est ainsi conçu :

« Je jure de maintenir la Constitution, de respecter la
» liberté des consciences, de m'opposer au retour des institu-
» tions féodales, de ne jamais faire la guerre que pour la
» défense et la gloire de la République, et de n'employer le
» pouvoir dont je serai revêtu que pour le bonheur du peuple,
» de qui et pour qui je l'aurai reçu. »

45. Le serment prêté, il prend séance au Sénat, immédiatement après le troisième consul.

46. Le premier consul peut déposer aux archives du gouvernement son vœu sur la nomination de son successeur, pour
être présenté au Sénat après sa mort.

47. Dans ce cas il appelle les second et troisième consuls,
les ministres et les présidens des sections du Conseil d'état.

En leur présence, il remet au secrétaire d'état le papier
scellé de son sceau dans lequel est consigné son vœu. Ce papier est souscrit par tous ceux qui sont présens à l'acte.

Le secrétaire d'état le dépose aux archives du gouvernement
en présence des ministres et des présidens des sections du Conseil d'état.

48. Le premier consul peut retirer ce dépôt en observant les
formalités prescrites dans l'article précédent.

49. Après la mort du premier consul, si son vœu est resté
déposé, le papier qui le renferme est retiré des archives du
gouvernement par le secrétaire d'état, en présence des ministres et des présidens des sections du Conseil d'état ; l'intégrité
et l'identité en sont reconnues en présence des second et troisième consuls. Il est adressé au Sénat par un message du gouvernement, avec expédition des procès-verbaux qui en ont
constaté le dépôt, l'identité et l'intégrité.

50. Si le sujet présenté par le premier consul n'est pas
nommé, le second et le troisième consul en présentent chacun
un : en cas de non nomination, ils en présentent chacun un
autre, et l'un des deux est nécessairement nommé.

51. Si le premier consul n'a point laissé de présentation, les
second et troisième consuls font leurs présentations séparées,
une première, une seconde, et, si ni l'une ni l'autre n'a ob-

tenu de nomination, une troisième. Le Sénat nomme nécessairement sur la troisième.

52. Dans tous les cas, les présentations et la nomination
devront être consommées dans les vingt-quatre heures qui suivront la mort du premier consul.

53. La loi fixe pour la vie de chaque premier consul l'état
des dépenses du gouvernement.

Titre V. — *Du Sénat.*

54. Le Sénat règle par un *sénatus-consulte* organique :

1°. La constitution des colonies ;

2°. Tout ce qui n'a pas été prévu par la Constitution, et
qui est nécessaire à sa marche ;

3°. Il explique les articles de la Constitution qui donnent
lieu à différentes interprétations.

55. Le Sénat, par des actes intitulés *sénatus-consulte* :

1°. Suspend pour cinq ans les fonctions de jurés dans les
départemens où cette mesure est nécessaire ;

2°. Déclare, quand les circonstances l'exigent, des départemens hors de la Constitution ;

3°. Détermine le temps dans lequel des individus arrêtés en
vertu de l'article 46 de la Constitution doivent être traduits devant les tribunaux, lorsqu'ils ne l'ont pas été dans les dix
jours de leur arrestation ;

4°. Annulle les jugemens des tribunaux lorsqu'ils sont atten-
tatoires à la sûreté de l'Etat ;

5°. Dissout le Corps législatif et le Tribunat ;

6°. Nomme les consuls.

56. Les sénatus-consulte organiques et les sénatus-consulte
sont délibérés par le Sénat sur l'initiative du gouvernement.

Une simple majorité suffit pour les sénatus-consulte : il faut
les deux tiers des voix des membres présens pour un sénatus-
consulte organique.

57. Les projets de sénatus-consulte, pris en conséquence
des articles 54 et 55, sont discutés dans un conseil privé, composé des consuls, de deux ministres, de deux sénateurs, de
deux conseillers d'état, et de deux grands officiers de la
Légion d'Honneur.

Le premier consul désigne à chaque tenue les membres qui
doivent composer le conseil privé.

58. Le premier consul ratifie les traités de paix et d'alliance,
après avoir pris l'avis du conseil privé.

Avant de les promulguer, il en donne connaissance au
Sénat.

59. L'acte de nomination d'un membre du Corps législatif, du Tribunat et du tribunal de cassation, s'intitule. *arrêté.*

60. Les actes du Sénat relatifs à sa police et à son administration intérieure s'intitulent *délibérations.*

61. Dans le courant de l'an 11 il sera procédé à la nomination de quatorze citoyens pour compléter le nombre de quatre-vingts sénateurs déterminé par l'article 15 de la Constitution.

Cette nomination sera faite par le Sénat sur la présentation du premier consul, qui pour cette présentation et pour les présentations ultérieures, dans le nombre de quatre-vingts, prendra trois sujets sur la liste des citoyens désignés par les colléges électoraux.

62. Les membres du grand conseil de la Légion d'Honneur sont membres du Sénat, quel que soit leur âge.

63. Le premier consul peut en outre nommer au Sénat, sans présentation préalable par les colléges électoraux de département, des citoyens distingués par leurs services et leurs talens, à condition néanmoins qu'ils auront l'âge requis par la Constitution, et que le nombre des sénateurs ne pourra en aucun cas excéder cent vingt.

64. Les sénateurs pourront être consuls, ministres, membres de la Légion d'Honneur, inspecteurs de l'instruction publique, et employés dans des missions extraordinaires et temporaires.

65. Le sénat nomme chaque année deux de ses membres pour remplir les fonctions de secrétaires.

66. Les ministres ont séance au Sénat, mais sans voix délibérative, s'ils ne sont sénateurs.

Titre VI. — *Des conseillers d'état.*

67. Les conseillers d'état n'excéderont jamais le nombre de cinquante.

68. Le Conseil d'état se divise en sections.

69. Les ministres ont rang, séance et voix délibérative au Conseil d'état.

Titre VII. — *Du Corps législatif.*

70. Chaque département aura dans le Corps législatif un nombre de membres proportionné à l'étendue de sa population, conformément au tableau ci-joint.

71. Tous les membres du Corps législatif appartenans à la même députation sont nommés à la fois.

72. Les départemens de la République sont divisés en cinq séries, conformément au tableau ci-joint.

73. Les députés actuels sont classés dans les cinq séries.

74. Ils sont renouvelés dans l'année à laquelle appartiendra la série où sera placé le département auquel ils auront été attachés.

75. Néanmoins les députés qui ont été nommés en l'an 10 rempliront leurs cinq années.

76. Le gouvernement convoque, ajourne et proroge le Corps législatif.

Titre VIII. — *Du Tribunat.*

77. A dater de l'an 13, le Tribunat sera réduit à cinquante membres.

Moitié des cinquante sortira tous les trois ans : jusqu'à cette réduction les membres sortans ne seront point remplacés.

Le Tribunat se divise en sections.

78. Le Corps législatif et le Tribunat sont renouvelés dans tous leurs membres quand le Sénat eu a prononcé la dissolution.

Titre IX. — *De la justice et des tribunaux.*

79. Il y a un grand juge ministre de la justice.

80. Il a une place distinguée au Sénat et au Conseil d'état.

81. Il préside le tribunal de cassation et les tribunaux d'appel quand le gouvernement le juge convenable.

82. Il a sur les tribunaux, les justices de paix et les membres qui les composent, le droit de les surveiller et de les reprendre.

83. Le tribunal de cassation, présidé par lui, a droit de censure et de discipline sur les tribunaux d'appel et les tribunaux criminels; il peut, pour cause grave, suspendre les juges de leurs fonctions, les mander près du grand juge pour y rendre compte de leur conduite.

84. Les tribunaux d'appel ont droit de surveillance sur les tribunaux civils de leur ressort, et les tribunaux civils sur les juges de paix de leur arrondissement.

85. Le commissaire du gouvernement près le tribunal de cassation surveille les commissaires près les tribunaux d'appel et les tribunaux criminels.

Les commissaires près les tribunaux d'appel surveillent les commissaires près les tribunaux de première instance.

86. Les membres du tribunal de cassation sont nommés par le Sénat, sur la présentation du premier consul.

Le premier consul présente trois sujets pour chaque place vacante.

TITRE X. — *Droit de faire grâce.*

87. Le premier consul a droit de faire grâce.

Il l'exerce après avoir entendu un conseil privé, composé du grand-juge, de deux ministres, de deux sénateurs, de deux conseillers d'état, et de deux membres du tribunal de cassation.

Tableau du nombre des députés à élire par chaque département pour la formation du Corps législatif.

NOMS des DÉPARTEMENS.	NOMBRE des députés.	NOMS des DÉPARTEMENS.	NOMBRE des députés.
Ain	4	Gers	3
Aisne	3	Gironde	5
Allier	2	Golo	1
Alpes (Basses)	1	Hérault	3
Alpes (Hautes)	1	Ille-et-Vilaine	4
Alpes-Maritimes	1	Indre	2
Ardèche	2	Indre-et-Loire	2
Ardennes	2	Isère	4
Arriège	2	Jemmappes	4
Aube	2	Jura	2
Aude	2	Landes	2
Aveyron	3	Léman	2
Bouches-du-Rhône	3	Liamone	1
Calvados	4	Loir-et-Cher	2
Cantal	2	Loire	3
Charente	3	Loire (Haute-)	2
Charente-Inférieure	4	Loire-Inférieure	4
Cher	2	Loiret	3
Corrèze	2	Lot	4
Côte-d'Or	3	Lot-et-Garonne	3
Côtes-du-Nord	4	Lozère	1
Creuse	2	Lys	4
Dordogne	4	Maine-et-Loire	4
Doubs	2	Manche	4
Drôme	2	Marne	3
Dyle	4	Marne (Haute-)	2
Escaut	4	Mayenne	3
Eure	4	Meurthe	3
Eure-et-Loire	2	Meuse	2
Finistère	4	Meuse-Inférieure	2
Forêts	2	Mont-Blanc	3
Gard	3	Mont-Tonnerre	3
Garonne (Haute-)	4	Morbihan	4

NOMS des DÉPARTEMENS.	NOMBRE des députés.	NOMS des DÉPARTEMENS.	NOMBRE des députés.
Moselle	4	Saône (Haute)	2
Nèthes (Deux-). . . .	3	Saône-et-Loire	4
Nièvre.	2	Sarre.	2
Nord.	8	Sarthe.	4
Oise.	3	Seine	8
Orne	4	Seine-Inférieure. . . .	6
Ourthe.	3	Seine-et-Marne	3
Pas-de-Calais	4	Seine-et- Oise	4
Puy-de-Dôme.	4	Sèvres (Deux-). . . .	2
Pyrénées (Basses-) . .	2	Somme	4
Pyrénées (Hautes-). .	2	Tarn.	2
Pyrénées-Orientales. .	1	Var	3
Rhin (Bas-)	4	Vaucluse	2
Rhin (Haut-).	3	Vendée	3
Rhin-et-Moselle	2	Vienne	2
Rhône.	3	Vienne (Haute-). . .	2
Roër. . . . , ... ,	4	Vosges	3
Sambre-et-Meuse . . .	2	Yonne.	3

300

Tableau des départemens de la République divisés en cinq séries.

Première série.

Ain.
Aisne.
Allier.
Eure.
Pyrénées-Orientales.
Alpes (Hautes-).
Mont-Tonnerre.
Lozère.
Ardennes.
Marne (Haute-).
Indre-et-Loire.
Saône (Hauté-).
Aude.

Aveyron.
Cantal.
Loir-et-Cher.
Manche.
Cher.
Corrèze.
Lys.
Gers.
Creuse.
Deux-Sèvres.
Gard.
Meuse-Inférieure.

Seconde série.

Garonne (Haute-).
Var.
Finistère.
Seine-et-Marne.
Nord.
Tarn.
Somme.
Meurthe.
Ille-et-Vilaine.

Rhin-et-Moselle.
Vaucluse.
Pyrénées (Hautes-).
Calvados.
Yonne.
Forêts.
Rhin (Haut-)
Vendée.
Dyle.

Troisième série.

Loiret.
Isère.
Lot-et-Garonne.
Côtes-du-Nord.
Alpes-Maritimes.
Pas-de-Calais.
Marne.
Arriége.
Charente-Inférieure.
Bouches-du-Rhône.
Meuse.

Vienne.
Jura.
Mont-Blanc.
Nièvre.
Oise.
Ourthe.
Ardèche.
Mayenne.
Deux-Nèthes.
Jemmappes.

Quatrième série.

Gironde.
Moselle.
Morbihan.
Alpes (Basses-).
Puy-de-Dôme.
Orne.
Rhin (Bas-).
Sambre-et-Meuse.
Eure-et-Loire.

Loire.
Aube.
Golo.
Charente.
Vosges.
Sarre.
Seine.
Maine-et-Loire.
Escaut.

Cinquième série.

Dordogne.
Doubs.
Drôme.
Seine-Inférieure.
Pyrénées (Basses-).
Côte-d'Or.
Hérault.
Saonne-et-Loire.
Haute-Vienne.
Indre.

Lot.
Landes.
Léman.
Sarthe.
Liamone.
Rhône.
Loire (Haute-).
Seine-et-Oise.
Loire-Inférieure.
Roër.

LETTRE *du ministre de l'intérieur aux préfets , en leur adressant le sénatus-consulte organique du 16 thermidor an 10.*

« Je vous envoie , citoyen préfet, le sénatus-consulte qui proclame la volonté du peuple français.

» Vous le ferez publier solennellement dans toute l'étendue. de votre département le 15 août (27 thermidor). Ce jour sera désormais consacré par de bien grands souvenirs : il rappellera à nos derniers neveux l'époque mémorable du bonheur public , de la paix des consciences , et du plus grand acte de souveraineté qu'ait jamais exercé une nation.

» Le quinze *août* est à la fois l'anniversaire de la naissance du premier consul , le jour de la signature du concordat, et l'époque où le peuple Français , voulant assurer et perpétuer son bonheur , en lie la durée à celle de la glorieuse carrière de Napoléon Bonaparte.

» Que de doux souvenirs pour exciter l'enthousiasme du peuple Français ! quel concours puissant d'événemens et de circonstances pour réveiller dans tous les cœurs les sentimens généreux qui caractérisent la nation !

» Des actes de bienfaisance peuvent célébrer cette grande journée ; et je vous invite, citoyen préfet, à la consacrer tout entière au bonheur en unissant par le mariage des individus recommandables par leurs vertus.

» Je vous salue. *Signé* CHAPTAL. »

DISCOURS *prononcé devant le premier consul* par Marcorelle, *au nom des membres du Corps législatif présens à Paris lors de la* fête du quinze août 1802 (27 *thermidor an* 10 *de la République*).

« Général premier consul, il était réservé au commencement du dix-neuvième siècle d'offrir à l'univers le spectacle d'une nation qui, par un sage retour sur elle-même , a su restreindre dans de justes bornes l'usage de sa liberté , et, pour en assurer l'existence, en remet le dépôt aux mains les plus dignes de la conserver.

» Jamais, si l'on considère et le nombre des suffrages et la circonstance dans laquelle ils ont été émis, le vœu d'un peuple n'a été consacré par une délibération plus libre, plus solennelle et plus réfléchie.

» Dans un temps où la prudence n'a point encore permis d'alléger le fardeau des impositions ; où le commerce, longtemps paralysé, malgré des soins si sages et si multipliés,

reprend à peine le mouvement et la vie ; lorsque l'intempérie
des saisons nous livrait à une sorte de pénurie de subsistances ,
le peuple Français , appréciant les efforts du gouvernement,
jugeant de ce que vous feriez par ce que vous aviez déjà fait , a
juré de maintenir votre administration tant qu'il plaira au ciel
de prolonger des jours si précieux à l'Etat.

» Eh ! quelles mains pouvaient plus dignement soutenir cet
immense édifice, que celles qui l'ont commencé, et qui viennent
de l'asseoir sur les plus solides fondemens !

» Ainsi donc , général premier consul, tandis que la République entière se pressait autour de ses magistrats pour vous
décerner les témoignages de sa gratitude , vous prépariez les
développemens organiques de sa Constitution, vous méditiez en
silence de nouveaux bienfaits , comme si vous eussiez voulu
avertir les hommes qu'il est des dettes au niveau desquelles leur
reconnaissance ne saurait atteindre , des dettes que leur amour
seul peut acquitter.

» Premier consul, la France a acquis au prix de ses malheurs
une utile expérience : elle s'est convaincue que des spéculations
savantes ne complettent point dans quelques jours la législation d'un grand peuple ; que la théorie la plus attentive laisse
toujours dans le corps politique quelques incohérences que la
prévoyance humaine ne peut éviter. Si les parties de ce corps
sont inflexibles, si leurs rapports sont immuables, la dispro-
portion en apparence la plus légère menace l'ouvrage entier
d'une prochaine destruction.

» Votre prudence a su nous garantir de cet écueil : vous avez
beaucoup fait pour la liberté ; vous n'avez pas fait moins pour
la tranquillité publique , et vous vous êtes réservé la faculté de
pourvoir encore au soutien de l'une et de l'autre, suivant que
l'expérience en montrera la nécessité.

» Ce n'était point assez d'assurer le bonheur présent ; il fallait aussi préparer le repos de l'avenir, en assurant sans secousse
la transmission du pouvoir , et par cette sage prévoyance
mettre la France à l'abri de ces convulsions périodiques qui
épuisent graduellement un état, qui le livrent à l'influence toujours croissante des nations étrangères , et dont le terme , aussi
honteux qu'inévitable, est un démembrement par lequel s'anéan-
tit son existence politique.

» Il vous appartenait de résoudre ce grand problème en respectant l'égalité, premier droit et premier bien des Français.
Sans ouvrir des portes à la licence , vous avez conservé au
peuple le droit de manifester sa volonté ; sans donner des armes
à la tyrannie , vous avez ménagé au gouvernement des ressources pour réprimer les écarts de l'intrigue et de l'ambition

populaire. Vous avez donné à la représentation nationale un caractère plus parfait en rattachant plus immédiatement le Corps législatif au peuple, dont sa destination le rend l'organe. Enfin vous avez donné une nouvelle existence à un Sénat qui, aboutissant d'un côté au peuple, représenté dans les colléges électoraux, se trouve de l'autre en contact avec les chefs du gouvernement; et par ce moyen vous avez établi un véritable intermédiaire entre le pouvoir et la souveraineté.

» L'allégresse de tous les amis de la chose publique est un garant de vos succès ; les frémissemens mêmes de ses ennemis en offrent un gage non moins certain.

» Premier consul, le Corps législatif, rempli d'admiration pour de si nobles travaux, s'enorgueillit d'être auprès de vous l'interprète des sentimens de la nation.

» Elle vous a confié pour toute la durée de votre vie le soin de sa destinée ; elle conserve auprès de vous deux magistrats de votre choix, qui, par la sagesse de leur caractère et leur haute expérience, ont contribué à alléger le poids de vos travaux.

» Elle n'a plus qu'un vœu à former.

» Puissiez-vous pendant de longues années jouir de son bonheur, qui sera votre ouvrage, comme son amour est déjà votre récompense; et lorsqu'enfin, plein de gloire et de jours, vous irez recevoir la dernière récompense de vos vertus, puisse votre nom, inscrit à la première page des annales du consulat, être offert d'âge en âge à vos successeurs comme un grand exemple, à nos derniers neveux comme l'objet de la plus profonde vénération !»

RÉPONSE *du premier consul.*

« L'union du peuple français dans ces circonstances le rend digne de toute la grandeur et de toute la prospérité auxquelles il est appelé.

» Le vœu formé plusieurs fois par le Corps législatif et le Tribunat vient d'être rempli par le sénatus-consulte, et les destins du peuple français sont désormais à l'abri de l'influence de l'étranger, qui, jaloux de notre gloire, et ne pouvant nous vaincre, aurait saisi toutes les occasions pour nous diviser..

» Le Corps législatif est appelé, à sa première session, aux discussions les plus chères à l'intérêt public, et le gouvernement attend pour le convoquer le moment où tous les travaux des codes que le Conseil d'état et le Tribunat discutent seront plus avancés.

»' Dans cet intervalle le peuple organisera les différens colléges, et les membres du Corps législatif qui se trouvent dans leurs départemens concourront par leurs conseils à éclairer les assemblées dont ils font partie sur leurs choix.

» Le gouvernement accueille avec satisfaction les sentimens que vous venez de lui exprimer. »

DISCOURS *du Tribunat, prononcé (le même jour)* par Challan, *président.*

« Citoyen premier consul, le peuple français vient de vous donner un témoignage éclatant de sa reconnaissance.

» Il a vu par vous la victoire fixée près de ses drapeaux, la paix couronner le succès de ses armes, le calme intérieur rétabli, les cités repeuplées par l'indulgence, la liberté des consciences reconnue.

» Il a senti que la seule main qui en aussi peu de temps avait fait de si grandes choses pouvait en assurer la durée.

» Son intérêt, celui de l'Europe entière s'unissaient à sa gratitude ; il vous a fait consul à vie.

» Par la sagesse de vos vues, tout, à côté de vous et dans la République, assure cette stabilité que le Tribunat avait désirée, et dont il avait posé la base en émettant son vœu.

» Ce vœu est enfin accompli.

» Agréez, général premier consul, les félicitations du Tribunat ; elles se confondent en ce jour mémorable avec les acclamations des citoyens.

» Veuillez être aussi convaincu que le plus vif désir de chacun de nous est et sera toujours de contribuer à la stabilité du gouvernement, à sa gloire, au bonheur de la nation, et du premier consul à vie qu'elle se donne. »

RÉPONSE *du premier consul.*

« La stabilité de nos institutions assure la destinée de la République.

» La considération des corps dépend toujours des services qu'ils rendent à la patrie.

» Le Tribunat, appelé à discuter les projets de loi proposés par le Conseil d'état, constitue avec lui une des parties les plus essentielles à l'organisation législative.

» Egal en nombre, divisé comme lui en sections, il continuera de porter dans les discussions cet esprit de sagesse, ce zèle, ces talens dont il a donné, dont il donne aujourd'hui un si bel exemple dans l'examen du code civil.

» Le gouvernement est vivement touché des sentimens que vous venez d'exprimer.

» Il y répondra toujours par son dévouement à la patrie. »

VI.

DE LA NATURALISATION DES ÉTRANGERS.

Motifs *du sénatus-consulte proposé au Sénat dans sa séance du* 16 *vendémiaire an* 11 (1); exposés par le conseiller d'état Regnault (de Saint-Jean d'Angely).

« Sénateurs, la gloire qui environne la République, la richesse de son territoire, la douceur, la variété de son climat, l'abondance de ses productions, la réunion des monumens, des chefs-d'œuvre de tout genre, ouvrage de nos artistes ou conquêtes de nos guerriers, l'étendue sans cesse croissante de l'industrie nationale, la situation avantageuse de nos ports sur les deux mers, tout appelle les étrangers au sein de la France pacifiée et triomphante.

» Les uns, attirés seulement par le désir de voir de près la grande nation, victorieuse avec ses propres forces de l'univers presque entièrement ligué contre elle, remportent dans leur pays l'étonnement et l'admiration ; d'autres forment le vœu de s'associer à tant d'avantages, de partager des destinées si riches de réalités et d'espérances ; ils aspirent à devenir Français.

» L'Acte constitutionnel leur offre à la vérité des moyens d'obtenir le titre de citoyen ; mais ces moyens, trop lents pour leur impatience, paraissent aussi trop lents pour l'intérêt public.

» L'article 3 du titre 1er de l'Acte constitutionnel n'autorise qu'un seul moyen de devenir citoyen français, *c'est de ré-*

---

(1) Sénatus-consulte adopté le 26 vendémiaire an 11, promulgué le 5 brumaire suivant ; il portait :
« Art. 1er. Pendant cinq ans, à compter de la publication du présent sénatus-consulte organique, les étrangers qui rendront ou qui auraient rendu des services importans à la République, qui apporteront dans son sein des talens, des inventions ou une industrie utiles, ou qui formeront de grands établissemens, pourront, après un an de domicile, être admis à jouir du droit de citoyen français.
» 2. Ce droit leur sera conféré par un arrêté du gouvernement pris sur le rapport du ministre de l'intérieur, le Conseil d'état entendu.
» 3. Il sera délivré à l'impétrant une expédition dudit arrêté, visée par le grand juge ministre de la justice, et scellée du sceau de la République.
» 4. L'impétrant, muni de cette expédition, se présentera devant la municipalité de son domicile, pour y prêter le serment d'être fidèle au gouvernement établi par la Constitution. Il sera tenu registre et dressé procès verbal de cette prestation de serment. »

*sider en France pendant dix ans après avoir déclaré l'in-
tention de s'y fixer.*

» Mais si cette longue épreuve a pu paraître nécessaire à
établir comme règle générale et pour tous les temps, ne doit-
elle pas avoir ses exceptions, motivées sur les circonstances,
fondées sur l'intérêt public, autorisées par la justice, commandées même par la reconnaissance ?

» En ce moment, où de nouvelles et de plus vastes limites
sont posées à notre territoire, ne faut-il pas encourager à se
fixer parmi nous ce propriétaire dont les possessions sont désormais sur le sol français, quand son habitation est restée sur
le territoire étranger? ce négociant, cet armateur, qui a vu
des routes longtemps fermées rouvertes aux spéculations commerciales, et qui veut apporter, établir dans nos ports ses
capitaux, qu'il craint de voir oisifs ou mal employés, et son
comptoir, dont il redoute la désertion ou la langueur, l'inactivité ou l'abandon?

» Ne faut-il pas appeler dans nos cités manufacturières ces
hommes dont quelques uns sont déjà arrivés parmi nous, ces
hommes dépositaires ou confidens de ces secrets qui décuplent,
centuplent la force, l'activité des ouvriers par la manière de
les employer? les auteurs de ces mécaniques précieuses, de
ces découvertes fécondes, qu'au milieu de nos richesses en ce
genre nous sommes cependant forcés d'envier à nos voisins, à
nos rivaux?

» N'est-il pas juste de récompenser les artistes qui, plus attachés encore aux arts qu'à leur pays, ne pourront peut-être
se détacher ni des monumens antiques qui furent le prix de
nos victoires, ni des monumens modernes qui les ont précédées
ou consacrées, enfin de cet assemblage de chefs-d'œuvre où les
élèves triomphent encore près de leurs maîtres, et les imitateurs près de leurs modèles ?

» Enfin, si nos guerriers avaient ramené du théâtre de
leurs expéditions lointaines des hommes généreux qui sur une
terre étrangère leur auraient montré de l'affection et du dévouement, qui se seraient associés à leurs périls et à leurs succès avec un abandon assez absolu pour ne pouvoir plus rester
dans leur patrie sans péril, ou loin des Français sans douleur,
ne serait-il pas digne de la nation de leur rendre ce qu'ils auraient sacrifié pour elle ?

» Si ces vérités sont incontestables, si la politique, la raison
et le sentiment s'unissent pour les avouer, il en résulte la nécessité d'une modification à l'Acte constitutionnel, d'une modification qui autorise l'exception à la règle générale établie
dans l'article 3 du titre 1er.

» Chez tous les peuples l'usage de la naturalisation a été consacré.

» En France le prince accordait des lettres appelées *lettres de naturalité*, et qui, enregistrées dans les cours, donnaient toutes les prérogatives attachées au titre de Français.

» Les négocians qui venaient s'établir à Marseille y jouissaient des mêmes avantages que les habitans nés Français.

» La Constitution de 1791, article 4, réservait au Corps législatif le droit de donner un acte de naturalisation sans les délais et les conditions prescrites comme règles générales dans l'article précédent.

» Mais la publicité d'un tel acte, qui dans aucun temps ne serait sans inconvéniens, en aurait de plus grands encore dans les circonstances actuelles : la solennité des formes législatives est incompatible avec la réserve prudente ou même la sage discrétion qui peut être nécessaire dans la translation que projetterait un étranger de sa famille, de sa fortune, de son industrie.

» En Angleterre le monarque accorde des lettres qui confèrent une partie des droits de naturalité ; un bill du parlement est nécessaire pour en obtenir la plénitude.

» Mais à la sévérité de cette législation il est une infinité d'exceptions, toutes fondées sur les intérêts du commerce ou de la navigation.

» Un matelot qui sert deux ans durant la guerre, un négociant qui a habité les colonies pendant un certain temps, un homme employé pendant trois ans à la pêche de la baleine, sont naturalisés de droit en prêtant les sermens d'allégeance et de suprématie.

» C'est d'après ces principes, c'est en consultant ces exemples que le gouvernement a cru convenable de ne pas assujettir à de trop longues et trop éclatantes formalités les actes de naturalisation.

» Il a pensé qu'en confiant au gouvernement le droit de les accorder, et en exigeant le rapport et la discussion préalable au Conseil d'état, vous donneriez la garantie que cette faveur ne serait accordée que justement et en connaissance de cause, et vous éviteriez le danger d'une imprudente publicité.

• En adoptant le résultat des considérations importantes que le gouvernement présente à votre sagesse, vous assurerez à la France la jouissance et la multiplication des conquêtes nouvelles qu'elle est appelée à faire pendant la paix sur les nations étrangères, et qui, non moins que les conquêtes de la guerre, ajouteront à la puissance et à la prospérité de la République. »

VII.

Exposé de la Situation de la République; *lu devant le Corps législatif* par le conseiller d'état Muraire. — *Séance du 3 ventose an 11 (22 février 1803).*

« Les événemens n'ont point trompé les vœux et l'attente du gouvernement. Le Corps législatif, au moment où il reprend ses travaux, retrouve la République plus forte de l'union des citoyens, plus active dans son industrie, plus confiante dans sa prospérité.

» L'exécution du concordat, sur laquelle des ennemis de l'ordre public avaient encore fondé de coupables espérances, a donné presque partout les résultats les plus heureux : les principes d'une religion éclairée, la voix du souverain pontife, la constance du gouvernement ont triomphé de tous les obstacles; des sacrifices mutuels ont réuni les ministres du culte. L'église gallicane renaît par les lumières et la concorde, et déjà un changement heureux se fait sentir dans les mœurs publiques. Les opinions et les cœurs se rapprochent; l'enfance redevient plus docile à la voix de ses parens, la jeunesse plus soumise à l'autorité des magistrats. La conscription s'exécute aux lieux où le nom seul de conscription soulevait les esprits, et servir la patrie y est une partie de la religion.

» Dans les départemens qu'a visités le premier consul il a recueilli partout le témoignage de ce retour aux principes qui font la force et le bonheur de la société.

» Dans l'Eure, dans la Seine-Inférieure, dans l'Oise, on est fier de la gloire nationale ; on sent dans toute leur étendue les avantages de l'égalité; on bénit le retour de la paix; on bénit le rétablissement du culte public. C'est par tous ces liens que les cœurs ont été rattachés à l'Etat et à la Constitution.

» Le devoir du gouvernement est de nourrir et d'éclairer ces heureuses dispositions.

» Les autres cultes s'organisent, et des consistoires se composent de citoyens éclairés, défenseurs connus de l'ordre public, de la liberté civile et de la liberté religieuse.

» L'instruction publique, cet appui nécessaire des sociétés, est partout demandée avec ardeur; déjà s'ouvrent plusieurs lycées; déjà, comme le gouvernement l'avait prévu, une multitude d'écoles particulières s'élèvent au rang d'écoles secondaires : tous les citoyens sentent qu'il n'est point de bonheur sans lumières ; que sans talens et sans connaissances il n'y a d'égalité que celle de la misère et de la servitude.

» Une école militaire recevra de jeunes défenseurs de la patrie. Soldats, ils apprendront à supporter la vie des camps et les fatigues de la guerre; par une longue obéissance, ils se formeront à l'art de commander, et apporteront aux armées la force et la discipline unies aux connaissances et aux talens.

» Dans les lycées, comme dans l'école militaire, la jeunesse des départemens nouvellement incorporés à la République vivra confondue avec la jeunesse de l'ancienne France : de la fusion des esprits et des mœurs, de la communication des habitudes et des caractères, du mélange des intérêts, des ambitions et des espérances, naîtra cette fraternité qui de plusieurs peuples ne fera qu'un seul peuple, destiné par sa position, par son courage, par ses vertus, à être le lien et l'exemple de l'Europe.

» L'Institut national, qui a sa puissance sur l'instruction publique, a reçu une direction plus utile, et désormais il déploiera sur le caractère de la nation, sur la langue, sur les sciences, sur les lettres et les arts une influence plus active.

» Pour assurer la stabilité de nos institutions naissantes, pour éloigner des regards des citoyens ce spectre de la discorde qui leur apparaissait encore dans le retour périodique des élections à la suprême magistrature, les amis de la patrie appelaient le consulat à vie sur la tête du premier magistrat : le peuple, consulté, a répondu à leur appel, et le Sénat a proclamé la volonté du peuple.

» Le système des listes d'éligibilité n'a pu résister au creuset de l'expérience et à la force de l'opinion publique.

» L'organisation du Sénat était incomplète.

» La justice nationale était disséminée dans des tribunaux sans harmonie, sans dépendance mutuelle; point d'autorité qui les protégeât ou qui pût les réformer; point de liens qui les assujettissent à une discipline commune.

» Il manquait enfin à la France un pouvoir que réclamait la justice même, celui de faire grâce. Combien de fois depuis douze ans il avait été invoqué! combien de malheureux avaient succombé victimes d'une inflexibilité que les sages reprochaient à nos lois! combien de coupables qu'une funeste indulgence avait acquittés parce que les peines étaient trop sévères !

» Un sénatus-consulte a rendu au peuple l'exercice des droits que l'Assemblée constituante avait reconnus; mais il les lui a rendus environnés de précautions qui le défendent de l'erreur ou de la précipitation de ses choix, qui assurent l'influence de la propriété et l'ascendant des lumières.

» Que les premières magistratures viennent à vaquer, les devoirs et la marche du Sénat sont tracés; des formes certaines garantissent la sagesse et la liberté de son choix, et la souaineté de ce choix ne laisse ni à l'ambition le moyen de conspirer, ni à l'anarchie le moyen de détruire.

» Le ciment du temps consolidera chaque jour cette institution tutélaire ; elle sera le terme de toutes les inquiétudes, et le but de toutes les espérances, comme elle est la plus belle des récompenses promises aux services et aux vertus publiques.

» La justice embrasse d'une chaîne commune tous les tribunaux ; ils ont leur subordination et leur censure ; toujours libres dans l'exercice de leurs fonctions, toujours indépendans du pouvoir, et jamais indépendans des lois.

» Le droit de faire grâce, quand l'intérêt de la République l'exige, ou quand les circonstances commandent l'indulgence, est remis aux mains du premier magistrat ; mais il ne lui est remis que sous la garde de la justice même, il ne l'exerce que sous les yeux d'un conseil, et après avoir consulté les organes les plus sévères de la loi.

» Si les institutions doivent être jugées par leurs effets, jamais institution n'eut un résultat plus important que le sénatus-consulte organique. C'est à compter de ce moment que le peuple français s'est confié à sa destinée, que les propriétés ont repris leur valeur première, que se sont multipliées les longues spéculations : jusque là tout semblait flotter encore ; on aimait le présent, on doutait du lendemain, et les ennemis de la patrie nourrissaient toujours des espérances ; depuis cette époque il ne leur reste que de l'impuissance et de la haine.

» L'île d'Elbe avait été cédée à la France ; elle lui donnait un peuple doux, industrieux ; deux ports superbes, une mine féconde et précieuse : mais, séparée de la France, elle ne pouvait être intimement attachée à aucun de ses départemens, ni soumise aux règles d'une administration commune. On a fait fléchir les principes sous la nécessité des circonstances ; on a établi pour l'île d'Elbe les exceptions que commandaient sa position et l'intérêt public.

» L'abdication du souverain, le vœu du peuple, la nécessité des choses, avaient mis le Piémont au pouvoir de la France. Au milieu des nations qui l'environnaient, avec les élémens qui composaient sa population, le Piémont ne pouvait supporter ni le poids de sa propre indépendance, ni les dépenses d'une monarchie : réuni à la France, il jouira de sa sécurité et de sa grandeur ; ses citoyens, laborieux, éclairés, développeront leur industrie et leurs talens dans le sein des arts et de la paix.

» Dans l'intérieur de la France règne le calme et la sécurité ; la vigilance des magistrats, une justice sévère, une gendarmerie fortement constituée, et dirigée par un chef qui a vieilli dans la carrière de l'honneur , ont imprimé partout la terreur aux brigands.

» L'intérêt particulier s'est élevé jusqu'aux sentimens de l'intérêt public ; les citoyens ont osé attaquer ceux qu'autrefois ils redoutaient, lors même qu'ils étaient enchaînés au pied des tribunaux; des communes entières se sont armées, et les ont détruits. L'étranger envie la sûreté de nos routes , et cette force publique qui, souvent invisible , mais toujours présente, veille sur ses pas , et le protège sans qu'il la réclame.

» Dans le cours d'une année difficile , au milieu d'une pénurie générale , le pauvre ne s'est point défié des soins du gouvernement; il a supporté avec courage des privations nécessaires, et les secours qu'il avait su attendre il les a reçus avec reconnaissance.

» Le crime de faux n'est plus encouragé par l'espoir de l'impunité ; le zèle des tribunaux chargés de le frapper, et la juste sévérité des lois , ont enfin arrêté les progrès de ce fléau qui menaçait la fortune publique et les fortunes particulières.

» Notre culture se perfectionne, et défie les cultures les plus vantées de l'Europe : dans tous les départemens il est des cultivateurs éclairés qui donnent des leçons et des exemples.

» L'éducation des chevaux a été encouragée par des primes, l'amélioration des laines par l'introduction des troupeaux de races étrangères. Partout des administrateurs zélés recherchent et révèlent les richesses de notre sol , et propagent les méthodes utiles et les résultats heureux de l'expérience.

» Nos fabriques se multiplient , s'animent et s'éclairent ; émules entre elles , bientôt sans doute elles seront les rivales des fabriques les plus renommées dans l'étranger. Il ne manque désormais à leur prospérité que des capitaux moins chèrement achetés ; mais déjà les capitaux abandonnent les spéculations hasardeuses de l'agiotage, et retournent à la terre et aux entreprises utiles. Plus de vingt mille ouvriers français , qui étaient dispersés dans l'Europe , sont rappelés par les soins et par les bienfaits du gouvernement, et vont être rendus à nos manufactures.

» Parmi nos fabriques il en est une plus particulière à la France , que Colbert échauffa de son génie; elle avait été ensevelie sous les ruines de Lyon; le gouvernement a mis tous ses soins à l'en retirer. Lyon renaît à la splendeur et à l'opulence , et déjà du sein de leurs ateliers ses fabricans imposent des tributs au luxe de l'Europe. Mais le principe de leurs succès est dans le luxe même de la France ; c'est dans la mobilité de nos goûts et dans l'inconstance de nos modes que le luxe étranger doit trouver son aliment ; c'est là ce qui fait mouvoir et vivre une population immense, qui sans cela irait se perdre dans la corruption et dans la misère.

» Il y aura à Compiègne, il s'élevera bientôt sur les confins de la Vendée des prytannées, où la jeunesse se formera pour l'industrie et pour les arts mécaniques ; de là nos chantiers, nos manufactures tireront un jour les chefs de leurs ateliers et de leurs travaux.

» Quatorze millions, produit de la taxe des barrières, et dix millions d'extraordinaire ont été pendant l'an 10 employés aux routes publiques. Les anciennes communications ont été réparées et entretenues ; des communications nouvelles ont été ouvertes : le Simplon, le mont Cénis, le mont Genève nous livreront bientôt un triple et facile accès en Italie ; un grand chemin conduira de Gênes à Marseille ; une route est tracée du Saint-Esprit à Gap ; une autre de Rennes à Brest par Ponthivy. A Ponthivy s'élèvent des établissemens qui auront une grande influence sur l'esprit public des départemens dont se composait l'ancienne Bretagne ; un canal y portera le commerce et une prospérité nouvelle.

» Sur les bords du Rhin, de Bingen à Coblentz, une route nécessaire est taillée dans des rochers inaccessibles. Les communes voisines associent leurs travaux aux sacrifices du trésor public, et les peuples de l'autre rive, qui riaient de la folie de l'entreprise, restent confondus de la rapidité de l'exécution.

» De nombreux ateliers sont distribués sur le canal de Saint-Quentin.

» Le canal de l'Ourcq vient de s'ouvrir, et bientôt Paris jouira de ses eaux, de la salubrité et des embellissemens qu'elles lui promettent.

» Le canal destiné à unir la navigation de la Seine, de la Saône, du Doubs et du Rhin, est presque entièrement exécuté jusqu'à Dôle, et le trésor public reçoit déjà, dans l'augmentation du prix des bois auxquels ce canal sert de débouché, une somme égale à celle qu'il a fournie pour en continuer les travaux.

» Les canaux d'Aigues-Mortes et du Rhône, le desséchement des marais de la Charente-Inférieure sont commencés, et donneront de nouvelles routes au commerce, et de nouvelles terres à la culture. On travaille à réparer les digues de l'île de Cadsand, celles d'Ostende, celles des côtes du Nord, et à rétablir la navigation de nos rivières. Cette navigation n'est déjà plus abandonnée aux seuls soins du gouvernement. Les propriétaires des bateaux qui les fréquentent ont enfin senti qu'elle était leur patrimoine, et ils appellent sur eux-mêmes les taxes qui doivent en assurer l'entretien.

» Sur l'Océan, des forts s'élèvent pour couvrir la rade de l'île d'Aix, et défendre les vaisseaux de la République. Partout des fonds sont affectés à la réparation et au nettoiement de nos ports ; un nouveau bassin et une écluse de chasse termineront le port du Hâvre, et en feront le plus beau port de commerce de la Manche. Une compagnie de pilotes se forme pour assurer la navigation de l'Escaut, et l'affranchir de la science et du danger des pilotes étrangers.

» A Anvers vont commencer les travaux qui doivent rendre à son commerce son ancienne célébrité ; et dans la pensée du gouvernement sont les canaux qui doivent lier la navigation de l'Escaut, de la Meuse et du Rhin, rendre à nos chantiers, à nos besoins, des bois qui croissent sur notre sol, et à nos fabriques une consommation que des manufactures étrangères leur disputent sur notre propre territoire.

» Les îles de la Martinique, de Tabago, de Sainte-Lucie, nous ont été rendues avec tous les élémens de la prospérité ; la Guadeloupe, reconquise et pacifiée, renaît à la culture ; la Guiane sort de sa longue enfance, et prend des accroissemens marqués.

» Saint-Domingue était soumis, et l'artisan de ses troubles était au pouvoir de la France ; tout annonçait le retour de sa prospérité ; mais une maladie cruelle l'a livré à de nouveaux malheurs. Enfin le fléau qui désolait notre armée a cessé ses ravages ; les forces qui nous restent dans la colonie, celles qui y arrivent de tous nos ports nous garantissent qu'elle sera bientôt rendue à la paix et au commerce.

» Des vaisseaux partent pour les îles de France et de la Réunion, et pour l'Inde.

» Notre commerce maritime recherche les traces de ses anciennes liaisons, en forme de nouvelles, et s'enhardit par des essais. Déjà une heureuse expérience et des encouragemens ont ranimé les armemens pour la pêche, qui fut longtemps le patrimoine des Français. Des expéditions commerciales plus importantes sont faites ou méditées pour les colonies occidentales, pour l'île de France, pour les Indes.

» Marseille reprend sur la Méditerranée son ancien ascendant.

» Des chambres de commerce ont été rendues aux villes qui en avaient autrefois ; il en a été établi dans celles qui, par l'étendue de leurs opérations et l'importance de leurs manufactures, ont paru les mériter.

» Dans ces associations, formées par d'honorables choix, renaîtront l'esprit et la science du commerce ; là se développeront ses intérêts, toujours inséparables des intérêts de l'État : le négociant y apprendra à mettre avant les richesses la con-

sidération , qui les honore , et avant la jouissance d'un vain
luxe cette sage économie qui fixe l'estime du citoyen et la
confiance de l'étranger.

» Des députés choisis dans ces différentes chambres discu-
teront , sous les yeux du gouvernement , les intérêts du commerce et des manufactures , et les lois et réglemens qu'exigeront les circonstances.

» Dans nos armées de terre et de mer se propagent l'instruction et l'amour de la discipline ; la comptabilité s'épure dans
les corps militaires; une administration domestique y a succédé
au régime dilapidateur des entreprises et des fournitures. Le
soldat , mieux nourri , mieux vêtu , connaît l'économie , et les
épargnes qu'il verse dans la caisse commune l'attachent à ses
drapeaux comme à sa famille.

» Toutes les sources de nos finances deviennent plus fécondes.
La perception des contributions directes est plus active , et
pourtant moins rigoureuse pour le contribuable. On comptait
en l'an 6 cinquante millions en garnisaires et en contraintes ,
et les recouvremens étaient arriérés de trois ou quatre années;
aujourd'hui on n'en compte pas trois millions , et les contributions sont au courant.

» Toutes les régies , toutes les administrations donnent des
produits toujours croissans; la régie de l'enregistrement est
d'une fécondité qui atteste le mouvement rapide des capitaux
et la multiplicité des transactions.

» Au milieu de tant de signes de prospérité on accuse encore
l'excès des contributions directes.

» Le gouvernement a reconnu , avec tous les hommes éclairés en administration, que la surcharge était surtout dans l'inégalité de la répartition : des mesures sont arrêtées et déjà s'exécutent pour constater les inégalités réelles qui existent entre les
divers départemens. Au plus tard , dans le cours de l'an 12, des
opérations régulières et simultanées nous auront appris quel est
le rapport des contributions entre un département et un département, et quel est dans chaque département le taux moyen de
la contribution foncière. Une fois assuré d'un résultat certain ,
le gouvernement proposera les rectifications que réclame la justice; mais dès cette session, et sans attendre les résultats, il proposera une diminution importante sur la contribution foncière.

» Des innovations sont proposées encore dans notre système
de finance; mais tout changement est un mal s'il n'est pas
démontré jusqu'à l'évidence que des avantages certains doivent
en résulter. Le gouvernement attendra du temps et des discussions les plus approfondies la maturité de ces projets, que
hasar l' souvent l'inexpérience, qu'on appuie sur l'exemple d'un

passé dont les traces sont déjà effacées pour la plupart des esprits, et sur la doctrine financière d'une nation qui, par des efforts exagérés, a rompu toutes les mesures des contributions et des dépenses publiques.

» Avec un accroissement incalculé de revenus, des circonstances extraordinaires ont amené des besoins qu'il n'avait pas été donné de prévoir. Il a fallu reconquérir deux de nos colonies, et rétablir dans toutes le pouvoir et le gouvernement de la métropole; il a fallu, par des moyens soudains et trop étendus pour être dirigés avec la précision d'une sévère économie, assurer des subsistances à la capitale et à un grand nombre de départemens : mais du moins le succès a répondu aux efforts du gouvernement, et de ces vastes opérations il lui reste des ressources pour garantir désormais la capitale du retour de la même pénurie, et pour se jouer des combinaisons du monopole.

» Dans le compte raisonné du ministre des finances on trouvera l'ensemble des contributions annuelles et des diverses branches du revenu public ; ce qu'elles ont dû produire dans l'année révolue ; ce qu'on doit attendre d'amélioration soit des mesures de l'administration, soit du progrès de la prospérité publique; quels ont été dans les divers départemens du ministère les élémens de la dépense pour l'an 10; quelles sommes sont encore à solder sur cette année et les années antérieures ; quelles ressources restent pour les couvrir, soit dans les recouvremens à faire sur le passé, soit dans les fonds extraordinaires qui avaient été assignés à la dépense de ces années, et qui n'ont point encore été consommés; quel est l'état actuel de la dette publique, quels en ont été les accroissemens; quelles en ont été les extinctions naturelles, quélles ont été enfin celles qu'a opérées la caisse d'amortissement.

» Dans le compte du ministre du trésor public on verra dans leur réalité les recettes et les paiemens effectués dans l'an 10, ce qui en appartient aux diverses branches de revenu, ce qui doit être imputé à chaque année et à chaque partie de l'administration.

» Des comptes réunis de ces deux ministères sortira le tableau le plus complet de notre situation financière : le gouvernement le présente avec une égale confiance à ses amis et à ses détracteurs, aux citoyens et aux étrangers.

» Après avoir autorisé les dépenses prévues de l'an 12, et approprié les revenus nécessaires à ces dépenses, des objets du plus grand intérêt occuperont la session du Corps législatif. Il faut rétablir l'ordre dans notre système monétaire, il faut donner au système de nos douanes une nouvelle force et une nouvelle énergie pour comprimer la contrebande.

» Il faut enfin donner à la France ce code civil depuis long-temps promis , et trop longtemps attendu.

» Sur toutes ces matières des projets de loi ont été formés sous les yeux du gouvernement, et mûris dans des conférences où les commissions du Conseil d'état et du Tribunat n'ont porté que l'amour de la vérité et le sentiment de l'intérêt public. Le même sentiment, les mêmes principes dirigeront les délibérations des législateurs, et garantissent à la République la sagesse et l'impartialité des lois qu'ils auront adoptées.

» Sur le continent tout nous offre des gages de repos et de tranquillité.

» La République italienne, depuis les comices de Lyon, se fortifie par l'union toujours plus intime des peuples qui la composent. L'heureux accord des autorités qui la gouvernent, son administration intérieure, sa force militaire lui donnent déjà le caractère et l'attitude d'un état formé depuis longtemps ; et si la sagesse les conserve, ils lui garantissent une destinée toujours plus prospère.

» La Ligurie, placée sous une constitution mixte, voit à sa tête et dans le sein de ses autorités ce qu'elle a de citoyens les plus recommandables par leurs vertus, par leurs lumières et par leur fortune.

» De nouvelles secousses ont ébranlé la République helvé-tique. Le gouvernement devait son secours à des voisins dont le repos importe à son repos ; et il fera tout pour assurer le succès de sa médiation , et le bonheur d'un peuple dont la position , les habitudes et les intérêts font l'allié nécessaire de la France.

» La Batavie rentre successivement dans les colonies que ia paix lui a conservées.

» Elle se souviendra toujours que la France ne peut être pour elle que l'amie la plus utile ou l'ennemie la plus funeste.

» En Allemagne se consomment les dernières stipulations du traité de Lunéville,

» La Prusse, la Bavière , tous les princes séculiers qui avaient des possessions sur la rive gauche du Rhin obtiennent sur la rive droite de justes indemnités.

» La maison d'Autriche trouve dans les évêchés de Salzbourg, d'Aichsadt, de Trente et de Brixen, et dans la plus grande partie de celui de Passau, plus qu'elle n'a perdu dans la Toscane.

» Ainsi, par l'heureux concours de la France et de la Russie, tous les intérêts permanens sont conciliés, et , du sein de cette tempête qui semblait devoir l'anéantir, l'empire germanique , cet empire si nécessaire à l'équilibre et au repos de l'Europe , se relève plus fort, composé d'élémens plus homogènes, mieux combinés, et mieux assortis aux circonstances présentes et aux idées de notre siècle.

» Un ambassadeur français est à Constantinople, chargé de resserrer et de fortifier les liens qui nous attachent à une puissance qui semble chanceler, mais qu'il est de notre intérêt de soutenir et de rasseoir sur ses fondemens.

» Des troupes britanniques sont toujours dans Alexandrie et dans Malte : le gouvernement avait le droit de s'en plaindre ; mais il apprend que les vaisseaux qui doivent les ramener en Europe sont dans la Méditerranée.

» Le gouvernement garantit à la nation la paix du continent, et il lui est permis d'espérer la continuation de la paix maritime : cette paix est le besoin et la volonté de tous les peuples ; pour la conserver, le gouvernement fera tout ce qui est compatible avec l'honneur national, essentiellement lié à la stricte exécution des traités.

» Mais en Angleterre deux partis se disputent le pouvoir : l'un a conclu la paix, et paraît décidé à la maintenir ; l'autre a juré à la France une haine implacable : de là cette fluctuation dans les opinions et dans les conseils, et cette attitude à la fois pacifique et menaçante.

» Tant que durera cette lutte des partis, il est des mesures que la prudence commande au gouvernement de la République : cinq cent mille hommes doivent être et seront prêts à la défendre et à la venger ; étrange nécessité, que de misérables passions imposent à deux nations qu'un intérêt égal et une égale volonté attachent à la paix !

» Quel que soit à Londres le succès de l'intrigue, elle n'entraînera point d'autres peuples dans des ligues nouvelles ; et, le gouvernement le dit avec un juste orgueil, seule l'Angleterre ne saurait aujourd'hui lutter contre la France.

» Mais ayons de meilleures espérances, et croyons plutôt qu'on n'écoutera dans le cabinet britannique que les conseils de la sagesse et la voix de l'humanité.

» Oui, sans doute, la paix se consolidera tous les jours davantage ; les relations des deux gouvernemens prendront ce caractère de bienveillance qui convient à leurs intérêts mutuels ; un heureux repos fera oublier les longues calamités d'une guerre désastreuse, et la France et l'Angleterre, en faisant leur bonheur réciproque, mériteront la reconnaissance du monde entier. »

DE LA RUPTURE DU TRAITÉ D'AMIENS.

MESSAGE des consuls de la République, *adressé le 30 floréal an 11 au Sénat, au Corps législatif et au Tribunat.*

« L'ambassadeur d'Angleterre a été rappelé : forcé par
cette circonstance, l'ambassadeur de la République a quitté
un pays où il ne pouvait plus entendre des paroles de paix.

» Dans ce moment décisif le gouvernement met sous vos
yeux, il mettra sous les yeux de la France et de l'Europe ses
premières relations avec le ministère britannique, les négociations qui ont été terminées par le traité d'Amiens, et les nouvelles discussions qui semblent finir par une rupture absolue.

» Le siècle présent et la postérité y verront tout ce qu'il a
fait pour mettre un terme aux calamités de la guerre, avec
quelle modération, avec quelle patience il a travaillé à en
prévenir le retour.

» Rien n'a pu rompre le cours des projets formés pour rallumer la discorde entre les deux nations.

» Le traité d'Amiens avait été négocié au milieu des clameurs
d'un parti ennemi de la paix. A peine conclu, il fut l'objet
d'une censure amère; on le représenta comme funeste à l'Angleterre parce qu'il n'était pas honteux pour la France. Bientôt
on sema des inquiétudes, on simula des dangers sur lesquels
on établit la nécessité d'un état de paix tel qu'il était un signal
permanent d'hostilités nouvelles. On tint en réserve, on
stipendia ces vils scélérats qui avaient déchiré le sein de leur
patrie, et qu'on destine à le déchirer encore. Vains calculs de
la haine ! ce n'est plus cette France divisée par les factions et
tourmentée par les orages, c'est la France rendue à la tranquillité intérieure, régénérée dans son administration et dans
ses lois, prête à tomber de tout son poids sur l'étranger qui
osera l'attaquer, et à se réunir contre les brigands qu'une
atroce politique rejetterait encore sur son sol pour y organiser
le pillage et les assassinats.

» Enfin, un message inattendu (1) a tout à coup effrayé
l'Angleterre d'armemens imaginaires en France et en Bátavie,

---

(1) Message du 26 germinal, qui avait pour objet la levée annuelle
des conscrits.

et supposé des discussions importantes qui divisaient les deux gouvernemens, tandis qu'aucune discussion pareille n'était connue du gouvernement français.

» Aussitôt des armemens formidables s'opèrent sur les côtes et dans les ports de la Grande-Bretagne ; la mer est couverte de vaisseaux de guerre ; et c'est au milieu de cet appareil que le cabinet de Londres demande à la France l'abrogation d'un article fondamental du traité d'Amiens.

» Il voulait, disait-il, des garanties nouvelles ; et il méconnaissait la sainteté des traités, dont l'exécution est la première des garanties que puissent se donner les nations.

» En vain la France a invoqué la foi jurée ; en vain elle a rappelé les formes reçues parmi les nations ; en vain elle a consenti à fermer les yeux sur l'inexécution actuelle de l'article du traité d'Amiens dont l'Angleterre prétendait s'affranchir ; en vain elle a voulu remettre à prendre un parti définitif jusqu'au moment où l'Espagne et la Batavie, toutes deux parties contractantes, auraient manifesté leur volonté ; vainement enfin elle a proposé de réclamer la médiation des puissances qui avaient été appelées à garantir et qui ont garanti en effet la stipulation dont l'abrogation était demandée. Toutes les propositions ont été repoussées, et les demandes de l'Angleterre sont devenues plus impérieuses et plus absolues.

» Il n'était pas dans les principes du gouvernement de fléchir sous la menace ; il n'était pas en son pouvoir de courber la majesté du peuple français sous des lois qu'on lui prescrivait avec des formes si hautaines et si nouvelles. S'il l'eût fait, il aurait consacré pour l'Angleterre le droit d'annuller par sa seule volonté toutes les stipulations qui l'obligent envers la France ; il l'eût autorisée à exiger de la France des garanties nouvelles à la moindre alarme qu'il lui aurait plu de se forger ; et de là deux nouveaux principes qui se seraient placés dans le droit public de la Grande-Bretagne à côté de celui par lequel elle a déshérité les autres nations de la souveraineté commune des mers, et soumis à ses lois et à ses réglemens l'indépendance de leur pavillon.

» Le gouvernement s'est arrêté à la ligne que lui ont tracée ses principes et ses devoirs. Les négociations sont interrompues ; et nous sommes prêts à combattre si nous sommes attaqués.

» Du moins nous combattrons pour maintenir la foi des traités et pour l'honneur du nom français.

» Si nous avions cédé à une vaine terreur, il eût fallu bientôt combattre pour repousser des prétentions nouvelles ; mais nous aurions combattu déshonorés par une première faiblesse,

XVIII.   19 déchus à nos propres yeux, et avilis aux yeux d'un ennemi qui nous aurait une fois fait ployer sous ses injustes prétentions.

» La nation se reposera dans le sentiment de ses forces. Quelles que soient les blessures que l'ennemi pourra nous faire dans des lieux où nous n'aurons pu ni le prévenir ni l'atteindre, le résultat de cette lutte sera tel que nous avons droit de l'attendre de la justice de notre cause et du courage de nos guerriers.

» *Le premier consul*, *signé* BONAPARTE. »

RAPPORT *sur les pièces relatives au traité d'Amiens et à sa rupture; fait au Tribunat par Daru, organe d'une commission spéciale. — Séance du 3 prairial an 11.*

« Tribuns, lorsque vous avez entendu un cri de guerre retentir dans l'Europe vous avez regardé autour de vous : vous avez vu l'Europe pacifiée, le Nord tranquille, l'Empire d'accord sur son organisation, l'Autriche en possession de ses nouveaux états, la Suisse reprenant son ancien gouvernement et sa liberté, le saint Siége relevé, le royaume de Naples évacué par nos troupes, la maison d'Espagne assise sur les trois trônes que les traités lui ont assurés, les républiques d'Italie organisées, l'Angleterre établie dans ses conquêtes ; et, jetant ensuite les yeux sur vos alliés, vous avez dû croire qu'eux seuls avaient à se plaindre. La république Batave attendait encore la restitution du cap de Bonne-Espérance ; l'empire Ottoman celle de l'Egypte ; vous-mêmes celle de Malte à l'ordre qui en est le souverain ; et cependant ce n'était ni de la Hollande, ni de la Turquie, ni de la France que s'élevait ce cri de guerre ; c'était de chez ce peuple qui seul donnait un juste sujet de plainte en retenant encore ces importantes possessions.

» Vous avez su qu'il y avait une négociation ouverte, quoiqu'il ne parût pas qu'il y eût de nouveaux intérêts à discuter; et vous venez d'apprendre que le seul résultat de cette négociation est une provocation offensante de la part de la puissance qui a différé l'exécution des traités, et qui s'y refuse aujourd'hui formellement.

» Vous avez sous les yeux les pièces originales d'une si importante négociation ; et quoique le délai de quelques heures soit insuffisant à un orateur pour en développer toutes les conséquences, il ne l'est pas pour que vous ayez déjà médité les grands intérêts dont je viens vous entretenir.

» Je vais vous présenter l'analise de la négociation, l'exposé des griefs de l'Angleterre et de la France, l'examen des conditions proposées, et les résultats probables de la guerre par rapport aux deux états.

» Lorsque la nation française, réunie pour la première fois en assemblée vraiment représentative, entreprit l'examen de son ancienne charte constitutionnelle, et ressaisit les droits imprescriptibles qui appartiennent à tous les peuples civilisés, on commença à concevoir quelques craintes sur les dispositions du cabinet anglais. Son ambassadeur, témoin oculaire de ces grands événemens, s'empressa d'assurer l'Assemblée nationale « du désir ardent que le ministère anglais avait d'en
» tretenir (1) l'amitié, l'harmonie qui subsistaient entre les
» deux nations. »

» Pour ôter aux étrangers tout prétexte de prendre part à nos discussions intérieures, les représentans du peuple proclamèrent l'amour de la nation pour la paix, sa renonciation à tout projet de conquête, son respect pour l'indépendance de tous les gouvernemens.

» Quels projets d'agression aurait-on pu supposer à un peuple qui luttait avec effort contre son gouvernement, contre deux classes privilégiées, contre tant de préjugés ou d'habitudes; à un peuple divisé en plusieurs partis, agité dans ses villes, dans ses campagnes mêmes, épuisé dans ses finances, et égaré jusqu'à abolir précipitamment des impôts déjà insuffisans quoique odieux; à un peuple enfin dont les armées n'avaient jamais été si faibles, et qui les voyait commandées par des chefs ennemis de sa révolution ?

» Un politique ordinaire pouvait dès lors prédire au peuple français : vous allez avoir toute l'Europe à combattre; une guerre civile dévastera le tiers de la France; un grand nombre de vos citoyens ira se joindre à vos ennemis; vos flottes, vos places fortes, vos colonies seront livrées par la trahison; les factions vont vous déchirer; le sang coulera au dedans comme au dehors, et la famine atteindra ceux qu'épargnera la hache ou l'épée.

» Mais où est le génie qui eût osé ajouter : Français, ne désespérez point de votre indépendance; que les citoyens restent fermes à leur poste; qu'un million de soldats se précipite vres les frontières : il est de grands hommes dans ces rangs obscurs! La constance des gens de bien triomphera du désordre et des factions; ils resteront inébranlables à l'aspect des têtes sanglantes, comme vos soldats devant les bataillons ennemis;

---

(1) « Lettres de M. le duc de Dorset, ambassadeur d'Angleterre, des 26 juillet et 3 août 1789. »

les meilleures troupes ; les plus fameux généraux de l'Europe fuiront devant vous ; la gloire de la nation effacera, adoucira ses malheurs ; vous vous élancerez au delà de toutes vos frontières ; vous porterez vos armes en Afrique et en Asie ; un homme paraîtra qui viendra terminer tout ce qui restait indécis, calmera les factions, éteindra jusqu'aux haines ; l'Europe vous respectera ; les rois deviendront vos amis, et les peuples se presseront autour du faisceau de la République...

» Si quelqu'un eût osé tenir ce langage, on l'aurait traité d'insensé ; je n'ai fait cependant que vous raconter votre histoire : ce qu'il n'était pas permis au génie de prévoir, le peuple français l'a accompli ; mais il ne pouvait pas le prévoir lui-même.

» Ses ennemis étaient si loin de croire à la probabilité de tels prodiges, qu'ils l'accusèrent de méditer une agression, parce qu'eux-mêmes la désiraient : s'ils eussent pu le croire en état de faire la guerre, ils ne lui en auraient pas supposé l'intention. Mais ils furent trompés par leur haine ; ils le furent par les rapports de tous ces transfuges qui leur exagéraient les désordres intérieurs de la France et la puissance d'un parti tout prêt à favoriser les entreprises de l'étranger.

» L'étranger viola notre territoire, et son agression fut le signal de ce noble enthousiasme qu'on n'avait pu prévoir. Nos ennemis s'aperçurent que les calculs des passions sont toujours faux : les Français comprirent qu'il est toujours aussi imprudent que honteux d'appeler les étrangers dans des dissensions intérieures.

» Nous les vîmes se diviser tandis que nous nous réunissions ; conquérir sans savoir ce qu'ils devaient faire de leurs conquêtes ; protéger la famille royale, et ne pas lui permettre d'approcher de ces états que l'on envahissait en son nom ; fomenter la révolte, et ne fournir aux révoltés que des armes pour nuire, et non pas des secours pour réussir ; faciliter à des Français égarés une invasion dans leur patrie, et les abandonner dans leur défaite.

» Nous les vîmes tour à tour exiger que la France rappelât son ancienne dynastie, et reconnaître aux Français le droit de se choisir un gouvernement ; refuser de traiter avec ce gouvernement sous le prétexte de son instabilité, et employer jusqu'au crime pour le détruire ; réclamer le droit des gens, et outrager les ambassadeurs ; enlever des représentans du peuple, des ministres, des généraux, que la trahison leur avait livrés ; ouvrir des négociations pour la paix, et faire ou laisser assassiner les négociateurs ; nous commander la restitution de nos conquêtes, et nous en proposer le partage.

» La République vit successivement diminuer le nombre de ses ennemis, et s'éteindre les passions qu'une lutte si violente, si imprévue, avait allumées. Les désastres d'une campagne malheureuse achevèrent de faire sentir aux Français le besoin de la réunion de tous les partis, et la nécessité de confier les rênes du gouvernement à un homme digne de ces grandes circonstances: la gloire le nommait, et la voix du peuple français est toujours d'accord avec la gloire.

» Dès que le nouveau chef de la nation fut installé dans sa magistrature, sa première pensée fut de mettre un terme à sa gloire militaire, et d'en chercher une autre en rendant à sa patrie la paix, les lois, le commerce et les arts.

» Ici commence cette négociation de trois années (dont toutes les pièces originales sont sous vos yeux, et dont je me contenterai de faire une analise rapide pour rappeler seulement à votre mémoire ce que chacun de vous a déjà profondément médité.

Analise de la négociation entre la République française et l'Angleterre depuis le 5 nivose an 8.

» Le chef de la République pouvait à bon droit soupçonner les ministres du cabinet britannique de ne pas désirer la cessation d'une guerre que leurs prodigalités et leurs intrigues prolongeaient depuis huit ans ; il pensa qu'il diminuerait leur fatale influence en s'adressant au monarque, et il écrivit directement au roi d'Angleterre, le 5 nivose an 8, pour lui proposer l'ouverture d'une négociation afin de ramener cette paix *le premier des besoins, la première des gloires.* (1)

» D'abord ce système de communications directes entre les chefs des deux états fut rejeté ; le ministère anglais voulut s'en réserver la correspondance, et il répondit « qu'on ne
» pouvait espérer la cessation des causes qui avaient néces-
» sité la guerre en négociant avec ceux qu'une révolution
» nouvelle avait si récemment investis du pouvoir en France ;
» que c'était à une résistance déterminée qu'on devait la con-
» servation de l'ordre social en Europe ; qu'il fallait, pour
» espérer quelque avantage réel d'une négociation, que les
» causes de la guerre eussent disparu, que la résistance ces-
» sât d'être une nécessité, qu'on vît régner en France de meil-
» leurs principes ; et que le garant le plus naturel et en même
» temps le meilleur de ce changement se trouverait dans le

_____

(1) *Voyez* dans le tome xvii la lettre du premier consul au roi d'Angleterre, et la réponse du lord Grenville.

» rétablissement de cette race de princes qui durant tant de
» siècles surent maintenir au dedans la prospérité de la nation
» française, et lui assurer de la considération et du respect
» au dehors. Mais, ajoutait-on, quelque déplorable que puisse
» être un pareil événement, et pour la France et pour le
» monde entier, sa majesté britannique n'y attache pas ex-
» clusivement la possibilité d'une pacification solide et du-
» rable ; elle ne prétend pas prescrire à la France quelle sera
» la forme de son gouvernement, ni dans quelles mains elle
» déposera l'autorité. » (1)

» Cette reconnaissance du droit qu'ont les nations de déterminer la forme de leur gouvernement était d'autant plus inévitable que c'est de l'exercice de ce droit que le prince qu'on
fait parler ainsi tient sa couronne. Quoique dans cette note on
eût affecté d'essayer l'apologie de la guerre plus que d'indiquer
les moyens de la terminer, le premier consul fit proposer une
suspension d'hostilités et la nomination de plénipotentiaires
pour accélérer la négociation. (2)

» Ces deux propositions furent rejetées : le ministère britannique déclara qu'il concerterait avec ses alliés les moyens
d'une négociation immédiate lorsque, *dans son jugement*,
il pourrait être suffisamment pourvu à la sûreté de l'Angleterre
et de l'Europe. (3)

» Tel fut le résultat des premières tentatives que le gouvernement français avait faites pour la paix : l'Angleterre rejeta
même ces propositions de suspendre les hostilités et de négo-
cier.

» La bataille de Marengo servit de réponse à ce refus.

» Le cabinet de Vienne commença une négociation, et
bientôt après celui de Saint-James déclara de son propre mouvement qu'il était disposé à concourir avec l'Autriche aux
négociations qui pouvaient avoir lieu pour une pacification
générale, et à envoyer des plénipotentiaires aussitôt que l'intention du gouvernement français d'entrer en négociation lui
serait connue. (4)

» Les événemens subséquens ont fait voir combien ces dispositions étaient peu sincères ; ils démontrent que le ministère
britannique a refusé de prendre part aux négociations quand

---

(1) « Note du lord Grenville du 4 janvier 1800. »
(2) « Note du ministre des relations extérieures du 28 nivose
an 8. »
(3) « Note du lord Grenville du 20 janvier 1800. »
(4) « Note du lord Minto, ambassadeur d'Angleterre à Vienne, du
9 août 1800. »

on lui a proposé de les entamer, et que lorsqu'elles ont été commencées il n'a demandé à y être admis que pour les rompre.

» Le gouvernement français ne refusa pourtant point cette intervention ; mais il exigea qu'elle fût précédée d'une cessation d'hostilités entre la France et l'Angleterre ; et il le devait, puisque la France avait suspendu les forces prêtes à accabler l'allié de la Grande-Bretagne ; il le devait, parce que « l'inter-
» vention de l'Angleterre compliquait tellement la question
» de la paix avec l'Autriche qu'il était impossible de prolonger
» plus longtemps l'armistice sur le continent, à moins que sa
» majesté britannique ne le rendît commun aux trois puis-
» sances. » (1)

» Dans la correspondance relative à cet armistice les minis-
tres anglais épuisèrent tous ces moyens qui prouvent moins le désir de faire la paix que celui de recommencer la guerre avec plus d'avantage : ils refusèrent et l'armistice que le gouvernement français avait proposé pour traiter en commun, et de traiter séparément sous les conditions d'armistice qu'eux-mêmes avaient offertes. (2)

» La bataille d'Hohenlinden répondit à ces refus.

» La paix avec l'empereur fut conclue à Lunéville ; et si le gouvernement anglais n'y intervint pas, ce fut parce qu'il n'avait pas voulu y concourir avec son allié lorsque celui-ci était dans une position moins désavantageuse.

» A l'instant où l'on signait ce traité, une révolution s'opé-
rait dans le cabinet britannique, et les nouveaux ministres, qui succédaient aux partisans de la guerre, cherchaient à se concilier la bienveillance publique en provoquant l'ouverture d'une nouvelle négociation. (3)

» Il était naturel de ne pas l'entreprendre au milieu des évé-
nemens militaires, qui changent inopinément les circonstances. On demanda une suspension d'hostilités (4).

» Elle fut refusée (5).

» Le gouvernement britannique fit des propositions qu'il ne prit pas même le soin de signer, et par lesquelles, en indi-
quant ce qu'il offrait de rendre de ses conquêtes, il voulait retenir Malte, Ceylan, la Trinité, la Martinique, Tabago, Demerari, Berbice, Essequibo, et tous les états conquis sur

(1) « Note du citoyen Otto du 17 fructidor an 8. »
(2) « Note du citoyen Otto du 24 fructidor an 8. »
(3) « Note du lord Hawkesbury du 21 mars 1801. »
(4) « Note du citoyen Otto du 12 germinal an 9. »
(5) « Note du lord Hawkesbury du 2 avril 1801. »

Tipoo-Saïb (1); on demandait (2) que la France évacuât Nice, tous les états du roi de Sardaigne; que le grand duc de Toscane fût rétabli, et que le reste de l'Italie recouvrât son ancienne indépendance. Ce n'était qu'à ces dernières conditions qu'on offrait l'évacuation de l'île de Malte.

» Ces demandes furent le sujet d'une longue correspondance. D'abord, quant à la Martinique, le gouvernement même n'était pas autorisé à accéder à la cession d'une partie intégrante du territoire français, et en second lieu cette île n'avait pas été conquise, mais livrée (3). Quant à Malte, le premier consul fit représenter au gouvernement anglais « qu'une île de plus ou de » moins ne pouvait être une raison suffisante pour prolonger » les malheurs du monde. » Il proposa de restituer cette île à l'ordre, d'en faire raser les fortifications (4).

» Le ministère anglais déclara que « si le gouvernement » français voulait admettre un arrangement raisonnable rela- » tivement aux Indes orientales, S. M. Britannique était prête » à entrer dans des explications ultérieures relativement à l'île » de Malte, et désirait sérieusement de concerter les moyens » de faire pour cette île un arrangement qui la rendît indé- » pendante de la Grande-Bretagne et de la France. » (5)

» La restitution de cette île à l'ordre fut convenue peu de temps après dans les conférences entre les deux négociateurs (6). Le ministre anglais proposa de la mettre sous la garantie et la protection d'une autre puissance, d'inviter la Russie à y envoyer une garnison, en ajoutant que sa proposition tendait à écarter tout motif de jalousie à ce sujet (7). Dans une note subséquente il proposa que cette île fût mise sous la garde de toute autre puissance (8).

» Pendant ces négociations les armées de la République, réunies à celles du roi d'Espagne, avaient conquis une province du Portugal. Cet événement avait amené de nouvelles propositions, et l'on finit par conclure, le 9 vendémiaire an 10, les préliminaires de la paix, dont l'article 4 porte « que l'île de » Malte avec ses dépendances sera évacuée par les troupes

---

(1) « Aperçu écrit de la main du lord Hawkesbury, page 52 du recueil des pièces officielles. »
(2) « Note du lord Hawkesbury du 25 juin 1801. »
(3) « Note du citoyen Otto du 4 thermidor an 9. »
(4) *Idem.*
(5) « Note du lord Hawkesbury du 5 août 1801. »
(6) « Page 79 du recueil des pièces officielles. »
(7) « Procès verbal d'une conférence tenue le 20 fructidor an 9 entre lord Hawkesbury et le citoyen Otto. »
(8) « Note du lord Hawkesbury du 22 septembre 1801. »

» anglaises, et sera rendue à l'ordre de Saint-Jean de Jéru-
» salem. Pour assurer l'indépendance absolue de cette île de
» l'une ou de l'autre des deux parties contractantes, elle sera
» mise sous la garantie et la protection d'une puissance tierce
» qui sera désignée par le traité définitif. »

» L'époque de l'évacuation n'était point stipulée dans cet
article; mais, dans une note remise par le gouvernement anglais
huit jours auparavant (le 22 septembre), il était dit : « Sa
» majesté ne persistera point à vouloir entretenir garnison
» anglaise dans cette île jusqu'à l'établissement du gouverne-
» ment de l'ordre de Saint-Jean; elle sera prête au contraire
» à l'évacuer dans le délai qui sera fixé pour les mesures de ce
» genre en Europe; pourvu que l'empereur de Russie, comme
» protecteur de l'ordre, ou toute autre puissance reconnue par
» les parties contractantes, se charge efficacement de la défense
» et de la sûreté de Malte. »

» Enfin les articles préliminaires furent convertis en traité
définitif après de longues discussions, dont l'île de Malte fut en
grande partie le sujet. « Il est très important, disait le
» ministre anglais (1), pour les deux nations et même pour
» l'Europe entière, de fixer un plan d'arrangement pour cette
» île qui puisse ne rien laisser d'incertain sur son état futur.
» C'est d'après ce principe que le gouvernement britannique
» agit, principe qui ne peut naître que de son désir d'éloigner
» toute cause de mésintelligence future entre lui et le gouver-
» nement français. »

» C'était pour atteindre le même but que le plénipotentiaire
français proposait de remettre sur le champ cette île à l'ordre à
qui elle devait être restituée. Le ministre anglais parut craindre
que l'ordre ne fût pas dans ce moment assez fort pour la conserver. On lui représenta que la garantie de six grandes puissances devait suffire pour préserver cette île de toute agression.
Il ajouta que les habitans avaient eu besoin d'être contenus, et
proposa de remettre la garde de l'île à une autre puissance jusqu'à la formation des troupes de l'ordre : il écarta la proposition de la confier à des troupes russes, attendu le trop grand
éloignement de la Russie, et proposa que cette garde fût confiée
aux troupes napolitaines.

» Les objections du plénipotentiaire français furent qu'il
n'était pas naturel de remettre cette île au seul prince qui, en
sa qualité de suzerain, pût élever quelques prétentions sur elle.
Il fut proposé de lever à frais communs un corps de mille

---

(1) « Protocole du 15 ventôse an 10. »

Suisses pour cet objet , ou d'y envoyer deux cents hommes des troupes de chacune des puissances contractantes et garantes. Ces deux propositions furent écartées , et on revint au projet de confier l'île aux troupes du roi de Naples.

» On discuta ensuite la force de cette garnison , la durée de son séjour, et le traité d'Amiens régla définitivement que les troupes anglaises évacueraient l'île trois mois après l'échange des ratifications, ou plus tôt s'il était possible; qu'à cette époque elle serait remise au grand-maître ou à ses commissaires, et que S. M. sicilienne y enverrait deux mille hommes pour y tenir garnison pendant un an.

» Par les autres articles du traité d'Amiens la république Batave céda à l'Angleterre ses possessions à Ceylan, et le roi d'Espagne l'île de la Trinité. Toutes les autres conquêtes de l'Angleterre furent restituées ; la république des Sept–Iles fut reconnue.

» Je ne suis point entré dans le détail des négociations rela tives à ces divers objets, ni dans l'analise de quelques autres articles moins importans, parce qu'ils sont étrangers à l'objet qui nous occupe.

» Ainsi se terminèrent ces longues négociations qui hono-rent également et la prudence de celui qui les a dirigées , et l'esprit conciliateur de celui qui a su écarter tant d'obstacles et amener de si heureux résultats.

» La paix fut reçue en France avec transport, avec cette joie franche d'un peuple qui ne craint pas qu'on le soupçonne de redouter la guerre. Chez le peuple anglais elle excita aussi beaucoup d'enthousiasme ; mais il s'éleva dans le même temps un parti qui en blâmait les dispositions : il était difficile de distinguer si ce parti haïssait la paix ou les ministres qui l'avaient signée.

» Bientôt il fut douteux si les ministres eux–mêmes vou-laient la maintenir : ils laissèrent insulter la France et ses magistrats par de misérables écrivains; ils continuèrent de soudoyer dans les îles voisines de notre territoire des hommes qui y préparaient des assassinats. (1)

» On tolérait les rassemblemens de ces Français égarés qui se flattent encore de voir rétablir dans leur ancienne patrie des priviléges abolis, et, en leur permettant de porter les marques fastueuses de distinctions qui ne sont plus, on sem-blait autoriser leurs folles espérances ; on jetait sur nos côtes des écrits incendiaires et des mandemens perfides, tracés par

_____

(1) « Page 193 des pièces officielles. »

ces mains qui avaient été consacrées pour s'élever vers un Dieu de paix. Ces anciens ministres de l'Eglise tentaient d'empêcher le retour de la tranquillité dans les consciences ; après s'être appuyés de l'autorité de leur chef dans leur révolte, ils la méconnaissaient lorsqu'elle leur commandait la soumission.

» Et lorsque le ministre de la République désigna au gouvernement anglais les auteurs de toutes ces indignes manœuvres (1), qui peuvent bien nuire à la France, mais non pas l'ébranler, le cabinet britannique éluda un acte de justice que son propre honneur et peut-être sa propre sûreté lui conseillaient.

» Le gouvernement français cessa de s'en occuper ; mais il ne pouvait pas rester aussi indifférent sur le retard que les Anglais apportaient à l'évacuation de l'Egypte et de Malte. Quelques prétextes prolongeaient encore ces délais, lorsque tout à coup, sans provocation, sans motif apparent, sans prétexte plausible, le roi d'Angleterre appela sa nation aux armes par son message du 17 ventose dernier.

» Il annonçait au parlement que des préparatifs militaires considérables se faisaient dans les ports de France et de Hollande, et qu'il existait entre les deux gouvernemens des discussions de grande importance, dont le résultat demeurait incertain.

» Le premier fait était d'une fausseté évidente. Le gouvernement anglais savait trop bien qu'on ne faisait dans nos ports que les préparatifs de quelques expéditions coloniales ; et s'il pouvait avoir été induit en erreur sur ce point, il n'était pas possible qu'il le fût sur l'incertitude de négociations qui n'existaient pas.

» Aussi le ministère anglais et son ambassadeur à Paris, interpellés pour expliquer de si étranges imputations, ne parlaient-ils dans leur réponse ni des armemens de la France, ni des difficultés survenues entre les deux cabinets. Le ministère anglais déclara qu'on avait dû considérer le traité d'Amiens comme conclu *eu égard à l'état de possession des puissances contractantes à l'époque de sa signature* ; que, la France ayant depuis cette époque accru son influence sur la Suisse et sur la Hollande, et son territoire en Italie, le roi d'Angleterre était fondé à réclamer des équivalens qui pussent servir de contre-poids à l'augmentation de la puissance française ; et qu'avant d'entrer dans une discussion ultérieure relativement à l'île de Malte on attendrait qu'il fût donné des explications sur cet objet.

_____

(1) « Note du citoyen Otto du 28 thermidor an 10. »

» Jusque là le ministère britannique se fondait sur l'accroissement de la puissance de la France pour refuser l'évacuation
de Malte ; mais dans les paragraphes suivans il entreprenait de
justifier le retard de cette évacuation par les dispositions mêmes
du traité d'Amiens. « L'île de Malte , disait-il , doit être rendue
» sous certaines conditions ; l'évacuation de l'île à une époque
» précise est une de ces conditions, et si l'exécution graduelle
» des autres conditions avait été effectuée , sa majesté aurait été
» obligée, aux termes du traité, d'ordonner à ses troupes
» d'évacuer l'île. »

» Cet aveu est précieux sans doute, et il ne reste plus qu'à
examiner quelles étaient les conditions dont l'inexécution
autorisait les délais du ministère britannique ; les voici :

» Le refus de la Russie d'accéder à l'arrangement pris , à
moins que la langue maltaise ne fût abolie; le silence de la
cour de Berlin; l'abolition des prieurés espagnols ; enfin la
déclaration du gouvernement portugais , manifestant son
intention de séquestrer les biens du prieuré portugais, comme
faisant partie de la langue d'Espagne , à moins que les prieurés
espagnols ne fussent rendus. (1)

» On verra que ces difficultés ont été levées , et que , quand
elles seraient de nature à empêcher l'exécution du traité , cette
exécution n'en serait pas moins une obligation du ministère
britannique.

» D'abord le refus de deux puissances appelées à garantir
un traité ne dispense pas les nations qui l'ont signé de s'y
soumettre ; seulement elles n'ont plus ce garant de leurs conventions. En second lieu l'abolition d'un prieuré de l'ordre de
Malte , ne changeant en aucune manière sa constitution politique , n'a pas été prévue dans ce traité , et n'intéresse nullement les puissances contractantes.

» Le premier consul fit répondre à cette déclaration que
l'accroissement de la puissance de la République française
depuis le traité d'Amiens était une erreur de fait ; que depuis
cette époque au contraire, la France avait évacué une grande
partie de ses conquêtes ; qu'il ne voulait point relever le défi
que l'Angleterre avait jeté à la France , et que quant à Malte
il n'y avait aucune matière à discussion , le traité ayant tout
prévu. (2)

» Bientôt des sujets de plainte plus réels vinrent provoquer
les réclamations du gouvernement français. Des vaisseaux de

_____

(1) « Note du lord Hawkesbury du 15 mars 1803. »
(2) « Note du général Andréossi du 7 germinal an 11. »

guerre anglais jetèrent des brigands sur nos côtes, forcèrent même une chaloupe française de porter à terre des étrangers (1). Cependant tous ces événemens pouvaient être considérés comme les torts de quelques subalternes ; mais la révocation des ordres donnés pour l'évacuation du cap de Bonne-Espérance n'était pas un de ces faits dont le ministère pût feindre de n'avoir pas connaissance, ou qu'il pût rejeter sur autrui. Au reste il ne tarda pas à déclarer que des ordres avaient été donnés (le 20 novembre) pour la restitution de cette colonie. (2)

» Mais il demanda explication et satisfaction sur des griefs qu'il n'énonçait pas, et la cession de Malte en toute propriété et souveraineté.

» La réponse du gouvernement français fut que tout ce qui avait pour but la violation de l'indépendance de Malte ne serait jamais consenti ; que pour tout ce qui ne serait pas contraire au traité d'Amiens on pouvait s'entendre sur les griefs respectifs allégués par les deux gouvernemens. (3)

» Quelques jours après l'ambassadeur d'Angleterre proposa de laisser le gouvernement civil de Malte à l'ordre de Saint-Jean, et les fortifications sous la garde des troupes britanniques (4). Cette proposition n'était pas même signée.

» Le 6 floréal le même ministre demanda que les troupes anglaises restassent à Malte pendant six ans ; que celles de la République évacuassent la Hollande, et que l'île de Lampedouse fût cédée en toute propriété à l'Angleterre.

» Ces étranges demandes étaient faites verbalement, et l'ambassadeur, qui refusait de les signer, annonçait son départ si l'on ne les acceptait pas dans le délai de sept jours.

» Le premier article était contraire au traité d'Amiens ; le gouvernement français ne pouvait se dispenser de répondre qu'il fallait le communiquer aux autres puissances contractantes. Quant à l'évacuation de la Hollande, il annonça qu'elle aurait lieu immédiatement après l'exécution du traité d'Amiens; et quant à l'île de Lampedouse, elle n'appartient point à la République, et son gouvernement ne pouvait ni la refuser ni la donner (5).

---

(1) « Note du ministre des relations extérieures du 4 germinal an 11. »
(2) « Note du lord Whitworth du 7 avril 1803. »
(3) « Lettre du lord Whitworth, page 223 du recueil des pièces officielles. »
(4) « Note du lord Whitworth du 17 germinal an 11. »
(5) « Note du ministre des relations extérieures du 12 floréal an 11. »

» Avant d'avoir reçu cette réponse l'ambassadeur anglais demanda des passeports.

» Le premier consul ne se départit point encore du système de modération qu'il avait suivi dans toute cette négociation. Il fit proposer à l'ambassadeur britannique de remettre Malte sous la garde de l'une des puissances garantes du traité d'Amiens, l'Autriche, la Prusse ou la Russie (1).

» On avait d'autant plus droit de s'attendre à voir cette proposition acceptée, que le gouvernement anglais lui-même l'avait faite dès le 20 fructidor an 9; aussi, pour la refuser, s'est–il contenté de dire que cette proposition était impraticable par le refus de l'empereur de Russie de s'y prêter (2).

» Quand ce refus de la Russie aurait. été réel, les deux autres puissances garantes, c'est à dire l'Autriche ou la Prusse, auraient pu fournir à l'île de Malte la garnison qu'on leur demandait ; mais était–il possible que le 20 floréal (10 mai) on eût connaissance de la détermination de la cour de Pétersbourg sur une proposition faite à Paris six jours auparavant ? Et que put répondre le ministre anglais lorsque, le jour même de sa déclaration, on vit arriver de Pétersbourg une lettre par laquelle l'empereur de Russie manifestait « avec une énergie
» particulière la peine qu'il avait éprouvée d'apprendre la
» résolution où était sa majesté britannique de garder Malte ;
» renouvelait les assurances de sa garantie, et faisait con-
» naître qu'il accepterait la demande de sa médiation si les deux
» puissances y avaient recours... ! »

» L'ambassadeur s'est contenté d'offrir au gouvernement français un moyen de masquer la cession définitive de cette île, en stipulant ostensiblement que les Anglais l'occuperaient jusqu'à ce qu'ils eussent pu former un établissement à Lampedouse, qui n'en est guère susceptible, et en signant un article secret par lequel la France s'engagerait à ne pas les requérir d'évacuer Malte avant dix ans (3).

» Mais cette disposition, pour être secrète, n'en était pas moins honteuse ; le traité n'en était pas moins violé ; et il faut remarquer que dans ce traité le cabinet britannique avait soin de faire naître une prétention de plus, une difficulté nouvelle , en exigeant une provision territoriale convenable pour le roi de Sardaigne en Italie.

» Ces propositions n'ont pas été acceptées; elles ne pouvaient

(1) « Note du ministre des relations extérieures du 14 floréal an 11. »
(2) « Note du lord Whitworth du 4 mai 1803. »
(3) « Projet d'articles remis par le lord Whitworth le 10 mai 1803. »

l'être; et l'ambassadeur anglais exigeait qu'elles le fussent dans trente-six heures. Il est parti.

» Français, c'est un langage nouveau pour vous que ce langage impérieux du cabinet britannique! Ces demandes hautaines, ces formes insolites et ces assertions fausses, ces propositions qu'on ne daigne pas même signer, ce terme fatal qu'on prescrit à vos délibérations, voilà donc le respect que vos victoires vous ont acquis dans l'Europe! Désormais vous ne pouvez plus accepter l'alliance d'une nation, lui fournir le secours de vos troupes, rétablir la paix chez vos voisins, faire une conquête, un échange de territoire, sans que l'Angleterre vienne vous dire que vous n'êtes plus dans l'état où vous étiez lorsque vous avez traité avec elle; qu'il faut que vous renonciez à ce que vous avez acquis, ou qu'elle exige une garantie de ses possessions, garantie qu'elle ne demande que parce qu'elle vous croit hors d'état de les attaquer! Elle trace autour de vous le cercle de Popilius.

» Quelque étrange que soit cet excès d'orgueil et d'impudence, il est une chose plus étonnante encore, c'est l'impassibilité, c'est la modération, l'extrême modération du gouvernement français. Pour la justifier il ne faut pas moins que toute sa gloire.

» Mais cette modération est le calme de la force. Imitons-la, et, sans nous appesantir sur des insultes dont je vous ai épargné la moitié, examinons avec autant d'impartialité qu'il nous sera possible les griefs réciproques de l'Angleterre et de la France.

Examen des griefs réciproques de l'Angleterre et de la France.

» Les ministres britanniques n'ont pas énoncé formellement les griefs qu'ils avaient à alléguer; on est forcé de les deviner, et de croire qu'ils ont voulu qualifier ainsi deux faits qui sont répétés plusieurs fois dans leurs diverses notes.

» Le premier est l'impression du rapport d'un officier français envoyé en Egypte. La réponse à cette plainte se trouve dans la note de notre ambassadeur du 7 germinal dernier. « Un » colonel de l'armée anglaise a imprimé en Angleterre un » ouvrage rempli des plus atroces et des plus dégoûtantes » calomnies contre l'armée française et son général. Les men- » songes de cet ouvrage ont été démentis par l'accueil fait au » colonel Sébastiani. La publicité de son rapport était en même » temps une réfutation et une réparation que l'armée française » avait le droit d'attendre. »

» Le second fut à ce qu'il paraît le séjour de nos troupes

en Hollande , l'intervention de la France dans les affaires de la Suisse , les changemens survenus en Italie.

» Le séjour de nos troupes en Hollande est le résultat d'un ancien traité que nous avions avec cette puissance. Nos troupes y étaient, et même en plus grand nombre , à l'époque du traité d'Amiens , et le traité ne parle que de l'évacuation du royaume de Naples et de l'Etat romain. Au reste le gouvernement français a annoncé que cette demande n'était susceptible d'aucune difficulté.

» L'intervention de la France dans les affaires de la Suisse n'avait pas été prévue , parce qu'on ne devait pas s'attendre à voir éclater une guerre civile dans ce pays. Nos troupes l'occupaient au mois de germinal an 10 , époque où le traité fut conclu, et elles nous y donnaient une influence contre laquelle le gouvernement britannique ne crut pas alors devoir réclamer. Le traité ne portait rien à cet égard ; par conséquent il n'en résultait aucune obligation pour nous par rapport à l'Angleterre. Depuis nos troupes ont été retirées de l'Helvétie , et ce pays a payé bien cher l'avantage de se garder lui-même , puisque la guerre civile y a éclaté aussitôt. S'il était possible que cette guerre eût une autre cause que les divisions qui existaient entre les citoyens , serait-on en droit de reprocher au gouvernement français une médiation que les instigateurs de ces troubles civils avaient rendue nécessaire? Quel a été d'ailleurs le résultat de cette médiation ? D'arrêter l'effusion du sang , et de procurer à la Suisse un gouvernement qu'elle désirait. Ce gouvernement est-il plus analogue que l'autre aux intérêts de la France ? Il n'y a point de raison de le croire. Plus les Suisses seront ramenés à leurs anciennes habitudes , plus ils formeront d'états particuliers , moins ils seront susceptibles d'éprouver l'influence de leurs voisins.

» Transportons-nous en Italie. Tout ce qui s'y est fait est antérieur au traité : une république nouvelle s'était constituée; une autre avait changé son organisation ; le roi de Sardaigne s'était démis de ses états du Piémont ; la famille qui régnait à Parme avait préféré à ses anciennes possessions le trône d'Etrurie. Tous ces événemens étaient si évidemment antérieurs aux négociations d'Amiens , que durant ces négociations on avait proposé au plénipotentiaire anglais de reconnaître la nouvelle existence politique de ces divers états : il s'y était refusé, et ce refus imprudent obligea le ministre français à lui faire sentir que par là le cabinet britannique s'interdisait le droit de prendre part à tout ce qui concernait ces états , et que le refus de reconnaître ces puissances les obligerait à chercher leur sûreté dans une plus étroite alliance avec la République fran-

çaise. Il n'est donc pas exact de dire que la France soit aujour
d'hui dans un autre état de possession que celui où elle était à
l'époque du traité d'Amiens, à moins qu'on ne veuille parler
des conquêtes qu'elle a abandonnées ; et l'on ne peut fonder sur un accroissement de puissance qui n'existe pas la demande légitime d'une compensation.

» Passons maintenant à l'examen des griefs de la France ,
et parmi ces griefs dédaignons de compter les injures méprisables que les folliculaires ont écrites, et que le gouvernement
a tolérées. Le ministère britannique n'a pas nié ces griefs; mais
il s'est déclaré dans l'impossibilité de les réprimer. Cette excuse
donne la certitude qu'il les approuvait : d'abord une partie de
ces insultes étaient commises par des étrangers, et les étrangers sont sous la main du gouvernement; les indigènes eux-
mêmes peuvent être réprimés par l'autorité lorsqu'ils compromettent l'intérêt national et la décence publique, et il y en a
plusieurs exemples. Apparemment que les ministres n'ont pas
cru que des outrages propres à exciter l'indignation de la
France pussent compromettre la sûreté de la nation anglaise.

» L'asile, la protection, le traitement accordés à des hommes
dangereux, signalés par le gouvernement français ; ce rassemblement de plusieurs d'entre eux à Jersey , l'introduction dans
nos départemens de leurs écrits et de leurs machines , ce débarquement d'une bande étrangère sur notre territoire, sont des
faits qu'on ne peut qualifier que de violation manifeste du droit
des gens ; et ces faits peuvent-ils être douteux, lorsque le roi
d'Angleterre déclare que moyennant qu'on lui accorde la souveraineté de Malte il promettra de prendre des mesures pour
que les hommes qui, sur les différens points de l'Angleterre,
ourdissent des trames contre la France , soient efficacement
réprimés? Eh! quelle sainteté pourrait avoir cette promesse,
de plus que celle signée un an auparavant? « Les parties con-
» tractantes apporteront la plus grande attention à maintenir
» une parfaite harmonie entre elles et leurs états, sans per-
» mettre que de part ni d'autre on commette aucune sorte
» d'hostilités par terre ou par mer , pour quelque cause et sous
» quelque prétexte que ce puisse être ; elles éviteront soigneu-
» sement tout ce qui pourrait altérer à l'avenir l'union heureu-
» sement rétablie, et ne donneront aucun secours ni protec-
» tion , soit directement ou indirectement, à ceux qui vou-
» draient porter préjudice à aucune d'elles. »

» Quoi! il ne suffit pas du droit des gens, il ne suffit pas
du texte d'un traité solennel; il faut encore l'île de Malte au
roi d'Angleterre pour faire ce que la loyauté commande, et
ce qu'il a juré! Il faut l'avouer, c'est ici une distraction incon-

cevable des rédacteurs du cabinet britannique ; elle est aussi
précieuse que leur notification du refus de l'empereur de Russie,
démentie à l'instant par une lettre de ce souverain. Quelle est
donc la malheureuse condition des hommes, de voir leur fortune, leur repos, leur vie, dépendre de ces petites et perverses
combinaisons !

» Le gouvernement anglais a reproché à celui de France
l'accroissement de la puissance de la République depuis le
traité d'Amiens : nous venons de démontrer la fausseté de cette
assertion, et le cabinet britannique n'avait pas besoin qu'on
l'en avertît. Quel a pu donc être son objet en nous faisant ce
reproche ? D'en prévenir un autre, sans doute, un autre qui
serait bien autrement fondé, celui d'avoir envahi d'immenses
états dans les Indes. Que dis-je ! il ne craint pas ces reproches;
il les provoque ; et en témoignage des faits que je vais citer
je n'appellerai que ses orateurs.

« La première fois que les Anglais parurent dans les Indes
» orientales ils s'y montrèrent comme des marchands sans
» ambition, jaloux seulement d'étendre leur commerce, satis-
» faits de pouvoir le faire en liberté, et ne pensant pas même
» à une domination territoriale. Il n'y a pas bien longtemps
» encore que leurs possessions dans cette partie du monde
» étaient comptées pour peu de chose : un rocher nu à Terre-
» Neuve était d'une plus grande importance aux yeux du public
» que la restitution de Madras, assurée par le traité d'Aix-la-
» Chapelle. »

» C'est ainsi que s'exprimait le docteur Lawrence au milieu
du parlement d'Angleterre (1). Il ajoutait : « Bientôt nous
» acquîmes dans l'Inde une domination immense. Que nos
» droits à cette domination fussent fondés ou non dans le
» principe, il fallut au moins empêcher les Français et les
» Hollandais de s'en emparer. »

» Demandez à M. Dundas sur quels titres la puissance des
Anglais dans l'Inde est fondée ; il répond (2) : « Il est vrai que
» nous reçûmes des concessions de ceux qui depuis huit siècles
» avaient passé pour les souverains légitimes de toute la
» péninsule ; mais c'était uniquement pour caresser les préju-
» gés des naturels du pays. Quant aux nations européennes,
» nous leur dirons : nous avons conquis cet empire par la force
» de nos armes ; c'est par la force de nos armes que nous le
» conserverons. »

---

(1) « Séance de la chambre des communes du 12 mai 1802. Moniteur
du 8 prairial an 10. »
(2) « Ibid. »

» On va voir si c'est uniquement à la force de ses armes que l'Angleterre doit toutes ses acquisitions.

» Après la guerre que les Anglais avaient faite à Hyder-Aly, et qui finit en 1769, ils lui garantirent, par le traité signé à cette époque, toutes ses possessions même acquises (1) ; et quelques années après ils conclurent avec le Nizam et les Marattes un traité pour le partage de ses états.

» Bientôt le fils de ce prince a eu trois guerres à soutenir contre la compagnie anglaise, et, après avoir été forcé d'abandonner la moitié de ses possessions, il a vu envahir le reste, et a du moins su mourir glorieusement sous les ruines de sa capitale. C'est là une conquête immense ; mais les divisions excitées entre les princes, au mépris de l'acte du parlement de la vingt-quatrième année du règne de George III, c'est à dire de 1784, qui défend à la compagnie de prendre aucune part aux querelles des princes indiens, d'entrer même avec eux dans aucun traité offensif ou de garantie ; la destruction continuelle du plus faible par le plus fort, la part exigée dans le partage de ses possessions, enfin toutes les violations les plus odieuses du droit de la nature et des gens, sont-ce là de glorieuses conquêtes ? -

» Bientôt sans doute les Anglais jouiront d'un autre spectacle que leur vanité trouvera peut-être flatteur : ils verront le fils du nabab du Carnate demander justice de la déposition de son père, de l'envahissement de ses états ; ils recevront les supplications des princes de la famille du dernier nabab d'Arcot, qui implorent une captivité moins rigoureuse.

» Mais ces malheureux princes veulent-ils savoir quel sera le résultat de cette ostentation de justice ? Qu'ils écoutent un orateur de la chambre des communes (2) déclarer d'avance « qu'il regarde tout ce qui s'est passé dans le Carnate comme » entièrement conforme à l'équité la plus rigoureuse, et qu'il » n'y trouve rien qu'il ne voulût avouer. »

» En effet, il ne s'agit que d'avouer une invasion dans le palais d'un allié ; sa mort subite, la supposition d'une correspondance, l'arrestation de sa famille, la proposition faite au fils de conserver la dignité de son père en abandonnant ses revenus, son armée, et jusqu'à l'exercice de l'autorité administrative et judiciaire dans ses états ; la déposition de ce prince adolescent en punition de son refus, sa captivité, sa mort, celle de son beau-père, et celle d'un vieillard vénérable,

---

(1) « Discours du lord Porchester à la chambre des pairs, séance du 11 avril 1791. Moniteur du 25 avril 1791. »
(2) « M. Wallace, séance du 11 juin 1802. »

assez courageux pour lui conseiller de préférer la mort à la honte.

» Il sera beau de voir plaider solennellement une pareille cause, et de comparer la prétendue trahison du nabab avec cette lettre du gouverneur général de l'Inde, en date du 21 octobre 1801, au comité secret de la cour des directeurs, dans laquelle, après avoir félicité le comité sur l'acquisition du Carnate, il s'exprime en ces termes : « C'est pour moi une » grande satisfaction d'avoir enfin rempli un objet désiré » depuis si longtemps avec inquiétude par l'honorable com- » pagnie, et qui m'avait été recommandé particulièrement par » la cour des directeurs lorsqu'on me fit l'honneur de me con- » férer cette place importante. »

» Voilà donc l'explication de cette correspondance de tra- hison imputée au dernier nabab du Carnate, prétexte de la compagnie pour s'emparer de la souveraineté de cet empire! La compagnie, vous l'avez entendu, désirait depuis longtemps et avec inquiétude les états de son ancien allié.

» On établira sans doute « qu'il est juste de dépouiller l'hé- » ritier de ce trône en punition de crimes imputés à son aïeul. » Quand on examinera les preuves qui constatent la réalité de » ces crimes, il faudra savoir qui les a découverts ; on répon- » dra que c'est le gouvernement de l'Inde : qui sont les accu- » sateurs ; le gouvernement de l'Inde : qui sont les témoins ; » le gouvernement de l'Inde : qui sont les juges ; le gouverne- » ment de l'Inde : au profit de qui tournera le châtiment ; au » profit du gouvernement de l'Inde. »

» Ce n'est pas moi qui parle ici ; c'est un orateur du parle- ment d'Angleterre (1) ; je me plais à lui rendre cette justice. Mais quelque odieuses que paraissent ces usurpations, elles n'en sont pas moins profitables ; elles ne changent pas moins l'état de possession où était l'Angleterre à l'époque de la paix. Leur effet devrait donc être d'interdire au cabinet britannique tout reproche pareil s'il y en avait à adresser à la France, et d'autoriser au contraire les réclamations de la République contre un excès de puissance qui compromet en Asie la dignité de toutes les nations.

Examen des conditions proposées, et des résultats de la guerre par rapport à l'Angleterre et à la France.

» Cependant ce mépris du droit des gens, ces trames our- dies en Angleterre contre la tranquillité de la France et contre

_____

(1) « M. Shéridan. »

son gouvernement, ces usurpations du territoire de quelques
princes sans défense, ce prodigieux accroissement qui dans un
demi-siècle a changé un comptoir de commerce en un vaste
empire, tout cela n'aurait peut-être point compromis la paix
si le cabinet britannique ne l'eût voulu. Mais l'a-t-il voulu
positivement, constamment? C'est ce qu'il est presque impossible à la raison humaine de décider. Vous le voyez se plaindre
des retards d'une négociation qu'il n'a pas commencée ; faire
des préparatifs formidables pour repousser un armement qui
n'existe pas ; bloquer un port, et ne pas en bloquer un autre ;
refuser de rendre le cap de Bonne-Espérance, et évacuer
l'Egypte ; refuser de rendre Malte, et promettre d'évacuer le
cap de Bonne-Espérance ; rétracter ensuite cette promesse,
puis revenir sur sa rétractation ; proposer l'indépendance de
Malte, en exiger la propriété, s'en désister, la redemander
encore, vouloir enfin la garder dix ans.

» Telles sont les irrésolutions d'un ministère qui, déjà en possession de l'objet qu'il voulait conserver, pouvait dans la négociation garder la défensive, et qui a pris l'offensive sans paraître avoir aucun objet déterminé.

» Que demande-t-il aujourd'hui à la République ? De violer
à la fois un traité solennel et son intérêt, d'offenser les puissances garantes, de justifier les plaintes des autres états, qu'elle
sacrifierait. Et pourquoi la République y consentirait-elle ?
Pour accroître la puissance de la Grande-Bretagne.

» Je ne veux point ici provoquer une indignation trop naturelle, et je vais comparer, avec les conditions qu'on nous impose, la paix qu'à ce prix on veut bien nous permettre d'espérer.

» Je commence par oublier que ces conditions sont inad-
missibles en ce qu'elles ne dépendent pas de la France. Je suppose que les puissances qui sont intervenues au traité, soit
comme contractans, soit comme garans, ne mettront aucun
obstacle à son infraction ; je suppose que le roi de Naples se
prêtera à tous les sacrifices qu'on exigera de lui, et qu'il ne
trouvera point de protecteur ; et je me transporte au moment
où les conditions dictées par l'ambassadeur anglais auront été
signées.

» L'Angleterre aura Malte pour dix ans, et Lampedouse
pour toujours. La France aura la paix, elle jouira de la paix,
c'est à dire de son commerce, si la nation anglaise, en la menaçant de la guerre, ne vient pas encore lui prescrire des conditions onéreuses ; elle jouira d'une libre navigation si les Anglais ne la soumettent pas au droit humiliant qu'ils exercent déjà
sur tant d'autres puissances ; elle jouira de la paix, mais elle

leur ministère ; mais nous , qui ne pouvons craindre la guerre ,
nous savons apprécier la paix. Remercions notre premier
magistrat des efforts qu'il a faits pour la maintenir ; remercions-le d'avoir surmonté cette indignation qu'il a dû sentir
plus encore que nous-mêmes ; disons-lui qu'on ne l'accusera
pas d'avoir désiré la guerre , puisque ni la nation ni lui n'ont
besoin ni de plus de gloire ni de plus de puissance ; disons-lui
que le peuple français confirme cette négociation. Il ne faut pas
que le gouvernement anglais s'accoutume à traiter la République comme les princes de l'Asie , et à calculer froidement son
oppression sur la patience de la faiblesse ; il faut que l'Europe,
spectatrice de ces grands événemens, voie l'Angleterre provoquer notre indignation par des outrages , et attaquer la France
parce qu'elle ne consent pas à la violation des traités.

» Cependant aujourd'hui que devons-nous proposer? De continuer les négociations? Le cabinet britannique les a interrompues. De prouver la justice de votre cause ? Elle résulte de la
négociation. D'applaudir à la conduite du gouvernement de la
République? Vous l'avez fait. De choisir entre la paix ou la
guerre? Vous ne le pouvez pas ; toutes nos paroles sont vaines ;
les étrangers sont déterminés, et ne veulent pas être convaincus : il convient d'attendre leur déclaration de guerre. Oui,
sans doute; mais dans cette attente votre commission vous propose le projet de vœu dont la terreur suit :

» Le Tribunat , en vertu du droit que lui donne l'article 29
» du titre III de la Constitution , après avoir pris connaissance
» de la négociation qui a eu lieu entre la République et l'An-
» gleterre ;
» Convaincu que le gouvernement a fait pour conserver la
» paix tout ce que l'honneur du peuple français pouvait souf-
» frir ;
» Que cependant le cabinet britannique s'est permis durant
» cette négociation des formes insolites, des allégations fausses,
» des demandes injustes , et même des actes hostiles ;
» Que la paix qu'on laisse à la France doit être achetée par
» l'infraction d'un traité solennel , par une injure envers ses
» alliés ;
» Arrête que le vœu suivant sera porté au gouvernement par
» le Tribunat en corps :
» *Le Tribunat émet le vœu qu'il soit pris à l'instant les plus*
» *énergiques mesures afin de faire respecter la foi des trai-*
» *tés et la dignité du peuple français.*
» Le présent vœu sera communiqué au Sénat et au Corps
législatif par un message. » (*Adopté.*)

Réponse du premier consul. (1) — *Le 5 prairial an 11.*

« Nous sommes forcés à faire la guerre pour repousser une injuste agression. Nous la ferons avec gloire.

» Les sentimens qui animent les grands corps de l'Etat, et le mouvement spontané qui les porte auprès du gouvernement dans cette importante circonstance, sont d'un heureux présage.

» La justice de notre cause est avouée même par nos ennemis, puisqu'ils se sont refusés à accepter la médiation offerte par l'empereur de Russie et par le roi de Prusse, deux princes dont l'esprit de justice est reconnu par toute l'Europe.

» Le gouvernement anglais paraît même avoir été obligé de tromper la nation dans la communication officielle qu'il vient de faire : il a eu soin de soustraire toutes les pièces qui étaient de nature à faire connaître au peuple anglais la modération et les procédés du gouvernement français dans toute la négociation.

» Quelques unes des notes que les ministres britanniques ont publiées sont mutilées dans leurs passages les plus importans. Le reste des pièces données en communication au parlement contient l'extrait des dépêches de quelques agens publics ou secrets. Il n'appartient qu'à ces agens de contredire ou d'avouer leurs rapports, qui ne peuvent avoir aucune influence dans des débats aussi importans, puisque leur authenticité est au moins aussi incertaine que leur véracité.

» Une partie des détails qu'ils contiennent est matériellement fausse, notamment les discours que l'on suppose avoir été tenus par le premier consul dans l'audience particulière qu'il a accordée à lord Whitworth.

» Le gouvernement anglais a pensé que la France était une province de l'Inde, et que nous n'avions le moyen ni de dire nos raisons, ni de défendre nos justes droits contre une injuste agression : étrange inconséquence d'un gouvernement qui a armé sa nation en lui disant que la France voulait l'envahir !

» On trouve dans la publication faite par le gouvernement anglais une lettre du ministre Talleyrand à un commissaire des relations commerciales. C'est une simple circulaire de protocole, qui s'adresse à tous les agens commerciaux de la République; elle est conforme à l'usage établi en France depuis Colbert, et qui existe aussi chez la plupart des puis-

_____

(1) Cette réponse du premier consul s'adressait à la fois au Sénat et au Corps législatif, qui dans la même audience étaient venus, le premier en corps, le second par députation, exprimer un vœu analogue à celui du Tribunat.

sances de l'Europe. Toute la nation sait si nos agens commerciaux en Angleterre sont, comme l'affirme le ministère britannique, des militaires : avant que ces fonctions leur fussent confiées ils appartenaient pour la plupart ou au conseil des prises ou à des administrations civiles.

» Si le roi d'Angleterre est résolu de tenir la Grande-Bretagne en état de guerre jusqu'à ce que la France lui reconnaisse le droit d'exécuter ou de violer à son gré les traités, ainsi que le privilége d'outrager le gouvernement français dans les publications officielles ou privées, sans que nous puissions nous en plaindre, il faut s'affliger sur le sort de l'humanité.

» Certainement nous voulons laisser à nos neveux le nom français toujours honoré, toujours sans tache.

» Nous maintiendrons notre droit de faire chez nous tous les réglemens qui conviennent à notre administration publique, et tels tarifs de douanes que l'intérêt de notre commerce et de notre industrie pourra exiger.

» Quelles que puissent être les circonstances, nous laisserons toujours à l'Angleterre l'initiative des procédés violens contre la paix et l'indépendance des nations, et elle recevra de nous l'exemple de la modération, qui seule peut maintenir l'ordre social. »

IX.

ORGANISATION DU CORPS LÉGISLATIF.

DISCOURS *prononcé* par le conseiller d'état Treilhard *en donnant communication au Corps législatif du sénatus-consulte du* 28 *frimaire an* 12. — *Séance du* 16 *nivose an* 12. (1)

« Citoyens législateurs, la mission dont nous sommes chargés nous fait en ce moment éprouver un sentiment bien doux; nous portons les témoignages éclatans de satisfaction et de confiance qui vous ont été donnés par l'organe constitutionnel de la volonté nationale.

» Ce n'est plus seulement pour voter la loi que le peuple français vous appelle; il veut encore assurer au gouvernement le secours de vos lumières et de votre expérience dans toutes les occasions où le gouvernement pourra le juger nécessaire;

---

(1) L'ouverture de la session de l'an 12 avait été faite la veille par le ministre de l'intérieur, selon l'usage adopté pour les sessions précédentes.

récompense digne en effet et de vous et de la nation qui vous la décerne.

» Le sénatus-consulte organique dont vous entendrez la lecture honore aussi le Corps législatif dans la personne du magistrat qui prononcera la loi ; sa nomination sera plus solennelle, ses fonctions seront plus durables, sa dignité plus imposante, et si le premier consul doit avoir quelque influence dans le choix d'un président que des relations plus suivies rapprocheront davantage du gouvernement, ce choix, toujours fait dans un petit nombre de candidats, n'en sera pas moins l'ouvrage du Corps législatif, qui les aura présentés.

» Enfin vos sessions s'ouvriront à l'avenir par le premier consul lui-même, avec la pompe et l'éclat convenables à une branche distinguée de la représentation d'un grand peuple.

» C'est sous ces heureux auspices que vous allez rentrer dans la carrière ; elle offre encore un vaste champ à votre zèle. L'infatigable activité du génie qui gouverne a sondé en même temps tous les maux de la République : les racines en étaient antiques et profondes ; des passions funestes les avaient aigries, et des poisons habilement préparés par des mains ennemies en avaient encore augmenté la masse.

» Sans doute les plaies les plus dangereuses sont cicatrisées ; mais tant de maux, des maux si invétérés ne se guérissent pas à la fois et dans un court espace ; il en est dont le remède ne se rencontre que dans le régime soutenu d'une législation douce et sage, et si l'honneur de la présenter est réservé au gouvernement, le Corps législatif s'associe à sa gloire par l'adoption qu'il sait faire de tout ce qui peut être bon et utile.

» Vous avez déjà, dans le cours de la dernière session, posé les fondemens d'un code sur les principes éternels d'une justice immuable ; vous couronnerez ce grand édifice : c'est un monument que vous aurez élevé à la sûreté, à la liberté, à la propriété, bienfaits sans lesquels il ne peut y avoir pour les citoyens ni paix ni bonheur.

» Les nations jugeront votre ouvrage ; il n'appartient qu'au temps de marquer aux législateurs la place qui leur est due ; mais ce que nous pouvons prévoir et garantir c'est le sentiment de surprise et d'admiration dont nos neveux ne pourront jamais se défendre quand ils verront, du choc de toutes les passions, de l'agitation des esprits dans tous les sens, de la confusion d'une administration sans règles, du sein d'une corruption totale, du chaos enfin de l'anarchie, s'élever un gouvernement qui dès sa naissance aura réuni toute la vigueur de la jeunesse à toute la prudence de la maturité ; qui, déployant au même degré activité et sagesse, a inspiré en même temps confiance à

tous les gouvernemens modérés, effroi aux gouvernemens
ambitieux et parjures; qui, sans cesse occupé de préparatifs
militaires, dont il dut même créer tous les élémens, réparant
cependant chaque jour, et dans chaque branche de l'administration, des maux sans nombre et des désordres incalculables, fonde encore au même instant le bonheur des générations
futures en assurant l'état et la fortune des citoyens par un code
civil; leur sûreté, leur liberté par un code criminel et de
police; leur aisance, leurs propriétés par un code de commerce; les progrès de l'agriculture par un code rural, et enfin
la destruction du monstre le plus dévorant par un code de
procédure.

» Voilà, voilà les traits qui distingueront dans la postérité
et notre siècle et l'homme qui lui donnera son nom, parce que
déjà il lui a imprimé son éclat.

» Voilà, citoyens législateurs, les travaux auxquels vous
avez mérité d'être associés; et, je le répète en finissant, il est
doux pour nous de vous présenter, au moment où vous vous
élancez dans la carrière, le nouveau sénatus-consulte organique, monument de satisfaction pour ce que vous avez déjà
fait, et présage assuré de ce que vous ferez dans la suite. »

SÉNATUS–CONSULTE ORGANIQUE. — *Du 28 frimaire an* 12 (20 *décembre* 1803).

Titre Ier. *De la manière dont seront ouvertes les sessions du Corps législatif.*

Art. 1er. Le premier consul fera l'ouverture de chaque session du Corps législatif.

2. Il désignera douze membres du Sénat pour l'accom-
pagner.

3. Il sera reçu à la porte du palais du Corps législatif par le
président, à la tête d'une députation de vingt-quatre membres.

4. Les membres du Conseil d'état se placeront dans la partie
de la salle assignée aux orateurs du gouvernement.

5. Lorsque les consuls auront pris place, les membres du
Tribunat seront introduits, et placés dans la partie de la salle
assignée aux orateurs de ce corps.

6. Le premier consul, après avoir ouvert la séance, recevra
le serment des nouveaux membres du Corps législatif et du
Tribunat qui ne l'auront pas encore prêté; les conseillers
d'état feront ensuite les communications que le gouvernement
aura arrêtées, et la séance sera levée.

Pendant le jour de l'ouverture de la session du Corps légis-

latif la police de son palais sera remise au gouverneur du palais du gouvernement, et à la garde consulaire.

TITRE II. *Des présidents, vice-président et secrétaires du Corps
législatif.*

ART. 8. Le premier consul nommera le président du Corps
législatif sur une présentation de candidats qui sera faite par
le Corps législatif au scrutin secret et à la majorité absolue.

9. Les candidats seront présentés dans le cours de la session
annuelle pour l'année suivante, et à l'époque de cette session
que le gouvernement désignera.

10. Il sera pris un candidat dans chacune des séries qui devront rester au Corps législatif l'année suivante.

11. Si le premier consul n'a pas encore nommé le président
à l'ouverture de la session, le Corps législatif présentera à sa
première séance un cinquième candidat pris dans la série en-
trante dans l'année, et le premier consul choisira entre les cinq
candidats.

12. Les fonctions du président commenceront avec la session
annuelle s'il est nommé avant l'ouverture de cette session,
ou le jour de sa nomination si elle n'a lieu qu'après que la
session sera ouverte.

Il pourra sans intervalle être présenté comme candidat, et
élu de nouveau.

13. Le sceau du Corps législatif sera déposé chez le président. Les expéditions des lois décrétées par le Corps législatif
ne seront scellées qu'en présence de son président.

14. Le président logera au palais du Corps législatif.

La garde d'honneur sera sous ses ordres.

Les messages du gouvernement lui seront remis.

15. Le président aura, en cas de vacance, la nomination
aux emplois du Corps législatif.

16. A l'ouverture de chaque session le Corps législatif nommera quatre vice-présidens et quatre secrétaires au scrutin secret et à la majorité absolue.

17. Ils seront renouvelés tous les mois ; ils remplaceront le
président en cas d'absence ou d'empêchement, et dans l'ordre
de leur nomination.

TITRE III. *Des questeurs.*

ART. 18. Le Corps législatif choisira, au scrutin secret et à
la majorité absolue, douze candidats, parmi lesquels le premier
consul nommera quatre questeurs, dont deux seront renouvelés
chaque année, sur une désignation de six membres, faite de
la même manière.

19. Les fonds votés dans le budget annuel pour les dépenses

du Corps législatif seront mis par douzième , de mois en mois, à la disposition des questeurs, sur l'ordonnance du ministre des finances.

20. Tous les mandats de dépenses seront délivrés par l'un des questeurs, qui en sera spécialement chargé.

21. L'emploi des fonds affectés aux dépenses du Corps législatif, excepté ceux nécessaires au paiement des indemnités de ses membres, sera arrêté dans un conseil d'administration, composé du président, des vice-présidens et des questeurs.

22. Un des questeurs fera les fonctions de secrétaire de ce conseil.

23. La révocation des employés du Corps législatif sera délibérée par ce conseil, et notifiée par le président.

24. Le conseil recevra et arrêtera le compte annuel des recettes et dépenses du Corps législatif.

25. La délivrance des mandats de paiement, les fonctions relatives à l'administration et à la police du palais du Corps législatif, et toutes celles dont les questeurs pourront être chargés, seront réparties entre eux par le conseil d'administration.

TITRE IV. *Dispositions particulières.*

ART. 26. La session de l'an 12 s'ouvrira suivant les formes précédemment observées.

27. Immédiatement après l'ouverture de la session le Corps législatif procédera, avec le bureau provisoire , au choix de cinq candidats, parmi lesquels le premier consul nommera le président.

Il sera pris un candidat dans chacune des séries du Corps législatif.

28. Immédiatement après l'installation du président , il sera procédé à la nomination des vice-présidens, des secrétaires et des candidats pour la questure.

29. Les comptes de la commission administrative du Corps législatif seront rendus dans un conseil formé ainsi qu'il est dit article 21 , et avant que les questeurs entrent en fonctions.

TITRE V. *Des cas où le Corps législatif se forme en comité général.*

ART. 30. Le Corps législatif , toutes les fois que le gouvernement lui aura fait une communication qui aura un autre objet que le vote de la loi, se formera en comité général pour délibérer sa réponse.

Ce comité sera toujours présidé par le président du Corps législatif, ou par un des vice-présidens désigné par le président en cas d'empêchement.

31. Si le Corps législatif désire quelques renseignemens sur la communication que le gouvernement lui aura faite, il pourra, par une délibération préalable, charger son président d'en faire la demande au gouvernement.

Les orateurs du gouvernement porteront sa réponse au Corps législatif.

32. Les délibérations du Corps législatif seront prises à la majorité des voix, et sans nomination de commission ni de rapporteur.

33. Les délibérations prises par le Corps législatif en vertu de l'article 30 seront portées au gouvernement par une députation.

34. Les députations du Corps législatif seront composées du président, qui portera la parole, de deux vice-présidens, de deux questeurs et de vingt membres.

35. Les secrétaires du Corps législatif consigneront les procès-verbaux des délibérations prises en comité général dans un registre particulier, qui sera déposé chez le président avec le sceau du Corps législatif.

TITRE VI. *De la nomination des membres du grand conseil de la Légion d'Honneur.*

ART. 36. Le grand conseil de la Légion d'Honneur ne sera complété qu'à la paix.

37. Les membres du grand conseil de la Légion d'Honneur seront nommés par le premier consul sur la présentation de trois candidats choisis par les corps auxquels auront appartenu les membres dont les places se trouveront vacantes, et pris dans leur sein. » (1)

_____

(1) Conformément à ce sénatus-consulte, le Corps législatif présenta pour candidats, savoir :

A la présidence, Toulongeon, Latour-Maubourg, Viennot-Vaublanc, Fontanes et Duranteau. Le premier consul nomma Fontanes *président*. (Le 20 nivose an 12.)

A la questure, Thiry, Lesperut, Despallières, Jacopin, Rabaut, Papin, Chapuy, Borie, Terrasson, Bord, Viennot-Vaublanc, Delattre. Le premier consul nomma *questeurs* Delattre, Jacopin, Viennot-Vaublanc et Terrasson. (Le 29 nivose an 12.)

X.

Exposé de la situation de la République : *lu devant le Corps législatif* par le conseiller d'état Dauchy. — *Séance du 25 nivose an 12 (16 janvier 1804).*

« La République a été forcée de changer d'attitude, mais elle n'a point changé de situation ; elle conserve toujours dans le sentiment de sa force le gage de sa prospérité. Tout était calme dans l'intérieur de la France lorsqu'au commencement de l'année dernière nous entretenions encore l'espérance d'une paix durable ; tout est resté calme depuis qu'une puissance jalouse a rallumé les torches de la guerre : mais sous cette dernière époque l'union des intérêts et des sentimens s'est montrée plus pleine et plus entière ; l'esprit public s'est développé avec plus d'énergie.

» Dans les nouveaux départemens, que le premier consul a parcourus, il a entendu, comme dans les anciens, les accens d'une indignation vraiment française ; il a reconnu dans leur haine contre un gouvernement ennemi de notre prospérité, mieux encore que dans les élans de la joie publique et d'une affection personnelle, leur attachement à la patrie, leur dévouement à sa destinée.

» Dans tous les départemens les ministres du culte ont usé de l'influence de la religion pour consacrer ce mouvement spontané des esprits. Des dépôts d'armes, que des rebelles fugitifs avaient confiés à la terre pour les reprendre dans un avenir que leur forgeait une coupable prévoyance, ont été révélés au premier signal du danger, et livrés aux magistrats pour en armer nos défenseurs.

» Le gouvernement britannique tentera de jeter, et peut-être il a déjà jeté sur nos côtes quelques uns de ces monstres qu'il a nourris pendant la paix pour déchirer le sol qui les a vus naître ; mais ils n'y retrouveront plus ces bandes impies qui furent les instrumens de leurs premiers crimes ; la terreur les a dissoutes, ou la justice en a purgé nos contrées : ils n'y retrouveront ni cette crédulité dont ils abusèrent, ni ces haines dont ils aiguisèrent les poignards ; l'expérience a éclairé tous les esprits ; la sagesse des lois et de l'administration a réconcilié tous les cœurs.

» Environnés partout de la force publique, partout atteints par les tribunaux, ces hommes affreux ne pourront désormais ni faire des rebelles, ni recommencer impunément leur métier de brigand et d'assassin.

» Tout à l'heure une misérable tentative a été faite dans la

Vendée ; la conscription en était le prétexte : mais citoyens, prêtres, soldats, tout s'est ébranlé pour la défense commune ; ceux qui dans d'autres temps furent des moteurs de troubles sont venus offrir leur bras à l'autorité publique, et dans leurs personnes et dans leurs familles des gages de leur foi et de leur dévouement. Enfin, ce qui caractérise surtout la sécurité des citoyens, le retour des affections sociales, la bienfaisance se déploie tous les jours davantage ; de tous côtés on offre des dons à l'infortune, et des fondations à des établissemens utiles.

» La guerre n'a point interrompu les pensées de la paix, et le gouvernement a poursuivi avec constance tout ce qui tend à mettre la Constitution dans les mœurs et dans le tempérament des citoyens, tout ce qui doit attacher à sa durée tous les intérêts et toutes les espérances.

» Ainsi le Sénat a été placé à la hauteur où son institution l'appelait ; une dotation, telle que la Constitution l'avait déterminée, l'entoure d'une grandeur imposante.

» Le Corps législatif n'apparaîtra plus qu'environné de la majesté que réclament ses fonctions ; on ne le cherchera plus vainement hors de ses séances.

• Un président annuel sera le centre de ses mouvemens, et l'organe de ses pensées et de ses vœux dans ses relations avec le gouvernement. Ce corps aura enfin cette dignité qui ne pouvait exister avec des formes mobiles et indéterminées.

» Les colléges électoraux se sont tenus partout avec ce calme, avec cette sagesse qui garantissent les heureux choix.

» La Légion d'Honneur existe dans les parties supérieures de son organisation, et dans une partie des élémens qui doivent la composer : ces élémens, encore égaux, attendent d'un dernier choix leurs fonctions et leurs places. Combien de traits honorables a révélés l'ambition d'y être admis ! Que de trésors la République aura dans cette institution pour encourager, pour récompenser les services et les vertus !

» Au Conseil d'état une autre institution prépare aux choix du gouvernement des hommes pour toutes les branches supérieures de l'administration. Des auditeurs s'y forment dans l'atelier des réglemens et des lois ; ils s'y pénètrent des principes et des maximes de l'ordre public : toujours environnés de témoins et de juges, souvent sous les yeux du gouvernement, souvent dans des missions importantes, ils arriveront aux fonctions publiques avec la maturité de l'expérience et avec la garantie que donnent un caractère, une conduite et des connaissances éprouvés.

» Des lycées, des écoles secondaires s'élèvent de tous côtés, et ne s'élèvent pas encore assez rapidement au gré de l'impa-

tience des citoyens. Des réglemens communs, une discipline
commune, un même système d'instruction y vont former des
générations qui soutiendront la gloire de la France par des
talens , et ses institutions par des principes et des vertus.

» Un prytanée unique, le prytanée de Saint-Cyr, reçoit
les enfans des citoyens qui sont morts pour la patrie : déjà
l'éducation y respirait l'enthousiasme militaire.

» A Fontainebleau, l'école spéciale militaire compte plusieurs centaines de soldats qu'on ploie à la discipline, qu'on
endurcit à la fatigue, qui acquièrent avec les habitudes du
métier les connaissances de l'art.

» L'école de Compiègne offre l'aspect d'une vaste manufacture, où cinq cents jeunes gens passent de l'étude dans les
ateliers , des ateliers à l'étude : après quelques mois ils exécutent, avec la précision de l'intelligence, des ouvrages qu'on n'en
aurait pas obtenus après des années d'un vulgaire apprentissage; et bientôt le commerce et l'industrie jouiront de leur
travail et des soins du gouvernement.

» Le génie, l'artillerie n'ont plus qu'une même école et une
instruction commune.

» La médecine est partout soumise au nouveau régime que
la loi lui a prescrit. Dans une réforme salutaire , on a trouvé
les moyens de simplifier la dépense et d'ajouter à l'instruction.

» L'exercice de la pharmacie a été mis sous la garde des
lumières et de la probité.

» Un réglement a placé entre le maître et l'ouvrier des juges
qui terminent leurs différens avec la célérité qu'exigent leurs
intérêts et leurs besoins, et aussi avec l'impartialité que commande la justice.

» Le Code civil s'achève , et dans cette session pourront être
soumis aux délibérations du Corps législatif les derniers projets
de lois qui en complètent l'ensemble.

» Le Code judiciaire, appelé par tous les vœux, subit en ce
moment les discussions qui le conduiront à sa maturité.

» Le Code criminel avance; et, du Code de commerce , les
parties que paraissent réclamer le plus impérieusement les
circonstances sont en état de recevoir le sceau de la loi dans
la session prochaine.

» De nouveaux chefs-d'œuvre sont venus embellir nos
musées, et tandis que le reste de l'Europe envie nos richesses,
nos jeunes artistes vont encore au sein de l'Italie échauffer leur
génie à la vue de ses grands monumens, et respirer l'enthousiasme qui les a enfantés.

» Dans le département de Marengo, sous les murs de cette
Alexandrie qui sera un des plus puissans boulevarts de la

France, s'est formé le premier camp de nos vétérans : là ils conserveront le souvenir de leurs exploits et l'orgueil de leurs victoires ; ils inspireront à leurs nouveaux concitoyens l'amour et le respect de cette patrie qu'ils ont agrandie, et qui les a récompensés ; ils laisseront dans leurs enfans des héritiers de leur courage et de nouveaux défenseurs de cette patrie dont ils recueilleront les bienfaits.

» Dans l'ancien territoire de la République, dans la Belgique, d'antiques fortifications, qui n'étaient plus que d'inutiles monumens du malheur de nos pères ou des accroissemens progressifs de la France, seront démolies : les terreins qui avaient été sacrifiés à leur défense seront rendus à la culture et au commerce, et avec les fonds que produiront ces démolitions et ces terreins seront construites de nouvelles forteresses sur nos nouvelles frontières.

, » Sous un meilleur système d'adjudication, la taxe d'entretien des routes a pris de nouveaux accroissemens ; des fermiers d'une année étaient sans émulation ; des fermiers de portions trop morcelées étaient sans fortune et sans garantie.

» Des adjudications triennales, des adjudications de plusieurs barrières à la fois ont appelé des concurrens plus nombreux, plus riches et plus hardis.

» En l'an 11 le droit de barrière a produit 15,000,000 fr. Dix de plus ont été consacrés dans la même année à l'entretien et au perfectionnement des routes.

» Les routes anciennes ont été entretenues et réparées. Des routes ont été liées à d'autres routes par des constructions nouvelles. Dès cette année les voitures franchiront le Simplon et le mont Cénis.

» On rétablit au pont de Tours trois arches écroulées. De nouveaux ponts sont en construction à Corbeil, à Roanne, à Nemours, sur l'Isère, sur le Roubion, sur la Durance, sur le Rhin.

» Avignon et Villeneuve communiqueront par un pont entrepris par une association particulière.

» Trois ponts avaient été commencés à Paris avec des fonds que des citoyens avaient fournis : deux ont été achevés en partie avec les fonds publics ; et les droits qui s'y perçoivent assurent, dans un nombre déterminé d'années, l'intérêt et le remboursement des avances.

» Un troisième, le plus intéressant de tous, celui du Jardin des Plantes, est en construction, et sera bientôt terminé : il dégagera l'intérieur de Paris d'une circulation embarrassante, se liera avec une place superbe, depuis longtemps décrétée, qu'embelliront des plantations et les eaux de la rivière d'Ourcq ;

ët sur laquelle aboutiront en ligne droite la rue Saint-Antoine
et celle de son faubourg.

» Le pont seul formera l'objet d'une dépense que couvriront rapidement les droits qui y seront perçus. La place et
tous les accessoires ne coûteront à l'Etat que l'emplacement et
les ruines sur lesquelles elle doit s'élever.

» Les travaux du canal de Saint-Quentin s'opèrent sur quatre
points à la fois : déjà une galerie souterraine est percée dans
une étendue de mille mètres ; deux écluses sont terminées ;
huit autres s'avancent ; d'autres sortent des fondations ; et cette
vaste entreprise offrira dans quelques années une navigation
complète.

» Les canaux d'Arles, d'Aigues-Mortes, de la Saône et de
l'Yonne, celui qui unira le Rhône au Rhin, celui qui par le
Blavet doit porter la navigation au centre de l'ancienne Bretagne, sont tous commencés, et tous seront achevés dans un
temps proportionné aux travaux qu'ils exigent.

» Le canal qui doit joindre l'Escaut, la Meuse et le Rhin,
n'est déjà plus dans la seule pensée du gouvernement : des
reconnaissances ont été faites sur le terrain ; des fonds sont
déjà prévus pour l'exécution d'une entreprise qui nous ouvrira
l'Allemagne, et rendra à notre commerce et à notre industrie
des parties de notre propre territoire que leur situation livrait
à l'industrie et au commerce des étrangers.

» La jonction de la Rance à la Vilaine unira la Manche à
l'Océan, portera la prospérité et la civilisation dans des contrées
où languissent l'agriculture et les arts, où les mœurs agrestes
sont encore étrangères à nos mœurs : dès cette année des
sommes considérables ont été affectées à cette opération.

» Le desséchement des marais de Rochefort, souvent tenté,
souvent abandonné, s'exécute avec constance : un million sera
destiné cette année à porter la salubrité dans ce port, qui
dévorait nos marins et ses habitans. La culture et les hommes
s'étendront sur des terrains voués depuis longtemps aux maladies et à la dépopulation.

» Au sein du Cotentin un desséchement non moins important, dont le projet est fait, dont la dépense, largement cal-
culée, sera nécessairement remboursée par le résultat de
l'opération, transformera en riches pâturages d'autres marais
d'une vaste étendue, qui ne sont aujourd'hui qu'un foyer de
contagion toujours renaissante.

» Les fonds nécessaires à cette entreprise sont portés dans le
budget de l'an 12. En même temps un pont sur la Vire liera le
département de la Manche au département du Calvados, sup-
primera un passage toujours dangereux et souvent funeste, et

abrégera de quelques myriamètres la route qui conduit de Paris à Cherbourg.

» Sur un autre point du département de la Manche un canal est projeté qui portera le sable de la mer et la fécondité dans une contrée stérile, et donnera aux constructions civiles et à la marine des bois qui périssent sans emploi à quelques myriamètres du rivage.

» Sur tous les canaux, sur toutes les côtes de la Belgique, les digues, minées par le temps, attaquées par la mer, se réparent, s'étendent et se fortifient.

» La jetée et le bassin d'Ostende sont garantis des progrès de la dégradation. Un pont ouvrira une communication importante à la ville, et l'agriculture s'enrichira d'un terrein précieux reconquis sur la mer.

» Anvers a vu arrêter tout à coup un port militaire, un arsenal et des vaisseaux de guerre sur le chantier : deux millions, assignés sur la vente des domaines nationaux situés dans les départemens de l'Escaut et des Deux-Nèthes, sont consacrés à la restauration et à l'agrandissement de son ancien port. Sur la foi de ce gage, le commerce fait des avances, les travaux sont commencés, et dans l'année prochaine ils seront conduits à leur perfection.

» A Boulogne, au Havre, sur toute cette côte que nos ennemis appelleront désormais une côte de fer, de grands ouvrages s'exécutent ou s'achèvent.

» La digue de Cherbourg, longtemps abandonnée, longtemps l'objet de l'incertitude et du doute, sort enfin du sein des eaux, et déjà elle est un écueil pour nos ennemis, et une protection pour nos navigateurs. A l'abri de cette digue, au fond d'une rade immense, un port se creuse, où dans quelques années la République aura ses arsenaux et des flottes.

» A la Rochelle, à Cette, à Marseille, à Nice, on répare avec des fonds assurés les ravages de l'insouciance et du temps. C'est surtout dans nos villes maritimes, où la stagnation du commerce a multiplié les malheurs et les besoins, que la prévoyance du gouvernement s'est attachée à créer des ressources dans des travaux utiles ou nécessaires.

» La navigation intérieure périssait par l'oubli des principes et des règles ; elle est désormais soumise à un régime tutélaire et conservateur. Un droit est consacré à son entretien, aux travaux qu'elle exige, aux améliorations que l'intérêt public appelle. Placée sous la surveillance des préfets, elle a encore dans les chambres de commerce des gardiens utiles, des témoins et des censeurs de la comptabilité des fonds qu'elle produit, enfin des hommes éclairés qui discutent les projets formés pour la conserver ou pour l'étendre.

» Le droit de pêche dans les rivières navigables est redevenu ce qu'il dut toujours être, une propriété publique : il est confié à la garde de l'administration forestière ; et des adjudications triennales lui donnent, dans des fermiers, des conservateurs encore plus actifs, parce qu'ils sont plus intéressés.

» L'année dernière a été une année prospère pour nos finances. Les régies ont heureusement trompé les calculs qui en avaient d'avance déterminé les produits ; les contributions directes ont été perçues avec plus d'aisance. Les opérations qui doivent établir les rapports de la contribution foncière de département à département marchent avec rapidité ; la répartition deviendra invariable. On ne verra plus cette lutte d'intérêts différens qui corrompait la justice publique, et cette rivalité jalouse qui menaçait l'industrie et la prospérité de tous les départemens.

» Des préfets, des conseils généraux ont demandé que la même opération s'étendît à toutes les communes de leur département, pour déterminer entre elles les bases d'une répartition proportionnelle : un arrêté du gouvernement a autorisé ce travail général, devenu plus simple, plus économique par le succès du travail partiel. Ainsi dans quelques années toutes les communes de la République auront chacune, dans une carte particulière, le plan de leur territoire, les divisions, les rapports des propriétés qui le composent; et les conseils généraux et les conseils d'arrondissement trouveront, dans la réunion de tous ces plans, les élémens d'une répartition juste dans ses bases, et perpétuelle dans ses proportions.

» La caisse d'amortissement remplit avec constance, avec fidélité sa destination : déjà propriétaire d'une partie de la dette publique, chaque jour elle accroît un trésor qui garantit à l'Etat une prompte libération. Une comptabilité sévère, une fidélité inviolable ont mérité aux administrateurs la confiance du gouvernement, et leur assurent l'intérêt des citoyens.

» La refonte des monnaies s'exécute sans mouvement, sans secousse. Elle était un fléau quand les principes étaient méconnus ; elle est devenue l'opération la plus simple depuis que la foi publique et les règles du bon sens en ont fixé les conditions.

» Au trésor, le crédit public s'est soutenu au milieu des secousses de la guerre et des rumeurs intéressées.

» Le trésor public fournissait aux dépenses des colonies, soit par des envois directs de fonds, soit par des opérations sur le continent de l'Amérique ; les administrateurs pouvaient, si les fonds étaient insuffisans, s'en procurer par des traites sur

le trésor public , mais avec des formes prescrites et dans une
mesure déterminée.

» Tout à coup une masse de traites (quarante-deux millions) a été créée à Saint-Domingue sans l'aveu du gouvernement , sans proportion avec les besoins actuels, sans proportion avec les besoins à venir. Des hommes sans caractère les
ont colportées à la Havane , à la Jamaïque , aux Etats-Unis ;
elles y ont été partout exposées sur les places à de honteux ra-
bais , livrées à des hommes qui n'avaient versé ni argent ni
marchandises, ou qui ne devaient en fournir la valeur que
quand le paiement en aurait été effectué au trésor public. De
là un avilissement scandaleux en Amérique , et un agiotage
plus scandaleux en Europe.

» C'était pour le gouvernement un devoir rigoureux d'arrêter le cours de cette imprudente mesure , de sauver à la nation
les pertes dont elle était menacée, de racheter surtout son
crédit par une juste sévérité.

» Un agent du trésor public a été envoyé à Saint-Domingue,
chargé de vérifier les journaux et la caisse du payeur général ;
de constater combien de traites avaient été créées , par quelle
autorité et sous quelle forme ; combien avaient été négociées ,
et à quelles conditions ; si pour des versemens réels ; si sans
versemens effectifs ; si pour éteindre une dette légitime ; si pour
des marchés simulés.

» Onze millions de traites , qui n'étaient pas encore en circulation , ont été annulés : des renseignemens ont été obtenus
sur les autres.

» Les traites dont la valeur intégrale a été reçue ont été
acquittées avec les intérêts du jour de l'échéance au jour du
paiement ; celles qui ont été livrées sans valeur effective sont
arguées de faux, puisque les lettres de change portent pour
argent versé , quoique le procès-verbal de paiement constate
qu'il n'a rien été versé : elles seront soumises à un sévère
examen. Ainsi le gouvernement satisfera à la justice qu'il doit
aux créanciers légitimes , et à celle qu'il doit à la nation, dont
il est chargé de défendre les droits.

» La paix était dans les vœux comme dans l'intérêt du gouvernement : il l'avait voulue au milieu des chances encore incertaines de la guerre ; il l'avait voulue au milieu des victoires.
C'est à la prospérité de la République qu'il avait désormais
attaché toute sa gloire. Au dedans il réveillait l'industrie, il en-
courageait les arts , il entreprenait ou des travaux utiles ou des
monumens de grandeur nationale : nos vaisseaux étaient dispersés sur toutes les mers , et tranquilles sur la foi des traités ;
ils n'étaient employés qu'à rendre nos colonies à la France et

au bonheur ; aucun armement dans nos ports, rien de menaçant sur nos frontières.

» Et c'est là le moment que choisit le gouvernement britannique pour alarmer sa nation, pour couvrir la Manche de vaisseaux, pour insulter notre commerce par des visites inju-
rieuses, nos côtes et nos ports, les côtes et les ports de nos
alliés par la présence de forces menaçantes! Si, au 17 ventose
de l'an 11, il existait aucun armement imposant dans les ports
de France et de Hollande, s'il s'y exécutait un seul mouvement
auquel la défiance la plus ombrageuse pût donner une interprétation sinistre, nous sommes les agresseurs; le message du roi
d'Angleterre et son attitude hostile ont été commandés par
une légitime prévoyance, et le peuple anglais a dû croire que
nous menacions son *indépendance*, sa religion, sa constitution.

» Mais si les assertions du message étaient fausses, si elles
étaient démenties par la conscience de l'Europe comme par la
conscience du gouvernement britannique, ce gouvernement a
trompé sa nation; il l'a trompée pour la précipiter sans délibération dans une guerre dont les terribles effets commencent
déjà à se faire sentir en Angleterre, et dont les résultats peuvent
être si décisifs sur les destinées futures du peuple anglais.
Toutefois l'agresseur doit seul répondre des calamités qui
pèsent sur l'humanité.

» Malte, le motif de cette guerre, était au pouvoir des Anglais : c'eût été à la France d'armer pour en assurer l'indépendance, et c'est la France qui attend en silence la justice de
l'Angleterre ; et c'est l'Angleterre qui commence la guerre, et
qui la commence sans la déclarer.

» Dans la dispersion de nos vaisseaux, dans la sécurité de
notre commerce, nos pertes devaient être immenses ; nous les
avions prévues, et nous les eussions supportées sans décourage-
ment et sans faiblesse : heureusement elles ont été au-dessous
de notre attente. Nos vaisseaux de guerre sont rentrés dans les
ports de l'Europe ; un seul, qui depuis longtemps était condamné à n'être qu'un vaisseau de transport, est tombé au pouvoir de l'ennemi.

» De deux cents millions que les croiseurs anglais pouvaient
ravir à notre commerce, plus des deux tiers ont été sauvés ;
nos corsaires ont vengé nos pertes par des prises importantes, et
les vengeront par de plus importantes encore.

» Tabago, Sainte-Lucie étaient sans défense, et n'ont pu
que se rendre aux premières forces qui s'y sont présentées ;
mais nos grandes colonies nous restent, et les attaques que les
ennemis ont hasardées contre elles ont été vaines.

» Le Hanovre est en notre pouvoir; vingt-cinq mille hommes des meilleures troupes ennemies ont posé les armes et sont restés prisonniers de guerre : notre cavalerie s'est remontée aux dépens de la cavalerie ennemie, et une possession chère au roi d'Angleterre est entre nos mains le gage de la justice qu'il sera forcé de nous rendre.

» Chaque jour le despotisme britannique ajoute à ses usurpations sur les mers. Dans la dernière guerre il avait épouvanté les neutres en s'arrogeant, par une prétention inique et révoltante, le droit de déclarer des côtes entières en état de blocus : dans cette guerre il vient d'augmenter son code monstrueux du prétendu droit de bloquer des rivières, des fleuves.

» Si le roi d'Angleterre a juré de continuer la guerre jusqu'à ce qu'il ait réduit la France à ces traités déshonorans que souscrivirent autrefois le malheur et la faiblesse, la guerre sera longue. La France a consenti dans Amiens à des conditions modérées; elle n'en reconnaîtra jamais de moins favorables; elle ne reconnaîtra surtout jamais dans le gouvernement britannique le droit de ne remplir de ses engagemens que ce qui convient aux calculs progressifs de son ambition, le droit d'exiger encore d'autres garanties après la garantie de la foi donnée. Eh! si le traité d'Amiens n'est point exécuté, où seront, pour un traité nouveau, une foi plus sainte et des sermens plus sacrés?

» La Louisianne est désormais associée à l'indépendance des Etats-Unis d'Amérique. Nous conservons là des amis que le souvenir d'une commune origine attachera toujours à nos intérêts, et que des relations favorables de commerce uniront longtemps à notre prospérité.

» Les Etats-Unis doivent à la France leur indépendance; ils nous devront désormais leur affermissement et leur grandeur.

» L'Espagne reste neutre.

» L'Helvétie est rassise sur ses fondemens, et sa constitution n'a subi que les changemens que la marche du temps et des opinions lui a commandés : la retraite de nos troupes atteste la sécurité intérieure et la fin de toutes ses divisions. Les anciennes capitulations ont été renouvelées, et la France a retrouvé ses premiers et ses plus fidèles alliés.

» Le calme règne dans l'Italie. Une division de l'armée de la République italienne traverse en ce moment la France pour aller camper avec les nôtres sur les côtes de l'Océan. Ces bataillons y trouveront partout des vestiges de la patience, de la bravoure et des grandes actions de leurs ancêtres.

» L'empire Ottoman, travaillé par des intrigues souter-

raines , aura , dans l'intérêt de la France, l'appui que d'an‑
tiques liaisons , un traité récent et sa position géographique
lui donnent droit de réclamer.

» La tranquillité , rendue au continent par le traité de
Lunéville , est assurée par les derniers actes de la diète de Ra‑
tisbonne : l'intérêt éclairé des grandes puissances, la fidélité
du gouvernement à cultiver avec elles les relations de bienveil‑
lance et d'amitié, la justice , l'énergie de la nation et les
forces de la République en répondent. »

DISCOURS *adressé au premier consul par le président du
Corps législatif*, Fontanes , *à la tête d'une députation
chargée de porter des félicitations au gouvernement
sur la situation de la République* (1). — *Le* 1er *plu‑
viose an* 12.

« Citoyen premier consul , le tableau de notre situation
intérieure est celui de vos bienfaits.

» Le Corps législatif vous remercie, au nom du peuple
français, de tant d'utiles travaux commencés en faveur de
l'agriculture et de l'industrie, et que la guerre n'a point inter‑
rompus. L'habitude des grandes idées fit négliger quelquefois
aux esprits supérieurs les détails de l'administration : la pos‑
térité ne vous adressera point ce reproche. La pensée et l'ac‑
tion de votre gouvernement sont partout à la fois , et dans les
campagnes, fécondées par ces canaux qu'on achève ou qu'on
prépare, et dans les cités, qui s'embellissent de nouveaux
monumens , et dans les arsenaux militaires, et dans les ate‑
liers paisibles des arts , et dans les camps , et dans les ports , et
dans les asiles où repose la vieillesse de nos guerriers , et dans
les écoles où s'instruit la jeunesse de leurs successeurs, et
dans les hôpitaux, qui rassemblent toutes les misères humaines,
et dans les temples , où elles sont toutes consolées.

» Ainsi les fondemens de la société se relèvent en moins de
temps qu'ils n'ont été détruits. Des lois sages vont former les

_____

(1) Cette députation avait été nommée le 25 nivose, sur la propo‑
sition de Viennot-Vaublanc , faite après la lecture de l'Exposé de la
situation de la République ; elle fut composée ainsi que le prescrivait
l'article 34 du sénatus-consulte du 28 frimaire an 12. — Fontanes por‑
tait la parole au consul pour la première fois en qualité de président ,
et pour la seconde comme orateur de députation du Corps législatif.
(Nous avons mentionné plus haut , après le sénatus-consulte du
28 frimaire, la nomination de Fontanes à la présidence.)

mœurs ; les mœurs maintiendront les lois; l'autorité des opinions religieuses affermira les lois et les mœurs.

» Tout se perfectionne ; les haines s'éteignent, les opposi-
tions s'effacent ; et, sous l'influence victorieuse d'un génie qui
entraîne tout, les choses, les systèmes et les hommes qui paraîs-
saient le plus éloignés se rapprochent, se confondent, et servent de concert à la gloire de la patrie. Les habitudes anciennes
et les habitudes nouvelles se mettent d'accord : on conserve
tout ce qui doit maintenir l'égalité des droits civils et politiques; on reprend tout ce qui peut accroître la splendeur et
la dignité d'un grand empire.

» Ces bienfaits, citoyen premier consul, sont l'ouvrage de
quatre années. Tous les rayons de la gloire nationale, qui
pâlissaient depuis cent ans, ont repris un éclat qu'ils n'avaient
point eu jusqu'à vous.

» L'appareil de la guerre ne trouble pas cette sécurité que
nous vous devons. Votre âme semble avoir passé dans celle de
tous les Français : un siècle de gloire peut suivre un moment
de danger, et c'est assez pour qu'ils soient invincibles. Je ne
sais quel sentiment de confiance et d'audace s'est emparé de la
nation, et fait taire les alarmes : ce que le présent a déjà
manifesté nous défend de craindre ce que l'avenir nous cache
encore; il est permis de tout oser à celui qui sait tout prévoir.

» Les sentimens que je vous exprime sont ceux du Corps
législatif tout entier ; c'est par un mouvement unanime qu'il a
voté la députation dont je suis l'interprète.

» Il se félicite d'une nouvelle organisation qui lui permet de
communiquer plus immédiatement avec vous. Tour à tour il
s'approchera du chef de l'Etat pour les intérêts de la nation,
et de la nation pour les intérêts d'un gouvernement digne
d'elle. Des formes plus imposantes ne donneraient pas au Corps
législatif une dignité qu'il n'aurait point eue par lui-même; il
la doit depuis longtemps à son zèle pour la patrie. C'est par la
sécurité générale que peut s'accroître la majesté de ses délibérations : c'est par la prospérité publique que vous préparerez
l'amour et le respect des lois sur lesquelles il va délibérer. »

XI.

DU COMPLOT DE GEORGES, PICHEGRU, ETC.

RAPPORT *au premier consul, par le grand juge ministre de la justice* (Régnier); *communiqué le 27 pluviôse an 12 (17 février 1804) au Sénat, au Corps législatif et au Tribunat.*

« Citoyen premier consul, de nouvelles trames ont été ourdies par l'Angleterre; elles l'ont été au milieu de la paix qu'elle avait jurée; et quand elle violait le traité d'Amiens c'était bien moins sur ses forces qu'elle comptait que sur le succès de ses machinations.

» Mais le gouvernement veillait : l'œil de la police suivait tous les pas des agens de l'ennemi; elle comptait les démarches de ceux que son or ou ses intrigues avaient corrompus.

» Déjà sans doute on s'imaginait à Londres entendre l'explosion de cette mine qu'on avait creusée sous nos pas; on y semait du moins les bruits les plus sinistres, et l'on s'y repaissait des plus coupables espérances.

» Tout à coup les artisans de la conspiration sont saisis; les preuves s'accumulent, et elles sont d'une telle force, d'une telle évidence, qu'elles porteront la conviction dans tous les esprits.

» Georges et sa bande d'assassins étaient restés à la solde de l'Angleterre; ses agens parcouraient encore la Vendée, le Morbihan, les côtes du Nord, et y cherchaient en vain des partisans que la modération du gouvernement et des lois leur avait enlevés.

» Pichegru, dévoilé par les événemens qui précédèrent le 18 fructidor an 5, dévoilé surtout par cette correspondance que le général Moreau avait adressée au Directoire, Pichegru avait porté en Angleterre sa haine contre sa patrie.

» En l'an 8 il était avec Willot à la suite des armées ennemies pour se rallier aux brigands du midi.

» En l'an 9 il conspirait avec le comité de Bareuth.

» Depuis la paix d'Amiens il était encore le conseil et l'espoir des ennemis de la France.

» La perfidie britannique associe Georges à Pichegru, l'infâme Georges à ce Pichegru que la France avait estimé, qu'elle avait voulu longtemps croire incapable d'une trahison.

» En l'an 11 une réconciliation criminelle rapproche Pichegru et le général Moreau, deux hommes entre lesquels l'honneur devait mettre une haine éternelle. La police saisit à Calais un de leurs agens au moment où il retournait pour la seconde fois en Angleterre : cet homme est sous sa main avec toutes les pièces qui constatent la réalité d'un raccommodement inexplicable alors si les nœuds n'en avaient pas été formés par le crime.

» A l'arrestation de cet agent, le général Moreau paraît un moment agité ; il fait des démarches obscures pour s'assurer, si le gouvernement est instruit ; mais tout se tait, et lui-même, rendu à sa tranquillité, il tait au gouvernement un événement qui a droit d'alarmer sa surveillance ; il le tait lors même que Pichegru est appelé publiquement aux conseils du ministère britannique, lorsqu'il s'unit avec éclat aux ennemis de la France.

» Le gouvernement ne voulait voir dans son silence que la crainte d'un aveu qui l'aurait humilié, comme il n'avait vu dans son éloignement de la chose publique, dans ses liaisons équivoques, dans ses discours plus qu'indiscrets, que de l'humeur et un vain mécontentement.

» Le général Moreau, qui devait être suspect puisqu'il traitait secrètement avec l'ennemi de sa patrie, qui, sur ce soupçon plus que légitime, eût été arrêté à toute autre époque, jouissait tranquillement de ses honneurs, d'une fortune immense, et des bienfaits de la République. Cependant les événemens se pressent : Lajollais, l'ami, le confident de Pichegru, va furtivement de Paris à Londres, revient de Londres à Paris, porte à Pichegru les pensées du général Moreau, rapporte au général Moreau les pensées et les desseins de Pichegru et de ses associés. Les brigands de Georges préparent dans Paris même tout ce qui est nécessaire à l'exécution des projets communs.

» Un lieu est assigné entre Dieppe et Tréport, loin de toute inquiétude et de toute surveillance ; où les brigands de l'Angleterre, conduits par des vaisseaux de guerre anglais, débarquent sans être aperçus ; où ils trouvent des hommes corrompus pour les recevoir, des hommes payés pour les guider pendant la nuit de stations en stations convenues, et les amener jusqu'à Paris.

» A Paris des asiles leur sont ménagés dans des maisons louées d'avance, où sont des gardiens affidés ; ils en ont dans plusieurs quartiers, dans plusieurs rues ; à Chaillot, dans la rue du Bac, dans le faubourg Saint-Marceau, dans le Marais.

» Un premier débarquement s'est opéré ; c'était Georges avec huit de ses brigands.

» Georges retourne sur les côtes pour assister au débarquement de Coster Saint-Victor (condamné par le jugement rendu sur l'affaire du 3 nivose) et de dix autres brigands.

» Dans les premiers jours de ce mois un troisième débarquement a lieu ; c'est Pichegru, Lajollais, Armand-Gaillard, frère de Raoul, Jean-Marie, un des premiers affidés de Georges, et quelques autres brigands de cette espèce. Georges, avec Joyau, dit d'Assas, Saint-Vincent, et Picot, dit le Petit, allèrent au devant de ce troisième débarquement ; la réunion se fit à la ferme de la Poterie.

» Un quatrième débarquement est attendu; les vaisseaux sont en vue; mais les vents contraires les empêchent d'approcher : il y a peu de jours encore qu'ils faisaient les signaux de reconnaissance.

» Georges et Pichegru arrivent à Paris; ils sont logés dans la même maison, entourés d'une trentaine de brigands auxquels Georges commande; ils voient le général Moreau; on connaît le lieu, le jour, l'heure où la première conférence s'est tenue. Un second rendez-vous était convenu, et ne s'est pas réalisé. Un troisième, un quatrième ont eu lieu dans la maison même du général Moreau.

» Cette présence de Georges et de Pichegru à Paris, ces conférences avec le général Moreau sont constatées par des preuves incontestables et multipliées. Les traces de Georges et de Pichegru sont suivies de maison en maison : ceux qui ont aidé à leur débarquement ; ceux qui, dans l'ombre de la nuit, les ont conduits de poste en poste; ceux qui leur ont donné asile à Paris, leurs confidens, leurs complices, Lajollais, leur principal intermédiaire, le général Moreau sont arrêtés ; les effets et les papiers de Pichegru sont saisis, et la police suit ses traces avec une grande activité.

» L'Angleterre voulait renverser le gouvernement, et par ce renversement opérer la ruine de la France, et la livrer à des siècles de guerres civiles et de confusion. Mais renverser un gouvernement soutenu par l'affection de trente millions de citoyens, et environné d'une armée forte, brave, fidèle, c'était une tâche à la fois au dessus des forces de l'Angleterre et de celles de l'Europe; aussi l'Angleterre ne prétendait-elle y parvenir que par l'assassinat du premier consul, et en couvrant cet assassinat de l'ombre d'un homme que défendait encore le souvenir de ses services.

» Je dois ajouter que les citoyens ne peuvent concevoir aucune inquiétude : la plus grande partie des brigands est arrêtée; le reste en fuite, et vivement poursuivi par la police. Aucune classe de citoyens, aucune branche de l'administration n'est atteinte par aucun indice, par aucun soupçon.

» Je ne donnerai point de plus amples développemens dans ce rapport ; vous avez vu toutes les pièces ; vous ordonnerez que toutes soient mises sous les regards de la justice. »

DISCOURS *du Sénat en corps au premier consul ; orateur ,* Bertholet , *vice président.* — *Du 28 pluviose an 12.*

« Citoyen premier consul , lorsque le Sénat se réunit auprès de vous il n'a ordinairement qu'à vous offrir des actions de grâces pour la gloire à laquelle vous élevez la République , et pour la sagesse et la vigilance de votre administration.

» Aujourd'hui il est amené par la profonde indignation dont l'a pénétré le complot qui vient d'être découvert, et dont l'Angleterre a soudoyé les agens.

» Il est affligeant pour l'humanité de voir les chefs d'une nation s'avilir au point de commander l'assassinat : ils sont donc bien faibles puisqu'ils se condamnent à tant d'infamie !

» Le Sénat a vu avec douleur au nombre des accusés l'un des plus illustres défenseurs de la patrie : la gravité des inculpations et des circonstances nécessitait impérieusement les mesures qui ont été prises à son égard. Vous avez fait ce qu'exige la sûreté individuelle des citoyens par le renvoi des accusés devant les tribunaux.

» Le vœu du Sénat, citoyen premier consul, est qu'écoutant moins un courage qui méprise tous les dangers vous ne portiez pas seulement votre attention sur les affaires publiques, mais que vous en réserviez une partie pour votre sûreté personnelle, qui est celle même de la patrie. »

DISCOURS *du Tribunat en corps au premier consul ; orateur ,* Jaubert , *président.* (*Le même jour.*)

« Citoyen premier consul , lorsque nous pensions n'avoir plus à redouter pour vous que les glorieux dangers d'une guerre juste, la perfidie du gouvernement anglais vous enveloppait de nouvelles embûches. Quel humiliant aveu de son impuissance à combattre à armes ouvertes le génie restaurateur de le France ! quel témoignage éclatant des rapports intimes qui lient à vos jours le salut de la République et la tranquillité de l'Europe !

» Le Tribunat, que tant de motifs et de sentimens attachent à votre personne, citoyen premier consul , vient vous exprimer la part que tous les citoyens prennent à vos périls, qui deviennent pour chacun d'eux des périls personnels.

» A votre existence est attachée celle de plusieurs millions d'hommes ; elle seule peut préserver la France des désastres d'une guerre civile, et des calamités d'une nouvelle révolution. C'est notre indépendance, notre gloire, notre repos, que l'on voulait détruire en frappant une seule tête! C'est de tous les Français qu'il s'agit bien plus que de vous-même : déjà vous avez pour plusieurs siècles de gloire, et nous avons à peine goûté quatre ans de sécurité.

» Ah! que ces dangers, qui portent l'alarme dans tous les cœurs, soient à jamais écartés par tous les moyens que fournissent les lois à un gouvernement aussi fort que juste! par tous ceux qu'il trouvera encore dans l'amour d'un grand peuple, qui forme les vœux les plus ardens pour conserver jusqu'aux termes les plus éloignés de la vie le chef qui lui a rendu sa considération au dehors, la paix au dedans, et dont l'existence, la mémoire et les desseins lui seront à jamais chers, respectables et sacrés! »

DISCOURS *du Corps législatif au premier consul; orateur de la députation*, Fontanes, *président.* (*Le même jour.*)

« Citoyen premier consul, les premiers corps de l'Etat vous portent aujourd'hui les témoignages d'un dévouement que vous exprimerait toute la nation si elle pouvait se rassembler autour de vous. Les alarmes n'ont point été renfermées dans les enceintes du gouvernement et des autorités qui l'environnent; l'œil qui aurait pu pénétrer dans le secret de chaque famille y aurait vu la même consternation : en est-il une seule où vous n'ayez séché quelques larmes! Toutes vous doivent au moins le repos, et savent que ce premier des biens ne peut leur être garanti que par vous seul. Ainsi donc ceux qui s'arment contre vous s'arment contre un peuple entier! Trente millions de Français, frémissant pour une vie où leurs espérances sont attachées, se lèvent pour la défendre!

» Quel Français en effet, quel homme sage veut retourner en arrière? Qui se rengagera dans ces routes déjà traversées avec tant d'efforts et tant de larmes, où tous les partis, quels qu'ils soient, ne trouveraient que des écueils semés encore de leurs débris !

» Oui, citoyen premier consul, j'en atteste toute la France, elle ne voit son salut que dans vous; elle ne veut reprendre dans l'ordre des choses passées que ce qui sera jugé par vous-même utile et nécessaire à l'ordre présent; elle ne peut se fier à l'avenir qu'en y voyant croître le germe des institutions que vous avez préparées.

» Un grand exemple doit être donné. Une poignée de brigauds va rendre compte de tous les maux qu'elle préparait en voulant nous enlever l'auteur de toutes nos prospérités; il faut éclairer de toutes parts les ténèbres d'un complot inouï dans les annales des peuples civilisés, et qui intéresse l'existence de tous les gouvernemens.

» On est frappé de terreur en songeant qu'un poignard dans la main d'un scélérat obscur pouvait abattre un grand homme, et mettre en deuil tout l'empire dont il est l'appui! Mais on se rassure en comptant tous les périls où la fortune vous a secouru, et qui ne feront pas la moindre partie des merveilles de votre histoire.

» Les mers les plus infidèles ont respecté votre retour; seul dans une barque, avec le génie qui vous protége, vous avez passé sans crainte au milieu des flottes ennemies! Des mains exécrables préparent contre vous des machines qui lancent la destruction et la mort, et les flammes du volcan allumé pour vous perdre expirent à vos pieds! Enfin, l'œil de ce même génie, qui veille sans cesse autour de vous, découvre dans les conseils de Londres une conspiration nouvelle, dont les auteurs, à peine descendus en France, sont saisis et enchaînés!

» Tous les crimes seront inutiles contre une vie si miraculeusement protégée; rien n'interrompra vos desseins, citoyen premier consul! Vous suivrez tranquillement le cours de vos destinées, qui semblent entraîner celles de l'univers. La nouvelle époque du monde que vous devez fixer aura le temps de recevoir de vous son éclat, son influence et sa grandeur! »

RÉPONSE *du premier consul aux discours du Sénat, du Corps législatif et du Tribunat.*

« Depuis le jour où je suis arrivé à la suprême magistrature, un grand nombre de complots ont été formés contre ma vie. Nourri dans les camps, je n'ai jamais mis aucune importance à des dangers qui ne m'inspirent aucune crainte.

» Mais je ne puis me défendre d'un sentiment profond et pénible lorsque je songe dans quelle situation se trouverait aujourd'hui ce grand peuple si le dernier attentat avait pu réussir; car c'est principalement contre la gloire, la liberté et les destinées du peuple français que l'on a conspiré.

» J'ai depuis longtemps renoncé aux douceurs de la condition privée; tous mes momens, ma vie entière sont employés à remplir les devoirs que mes destinées et le peuple français m'ont imposés.

» Le ciel veillera sur la France, et déjouera les complots des méchans. Les citoyens doivent être sans alarmes; ma vie durera tant qu'elle sera nécessaire à la nation. Mais ce que je veux que le peuple français sache bien, c'est que l'existence sans sa confiance et sans son amour serait pour moi sans consolation, et n'aurait plus aucun but. »

MOTIFS *d'un projet de sénatus-consulte tendant à suspendre les fonctions du juri dans tous les départemens de la République pendant les années* 12 *et* 13 ; exposés par le conseiller d'état Regnault (de Saint-Jean d'Angely). — *Séance du 6 ventose an* 12.

« Sénateurs, le gouvernement anglais fait à la France une guerre d'une espèce inouïe, une guerre inconnue dans l'histoire des nations, une guerre qui, grâce au ciel et pour l'honneur de l'humanité, ne trouvera pas d'imitateurs, comme elle n'a pas trouvé de modèles.

» Quand on croit que le chef de l'empire et de l'armée est prêt à marcher au champ d'honneur pour combattre l'Angleterre, les ministres anglais entourent d'embûches le palais du consul, sèment de poignards la route qu'il doit parcourir.

» L'empêcher d'arriver est pour eux le plus sûr moyen de l'empêcher de vaincre ; et ce sont des assassins qui forment l'avant-garde de leur armée.

» Mais la prudence a signalé, la vigilance a découvert, la justice a saisi une partie des sicaires et de leurs complices.

» Un filet d'airain attend sur tous nos rivages ceux que leurs vaisseaux, leurs capitaines promènent de côtes en côtes pour les y vomir. Un œil infatigable suit la trace de ceux qui se cachent encore sur le sol français, et l'équitable providence remettra tôt ou tard tous les coupables sous la puissance de la nation dont ils méditaient la ruine.

» Ainsi le crime est reconnu : déjà un grand nombre de prévenus sont saisis ; d'autres le seront encore, et le peuple attend, la loi commande, le gouvernement veut leur jugement.

» Le crime est reconnu : sa réalité n'est plus mise en doute ; et ce n'est pas à vous, sénateurs, qui les premiers en avez entendu, qui venez d'en entendre encore les preuves ; qui, partagés entre l'indignation contre les complots et la joie de les voir avortés, vous êtes empressés d'exprimer ce double sentiment ; ce n'est pas à vous qu'il est besoin de démontrer l'existence de la conspiration.

» Mais devant quels tribunaux seront traduits les prévenus ? devant quels tribunaux les formes pourront-elles assurer et la promptitude de l'expédition, et la publicité de l'instruction, et la liberté de la défense, et l'impartialité des juges, et l'équité de la décision ?

» La compétence des tribunaux se décide par la qualité des accusés ou par la nature du délit.

» Quand on veut appliquer à la circonstance actuelle ce principe incontestable, plusieurs difficultés se présentent; et dans un cas si grave c'est devant vous, sénateurs, c'est devant le grand conseil de la nation que le gouvernement nous a chargés de les exposer, de les discuter, parce que c'est à vous qu'il appartient de les résoudre.

» Ici se présente la partie la plus pénible de notre tâche : nous devons vous parler des prévenus pour déduire de leurs qualités, de leurs titres, de leurs fonctions, à quel tribunal ils appartiennent.

» Les premiers qui s'offrent à nous sont les restes non pas de ces hommes que l'orgueil ou l'intérêt, le ressentiment ou le préjugé armèrent contre leur patrie, mais de ces hommes qui n'eurent jamais de patrie, qui furent toujours prêts à vendre leurs bras au crime, et dont le vol, le brigandage et l'assassinat sont le métier favori, les exploits habituels.

» De ce nombre sont les Georges, les Picot, les Coster Saint-Victor, et tous leurs semblables.

» Aux termes de la législation actuelle, ces hommes sont justiciables d'une commission militaire; et cette assertion est trop peu susceptible d'être contredite pour avoir besoin d'être appuyée par des citations.

» Pichegru lui-même devrait être traduit devant cette commission, et jugé comme les brigands dans l'association desquels il a achevé de dégrader son nom et de souiller sa gloire.

» Mais un autre prévenu appellerait d'autres juges : Moreau, dont il est si douloureux de placer le nom auprès des noms flétris que je viens de prononcer, Moreau était en activité de service; il était général en chef; il en recevait le traitement; il faisait partie de l'armée; et, puisqu'il faut le rappeler ici, son accusation, d'après les pièces que vous connaissez, ne peut porter un titre moins grave que celui de *correspondance avec l'ennemi.*

» En ce cas les lois sont précises.

» Le paragraphe 6 de l'article 2 du titre III du code pénal militaire porte ces mots:

« Tout militaire ou autre individu attaché à l'armée et à
» sa suite qui entretiendrait une correspondance dans l'ar-
» mée ennemie sans la permission par écrit de son supérieur
» sera réputé coupable de trahison.»

« L'article 1er de la loi du 4 fructidor an 5 dit :

« Lorsqu'un général d'armée sera prévenu d'un délit spé-
» cifié au code pénal militaire il sera traduit, dans le délai

» de dix jours, devant un conseil de guerre pour y être jugé
» suivant les formes prescrites par la loi du 13 brumaire der-
» nier. »

» Les articles de la loi qui suivent contiennent l'organisation
de ce conseil de guerre spécial.

» Le général Moreau, prévenu de correspondance avec les
ennemis de l'État, avec des conspirateurs, avec celui-là même
qu'il signala, qu'il accusa jadis comme tel, est donc, aux
termes du code pénal militaire, prévenu de trahison.

» Comme prévenu de trahison, il pourrait être traduit devant un conseil de guerre, et jugé par un général en chef
président, trois généraux de division et trois généraux de
brigade, sur la poursuite d'un commissaire ordonnateur faisant fonctions de commissaire du gouvernement, et au rapport d'un adjudant général ou chef de brigade.

» Entre les tribunaux que nous venons d'indiquer faudrait-
il choisir pour faire juger par l'un d'eux tous les accusés ?

» Faudrait-il diviser la procédure entre eux, et faire juger
par chacun les prévenus qui semblent être de leur compétence
respective, selon leurs qualités diverses, et malgré le titre
commun de leur accusation ?

» Dans le premier cas, pour choisir, par quels motifs
faudra-t-il se décider ?

» Traduira-t-on le général Moreau devant le tribunal qui
réclame Georges et ses brigands, Pichegru et les assassins que
l'Angleterre a vomis avec lui sur nos côtes ?

» Ou bien sera-ce devant un tribunal de généraux, devant
un conseil de guerre destiné à ne prononcer que sur le sort des
généraux en chef de l'armée française, de l'armée nationale,
qu'on appellera les plus vils suppôts de la bande meurtrière de
l'Angleterre ?

» Dans le second cas, celui où l'on séparerait les prévenus
du même délit pour traduire chacun d'eux, suivant sa qualité,
devant le juge que cette qualité lui donne, comment prévenir
ou réparer la diversité des jugemens sur des faits semblables ?

» Ici des juges sans appel, formant une commission militaire, trouveront le délit réel, prononceront, condamneront,
et feront exécuter leur jugement à l'instant même.

» Là un conseil de guerre décidera; et son jugement, différent peut-être de celui de la commission militaire, sera peut-
être aussi soumis à la révision, cassé pour défaut de forme, et
renvoyé devant un autre conseil, qui jugera encore autrement
que le premier.

» Ces doutes, sénateurs, ces incertitudes, ces hésitations
annoncent la circonspection du gouvernement, et accusent en

même temps notre législation ; ils indiquent une lacune que le gouvernement avait aperçue , une lacune qu'il aurait demandé au Corps législatif de remplir s'il n'avait pas espéré , s'il n'avait pas cru que le retour à l'ordre , que le silence des partis , que le besoin de la paix , que le sentiment de la gloire nationale ne laisseraient désormais à la République aucune trahison à redouter , aucune conspiration à juger.

» Il appartenait à l'Angleterre de tromper une si honorable espérance , et d'obliger la justice nationale à punir un crime pour lequel elle n'avait point préparé de tribunaux.

» Cependant on ne peut dans le moment présent faire créer par la loi ce tribunal national qui nous manque.

» Le gouvernement pouvait toutefois , et je l'ai prouvé en citant des lois positives , précises , claires , le gouvernement pouvait faire prononcer sur le sort des prévenus.

» Il pouvait traduire le général Moreau , et quelques autres attachés à l'armée , devant un conseil de guerre , et le reste des prévenus devant une commission militaire.

» D'honorables motifs , de sages réflexions l'ont retenu.

» Les membres du conseil de guerre , le commissaire du gouvernement doivent être nommés par le ministre de la guerre ; et cette nomination de juges , postérieure à l'accusation , a été , non pas pour la justice du gouvernement , mais , si je puis le dire , pour sa délicatesse , une première cause de répugnance.

» Une autre non moins puissante est née des formes usitées aux conseils de guerre.

» Plusieurs pensent qu'elles ne donnent pas à l'instruction la même solennité , à la discussion la même lenteur , à la défense la même latitude , à l'examen la même maturité que celles prescrites aux tribunaux civils ; et le gouvernement désire que les prévenus jouissent de ces avantages dans toute leur étendue.

» Un autre moyen était offert au gouvernement , et il suffisait de sa seule autorité pour l'employer.

» Il pouvait ériger le tribunal de la Seine en tribunal spécial : aux termes de l'article 1er de la loi du 18 pluviôse an 9 , un simple arrêté suffisait pour l'organiser sous ce titre , et , d'après les articles 10 et 11 de la même loi , le titre de l'accusation établissait sa compétence sur des individus prévenus , aux termes de ces articles , d'assassinat prémédité , d'embauchage , et de machinations hors de l'armée.

» Mais une partie des raisons que je viens d'exposer , concernant la traduction des prévenus devant un conseil de guerre , s'applique à leur traduction devant un tribunal spécial.

» Dans tous les tribunaux de cette nature le gouvernement nomme cinq juges nouveaux ; dans celui de Paris il devrait en outre, aux termes de la loi du 18 pluviose an 9, article 4, en choisir trois sur les douze qui sont attachés au tribunal criminel.

» Ainsi le gouvernement se serait trouvé obligé de créer au moment même, et pour juger les prévenus de conspiration, un tribunal entier, d'en désigner tous les membres.

» De plus, les jugemens de ce tribunal ne sont pas sujets à cassation, et cette espèce de recours est un droit précieux quelquefois pour les accusés.

» Le sentiment qui a retenu le gouvernement, sénateurs, semblable à celui qui a fait rejeter l'idée d'une commission militaire, et comme lui favorable aux prévenus, n'a pas plus besoin de développemens que d'apologie ; il est du nombre de ceux qui, pour les cœurs droits et les âmes grandes, sont motivés aussitôt que conçus, justifiés aussitôt qu'indiqués.

» Ainsi l'embarras du gouvernement n'est pas né du silence de la loi ; de l'impossibilité d'assurer le cours de la justice, de la difficulté de donner des juges aux prévenus, enfin de l'impuissance d'agir.

» Plusieurs moyens, vous le voyez, sont à sa disposition, et sa volonté seule, fondée sur des motifs nobles, libéraux, généreux, en a suspendu, arrêté, empêché l'usage.

» S'il a répugné toutefois à traduire les prévenus devant une commission militaire, devant un conseil de guerre, devant un tribunal spécial, il n'a pas dû se décider non plus à les renvoyer devant les tribunaux ordinaires et devant les jurés.

» Je ne rappellerai pas ici, sénateurs, les réflexions, les doléances même que le premier tribunal de la nation a remises entre les mains du gouvernement, ni les faits nombreux et affligeans qui déposent de la sagesse de ces réflexions, de la justice de ces plaintes, et de la nécessité de prévenir les malheurs qu'elles reprochent au passé, et dont elles menacent l'avenir.

» A Dieu ne plaise que j'accuse l'institution du juri des atteintes que les jurés ont trop souvent portées à la propriété, à la justice, à la sûreté des citoyens et de la République !

» Mais en ce moment, où un cabinet étranger verse au sein de la France le crime avec impudence et l'or avec profusion, où il a préparé pour chaque partie de nos frontières maritimes, comme pour le centre de l'empire, une cargaison de brigands et de sicaires armés de tous les moyens de séduction, d'embauchage et de corruption, faut-il laisser juger leurs criminels agens, et ceux qu'ils auraient séduits, embauchés, corrompus, par des jurés pris au hasard sur le théâtre même de leurs forfaits, et au risque de faire prononcer sur le crime par ses fauteurs, sur la trahison par des traîtres?

» Sans doute ils sont en petit nombre; mais ils existent: ils ne constituent pas une faction dans l'Etat; mais ils forment des bandes dans quelques départemens, dans quelques cités.

» Ils donnent asile dans le Morbihan, les Deux-Sèvres, le Nord, la Lys, la Somme, l'Eure, la Seine, à ces misérables que la justice suit sans les atteindre, dont pour elle l'existence est toujours démontrée, et l'asile encore inconnu. Et où en serait la République s'il y avait une seule chance pour que les complices des assassins pussent devenir leurs juges?

» Que deviendrait-elle si même, sans être appelés par le sort à cette éminente fonction de jurés, ils pouvaient, sur d'autres jurés qu'eux, pris au hasard, mais désignés d'avance, exercer cette corruption funeste et redoutable dont le cabinet de Saint-James prodigue les moyens, cette corruption devant laquelle la sûreté de l'Etat pouvait s'anéantir?

» Et devons-nous douter que le gouvernement qui consent à payer au double prix de son or et de son honneur des crimes si importans, si utiles pour lui, ne payât bien cher aussi l'impunité de ceux qu'il emploie, et la conservation de leur existence, destinée à recommencer sans cesse les forfaits qu'ils espèrent, et les malheurs que nous redoutons?

» Nous ne pouvons nous le dissimuler, sénateurs, dans les temps d'orages politiques, qui ne sont pas entièrement apaisés, ou de troubles religieux, dont heureusement l'époque est déjà loin de nous, les citoyens en général, ceux-là mêmes dont la conscience est pure et le cœur droit, peuvent rarement voir sans prévention, réfléchir sans préjugé, prononcer sans partialité; et ce n'est pas à la décision d'hommes que le sort peut choisir à la fois dépourvus d'instruction, privés de lumières, susceptibles de prévention ou de séduction, qu'on doit remettre le jugement d'un attentat tramé contre la sûreté de la République, et le soin d'en prévenir de nouveaux par l'action impartiale et sévère d'une justice éclatante.

» Ce n'est ni par des hommes qui peuvent être favorables aux conspirateurs, ni par des hommes qui peuvent être prévenus contre eux qu'il faut les faire juger: l'Etat doit être à l'abri des dangers d'une indulgence funeste, et les accusés à l'abri des dangers d'une sévérité aveugle.

» C'est d'après les réflexions que je viens de présenter, réflexions à la rapidité desquelles votre sagesse ajoutera toutes les idées qui en sont les conséquences, que le gouvernement a arrêté le projet de sénatus-consulte que je vous apporte.

» Il évite tous les inconvéniens que redoutait la sagesse du gouvernement ; il fait pour les prévenus, par sa décision, plus que la législation à laquelle le gouvernement avait la faculté de les soumettre ; il assure à la justice la plénitude de son cours, aux accusés l'impartialité de la décision, la lenteur des formes tutélaires, la liberté complète de leur défense, le droit de se pourvoir en cassation ; à la nation la publicité des débats, la solennité de l'instruction.

» Les juges qui prononceront, nommés d'avance, exerçant des fonctions irrévocables, indépendans par leurs principes, estimés pour leur moralité, dignes de confiance par leur caractère, respectés par l'opinion publique, donnent à la fois à l'Etat et aux accusés toutes les garanties que les accusés et l'Etat peuvent désirer.

» La suspension du juri pourrait être absolue aux termes du sénatus-consulte du 16 thermidor : le gouvernement a cru devoir ne vous la proposer qu'à l'égard des crimes pour lesquels un tribunal nouveau, cette haute cour qui manque à notre législation, serait nécessaire, et remplir ainsi momentanément le vide qui existe dans nos institutions judiciaires.

» Sénateurs, les fonctions que le gouvernement exerce en ce moment, celles auxquelles il est forcé de vous appeler vous-mêmes, sont affligeantes sans doute ; mais elles font partie de ses devoirs et des vôtres ; et au milieu de tous ceux qu'impose le salut du peuple, quand il en est de douloureux, c'est dans la conscience de les avoir remplis avec justice, avec impartialité, mais avec courage, que le magistrat digne de ce nom trouve l'adoucissement de ses peines, le prix de ses sacrifices, et la consolation de ses regrets. »

RAPPORT *fait au Sénat, séance tenante* (6 *ventôse an 12*), *sur le projet de senatus-consulte tendant à suspendre les fonctions du juri dans toute la République;* par Abrial, *organe d'une commission spéciale.*

« Un grand attentat était préparé contre les jours du premier consul. En attaquant sa vie c'était la ruine même du peuple français que l'on se proposait ; c'était la dissolution du gouvernement, les horreurs de la guerre civile que l'on méditait. Jalouse de notre prospérité et de notre gloire, et craignant les suites désastreuses de la guerre injuste qu'elle a provoquée, l'Angleterre n'a pas craint de se souiller d'un assassinat ; ses vaisseaux ont vomi sur nos côtes, et son or salarie des hordes de brigands qui devaient porter une main sacrilége sur le héros et le soutien de la France. A l'annonce de ce danger nous avons tous frémi. Que l'ennemi en effet se montre à découvert ! qu'il s'avance avec ses nombreuses flottes ! Nos invincibles légions sauront en garantir nos rivages. Mais que faire contre l'assassinat ? Comment se prémunir contre le poignard ? Quel est le code des nations civilisées qui jamais ait autorisé un semblable genre d'attaque ? Il ne reste donc qu'à punir et réprimer par une justice prompte et sévère les traîtres qui ont osé ou oseraient encore entrer dans un complot aussi infâme. C'est pour arriver à ce but nécessaire que le sénatus-consulte vous est proposé.

» Il veut, comme vous l'avez entendu, que les fonctions du juri soient suspendues pendant le cours de l'an 12 et de l'an 13 dans tous les départemens de la République pour le jugement des crimes de trahison, attentat contre la personne du premier consul, et autres contre la sûreté intérieure et extérieure de la République ; que les tribunaux criminels soient à cet effet organisés conformément aux dispositions de la loi du 23 floréal an 10, sans préjudice du pourvoi en cassation.

» Il s'agit de connaître d'abord quelle est cette organisation donnée aux tribunaux criminels conformément aux dispositions de la loi du 23 floréal en 10 ;

» 2°. D'examiner si le Sénat a des pouvoirs suffisans pour décréter la suspension du juri et l'organisation de ces tribunaux ;

» 3°. S'il y a lieu à prescrire cette mesure.

» *Première question.* La loi du 23 floréal an 10, qui a principalement pour objet le crime de faux, veut que, dans les villes où il y a un tribunal criminel et un tribunal civil de première instance, le président et deux juges de chacun de ces tribunaux forment le tribunal, et, en cas d'empêchement des uns et des autres, ils soient respectivement remplacés par leurs suppléans ordinaires (article 3) ; que, dans les lieux où il n'y a qu'un tribunal criminel, le président, les juges et leurs suppléans s'adjoignent, pour compléter le nombre de six juges, un ou plusieurs hommes de loi pris parmi ceux que le premier consul aura désignés à cet effet. (Ibid.)

» Ainsi les tribunaux criminels organisés conformément à la loi du 23 floréal an 10 ne sont autre chose que les tribunaux criminels eux-mêmes, auxquels s'adjoint le tribunal civil.

» Les juges ne sont donc point des hommes étrangers aux tribunaux, ni choisis et nommés pour juger une affaire particulière, comme dans les commissions et les conseils de guerre ; ce sont les juges naturels qui se réunissent, des juges préexistans, inamovibles, indépendans du gouvernement.

» La loi du 18 pluviose an 9 a créé des tribunaux spéciaux pour la répression des crimes de vagabondage, des vols sur les grandes routes, etc.

» Ces tribunaux spéciaux sont composés du président et des deux juges du tribunal criminel, de trois militaires ayant au moins le grade de capitaine, et de deux citoyens ayant les qualités pour être juges. Ces derniers, ainsi que les trois militaires, sont désignés par le premier consul.

» On voit la différence qui existe entre ces tribunaux spéciaux et ceux qui sont organisés conformément à la loi du 23 floréal an 10.

» Ce ne sont point des militaires et des étrangers choisis par le premier consul qui sont adjoints dans notre espèce au tribunal criminel ; c'est un autre tribunal, le tribunal civil. Le premier consul n'a aucune influence dans cette formation, si ce n'est dans un cas unique, celui où il n'y aurait dans une ville qu'un tribunal criminel, et point de tribunal civil : alors, pour se former, le tribunal criminel prend ses suppléans, qui sont au nombre de deux, et, pour avoir le sixième juge, choisit un homme de loi parmi ceux que le premier consul aura désignés à cet effet.

» Il est bon d'observer qu'il existe à peine en France deux ou trois villes dans lesquelles il y ait un tribunal criminel sans tribunal civil : il est bon d'observer en outre qu'à Paris le tribunal criminel n'a pas besoin de s'adjoindre le tribunal civil ; il trouve dans ses membres le nombre suffisant pour constituer le tribunal voulu par la loi du 23 floréal.

» La composition des tribunaux que présente le projet de sénatus-consulte écarte donc toute idée d'arbitraire, de commission, de choix parmi les juges ; ce sont les juges ordinaires qui jugent sous les yeux du public, et qui ne sont pas moins jaloux dans ces sortes d'affaires de mériter la confiance et l'estime de leurs concitoyens que dans toutes les autres.

» La forme d'instruire et de procéder, d'après la loi du 23 floréal an 10, laisse à la défense des accusés la plus grande latitude : les témoins sont mis en face de l'accusé ; le débat est public.

» Le commissaire du tribunal criminel donne ses conclusions ; un défenseur officieux fait ensuite valoir tous les moyens qu'il croit favorables à l'accusé.

» C'est après cette instruction publique et solennelle que prononce le tribunal. Les juges sont au nombre de six ; il faut quatre voix pour condamner.

» Si l'on compare cette forme d'instruire et de procéder avec celle qui a lieu dans les commissions militaires et les conseils de guerre, on reconnaîtra qu'elle est bien plus avantageuse aux accusés, parceque les formes militaires sont plus rapides, et ne sont pas environnées de la même publicité. Les conseils de guerre jugent sans désemparer; on n'admet de spectateurs dans l'auditoire, qu'en nombre triple de celui des juges; enfin les lois sur les commissions militaires, celle du 18 pluviose an 9 sur les tribunaux spéciaux, celle même du 23 floréal an 10, excluent le recours en cassation; et le projet de sénatus-consulte réserve spécialement ce recours aux condamnés.

» Il est impossible, quand les circonstances ne permettent pas de suivre en tout point les formes ordinaires, de s'en rapprocher davantage, et de donner plus de latitude à la défense individuelle.

» Ces tribunaux, organisés d'après la loi du 23 floréal an 10, existent déjà dans les départemens, et y sont en pleine activité; ils connaissent du crime de faux et autres qui leur sont attribués par cette loi. La justice n'a qu'à s'applaudir de leurs travaux; les jugemens qu'ils ont rendus sont marqués au coin de la loi et de la plus parfaite impartialité.

» *Seconde question.* Le Sénat a-t-il l'autorité nécessaire pour décréter les mesures proposées par le sénatus-consulte?

» La Constitution reconnaît elle-même la nécessité de suspendre le cours ordinaire de la justice dans des temps de révolte et de troubles.

» L'article 92 s'exprime ainsi : « Dans le cas de révolte à » main armée ou de troubles qui menacent la sûreté de l'État, » la loi peut suspendre, dans les lieux et pour le temps qu'elle » détermine, l'empire de la Constitution. »

» Des circonstances malheureuses avaient déjà forcé le gouvernement à faire usage de cette disposition constitutionnelle à l'égard de quelques départemens, et le premier effet de cette mesure avait été la suspension des fonctions du juri.

» Le sénatus-consulte organique de la Constitution du 16 thermidor an 10 porte, art. 54 : « Le Sénat règle par un séna » tus-consulte organique tout ce qui n'a pas été prévu par la » Constitution, et qui est nécessaire à sa marche; il explique » les articles de la Constitution qui donnent lieu à différentes » interprétations. » Art. 55 : « Le Sénat, par des actes inti » tulés *sénatus-consulte*, suspend pour cinq ans les fonctions » de jurés dans les départemens où cette mesure est nécessaire. »

» Pourrait-on mettre en doute, après des textes aussi for mels, si le Sénat a l'autorité nécessaire pour suspendre les fonctions du juri pendant deux ans? Vous n'en avez pas douté, sénateurs, puisque déjà vous avez fait usage de cette autorité en l'an 11.

» A cette époque vous avez rendu un sénatus-consulte, en date du 26 vendémiaire, qui porte, art. 1er : « Les fonctions » du juri seront suspendues pendant le cours de l'an 11 et de » l'an 12 dans les départemens des Côtes-du-Nord, du Mor- » bihan, de Vaucluse, des Bouches-du-Rhône, du Var, des » Alpes Maritimes, du Golo, du Liamone, du Pô, de la Doire, » de la Sézia, de la Stura, de Marengo, et du Tanaro. » Ar- ticle 2 : «Les tribunaux criminels de ces départemens seront à » cet effet organisés conformément aux dispositions de la loi » du 23 floréal an 10, relative à la procédure pour crime de » faux, sans préjudice du pourvoi en cassation. »

» Le Sénat a donc fait textuellement à cette époque ce qu'on lui propose aujourd'hui de faire; il a suspendu les fonctions du juri pendant deux ans dans plusieurs départemens, et a or- donné que la justice serait rendue par les tribunaux criminels, organisés conformément aux dispositions de la loi du 23 flo- réal an 10.

» Il y a plus; par le sénatus-consulte du 26 vendémiaire an 11, le Sénat a suspendu les fonctions du juri généralement pour toutes les affaires criminelles; et ici il n'est question de les suspendre que pour les crimes de trahison, attentats contre la personne du premier consul, et autres contre la sûreté in- térieure et extérieure de la République.

» Pour toutes les autres affaires criminelles, le cours de la justice ordinaire doit avoir lieu.

» La mesure présentée par le projet de sénatus - consulte n'est donc pas nouvelle : les fonctions du juri ont été suspen- dues pendant deux ans; les tribunaux proposés existent déjà légalement.

» L'expérience doit nous avoir appris si cette suspension, si ces tribunaux ont produit des effets funestes; s'ils ont porté quelque atteinte à la libre défense des citoyens: or il est cons- tant que nulle réclamation ne s'est fait entendre; il est cons- tant au contraire que ces mesures n'ont pas peu contribué à rétablir l'ordre et la tranquillité.

Troisième question. La suspension du juri, dont l'expé- rience a constaté l'utilité dans toute la France pour les crimes de faux, sera-t-elle également utile pour les crimes de trahi- son, attentats contre la personne du premier consul, et autres contre la sûreté intérieure et extérieure de la République?

» Les conspirations, les attentats contre la sûreté inté- rieure et extérieure de la République sont d'une conséquence si effrayante pour le salut de tous; il est si urgent, par une justice prompte, d'en arrêter le cours, que chacun sent la nécessité d'établir pour les punir des formes plus rapides qui puissent atteindre avec plus de célérité les coupables, rassurer plus tôt le reste des citoyens, et prévenir de nouveaux attentats.

» Les jurés, dans les délits ordinaires, peuvent remplir le vœu de la loi ; ces délits sont simples, à la portée de tout le monde, et l'esprit de parti y est ordinairement étranger. Il n'en est pas de même d'un complot, d'une trahison, d'un attentat politique : ces crimes sont toujours complexes ; ils se composent d'une infinité d'élémens qu'il faut savoir réunir ; ils tiennent à une multitude de circonstances et de nuances qu'il faut savoir apprécier, et que des hommes simples et étrangers aux affaires pourront fort bien ne pas saisir.

» Dans certaines affaires d'éclat, où se trouvent compliqués des coupables puissans, il faut, pour se défendre ou de la crainte ou de l'indignation, une certaine fermeté, un certain courage dont tous les hommes ne sont pas susceptibles. Que sera-ce si on a à redouter l'esprit de prévention ou de parti ? A la fin d'une révolution où tant d'intérêts divers ont été en opposition, où les partis tour à tour ont prévalu, où le pouvoir, qui a passé successivement de main en main, a créé d'autant plus d'amis ou d'ennemis que ce pouvoir était plus étendu, n'at-on pas à craindre des affections ou des haines cachées, des sollicitations, des brigues, auxquelles les jurés auraient bien de la peine à résister ?

» On ne peut se dissimuler que les prévenus actuels n'aient des affidés sur plusieurs points de la France.

» S'il est de leur intérêt de ne pas trouver d'ennemis cachés parmi ceux qui doivent prononcer sur leur sort, doit-on risquer de leur donner pour jurés des complices secrets ?

» L'or de l'Angleterre ne suffirait-il pas seul pour faire pencher la balance ? Se persuadera-t-on que dans des trames ourdies par ce cabinet perfide il oubliera ceux qui se sont dévoués pour lui ? L'or sera prodigué à pleines mains, et, lorsqu'il s'agira de sauver ou de perdre, suivant les intérêts de ce gouvernement, tous les moyens de séduction seront employés. La composition actuelle du juri ordinaire et spécial n'est pas faite pour rassurer ; le sort y prédomine, et place souvent parmi les jurés des hommes dénués de fortune, et qui ne présentent aucune garantie contre l'appât de l'or.

» Dira-t-on qu'une partie de ces inconvéniens peut se retrouver parmi les juges qui composeront les tribunaux que nous voulons substituer aux jurés ? La différence est sensible ; ces juges ont pour garant de leur impartialité leur réputation, leur moralité, la permanence de leurs fonctions de juges, et l'œil du public, qui ne les perd jamais de vue. Sans doute il en est dont la fortune est médiocre, mais ils en tirent gloire ; ils préfèrent cette médiocrité honorable et l'estime publique à une opulence qui les environnerait de soupçons : le juré, au contraire, homme privé, presque toujours inconnu à ses collègues, comptable de son suffrage à personne, ne remplit qu'une fonction passagère, disparaît ensuite, et se perd dans la foule pour ne plus reparaître.

» Encore une fois, confier le jugement de crimes politiques à des jurés, surtout dans le temps de troubles ou après des divisions intestines, c'est ranimer, nourrir, perpétuer l'esprit de parti ; c'est compromettre la justice, le salut même des prévenus ; vérité reconnue par tous ceux qui ont approfondi l'institution du juri. Les prévenus de la conspiration actuelle pourraient d'autant moins s'élever contre cette théorie générale, que si on les prend isolément, et que l'on considère les faits qui leur sont imputés, ou reconnaîtra que les lois qui leur sont applicables sont elles-mêmes déjà exclusives du juri.

». L'article 1er de la loi du 4 fructidor an 5 ordonne de traduire devant un conseil de guerre tout général prévenu d'un délit spécifié au code pénal militaire.

» L'article 1er du titre 3 du Code pénal militaire, du 21 brumaire an 5, place parmi les crimes capitaux la trahison dont se serait rendu coupable tout militaire ou autre individu attaché à l'armée.

» Le paragraphe 6 de l'article 2 du même titre ajoute : « Tout militaire, ou autre individu attaché à l'armée et à sa » suite, qui entretiendrait une correspondance dans l'armée » ennemie sans la permission par écrit de son supérieur, sera » réputé coupable de trahison. »

» Tout militaire en activité de service, prévenu de trahison dans la conspiration actuelle, devrait donc nécessairement être traduit devant les conseils de guerre, dont le mode d'instruction, comme on le sait, est exclusif du juri.

» La loi du 1er vendémiaire an 4 porte, article 1er : « Les » rebelles, ceux connus sous le nom de chouans ou sous toute » autre dénomination, et tous ceux désignés par l'article 3 » de la loi du 30 prairial, et dont le jugement était attribué » par cette loi aux tribunaux militaires, seront jugés par les » conseils militaires. »

» Parmi les prévenus se trouvent beaucoup de chouans qui ont violé la pacification ; d'après cette loi ils devraient être jugés par un conseil militaire, et soumis par conséquent à une instruction particulière à ces sortes de tribunaux, qui excluent également l'adjonction des jurés.

» Enfin la loi du 18 pluviose an 9, qui établit les tribunaux spéciaux, leur attribue la connaissance des crimes et délits emportant peine afflictive ou infamante, commis par des vagabonds et gens sans aveu. La plupart de ceux débarqués par l'Angleterre sur nos côtes, méritent-ils un autre nom ?

» Ces tribunaux connaissent, concurremment avec les tribunaux ordinaires, des assassinats prémédités, et, exclusivement à tous autres juges, des assassinats préparés par des attroupemens armés, du crime d'embauchage, et de machinations pratiquées hors l'armée, et par des individus non militaires, pour corrompre ou suborner les gens de guerre, les réquisitionnaires et conscrits.

» Cette loi atteindrait encore une multitude d'individus, tous tenant à la conspiration générale ; il faudrait donc les renvoyer devant les tribunaux spéciaux formés par cette loi, tribunaux composés en partie de juges, en partie de militaires, en partie d'hommes de loi, pour y être jugés sans jurés et sans recours en cassation.

» Ainsi les différens tribunaux auxquels les divers prévenus, pris isolément, devraient être renvoyés, procèdent tous sans le concours des jurés.

» Mais, on le demande, est-il possible de morceler ainsi l'instruction et la poursuite d'un seul et même attentat qui se reproduit sous différentes faces, et où tous les faits particuliers ne sont que les élémens et les moyens d'un seul et même tout ? Ne serait-ce pas évidemment s'exposer à perdre la trace du crime, et toutes les preuves individuelles qui se prêtent un mutuel secours ?

» N'est-ce pas un principe que l'instruction est indivisible ? On ne peut donc pas renvoyer les uns devant des conseils de guerre, les autres devant des commissions militaires, d'autres enfin devant les tribunaux spéciaux ; il fallait donc une mesure générale qui centralisât l'instruction autant qu'il serait possible : c'est encore un avantage qu'offre le sénatus-consulte par les tribunaux qu'il propose.

» En effet, les tribunaux spéciaux et les conseils de guerre n'étant pas soumis les uns au tribunal de cassation, les autres à un conseil de révision unique, forment des tribunaux absolument indépendans, qui, n'ayant aucune communication les uns avec les autres, pourraient sur un même complot varier et donner des jugemens absolument contradictoires, tantôt déclarer la conspiration existante, et tantôt la méconnaître.

» En soumettant au contraire à une seule et même nature de tribunaux qui a un mode d'instruction uniforme les crimes dont il s'agit, avec recours au tribunal de cassation, ces tri-

bunaux, quoique indépendans entre eux, aboutissent à un centre
commun, le tribunal de cassation, qui, tenant alors les fils du
vaste complot, peut le distinguer et le reconnaître dans ses
diverses ramifications : il n'est pas nécessaire pour cela que le
tribunal de cassation se rende juge du fond des affaires ; il
suffit que tous les tribunaux dont il s'agit aboutissent à lui
dans les rapports qui lui sont propres.

» Ainsi, le recours en cassation proposé par le sénatus-
consulte non seulement donne aux accusés un moyen de plus
d'obtenir justice, mais promet autant qu'il est possible au
gouvernement un point central où il peut retrouver tous les
membres épars d'une conspiration.

» Ces réflexions, sans doute, vous ont fait sentir de plus en
plus la nécessité et la sagesse du sénatus-consulte qui vous est
proposé : vous avez reconnu le danger d'employer le ministère
des jurés dans les affaires politiques, surtout dans des temps
de trouble, et pour des complots qui peuvent mettre en jeu
toutes les passions, et où la séduction peut employer toutes ses
ressources ; vous avez vu que le salut des prévenus, autant que
l'intérêt de la justice, demandait alors l'absence des jurés ;
vous avez reconnu aussi l'impossibilité de saisir tout à la fois
les conseils de guerre, les conseils militaires, les tribunaux
spéciaux des différens faits de la conspiration. Il en résulte évidemment la nécessité d'une classe unique de tribunaux tels que
les offre le sénatus-consulte ; tribunaux qui, bien loin de faire
perdre aux prévenus aucun de leurs droits, puisque ceux qui
les auraient jugés les auraient jugés sans jurés, leur procurent
au contraire de nouveaux avantages, en leur donnant les juges
ordinaires, des juges qui ne sont point choisis pour l'affaire,
indépendans, inamovibles ; une instruction plus étendue, des
formes plus favorables, et enfin le recours en cassation.

» La mesure que propose le sénatus-consulte est donc celle
qui convient le mieux dans les circonstances présentes ; et si le
Sénat en a reconnu déjà la nécessité pour une partie de la
République, lors du sénatus-consulte du 21 vendémiaire an 11,
l'affreux complot dirigé contre le premier consul, ou ceux qui
pourraient se diriger contre lui, rendent cette mesure encore
plus indispensable. Quel plus grand malheur en effet peut
menacer la République ? De quels troubles plus grands la
Constitution a-t-elle pu parler ? Dans quelle circonstance plus
grave le Sénat pourra-t-il mettre à exécution le sénatus-consulte organique qui lui permet de suspendre pendant cinq ans
les fonctions du juri ?

» Les menées dont nous avons à nous défendre ne sont pas
celles de quelques individus qui, frappés par la justice,

feraient disparaître les traîtres avec la trahison ; elles sont l'ouvrage d'un gouvernement opulent qui a déjà débarqué et cherche encore à introduire dans nos départemens des bandes de sicaires, de brigands, d'espions, d'embaucheurs ; elles sont l'ouvrage d'une puissance à qui l'or ne coûte rien pour opérer le crime, et qui croit ne pouvoir arriver à une heureuse issue dans cette guerre que par l'assassinat.

» L'assassinat n'est-il pas proclamé hautement dans Londres ? n'est-il pas affiché publiquement comme la base des spéculations mercantiles ? Il faut donc que l'œil de la justice parcoure toute la France avec liberté ; il faut redoubler de vigilance, de soins ; il faut que l'espoir de l'impunité n'encourage pas les coupables. Ah ! si le fer des assassins était visible, quel serait celui de nous qui ne voulût faire un rempart de son corps à notre premier magistrat ? Quel est le véritable Français qui ne briguât cet honneur ? Mais, puisque les traîtres se cachent dans l'ombre, donnons au moins tous les moyens de les atteindre, de les punir. C'est ainsi que nous concourrons à la conservation d'une tête aussi précieuse, et que le Sénat s'acquerra de nouveaux droits à la reconnaissance nationale.

» Votre commission pense à l'unanimité que le projet de sénatus-consulte doit être adopté. »

Dans la même séance (6 ventose an 12), sur le discours de Regnault et le rapport d'Abrial, le Sénat adopta sans discussion le projet de sénatus-consulte portant :

« Art. 1er. Les fonctions du juri sont suspendues pendant le cours de l'an 12 et de l'an 13, dans tous les départemens de la République, pour le jugement des crimes de trahison, d'attentats contre la personne du premier consul, et autres contre la sûreté intérieure et extérieure de la République.

» Art. 2. Les tribunaux criminels seront à cet effet organisés conformément aux dispositions de la loi du 23 floréal an 10, sans préjudice du pourvoi en cassation. »

PROJET DE LOI *présenté au Corps législatif par les conseillers d'état* Treilhard, Portalis et Bérenger. — *Séance du 8 ventose an 12.*

« Art. 1er. Le recélement du nommé Georges et des soixante brigands actuellement cachés dans Paris ou les environs, soudoyés par l'Angleterre pour attenter à la vie du premier consul et à la sûreté de la République, sera jugé et puni comme le crime principal.

» 2. Sont recéleurs ceux qui, à dater de la publication de la présente loi, auront sciemment reçu, caché ou gardé l'un ou plusieurs des individus mentionnés en l'article précédent, à moins qu'ils n'en fassent la déclaration à la police dans le délai de vingt-quatre heures à compter du moment où ils les auront reçus, soit que les individus logent encore chez eux, soit qu'ils ne s'y trouvent plus.

» 3. Ceux qui avant la publication de la présente auront reçu Pichegru ou les autres individus ci-dessus mentionnés seront tenus d'en faire la déclaration à la police dans le délai de huit jours; faute de déclaration, ils seront punis de six ans de fers.

» 4. Ceux qui feront la déclaration dans le susdit délai ne pourront être poursuivis ni pour le fait du recélement, ni même pour infraction aux lois de police. »

Motifs de ce projet, exposés par Treilhard devant le Corps législatif. — (Même Séance.)

« Citoyens législateurs, la lecture que vous venez d'entendre vous fait déjà connaître la sagesse et la nécessité de la loi dont le projet vous est soumis.

» Quel Français ne frémit pas quand il pense qu'une poignée de brigands soudoyés par des brigands plus atroces qu'eux, s'il est possible, peut frapper d'un seul coup tous les citoyens, et couvrir de deuil toute la République!

» Pichegru avait trouvé un asile; Georges et ses complices respirent encore au milieu de nous. Vous qui les recélez, connaissez la profondeur de l'abîme que vous creusez sous vos pas!

» Mais que nos lâches ennemis ne puissent pas se glorifier de nous faire dépasser les règles d'une justice exacte, lors même qu'une indignation si bien motivée, si fortement sentie, devrait justifier l'excès de quelques mesures!

» Le premier article du projet prononce contre le recélement des brigands la même peine que contre le crime principal. N'est-il pas complice en effet, ne devient-il pas lui-même assassin de la patrie celui qui couvre de sa protection l'instrument de l'assassinat? Cette disposition ne présente rien que de conforme aux maximes reçues dans tous les temps et chez tous les peuples policés.

» L'article 2 définit le recéleur. Il ne permet pas de confondre avec le crime une simple erreur qui cependant, dans les circonstances actuelles, suppose au moins une haute imprudence; encore cet article offre-t-il le moyen de réparer un instant d'égarement par une déclaration faite à la police dans les vingt-quatre heures à compter du moment où l'on aurait eu le malheur de recevoir les brigands.

» L'article 3 concerne ceux qui les auront reçus jusqu'à ce jour, et avant la publication de la loi : elle ne les atteint pas pour ce qui s'est passé ; mais elle prescrit une déclaration que tout autre qu'un Anglais devrait s'empresser de faire. Celui qui refuserait une révélation à laquelle peut-être seront attachés la destruction des brigands et l'anéantissement de la conspiration, serait lui-même un conspirateur ; il devrait être puni comme tel si on appliquait à son égard la sévérité des principes ; mais le gouvernement préférera toujours l'excès de la modération à l'excès de la rigueur. On ne propose que six ans de fers contre ceux qui n'auront pas fait la déclaration. Ceux qui l'auront faite sont affranchis, par le dernier article, de toute peine pour le fait du recélement, même de celle de police pour avoir contrevenu aux lois qui défendent de recevoir des étrangers sans en faire la déclaration.

» Vous voyez, citoyens législateurs, que dans le projet qui vous est soumis, et que les circonstances commandent impérieusement, le gouvernement a su concilier ce que prescrit la prudence avec les règles de la justice. »

Réponse du président. (Fontanes.)

« Citoyens conseillers d'état, le doute n'est plus permis sur l'existence du grand crime que le gouvernement a découvert, et dont la nation frémit encore. Ceux qui recèlent aujourd'hui les conspirateurs sont leurs complices : les mesures de rigueur employées contre eux sont véritablement cette fois des mesures de salut public. Que les assassins armés contre notre libérateur ne trouvent aucun asile dans la France, qu'il a sauvée!

» C'est en protégeant les jours de celui auquel tant d'intérêts sont attachés, que les lois protégeront sûrement la patrie. Tels sont les sentimens de tous les membres du Corps législatif. Si leur premier mouvement n'était pas retenu par la sagesse des formes usitées dans leurs délibérations, ils décréteraient à l'heure même, et à l'unanimité, la loi dont vous leur présentez le projet, et qui est déjà sanctionnée dans le cœur de tous les Français. »(1)

(1) Le projet de loi fut aussitôt renvoyé au Tribunat, qui l'adopta le lendemain sur un rapport fait par Siméon au nom de la section de législation. Le même jour Siméon, chargé par le Tribunat de porter cette délibération au Corps législatif, l'appuya par le même discours qu'il avait prononcé comme rapporteur, et le Corps législatif, d'une voix unanime, donna immédiatement au projet le caractère de loi.

Le Tribunat, sur la proposition de Garry, avait en outre pris un arrêté ainsi conçu : « Le Tribunat, considérant que la loi de ce jour, rela-

Discours prononcé par Siméon, orateur du Tribunat, devant le Corps législatif. — Séance du 9 ventose an 12.

« Citoyens législateurs, depuis plusieurs jours les citoyens tremblaient au récit des complots tramés contre la vie du chef auquel la République doit sa plus grande gloire, et les individus leur sûreté ; l'indifférence même, émue et inquiète d'un si vaste péril, en redoutait les suites. Au milieu de l'alarme générale, la haine et le crime étaient seuls tranquilles, et, se reposant dans de ténébreux asiles, ils poursuivaient avec sécurité leur plan d'assassinat.

» Cette providence qui veille d'une manière si marquée sur celui qu'elle guida dans les sables du désert, qu'elle ramena au travers des flottes ennemies, qu'elle sauva de l'explosion du 3 nivose, a pris soin de le défendre de nouveaux attentats.

» Des assassins sont encore vomis sur nos rives ; elle, les signale. Des doutes s'élèvent, quelques uns formés par la malveillance, les autres par l'étonnement inséparable d'un crime si grand qu'il paraît à peine croyable ; elle les confond. Des complices parlent ; et, la conviction s'avançant de degré en degré, hier, au sein même de Paris, un homme est arrêté qui, au dire de quelques incrédules, siégeait encore à Londres dans les conseils perfides dont il n'aurait jamais dû se rendre complice, et moins encore exécuteur.

» Jusques à quand souffrirons-nous de si épouvantables outrages ? Et parce que le ciel veille sur nous, négligerons-nous les moyens qu'il a mis en notre pouvoir ?

» Les Français sont-ils donc en usage d'attendre les coups de leurs ennemis ? S'ils savent repousser au loin de leurs baïonnettes la force ouverte des armes et des combats, ne sauront-ils pas aussi opposer au crime et à la trahison le fer et l'active surveillance des lois ?

» Quoi ! on veut nous arracher le chef que nous nous sommes donné ! Ce n'est pas seulement par une guerre injuste, attentatoire à notre indépendance ; c'est par le crime le plus éversif du droit des gens et de tous ceux de l'humanité !

» Une poignée de vils assassins est jetée au milieu de nous, de nous Français, accoutumés à couvrir de notre corps notre ennemi que l'on voudrait frapper sans défense ! Et des scélé-

---

» tive à *ceux qui recèlent Georges et les soixante de sa bande,*
» n'atteindrait pas son but si elle ne recevait sans délai son exécution,
» émet le vœu que cette loi soit promulguée dans le jour. » Et conformément à ce vœu, porté sur le champ au premier consul, la loi proposée le 8 fut promulguée le 9.

rets, lâchement armés contre notre bienfaiteur, contre notre
vengeur, contre notre chef enfin, trouveraient parmi nous des
asiles ?

» Le droit de la guerre autorise à punir ceux qui favorisent
l'ennemi que l'on combat, mais qu'on estime; et dans la société,
où les assassins font une guerre obscure et criminelle de trahison et de perfidie, on ne sévirait pas contre ceux qui, en les
cachant, leur donnent les moyens d'échapper à la poursuite
des lois, et de saisir le moment favorable pour exécuter leurs
complots!

» Ah! législateurs, la loi que propose aujourd'hui le gouvernement vous la lui auriez demandée si sa prévoyance ne se
manifestait en même temps que les vœux dictés par la circonstance à tous les citoyens.

» Il s'agit de punir, ou plutôt de prévenir le recélement
de Georges et des soixante brigands qui composent sa bande.

» Le recélement fut toujours regardé comme un crime;
cependant, quand il porte sur des effets matériels dérobés,
le vol en est déjà consommé; le recélement ne fait qu'en effacer la trace. Au contraire, le recélement d'hommes coupables,
outre qu'il les soustrait à l'action des lois, menace la société;
il les aide à méditer de nouveaux crimes, ou à exécuter ceux
qu'ils ont préparés.

» Les recéleurs des contrebandiers sont punis comme complices de contrebande; comment ne pas punir comme complices d'assassinat ceux qui donneraient asile à des individus
coupables du plus grand crime que l'on puisse concevoir, soit
que l'on considère la dignité de celui contre lequel il est dirigé, soit que l'on pense aux désordres épouvantables qui en
résulteraient?

» Qu'on ne croie cependant pas que l'urgence des circonstances ait troublé le calme du gouvernement, et l'ait fait
sortir des bornes qu'il lui eût été permis à si bon droit de
franchir.

» Lorsque, dans l'émotion que nous éprouvons, nous eussions
admis toutes les mesures qui auraient été présentées, il s'est
arrêté aux plus simples.

» Ce n'est point comme autrefois le droit d'asile qu'on interdit pour de malheureux et d'innocens proscrits, ou même
pour des criminels vulgaires; ce ne sont pas des visites domi-
ciliaires qu'on ordonne. Non, la maison des citoyens demeu-
rera toujours respectable; ni les droits du malheur, ni les
sentimens de la pitié ne sont étouffés : on défend seulement
de recéler un rebelle dès longtemps trop fameux, Georges,
descendu au rôle infâme de chef d'assassins, et ses soixante

sicaires ; des parricides que les étrangers mêmes, autres que
ceux qui les payent, repousseraient loin d'eux, et livreraient
au jugement de nos tribunaux.

» On sait qu'ils sont maintenant cachés dans Paris et dans
ses environs ; on sait qu'ils sont soudoyés pour attenter à la
vie du premier consul et à l'existence même de la République;
on le publie. Une fois qu'ils sont signalés, et que leur atroce
dessein est manifesté, les accueillir ce serait se déclarer bien
volontairement leur complice. L'art. 1ᵉʳ du projet de loi prononce donc ce que la justice, la raison, la conscience avaient
déjà dit à tous ceux qui les ont connus.

» Le second article excepte ceux qui, recevant, retirant
ou gardant quelqu'un de ces brigands, en feront leur déclaration dans les vingt-quatre heures : elle sera un témoignage de
leur innocence ou de leur repentir.

» Quant à ceux qui, avant la publication de la loi, ont reçu
Georges ou quelqu'un de sa bande, ou Pichegru, ils devront
le déclarer dans la huitaine, à peine de six ans de fers.

» S'ils font leur déclaration, ils ne seront soumis à aucune
recherche, à aucune peine, pas même à l'amende qu'ils ont
encourue pour avoir contrevenu aux réglemens de police qui
les obligeaient à faire connaître les individus qu'ils recevaient
dans leurs maisons.

» La sagesse et l'équité de ces dispositions, qui forment les
articles troisième et dernier du projet, sont évidentes.

» Georges et sa bande, quand ils ne seraient pas des assassins, n'ont pu venir en France que dans des vues coupables;
si ce n'était de meurtre, au moins ce serait de rébellion et de
désordre : on n'a pu les recevoir sans crime, au moins sans
délit. Néanmoins la loi, indulgente, pardonne le passé; l'aveu
lui suffira ; il lui sera garant pour l'avenir d'intentions meilleures, de plus de circonspection et d'attachement à la tranquillité publique.

» Mais quand on peut à un prix si modique se racheter de
graves soupçons, le silence serait criminel et sans excuse; il
mériterait la peine dont il est menacé.

» Telle est, citoyens législateurs, l'analise de la loi que le
gouvernement propose pour achever de détruire dans tous ses
moyens une conspiration si traîtreusement ourdie et si miraculeusement découverte.

» Félicitons-nous de ce qu'un petit nombre d'hommes y a
pris part. L'espèce humaine, quelque corrompue qu'on la prétende, produit peu de ces monstres dont la rage, se dirigeant
contre les chefs des états, médite de faire jaillir d'un seul crime
des milliers de malheurs et le bouleversement des empires.

» La République sera encore affermie par cet attentat.

» Les craintes qu'il a inspirées, d'accord avec le sentiment plus doux des biens que nous éprouvons, nous avertissent combien nous est nécessaire cette vie que nos ennemis trouvent trop longue avant même qu'elle soit à son midi.

» Ah ! qu'elle soit défendue de toute la force d'une nation qui s'honore, et s'aime elle-même dans son chef ! de toute la majesté des lois qui consacrent le magistrat suprême comme l'image de la divinité, et qui punissent ceux qui élèvent contre lui des mains parricides comme d'impies sacriléges ! qu'elle soit conservée par cette providence qui fit luire le 18 brumaire et les jours de restauration qui l'ont suivi !

» C'est pour nous tous, pour le salut de la France entière que nous la remercierons et l'implorerons, et lui demanderons d'achever ses desseins, et de protéger son ouvrage.

» Le Tribunat nous a chargés, citoyens législateurs, de vous proposer l'adoption du projet de loi relatif au recélement de Georges et des soixante individus de sa bande. »

XII.

DE L'ÉRECTION DE LA STATUE DE BONAPARTE DANS LE LIEU DES SÉANCES DU CORPS LÉGISLATIF. — CLOTURE DE LA SESSION DE L'AN XII.

(Le 30 ventose an 12 (21 mars 1804), le Corps législatif avait décrété la *réunion des lois civiles* jusqu'alors rendues *en un seul corps de lois sous le titre de* CODE CIVIL DES FRANÇAIS.)

MOTION D'ORDRE faite par Marcorelle, *membre du Corps législatif. — Séance du 3 germinal an 12 (24 mars 1804.)*

« Législateurs, la France depuis longtemps était courbée sous le fardeau d'une législation civile incohérente, et formée d'élémens hétérogènes et grossiers ; la diversité innombrable de coutumes n'était que le résultat de l'anarchie des siècles malheureux qui les virent naître. La sagesse du droit romain en avait amélioré, il est vrai, les dispositions ; mais il ne les avait pas toutes atteintes, et il restait toujours d'un amalgame fait sans unité de plan, ni de temps, ni de lieu, l'inconvénient monstrueux que les droits et les devoirs des citoyens changeaient à toutes les démarcations territoriales. Bonaparte a voulu que tous les habitans de ce vaste empire fussent gouvernés par une même loi, et qu'en écartant ce qui est étranger

à son siècle et à nos mœurs on met enfin une juste harmonie
entre nos besoins et nos lois. Le code civil, en réalisant les
espérances de son génie, recommandera à la justice des siècles
les noms de ceux qui, comme vous, distingués par des hauts
faits militaires, éprouvés par la sagesse de leur caractère et
par leur haute expérience, ont contribué à la gloire de cette
institution.

» Le jour où vous mettez la dernière main à ce chef-d'œuvre
de la philosophie, de la justice, ce jour doit être marqué dans
les fastes de la République.

» Mandataires du peuple, vous devez être l'organe de sa
reconnaissance.

» Vous éprouvez vous-mêmes le besoin de satisfaire à ce
sentiment profond envers le héros à qui la patrie est redevable
de sa félicité.

» C'est à l'histoire à fixer le rang qui lui appartient parmi
les législateurs des nations; mais la France le contemple avec
orgueil, et ses sentimens devancent le jugement de la postérité.

» Elevons au restaurateur de la religion, de la morale et
de nos lois, un monument digne de lui et de nous. Qu'un acte
éclatant de notre amour annonce à l'Europe que celui qu'ont
menacé les poignards de quelques vils assassins est l'objet de
notre affection et de notre admiration; que les sentimens les
plus vrais et les plus intimes lient à ses destinées celles du
peuple français ; que désormais l'image chérie du chef suprême
de l'Etat décore ce sanctuaire auguste, et que cette inauguration solennelle atteste à nos derniers neveux le souvenir de nos
besoins et de ses bienfaits, de sa gloire et de notre hommage.
En conséquence j'ai l'honneur de vous proposer l'arrêté suivant :

» Le Corps législatif, voulant éterniser l'époque à laquelle
» le Code civil devient la règle générale du peuple français, et
» l'hommage de sa reconnaissance envers le chef suprême de
» l'Etat, arrête ce qui suit :

» Art. 1er. Le buste en marbre blanc de *Bonaparte* sera
» placé, à l'ouverture de la session prochaine, dans le lieu des
» séances du Corps législatif.

» 2. Les questeurs du Corps législatif sont chargés de don-
» ner à cette inauguration toute la pompe et la solennité qui
» conviennent à la dignité de son objet.

» 3. Le présent arrêté sera présenté au premier consul par
» une députation de membres du Corps législatif. » (*Adopté
par acclamation.*)

Discours *prononcé* par Fourcroy, *orateur du gouvernement, en annonçant au Corps législatif la clôture de sa session. — Séance du 6 germinal an 12.*

« Citoyens législateurs, la session qui finit laissera de grands souvenirs dans nos annales, et une longue reconnaissance au peuple français. Les lois les plus importantes ont été discutées au milieu de la guerre, au milieu des éclats d'une conjuration atroce, comme elles l'eussent été dans la paix la plus profonde. Le gouvernement marche d'un pas toujours ferme où l'appellent l'intérêt et la gloire de la patrie, et il ne reste à nos ennemis que la honte et la confusion. Dans leur désespoir ils sèmeront l'or et les crimes ; leurs ministres à Hambourg, à Stuttgard, à Munich, ne seront encore que des artisans de complots ; ils corrompront quelques misérables ; mais leurs trames futures seront dévoilées comme leurs trames passées, et tourneront à leur confusion.

» S'il y a des hommes qui, au crime d'avoir porté les armes contre la patrie, ajoutent l'ingratitude et le parjure, le gouvernement saura les punir avec autant de calme qu'il sut leur pardonner, et toujours la punition sera personnelle comme le crime ; ni les liens de l'amitié ni les liens de famille ne seront à ses yeux des liens de complicité.

» Quant aux membres de cette famille dénaturée qui aurait voulu noyer la France dans son sang pour pouvoir régner sur elle, leurs premières fureurs, leurs derniers attentats ont mis entre elle et eux une barrière éternelle. Ils n'ont pu obtenir de l'Angleterre d'être ses soldats ; ils s'en font les sicaires : ils voulaient lui vendre nos conquêtes, notre gloire, notre prospérité ; ils ne lui ont vendu que des crimes inutiles : qu'ils vivent du pain de l'opprobre et du mépris !

» Mais, s'ils osaient souiller de leur présence notre sol, la volonté du peuple français est qu'ils y trouvent la mort en réparation de la perte de deux millions de citoyens moissonnés dans la guerre impie dont ils ont été les principaux artisans ; en réparation des crimes dont, surtout depuis quatre ans, ils cherchent à inonder notre territoire en y fomentant, en y alimentant autant qu'il est en leur pouvoir le brigandage et la révolte !

» Citoyens législateurs, reportez dans vos foyers la satisfaction d'avoir donné à la France des lois qui assureront son bonheur, et d'avoir, par l'accord de vos principes et de vos sentimens, donné une nouvelle garantie à la stabilité de nos institutions. Dites à vos concitoyens que la dignité et la gloire

du peuple françois sont impérissables ; dites-leur que le peuple
de la ville de Paris rivalise avec celui des départemens d'attachement et d'amour ; que le gouvernement est entouré d'amis
qui veillent à ses dangers ; s'il pouvait en exister encore ,
comme lui-même veille aux intérêts et à la gloire de la
patrie. »

DISCOURS *du président du Corps législatif* (Fontanes). — *Même séance.*

« Citoyens législateurs, une grande entreprise , conçue
vainement par Charlemagne lui-même , est enfin terminée !
Un code uniforme va régir trente millions d'hommes. Tous
les anciens peuples de la Gaule, réunis en un seul peuple,
s'embrassent au nom des mêmes aïeux ; et comme ils ont une
origine commune , ils vivront sous les mêmes lois et partageront les mêmes destinées.

» Jamais une plus grande nation ne reçut un plus grand
bienfait.

» De bonnes lois civiles sont le premier besoin de tous ;
elles protégent l'homme depuis son berceau jusqu'à sa tombe,
et leur prévoyance veille sur les intérêts de tous les âges de la
vie. Les systèmes politiques peuvent jusqu'à un certain point
être livrés aux caprices de l'opinion ; le principe qui constitue
les diverses formes du gouvernement n'a pas toujours une
influence marquée sur le bien-être des individus ; mais le principe qui constitue la famille fait nécessairement le bonheur ou
le malheur des membres qui la composent : d'ailleurs, pour
créer l'esprit public, il faut d'abord créer l'esprit domestique ;
pour assurer les fondemens de l'Etat , il faut bien assurer ceux
de la famille.

» Trop souvent les institutions politiques passent avec ceux
qui les établissent ; elles cèdent au moins tôt ou tard à cette
fatalité qui entraîne tous les empires. Les institutions civiles,
si elles sont conformes à la morale , se transmettent d'âge en
âge et de peuple en peuple, et peuvent se conserver en tous
lieux avec les sentimens et les intérêts les plus chers au cœur
humain.

» C'est par là que se recommande encore la mémoire de
Justinien, quoiqu'il ait mérité de graves reproches.

» Les travaux des jurisconsultes qu'il rassembla autour de
lui ont plus fait pour sa gloire que les triomphes de Bélisaire
et de Narsès : il n'avait pu durant sa longue vie dompter les
nations barbares ; ses lois les soumirent après sa mort. L'empire romain s'écroula de toutes parts ; mais du milieu de ses

ruines sortit, avec le code de Justinien, un esprit d'ordre et
de sagesse qui, en rétablissant les familles, prépara l'organisation des sociétés modernes.

» La France était naguère semblable à l'empire envahi par
les barbares : ils n'étaient point cette fois accourus d'une
contrée sauvage ; ils étaient nés au milieu de nous de l'excès
de notre corruption. Toutes les volontés de l'anarchie étaient
des lois ; et, pour me servir de l'expression énergique d'un
historien de l'antiquité, *nous étions alors plus opprimés par
nos lois que par nos vices mêmes* (1).

» Enfin un homme paraît, et tout est changé ! La science
et la sagesse entrent dans les conseils ; les disputes orageuses
finissent ; les sages discussions commencent ; les vieux oracles
de la sagesse humaine sont consultés de nouveau ; le génie de
Rome parle encore à des interprètes dignes de lui ; l'esprit
antique et l'esprit moderne se perfectionnent en s'unissant :
l'un fait sans peine le sacrifice de quelques préjugés ; l'autre
rougit enfin de ses premières imprévoyances, et les répare.

» Si ce grand ouvrage offre encore quelques imperfections,
les sages sont là pour les réparer : leur doctrine se perpétuera
dans des écoles surveillées par eux-mêmes. L'épreuve de l'expérience va commencer : qu'ils ne craignent rien pour leur
gloire ; tout ce qu'ils ont fait de juste et de raisonnable demeu-
rera éternellement ; car la raison et la justice sont deux puissances indestructibles qui survivent à toutes les autres.

» Le code de Justinien a fait régner mille ans les lois romai-
nes sur les nations civilisées : le code de Bonaparte, soutenu
d'un plus grand nom, et riche de plus de lumières, aura encore
une influence plus durable. Heureux tous ceux qui auront
inscrit leur nom au pied de ce beau monument des lumières de
notre siècle et de l'expérience des siècles passés !

» Citoyens législateurs, je parle ici de votre gloire : vous
partagerez aussi la reconnaissance du peuple français, et bientôt vous allez en recueillir les témoignages dans les départemens
que vous représentez. Un regret se mêle à ces félicitations : je
songe avec peine qu'une partie du Corps législatif, où j'ai le
bonheur de compter tant d'amis, ne paraîtra pas à la session
prochaine. Ceux qui nous quittent seront toujours présens au
souvenir de leurs collègues ; le gouvernement, qui connaît leur
zèle, si souvent éprouvé, ne les oubliera pas ; et ils seront
doublement récompensés en jouissant des bienfaits qu'ils auront
préparés eux-mêmes. »

(1) Tacite.

DISCOURS *prononcé par* Fontanes, *orateur de la députation chargée de porter au premier consul la délibération du Corps législatif prise sur la motion de Marcoville.* — *Le* 4 *germinal an* 12.

« Citoyen premier consul, un empire immense repose depuis quatre ans sous l'abri de votre puissante administration : la sage uniformité de vos lois en va réunir de plus en plus tous les habitans. Le Corps législatif veut consacrer cette époque mémorable ; il a décrété que votre image, placée au milieu de la salle de ses délibérations, lui rappellerait éternellement vos bienfaits, ses devoirs, et les espérances du peuple français. Le double droit de conquérant et de législateur a toujours fait taire tous les autres : vous l'avez vu confirmé dans votre personne par le suffrage national. Qui pourrait nourrir encore le criminel espoir d'opposer la France à la France? Se divisera-t-elle pour quelques souvenirs passés, quand elle est unie par tous les intérêts présens ? Elle n'a qu'un chef, et c'est vous ; elle n'a qu'un ennemi, et c'est l'Angleterre.

» Les tempêtes politiques ont pu jeter quelques sages eux-mêmes dans des routes imprévues : il était facile de se méprendre au milieu des orages où combattaient tous les partis, dans ces temps funestes où les factions se montraient partout, et la patrie nulle part. Mais sitôt que votre main a relevé les signaux de la patrie, tous les bons Français les ont reconnus et suivis ; tous ont passé du côté de votre gloire. Ceux qui conspirent au sein d'une terre ennemie renoncent irrévocablement à la terre natale. Et que peuvent-ils opposer à votre ascendant? Vous avez des armées invincibles; ils n'ont que des libelles et des assassins, et tandis que toutes les voix de la religion s'élèvent en votre faveur au pied des autels, que vous avez relevés, ils vous font outrager par quelques organes obscurs de la révolte et de la superstition. L'impuissance de leurs complots est prouvée. Ils rendront tous les jours la destinée plus rigoureuse en luttant contre ses décrets. Qu'ils cèdent enfin à ce mouvement irrésistible qui emporte l'univers, et qu'ils méditent en silence sur les causes de la ruine et de l'élévation des empires ! »

RÉPONSE *du premier consul.*

« J'ai vu avec plaisir le bon esprit des Français dans ces dernières circonstances. Les conspirateurs n'ont trouvé d'asile que parmi cette espèce d'hommes qui n'a point de patrie. Tous ceux qui mettent du prix à l'honneur, et qui ont des droits à la considération publique, soit par leurs anciennes habitudes, soit par la confiance actuelle du gouvernement, se sont éloignés avec horreur des assassins. Nulle classe n'est coupable; quelques individus seront seuls frappés. Les opinions et les erreurs passées ; de quelque nature qu'elles soient, ne pourront être recherchées par la justice nationale ; elle ne connaîtra que les délits actuels. Les puissances continentales de l'Europe forment les mêmes vœux que le gouvernement français ; elles désirent avec lui que les instrumens de trouble et de discorde aux gages de l'Angleterre disparaissent à jamais. »

XIII.

DE L'ÉTABLISSEMENT DU GOUVERNEMENT IMPÉRIAL HÉRÉDITAIRE.

RAPPORT au premier consul, *par le grand juge ministre de la justice* (Régnier). — *Du 1er germinal an 12.* (Communiqué le 2 au Sénat.)

« Citoyen premier consul, je crois devoir distraire de l'instruction du complot infâme que bientôt la justice doit dévoiler et punir, les pièces d'une correspondance accessoire qui dans cette grande affaire, et sous des rapports de police, n'est qu'un simple incident, mais qui, considérée politiquement, me semble propre à ouvrir les yeux de l'Europe sur le caractère de la diplomatie anglaise, sur la bassesse de ses agens, et sur les misérables expédiens qu'elle emploie pour remplir ses vues.

» Un ministre du gouvernement anglais est accrédité auprès d'une cour voisine de la France. L'usage, les mœurs, le droit des gens, attachent des distinctions, des prérogatives à cette place ; et ce n'est pas sans motifs : l'existence d'un ministre étranger est partout destinée à constater et maintenir les liens d'amitié, de confiance et d'honneur qui unissent les états, et dont la durée fait la gloire des gouvernemens et le bonheur des peuples.

» Mais tel n'est pas le but de la mission des agens diplomatiques du gouvernement anglais. Je mets sous vos yeux, citoyen premier consul, la correspondance directe que *M. Drake*, ministre du roi d'Angleterre près la cour électorale de Bavière, entretient depuis quatre mois avec des agens envoyés, payés, dirigés par lui au sein de la République.

» Cette correspondance consiste en dix lettres originales ; elles sont toutes écrites de sa main.

» Je mets également sous vos yeux les instructions que M. Drake est chargé de distribuer à ses agens, et l'état authentique des sommes payées et des sommes promises pour récom-

penser et encourager des crimes que les législations les plus
indulgentes punissent partout du dernier supplice.

» Ce n'est pas pour représenter son souverain que M. Drake
est venu à Munich revêtu du titre de ministre plénipotentiaire ;
cette représentation n'est que le rôle apparent, le prétexte de
sa légation. Son véritable objet est de recruter des agens d'intrigue, de révolte, d'assassinat, de faire une guerre de brigandage et de meurtre au gouvernement français, et enfin de blesser
la neutralité et la dignité du gouvernement près lequel il
réside.

» Ainsi, ostensiblement, M. Drake est un homme public ;
mais réellement il est, ses instructions en font foi, le directeur
secret de la police anglaise sur le continent. Les moyens de
cette police sont l'or, les séductions, les folles espérances de
tous les intrigans, de tous les ambitieux de l'Europe : son objet
se trouve clairement exposé dans les dix-huit articles des instructions que M. Drake fournit à tous ses agens, et qui forment
la première des pièces jointes à ce rapport.

» Les numéros 2, 7, 8, 9 et 13 de ces instructions sont
remarquables :

Art. 2. « Le but principal du voyage étant le renversement
» du gouvernement actuel, un des moyens d'y parvenir est
» d'obtenir la connaissance des plans de l'ennemi. Pour cet
» effet il est de la plus haute importance de commencer
» avant tout par établir des correspondances sûres dans les
» différens bureaux, pour avoir une connaissance exacte de
» tous les plans, soit pour l'extérieur, soit pour l'intérieur.
» La connaissance de ces plans fournira les meilleures armes
» pour les déjouer ; et le défaut de succès est un des moyens
» de discréditer absolument le gouvernement, premier pas
» vers le but proposé, et le plus important.

» 7. On pourrait, de concert avec les associés, gagner
» les employés dans les fabriques de poudre, afin de les
» faire sauter quand l'occasion s'en présentera.

» 8. Il est surtout nécessaire de s'associer et de s'assurer de
» la fidélité de quelques imprimeurs et graveurs, pour impri-
» mer et faire tout ce dont l'association aura besoin.

» 9. Il serait à désirer que l'on connût au juste l'état des
» partis en France, et surtout à Paris.

» 13. Il est entendu qu'on emploiera tous les moyens pos-
» sibles pour désorganiser les armées, soit au dehors, soit au
» dedans. »

» Ainsi, corrompre les administrations, établir des volcans partout où la République a des magasins de poudre, se procurer des imprimeurs et des graveurs fidèles pour en faire des faussaires, pénétrer dans le sein de tous les partis pour les armer l'un contre l'autre, et enfin soulever et désorganiser les armées, tels sont les objets effectifs de la mission diplomatique de M. Drake en Bavière.

» Mais heureusement le génie du mal n'est pas aussi puissant dans ses moyens qu'il est fécond en illusions et en projets sinistres ! S'il en était autrement, les sociétés humaines n'existeraient plus. La haine, l'astuce, l'argent, l'indifférence sur le choix des moyens ne manquent ni à M. Drake, ni à la politique immorale de son gouvernement; mais il leur manque de pouvoir ébranler en France une organisation forte comme la nature, établie sur l'affection de trente millions de citoyens, cimentée par la force, par l'intérêt de tous, et animée par la sagesse et le génie du gouvernement.

» Des hommes qui ne mettent de prix qu'à l'or, et qui n'ont d'habileté que pour de basses intrigues, ne sont pas capables de concevoir quelle est la consistance et le pouvoir d'un état de choses qui est le résultat de dix années de souffrance et de victoires, d'un grand concours d'événemens, et de la maturité d'une noble nation, formée par les dangers et les efforts d'une guerre glorieuse et d'une terrible révolution.

» Dans ce bel ensemble de puissances et de volontés, M. Drake ne voit que des occasions d'intrigue et des scènes d'espionnage. *Pendant mon séjour en Italie,* dit-il à ses correspondans (Munich, 27 janvier), *j'ai eu des liaisons avec l'intérieur de la France ; il en doit être de même à présent, d'autant plus que je me trouve être dans ce moment un des ministres anglais les moins éloignés de la frontière.*

» Tels sont ses titres pour travailler au bouleversement de la France. Ses moyens valent-ils mieux que ses titres ?

» Il a des agences auxquelles il n'ose se fier. Ses correspondans incertains lui écrivent par la Suisse, par Strasbourg, par Kehl, Offenbourg, et Munich. Il a des subalternes dans ces villes pour soigner la sûreté de sa correspondance. Il fait usage de faux passeports, de noms de convention, d'encre sympathique. Tels sont les moyens de communication par lesquels il transmet ses idées, ses projets, ses récompenses; et c'est par les mêmes voies qu'on l'informe des trames ourdies sous sa direction pour soulever d'abord quatre départemens, y former une armée, la grossir de tous les mécontens, et renverser le gouvernement du premier consul.

» Sans doute ces tentatives et ces promesses sont insensées, et les vils et misérables moyens qu'on a mis en œuvre sont trop disproportionnés avec les difficultés de l'entreprise pour qu'on doive concevoir la moindre inquiétude sur son succès ; mais ce n'est pas toujours sur des motifs de crainte et dans les vues de punir qu'agit cette politique intérieure et domestique à laquelle on a donné le nom de *police*, et dont l'objet capital n'est pas seulement de prévenir et de réprimer le crime, comme celui de la politique extérieure est d'enchaîner l'ambition, mais encore d'ôter au vice et à la faiblesse même jusqu'aux occasions, jusqu'à la tentation de faillir.

» Dans les pays les mieux gouvernés il y a des esprits capables d'être détournés de la ligne du devoir par une sorte de penchant naturel à l'inconstance : dans la société la mieux organisée il y a des hommes faibles et des hommes pervers. Il a toujours été reconnu par mes prédécesseurs que c'était remplir un devoir d'humanité de veiller sur ces hommes, non dans la vaine espérance de les rendre bons, mais pour arrêter le développement de leurs vices ; et comme à cet égard toutes les nations policées ont le même intérêt à défendre et les mêmes devoirs à remplir, il a toujours été reçu en maxime générale qu'aucun gouvernement ne devait souffrir qu'il s'élevât nulle part une bannière autour de laquelle les hommes corrompus de tous les pays et de toutes les professions pussent se rallier, s'entendre, et comploter la désorganisation générale ; et dans cette vue ils doivent moins encore souffrir qu'il s'établisse autour d'eux une école infâme de séduction et d'embauchage, qui éprouve la fidélité, la constance, et attaque à la fois les affections et la conscience des citoyens.

» M. Drake avait une agence à Paris ; mais d'autres ministres, instrumens de discorde et embaucheurs comme lui, peuvent aussi avoir des agences. M. Drake, dans sa correspondance, dévoile tous ceux qui existent en France par le soin même qu'il prend de nier qu'il les connaisse. *Je répète,* dit-il dans ses lettres ; *que je n'ai aucune connaissance de l'existence d'aucune autre société que de la vôtre. Mais je vous répète,* dit-il en plusieurs endroits, *que s'il en existe je ne doute nullement que vous et vos amis ne preniez toutes les mesures convenables non seulement pour ne pas vous embarrasser, mais pour vous aider mutuellement.* Et enfin il ajoute (Munich, 9 décembre 1803), avec une fureur grossière et digne du rôle qu'il joue : *Il importe fort peu par qui l'animal soit terrassé ; il suffit que vous soyez tous prêts à joindre la chasse.*

» C'est par suite de ce système que, lors de la première manifestation du complot qui dans ce moment occupe la justice, il écrit : *Si vous voyez les moyens de tirer d'embarras quel-*

qu'un des associés de Georges, ne manquez pas d'en faire usage. Et comme dans ses disgrâces le génie du mal ne se décourage jamais, M. Drake ne veut pas que ses amis s'abandonnent dans ce revers inattendu. *Je vous prie très instamment,* écrit-il (Munich, 25 février 1784), *de faire imprimer et adresser sur le champ une courte adresse à l'armée (officiers et soldats). Le point principal est de chercher à gagner des partisans dans l'armée ; car je suis fortement dans l'opinion que c'est par l'armée seule qu'on peut raisonnablement espérer d'opérer le changement tant désiré.*

» La vanité de cette espérance est aujourd'hui hautement caractérisée par la touchante unanimité des sentimens qui ont éclaté de toute part au moment où l'on a su de quels dangers la France avait été menacée.

» Mais après la tentative d'un crime dont la méditation seule est une offense contre l'humanité, dont l'exécution eût été une calamité non seulement nationale, mais, si je puis le dire, européenne, il faut à la fois une réparation pour le passé et une garantie pour l'avenir.

» Des brigands épars, isolés, en proie au besoin, sans concert, sans appui, sont partout plus faibles que la loi qui doit les punir, que la police qui doit les intimider. Mais s'il existait pour eux un moyen de s'unir ; s'ils pouvaient correspondre entre eux et avec les brigands des autres pays ; si dans une profession la plus honorable de toutes, puisque la tranquillité des états et l'honneur des souverains en dépendent, il y avait des hommes autorisés à se servir de toutes les facultés que leur position leur donne pour recruter partout le vice, la corruption, l'infamie, la scélératesse, et faire de tout ce qu'il y a de plus vil et de plus pervers dans le monde une armée d'assassins, de révoltés, de faussaires, aux ordres du plus immoral, du plus ambitieux de tous les gouvernemens, il n'existerait aucun motif de sécurité en Europe pour la consistance des états, pour la morale publique, et pour la durée même des principes de la civilisation.

» Il n'appartient pas à mon ministère de discuter les moyens qui peuvent être en votre pouvoir de rassurer l'Europe, en la garantissant contre de tels dangers. Je me contente de vous informer et de vous prouver qu'il existe à Munich un Anglais, nommé Drake, revêtu d'un caractère diplomatique, qui, à la faveur de ce caractère et du voisinage, entretient de sourdes et criminelles menées au sein de la République ; qui embauche des agens de corruption et de révolte ; qui réside hors de l'enceinte de la ville, pour que ces agens puissent entrer chez lui sans scandale et sortir sans être exposés, et qui dirige et sou-

doit en France des hommes chargés par lui de préparer le renversement du gouvernement.

» Cette nouvelle espèce de crime échappant par sa nature
aux moyens de répression que les lois mettent en mon pouvoir,
j'ai dû me borner à vous le dévoiler, en vous exposant en
même temps ses sources, ses circonstances et ses suites.

» Salut et respect. Signé Régnier. » — (Suivaient les pièces,
dont les originaux furent communiqués au Sénat.)

(Dans un second rapport, en date du 20 germinal an 12,
le grand juge démontre « que M. Drake n'est pas le seul
agent de l'Angleterre dont la mission politique n'est que le
masque plausible d'un ministère occulte de séduction, de
trouble et d'assassinat ; il met sous les yeux du consul de
nouvelles pièces qui prouvent que M. Spencer-Smith,
agent diplomatique de l'Angleterre dans les états de Wur-
temberg, à l'exemple de M. Drake, ne s'occupe, depuis son
arrivée dans le lieu de sa résidence, qu'à prostituer son caractère public, son influence et l'or de son gouvernement à cet
infâme ministère. » Voyez ces rapports du grand juge dans
les Moniteurs des 4 et 23 germinal an 12.)

ADRESSE du Sénat conservateur au premier consul de la
République. — Du 6 germinal an 12.

« Citoyen premier consul, le Sénat conservateur se rend en
corps auprès de vous pour vous remercier de la communication
que vous lui avez fait donner le 2 de ce mois par le grand juge,
ministre de la justice, des pièces originales et authentiques
relatives aux trames atroces ourdies contre l'Etat et contre vous,
à l'abri d'un caractère diplomatique, par l'envoyé du roi d'Angleterre près de la cour de Munich.

» En examinant ces pièces et le rapport que le grand juge
vous en a fait, le Sénat a été dans le cas de suppléer pour le
moment les fonctions de ce grand tribunal national dont l'établissement manque à nos institutions. Une commission de cinq
membres (1) lui a fait un rapport que le Sénat a adopté, et qu'il
vient vous présenter : sa publicité est remise à la sagesse du
gouvernement ; nos délibérations sont essentiellement secrètes,
et dans les matières politiques nous avons pour maxime de ne

(1) François (de Neufchâteau), Fouché, Vaubois, Vernier, Boissy
d'Anglas.

laisser transpirer que ce que le gouvernement peut juger convenable de communiquer à l'Europe. Nous disons à l'Europe,
parce qu'il ne s'agit point ici seulement de la France; sa cause est
celle du monde entier.

» Cependant, relativement à la France, les circonstances
font un devoir au Sénat de s'expliquer sur deux objets importans, que la découverte de ces horribles complots lui paraît
rendre dignes de votre plus prompte et plus sérieuse attention.

» A la vue de tous ces attentats, dont la providence a sauvé
un héros nécessaire à ses desseins, une première réflexion a
frappé le Sénat.

» Quand on médite votre perte, c'est à la France qu'on en
veut : les Anglais et leurs complices savent que votre destinée
est celle du peuple français. Si leurs exécrables projets avaient
pu réussir, ils ne se doutent pas de la vengeance épouvantable
que ce peuple en aurait tirée ! Le ciel préservera la terre de la
nécessité où seraient les Français de punir un crime dont les
suites bouleverseraient le monde. Mais ce crime a été tenté,
mais il peut l'être encore : nous parlons de vengeance, et nos
lois ne l'ont pas prévue.

» Oui, citoyen premier consul, le Sénat doit vous le dire.

» En réorganisant notre ordre social, votre génie supérieur
a fait un oubli qui honore la générosité de votre caractère, mais
qui augmente peut-être vos dangers et nos craintes. Toutes nos
constitutions, excepté celle de l'an 8, avaient organisé ou une
haute-cour ou un juri national. Vous avez eu la confiance
qu'un pareil tribunal ne serait pas nécessaire; et la postérité,
qui doit vous tenir compte de tout ce que vous avez fait, vous
comptera aussi ce que vous n'avez pas voulu prévoir.

» Mais, citoyen premier consul, vous vous devez à la patrie :
vous n'êtes point le maître de négliger votre existence; et le
Sénat, qui par essence est le conservateur du pacte social de
trente millions d'hommes, demande de leur part que la loi
s'explique sur le premier objet de cette conservation.

» Citoyen premier consul, un grand tribunal national assurera d'une part la responsabilité des fonctionnaires publics, et
de l'autre il offrira aux conspirateurs un tribunal tout prêt,
tout investi de la consistance et des pouvoirs nécessaires pour
maintenir la sûreté et l'existence d'un grand peuple, attachées à
la sûreté, à l'existence de son chef.

» Mais ce juri national ne suffit pas encore pour assurer en
même temps et votre vie et votre ouvrage, si vous n'y joignez
pas des institutions tellement combinées que leur système
vous survive. Vous fondez une ère nouvelle ; mais vous devez
l'éterniser : l'éclat n'est rien sans la durée.

» Nous ne saurions douter que cette grande idée ne vous ait occupé, car votre génie créateur embrasse tout, et n'oublie rien ; mais ne différez point.

» Vous êtes pressé par le temps, par les événemens, par les conspirateurs, par les ambitieux ; vous l'êtes dans un autre sens par une inquiétude qui agite tous les Français. Vous pouvez enchaîner le temps, maîtriser les événemens, mettre un frein aux conspirateurs, désarmer les ambitieux, tranquilliser la France entière en lui donnant des institutions qui cimentent votre édifice, et prolongent pour les enfans ce que vous fîtes pour les pères.

» Citoyen premier consul, soyez bien assuré que le Sénat vous parle ici au nom de tous les citoyens : tous vous admirent et vous aiment ; mais il n'en est aucun qui ne songe souvent avec anxiété à ce que deviendrait le vaisseau de la République s'il avait le malheur de perdre son pilote avant d'avoir été fixé sur des ancres inébranlables. Dans les villes, dans les campagnes, si vous pouviez interroger tous les Français l'un après l'autre, il n'y en a aucun qui ne vous dît, ainsi que nous : — Grand homme, achevez votre ouvrage en le rendant immortel comme votre gloire ! Vous nous avez tirés du chaos du passé ; vous nous faites bénir les bienfaits du présent ; garantissez-nous l'avenir. —

» Dans les cours étrangères la saine politique vous tiendrait le même langage. Le repos de la France est le gage assuré du repos de l'Europe.

» Telles sont, citoyen premier consul, les observations que le Sénat a cru devoir vous présenter. Après vous avoir exprimé ce vœu national, il vous répète, en son nom et au nom du peuple français, que dans toutes les circonstances, et aujourd'hui plus que jamais, le Sénat et le peuple ne font qu'un avec vous.

» *Signé* CAMBACÉRÈS, second consul, président; MORARD DE GALLES et JOSEPH CORNUDET, secrétaires. »

MESSAGE *du premier consul* au Sénat conservateur. — *Saint-Cloud, le 5 floréal an* 12.

« Sénateurs, votre adresse du 6 germinal dernier n'a pas cessé d'être présente à ma pensée ; elle a été l'objet de mes méditations les plus constantes.

» Vous avez jugé l'hérédité de la suprême magistrature nécessaire pour mettre le peuple français à l'abri des complots de nos ennemis et des agitations qui naîtraient d'ambitions rivales. Plusieurs de nos institutions vous ont en même

temps paru devoir être perfectionnées pour assurer sans retour
le triomphe de l'égalité et de la liberté publiques, et offrir à
la nation et au gouvernement la double garantie dont ils ont
besoin.

» Nous avons été constamment guidés par cette grande vérité, que la souveraineté réside dans le peuple français en ce
sens que tout, tout sans exception, doit être fait pour son intérêt, pour son bonheur et pour sa gloire. C'est afin d'atteindre ce but que la suprême magistrature, le Sénat, le Conseil d'état, le Corps législatif, les colléges électoraux et les
diverses branches de l'administration sont et doivent être institués.

» A mesure que j'ai arrêté mon attention sur ces grands
objets, je me suis convaincu davantage de la vérité des sentimens que je vous ai exprimés, et j'ai senti de plus en plus que,
dans une circonstance aussi nouvelle qu'importante, les conseils de votre sagesse et de votre expérience m'étaient nécessaires pour fixer toutes mes idées.

» Je vous invite donc à me faire connaître votre pensée tout
entière.

» Le peuple français n'a rien à ajouter aux honneurs et à la
gloire dont il m'a environné; mais le devoir le plus sacré pour
moi, comme le plus cher à mon cœur, est d'assurer à ses enfans les avantages qu'il a acquis par cette révolution qui lui a
tant coûté, surtout par le sacrifice de ce million de braves
morts pour la défense de ses droits.

» Je désire que nous puissions lui dire, le 14 juillet de cette
année : — Il y a quinze ans, par un mouvement spontané,
vous courûtes aux armes; vous conquîtes la liberté, l'égalité,
et la gloire. Aujourd'hui ces premiers biens des nations, assurés sans retour, sont à l'abri de toutes les tempêtes; ils sont
conservés à vous et à vos enfans : des institutions conçues et
commencées au sein des orages de la guerre intérieure et extérieure, développées avec constance, viennent se terminer
au bruit des attentats et des complots de nos plus mortels ennemis, par l'adoption de tout ce que l'expérience des siècles et
des peuples a démontré propre à garantir les droits que la nation a jugés nécessaires à sa dignité, à sa liberté et à son
bonheur. —

» Le premier consul, *signé* BONAPARTE. »

RÉPONSE *du Sénat* au message du premier consul (1). —
Du 14 floréal an 12.

« Citoyen premier consul, vous venez par un message mémorable de répondre, d'une manière digne de vous et de la grande nation qui vous a nommé son chef, au vœu que le Sénat vous avait exprimé, et aux sollicitudes que lui avait inspirées l'amour de la patrie. Vous désirez, citoyen premier consul, *de connaître la pensée tout entière du Sénat sur celles de nos institutions qui nous ont paru devoir être perfectionnées pour assurer sans retour le triomphe de l'égalité et de la liberté publiques, et offrir à la nation et au gouvernement la double garantie dont ils ont besoin.*

» Le Sénat a réuni et comparé avec soin les résultats des méditations de ses membres, les fruits de leur expérience, les effets du zèle qui les anime pour la prospérité du peuple, dont ils sont chargés de conserver les droits.

» Il a rappelé le passé, examiné le présent, porté ses regards sur l'avenir; il vous transmet le vœu que lui commande le salut de l'État.

» Les Français ont conquis la liberté; ils veulent conserver leur conquête : ils veulent le repos après la victoire.

» Ce repos glorieux ils le devront au gouvernement héréditaire d'un seul, qui, élevé au-dessus de tous, investi d'une grande puissance, environné d'éclat, de gloire et de majesté, défende la liberté publique, maintienne l'égalité, et baisse ses faisceaux devant l'expression de la volonté souveraine du peuple qui l'aura proclamé.

» C'est ce gouvernement que voulait se donner la nation française dans ces beaux jours de 89 dont le souvenir sera cher à jamais aux amis de la patrie; où le noble enthousiasme, que l'image seule de ce gouvernement faisait naître, était involontairement partagé par ceux mêmes dont la révolution blessait les intérêts, et auxquels un étranger perfide osait déjà montrer

_____

(1) Le message du premier consul parvint le 6 floréal au Sénat, qui le soumit à l'examen de dix de ses membres, savoir : *François (de Neufchâteau), Fouché, Rœderer, Lecouteulx-Canteleu, Boissy d'Anglas, Vernier, Lacépède, Vaubois, Laplace et Fargues.*
Cette commission, pour présenter le projet de *réponse* dont elle avait été chargée, attendit le résultat de la discussion élevée au Tribunat; de sorte que le même jour, 14 floréal, le Sénat délibéra sa *réponse* au *message*, et reçut le vœu du Tribunat pour l'établissement du gouvernement impérial héréditaire. (*Voyez* ci-après.) Au surplus, l'adresse du Sénat du 6 germinal et le message du consul du 5 floréal ne furent publiés qu'après la délibération du Tribunat

de loin des armes parricides pour le combattre ; et où l'expérience des siècles, la raison des hommes d'état, le génie de la philosophie et l'amour de l'humanité inspiraient les représentans que la nation avait choisis.

» C'est ce gouvernement, limité par la loi, que le plus grand génie de la Grèce, l'orateur le plus célèbre de Rome, et le plus grand homme d'état du dix-huitième siècle, ont déclaré le meilleur de tous.

» C'est celui qui seul peut mettre un frein aux rivalités dangereuses dans un pays couvert de nombreuses armées, commandées par de grands capitaines.

» L'histoire le montre comme un obstacle invincible contre lequel viennent se briser et les efforts insensés d'une anarchie sanglante, et la violence d'une tyrannie audacieuse qui se croirait absolue par la force, et les coups perfides d'un despotisme plus dangereux encore, qui, tendant dans les ténèbres ses redoutables rets, saurait attendre avec une patience hypocrite le moment de jeter le masque et de lever sa massue de fer.

» Elle dit à une nation brave et généreuse : — Tu as perdu ton indépendance, ta liberté, ton nom, pour n'avoir pas voulu renoncer à élire ton chef suprême. —

» Elle dévoile cette longue suite de tumultes, de dissensions, de discordes civiles qui ont précédé ou suivi les époques où un peuple a élu un nouveau chef; heureux encore lorsqu'il n'a pas été condamné à la honte, plus insupportable que la mort, de recevoir d'un pouvoir étranger, conquérant ou corrupteur, un chef avili, asservi lâchement ou bassement perfide !

» Elle nous fait voir la ville des Césars, la capitale du monde, livrée en proie à tous les désordres, à tous les crimes, à toutes les fureurs, par l'or, le fer ou le poison des contendans à l'empire, jusqu'au moment où une hérédité régulière remplaça un assemblage monstrueux d'élections contestées, de sanctions dérisoires, de successions incertaines, d'adoptions méconnues, et d'acclamations méprisées.

» Après les quinze siècles écoulés depuis 89, après toutes les catastrophes qui se sont succédées, après les dangers sans nombre qui ont environné le corps social, et lorsque nous avons vu s'ouvrir l'abîme dans lequel on s'efforçait de le précipiter avant que le sauveur de la France nous eût été rendu, quel autre gouvernement que le gouvernement héréditaire d'un seul, réglé par la loi pour le bonheur de tous, et confié à une famille dont la destinée est inséparable de celle de la révolution, pourrait protéger la fortune d'un si grand nombre de citoyens devenus propriétaires de domaines que la contre-révolution leur arracherait, garantir la tête de tous les Français qui n'ont jamais

cessé d'être fidèles au peuple souverain, et défendre même
l'existence de ceux qui, égarés dans le commencement des
tourmentes politiques, ont réclamé et obtenu l'indulgence de
la patrie ?

» Quelle autre égide que ce gouvernement peut repousser
pour toujours ces complots exécrables qui, se reproduisant
sous toutes les formes, mettant en jeu tous les ressorts, échauf-
fant toutes les passions, chaque jour anéantis, et cependant
renaissant chaque jour, pourraient finir par lasser la fortune,
et auxquels se livrent en aveugles furieux ces hommes qui,
dans leur délire coupable, croient pouvoir reconstruire, pour
une famille que le peuple a proscrite, un trône uniquement
composé de trophées féodaux et d'instrumens de servitude, que
la foudre nationale a réduits en poudre ?

» Et enfin quel autre gouvernement peut conserver à
jamais cette propriété si chère à une nation généreuse, ces
palmes du génie et ces lauriers de la victoire, dont les ennemis
de la France, affranchie de l'antique joug féodal, voudraient
de leurs mains sacriléges dépouiller son front auguste ?

» Ce gouvernement héréditaire ne peut être confié qu'à
Napoléon Bonaparte et à sa famille.

» La gloire, la reconnaissance, l'amour, la raison, l'intérêt de l'Etat, tout proclame Napoléon empereur héréditaire.

» Mais, citoyen premier consul, le bienfait de notre pacte
social doit durer, s'il est possible, autant que votre renommée.

» Nous devons assurer le bonheur et garantir les droits des
générations à venir.

» Le gouvernement impérial doit être inébranlable.

» Que l'oubli des précautions réclamées par la sagesse ne
laisse jamais succéder les orages d'une régence, mal organisée
d'avance, aux tempêtes des gouvernemens électifs.

» Il faut que la liberté et l'égalité soient sacrées ; que le
pacte social ne puisse pas être violé ; que la souveraineté du
peuple ne soit jamais méconnue, et que, dans les temps les
plus reculés, la nation ne soit jamais forcée de ressaisir sa
puissance et de venger sa majesté outragée.

» Le Sénat pense, citoyen premier consul, qu'il est du
plus grand intérêt du peuple français de confier le gouvernement de la République à Napoléon Bonaparte, empereur
héréditaire.

» Il développe, dans le mémoire qu'il joint à son message,
les dispositions qui lui paraissent les plus propres à donner à
nos institutions la force nécessaire pour garantir à la nation ses
droits les plus chers, en assurant l'indépendance des grandes
autorités, le vote libre et éclairé de l'impôt, la sûreté des pro-

priétés, la liberté individuelle, celle de la presse ; celle des
élections, la responsabilité des ministres, et l'inviolabilité des
lois constitutionnelles.

» Ces dispositions tutélaires, citoyen premier consul, *mettront le peuple français à l'abri des complots de nos ennemis, et des agitations qui naîtraient d'ambitions rivales; elles*
maintiendront le règne de la loi, *de la* liberté et de l'égalité.

» L'amour des Français pour votre personne, transmis à
vos successeurs, avec la gloire immortelle de votre nom, liera
à jamais les droits de la nation à la puissance du prince.

» Le pacte social bravera le temps.

» La République, immuable comme son vaste territoire,
verrait s'élever en vain autour d'elle les tempêtes politiques.

» Pour l'ébranler il faudrait ébranler le monde ; et la postérité, en rappelant les prodiges enfantés par votre génie,
verra toujours debout cet immense monument de tout ce que
vous devra la patrie.

» *Signé* FRANÇOIS (de Neufchâteau), vice-président ; MORARD
DE GALLES et JOSEPH CORNUDET, secrétaires. »

TRIBUNAT. — DISCUSSION sur une *motion d'ordre tendant à ce que*
NAPOLÉON BONAPARTE, *actuellement premier consul, soit déclaré
empereur des Français, et à ce que la dignité impériale soit déclarée héréditaire dans sa famille;* motion déposée sur le bureau par
le tribun Curée, le 3 floréal an 12, et mise à l'ordre du 10, en séance
extraordinaire.

MOTION D'ORDRE du tribun Curée. — *Séance du* 10 *floréal an* 12.

« Citoyens collègues, je me présente à cette tribune pour
appeler votre attention sur des objets graves et éminemment
nationaux ; dans une matière aussi importante, j'ai besoin que
vous m'accordiez une attention suivie et une indulgence que la
pureté de mon patriotisme me donne lieu d'espérer.

» Citoyens tribuns, le succès et la durée de tout système
politique dépendent de la stabilité du gouvernement qui y
forme comme le point central auquel tout vient aboutir. Ce
principe est incontestable pour tous les temps, pour toutes les
circonstances : mais son application devient d'une nécessité
encore plus incontestable lorsque, de grandes mutations dans
l'Etat ayant amené, ayant développé un ordre de choses qui
fixe sous des rapports nouveaux la destinée des peuples, on
peut démontrer avec évidence que c'est sanctionner pour les
siècles ces mutations politiques, et assurer à jamais le maintien
des grands résultats qu'elles ont laissés après elles, que de

ramener et de rétablir dans un cours de succession certain, authentique et héréditaire, le gouvernement qui est incorporé à ces grands résultats, et qui s'y trouve lié d'une manière aussi intime que le tronc d'un arbre l'est à ses racines.

« Pour mieux concevoir cette idée, veuillez, mes collègues, vous reporter un moment par le souvenir à cette époque mémorable de notre révolution où trente millions de Français, par un mouvement spontané, par une volonté unanime, et d'une voix qui fut aussi puissante que celle du créateur au premier jour de l'univers, s'écrièrent : que l'égalité s'établisse, que les priviléges disparaissent, et que la nation soit tout ce qu'elle doit être!

» En vain les factions nées au milieu des ordres privilégiés vinrent s'opposer aux destins du peuple ; la raison et la liberté triomphèrent, et tous les obstacles furent surmontés par la force et l'union nationales.

» Charlemagne avait gouverné la France en homme qui était supérieur de beaucoup à son siècle : au milieu de l'ignorance universelle il avait monté un génie universel; tout à la fois profond législateur, grand homme d'état et conquérant infatigable. Quelque temps après cette époque glorieuse, une des familles les plus puissantes dans le régime féodal fut appelée à la souveraineté : cet odieux système couvrit la France d'abus, en bannit toute liberté nationale, et sembla anéantir sans retour jusqu'au principe de ces idées libérales que l'histoire admire encore dans les institutions de Charlemagne.

» Les nobles mouvemens dont le peuple français fut animé en 1789 se dirigeaient principalement contre les institutions de tout genre où la féodalité s'était attachée ; et cependant on commit la faute grave de laisser le pouvoir suprême entre les mains d'une famille essentiellement féodale. Dans cette fausse position la défiance universelle qu'inspirait le pouvoir chargé de maintenir la Constitution de 1791 ne fit qu'accroître la haine de ce pouvoir contre la nation, et n'en corrigea pas les vices. Roi de France, Louis XVI ne voulut jamais être roi des Français : né souverain, il ne put consentir de bonne foi à devenir magistrat. Votre charte fut violée aussitôt que proclamée; et l'anarchie, au milieu de l'embrasement d'une guerre générale, succéda à la chute effrayante du trône.

» S'il est vrai que l'Assemblée constituante commit la faute de ne point amener dans un nouvel ordre de choses une nouvelle dynastie, à Dieu ne plaise que j'en fasse contre elle la matière d'une accusation! La révolution était dans sa naissance ; aucune grande réputation ne s'élevait parmi les citoyens pour leur inspirer une grande confiance. La nature des choses l'emporta. Les événemens révolutionnaires parcoururent leurs diverses périodes ; et, quoi qu'en disent les ennemis de la nation française, au milieu du désordre le plus général, au sein de la plus grande confusion, on reconnut encore le caractère de ce peuple, le plus doux et le plus magnanime de l'univers.

» Tous les bons esprits jugèrent donc facilement que la Constitution de 1791 serait de peu de durée. Qu'était-ce en effet qu'un gouvernement qui devait défendre la nation, et qui n'avait pas le droit de défendre son palais sans la permission de l'autorité municipale ? Qu'était-ce qu'un gouvernement qui devait régir un grand état, et qui n'avait pas le droit de nommer ses agens ?

» Si nous jurâmes alors avec toute la France d'être fidèles au pacte qui venait d'être formé, c'est que cet engagement était réciproque, c'est que notre volonté était de le tenir tant que le pouvoir chargé spécialement de le défendre ne l'attaquerait pas lui-même ; c'est qu'enfin de deux maux il fallait choisir le moins funeste, et qu'il valait encore mieux adopter un gouvernement borné dans son pouvoir au delà de ce qu'exigeait la nature de ses fonctions que de compromettre les droits conquis en 1789.

» Eh ! pourquoi nous arrêter si longtemps à une époque séparée du présent par un si grand intervalle ? Il est essentiel cependant de rappeler que les princes de cette maison revêtue de l'autorité nationale coururent l'Europe en chevaliers errans , et , pour prix des sermens que nous faisions de leur être fidèles , coalisèrent les puissances contre nous.

» La Convention nationale dut appeler au secours de la patrie le peuple tout entier. Un million de braves périt sur les frontières pour la défense de nos droits : leur courage garantit cette indépendance nationale, noble et précieux héritage de nos pères ; il replaça la nation dans ce haut degré de gloire où nous appelaient la position de la France, le génie belliqueux de son peuple, et les lumières du siècle. La victoire demeura donc aux armes françaises ; et Dieu lui-même sembla prononcer dans cette lutte entre les Bourbons et le régime féodal d'un côté, et les droits de la nation de l'autre : les Bourbons et le régime féodal furent proscrits à jamais.

» Ici commence un nouvel ordre de choses. Quand on nous vit dans un état plus paisible, les ennemis de nos droits, désespérant de nous vaincre sur le champ de bataille, cherchèrent à nous diviser et à nous combattre par les factions : l'or des étrangers, des émissaires nombreux et perfides ; et le nom de cette maison proscrite à jamais, prolongèrent encore les agitations et les désordres intérieurs.

» Des esprits superficiels crurent un instant qu'un gouvernement confié à un dirèctoire de cinq personnes fixerait les destins de la France. Vaine espérance ! On réunit inutilement les chefs des différentes factions : ils employèrent à se surveiller réciproquement le temps qu'exigeaient les affaires de l'Etat; et l'on ne tarda pas à s'apercevoir que le caractère aimant de la nation ne pouvait s'attacher à un gouvernement dont les membres, par leur institution même, étaient passagers, sans consistance personnelle, et divisés d'intérêts et d'opinions.

» Nous marchâmes, sous un tel gouvernement, d'actions en réactions, de changemens en changemens, de convulsions en convulsions ; et tous les vœux, tous les regards, se tournant bientôt vers l'Orient, appelèrent, pour mettre un terme à nos malheurs, cette grande et majestueuse réputation qui s'était formée au milieu des camps, des négociations, et du gouvernement des peuples conquis.

» Le général Bonaparte touche les rivages français. Depuis cette époque nous n'avons cessé de jouir des fruits d'une sage, prévoyante et laborieuse administration. Dans quels temps, chez quelle nation, les comptes du trésor public et des finances ont-ils été établis avec une règle plus sévère et une plus scrupuleuse exactitude ? La paix, mais une paix glorieuse, n'a-t-elle pas été conquise ? et n'a-t-il pas été permis au peuple français d'espérer pour son bonheur et pour sa gloire tout ce qui serait utile et grand ? Le Code civil, attendu depuis plusieurs années par tant d'intérêts, et toujours depuis plusieurs années ou différé, ou entrepris sans succès, ou réduit à quelques lois éparses, qui ne servaient qu'à augmenter le désordre, le Code civil n'est-il pas sorti avec majesté des savantes et laborieuses discussions des jurisconsultes et des hommes d'état? système de législation le plus complet et le plus méthodique qui ait jamais existé, et dont l'heureux effet sera de rendre en quelque sorte populaire la connaissance des droits civils. En un mot, tout ce que le peuple avait voulu en 1789 a été rétabli, l'égalité a été maintenue ; la loi, qui seule peut imposer aux citoyens des charges pour le bien de l'Etat, a été respectée. L'administration a repoussé avec sévérité tout ce qui aurait pu porter atteinte à l'irrévocabilité des ventes des biens nationaux et aux droits des acquéreurs. Enfin les autels ont été relevés, et les dogmes religieux consacrés en même temps que la liberté des consciences.

» Dans cette heureuse situation, où le peuple français est en possession de tous les droits qui furent l'unique but de la révolution de 1789, l'incertitude de l'avenir vient seule troubler l'état du présent.

» Les ennemis de notre patrie se sont en effet effrayés de sa prospérité comme de sa gloire; leurs trames se sont multipliées, et l'on eût dit qu'au lieu d'une nation tout entière ils n'avaient plus à combattre qu'un homme seul. C'est lui qu'ils ont voulu frapper pour la détruire; trop assurés que la France en deuil, pour la perte qu'elle aurait faite dans le même jour et du grand homme qui l'a organisée et du chef qui la gouverne, partagée entre des ambitions rivales, déchirée par les partis, succomberait au milieu des orages déchaînés dans tous les sens.

» Quelle garantie peut-on lui donner contre la crainte de tant de malheurs? quels remèdes opposer à tant de maux? L'opinion, les armées, le peuple entier l'ont dit.

» L'hérédité du pouvoir dans une famille que la révolution a illustrée, que l'égalité, la liberté auront consacrée; l'hérédité dans la famille d'un chef qui fut le premier soldat de la République avant d'en devenir le premier magistrat; d'un chef que ses qualités civiles auraient distingué éminemment quand il n'aurait pas rempli le monde entier du bruit de ses armes et de l'éclat de ses victoires.

» Vous le voyez, mes collègues, nous avons été ramenés par la pente irrésistible des événemens au point que le vœu national avait hautement marqué en 1789, et où nous avait laissés l'Assemblée constituante elle-même; mais pourtant avec cette différence essentielle dans notre position, qu'au lieu que cette Assemblée, comme je l'ai dit, ou n'avait pu, ou n'avait voulu, ou n'avait osé, en établissant un nouveau pacte social, changer la dynastie à qui elle en confiait l'exécution, ce qui entraîna bientôt la ruine de son ouvrage. Ici, au contraire, nous avons l'inappréciable avantage de trouver à la tête de la nation le chef auguste d'une famille propre à former le premier anneau de la nouvelle dynastie, et certes d'une dynastie qui sera dans le nouvel ordre de choses et dans les fondemens mêmes de ce nouvel ordre.

» Ainsi une barrière éternelle s'opposera au retour et des factions qui nous déchirèrent, et de cette maison que nous proscrivîmes en 1792 parce qu'elle avait violé nos droits; de cette maison que nous proscrivons aujourd'hui parce que ce fut elle qui alluma contre nous la guerre étrangère et la guerre civile; qui fit couler dans la Vendée des torrens de sang français; qui suscita les assassinats par la main des chouans, et qui depuis tant d'années enfin a été la cause générale des troubles et des désastres qui ont déchiré notre patrie.

» Ainsi le peuple français sera assuré de conserver sa dignité, son indépendance et son territoire.

» Ainsi l'armée française sera assurée de conserver un état brillant, des chefs fidèles, des officiers intrépides, et les glorieux drapeaux qui l'ont si souvent conduite à la victoire ; elle n'aura à redouter ni d'indignes humiliations, ni d'infâmes licenciemens, ni d'horribles guerres civiles, et les cendres des défenseurs de la patrie ne seront point exposées, selon une sinistre prédiction, à être jetées au vent.

» Hâtons-nous donc, mes collègues, de demander l'hérédité de la suprême magistrature ; car en votant l'hérédité d'un chef, comme disait Pline à Trajan, nous empêcherons le retour d'un maître.

» Mais en même temps donnons un grand nom à un grand pouvoir ; concilions à la suprême magistrature du premier empire du monde le respect d'une dénomination sublime.

» Choisissons celle qui, en même temps qu'elle donnera l'idée des premières fonctions civiles, rappellera de glorieux souvenirs, et ne portera aucune atteinte à la souveraineté du peuple.

» Je ne vois pour le chef du pouvoir national aucun titre plus digne de la splendeur de la nation que le titre d'*empereur*.

» S'il signifie consul victorieux, qui mérita mieux de le porter ? quel peuple, quelles armées furent plus dignes d'exiger qu'il fût celui de leur chef?

» Je demande donc que nous reportions au Sénat un vœu qui est celui de toute la nation, et qui a pour objet :

» 1°. Que Napoléon Bonaparte, actuellement premier consul, soit déclaré empereur, et en cette qualité demeure chargé du gouvernement de la République française ;

» 2°. Que la dignité impériale soit déclarée héréditaire dans sa famille ;

» 3°. Que celles de nos institutions qui ne sont que tracées soient définitivement arrêtées.

» Tribuns, il ne nous est plus permis de marcher lentement ; le temps se hâte ; le siècle de Bonaparte est à sa quatrième année ; et la nation veut un chef aussi illustre que sa destinée. »

DISCOURS *du tribun* Siméon. — *Séance du* 10 *floréal an* 12. (*Immédiatement après Curée.*)

« Tribuns, la motion que vous venez d'entendre, et que je seconde, présente une opinion qui se formait depuis plus de deux ans, et que les événemens ont mûrie. Des communes, des conseils généraux de départemens, plusieurs corps la manifestent ; elle éclate de toute part : il est temps qu'elle soit accueillie et solennellement consacrée. ,

» Quelle longue et terrible expérience nous avons faite !

» L'excès des abus croissant en foule autour d'un trône décrépit ; un prince faible qui ne savait plus comment maintenir, mitiger ou défendre le pouvoir souverain qu'il voulait garder ; une Constitution que l'on crut faire monarchique, renfermant tous les principes d'anarchie qui ne tardèrent pas à désorganiser la France ; la restauration de thermidor troublée par les orages de vendémiaire ; la Constitution de l'an 3 plus d'une fois déchirée par diverses secousses ; le vaisseau de l'Etat flottant incertain au milieu d'écueils opposés sur lesquels il risquait tour à tour de se briser, lorsqu'enfin une main victorieuse et ferme vint en saisir le timon, et dirigea sa marche vers le port !

» C'est dans le port qu'en se rappelant les dangers auxquels on est échappé, et visitant ses dommages, on songe à les réparer et à se prémunir contre de nouveaux désastres. Dix ans de sollicitudes et de malheurs, quatre ans d'espérances et d'améliorations nous ont fait connaître les inconvéniens du gouvernement de plusieurs, et les avantages du gouvernement d'un seul.

» Les révolutions sont les maladies des corps politiques : résultat d'un régime vicieux, elles font une explosion d'autant plus violente que leurs causes sont plus profondes, plus accumulées, et ont subi une plus longue fermentation. Alors une fièvre ardente se déclare, qui dévore et consume tout, et le mal qui l'a produite, et les organes conservateurs qui étaient trop usés pour lui résister. Si l'État survit à cette crise, débarrassé en grande partie des vices qui altéraient sa constitution, il reprend son assiette, et, avec une nouvelle vie, de nouveaux moyens de force et de prospérité.

» Tout ce qui a été bouleversé n'était pas mauvais. Il est dans l'existence des nations des bases essentielles dont le temps et les abus qu'il mène à sa suite les arrachent quelquefois ; mais elles y sont naturellement ramenées par leur propre poids, et si une main habile prend soin de réparer ces fondemens ébranlés, elles s'y resseyent affermies pour plusieurs siècles.

» L'histoire ne nous montre le gouvernement de plusieurs que chez des peuples peu nombreux et encore récens, fortement unis parce que le cercle de leur intérêt commun est étroit ; s'exerçant à l'amour de la patrie par l'usage d'une liberté sage, par la modicité des besoins, des désirs et des fortunes ; arrivant enfin, à mesure qu'ils augmentent en richesses, en territoire et en population, au gouvernement d'un seul.

» Pourquoi la démocratie et l'aristocratie se sont-elles conservées dans les petites nations qu'il serait, ce semble, plus

facile de dominer ? Pourquoi les grandes nations, où il y aurait
plus de moyens de s'opposer au gouvernement d'un seul , ont-
elles constamment incliné vers ce gouvernement? Où trouver
la cause de ce phénomène, si ce n'est dans la nécessité des
choses, qui ramène toujours les peuples à ce qui leur est le plus
utile, nonobstant l'effort des prétentions individuelles et l'orgueil des vaines théories ?

» Il y a douze ans que cette question aurait fourni le sujet de
longues et brillantes dissertations; mais le problème n'existe
plus : il a été résolu par la foule de maux dont nous ont accablés de funestes essais. Il n'y a que des insensés qui voulussent
se replonger dans cet océan d'erreurs politiques, où nous aurions été submergés si la victoire et le génie ne nous eussent
jeté une planche secourable.

» Ce n'est donc pas sur des raisons qui sont écrites partout,
et que chacun connaît, que je fonde la prééminente utilité du
gouvernement d'un seul ; c'est sur l'expérience et le souvenir de
ce que nous avons éprouvé. Je n'en retracerai pas le tableau ; il
fatigue encore les yeux, et pèse sur tous les cœurs. Il n'est pas
besoin de rouvrir des plaies à peine fermées ; il suffit d'en indiquer les cicatrices, encore si sensibles. Il n'est pas un Français
qui, après tant de mouvemens, de chocs et de secousses, ne sente
qu'il faut enfin se reposer dans une partie de ces institutions
dont on s'était écarté.

» Déjà les inconvéniens d'une suprême magistrature élective
et temporaire ont été aperçus et éloignés ; déjà, pour qu'un jour
elle ne fût pas, aux dépens de notre repos et de notre sang, disputée
entre des ambitieux qui ne s'en verraient plus séparés par une
insurmontable barrière, le Sénat a donné au premier consul la
faculté de désigner son successeur. Ce n'étaient là que les préliminaires, les pierres d'attente de l'hérédité, qui doit enfin rendre à
l'empire français la stabilité qu'exigent son étendue et sa puissance.

» Par les avantages que nous avons recueillis dès nos premiers
pas, jugeons de ceux qui nous attendent. A mesure que nous
nous sommes éloignés des formes mobiles du gouvernement de
plusieurs, les gouvernemens d'Europe avec lesquels nous étions
en trop grande disparité nous ont rendu plus d'égards, de considération et de confiance; ils ont compté davantage sur la solidité des négociations et des traités, sur l'unité et la persévérance dans les vues; ils désirent pour leur propre tranquillité
ce que nous voulons pour la nôtre.

» Avec l'hérédité dans le gouvernement, se consolideront ces
institutions qui furent formées avec lui pour en être le soutien
et l'ornement. Si elles avaient à éprouver quelques modifica-

tions, ce serait pour garantir d'autant mieux les droits réciproques de la nation et de son chef, intéressés l'un et l'autre à ce que le pacte définitivement arrêté entre eux demeure inaltérable. On ne saurait se passer de corps intermédiaires ; par le pouvoir qu'ils ont d'éclairer l'autorité, ils facilitent l'obéissance. On ne saurait se passer de grandes magistratures; elles forment les degrés par lesquels on arrive au sommet de la hiérarchie politique.

» La reconnaissance publique nomme ici ces deux illustres citoyens que le discernement le plus heureux appela à partager le poids du gouvernement naissant. Dans l'heureux développement qu'il va recevoir, leurs talens, leur expérience et leurs services marquent toujours leur place à la tête du peuple français, près de son chef suprême ; elle n'a rien d'incompatible : nous avons même des preuves de sa constante utilité, depuis que le gouvernement s'est naturellement concentré dans une seule main. Tout ce qui existe peut donc se coordonner facilement avec l'hérédité, et par elle tout s'améliore et se fortifie.

» La religion, occupée à relever ses autels, n'a plus à demander au ciel d'écarter les guerres civiles, qui les ensanglanteraient et les renverseraient de nouveau ; la source en est tarie.

» La justice, si richement dotée d'un code composé de tous les trésors de la jurisprudence ancienne et moderne, se promet d'en jouir et d'en répandre les bienfaits.

» Les finances s'accroissent du crédit inséparable d'un ordre fixe et perpétuel.

» Les armées savent à qui elles auront toujours à obéir, et ne craignent plus qu'un jour les lieutenans d'Alexandre les divisent et les opposent les unes aux autres.

» Une immense multitude est rassurée sur la jouissance de ses propriétés nombreuses, menacées tour à tour par l'anarchie, qui les dévorerait, et par le royalisme, qui en dépouillerait les possesseurs.

» Tous les citoyens enfin se livrent avec sécurité aux travaux, aux spéculations de leur commerce, de leur état, de leur profession. Plus d'inquiétudes qui les en détournent, parce que la clef de la voûte sera posée ; l'ouvrage des hommes sera fini : le reste sera l'ouvrage du temps, qui ne manque jamais de consolider avec promptitude ce qu'on a su construire avec unité.

» Quel empire s'éleva ou se rétablit jamais avec plus de force et de gloire! étouffant comme Hercule les serpens qui s'étaient glissés dans son berceau, marchant de cette victoire intérieure à d'innombrables victoires, terrassant ses ennemis, relevant ses alliés, n'ayant plus qu'un ennemi hors du continent pacifié;

ennemi dont l'infâme et criminelle politique est dévoilée, qui,
réduit à consumer ses trésors dans une guerre défensive, à
bloquer de ses orgueilleuses flottes les nacelles prêtes à porter dans son sein notre vengeance et notre fortune, ne sait
plus nous attaquer que par des conspirations et des assassinats!

» Notre indépendance n'a-t-elle pas été conquise, promulguée par la victoire, sanctionnée par la paix! Et quand nous
perfectionnerons le gouvernement que nous nous sommes donné,
quand nous décernerons à notre premier consul un nouveau
titre, quand nous proclamerons empereur le guerrier qui
triompha, comme Annibal et Charlemagne, des roches inaccessibles des Alpes, qui couvrit l'Italie de ses trophées, ressaisit
les anciennes limites de notre empire, qui oserait nous disputer
le droit de le revêtir de la majesté qui appartient à une grande
nation?

» C'est moins d'une récompense, dont il n'a pas besoin, que
de notre propre dignité et de notre sûreté que nous nous
occuperons. C'est pour eux-mêmes que les peuples élèvent leurs
magistrats suprêmes, qu'ils les munissent d'autorité, qu'ils
les environnent de puissance et de splendeur. C'est pour n'être
pas exposés à chaque vacance à la stagnation ou aux bour-
rasques d'un interrègne, qu'ils placent dans une famille l'honorable, mais pesant fardeau du gouvernement. L'hérédité est
bien plutôt une assurance de tranquillité pour ceux qui la
donnent, qu'une prérogative pour ceux qui la reçoivent.

» Cependant elle a aussi trop d'importance et d'éclat pour
n'être pas remise dans les mains les plus dignes et les plus
éprouvées. Chez tous les peuples, la gloire et l'illustration du
chef de famille se répandent sur tous les membres, et deviennent le patrimoine de la famille entière.

» Quels titres comparer à ceux que tant de succès, de prodiges de guerre et d'administration ont accumulés sur la tête
du premier consul, ne servant pas seulement l'Etat comme
un illustre et grand citoyen, mais le dirigeant et le gouvernant
comme magistrat suprême!

» Opposerait-on la possession longue, mais si solennellement renversée, de l'ancienne dynastie? Les principes et les
faits répondent.

» Le peuple, propriétaire et dispensateur de la souveraineté,
peut changer son gouvernement, et par conséquent destituer
dans cette grande occasion ceux auxquels il l'avait confié.
L'Europe l'a reconnu en reconnaissant notre indépendance,
ses suites et notre nouveau gouvernement. La maison qui règne
en Angleterre n'a pas eu d'autres droits pour exclure les Stuarts
que le principe que je rappelle ici.

» Les catastrophes qui frappent les rois sont communes à leurs familles, ainsi que l'étaient leur puissance et leur bonheur; l'incapacité qui abandonne leurs têtes à la foudre des révolutions s'étend sur leurs proches, et ne permet pas de leur rendre le timon échappé à des mains trop débiles : il fallut que, après les avoir repris, la Grande-Bretagne chassât les enfans de Charles Ier.

» Le retour d'une dynastie détrônée, abattue par le malheur moins encore que par ses fautes, ne saurait convenir à une nation qui s'estime. Il ne peut y avoir de transaction sur une querelle aussi violemment décidée.

» Si la révolution nous a fatigués, n'aurions-nous d'autres moyens, lorsqu'elle est arrivée à son terme, que de nous replacer sous un joug brisé depuis douze années?

» Si la révolution a été sanglante, n'en sont-ils pas coupables ceux qui attisèrent parmi nous les fureurs de la démagogie et de l'anarchie; qui, s'applaudissant à mesure qu'ils nous voyaient nous déchirer, espéraient nous ressaisir comme un proie affaiblie par ses propres morsures? Ne sont-ils pas coupables ceux qui, portant de contrée en contrée leurs ressentimens et leur vengeance, excitèrent cette coalition qui a coûté tant de pleurs et de sang à l'humanité gémissante? Ils vendaient aux puissances, dont ils s'étaient fait les cliens, une partie de cet héritage dans lequel ils les conjuraient de les rétablir. Et maintenant ne redoublent-ils pas d'efforts auprès de ce gouvernement leur antique ennemi autant que le nôtre, et qui, trahissant leur cause tout en nous combattant, ne les replacerait sur le trône, s'il en avait le pouvoir, que comme ces impuissans nababs de l'Inde dont il a fait ses vassaux?

» Parlerai-je de ces dernières trames, de ces machinations, de ces essais répétés d'assassinat, dont la malveillance la plus prononcée est forcée de rougir, mais qu'elle ne peut nier? Est-ce ainsi que l'on fait revivre des droits que tant d'événemens ont annulés? Non; c'est ainsi qu'on en efface jusqu'aux dernières traces.

» Détournons les yeux de ce triste tableau, et, revenant aux leçons de l'expérience et de l'histoire, voyons dans le passé une image moins vive, mais non moins fidèle du présent.

» De grands hommes fondent ou rétablissent des empires; ils transmettent à leurs héritiers leur gloire et leur puissance. Le gouvernement se perpétue paisiblement dans leur famille tant qu'elle produit des sujets capables, et que de bonnes et fortes institutions aident ou suppléent les talens.

» Lorsque les institutions s'affaiblissent, et que la famille dégénérée ne peut plus soutenir le poids des affaires publiques,

XVIII.   25* une autre famille s'élève. C'est ainsi que l'empire français a vu les descendans de Mérovée remplacés par ceux de Charlemagne, et ces derniers par ceux de Hugues Capet. C'est ainsi que les mêmes causes et des événemens à peu près semblables, car rien n'est nouveau sous le soleil, nous amènent une quatrième dynastie. La troisième n'avait pas eu d'autres titres ni de plus grands droits.

» Nous possédons un homme auquel s'applique ce que Montesquieu a dit de Charlemagne (1) : « Jamais prince » ne sut mieux braver les dangers, jamais prince ne les sut » mieux éviter; il se joua de tous les périls, et particulièrement » de ceux qu'éprouvent presque toujours les grands conquérans, » je veux dire les conspirations. »

« Quand Pepin, dit encore Montesquieu, fut couronné, » ce ne fut qu'une cérémonie de plus et un fantôme de moins. » Il n'acquit rien par là que des ornemens; il n'y eut rien de » changé dans la nation. » (2)

» Quand les successeurs de Charlemagne perdirent la suprême puissance, Hugues Capet tenait les deux clefs du royaume : « On lui déféra une couronne qu'il était seul en état de défendre. » (3)

» Nous sommes dans les mêmes circonstances. Qu'on ne se trompe pas en regardant comme une révolution ce qui n'est qu'une conséquence de la révolution : nous la terminerons; rien ne sera changé dans la nation; nous passerons d'un gouvernement au même gouvernement (4); si ce n'est qu'avec un titre plus conforme à notre grandeur, plus analogue à celui dont les autres peuples ont décoré leurs chefs, il acquerra la force de la perpétuité, et la sécurité de l'avenir autant qu'il est au pouvoir des hommes de s'en rendre maîtres par de sages précautions. »

DISCOURS *du tribun* Carrion-Nisas. — *Séance du* 11 *floréal an* 12.

« Tribuns, je ne saurais dissimuler que c'est en partie un mouvement personnel qui m'a porté à prendre la parole après tant d'orateurs distingués.

_____

(1) Livre XXXI, chap. 19.
(2) Chap. 14 du même livre.
(3) Chap. 32.
(4) Montesquieu, liv. XXXI, chap. 14.

» Souffrez que je vous rappelle en effet combien de fois, poussé par une conviction intime, j'ai clairement insinué comme nécessaires ces mêmes mesures que réclame aujourd'hui si hautement le peuple français.

» Naguère ; frémissant encore du coup qui nous avait tous meurtris, *faisons en sorte,* m'écriai-je, *qu'un tel coup soit désormais inutile ; et que le profit du crime ne balance pas la honte de l'attentat !*

» — Si nous ne cherchons pas, disais-je dans une autre occasion, à nous rendre propres les dons que la providence nous a faits, elle se retire de nous ; si nous ne méditons pas profondément les vérités qu'a vées sur la tombe des siècles, bientôt notre liberté n'aura été qu'un essai malheureux, notre grandeur qu'une prétention injurieuse, notre gloire enfin qu'un rêve magnifique. —

» Dès l'époque de votre délibération sur le concordat je montrais comme un événement vulgaire dans l'histoire, comme l'issue la plus favorable des révolutions d'un grand empire, l'élévation d'une race nouvelle et plus énergique au rang abandonné par une dynastie dégénérée.

» Je me félicite d'avoir vu mes vœux devenir si promptement des espérances, mes espérances des certitudes.

» Mais que pouvait manquer de saisir la sagacité du peuple français, agité, éclairé par tant de craintes terribles, par tant de souvenirs plus terribles encore, et cependant favorisé dans la liberté de ses méditations par toute la douceur d'un calme domestique longtemps inconnu !

» C'est ainsi que dans un vaisseau dont le sillage est tranquille on se doute à peine qu'on avance, et tout à coup à la vue du port on s'étonne et on admire qu'on ait pu faire tant de chemin en si peu de temps.

» Cette époque est heureuse surtout en ce qu'elle va jeter un grand jour sur les hommes et sur les opinions, faire connaître ceux dont les systèmes prétendus cachaient des intentions perfides, et ceux dont toutes les pensées étaient sincèrement attachées à procurer le plus grand bien possible à leur pays.

» Aux deux extrémités nous distinguerons encore, d'un côté, les frémissemens insensés de ceux qui redemandent la hache sanglante des tyrans populaires ; de l'autre les gémissemens stupides de ceux qui regrettent le sceptre de plomb des rois fainéans.

» Au milieu, un peuple innombrable qui n'a jamais qu'un cri, qu'un besoin, gloire et repos.

» La vérité éternelle rallie infailliblement tous les bons esprits.

» L'expérience, qui ferme le cercle des illusions humaines, ramène par les mêmes événemens et les mêmes besoins aux mêmes mesures, aux mêmes principes.

» L'empire des volontés et des systèmes reconnaît l'empire suprême de la nécessité.

» Demandez aux publicistes éclairés de tous les temps quel est le meilleur et le plus heureux gouvernement : croyez-vous qu'ils vous répondront diversement selon leur siècle ou leur patrie ?

» Croyez-vous que l'Angleterre soit en effet la terre classique de la vraie liberté et du gouvernement légitime, comme le lui accordait trop libéralement un de nos plus illustres orateurs ? (1)

» Non, la vérité existait avant elle : les sages l'avaient annoncée ; leur doctrine est unanime.

» Interrogez l'orateur romain père de la patrie, et l'historien énergique des premiers Césars, et le profond penseur de la moderne Italie (1).

» Leur réponse sera la même, le meilleur gouvernement est celui qui se compose

. » De l'intervention de tous ;

» De l'autorité de quelques-uns ;

. » Du pouvoir d'un seul.

» Que l'intervention de tous soit régulière et tranquille, en sorte que la pensée publique ne puisse être corrompue dans son cours, trahie dans son expression ;

» Que le corps et les hommes intermédiaires, participant par nature au commandement et à l'obéissance, empêchent l'obéissance d'être servile, et le commandement d'être capricieux ;

» Que le dépositaire enfin du pouvoir unique, enfant de la nature et de la loi, ne puisse être l'ouvrage d'aucune faction, d'aucune passion, d'aucune faiblesse, ni du cri des prétoriens, ni de la brigue des affranchis. Plus le but serait grand, plus les efforts pour l'atteindre mettront sans cesse la patrie en péril.

» A ces conditions sont attachés le repos des peuples, la gloire des états, la stabilité des gouvernemens, autant qu'il appartient aux choses humaines d'être durables.

» L'hérédité éteint les ambitions, car elles y sont impuissantes ; ménage l'orgueil, car nul ne peut, pour ainsi dire, accuser de son exclusion que le ciel même.

. » La plus parfaite hérédité est la plus simple, celle qui

---

(1) Mirabeau.
(2) Cicéron, Tacite, Machiavel.

écarte le plus soigneusement jusqu'à l'ombre du choix et de la préférence, puisque enfin ce qu'on veut éviter surtout par l'hérédité ce sont les inconvéniens et les dangers plus ou moins grands de tous les genres d'élection.

» C'est ainsi que la loi salique, plutôt vivante dans les cœurs qu'écrite dans les livres, selon l'expression de nos historiens, a été tant de fois une loi de salut pour le peuple français.

» Et comme, dans toutes les sociétés vieillies et éclairées, une révolution, ou plutôt le résultat d'une révolution, quand il n'est pas la perte de la liberté publique et de l'indépendance de l'Etat, n'est autre chose qu'un retour aux anciens principes avec des moyens nouveaux, nous sentons aujourd'hui la nécessité de ressusciter ce pacte antique et d'en faire une nouvelle application.

» Digne sujet de méditation que ce retour des mêmes événemens par les mêmes causes, des mêmes châtimens par les mêmes fautes !

» Ce que nous voulons faire aujourd'hui pour cette famille dont nous avons tout à espérer et rien à craindre, nos pères l'ont fait par les mêmes motifs et dans les mêmes circonstances pour cette autre famille dont nous avons aujourd'hui tout à craindre et rien à espérer.

» L'héritier des Carlovingiens, innocent encore d'avoir porté les armes contre sa patrie, mais coupable de s'être rendu vassal et stipendiaire de l'étranger et de l'ennemi des Français, fut par là même, et d'un consentement universel, déchu de la couronne.

» Les partisans de Hugues Capet, dit un historien (1) dont le texte est d'autant plus remarquable qu'il écrivait par l'ordre et en quelque façon sous la dictée de Louis XIV, « les partisans de Hugues Capet disaient partout qu'un transfuge et un déserteur de l'Etat, le vassal d'un roi de Germanie, dont les peuples étaient autrefois soumis à la couronne, et qui étaient devenus ses plus ordinaires ennemis, n'était guère propre à être roi des Français ; qu'en renonçant ainsi à sa patrie il avait à plus forte raison renoncé à toutes les prétentions qu'il pouvait avoir au trône, et qu'il fallait trouver dans le royaume un homme digne de gouverner. »

» Huit cents ans après cette époque nous nous retrouvons dans les mêmes termes ; nous répudions par les mêmes raisons une famille qui, après avoir rendu de longs et importans services, est devenue, par l'oubli de tous ses devoirs, inutile à

_____

(1) « Le P. Daniel. Voyez dans *Saint-Simon* l'extrême protection dont Louis XIV favorisait cet écrivain. »

hotre gloire , funeste à notre repos , ennemie de nos lois , étrangère à nos mœurs.

» Comme vos ancêtres , nous avons été obligés de chercher
un homme parmi nous digne de nous gouverner.

» Dans le décrépitude de la monarchie et dans la lie d'un
gouvernement tout corrompu, nous ne pouvions rien trouver
qui ressemblât à un pareil homme.

» Nous avons supporté avec le courage de la résignation
tous les inconvéniens attachés à des gouvernemens multiples
et électifs, passage triste, mais inévitable. Tous ont porté dès
leur naissance un germe de divisions intestines, qui s'est développé en discordes publiques ; hors celui-là seul qui a fait une
si glorieuse exception, qui a formé un si heureux prélude, et
dans lequel nous avons trouvé l'homme digne de l'empire, et
deux hommes dignes d'être ses amis, ses coopérateurs,
dont la patrie n'oubliera jamais les services, les talens et les
vertus.

» Dans la fermentation de toutes les passions généreuses
qu'une grande révolution exalte sans mesure, et dans une nation
aussi forte, il devait sans doute se former, se montrer enfin cet
homme digne d'elle !

» L'événement était infaillible ; l'époque était incertaine.

» Enfin il a paru.

» Vous n'attendez pas que je vous parle ici de sa personne et
de sa gloire,

» Que sont les bornes d'une opinion de quelques minutes
pour embrasser cette vaste renommée ; pour caractériser cette
supériorité si grande et si incontestable, que le plus vain ne
trouve pas même qu'il y ait du mérite à la reconnaître !

» Je remarquerai seulement qu'il réunit au même point la
gloire civile et la gloire militaire ; concours rare, mais condition indispensable : il fallait attendre jusqu'à ce qu'elle fût remplie.

» On le compare à Charlemagne, et je suis étonné de la persévérance de cette comparaison éternelle.

» A Dieu ne plaise que je veuille déprécier un grand conquérant et un grand législateur ! mais Charlemagne devait la
moitié de sa force et de sa grandeur à l'épée de Charles Martel
et à celle des Pépins.

» Celui-ci doit tout à lui-même, et à la génération qui a
combattu, servi, commandé, administré avec lui, et c'est par
ce caractère surtout qu'il nous plaît et qu'il nous convient.

» C'est par ses propres travaux et ceux des compagnons et
des concitoyens qui lui défèrent l'empire qu'il a agrandi cet
empire même, en dix années, de plus de provinces que la

dynastie entière à laquelle il va succéder n'en avait su recouvrer
en plusieurs siècles.

» Je ferai encore une autre remarque que la circonstance
m'inspire; je releverai en lui et en nous un autre bonheur,
puisque désormais nos avantages sont inséparables. »

» Sa famille, cette famille que nous dévouons à combler ce
gouffre politique où la méfiance d'une part, l'ambition de
l'autre, précipiteraient toujours de nouvelles victimes tant qu'il
demeurerait ouvert, cette famille dont les membres vont être
les chefs et les princes de la grande famille, rendons en grâces
à notre fortune, elle nous offre un noble assemblage, une réunion consolante de tous les genres de services, de vertus, de
talens, de tous les titres à la faveur dont la nation veut la couvrir.

» Quel faisceau glorieux! Ici les palmes de l'Egypte et de
l'Idumée, les lauriers de l'Italie, et ceux qui croissent sous le
tropique; là le chêne de la couronne civique; les fleurs et les
foudres de l'éloquence et du génie : le souvenir en est cher et
récent parmi vous. (1)

» C'est parmi vous aussi, après la paix du continent signée
à Lunéville, qu'a retenti avec un applaudissement solennel le
nom de celui sur lequel, au milieu de ce groupe auguste, une
voix dont nous chérissons les oracles vient d'appeler plus particulièrement nos regards ; de celui que son rang approche le
plus près du rang suprême, où puisse-t-il ne monter jamais !
L'olivier brille dans ses mains, l'olivier, dont il eût couvert le
monde sans le crime de ce gouvernement perfide qu'il va contribuer à punir. La patrie, enchantée et incertaine, ne sait ce
qu'elle doit chérir le plus en lui de la beauté de l'âme, de la
solidité de l'esprit, ou de l'aménité des mœurs.

» Où m'égare un sentiment que vous partagez, mes collègues! et que puis-je espérer d'ajouter à l'éloge de celui que
Napoléon a loué devant les sages? (2)

» C'est assez s'abandonner aux doux mouvemens de la joie
et de l'espérance, et saluer la brillante aurore de notre bonheur politique.

» Tournons de ce côté où il ne fait pas jour encore; chas-
sons ces nuages, dissipons ces fantômes ; répondons à ces
murmures, à ces craintes vraies ou affectées; réfutons les

---

(1) « Le général Louis Bonaparte, compagnon du consul en Italie,
en Afrique, en Asie, etc. Jérome Bonaparte, officier de marine, etc.
Lucien Bonaparte, président des Cinq Cents, ministre, ambassadeur,
tribun, etc., etc., etc. »

(2) « Message du premier consul au Sénat pour lui annoncer que
Joseph Bonaparte était nommé colonel, etc., etc. »

préjugés, les objections, le silence même de ceux que nos
opinions étonnent, ou qui se refusent à partager nos sentimens.

« Sans doute il est des hommes estimables, de bons citoyens
que gênent encore et qu'embarrassent la puissance de certains
noms, l'habitude de certains souvenirs; il est des Français
dont l'hésitation tient moins à la malveillance qu'à la pusillanimité : esprits faibles ou blessés, qu'il ne faut point effaroucher
par des reproches, mais ramener par des raisons.

« Dans des temps ordinaires et calmes, leur dirais-je s'ils
daignaient m'écouter; aux époques peu fécondes en événemens,
quand la société présente une surface monotone et uniforme;
lorsqu'enfin les grands vices et les grandes vertus dorment
également dans leur germe, alors la puissance des souvenirs,
la magie des noms exercent un légitime empire; car enfin,
après les grandes actions, il n'y a rien de mieux que la
mémoire des grandes actions:

« Mais quand les tempêtes politiques ont soufflé; quand les
crises se sont prolongées; quand tout a été porté à l'excès, le
bien et le mal, la gloire et la honte, la générosité et la tyrannie, l'audace et la patience, alors il est simple que les hauts
faits éclipsent les grands noms. »

« Ceux qui préparent avec une vigueur extraordinaire des
souvenirs pour l'histoire prévalent sans injustice sur ceux
qui portent avec un mérite ordinaire les souvenirs de l'histoire.

« La multitude est lente à apercevoir ces nouveaux rapports.

« Beaucoup d'esprits frivoles et routiniers, ou opiniâtres
et aveugles, se refusent à l'évidence. C'est ce qui leur inspire
de si fausses démarches, ce qui les pousse si follement à
menacer la patrie et à se perdre eux mêmes.

« Cependant du sein des révolutions, et appuyés sur elles,
sortent l'homme et la famille, les hommes et les familles dont
l'élévation doit être la garantie de ces révolutions et de tous les
intérêts qu'elles ont créés.

« Dans toutes les régénérations des empires et des pouvoirs,
on est toujours parti des bases primitives; on s'est toujours
pour ainsi dire retrempé dans les principes et dans les sources;
toujours dans ces grandes époques, tous les monumens en font
foi, on reconnaît, on stipule, on consacre :

« Et cette égalité naturelle entre les hommes, que sont
tentées de nier et de méconnaître les vieilles dynasties, abreuvées
de longues illusions, et cette souveraineté des nations, qu'un
abus immémorial du pouvoir parvient à réduire en problème;

« Et l'origine, les conditions, les pénibles devoirs qu'impose le rang suprême, et qu'une jouissance trop facile met
souvent en oubli;

» Et enfin le châtiment qui menace, le sort qui attend les chefs des empires quand ils perdent de vue ou qu'ils méconnaissent et cette égalité primitive, et cette souveraineté incontestable, et cette origine certaine, et ces conditions rigoureuses, et ces indispensables devoirs.

» On a beaucoup cité, au commencement de la révolution, un monument remarquable de ces contrats solennels passés dans ces grandes circonstances ; je veux parler de ce fameux serment des Cortès de la vieille Espagne, qui, si j'en crois l'histoire, fut longtemps prêté et reçu par mes propres ancêtres. (1)

» La formule est frappante en effet, et surtout aujourd'hui, que nous avons vu en action tout ce qu'elle renferme en si peu de paroles.

» *Nous autres*, dit ce serment, *qui valons autant que toi* : voilà l'égalité native.

» *Qui pouvons plus que toi* : voilà la souveraineté nationale.

» *Nous te faisons notre chef* : voilà le contrat.

» *Pour être le gardien de nos intérêts* : voilà la condition.

» *Sinon, non* : voilà la peine qui suivra l'oubli du devoir.

» Famille que la France appelle à régner, vous venez d'entendre votre titre !

» Famille que la France écarte à jamais, vous avez entendu votre condamnation !

» Que l'une serve à l'autre d'un exemple vivant et salutaire ! que nos neveux soient longtemps préservés du retour des mêmes fautes et des mêmes malheurs !

» Le détail des fautes comme des malheurs des derniers Bourbons appartient à l'histoire. Marquons cependant l'erreur capitale qui, entre mille autres, les a précipités du rang qu'ils occupaient, et qui, plus que tout le reste, les en éloigne sans espoir.

» L'antique ignorance, les lumières nouvelles se partageaient l'Europe ; depuis François Iᵉʳ la France était à la tête du parti des lumières, l'alliée, la protectrice des nations qui s'élevaient sous cette moderne influence.

» Tout à coup, au milieu du dernier siècle, cette cause fut abandonnée ; le gouvernement français, je ne dis pas la

(1) « Voyez les histoires d'Espagne, etc. Voici le texte du serment que prête le *justitia* d'Arragon : — *Nos que valemos tanto como vos y que podemos mas que vos, os hacemos nuestro rey y senor, por guardar fueros ; sino, no.*

nation , passa du côté des ténèbres , et se trouva dans une position inférieure vis à vis la puissance rivale qui était restée à la tête de ce parti.

» La nation ne marchait pas dans le même sens que le gouvernement : la révolution signala cette séparation ; quinze années ont rendu l'intervalle immense, infranchissable.

» La nation a fait des pas de géant dans la carrière. Ceux qui prétendent encore à la dominer sont restés au même point ; le temps et l'expérience ne leur ont rien appris, et ne leur ont rien fait oublier : principes, idées , prétentions, langage, tout en eux est étranger , tout en eux est ennemi ; et ceux-là qui se croient peut-être encore leurs partisans seraient étonnés des nombreux titres de proscription qu'ils auraient auprès d'eux.

» Le délire de l'orgueil, de la vengeance, tous les genres de délire sont encore chez eux au même point d'exaltation.

» Et cependant que prétendent-ils, que proposent-ils? et à qui s'adresseront-ils ? que veulent-ils ?

» L'ancien territoire ? Ils ne purent le garder. Les nouvelles conquêtes ? On les fit malgré eux. Quelles lois vont-ils faire régner sur nous ? Les anciennes ? Les tables s'en sont brisées dans leurs mains. Nos codes nouveaux ? Ils ne les comprennent pas , et chaque article les condamne.

» Où est leur armée ? Est-ce cette poignée de désespérés qui ont tenté vainement d'envahir des lambeaux de provinces? vétérans de la croisade révolutionnaire , dont le temps éclaircit sans cesse les rangs, que rien ne recrute! Sera-ce cette innombrable multitude tous les jours renaissante de guerriers qui les ont vaincus, ou qui ne les connaissent pas , et qui ont appris à en admirer d'autres qu'eux ?

» Où seront leurs tribunaux ? Ceux qui les ont entraînés dans leur propre chute , ou ceux qui depuis dix ans condamnent leurs complices.

» À qui vont-ils confier l'administration ? Aux restes en démence de ceux qui jadis se traînaient sous leurs ordres dans une routine méprisée , ou à ceux qui ont mis leurs biens en distribution , et foulé leurs droits aux pieds. Quels citoyens, quels propriétaires viennent-ils favoriser ? Par les vœux de qui seront-ils appelés ? Sera-ce par ces fonctionnaires qu'ils dévouent avec autant de rage que d'impuissance à la mort et à l'opprobre ? par ces propriétaires de biens nationaux que rend tous les jours plus nombreux la division continuelle des héritages, et qu'ils condamnent tous sans difficulté à être dépouillés , en faisant peut-être à quelques uns grâce de la vie ? Par les

autres propriétaires? Mais quinze années de dîmes et de prestations féodales accumulées menacent tous les pères de famille
d'une ruine complète.

» Cependant ils avaient des partisans, et en assez grand
nombre ; ils en avaient, dont une part a cru devoir demeurer
ferme sur la terre natale, dont l'autre part presque entière, après
avoir gémi longtemps éloignée, des champs paternels, est
revenue du moins y mourir. Mais ceux-ci sont des traîtres
à leurs yeux, et les autres sont des lâches, et tous seront
jugés sur ces maximes étranges et inouïes parmi les nations,
qu'une démence sans exemple a pendant dix ans voulu mettre
en crédit, et qu'un écrivain ingénieux a réduites en ces termes,
savoir, *que quand un chef d'empire est en péril, celui
qui le quitte le premier et qui se sauve le plus loin atteint
le plus haut degré de la pureté et de la fidélité d'un sujet
loyal :* voilà leur politique (1). Et qu'on ne dise pas qu'ils
sont changés ! D'abord il ne serait plus temps ; mais le contraire est trop prouvé ; et l'espérance de leur amendement peut
bien être encore sur les lèvres de quelques-uns, mais elle n'est
plus dans le cœur de personne.

» Cependant, car je sens que c'est aujourd'hui la pieuse
tâche d'un bon citoyen, je veux entrer encore, et aussi avant
qu'il me sera possible, dans les idées, dans les sentimens qui
ont égaré, ou, si on l'aime mieux, qui ont conduit longtemps
le parti opposé à la révolution, le parti que je cherche à ramener. J'avouerai, si l'on veut, qu'à des époques funestes à la
patrie, en l'an 93, qu'au commencement de l'an 8, se mon-
trant tout à coup dans l'ouest ou dans le midi soulevés, les
chefs de ce parti auraient pu paraître à un grand nombre des
libérateurs.

» Mais quoi ! dans les maux, dans les calamités de la patrie
je les ai vus partout ; nulle part dans les efforts, dans les succès
par qui ces maux ont été combattus ou surmontés.

» Et lorsqu'au milieu d'un tumulte où ils pouvaient trouver
leur place ils n'ont point paru à la tête des armées de Français
mécontens, aujourd'hui, au milieu des Français tranquilles
et heureux, on les verrait sans horreur derrière une poignée
d'incendiaires et d'assassins !

» C'en est trop ! et si quelque insensé osait encore les appeler
au fond de son cœur dans cette patrie qui les rejette, il n'oserait
en articuler le vœu ! Sur ce long cordon de frontières où le
sang d'un million de braves de tout âge, de tout état, de

_____

(1) « Ces paroles sont tirées d'une brochure publiée à Londres
en 1793 par un patriote français (P. de Grave, ex-ministre). »

toute opinion, a ruisselé dix ans à cause d'eux, nous verrions
ces ombres généreuses soulever leur tombe récente pour repousser leur approche ; et, l'indignation leur rendant la vie et la
voix ; — Lâches! nous diraient-ils à nous-mêmes, quelle est
votre ingratitude, et quelle est votre infamie! Ne nous avez-
vous survécu que pour laisser indignement fouler nos cendres
et nos lauriers par ceux dont, au prix de notre sang, nous
avons écarté loin de vos têtes menacées les proscriptions et les
vengeances! —

» Reposez en paix, ombres sacrées! les lauriers qui fleurissent
sur vos tombes ne seront point flétris, ne seront point atteints
par des mains parricides! Ceux pour qui coula votre sang
généreux auront à jamais horreur de ceux par qui ce sang a
coulé; s'ils osent toucher la terre où dorment vos mânes, cette
terre les dévorera, et vos mânes seront contens!

» Mais j'entends, parmi ceux-là mêmes qui vous doivent
le jour qu'ils respirent, les champs qu'ils cultivent, la liberté
qu'ils chérissent; j'entends des craintes qui méritent une
attention d'autant plus favorable que la source en est plus
pure; elles naissent de cette jalousie de la gloire nationale et
de la liberté, sentiment toujours si respectable lors même qu'il
est exagéré.

» — Jusque là, disent ces amis de la patrie, jusque là nous
pensons comme vous; vous lancez l'anathème sur une famille
dénaturée (1), double fléau de la France, qui l'avait nourrie,
et de l'Europe, qu'elle a trompée. Vous craignez, vous signalez
les maux infinis que toutes les prétendues restaurations ont
entraînés, fléaux qui surpasseraient tous ceux qu'a multipliés cette
révolution même qui fut leur ouvrage plus que le nôtre, cette
révolution que la faiblesse des dépositaires du pouvoir rendit
nécessaire, et que rendit affreuse l'aveugle fureur de ceux qui
voulaient le ressaisir : par eux tous les élémens de la société
dissoute se sont livré une horrible guerre. Dans ce choc ténébreux nous n'avons pas désespéré de la République ; notre
vertu, notre constance, et, si l'on veut, notre fortune, ont
enchaîné la victoire à notre parti. Nous sommes résolus, vous
l'êtes comme nous, à n'en céder jamais ni l'honneur ni le fruit;
et cependant, si nous aliénons successivement ces droits que
nous avons conquis; si nous faisons chaque jour le sacrifice de
quelques uns des principes au nom desquels nous avons combattu; que nous restera-t-il enfin de cette révolution, si fortement
voulue, si chèrement achetée? —

(1) « Expression du discours du conseiller d'état Fourcroy à la
cloture du Corps législatif, » (Session de l'an 12.)

» Alarmes généreuses, mais frivoles. Et d'abord que parlez-vous d'aliénations et de sacrifices? Loin d'aliéner, il s'agit d'assurer ; loin de sacrifier, il s'agit d'affermir.

» Vos craintes sont fondées tant que des chances d'élection vous montrent en perspective ceux qui à chaque occasion ne manqueraient pas de s'offrir à vous avec ce dont vous sentirez de plus en plus le besoin, c'est à dire un système tout fait de succession et de transmission de pouvoir.

» Ce besoin se ferait de jour en jour sentir si vivement, que bientôt peut-être il finirait par affaiblir la crainte que les anciens élémens de ce système devraient inspirer au plus grand nombre.

» C'est alors que les intéressés, toujours nourris de cette espérance dont nous allons les sevrer, vous nourriraient à leur tour avec persévérance de ces mêmes craintes dont vous avez souvent été travaillés, feraient jouer ces ressorts familiers aux factions qui se flattent, ces bruits, ces rumeurs, ces menées, ces écrits, tous les moyens qui produisent l'aberration de l'esprit public, l'incertitude, le vague, la fatigue, l'abattement des courages, et enfin l'abandon des intérêts les plus chers.

» Méditez sur ces considérations, et cependant souffrez que je réponde en peu de mots à cette question que j'ai bien entendue : que nous restera-t-il de la révolution, de sa gloire, de ses résultats ?

» Ce qui vous restera !

» Vous avez reconquis votre considération et le premier rang en Europe.

» Tous les Français sont égaux devant la loi, et leur admission à tous les honneurs est également pleine et entière : ce fut toujours là leur première passion.

» Il y a une représentation, et l'impôt est consenti par elle et réparti sur tous avec égalité. La religion est épurée, et dégagée de liens indignes d'elle.

» L'Église, placée dans l'Etat, l'édifie d'autant plus qu'elle le domine moins.

» Vos juges ne sont plus vos législateurs.

» La glèbe est affranchie ; la féodalité, proscrite dès long-temps par tous les bons esprits, est abolie dans ses derniers vestiges.

» La terre est délivrée des prestations ecclésiastiques comme des prestations féodales.

» Une immense quantité de biens est entrée dans la circulation ; ces biens, mieux cultivés, nourrissent une population qui s'accroît en proportion, et que tout favorise. Ces biens sont

assurés à vos familles ; ils vous sont assurés ainsi que vos
femmes , que vos enfans, que vos têtes , jusqu'ici exposées
à tant de dangers qui s'évanouissent, à des menaces qui ne
sont plus qu'un vain bruit. Me demanderez-vous encore ce qui
vous restera ? Il vous restera ce que tous les législateurs ont voulu
vainement introduire , l'uniformité dans toutes les parties de
la législation et de l'administration ; il vous restera la plus
glorieuse armée de l'univers, et le seul moyen par lequel elle
doit être toujours digne de la nation, puisqu'elle est la nation
elle-même.

» Ce qui vous restera ! O mes concitoyens ! demandez-le
à cette Légion d'Honneur, à cette aggrégation qui offre tous
les avantages des institutions correspondantes en Europe , et
aucun de leurs inconvéniens; qui enferme déjà tant de talens,
de services, de vertus , et que presse encore de ses honorables
sollicitations cette foule immense de concurrens dont aucun
ne présenta des titres méprisables.

» Heureuse nation, qui se trouve si riche encore quand la
tombe, dix ans ouverte par la guerre étrangère ou les fureurs
civiles, lui a dérobé avant l'heure tant de richesses!

» Ce qui vous restera ! Regardez autour de vous , sur votre
sol : sans doute l'agriculture est plus florissante que jamais ;
les arts sont en honneur. Ne vous arrêtez pas dans cette vieille
enceinte que vos efforts ont voulu régénérer et rajeunir ; le succès a passé vos espérances. Mais ce n'est pas tout ; contemplez
ces riches provinces , ces magnifiques frontières, telles que des
siècles entiers ne vous auraient rien amené de semblable ; et
que vous n'auriez pas osé même le souhaiter, et demandez
encore ce qu'il vous restera de cette révolution !

» Mais à votre tour répondez-moi. Qu'entendez-vous par
cette révolution dont vous craignez de voir évanouir les avantages et les résultats ? de quelle révolution me voulez-vous parler? Est-ce de celle qu'on vous faisait vouloir en 1793, au milieu des échafauds? de celle qui en fructidor confondait dans la
même proscription le crime et la vertu? de celle qui en l'an 7
relevait les mille têtes de l'anarchie? Non., sans doute , dites-
vous ; et je le crois. Vous voulez celle qu'en 1789 un sentiment
unanime sollicitait, en faveur de laquelle conspiraient toutes
les idées libérales, tous les sentimens généreux ; celle que contrariait alors dans sa marche l'impéritie ou la trahison d'un
pouvoir nourri d'erreurs, d'un chef qui pensait tout y perdre ;
celle qui conservera , par son propre intérêt , un chef qui ne
peut oublier qu'il lui doit tout; et qu'il en est lui-même l'ouvrage , comme son pouvoir en est le ciment.

» Détrompez-vous donc , et convenez avec nous, avec l'Eurôpe, qui nous contemple, avec l'histoire, qui nous jugera, que, loin d'offrir le spectacle de l'inconséquence, de la faiblesse, de la légèreté, jamais nation n'aura montré, au milieu de tant de vicissitudes et de fortunes diverses, une contenance plus mâle et plus héroïque, une volonté plus ferme et plus éclairée, n'aura poursuivi avec plus de persévérance et à travers tant d'obstacles, n'aura atteint enfin avec plus de bonheur le but que ses représentans avaient marqué dès leur entrée dans la carrière !

» Et nous, rendons grâce à la destinée favorable, qui, plutôt que des mérites particuliers, nous place aujourd'hui à la tête de ce peuple. Organes de son vœu, nous naturalisons les premiers au milieu de l'Europe ce nouvel empire dont les institutions et les emblêmes seront plus intelligibles à tous les peuples, plus analogues à tout ce qu'ils connaissent et respectent. En donnant cette forme plus régulière, en imprimant ce mouvement plus sage au corps politique, nous consolidons à jamais les intérêts de la révolution sans en altérer les principes ; nous ouvrons enfin les portes d'un siècle qui brillera de la gloire civile et militaire, et de celle de tous les arts. Cette gloire, si pure, embellit toujours les époques tranquilles qui suivent les grandes crises ; car dans tous les arts la grande étude est l'homme, et l'homme n'a tous ses développemens que dans les efforts de la société, dans les douleurs et les convulsions qui précèdent les grands enfantemens politiques.

» Notre jeunesse a été usée dans ces luttes opiniâtres et douloureuses dont l'issue fut longtemps incertaine : jusqu'à présent nous avons combattu sans relâche ; d'aujourd'hui nous commencerons à vivre.

» Presque tous arrivés au penchant de l'âge, plus ou moins avancés sur la déclivité de la vie, nous marcherons du moins sous un horizon épuré ; nous pourrons marquer de loin le lieu de notre repos sur une terre affermie, et nous flatter en y descendant de léguer à nos enfans une paix et une sécurité qui nous furent longtemps inconnues.

» Tribuns, en appuyant de toute ma conscience les propositions qui vous sont faites, souffrez que j'en ajoute une autre qui me semble en être une conséquence naturelle.

» La puissance impératoriale, ce mode de pouvoir exécutif suprême dont nos vœux appellent l'organisation, se forme, si j'en ai bien étudié la nature, de cinq élémens ou attributs principaux qui renferment tous les autres ; savoir :

» La puissance impératoriale proprement dite, c'est à dire la haute direction des forces de terre et de mer ;

» La suprématie consulaire , c'est à dire la grande main de l'administration au dedans , et de la négociation au dehors ;

» Le pouvoir censorial , ou la départition des marques d'honneur , la distribution du blâme et de la louange;

» La tutelle pontificale, c'est à dire le soin des rapports sous lesquels le culte est soumis aux lois , et le sacerdoce à l'empire;

» Enfin la puissance tribunitienne, ou la suprême sollicitude des intérêts populaires, soit qu'elle s'entende et s'exerce par le droit d'initiative ou par celui d'empêchement.

» L'histoire nous enseigne que le pouvoir exécutif impératorial est incomplet et insuffisant quand il n'a pas ces cinq attributs; comme aussi qu'il est excessif et monstrueux quand il empiète sur le pouvoir judiciaire ou sur le pouvoir législatif , dont l'indépendance et la liberté doivent être entières et toujours respectées.

» Donc, pour éviter qu'aucun abus de mots n'entraîne quelque confusion dans les choses, je vous invite à charger votre commission, à laquelle je soumettrai les détails et les développemens de mon opinion, à la charger, dis-je, d'examiner s'il ne nous conviendrait pas de résigner en même temps l'appellation et les prérogatives tribunitiennes au magistrat qu'on croit devoir revêtir du nom et du pouvoir impératorial.

» Je ne vous propose pas d'examiner sous quel nom et en quelle forme vous continuerez à rendre à la chose publique ces services si assidus et si utiles auxquels le peuple et le gouvernement rendent un égal hommage; je ne vous proposerai point de discuter le nom de chambre d'orateurs, de parlement, de conseil des cinquante, qui tous exprimeraient vos fonctions d'une manière plus ou moins juste , plus ou moins exacte : il semblerait que vous vous occupez de vous-mêmes , et vous ne vous êtes jamais occupés que de la patrie.

» Ainsi, ô vous que nos vœux et nos besoins appellent à l'Empire, vous allez voir de toutes parts les hommes et les corps s'empresser de remettre en vos mains ces prérogatives plus onéreuses qu'honorables, qui vont bien moins ajouter à votre puissance qu'à vos devoirs! C'est d'aujourd'hui surtout que ces devoirs deviennent sévères et terribles; c'est d'aujourd'hui que vous n'existez plus pour vous-même. Sous le titre de consul , et comme agissant au nom et dans les besoins pressans du peuple, c'était pour ainsi dire lui-même qui était votre garant, qui assumait toute responsabilité ; pourvu qu'il fût sauvé tout était bien ; mais c'est d'aujourd'hui que vous allez surtout lui répondre , et que vous lui devrez compte d'un pouvoir définitif et constitué ! Jusqu'à présent l'espérance, enchantée, n'a su que vous admirer ; aujourd'hui la raison , plus tranquille, va vous juger! Les routes pour arriver au pouvoir suprême sont diverses et infinies ; il n'est qu'un moyen de s'y maintenir : vous avez égalé, surpassé la gloire des guerriers et des législateurs les plus renommés; ambitionnez, portez s'il se peut à un degré inconnu, rien ne vous est difficile, cette gloire qui est propre aux dépositaires d'un pouvoir durable et affermi!

» Vivez heureux du bonheur de la France! Il n'en est plus d'autre pour vous. Vivez heureux de vos veilles, de vos travaux, de vos sacrifices !

» Ainsi puissiez-vous fournir une carrière aussi longue que glorieuse ! et nous-mêmes , atteignant les bornes que la nature a prescrites à chacun de nous, puissions-nous laisser nos enfans sous votre empire !

» Tels sont mes vœux, mes présages, mes espérances ! Reconnaissez-y un hommage digne de vous, une admiration généreuse qui ne vous sépare point de la vertu , un amour sincère qui ne vous sépare point de la patrie, et les fermes accens d'une voix libre et pure que la licence n'égara jamais, et que la flatterie ne corrompra point ! »

DISCOURS *du tribun* Carnot. — *Séance du* 11 *floréal an* 12.

« Citoyens tribuns, parmi les orateurs qui m'ont précédé, et qui tous ont appuyé la motion d'ordre de notre collègue Curée, plusieurs ont été au devant des objections qu'on pouvait faire contre elle, et ils y ont répondu avec autant de talent que d'aménité : ils ont donné l'exemple d'une modération que je tâcherai d'imiter en proposant d'autres observations qui m'ont paru leur avoir échappé. Et quant à ceux qui , parce que je combattrai leur avis , pourraient m'attribuer des motifs personnels indignes du caractère d'un homme entièrement dévoué à sa patrie , je leur livre pour toute réponse l'examen scrupuleux de ma conduite politique depuis le commencement de la révolution , et celui de ma vie privée.

» Je suis loin de vouloir atténuer les louanges données au premier consul : ne dussions-nous à Bonaparte que le Code civil , son nom mériterait de passer à la postérité. Mais, quelques services qu'un citoyen ait pu rendre à sa patrie, il est des bornes que l'honneur autant que la raison imposent à la reconnaissance nationale. Si ce citoyen a restauré la liberté publique, s'il a opéré le salut de son pays , sera-ce une récompense à lui offrir que le sacrifice de cette même liberté? et ne serait-ce pas anéantir son propre ouvrage que de faire de ce pays son patrimoine particulier ?

» Du moment qu'il fut proposé au peuple français de voter sur la question du consulat à vie , chacun peut aisément juger qu'il existait une arrière-pensée, et prévoir un but ultérieur.

» En effet, on vit se succéder rapidement une foule d'institutions évidemment monarchique ; mais à chacune d'elles on s'empressa de rassurer les esprits inquiets sur le sort de la liberté, en leur protestant que ces institutions n'étaient imaginées qu'afin de lui procurer la plus haute protection qu'on pût désirer pour elle.

:» Aujourd'hui se découvre enfin d'une manière positive le terme de tant de mesures préliminaires : nous sommes appelés à nous prononcer sur la proposition formelle de rétablir le système monarchique, et de conférer la dignité impériale et héréditaire au premier consul.

» Je votai dans le temps contre le consulat à vie ; je voterai de même contre le rétablissement de la monarchie, comme je pense que ma qualité de tribun m'oblige à le faire : mais ce sera toujours avec les ménagemens nécessaires pour ne point réveiller l'esprit de parti ; ce sera sans personnalités , sans autre passion que celle du bien public , en demeurant toujours d'accord avec moi-même dans la défense de la cause populaire.

» Je fis toujours profession d'être soumis aux lois existantes, même lorsqu'elles me déplaisaient le plus : plus d'une fois je fus victime de mon dévouement pour elles, et ce n'est pas aujourd'hui que je commencerai à suivre une marche contraire. Je déclare donc d'abord que, tout en combattant la proposition faite, du moment qu'un nouvel ordre de choses sera établi, qu'il aura reçu l'assentiment de la masse des citoyens, je serai le premier à y conformer toutes mes actions , à donner à l'autorité suprême toutes les marques de déférence que commandera la hiérarchie constitutionnelle. Puisse chacun des membres de la grande société émettre un vœu aussi sincère et aussi désintéressé que le mien !

» Je ne me jeterai point dans la discussion de la préférence que peut mériter en général tel ou tel système de gouvernement sur tel ou tel autre ; il existe sur ce sujet des volumes sans nombre : je me bornerai à examiner en très peu de mots , et dans les termes les plus simples, le cas particulier où les circonstances nous ont placés.

» Tous les argumens faits jusqu'à ce jour sur le rétablissement de la monarchie en France se réduisent à dire que sans elle il ne peut exister aucun moyen d'assurer la stabilité du gouvernement et la tranquillité publique, d'échapper aux dis-

cordes intestines , de se réunir contre les ennemis du dehors ;
qu'on a vainement essayé le système républicain de toutes les
manières possibles ; qu'il n'a résulté de tant d'efforts que l'anarchie , une révolution prolongée ou sans cesse renaissante , la
crainte perpétuelle de nouveaux désordres, et par suite un désir
universel et profond de voir rétablir l'antique gouvernement
héréditaire, en changeant seulement la dynastie. C'est à cela qu'il
faut répondre.

» J'observerai d'abord que le gouvernement d'un seul n'est
rien moins qu'un gage assuré de stabilité et de tranquillité.
La durée de l'empire romain ne fut pas plus longue que ne
l'avait été celle de la république : les troubles intérieurs y
furent encore plus grands, les crimes plus multipliés ; la fierté
républicaine , l'héroïsme, les vertus mâles y furent remplacées
par l'orgueil le plus ridicule, la plus vile adulation , la cupidité
la plus effrénée, l'insonciance la plus absolue sur la prospérité
nationale. A quoi eût remédié l'hérédité du trône? Ne fut-il pas
regardé par le fait comme l'héritage légitime de la maison d'Auguste? Un Domitien ne fut-il pas le fils de Vespasien , un Cali-
gula le fils de Germanicus, un Commode le fils de Marc-Aurèle?

» En France , à la vérité , la dernière dynastie s'est soutenue
pendant huit cents ans; mais le peuple fut-il moins tourmenté?
Que de dissensions intestines ! que de guerres entreprises au
dehors pour des prétentions, des droits de succession, que faisaient naître les alliances de cette dynastie avec les puissances
étrangères! Du moment qu'une nation entière épouse les intérêts particuliers d'une famille, elle est obligée d'intervenir
dans une multitude d'événemens qui sans cela lui seraient de
la plus parfaite indifférence.

» Nous n'avons pu établir parmi nous le régime républicain,
quoique nous l'ayons essayé sous diverses formes plus ou moins
démocratiques... Mais il faut observer que, de toutes les constitutions qui ont été successivement éprouvées sans succès, il
n'en est aucune qui ne fût née au sein des factions , et qui ne fût
l'ouvrage de circonstances aussi impérieuses que fugitives :
voilà pourquoi toutes ont été vicieuses. Mais depuis le 18 brumaire il s'est trouvé une époque, unique peut-être dans les
annales du monde, pour méditer à l'abri des orages , pour fonder la liberté sur des bases solides, avouées par l'expérience et
par la raison. Après la paix d'Amiens Bonaparte a pu choisir
entre le système républicain et le système monarchique : il
eût fait tout ce qu'il eût voulu ; il n'eût pas rencontré la plus
légère opposition. Le dépôt de la liberté lui était confié ; il
avait juré de la défendre : en tenant sa promesse il eût rempli
l'attente de la nation , qui l'avait jugé seul capable de résoudre

le grand problème de la liberté publique dans les vastes états; il se fût couvert d'une gloire incomparable. Au lieu de cela, que fait-on aujourd'hui? On propose de lui faire une propriété absolue et héréditaire d'un pouvoir dont il n'avait reçu que l'administration. Est-ce là l'intérêt bien entendu du premier consul lui-même? Je ne le crois pas.

» Il est très vrai qu'avant le 18 brumaire l'Etat tombait en dissolution, et que le pouvoir absolu l'a retiré des bords de l'abîme; mais que conclure de là? Ce que tout le monde sait; que les corps politiques sont sujets à des maladies qu'on ne saurait guérir que par des remèdes violens; qu'une dictature momentanée est quelquefois nécessaire pour sauver la liberté : les Romains, qui en étaient si jaloux, avaient pourtant reconnu la nécessité de ce pouvoir suprême par intervalles. Mais parce qu'un remède violent a sauvé un malade, doit-on lui administrer chaque jour un remède violent? Les Fabius, les Cincinnatus, les Camille sauvèrent la liberté romaine par le pouvoir absolu; mais c'est qu'ils se dessaisirent de ce pouvoir aussitôt qu'ils le purent : ils l'auraient tuée par le fait même s'ils l'eussent gardé. César fut le premier qui voulut le conserver; il en fut la victime; mais la liberté fut anéantie pour jamais. Ainsi tout ce qui a été dit jusqu'à ce jour sur le pouvoir absolu prouve seulement la nécessité d'une dictature momentanée dans les crises de l'Etat, mais non celle d'un pouvoir permanent et inamovible.

» Ce n'est point par la nature de leur gouvernement que les grandes républiques manquent de stabilité; c'est parce qu'étant improvisées au sein des tempêtes, c'est toujours l'exaltation qui préside à leur établissement. Une seule fut l'ouvrage de la philosophie, organisée dans le calme, et cette république subsiste pleine de sagesse et de vigueur : ce sont les Etats-Unis de l'Amérique septentrionale qui offrent ce phénomène, et chaque jour leur prospérité reçoit des accroissemens qui étonnent les autres nations. Ainsi il était réservé au nouveau monde d'apprendre à l'ancien, qu'on peut subsister paisiblement sous le régime de la liberté et de l'égalité. Oui, j'ose poser en principe que lorsqu'on peut établir un nouvel ordre de choses sans avoir à redouter l'influence des factions, comme a pu le faire le premier consul, principalement après la paix d'Amiens, comme il peut le faire encore, il est moins difficile de former une république sans anarchie qu'une monarchie sans despotisme; car comment concevoir une limitation qui ne soit point illusoire dans un gouvernement dont le chef a toute la force exécutive dans les mains, et toutes les places à donner? On a parlé d'institutions que l'on dit propres à produire cet effet :

mais avant de proposer l'établissement du monarque, n'aurait-on pas dû s'assurer préalablement, et montrer à ceux qui
doivent voter sur la question, que de pareilles institutions sont
dans l'ordre des choses possibles ? que ce ne sont pas de ces
abstractions métaphysiques qu'on reproche sans cesse au système contraire ? Jusqu'ici on n'a rien inventé, pour tempérer le
pouvoir suprême, que ce qu'on nomme des corps intermédiaires ou privilégiés : serait-ce donc d'une nouvelle noblesse
qu'on voudrait parler par ce mot d'institutions ? Mais le remède n'est-il pas pire que le mal ? car le pouvoir absolu n'ôte
que la liberté, au lieu que l'institution des corps privilégiés
ôte tout à la fois et la liberté et l'égalité ; et quand même dans
les premiers temps les grandes dignités ne seraient que personnelles, on sait assez qu'elles finiraient toujours, comme
les grands fiefs d'autrefois, par devenir héréditaires.

» A ces principes généraux j'ajouterai quelques observations particulières. Je suppose que tous les Français donnent
leur assentiment à la mesure proposée ; mais sera-ce bien le
vœu libre des Français que celui qui résultera de registres
où chacun est obligé de signer individuellement son vote ?
Qui ne sait quelle est en pareil cas l'influence de l'autorité
qui préside ? De toutes les parties de la France éclate, dit-
on, le désir des citoyens pour le rétablissement d'une monarchie héréditaire... Mais n'est-on pas autorisé à regarder comme
factice une opinion concentrée presque exclusivement jusqu'ici
parmi les fonctionnaires publics, lorsqu'on sait les inconvéniens qu'il y aurait à manifester une opinion contraire, lorsqu'on sait que la liberté de la presse est tellement anéantie
qu'il n'est pas possible de faire insérer dans un journal
quelconque la réclamation la plus respectueuse et la plus modérée ?

» Sans doute il n'y aurait pas à balancer sur le choix d'un
chef héréditaire, s'il était nécessaire de s'en donner un : il serait absurde de vouloir mettre en parallèle avec le premier consul les prétendans d'une famille tombée dans un juste mépris,
et dont les dispositions vindicatives et sanguinaires ne sont que
trop connues. Le rappel de la maison de Bourbon renouvel-
lerait les scènes affreuses de la révolution, et la proscription
s'étendrait infailliblement soit sur les biens, soit sur les personnes de la presque totalité des citoyens. Mais l'exclusion de
cette dynastie n'entraîne point la nécessité d'une dynastie nouvelle. Espère-t-on, en élevant une nouvelle dynastie, hâter
l'heureuse époque de la paix générale ? Ne sera-ce pas plutôt un
nouvel obstacle ? A-t-on commencé par s'assurer que les autres
grandes puissances de l'Europe adhéreront à ce nouveau titre ?

Et si elles n'y adhèrent pas, prendra-t-on les armes pour les
y contraindre ? Ou, après avoir rabaissé le titre de consul au-
dessous de celui d'empereur, se contentera-t-on d'être consul
pour les puissances étrangères, tandis qu'on sera empereur
pour les seuls Français ? Et compromettra-t-on pour un vain
titre la sécurité et la prospérité de la nation entière ?

» Il paraît donc infiniment douteux que le nouvel ordre de
choses puisse offrir plus de stabilité que l'état présent. Il n'est
pour le gouvernement qu'une seule manière de se consolider ;
c'est d'être juste, c'est que la faveur ne l'emporte pas auprès
de lui sur les services ; qu'il y ait une garantie contre les dépré-
dations et l'imposture. Loin de moi toute application particulière, toute critique de la conduite du gouvernement ; c'est
contre le pouvoir arbitraire en lui-même que je parle, et non
contre ceux entre les mains desquels ce pouvoir peut résider.

» La liberté fut-elle donc montrée à l'homme pour qu'il ne
pût jamais en jouir ! fut-elle sans cesse offerte à ses vœux comme
un fruit auquel il ne peut porter la main sans être frappé de
mort ! Ainsi la nature, qui nous fait de cette liberté un besoin
si pressant, aurait voulu nous traiter en marâtre ? Non, je ne
puis consentir à regarder ce bien si universellement préféré à
tous les autres, sans lequel tous les autres ne sont rien, comme
une simple illusion ; mon cœur me dit que la liberté est
possible, que le régime en est facile, et plus stable qu'aucun
gouvernement arbitraire, qu'aucune oligarchie.

» Cependant, je le répète, toujours prêt à sacrifier mes plus
chères affections aux intérêts de la commune patrie, je me
contenterai d'avoir fait entendre encore cette fois l'accent d'une
âme libre, et mon respect pour la loi sera d'autant plus assuré,
qu'il est le fruit de longs malheurs, et de cette raison qui nous
commande impérieusement aujourd'hui de nous réunir en faisceau contre l'ennemi implacable des uns comme des autres, de
cet ennemi toujours prêt à fomenter nos discordes, et pour
qui tous les moyens sont légitimes, pourvu qu'il parvienne à
son but d'oppression universelle et de domination sur toute
l'étendue des mers.

» Je vote contre la proposition. »

OPINION *du tribun* Grenier (*et Réplique à* Carnot). —
Même séance.

« Citoyens tribuns, quoiqu'il s'agisse d'un événement qui
intéresse de si près le bonheur du peuple français, mais surtout
celui des générations à venir ; d'un événement qui fixera l'attention de l'univers, parce que les nations en donnent rarement

l'exemple, il serait superflu de se livrer à des grandes dissertations politiques.

» Les quinze ans de révolution que nous venons de parcourir
valent quinze siècles pour l'instruction. Autrefois l'histoire
était invoquée pour se décider dans les cas difficiles ; aujour-
d'hui le grand livre de la révolution nous apprend à distinguer
ce qu'il y a de vérités et d'erreurs dans ce qui nous a été transmis par les anciens; et tout Français, avec un esprit droit,
peu démêler aisément ce qui reste à faire pour affermir les
bases de notre situation politique.

» Aussi les discours des préopinans ne sont ni ne devaient
être des traités de politique ; mais, par un aperçu profond
quoique rapide, par une juste application de faits qui viennent
au secours de l'expérience que nous avons déjà acquise, par
une indication exacte de ce qu'exige l'intérêt national, ils ont
porté une telle conviction dans les esprits, que je me vois
obligé de convertir un discours en quelques observations qui
pourront même n'être regardées que comme la simple expression d'un vœu, qu'à raison de son importance et de ses suites
on est naturellement jaloux de motiver.

» Une réflexion bien rassurante se présente encore à nos
esprits; c'est qu'il est difficile, j'oserai même dire impossible
qu'on ne nous suppose pas la pureté des intentions. Nous pouvons appeler pour garantie de cette vérité les preuves non
équivoques que nous en avons données dans le cours des travaux auxquels nous avons été appelés. D'ailleurs, pouvons-
nous ne pas désirer ardemment le bonheur de nos concitoyens ,
puisque le nôtre est inséparable du leur, puisque la plus douce
idée sur laquelle nous puissions nous reposer est d'y avoir
coopéré? Et tout ce que je viens de dire à ce sujet s'applique
également aux premières autorités de l'Etat.

» La nécessité de fixer héréditairement la suprême magistrature de la République dans la famille du premier consul est
une de ces vérités auxquelles on ne peut refuser son assentiment
lorsqu'on n'est préoccupé par aucun motif étranger à la gloire
et à la tranquillité de l'Etat.

» C'est surtout dans la position où nous sommes que nous
pouvons apprécier toute la sagesse des peuples anciens et
modernes qui pensaient que le bonheur et le repos des grandes
nations tenaient à l'hérédité de leur gouvernement. Cette institution ne peut pas même être attribuée à leur sagacité ; elle
était le résultat d'une expérience constatée le plus souvent par
de tristes essais.

» On voit cette hérédité adoptée par tous les grands peuples
de l'antiquité, par les Babyloniens, les Egyptiens, chez qui

Homère, Pythagore, Lycurgue, Platon, Solon, étaient allés puiser des lumières ; par les Indiens, les Chinois et les Hébreux.

» Elle n'a pas été admise d'abord par les nations du Nord ; mais, dans la suite et à des époques plus ou moins reculées, on y a recouru comme au plus puissant préservatif contre les secousses violentes, contre les déchiremens sanglans qui seraient arrivés, ou qu'on pouvait craindre à chaque mutation. La Pologne s'obstine pour le système d'un pouvoir électif, et la Pologne enfin disparaît de la liste des puissances de l'Europe.

» Aussi en France, le pouvoir suprême y a toujours été héréditaire ; mais, sous la première et sous la seconde dynastie, il fut soumis à la loi du partage comme un bien particulier, et personne n'ignore les désordres affreux qui en résultèrent : il fallut en venir, sous la troisième dynastie, à une hérédité mieux entendue, réunie à l'indivisibilité. C'est cette institution, établie principalement pour l'intérêt des peuples, qui allégea les maux dont on les voit si souvent accablés, et qui contribua puissamment à élever la France monarchique à l'état de grandeur où on la voit à quelques époques. Cet ordre successif n'existe par aucune convention écrite ; il fut produit par un instinct d'intérêt national ; et c'est dans ce sens que le célèbre Jérôme Bignon disait que cette coutume établie *était plus forte que la loi même, cette loi ayant été gravée non dans du marbre ou en du cuivre, mais dans le cœur des Français* (1).

» Quelques personnes pourraient m'opposer que je viens de parler de grandes monarchies, et que la France s'est constituée en république.

» Sans doute la France est et sera toujours une république, c'est à dire, d'après l'acception dans laquelle cette dénomination est ordinairement prise, un état dans lequel les citoyens jouissent des avantages de la liberté civile, où l'on ne voit aucune trace de féodalité, où l'on n'admet d'autres distinctions que celles des vertus et des talens, où l'on ne reconnaît d'autre volonté que celle de la loi, qui est la volonté de tous.

» Mais pourrait-on dire sérieusement qu'un tel état ne puisse pas exister avec une magistrature héréditaire ?

» A Lacédémone on voulait sans doute la liberté politique ; et cependant, dès la naissance même de cette célèbre et éton-

_____

(1) « Voyez le président Hénaut, *Abrégé chronologique de l'histoire de France*, au commencement de la seconde race. »

nante république, on y voit un pouvoir héréditaire , qui encore
avait le titre de roi. Ce n'est donc pas l'hérédité d'un pouvoir
qui exclut la liberté ; elle devient au contraire indispensable
pour la maintenir : l'essentiel est que ce pouvoir soit accompagné d'institutions telles qu'il ne puisse être ni opprimé ni
oppresseur.

» A Rome , lorsqu'une partie des citoyens n'opprime pas les
autres, on les voit tous gémir sous la tyrannie de tous. De
grandes vertus , de grandes actions, un esprit public animé
par un ardent patriotisme, triomphèrent des vices de la constitution politique , et donnèrent à la république l'éclat avec
lequel elle figure dans l'histoire.

» Mais dans combien de circonstances n'y désire-t-on pas
un pouvoir permanent et régulier ! Et n'est-on pas forcé de
convenir que si le patriotisme n'eût pas été souvent changé en
esprit de conquête, cette même Rome, qui dévora presque tout
l'univers , se serait dévorée elle-même ?

» Oserait-on affirmer qu'un pouvoir permanent et héréditaire , constitué dans des idées libérales , eût privé cette république de quelques siècles non pas seulement brillans, mais
encore heureux ?

- » Je ne parle pas de l'empire romain, parce qu'il est trop
évident que tous les vices de son organisation, qui produisirent
tant d'horreurs dont le récit afflige l'âme , ne doivent être
attribués qu'à l'absence d'un pouvoir héréditaire régulièrement
constitué ; et on a lieu d'être étonné que celui de nos collègues
qui vient de combattre la motion , et qui a rappelé ces horreurs, n'en ait pas aperçu la cause.

» Nous pouvons même dire que c'est sur cet exemple mémorable qu'après la chute de la monarchie française il s'est élevé
des sollicitudes à ce sujet dans tous les bons esprits ; mais , pour
l'intérêt même de la vérité, il faut attendre le temps où elle
puisse être utilement proclamée. D'ailleurs , où était l'homme
à qui on pût conférer un titre qui imposât de si grands devoirs,
qui pût porter dignement le fardeau le plus honorable , mais
aussi le plus pesant, et dans la famille duquel on pût le transmettre ? Heureusement cet homme existe avec toutes les qualités qui constituent un héros ; il est puissant par son génie,
grand par ses exploits, fort de l'amour des Français. La renommée l'a fait connaître à toutes les nations ; l'histoire le fera
passer aux générations les plus reculées comme un des plus
grands capitaines du monde, comme grand homme d'état, et
législateur d'un grand peuple ; et les Français peuvent se livrer
avec sécurité à l'espoir de continuer de jouir du bonheur et de
la gloire qu'ils ont acquis par tant de peines et de sacrifices. La

famille dans laquelle le gouvernement sera héréditaire sentira
tous les devoirs que lui imposent un si grand modèle d'un
côté, et un aussi loyal dévouement d'un autre.

» Le droit qui a été donné au premier consul d'élire son
successeur ne peut suffisamment rassurer contre les entreprises
des hommes puissans ou des factieux qui pourraient oser encore
nous replonger dans les troubles : l'élection se montre trop
comme une faculté particulière; elle se détache trop aisément,
dans l'esprit, de l'origine du droit dont elle n'est que l'exécution. Il n'y a que l'hérédité, qui sera regardée comme loi fondamentale de l'Etat, qui puisse être une barrière insurmontable contre toutes les ambitions : ce ne sera pas un droit de
famille; ce sera celui de la nation.

» Enfin, l'hérédité dans la famille du héros qui a acquis
tant de droits à la confiance et à l'amour des Français, indépendamment de tant de considérations, deviendrait nécessaire
quand il ne s'agirait que d'éloigner sans retour les prétentions
d'une maison qui se repaît d'espérances chimériques, mais qui
ne peut ignorer qu'il est écrit dans le cœur des Français qu'elle
ne peut ni ne doit plus régner en France. Qui voudra jamais
consentir que la patrie soit exposée à un débordement de vengeances, de passions dévastatrices, à toutes les calamités enfin
qui suivraient le retour, ou, pour mieux dire, la conquête que
serait obligée de faire une famille qui en est la plus mortelle
ennemie, qui ne pourrait y voir que des sujets et des victimes?
Que l'exemple que la famille des Stuarts a donné au monde
ne soit pas perdu pour nous !

» J'adhère à la motion qui a été faite par notre collègue
Curée. »

RÉPLIQUE de Carion-Nisas *au discours de Carnot. —
Même séance.*

« Citoyens tribuns, j'ai besoin de toute l'indulgence de
l'Assemblée, ne portant à cette tribune que quelques notes
recueillies à la hâte pendant le discours du citoyen Carnot,
dans lequel j'ai observé quelques erreurs que je crois pouvoir
réfuter.

» Je me ferai aussi un devoir de la plus exacte modération,
et du seul langage qui convient au caractère dont nous sommes
revêtus.

» Le citoyen Carnot craint que les mesures qu'on propose,
la nomination d'un empereur et l'institution de l'hérédité, ne
soient la destruction totale et absolue de la République, et que
ceux qui appuient ces mesures n'aient l'intention ou du moins

le malheur de livrer la liberté et la patrie en proie à un despote.
Quoi ! parce que le premier magistrat s'appellera *empereur*,
parce qu'il sera *héréditaire*, il n'y aura plus en France ni patrie ni liberté ! Nous n'aurons donc ni loi ni pacte social ! Et,
selon son opinion, ces premiers besoins des peuples sont incompatibles avec telle dénomination et telle forme de magistrature suprême ! Ainsi ne pensait pas J.-J. Rousseau, ce zélé
républicain ; il a dit formellement que tout gouvernement légitime, c'est à dire régi par les lois, était républicain. Eh ! qui
parle ici de mettre un homme au-dessus des lois ?

» Salluste avait eu longtemps avant la même pensée, et il
s'explique très clairement en parlant du gouvernement des
premiers rois de Rome ; c'était, dit-il, un gouvernement
légitime avec un titre royal : *imperium legitimum*, *nomen
imperii regium*, *habebant*.

» Quel gouvernement est plus légitime que celui qui se propose, s'organise, s'accepte, se consent avec la liberté, la maturité, la solennité qui ont précédé, qui ont inspiré les mesures
que nous adoptons, et qui président à leur discussion ?

» Le citoyen Carnot croit voir revenir l'ancienne royauté de
France, la royauté féodale, propriétaire. Avec un peu de réflexion il est cependant facile d'apercevoir qu'entre cette espèce
de royauté et la forme d'empire que nous proposons il y a
autant de différence qu'entre la lumière même et les ténèbres.

» La royauté procédait, par la prise de possession du territoire, à l'envahissement du corps même des hommes qui
l'habitaient : *homines potestatis addicti glebæ* : c'était sur
cette monstrueuse fiction qu'elle établissait ses droits, les
titres, le jeu de son gouvernement.

» Le roi des Français, tel que voulut le faire l'Assemblée
constituante ; l'empereur de la République française, tel que
nous voulons l'établir, n'est le propriétaire ni du sol ni de
ceux qui l'habitent : il est le chef des Français par leur volonté ;
son domaine est moral, et aucune servitude ne peut légalement
découler d'un tel système.

» Enfin, pour me faire entendre par une comparaison prise
dans le droit civil et appliquée au droit politique, l'autorité
du roi de France, cette autorité originairement toute féodale,
ressemblait au domaine matériel d'un citoyen, et originairement aussi le royaume se partageait entre les enfans du roi.

» Au contraire, l'empire, cette autorité toute morale, toute
légitime que nous établissons, ressemble au droit de tutelle
dans les familles, lequel ne suit point le bien, ne saurait se
partager, va toujours à celui qui est présumé le plus digne,
par une marche certaine et indépendante de toute volonté, et

enfin est de sa nature purement spirituel , et aussi inoppressif qu'il est indivisible.

» Le citoyen Carnot semble croire que le résultat auquel nous touchons est de longue main préparé par le premier consul , avec un art aussi adroit qu'une volonté constante et infatigable. Cependant il est vrai, et j'en atteste tous ceux qui peuvent avoir les mêmes connaissances de détail que moi , j'atteste que le premier consul a été le dernier à entrer dans cette sorte de conspiration sainte en faveur de la patrie, conçue depuis le 18 brumaire par un petit nombre dont je m'honore d'avoir fait partie; petit nombre qui s'est successivement grossi, et qui est devenu bientôt une innombrable multitude; le peuple français enfin , auquel il est désormais impossible de ne pas obéir.

» Il est vrai qu'on a caché d'abord, montré ensuite avec ménagement le but qu'on voulait atteindre ; précaution nécessaire pour marcher sûrement , et pour arriver à bon port. Il y avait, et le citoyen Carnot en est encore un exemple, beaucoup de citoyens, dont le nombre a tous les jours diminué , qui, pleins de préjugés et d'erreurs révolutionnaires, n'avaient pas mûri les leçons de la réflexion et de l'expérience , et qui n'étaient pas encore capables de recevoir la vérité. C'est ainsi qu'on rend, avec des ménagemens délicats, la lumière du jour à un malade qui en a été longtemps privé.

» Au milieu de ce mouvement des opinions saines qui avançaient , des opinions erronées qui revenaient sur elles-mêmes , le premier consul a montré une résistance et une répugnance aussi sincère que longtemps invincible au résultat dont il sent aujourd'hui la nécessité.

» Il l'a senti le dernier; et , depuis quelques jours à peine, forcé par le cri public, vous le voyez publier ces adresses qui depuis six mois lui arrivent en foule de toutes les parties de la République, appuyées des vives sollicitations de tous les magistrats et de tous les fonctionnaires publics , et qu'il a longtemps retenues captives.

» Les alarmes inspirées par les assassinats tentés contre la personne du premier consul, par la perspective des maux affreux qui s'en seraient suivis , ont mûri toutes les résolutions , pressé toutes les mesures.

» Le premier consul est ambitieux de gloire; il en est jaloux; mais il s'en faut de beaucoup qu'il traite le pouvoir comme la gloire. Un mot de lui , un mouvement de cette grande âme qu'il faut révéler à la patrie , rendra cette vérité plus palpable que les détails et toutes les assertions que je pourrais ajouter.

» Un jour le premier consul parlait avec la plus profonde sensibilité des malheurs de la révolution. Quelqu'un sembla vouloir

combattre son émotion par le tableau des résultats de cette grande
crise : « Et enfin, lui dit-il, citoyen consul, ce n'est pas à
» vous à vous affliger de la révolution ; sans elle vous ne seriez
» pas au rang où vous êtes, et vous n'auriez pas eu l'occasion
» d'acquérir cette gloire immense dont vous êtes couvert. »

« Eh ! plût à Dieu, s'écria Bonaparte, que la France n'eût
» jamais entendu parler de moi, et que son gouvernement
» n'eût jamais fait de telles fautes, et son peuple éprouvé de
» tels malheurs ! »

» Non, l'homme dont le cœur a laissé échapper ces paroles,
que je confie à l'histoire, ne voit dans l'accroissement de son
pouvoir que des moyens nouveaux de félicité publique ; il ne
cherche dans sa grandeur que la gloire de la nation ; il accepte
le rang qu'on lui confie, et il n'en a pas eu soif : une certaine
ambition est au dessous de certains caractères.

» Le citoyen Carnot a voulu nous effrayer par l'exemple
des Césars et des désordres de l'empire romain. Une partie très
remarquable de l'opinion de notre collègue Grenier a pleine-
ment répondu à cette crainte si peu fondée, et à cette comparaison si peu juste. En effet, le grand malheur, comme il l'a
très bien remarqué, le grand vice de l'autorité des Césars
vint de ce qu'elle n'était pas héréditaire : l'adoption y corrompait tout, l'élection y troublait tout ; et ce sont précisément les inconvéniens auxquels s'oppose le plus directement
le système que nous voulons introduire aujourd'hui. En per-
sistant dans un système à peu près semblable à celui de Rome,
la Pologne a été détruite ; en adoptant à peu près le nôtre, la
Russie a fait un grand pas vers la conservation.

» J'ajouterai que le mal vint surtout, à Rome, de l'hypocrisie ou de la pusillanimité d'Auguste, qui affecta de ne rien
changer dans la dénomination des institutions républicaines,
tout en retenant une autorité d'autant plus absolue qu'elle était
vague, sans limites connues, sans aveu public.

» De là suivit la position fausse et désastreuse où se trouvèrent ses successeurs vis à vis des peuples, et les peuples vis
à vis de ses successeurs. On conspirait contre les Césars au nom
d'une république qui n'était pas légalement détruite, et eux
s'opposaient aux conspirations au nom d'une monarchie qui
n'était pas légalement établie ; de sorte qu'on mettait beaucoup d'audace et de force à les attaquer, eux beaucoup de
fureur, de violence, de cruauté à prévenir ou repousser l'attaque. Voilà pourquoi il y eut à Rome, sous les Césars, tyrannie immodérée, immodérée servitude ou furieuse révolte,
et qu'enfin tout dépendit dans l'Etat du caractère personnel du
prince, ce qui est un danger toujours imminent.

» Le citoyen Carnot est remonté ensuite à la république ro‑
maine, et nous a fait voir un parfait gouvernement et une
liberté sagement conservée dans ce vaste état. Sans doute il de‑
vint immense; mais, à mesure qu'il s'agrandit, que devint sa
démocratie? Ne sentit‑il pas la nécessité d'un gouvernement
ferme, du gouvernement d'un seul? Le citoyen Carnot en con‑
vient, et il admet le remède temporaire de la dictature. Tem‑
poraire...; oui, pour le peuple, qui ne prétend pas l'établir
autrement que pour un temps très court, mais éternel pour
un dictateur habile et ambitieux; passage sanglant de la licence
démagogique à un empire improvisé et sans constitution, c'est
à dire à un véritable despotisme.

» Le citoyen Carnot à reproché au système héréditaire un
inconvénient réel et impossible à nier. Il est certain que ces
sortes de gouvernement font quelquefois entrer les peuples
dans des intérêts domestiques et leur font épouser des querelles
de famille. Voilà sans doute un danger véritable : et quelle
chose humaine n'en a pas! Mais ces intérêts au moins ont
quelque réalité, quelque utilité pour les peuples eux‑mêmes;
et ce danger est moindre que le danger où sont exposés les gou‑
vernemens populaires d'épouser les passions, les querelles et
les intérêts personnels de leurs magistrats.

» Périclès n'était pas un prince héréditaire, et, pour
une insulte faite à Aspasie, la Grèce républicaine fut en feu.

» Dans les plus beaux temps de la république romaine,
le peuple, épousant tantôt l'intérêt d'un tribun, tantôt celui
de tout autre factieux, donnait des alarmes perpétuelles au
Sénat : le Sénat à son tour, immolant le peuple à son propre
intérêt et à sa propre querelle, le lançait au dehors, le jetait
sur les voisins offensifs ou inoffensifs; et le prétexte d'une guerre
étrangère ne manquait jamais quand le Sénat craignait quelque
discorde civile, et le sang du peuple coulait toujours.

» Ceci me ramène aux considérations que le citoyen Carnot
a mises en avant relativement aux puissances étrangères.
Certes il suffit des simples lumières du bon sens pour sentir
qu'elles aimeront mieux mille fois un gouvernement analogue
à leur propre gouvernement qu'un gouvernement toujours
menaçant; parce que son principe serait opposé, et par con‑
séquent ennemi. Le gouvernement d'un seul a pour garantie
au dehors la sagesse, la maturité, l'expérience du prince;
il n'y a ni sagesse, ni maturité, ni expérience dans un prince
sans cesse renouvelé, et cette éternelle effervescence des gou‑
vernemens populaires, en proie à toutes les passions, menace
et choque sans cesse tous les intérêts de voisinage, et boule‑
verse toutes les relations de politique extérieure.

» Et ceci me rappelle le mot profond et prophétique d'un homme d'état (1), serviteur de la maison d'Autriche, à qui, vers les temps de la plus grande effervescence révolutionnaire, on demandait s'il croyait sérieusement, avec les armées allemandes, remettre sur le trône de France la maison de Bourbon, et s'il ne valait pas mieux laisser la République tranquille et se gouverner comme elle voudrait.

« Nous savons bien, répondit ce sage politique, que nous
» ne ferons pas accepter à la France des maîtres qu'elle ne
» veut plus; nous savons bien aussi que ses armées, toutes
» récentes et inexpérimentées qu'elles sont, battront plus d'une
» fois les nôtres, et nous causeront de grandes pertes. Nous
» supporterons ces revers, et nous continuerons à nous battre,
» tantôt en avant, tantôt en retraite, selon la fortune. Au
» bout de quelques années il s'élèvera nécessairement en France
» un général, homme d'état, qui s'emparera du gouvernement;
» qui ramènera toutes choses à une forme régulière; et alors
» nous ferons la paix avec lui : elle serait impossible, elle serait
» frivole avec une ochlocratie qui menacerait toujours d'incen-
» dier l'Europe. »

» J'avoue que cet homme d'état me paraît plus prévoyant et plus sage que notre collègue, qui nous propose de nouveau sérieusement l'exemple des Etats-Unis de l'Amérique.

» Ce n'est pas la première fois que cet exemple est proposé; ce n'est pas la première fois qu'il est combattu.

» Lors de la fuite honteuse et perfide du dernier roi à Varennes, on proposa (c'était Vadier) à l'Assemblée constituante l'exemple du gouvernement américain, et on invita cette Assemblée à en donner à la France un semblable.

» Barnave s'éleva contre cette proposition. Pourquoi cette victime si regrettable des proscriptions décemvirales n'a-t-elle pas été préservée, et ne peut-elle pas ici répondre avec cette éloquente facilité que nous avons tant admirée! ou que n'ai-je assez bien retenu ses argumens et ses paroles pour pouvoir les reproduire à notre collègue! Si je m'en souviens, il disait:
« qu'une population rare sur un sol immense; un peuple neuf
» sur une terre vierge; un peuple dont l'activité sera longtemps
» facilement assouvie par des moyens aisés et nombreux de
» travail et de subsistance; un état isolé sur son vaste hémis-
» phère, entouré d'une ceinture d'impénétrables forêts et de
» vastes mers, ne pouvait se prêter à aucune comparaison avec
» un état placé au milieu de la vieille Europe, pressé entre

_____

(1) M. de Merci d'Argenteau.

» des peuples entreprenans et inquiets, inquiet lui-même et
» entreprenant comme-tous les peuples nombreux et policés
» chez qui les moyens de subsistances sont précieux, et rares
» en proportion de leur luxe et de leur population. »

—» Voilà ce qu'il disait à peu près, et ce qui fit sur l'Assemblée constituante une impression si favorable, qu'il n'y fut
plus question de la proposition d'un gouvernement présidental
ni fédéral.

» C'est à la sagesse de cette Assemblée constituante sur ces
grandes matières qu'il en faut souvent revenir, et c'est à l'Assemblée constituante et à son origine que me reporte naturellement une autre objection du citoyen Carnot, qui craint que le
vœu émis pour le consulat à vie, ou à émettre pour l'empire,
n'ait été ou ne soit susceptible de recevoir quelque influence.

» Quelle influence autre que celle de la raison, que celle de
la sagesse, du véritable patriotisme, agit sur les assemblées
bailliagères, qui voulaient, quand on leur fit appel, ce que
nous voulons aujourd'hui? C'est alors que le vœu du peuple eut
une incontestable liberté : c'est depuis que ce vœu a été frelaté
en tout sens.

» Rappelez-vous, mes collègues, cette femme célèbre dans
les anecdotes de l'antiquité. Se trouvant mal jugée par le roi
Philippe, qui était dans un état d'ivresse, elle en appela de
Philippe ivre à Philippe à jeun. Hé bien, les assemblées qui ont
suivi l'Assemblée constituante ont fait tout le contraire : après
avoir enivré le peuple de toutes sortes de passions furieuses,
elles l'ont interrogé, ou plutôt elles l'ont fait parler ; elles ont
appelé de Philippe à jeun à Philippe ivre.

» Nous revenons au calme, à la tranquillité, à la sagesse
d'un premier vœu ; les ivresses sont dissipées, et nous nous
retrouvons dans notre état naturel.

» Le citoyen Carnot se plaint que la presse n'est pas assez
libre. Il sait ou il doit savoir combien cette liberté est funeste,
combien promptement elle dégénère en licence ; et je le ren-
voie, pour les excellentes raisons que je pourrais donner, au
message du Directoire qu'il signa dans le temps pour en demander la limitation.

» Quant à la liberté d'émettre son opinion sur toute matière,
le citoyen Carnot est un exemple vivant qu'il n'y a ni difficulté
ni danger à l'émettre tout entière. Il a voté, comme il vient de
vous le rappeler, contre le consulat à vie : en a-t-il depuis
siégé parmi nous avec moins de paix et de sécurité ?

» Il vient d'émettre, et d'émettre seul, une opinion contraire à celle de tous ses autres collègues. Ce serait partout une
sorte de témérité : a-t-il été entendu avec moins de calme et

de respect que ceux dont l'opinion jouissait de la faveur de l'Assemblée ?

» Enfin, il me semble que le citoyen Carnot devrait, plus que personne, être intimement ramené par la réflexion et l'expérience, et, si j'ose le dire, par ses malheurs et par ses fautes, aux sentimens qui dominent dans cette Assemblée et dans la nation. Dans un premier système de démocratie le citoyen Carnot a eu le malheur d'être exposé à siéger parmi des proscripteurs ; dans un autre système il a été lui-même proscrit ; et le gouvernement contre l'achèvement duquel il s'élève est celui-là même qui se félicite de l'avoir retiré de la proscription. »

RÉPONSE *du tribun* Chabot (de l'Allier) *à un passage du discours de Carnot. — Même séance.*

« Tribuns, je ne parlerai pas en ce moment sur les questions importantes soumises à votre discussion ; je ne suis monté à cette tribune que pour répondre à un passage de l'opinion que vient d'émettre le citoyen Carnot.

» *Il y eut*, à dit le citoyen Carnot, *une arrière-pensée lorsqu'on proposa le consulat à vie.*

» Oui, je le déclare franchement, les propositions de notre collègue Curée ne sont que le développement, elles sont la pensée tout entière de la proposition que je fis à la séance du 16 floréal an 10, et que le Tribunat convertit en vœu national.

» Oui, nous voulions alors ce qu'on va faire aujourd'hui. Les amis de la patrie nous entendirent bien, et ils unissaient leurs vœux au nôtre.

» Alors, comme aujourd'hui, le moment était favorable pour consolider le gouvernement, et pour assurer, par des institutions fixes et permanentes, la tranquillité du peuple.

» La paix était signée avec toutes les puissances du continent ; elle venait d'être conclue avec l'Angleterre ; elle était établie au dedans comme au dehors.

» Le prestige des vaines théories s'était dissipé ; une longue et fatale expérience avait signalé nos erreurs politiques, et tous les Français étaient réunis autour d'un chef vainqueur et pacificateur, aussi grand à la tête de l'administration qu'à la tête des armées.

» Des considérations qu'il ne m'appartient pas de juger, et plus encore la magnanime générosité du premier consul, arrêtèrent l'élan national. On ne proposa qu'une mesure insuffisante, et cependant elle fut accueillie avec enthousiasme, parce qu'elle était un pas avancé vers le but principal, et qu'elle don-

nait l'espoir prochain d'une organisation complète et définitive.

» Nous n'avons que trop longtemps attendu. Le peuple est
las de tous ces gouvernemens provisoires qui, se culbutant les
uns les autres, ont constamment compromis son repos et son
existence. Il manifeste aujourd'hui sa volonté de la manière la
plus positive : elle éclate de toutes parts ; elle nous presse ; elle
commande : on ne peut plus lui résister.

» Ceux qui feignent de la méconnaître, et qui s'opposent
au gouvernement héréditaire, voudraient-ils rétablir la Constitution de 1793, ou celle de l'an 3 ?

» Nous, tribuns, qui n'avons d'autre passion que l'amour
du bien public, terminons l'ouvrage commencé le 18 brumaire
an 8, fortement avancé le 16 floréal an 10, et mettons enfin la
dernière pierre à l'édifice social !

» Je vote pour la motion d'ordre de notre collègue Curée. »

Discours *du tribun* Arnould (*et Réplique à Carnot*). — *Même séance.*

« Citoyens tribuns, avant d'entrer en matière., je ne puis
me défendre de réflexions pénibles, ni d'exprimer toute ma
surprise de l'opinion de notre collègue Carnot.

» Quelle est donc cette fâcheuse destinée qui poursuit notre
collègue dans toutes les périodes de sa vie politique! lui qui,
placé au Directoire pour y prévenir d'infâmes complots, paraît
encore à peine persuadé des liaisons conspiratrices de Pichegru
au 18 fructidor, liaisons qui ont renouvelé les proscriptions,
et mis la France en péril, si elle n'eût été sauvée par le héros
du 18 brumaire ! Et aujourd'hui notre collègue retarde l'émission d'un vœu que réclame la nation française, et que commandent la terreur du passé et les craintes de l'avenir !

» Fatales perceptions, que celles qui nous réduisent à opiner
ou à agir continuellement en sens contraire des intérêts d'une
grande nation!

» J'aborde la question importante qui nous occupe. Ce que
j'ai à dire et la suite de la discussion répondront aux erreurs
de notre collègue comme *publiciste*, relativement au pouvoir
impérial romain et au *système représentatif des modernes.*

» Citoyens tribuns, il est des instans décisifs pour les glorieuses destinées des empires comme pour le sort des individus.
Ce moment ne le laissons pas échapper dans la nuit des siècles.
L'impatience de tous les Français, l'ardeur héroïque des guerriers, la garantie des institutions civiles et militaires, la permanente périodicité de la représentation nationale, les accla-

mations qui partent de tous les points de l'Empire français pour
fixer l'hérédité du pouvoir exécutif en France dans la famille
du premier consul Bonaparte, tout nous commande de déférer
au désir national en concourant, en vertu de notre prérogative, au vote de cette hérédité.

» Je n'ajouterai, citoyens tribuns, aux grands et beaux
développemens qui vous ont déjà été présentés, que des considérations générales, mais également décisives.

» Ces considérations embrassent trois points fondamentaux.

» *Les Bourbons sont-ils à jamais déchus du pouvoir
exécutif en France?*

» *Le pouvoir exécutif en France sera-t-il héréditaire
dans la famille du premier consul Napoléon Bonaparte?*

» *Quelle garantie obtient la nation dans le changement de
dynastie?*

» **Et d'abord,** *les Bourbons sont-ils à jamais déchus du pouvoir exécutif en France?* Je répète avec tous les Français :
Oui ! oui ! Et en effet, qui peut prendre intérêt au rétablissement d'une famille qui s'est dégradée aux yeux de l'Europe
entière, soit en abandonnant par impéritie et par lâcheté le
gouvernement et le sol français, soit en appelant pendant quinze
années le meurtre et le carnage sur la nation française, soit en
contemplant froidement et activant même sur nos frontières et
sur nos côtes le massacre du petit nombre de leurs partisans
égarés ! Qui peut désormais en France s'armer pour les derniers des Bourbons, condamnés à mendier l'or de l'Angleterre,
et même à le gagner, en livrant à cet ennemi éternel du nom
français notre armée, nos flottes, nos villes, nos champs, nos
moissons, notre commerce, et toutes nos institutions civiles,
militaires et politiques ?

» Je ne dis pas : *nul ne peut rien effectuer en France en
faveur des derniers Bourbons,* dégradés ; mais je dis : *nul
n'est disposé, sous aucun rapport d'intérêt ni de préjugé, à rien
désirer pour une dynastie qui se complaît dans le mépris universel.* Les Français, réconciliés eux-mêmes, accessibles aux
idées généreuses de l'antique renommée militaire des Français,
doivent à jamais méconnaître d'indignes chefs qui les ont cruellement abandonnés à une affreuse misère chez l'étranger.

» D'un autre côté, ces mêmes Français, réconciliés comme
propriétaires, et disposés à faire partie des nouvelles institutions des Français, sont également appelés sous de nouveaux
chefs magnanimes à recommencer les hautes destinées de la
France, et à les voir porter au plus haut degré de gloire.

» Quant à la nation française, considérée dans l'universalité

des citoyens, les dernières conspirations et les révélations
qu'elles nous ont procurées dans les menaces des derniers Bourbons doivent suffisamment apprendre ce que la généralité des
citoyens devait obtenir si les complots eussent été réalisés ; et,
dans la conviction de la politique exterminatrice des derniers
des Bourbons, les huit millions d'acquéreurs de domaines nationaux, les nombreux fonctionnaires publics successivement
employés depuis 1789 dans tout le système administratif ou de
la représentation nationale, et les cinq cents mille guerriers,
illustres défenseurs de la patrie, tous repoussent inexorable-
ment l'affreuse anarchie, et deux siècles d'horribles guerres
civiles qu'entraînerait le retour au système féodal.

» Les Capétiens n'ont jamais voulu sincèrement en affranchir
la nation, non plus qu'assurer la permanence et la périodicité
des états généraux ou de la représentation nationale.

« Sous Charles VI, c'est au milieu des exécutions dont Paris
» et la France voyaient tous les jours renouveler l'infâme spec-
» tacle, que ce roi, supprimant les officiers municipaux de la
» capitale, défendit aux bourgeois, sous peine de la vie, toute
» espèce d'assemblée, les priva de leurs droits de commune,
» rétablit les impôts qui avaient été levés par son père sans le
» consentement des états, et donna à ses élus et à ses conseil-
» lers des aides un pouvoir arbitraire. » (1)

» Les leçons de l'histoire, comme l'intérêt national, sanc-
tionnent donc la déchéance des Bourbons.

« *Le pouvoir exécutif en France doit-il être héréditaire
dans la famille du premier consul Bonaparte?* Je ne connais
rien de plus précis ni de plus concluant sur les avantages qu'a
le système d'*hérédité* sur le système électif que ce que dit sur
la France même l'un des députés aux états généraux d'Orléans
et de Blois, en 1560 et 1588. (2)

« En toutes monarchies électives, dit-il, il y a un danger
» qui advient toujours ; c'est qu'après la mort du roi l'Etat
» demeure en pure anarchie, sans roi, sans seigneur, sans
» gouvernement, et au hasard de sa ruine, comme le navire
» sans patron, et qui doit son naufrage au premier vent;
» cependant les voleurs et meurtriers assassinent comme il leur
» plaît, avec espérance d'impunité. Aussi lisons-nous que,
» pendant les élections des sultans d'Egypte, le pauvre peuple
» et les meilleures villes de tout le pays étaient saccagées par les

---

(1) Mably, *Observations sur l'Histoire de France.*
(2) Jean Bodin.

» mamelucks. Si on dit que cependant on établira un gouver-
» neur, je dis qu'il n'y aura pas moins de difficultés qu'à
» faire un roi...

» Mais posons le cas qu'il se fasse sans contredit, sans assem-
» bler les états, auxquels appartient de nommer le gouverneur,
» qui sera garant de sa foi? Qui l'empêchera d'envahir l'Etat,
» l'ayant en sa puissance? Qui est-ce qui le désarmera s'il ne
» veut? On a vu comme s'y porta Gustave, père de Jean de
» Suède, qui de gouverneur se fit roi sans attendre l'élection.
» Et on laisse le gouvernement au Sénat, comme il se fait en
» Pologne, et se faisait à Rome anciennement : le danger n'est
» pas moindre que cependant les plus forts ne s'emparent des
» forteresses. Quant aux guerres des Romains et puis des Alle-
» mands, advenues pour les élections des empereurs, toutes
» leurs histoires ne sont pleines d'autre chose, où chacun peut
» voir le piteux spectacle des villes saccagées, des provinces
» pillées et fourragées des unes ou des autres...

» Encore y a-t-il un autre inconvénient, c'est que le plus
» beau domaine public est tourné en particulier, comme il
» s'est fait du domaine Saint-Pierre et de l'empire d'Alle-
» magne; car les princes élus, sachant bien qu'ils ne peuvent
» laisser l'Etat à leurs enfans, font leur profit du public par
» venditions et donations. »

» Mais, l'hérédité reconnue comme système préférable pour
la stabilité du gouvernement français, quel homme illustre,
quelle famille accréditée en Europe doit être élevée à cette
éminente dignité?

» Tribun français, je répondrai comme le pape Zacharie le
fit à Pépin : *Celui-là qui porte avec gloire tout le poids des
affaires d'une grande nation est seul digne du rang suprême.* (1)

» Ce grand homme, l'histoire l'a déjà nommé, c'est NAPO-
LÉON BONAPARTE ! Les contemporains le béniront, et il sera
l'admiration de la postérité la plus reculée, encore moins par
la gloire qu'il s'est acquise que pour l'avoir fait tourner à la
pacification de la France et au repos de l'Europe. Bonaparte a
mérité et justifié le titre d'*empereur* ou de *victorieux*, que la
nation va se complaire à lui décerner avec la stipulation fondamentale d'hérédité dans sa famille, dont les membres sont
illustrés par d'importans services dans l'armée, dans les négociations et dans les délibérations publiques.

---

(1) *Anciennes Annales des Francs*, et *Annales de Fulde*. Dom
BOUQUET.

» *Quant à la garantie pour la nation*, cette garantie réside sur une base fondamentale, sa participation au *pouvoir législatif*, et le droit *inaliénable*, qu'elle exerce par ses délégués, de délibérer publiquement l'impôt, de le voter, et *de requérir toutes pièces originales des recettes et des dépenses publiques, pour motiver dans tous les temps la confiance.*

» Je dis participation *inaliénable* au pouvoir législatif et au vote libre et public de l'impôt, parce que ce droit les Francs l'apportèrent des forêts de Germanie, et qu'ils l'exercèrent même sous le gouvernement conquérant et politique de Clovis et de Charlemagne.

» Mais « Charlemagne oublia d'affermir la puissance publique »'sur une base inébranlable. Il fallait, par une loi fonda-»''mentale, fixer l'ordre de la succession au trône, rendre » inviolable l'autorité souveraine, et proscrire à jamais le » partage de la monarchie. Il fallait déclarer, par une loi » solennelle, que, tous pouvoirs n'existant que pour l'intérêt » commun, cet intérêt s'oppose à leur *aliénabilité*. Quelles » effroyables calamités ce petit nombre de lois constitutives » eût épargnées aux générations suivantes ! » (1)

» Je dis aussi *inaliénable*, parce qu'après que le système féodal, fruit de l'imprévoyance de Charlemagne et de l'incapacité de ses successeurs, commença à se briser, les Français cherchèrent à reconquérir leurs droits à la *puissance législative et au vote libre de l'impôt*, d'abord par des privilèges de bourgeoisie, ensuite par l'affranchissement des communes, par les états provinciaux ou particuliers, enfin par l'admission des députés de toutes les classes de citoyens aux *états généraux*.

» Je dis encore *inaliénable*, parce que si les derniers Bourbons ont été cent dix-huit ans sans convoquer d'*états généraux*, le comble des abus et des malheurs publics, et les grandes catastrophes dont ils sont justement les victimes, démontreront à la postérité qu'on ne viole pas impunément les droits sacrés qu'a une nation libre au pouvoir législatif et au vote libre de l'impôt.

» Je dis enfin *droit inaliénable*, parce que toutes les classes de citoyens chargèrent en 1789, expressément, leurs députés aux états généraux de prononcer la permanence et la périodicité du *pouvoir législatif*, et que toutes les instructions s'accordèrent à demander le vote annuel et libre de l'impôt.

_____

(1) Résumé des cahiers et pouvoirs aux états généraux de 1789. *Discours préliminaire.*

« Cette garantie, que la nation s'est toujours réservée, et qu'elle exerce dans ce moment, se consolide donc en rendant héréditaire le pouvoir exécutif en France dans une famille dont les services, la gloire et la fortune ont pour origine ce principe fondamental de la liberté française ; principe exercé ou reclamé, dans la prospérité comme dans l'adversité, pendant treize cents ans ; principe cimenté de nouveau aujourd'hui durant quinze années par les triomphes des héros et le sang d'un million de Français.

« Enfin, la garantie de la nation dans l'exercice du pouvoir législatif, et le vote annuel et libre de l'impôt étant identique avec les titres qui conduisent au rang suprême Napoléon Bonaparte et sa famille, et l'union intime de cette illustre famille avec l'universalité des citoyens français, avec nos institutions civiles, politiques et militaires, devant assurer la stabilité du gouvernement, et devenir le germe de la prospérité publique en France, je vote pour l'examen par une commission de la motion d'ordre de notre collègue Curée. »

RAPPORT *fait au Tribunat par* Jard-Panvilliers, *au nom de la commission* (1) *chargée d'examiner la motion d'ordre du tribun* Curée. — *Séance du* 13 *floréal an* 12.

— « Citoyens tribuns, après dix ans d'efforts inutiles pour se donner un gouvernement stable et régulier, la France allait être de nouveau livrée aux fureurs des partis et aux désordres de l'anarchie, lorsqu'elle vit luire la journée à jamais mémorable du 18 brumaire an 8. Dès lors tous les cœurs se livrèrent à l'espérance.

» Un héros qui avait déjà rempli l'univers du bruit de ses exploits militaires et de la profondeur de ses vues politiques dans les divers traités qu'il avait conclus en Italie, et dans le gouvernement de ses conquêtes d'Egypte, était accouru des bords du Nil aux rives de la Seine à la voix de la patrie éplorée. Conduit par le génie tutélaire de la France à travers des flottes ennemies, il avait touché le sol de la République au moment même où des factieux se disposaient à y rétablir le règne affreux de la terreur. Son nom seul pouvait leur imposer ; il devint l'objet des espérances de tous les bons citoyens. Tout ce qu'il y avait d'hommes amis de leur pays dans les pro-

(1) *Membres de la commission :* Curée, Sahuc, Jaubert (de la Gironde), Duveyrier, Duvidal, Gillet (de Seine-et-Oise), Fréville, Carion-Nisas, Savoye-Rollin, Albisson, Grenier, Delaitre, Chabaud-Latour, Fabre, Jard-Panvilliers, Faure, Siméon, Arnould.

mières autorités de l'Etat se rallia autour de lui, et sentit la nécessité de lui remettre les rênes du gouvernement. Il les saisit d'une main ferme, mais avec tous les ménagemens que commande une politique sage et éclairée.

» Il introduisit l'esprit de modération dans le gouvernement, et le premier usage qu'il fit de l'autorité qui lui était confiée fut de proposer aux puissances étrangères de mettre un terme aux maux de la guerre qui depuis dix ans ensanglantait l'Europe. Des propositions de paix de la part d'un héros qui n'avait jamais connu de défaites que celles de ses ennemis, étaient bien propres à rassurer les gouvernemens sur les projets de conquêtes et de bouleversement qu'on supposait à la France ; mais les passions qui avaient allumé le feu de la guerre étaient encore trop exaspérées pour que ces propositions fussent accueillies. Il fallut recourir encore à la force des armes, et cette nécessité donna lieu à ce prodige militaire, à cette campagne de Marengo, monument éternel de la valeur des Français et de l'habileté de leur chef, qui, par une marche aussi audacieuse que savamment combinée, s'empara de tous les magasins de l'ennemi, et le força par une seule victoire à lui remettre toutes les places fortes du Piémont et de la Lombardie.

» Depuis longtemps il avait accoutumé les peuples à ses succès ; mais celui-ci parut si fort au-dessus de tout ce que l'histoire nous apprend des triomphes des plus grands capitaines, et de ses propres victoires, qu'il excita une admiration universelle, et fit sentir aux puissances coalisées qu'elles tenteraient inutilement de vaincre une nation qui dès lors se crut elle-même invincible sous un tel chef.

» Toutefois le fléau de la guerre ne fut encore suspendu que pour quelques instans ; mais la gloire militaire du premier consul de la République, son administration intérieure, la dignité et la modération qu'il mettait dans ses rapports avec les autres gouvernemens, inspirèrent tant de confiance à la nation, que la sécurité renaquit dans l'esprit de chaque citoyen, que le commerce reprit son activité, et le crédit public se rétablit comme au sein de la paix la plus parfaite.

» Quel motif d'inquiétude pouvait-on avoir en effet quand on savait qu'un génie actif et bienfaisant veillait à la sûreté intérieure et extérieure de l'Etat ? La paix, ce bien si désiré, personne n'ignorait qu'elle était l'objet de ses vœux les plus ardens ; on se flattait que la victoire et la modération écarteraient tous les obstacles qui s'opposaient à son retour, et cette espérance ne tarda pas à se réaliser. Dans moins d'un an l'Europe entière fut pacifiée : elle le serait encore si une puissance, jalouse du bonheur des autres nations et de la prospé-

rité de la France en particulier, n'avait violé le traité le plus
solennel.

» Mais ce manque de foi, tout en excitant dans le cœur des
Français le mépris, l'indignation, et le désir d'une juste vengeance, n'avait point troublé le bonheur intérieur de la République tant qu'on avait cru qu'il s'agissait entre les deux puissances d'une guerre franche et loyale, telle qu'elle doit se faire
entre des nations civilisées; tous les citoyens, se confiant dans
la sagesse et l'habileté du chef de l'Etat, et dans la valeur de
nos guerriers, continuaient à jouir de la tranquillité à laquelle
nous sommes accoutumés depuis le 18 brumaire; tous les délits politiques étaient pardonnés; chacun jouissait pour soi-
même et pour ses propriétés d'une sécurité d'autant plus douce
qu'on en avait été privé plus longtemps.

» On reconnaissait l'auteur de tant de bienfaits; on faisait
des vœux pour sa conservation; mais, comme si l'on se fût fait
illusion sur la fragilité de la vie humaine, ou qu'on eût cru que
le bienfaiteur d'une nation devait être immortel comme son
nom, bien peu de personnes portaient leur pensée au-delà de
la durée de son existence.

» Peut-être est-il dans la nature du cœur de l'homme de
craindre d'altérer sa propre félicité en osant en envisager le
terme. Quoi qu'il en soit, c'était une idée commune et chère
à la généralité des citoyens, même avant que le vœu public
en fût émis, que la magistrature suprême devait être fixée à
perpétuité sur la tête du premier consul; mais on ne s'occupait point de prévoir entre les mains de qui elle passerait après
lui, ni les commotions politiques que ce changement pourrait
occasionner.

» Ainsi la masse de la nation avait vécu dans cette dangereuse imprévoyance, jusqu'à ce que la découverte des horribles
attentats médités par le gouvernement anglais contre sa personne nous ait avertis des espérances que nos ennemis fondaient
sur l'assassinat de ce grand homme, sur les agitations intérieures et sur les changemens de système politique auxquels
l'élection de son successeur pouvait donner lieu. Alors tous les
esprits se sont réveillés sur le danger qui nous menaçait : l'attachement, inséparable du sentiment de la reconnaissance pour
celui qui a fait succéder un état de prospérité à l'état d'an-
goisses et d'inquiétude dans lequel nous avions vécu pendant
plusieurs années, a d'abord fait frémir tous les cœurs du danger personnel qu'il a couru; mais à ce sentiment a succédé
celui de l'intérêt de tous.

» En continuant de faire des vœux pour la conservation des
jours du héros à qui la France doit sa gloire et la félicité dont

elle jouit, tous les hommes pensans ont senti que le mode
prescrit par le sénatus-consulte organique de la Constitution
pour pourvoir à son remplacement en cas de mort n'offrait pas
une garantie suffisante de la tranquillité de l'État. De toutes
parts les citoyens éclairés, réunis dans les colléges électoraux,
dans les autorités constituées et même dans les camps, ont
exprimé le vœu de voir prendre des mesures constitutionnelles
pour donner à notre gouvernement une stabilité telle que la
perte même de son chef actuel ne pût en entraîner la ruine,
et que par conséquent le succès des crimes médités contre sa
personne fût inutile à nos ennemis.

» Interprète de ce vœu véritablement national, notre collègue Curée vous en a développé les motifs avec autant de force
de raison que d'éloquence, et vous a proposé le moyen de le
remplir. C'est cette proposition que la commission dont je suis
l'organe a examinée par votre ordre, et qu'elle a adoptée à
l'unanimité.

» Elle a pour objet de décerner la dignité d'empereur des
Français au premier magistrat actuel de la République, et de
la déclarer héréditaire dans sa famille.

» Votre commission, frappée des diverses considérations
qui vous ont été présentées par tous les orateurs qui ont parlé
en faveur de cette mesure, a pensé qu'elle offrait le seul moyen
de donner de la stabilité à notre gouvernement, d'assurer la
tranquillité de l'État, et de garantir pour la génération présente
et celles qui lui succéderont la jouissance des résultats avantageux de la révolution.

» Le temps des illusions politiques est passé. Il serait dérai-
sonnable de ne pas profiter des leçons que l'histoire et l'expérience nous ont laissées sur la nature du gouvernement qui
convient le mieux à notre situation, à nos habitudes, à nos
mœurs, et à l'étendue de notre territoire.

» Les orateurs qui ont parlé sur cette question vous ont
démontré, avec toute la force du raisonnement et des faits de
l'histoire, que c'était le gouvernement d'un seul, et héréditaire :
nous allons essayer de le prouver par le simple exposé de notre
propre expérience.

» De quelque perfectibilité que l'esprit humain soit jugé
susceptible, lorsqu'il s'agit de fixer le sort d'une nation entière,
il est toujours imprudent d'abandonner des moyens éprouvés
pour en employer de nouveaux, sous prétexte qu'on les présume meilleurs ; mais à l'époque où les Français venaient de
secouer le joug d'une monarchie corrompue, et où l'enthousiasme de la liberté animait tous les esprits, il était excusable,
il était même digne des âmes généreuses de croire qu'il était

possible d'établir parmi nous un gouvernement démocratique.
Le malheureux essai que nous en avons fait a dû détromper
tout homme de bonne foi : combien de maux ne nous a-t-il
pas coûtés !

» Tous les citoyens frémissent encore au seul souvenir du
gouvernement du comité de salut public : jamais la tyrannie
ne pesa d'une manière plus dure sur un état que pendant son
existence ; la France fut couverte de prisons et d'échafauds.
Et quand ce gouvernement fut obligé d'abandonner son sceptre
de fer , il fut remplacé par un autre dont la faiblesse ne fut pas
moins funeste à la France que ne l'avait été la cruauté de celui
qui l'avait précédé.

» Vint ensuite le Directoire exécutif. Nous ne chercherons
pas à déprécier ici les services qu'il a rendus à la France ; il en
a peut-être rendu plus que ne le comportait le mode de son
organisation, et qu'on ne devait l'espérer dans les circonstances
difficiles où il fut installé ; mais ce gouvernement, d'une constitution essentiellement faible, et bientôt épuisé par le jeu des
passions des individus qui le composaient, passa rapidement de
l'enfance à la décrépitude. N'ayant pas assez de force pour
comprimer les factions, il eut recours au système perfide des
contrepoids pour se servir alternativement de l'une contre
l'autre : de là naquirent les funestes réactions qui ensanglan-
tèrent la plupart des départemens méridionaux, jusqu'à l'époque
où il devint lui-même victime des partis qu'il avait créés pour
en faire les instrumens de ses vengeances et de son ambition.

» Telle est l'histoire des gouvernemens démocratiques qu'on
a tenté d'établir parmi nous jusqu'à l'avénement de Bonaparte
au consulat : on n'y voit que tyrannie, faiblesse et instabilité.

» A la vérité, on a prétendu qu'on n'avait pu consolider ces
divers gouvernemens parce que les constitutions qui les avaient
établis avaient été l'ouvrage des partis ou des circonstances ;
mais alors nous demandons comment on pourra se flatter de
faire une constitution stable, et qui ait l'assentiment général,
ou du moins qui soit respectée par tous, lorsqu'il s'agira de
régler les principes d'un gouvernement dont l'essence est, suivant tous les publicistes, d'être plus sujet qu'aucun autre aux
agitations intestines et même aux guerres civiles, parce qu'il
tend continuellement à changer de forme. On le pourra, dit
notre collègue Carnot, lorsqu'un homme revêtu d'un grand
pouvoir, et ayant acquis, par ses services éclatans, un grand
ascendant sur l'esprit de la nation, voudra user à cet effet de
son influence sur l'opinion générale, comme Bonaparte pouvait le faire après la signature du traité d'Amiens. Quoi ! notre
collègue croit de bonne foi qu'un homme, quelque puissant

qu'il soit , peut établir sur des bases solides un gouvernement essentiellement sujet à des troubles intestins ? Mais cela implique contradiction. Oui , sans doute , il formera bien une constitution , il en deviendra même , si l'on veut , le premier magistrat ; mais par cela seul qu'elle sera populaire, il sera en butte aux attaques de l'ambition qui voudra le supplanter ; et si l'on ne peut pas se servir de son ouvrage pour le renverser , on attaquera son ouvrage lui-même; on en fera plier les principes dans le sens le plus favorable aux changemens qu'on aura projétés ; on les violera ; et pendant toutes ces agitations les magistrats, étant plus occupés de veiller à leur propre défense que de gouverner , laisseront introduire l'anarchie dans la République, et nous offriront nécessairement bientôt l'exemple des vices des gouvernemens que nous avons éprouvés. Et qu'on ne prétende pas que nous faisons ici des suppositions dénuées de fondement; elles sont établies sur l'expérience. Nous avons vu le Directoire exécutif et les partis avec lesquels il était en opposition invoquer tour à tour et violer les mêmes principes constitutionnels, suivant que cela convenait à leurs intérêts : ici on adoptait les élections faites par la majorité; là on les repoussait pour adopter celles de la minorité ; aussi le système des scissions s'était-il établi dans les assemblées électorales de tous les départemens. Cela ne tenait pas seulement à la faute des gouvernans; cela tenait à la Constitution elle-même , qui ouvrait le champ à tous les ambitieux, et donnait par conséquent lieu à la formation de leurs partis.

» Si l'on dit que les Etats-Unis d'Amérique nous offrent maintenant l'exemple d'une République sagement constituée, et qui n'est exposée à aucune des secousses dont nous venons de parler, nous répondrons , comme notre collègue Delpierre l'a déjà fait avec beaucoup de force et de raison , qu'il n'y a aucune comparaison à faire entre un peuple encore presque neuf, dont la majorité, éparse sur un territoire immense, et s'occupant presque uniquement d'agriculture, conserve toute la simplicité de ses mœurs primitives, et une nation parvenue depuis longtemps au plus haut degré de civilisation, et où le besoin des richesses s'est introduit avec le luxe, et la corruption des mœurs avec le luxe et le besoin des richesses. Dans celle-ci le commerce , l'industrie , le luxe et la dissipation sont autant de causes continuelles qui détruisent l'égalité des fortunes ; et de cette inégalité naissent les ambitions et les moyens de les satisfaire aux dépens de la liberté et de la tranquillité publiques , lorsque le champ leur est ouvert par la constitution même de l'état, et qu'il n'y a pas un pouvoir assez vigoureux pour les contenir : dans l'autre , au contraire , la simplicité des

mœurs tend constamment à conserver cette égalité, ou du moins
à ne pas la rendre nécessaire à la tranquillité de l'Etat, et à
modérer les désirs ambitieux des individus. Cependant, malgré
les circonstances, et le mérite personnel du président actuel
des Etats-Unis ; malgré les services importans qu'il a rendus
et qu'il vient de rendre encore à son pays, l'approche de
l'époque où l'on doit nommer à ses fonctions a excité déjà des
brigues et des cabales qui ont fixé l'attention publique. Puissent les habitans de ces heureuses contrées s'en tenir longtemps
à ces moyens encore peu dangereux ! Mais ne nous flattons pas
que nous serions en général assez dégagés d'ambition pour les
imiter en pareil cas.

» Quoi qu'il en soit, la fâcheuse expérience que nous avons
faite du gouvernement démocratique eut du moins cet avantage
qu'en l'an 8 elle nous ramena au système nécessaire, et dont
nous éprouvons de si heureux effets, de l'unité de pouvoir et
d'action dans les mains du premier consul. Mais, comme
si les hommes qui se sont écartés de la vérité étaient condamnés à parcourir le cercle de toutes les erreurs avant de revenir
au point qu'ils ont eu l'imprudence de quitter, notre retour au
système de gouvernement le plus convenable à la France ne
fut qu'incomplet ; on méconnut la nécessité de l'hérédité du
pouvoir dans la même famille : les événemens et la force des
choses nous y ramènent aujourd'hui ; et ce sont nos ennemis
qui nous la font sentir par leurs attentats réitérés contre la
personne du magistrat suprême dont l'autorité tutélaire, dans
l'ordre actuel des choses, serait nécessairement suspendue
après sa mort, au moins pendant tout le temps indispensable
pour élire ou confirmer son successeur.

» Cette circonstance seule suffirait pour nous éclairer sur le
défaut de stabilité de notre gouvernement tant qu'il sera fondé
sur le système électif, quand même les dangers et les inconvéniens de ce système ne nous seraient pas connus ; car si, comme
personne n'en doute, nos ennemis craignent surtout le génie de
Bonaparte, ses talens et même sa fortune, ils craignent aussi
la nation, qu'ils aimeraient mieux voir se déchirer de ses propres mains que de courir contre elle les chances des combats.
Ils ne fondent donc pas seulement leurs espérances sur la mort
du premier consul : ils les fondent aussi sur les rivalités que
l'ambition pourrait exciter après sa mort entre nos guerriers,
dont ils sont incapables d'apprécier le désintéressement et le
dévouement à la patrie ; ils comptent sur les troubles intérieurs,
sur les guerres intestines qui en seraient la suite inévitable si
leurs affreux calculs se réalisaient, et sur les ébranlemens politiques de toute espèce que les passions ambitieuses ne man-

quéraient pas d'exciter dans cette circonstance, dont l'idée
seule est alarmante, et dont ils s'empresseraient de profiter
pour l'accomplissement de leurs funestes projets.

» Il n'y a que l'hérédité qui puisse les déjouer et prévenir les
dangers que des exemples assez récens ne nous permettent pas
de regarder comme chimériques. Quel est l'homme qui, pensant aux déchiremens que le système électif a fait éprouver à la
Pologne, ne craindrait pas d'exposer son pays à de si grands
malheurs? Si les faits ne parlaient pas encore plus haut que les
autorités, nous rappellerions ici aux partisans de ce système les
argumens irrésistibles que Mably, dont ils ne contestent pas
sans doute l'attachement aux principes de la liberté, adressait
à la confédération de Bar pour lui prouver qu'il importait à la
Pologne de rendre sa couronne héréditaire, parce que, disait-il,
indépendamment du silence des lois et des troubles intérieurs
durant un interrègne, par une action réciproque, l'élection
amène un mauvais règne, et un mauvais règne prépare une
élection vicieuse.

» En vain dira-t-on que les agitations politiques tiennent le
peuple éveillé sur ses droits, et préviennent les abus du pouvoir;
les Français, éternellement en proie aux mêmes désordres, se
lasseraient de défendre une ombre de république qui deviendrait
à charge à tous les citoyens, et ne produirait que des despotes
et des esclaves.

» Ainsi les Anglais, dans l'avant-dernier siècle, après bien
des efforts inutiles pour établir chez eux la démocratie, fatigués des agitations que ces essais infructueux leur avaient
causés, se virent forcés de se reposer dans le gouvernement
même qu'ils avaient proscrit.

» Les Français ne sont point réduits à cette fâcheuse nécessité. Non, ce ne sera point en faveur d'une dynastie dégénérée,
transfuge, et traître à la patrie, que nous rétablirons l'hérédité;
et quelle que soit notre admiration pour le héros que la reconnaissance publique y appellera, nous ne lui sacrifierons point,
comme on l'a dit, notre liberté pour prix de ses services. Jamais
un vœu contraire aux principes sacrés de la souveraineté du
peuple ne sortira du sein du Tribunat, et celui que nous nous
proposons d'émettre en ce moment n'a pour objet que de consolider les institutions qui seules peuvent garantir à la nation
l'exercice de ses droits.

» Est-ce donc sacrifier la liberté publique que de donner au
gouvernement que le peuple a institué la stabilité nécessaire
pour garantir l'État des secousses qui amèneraient infailliblement le retour de l'anarchie et du despotisme? Interrogez tous
les Français, et demandez-leur à quelle époque ils ont été

réellement le plus libres depuis 1792 : ils vous répondront tous, oui tous , sauf les malfaiteurs , et les perturbateurs de l'ordre public , que c'est depuis que le gouvernement est remis dans les mains d'un seul, c'est à dire depuis le 18 brumaire an 8. Hé bien , que proposons-nous? C'est de consolider ou de perpétuer cet ordre de choses ; car il ne s'agit pas de conférer à qui que ce soit le pouvoir absolu ; ce vœu impie ne peut entrer dans le cœur d'aucun de nous ; et quand même nous serions assez lâches pour le former, il serait repoussé avec indignation par tous les Français : il le serait, n'en doutons pas, par celui-là même en faveur de qui nous l'aurions formé.

» Non, il n'est plus au pouvoir d'aucune puissance humaine de rétablir désormais le despotisme en France autrement que par la lassitude de l'anarchie. La nation a repris l'exercice de sa souveraineté ; elle ne se dessaisira point de ses droits, qui trouveront toujours des défenseurs dans le Sénat, dans le Corps législatif, dans le Tribunat et dans le gouvernement lui-même, qui saura les respecter et les maintenir.

» Ainsi tout ce qui existe sera conservé ou amélioré ; la nation continuera d'exercer sa souveraineté par l'organe des représen-tans qu'elle aura choisis pour l'interprétation et la conservation des lois fondamentales de l'Empire , pour la confection des lois civiles et criminelles , et pour le consentement des contribu-tions publiques. Voilà les institutions dont le maintien et le perfectionnement sont l'objet de nos vœux. S'il en est quelques autres que la sage prévoyance du Sénat juge nécessaires pour la gloire et la sûreté de l'Etat, ou pour la garantie de la liberté civile , elles seront dignes de lui et du peuple pour l'intérêt du-quel elles auront été créées.

» Mais que parle-t-on de noblesse et de priviléges hérédi-taires ! Quel serait le Français, quel serait surtout le membre des premières autorités qui ne se trouverait pas suffisamment honoré du beau titre de citoyen? Non , il n'y aura plus parmi nous d'autre distinction que celle que donneront les vertus et les talens , d'autre considération que celle qu'on acquerra par les services personnels ; et n'est-ce pas, nous le répétons encore, pour maintenir ces précieux avantages de la révolution que nous voulons consolider le gouvernement qui seul peut nous les garantir? N'avons-nous pas démontré qu'ils seraient perdus sans retour si, par suite de troubles inévitables sous un gouverne-ment faible et précaire, nous étions encore précipités dans une anarchie dont il est trop certain que nous ne pourrions sortir que pour retomber dans les bras du despotisme? Croit-on qu'un autre gouvernement que celui qui doit son élévation et qui devra son affermissement à l'ordre de choses qui nous a procuré ces avantages serait aussi intéressé à les conserver, et que celui-ci voudra risquer de détruire la première base de son existence ? Il est impossible de le présumer ; comment peut-on donc méconnaître le véritable objet de notre vœu ?

» Mais, dit-on, l'unité et l'hérédité du gouvernement ne sont rien moins qu'un gage de stabilité, car l'empire romain dura moins que la République. Cette assertion, en ce qui regarde l'unité, est un paradoxe qui n'a pas besoin d'être réfuté ; car c'est une vérité généralement reconnue, et constatée par l'expérience de tous les temps, qu'un gouvernement est d'autant plus fort qu'il est plus concentré, et que sa stabilité dépend principalement de sa force. Quant à ce qui concerne l'hérédité, il était difficile de choisir un exemple plus favorable au système que nous défendons ; car il est évident que la faiblesse et l'instabilité du gouvernement, sous les empereurs romains, tenaient surtout à ce que cette dignité était élective, et à ce que le mode de succession à l'autorité suprême était une source continuelle de révolutions qui entretenaient sans cesse l'inquiétude dans l'âme des gouvernans, et qui favorisaient toutes les entreprises ambitieuses qu'on voulait former contre eux. On sait que ce fut la politique ambitieuse de Stilicon qui, dans l'espérance de s'emparer du trône que se partageaient les fils de Théodose, provoqua, ou du moins favorisa l'irruption des barbares dans la Gaule, où ils accablèrent la puissance romaine, qui depuis cette époque tomba en décadence jusqu'à sa ruine définitive.

» Nous nous serions abstenus de ces détails s'ils n'eussent été nécessaires pour détruire une assertion fondée sur des faits d'où dérivent évidemment des conséquences contraires à celles que notre collègue en a tirées.

» Il est d'ailleurs incontestable que le système de l'unité et de l'hérédité du pouvoir exécutif est dans le vœu de la nation, bien moins encore à raison de l'habitude que par la conviction de préexcellence qui résulte, en faveur de ce système, de l'antiquité à laquelle il remonte. Ce fut, comme on l'a déjà dit, le vœu de l'Assemblée constituante, composée de tant d'hommes recommandables par leurs lumières et leur patriotisme, auxquels on ne reprochera pas sans doute d'avoir manqué d'idées libérales, puisqu'ils proclamèrent les premiers le principe inaliénable de la souveraineté du peuple, l'égalité de tous aux yeux de la loi, l'affranchissement des personnes et des propriétés, en un mot l'abolition entière du régime féodal. C'était aussi le vœu de tous les amis de la révolution en 1789 ; et quoique plusieurs d'entre eux eussent pu être séduits par les avantages apparens d'un gouvernement démocratique, ils étaient trop éclairés pour vouloir faire un essai dont ils prévoyaient les dan-

gers et l'inutilité chez une nation comme la nôtre. Nous ne fai-
sous donc qu'exprimer le désir bien réfléchi et bien prononcé
de tout ce qu'il y a d'hommes éclairés dans la République,
moins quelques fanatiques partisans d'une démocratie qui ne
peut nous convenir, ou d'une dynastie que nous avons rejetée.

» Si, après avoir démontré que l'unité et l'hérédité du gouvernement sont nécessaires à la tranquillité de l'Etat, et l'objet
des vœux de tous les Français, nous examinons ses avantages
relativement à notre situation politique actuelle dans l'intérieur
et à l'égard des puissances étrangères, nous verrons que sous
ce double rapport l'établissement en est encore commandé par
l'intérêt de tous. Dans l'intérieur il est bien peu de Français
dont le sort ne soit lié plus ou moins directement avec l'ordre
de choses actuel, soit par la part qu'ils ont prise à son établissement, soit par l'acquisition ou l'héritage de domaines ci-devant nationaux. Si vous consolidez cet ordre de choses de la
manière qui est la seule efficace, vous dissipez toutes les
craintes, vous fixez toutes les incertitudes, vous réunissez à
l'intérêt commun tous les esprits, auxquels il ne restera plus
d'autres espérances.

» A l'égard des puissances étrangères, vous mettez la forme
de votre gouvernement en harmonie avec celle qu'elles ont
adopté ; vous n'êtes plus pour elles un sujet d'inquiétude continuelle : elles ne peuvent voir qu'avec satisfaction tarir une
source d'agitations intestines dans une grande nation qui, à
raison de son influence nécessaire dans le système politique de
l'Europe, ne peut guère être ébranlée sans que les autres états
ne s'en ressentent. Vous changez en système de bienveillance
pour votre gouvernement ce sentiment de défiance dont les
gouvernemens d'une autre nature ne peuvent se défendre envers lui, quelque estime qu'ils aient d'ailleurs pour son chef ;
ainsi vous faites cesser un état secret, mais réellement permanent de préventions contre la France, et vous détruisez peut-
être la cause éventuelle de plusieurs guerres sanglantes.

» Après tant et de si grandes considérations, citoyens tribuns, pouvons-nous hésiter à nous rendre l'interprète du vœu
du peuple français en votant l'établissement d'une nouvelle
dynastie? Non, sans doute ; et déjà vous auriez peut-être à
vous reprocher d'avoir trop différé, si vous n'aviez dû mettre
dans votre délibération toute la maturité qu'exige un sujet
d'un si grand intérêt.

» Nous avons dit l'établissement d'une *nouvelle* dynastie ;
car nous n'imaginons pas qu'il existe un seul Français assez
ennemi de la gloire et du bonheur de son pays pour vouloir y
rappeler, avec les membres de cette famille dégénérée qui a

laissé tomber le sceptre de ses mains, l'esprit de vengeance et de proscription qui les anime; ils ont rompu tous les liens qui les unissaient à la France; ils ont soulevé contre elle toutes les puissances de l'Europe; ils ont allumé les torches de la guerre civile. Et ces mêmes hommes, qui n'avaient pas osé se mettre à la tête de leurs partisans lorsqu'il s'agissait de les rétablir sur le trône d'où ils étaient tombés, viennent d'offrir leurs bras à l'Angleterre, maintenant qu'il s'agit de venger l'honneur de la nation française, outragée par la violation de la foi des traités! Ainsi ils n'ont de courage que lorsqu'ils espèrent pouvoir livrer le sort de leur patrie à la merci de son plus cruel ennemi, et ils aspirent bien moins à l'honneur de la gouverner qu'à l'horrible satisfaction de la déchirer. Mais qu'ai-je dit, leur patrie! non, ils n'en ont plus; du moment où ils se sont déclarés ses ennemis, ils l'ont perdue sans retour! Qu'ils renoncent donc à l'odieux espoir d'y venir exercer leurs vengeances!

» Assez et trop longtemps les Français ont été divisés par les passions haineuses et l'esprit de parti; éloignons désormais tout ce qui pourrait les réveiller parmi nous. Livrons nos cœurs aux sentimens doux et généreux qui nous pressent : ce sont ceux de l'affection, de la reconnaissance publique et de l'honneur national qui nous désignent, comme le seul digne de gouverner la France et d'être le chef de la dynastie que la nation veut créer, le héros qui l'a illustrée par ses exploits, qui l'a sauvée des horreurs de l'anarchie, et qui l'a fait jouir enfin des douceurs d'une sage liberté.

» En recevant de la nation, qui dispense tous les pouvoirs, le dépôt de l'autorité suprême héréditaire dans sa famille, qu'il reçoive aussi le titre le plus analogue à sa gloire militaire et à la grandeur du peuple qui lui a confié ses destinées! Qu'il soit proclamé *empereur de la République française!*

» Jamais création d'une dynastie ne fut faite en faveur d'un guerrier plus grand par ses exploits, ni d'une famille qui offrit plus d'espérances. Aux grands souvenirs des victoires de Rivoli, d'Arcole et de Marengo, se joignent ceux des services rendus à la patrie par le sage négociateur de Lunéville et d'Amiens, et par l'éloquent président du Conseil des Cinq Cents au 18 brumaire. Que de motifs de sécurité dans la concession solennelle qu'elle va faire! Une administration dont la sagesse est éprouvée depuis quatre ans; l'usage modéré d'une grande autorité, dont le premier consul n'abusa jamais; le rétablisse- de l'ordre le plus exact dans les finances; le respect le plus constant pour les principes de la souveraineté du peuple et pour la liberté civile; tout nous garantit, de la part du magistrat que nos vœux appellent à la première dignité de l'univers, le

gouvernement le plus propre à faire la gloire et le bonheur de
la France.

» Sous son empire la nation sera libre et tranquille ; les magistrats , toujours dignes de la confiance publique , pourront
se livrer à l'exercice de leurs fonctions sans inquiétude pour la
stabilité de leur état ; les acquéreurs de domaines nationaux ne
craindront point d'être dépouillés de leurs propriétés ; les défenseurs de la patrie recevront les honneurs et les récompenses
dus à leurs services ; ils ne seront point exposés à se voir déchus des grades qu'ils ont acquis au prix de leur sang et par de
glorieux exploits ; tous les citoyens , quelles qu'aient été jusqu'ici leurs opinions et leur conduite politiques , vivront en
paix sous la protection des lois, et la carrière de toutes les dignités civiles et militaires sera ouverte à tous les Français sans
autre distinction que celle de leurs talens et de leurs vertus.
Quel autre gouvernement que celui que nous allons consolider
pourrait nous offrir les mêmes garanties ? Quel est le Français
qui pourrait ne pas donner son assentiment à une institution
qui nous assure tant d'avantages ?

» Hâtons-nous donc , citoyens tribuns, de consacrer de la
manière la plus authentique l'adhésion que nous avons déjà
donnée individuellement au vœu dont l'émission vous a été
proposée ! N'attendons pas que l'armée , dans un mouvement
d'enthousiasme bien légitime pour le chef auguste qui va bientôt
la mener à de nouvelles victoires , nous devance en l'élevant
sur le bouclier ! Qu'il reçoive du vœu calme et réfléchi de la
nation entière la dignité héréditaire d'*empereur de la République* , et qu'il soit déjà revêtu de la pourpre impériale lorsqu'il ira montrer à l'Angleterre le héros et le vengeur de la
France !

» Voici le projet d'arrêté que votre commission m'a chargé de
vous présenter :

» Le Tribunat, considérant qu'à l'époque de la révolution
» où la volonté nationale put se manifester avec le plus de li-
» berté , le vœu général se prononça pour l'unité individuelle
» dans le pouvoir suprême , et pour l'hérédité de ce pouvoir ;
» Que la famille des Bourbons, ayant par sa conduite rendu
» le gouvernement héréditaire odieux au peuple , en fit ou-
» blier les avantages , et força la nation à chercher une des-
» tinée plus heureuse dans le gouvernement démocratique ;
» Que la France, ayant éprouvé les divers modes de ce gou-
» vernement, ne recueillit de ces essais que les fléaux de l'a-
» narchie ;
» Que l'Etat était dans le plus grand péril lorsque Bona-

» parte, ramené par la providence, parut tout à coup pour
» le sauver;

» Que sous le gouvernement d'un seul la France a recouvré
» au dedans la tranquillité, et acquis au dehors le plus haut
» degré de considération et de gloire;

» Que les complots formés par la maison de Bourbon, de
» concert avec un ministère implacable ennemi de la France,
» l'ont avertie du danger qui la menace, si, venant à perdre
» Bonaparte, elle restait exposée aux agitations inséparables
» d'une élection;

» Que le consulat à vie, et le droit accordé au premier con-
» sul de désigner son successeur, ne sont pas suffisans pour
» prévenir les intrigues intérieures et étrangères qui ne man-
» queraient pas de se former lors de la vacance de la magis-
» trature suprême;

» Qu'en déclarant l'hérédité de cette magistrature on se
» conforme à la fois à l'exemple de tous les grands états an-
» ciens et modernes, et au premier vœu que la nation exprima
» en 1789;

» Qu'éclairée par l'expérience, elle revient à ce vœu plus
. » fortement que jamais, et le fait éclater de toutes parts;

» Qu'on a toujours vu dans toutes les mutations politiques
» les peuples placer le pouvoir suprême dans la famille de
» ceux auxquels ils devaient leur salut;

» Que quand la France réclame pour sa sûreté un chef hé-
» réditaire, sa reconnaissance et son affection appellent Bo-
» naparte;

» Que la France conservera tous les avantages de la révo-
» lution par le choix d'une dynastie aussi intéressée à les main-
» tenir que l'ancienne le serait à les détruire;

» Que la France doit attendre de la famille de Bonaparte,
» plus que d'aucune autre, le maintien des droits et de la
» liberté du peuple qui la choisit, et toutes les institutions
» propres à les garantir;

» Qu'enfin il n'est point de titre plus convenable à la gloire
» de Bonaparte et à la dignité du chef suprême de la nation
» française que le titre d'empereur;

» Le Tribunat, exerçant le droit qui lui est attribué par l'ar-
» ticle 29 de la Constitution, émet le vœu:

» 1°. Que Napoléon Bonaparte, premier consul, soit pro-
» clamé *empereur des Français*, et en cette qualité chargé
» du gouvernement de la République française;

» 2°. Que le titre d'*empereur* et le pouvoir impérial soient
» héréditaires dans sa famille de mâle en mâle, et par ordre
» de primogéniture;

» 3°. Que, faisant dans l'organisation des autorités consti-
» tuées les modifications que pourra exiger l'établissement du
» pouvoir héréditaire, l'égalité, la liberté, les droits du peuple
» soient conservés dans leur intégrité.

» Le présent vœu sera présenté au Sénat par six orateurs,
» qui demeurent chargés d'exposer les motifs du vœu du
» Tribunat. »

(Le Tribunat adopte immédiatement l'arrêté proposé par Jard-
Panvilliers. Il nomme, pour porter ce vœu au Sénat, les tribuns
Albisson, Challan, Goupil-Préfeln, Lahary, Sahuc, Jard-Panvil-
liers.—Sur la proposition de Sahuc, et séance tenante, tous les
membres du Tribunat (1) signent le vœu qui vient d'être proclamé.
Ainsi *signé*, Paris, le 13 floréal an 12 : — Fabre (de l'Aude),
président. — Arnoud, Jard-Panvilliers, Siméon, Faure, *secré-
taires*. — Garry. — J. Albisson. — Savoye-Rollin. — Daugier. —
Tarrible. — Favard. — Chabaud. — Mauricault. — Mallarmé. —
Pougeard-Dulimbert. — Pinteville-Cernon. — Duvidal. — Grenier. —
Perrée. — Challan. — Lahary. — Chabot (de l'Allier). — Gillet-
Lajacqueminière. — Joseph Moreau. — Dacier. — Périn. — Bosc. —
Curée. — Labrouste. — Honoré Duveyrier. — Ch. Van'Hulthem.
Goupil-Préfeln. — G. Malès. — Koch. — Thouret. — Jaubert (de
la Gironde). — Gallois. — Beauvais. — Pierre-Charles Chassiron.
— Carret. — Sahuc. — Max. V. Fréville. — L. Costaz. — Delaistre.
— Carion-Nisas. — Gillet (de Seine-et-Oise). — Jubé. — Del-
pierre.)

RÉPONSE *du vice-président du Sénat,* François (de
Neufchâteau), *aux orateurs chargés de présenter au
Sénat le vœu du Tribunat* (2). — *Séance du* 14 *flo-
réal an* 12.

« Citoyens tribuns, ce jour est remarquable ; c'est celui où
vous exercez pour la première fois près du Sénat conservateur
cette initiative républicaine et populaire que vous ont déléguée
nos lois fondamentales. Vous ne pouviez ni l'essayer dans un
moment plus favorable, ni l'appliquer jamais à un plus grand
objet. Citoyens tribuns, vous venez exprimer aux conserva-

_____

(1) A l'exception de deux, Carnot, *opposant*, et Leroi (de l'Orne),
absent pour cause de maladie ; mais une lettre de ce dernier, lue dans
la même séance, contenait son *adhésion à la motion du citoyen Curée.*
(2) Jard-Panvilliers porta la parole devant le Sénat; mais son discours serait ici une redite ; il n'offre qu'une analise du rapport fait la
veille au Tribunat par le même orateur.

teurs des droits nationaux un vœu vraiment national. Je ne
puis déchirer le voile qui couvre momentanément les travaux
du Sénat sur cette matière importante ; je dois vous dire cependant que depuis le 6 germinal le Sénat a fixé sur le même
sujet la pensée attentive du premier magistrat.

» La prévoyance du Sénat avait dès lors sondé l'opinion
publique, et le gouvernement a été averti. Mais connaissez vos
avantages ; ce que depuis deux mois nous méditons dans le
silence, votre institution vous a permis de le livrer à la discussion en présence du peuple. Vous avez servi à la fois le
peuple et le gouvernement en faisant retentir, avec l'accent de
l'éloquence, cette opinion tutélaire, émanée d'abord en secret
du sein de cette enceinte, où vous venez la reporter d'une
manière si brillante. Les développemens heureux que vous avez
donnés à cette grande idée procurent au Sénat, qui vous a
ouvert la tribune, la satisfaction de se complaire dans ses
choix, et d'applaudir à son ouvrage.

» Dans vos discours publics nous avons retrouvé le fonds
de toutes nos pensées. Comme vous, citoyens tribuns, nous ne
voulons pas de Bourbons, parce que nous ne voulons pas la
contre-révolution, seul présent que puissent nous faire ces
malheureux transfuges, qui ont emporté avec eux le despotisme,
la noblesse, la féodalité, la servitude et l'ignorance, et dont
le dernier crime est d'avoir supposé qu'un chemin pour
rentrer en France pouvait passer par l'Angleterre.

» Comme vous, citoyens tribuns, nous voulons élever une
nouvelle dynastie, parce que nous voulons garantir au peuple
français tous ses droits, qu'il a reconquis, et que des insensés
ont le projet de lui reprendre. Comme vous, citoyens tribuns,
nous voulons que la liberté, l'égalité et les lumières ne puissent plus rétrograder. Je ne parle pas du grand homme appelé
par sa gloire à donner son nom à son siècle, et qui doit l'être
par nos vœux à nous consacrer désormais sa famille et son
existence ; ce n'est pas pour lui, c'est pour nous qu'il doit se
dévouer. Ce que vous proposez avec enthousiasme, le Sénat le
pèse avec calme.

» Citoyens tribuns, c'est ici qu'est la pierre angulaire de
l'édifice social ; mais c'est dans le gouvernement d'un chef
héréditaire qu'est la clef de la voûte : vous déposez dans notre
sein le vœu que cette voûte soit enfin cimentée. En recevant
ce vœu, le Sénat ne perd pas de vue que ce que vous sollicitez
est moins un changement de l'état de la République qu'un
moyen de perfection et de stabilité : c'est ce qui nous touche
le plus. Dans ce temple national la Constitution doit reposer
en quelque sorte sur l'autel du dieu *Terme*. Si nous nous per-

mettons de toucher à quelques articles de ce pacte sacré, dont la garde nous est remise, ce ne sera jamais que pour ajouter à sa force, et pour étendre sa durée. »

ADRESSE *du président du Corps législatif* au premier consul. — *Du 20 floréal an* 12.

« Citoyen premier consul, les membres du Corps législatif ne sont plus réunis; mais ils communiquent toujours ensemble par le même zèle pour la patrie, et dans cette grande circonstance ils ne peuvent rester indifférens au vœu national qui se manifeste de toutes parts.

» Répandus sur les divers points de ce vaste Empire, ils en peuvent mieux juger les besoins et les habitudes; ils savent que la force et l'action de la puissance qui gouverne doivent être proportionnées à l'immensité du sol et de la population. Quand ce premier rapport, établi par la nature, est négligé par le législateur, son ouvrage ne dure pas.

» Le premier bien des hommes est le repos, et le repos n'est que dans les institutions permanentes. La dignité suprême qui les garantit doit donc être à l'abri du caprice des élections. Tout gouvernement électif est incertain, violent et faible, comme les passions des hommes, tandis que l'hérédité donne en quelque sorte au système social la force, la durée et la constance des desseins de la nature. La succession non interrompue du pouvoir dans la même famille maintiendra la paix et l'existence de toutes : il faut, pour que leurs droits soient à jamais assurés, que l'autorité qui les protége soit immortelle. Le peuple, qui joint le caractère le plus mobile aux plus éminentes qualités, doit surtout préférer un système qui fixera ses vertus en réprimant son inconstance.

» L'histoire montre partout à la tête des grandes sociétés un chef unique et héréditaire; mais cette haute magistrature n'est instituée que pour l'avantage commun : si elle est faible, elle tombe; si elle est violente, elle se brise; et dans l'un et l'autre cas elle mérite sa chute, car elle opprime le peuple, ou ne sait plus le protéger. En un mot, cette autorité, qui doit être essentiellement tutélaire, cesse d'être légitime dès qu'elle n'est plus nationale.

» Non, sans doute, ils ne sont pas des dieux ces êtres puissans que l'intérêt général a rendus sacrés, et qu'il relègue à dessein dans une sphère éclatante et inaccessible, pour que la loi, proclamée de si haut par leur organe, ait plus d'éclat, d'empire et de persuasion; mais si la grandeur monarchique ne se fonde plus sur les mensonges brillans qui séduisaient l'imagination de la multitude, elle se montre appuyée par toutes les vérités politiques qu'ont fait triompher enfin la leçon du malheur et la voix des sages.

» Les illusions antiques ont disparu ; mais en a-t-il besoin celui qu'appelle notre choix ? Il compte à peine trente-quatre ans, et déjà les événemens de sa vie sont plus merveilleux que les fables dont on entoura le berceau des anciennes dynasties !

» La victoire et la volonté nationale ne peuvent trouver de résistance. Ces changemens extraordinaires ne sont pas nouveaux : c'est au bruit des trônes qui tombent, se relèvent, et doivent tomber encore, que les générations méditent sur l'inconstance des choses humaines ; les vieux empires se renouvellent dans ces crises salutaires, et le chef d'une autre dynastie semble leur communiquer le mouvement de son âme et la vigueur de ses desseins.

» N'en doutons point, une longue carrière de prospérité et de gloire s'ouvre encore pour nos descendans. Le dix-neuvième siècle, en commençant, donne à l'univers le plus grand spectacle et la plus mémorable leçon ; il consacre le principe de l'hérédité et de l'unité pour le bien de la France, dont il finit la révolution, et pour l'exemple de l'Europe, dont il prévient les erreurs.

» L'esprit humain, travaillé de la pire de toutes les maladies, je veux dire celle de la perfection, a voulu faire d'autres hommes, une autre société, un autre monde ; mais bientôt, épouvanté de tout ce qu'il a produit, et las de tant d'efforts, il est venu se remettre à la suite de l'expérience et sous l'autorité des siècles.

» C'est au moment qu'il reconnaît ses limites que l'esprit humain s'est véritablement agrandi ; c'est aujourd'hui qu'il dirigera bien l'emploi de sa force, puisqu'il sait où doit s'arrêter sa faiblesse : le souvenir de ses écarts lui donnera une utile prévoyance, et la crainte de retomber dans ses premiers excès ne le précipitera pas dans des excès contraires.

» On ne verra point le silence de la servitude succéder au tumulte de la démocratie. Non, citoyen premier consul, vous ne voulez commander qu'à un peuple libre ; il le sait, et c'est pour cela qu'il vous obéira toujours.

» Les corps de l'Etat se balanceront avec sagesse ; ils conserveront tout ce qui peut maintenir la liberté, et rien de ce qui peut la détruire.

» Le gouvernement impérial confirmera tous les bienfaits du gouvernement consulaire, et va les accroître encore. Le premier n'aura pas besoin d'employer la même force que le second : la sécurité du pouvoir héréditaire en adoucit tous les mouvemens ; il est moins rigoureux, car il a moins d'obstacles à vaincre , et moins de dangers à combattre ; plus il se modère, et mieux il se maintient ; et s'il veut trop s'étendre , il se relâche et se détruit.

» Ainsi les prérogatives de l'empereur , mieux définies , seront plus limitées que celles du premier consul. Le danger des factions avait nécessité l'établissement d'une dictature passagère : ces temps ne sont plus : la monarchie renaît; la liberté ne peut mourir : la dictature cesse, et l'autorité naturelle commence.

» *Signé* FONTANES. »

SÉNAT CONSERVATEUR. — *Séance du* 26 *floréal an* 12 , *présidée par le second consul* (Cambacérès). — PROPOSITION d'un sénatus-consulte organique. *Orateurs du gouvernement :* les conseillers d'état Portalis, Defermont et Treilhard.

DISCOURS *prononcé à l'ouverture de la séance par le consul président.*

« Citoyens sénateurs, vous avez communiqué au premier consul votre pensée sur la nécessité de donner un principe de permanence à l'ordre actuel, et vous l'avez éclairé sur les circonstances qui déterminent l'urgence et l'opportunité de cette disposition.

» Avec un peu de réflexion, l'esprit, occupé d'un but aussi important, ne voit pour l'atteindre que l'établissement d'un gouvernement héréditaire.

» Votre prudence a pressenti le vœu de la nation ; elle vous a fait connaître que l'opinion était mûre pour le retour d'une institution dont la conservation nous parut nécessaire lorsque l'effervescence des passions n'avait point encore confondu toutes les idées , et vers laquelle tout nous ramène depuis que les faits ont détruit des illusions inspirées par le zèle bien plus que par la prévoyance.

» Aussi le bruit de votre démarche s'est à peine répandu que des milliers de voix ont réclamé un chef héréditaire sous un titre qui fût tout à la fois digne de la grandeur de la nation, et compatible avec les principes de nos lois constitutionnelles.

» Toutes ont déféré à Napoléon Bonaparte ce témoignage de la confiance la plus signalée , et de la reconnaissance la plus universellement sentie.

» Les adresses des tribunaux, des administrations, des municipalités, celles des armées, le cri de tous les bons citoyens, ont annoncé un élan dont le gouvernement n'a pu ni mécon-

naître ni négliger l'expression , et que votre sagesse , de con—
cert avec lui , est appelée à diriger.

» Citoyens , le projet de sénatus-consulte organique soumis
à votre délibération est fondé sur cette grande base de l'organisation sociale :

» Il confie le soin de régir la France au héros qui l'a retirée
de l'abîme;

» Il le transmet héréditairement à sa descendance , et au
défaut de celle-ci à des souches de sa ligne collatérale;

» Il sanctionne les acclamations du peuple entier.

» Ce peuple demande au ciel que le sauveur de la République puisse être longtemps l'auteur de sa gloire , et que des
rejetons de sa race , imitateurs de ses vertus , puissent étendre
jusqu'à nos derniers neveux le bonheur que nous lui devons.

» Sénateurs, lorsque vous avez provoqué la grande disposition qui nous occupe , vous avez senti que tout ce qui pouvait
exister avait besoin d'être mis en harmonie avec elle.

» Cette indication a été suivie , et , en resserrant le principe
et l'action du gouvernement , toutes nos institutions ont été
conservées , et n'ont subi que des modifications commandées
par le nouvel ordre de choses.

» Vous le savez , le grand art du législateur consiste à régénérer les états sur les bases existantes , et sa tâche est de subvenir aux circonstances avec les matériaux qu'il a sous la main.

» Vos yeux exercés reconnaîtront dans le projet que l'on
vous présente l'empreinte du génie qui l'a tracé.

» Si ce projet n'a pas atteint toute la perfection dont une
imagination hardie conçoit la possibilité , il renferme du moins
les élémens qui peuvent l'y conduire.

» Les améliorations durables sont toujours l'ouvrage de
l'expérience et du temps.

» Vous y trouverez d'ailleurs des garanties contre les écarts
de l'ambition , tout ce qui est nécessaire pour assurer l'indépendance et la dignité des grands corps, et la création de premières places dont les fonctions seront souvent utiles et toujours nécessaires pour ajouter à la pompe qui doit environner
le chef de l'Etat dans les actes éclatans de la puissance publique.

» Il est glorieux pour vous , sénateurs , d'être dans une
époque aussi mémorable les interprètes et les arbitres d'une
grande nation , et de concourir à assurer sa prospérité sur des
bases inébranlables.

» S'il était permis de mêler le langage des affections personnelles à la pensée des plus grands intérêts , je vous dirais
qu'en terminant la carrière à laquelle la confiance du premier

consul et le suffrage de la patrie m'avaient appelé, il est doux pour moi de déposer dans votre sein l'expression de mon admiration, de ma reconnaissance, et de mon respectueux dévouement pour celui que nous nommons à juste titre le père et le chef du peuple français. »

Motifs du projet de sénatus-consulte organique; exposés par le conseiller d'état Portalis.

« Citoyens sénateurs, c'est un beau spectacle que celui d'une grande nation qui, à peine sortie de la révolution la plus terrible, vient, dans le silence de tous les partis et dans le calme de toutes les passions, choisir elle-même les institutions les plus convenables à sa gloire et à son bonheur.

» L'époque mémorable à laquelle nous sommes arrivés, et qui doit fixer pour toujours le sort de la France, a été préparée par les prodiges d'une administration de quelques années.

» Déjà le libérateur à qui nous sommes redevables de ces prodiges avait été établi par le vœu public magistrat suprême de l'État.

» Des hommes qui regardent l'exercice de la puissance plutôt comme un privilége que comme un honorable et généreux dévouement, peuvent croire que la nation a fait assez pour son chef; mais la nation, éclairée sur ses véritables intérêts, et avertie par les événemens et les dangers de toute espèce qui l'environnent, sent qu'elle n'a pas assez fait pour elle-même.

» Les Français n'ont pu voir sans effroi les horribles conspirations tramées contre leur patrie et contre le héros qui la gouverne : ils ne se sont plus contentés d'applaudir au présent; la crainte des maux passés les a conduits à chercher une garantie pour l'avenir. Votre vœu, citoyens sénateurs, le vœu du Tribunat et des diverses autorités constituées, celui de toute la France, ont appelé des institutions capables d'assurer à jamais la prospérité publique.

» La nature a fixé le terme ordinaire de la vie des individus; elle n'a pas également fixé celui de la durée des états; il est donc permis à la sagesse humaine de chercher à le reculer par des établissemens utiles et par de bonnes lois : c'est ce que l'on s'est proposé dans le projet de sénatus-consulte que nous avons l'honneur de vous présenter.

» Citoyens sénateurs, il est des principes qui peuvent être obscurcis dans les temps de trouble et de factions, mais qui roulent à travers les siècles et avec les débris des empires, et sur lesquels on sent le besoin de se reposer après les tempêtes politiques.

» Le premier de ces principes est que les grands états ne

comportent que le gouvernement d'un seul. Cette importante
vérité se trouve même déjà cousacrée par l'ordre existant des
choses : plus un état s'agrandit, plus le gouvernement doit se
resserrer ; car le gouvernement doit être plus fort et plus actif
à propórtion que le territoire est plus vaste et que la nation
est plus nombreuse.

» Dans le gouvernement de plusieurs la magistrature s'af-
faiblit eu se divisant ; à force de délibérer on delibère mal, ou
on perd même d'avance le fruit d'une bonne délibération.

» Sous le gouvernement d'un seul il y a plus de secret et de
célérité dans les affaires ; le magistrat suprême fait tout mouvoir en paraissant immobile. Cette sorte de gouvernement est
celle où, avec un moindre effort, on peut produire l'action la
plus étendue et la plus considérable.

» Dans le gouvernement de plusieurs, ceux qui administrent
les affaires publiques peuvent être agités par des ambitions
particulières ; aucun d'eux n'est assez puissant ni assez élevé
pour ne pas désirer de l'être davantage. D'autre part, dans
l'espèce de gouvernement dont nous parlons, personne n'atta-
chant proprement son nom au bien ou au mal qui arrive,
chaque administrateur demeure plus indifférent à la gloire des
succès et à la honte d'une administration vicieuse ; la chose publique disparaît presque toujours au milieu du choc perpétuel
des intérêts et des opinions.

» Quand un seul gouverne il sent que toutes les affaires
pèsent sur lui ; il y pense : il est d'ailleurs, selon l'expression
d'un publiciste célèbre, *le plus grand citoyen de l'Etat* ; il
ne peut donc placer son bonheur particulier que dans le bonheur général ; il ne peut avoir d'autre intérêt que l'intérêt de
l'Etat même.

» Le second principe, qui est également de droit commun
dans les matières politiques, est celui de l'hérédité du pouvoir
dans une famille choisie par la nation.

» Nous savons que la puissance publique n'est ni une propriété ni un patrimoine : la propriété n'est établie que pour
l'intérêt privé du maître ; la puissance publique n'est établie
que pour l'intérêt général de la société. Les peuples n'existent
pas pour les magistrats ou pour les princes, mais les magistrats et les princes n'existent que pour les peuples.

» Aussi l'hérédité n'est-elle qu'un mode d'arriver au pouvoir : elle n'a aucune influence sur la nature du pouvoir même;
c'est une simple forme que l'on emprunte du droit civil, sans
rien changer dans les idées ni dans les principes du droit politique. Tous les jours, à la suite d'une guerre, et dans les traités de gouvernement à gouvernement, de nation à nation, on

emprunte les formes établies par le droit civil en matière de
cession, de transport et de contrat, quoiqu'il s'agisse souvent
d'objets qui ne peuvent tomber dans la classe des biens et des
droits susceptibles d'être réglés par des contrats proprement
dits : cela vient de ce que notre esprit aperçoit et nos besoins
établissent plus de rapports que la langue n'a de mots, et la
législation n'a de formes pour les exprimer et pour les régir.

» Depuis longtemps des auteurs profonds nous ont présenté
les inconvéniens et les avantages du système héréditaire et du
système électif; nous n'avons point à revenir sur des discussions épuisées. Les anciens avaient été si fatigués des tristes
résultats du système électif, qu'ils avaient préféré le jugement
aveugle du sort aux brigues et aux maux qui accompagnaient
les élections.

» L'hérédité est une barrière contre les factions et les intrigues;
elle place la suprême magistrature dans une région, et, j'ose
dire, dans un sanctuaire qui la rend inaccessible aux pensées et
aux machinations des ambitieux.

» Dans les circonstances où nous vivons, c'est en établissant
l'hérédité du pouvoir dans une famille nouvelle que nous réus-
sirons à détruire jusque dans leur germe les espérances chimériques d'une ancienne famille qui se montre moins jalouse
de recouvrer ses titres que de faire revivre les abus qui les lui ont
fait perdre; qui s'est liguée avec les éternels ennemis de la
France, et dont le retour, marqué par des secousses et des vengeances de toute espèce, deviendrait une source intarissable de
calamités publiques et privées.

» C'est en établissant l'hérédité du pouvoir dans une famille
nouvelle que nous communiquerons au nouvel ordre de choses
un caractère de stabilité que le système électif n'offre pas et ne
saurait offrir. On connaît tous les dangers auxquels ce système
expose les états qui l'admettent : les intervalles de chaque
vacance sont des intervalles de crise et d'anarchie; on est dans
l'agitation au dedans, et on devient incapable de résister au
dehors; chacun est plus occupé des intérêts de son parti que du
péril universel.

» Aujourd'hui surtout, où les nations de l'Europe ont entre
elles des rapports si multipliés, le système électif livrerait la
nation chez laquelle il serait adopté à toutes les intrigues étrangères; l'époque de chaque vacance pourrait être celle du renversement ou de la dissolution de l'État.

» Nous ne dissimulerons pas que, dans le système héréditaire, le hasard de la naissance ne donne pas toujours de bons
princes; mais des élections n'en donnent-elles jamais de
mauvais? Sans doute la sagesse, le talent et la vertu obtiendraient

toute faveur dans le système électif, si des électeurs pouvaient se défendre contre leurs propres passions et celles des autres ; mais, nous en appelons à l'expérience, toutes les fois qu'il s'agit d'une élection importante les divers partis se froissent ; celui qui prévaut écrase la liberté, et l'on ne voit bientôt plus que l'audace de quelques hommes, et l'oppression de tous.

» On objecte contre le système héréditaire l'inconvénient des minorités. Mais dans ce système ce ne sont pas toujours des mineurs qui succèdent : d'ailleurs dans les temps de minorité le gouvernement peut être plus faible; mais il n'y a jamais, comme dans le système électif, absence absolue de tout gouvernement.

» La famille à laquelle le gouvernement est confié peut s'éteindre, et alors on retombe dans le système électif; mais les familles ne passent pas aussi rapidement que les individus; elles peuvent exister et se perpétuer pendant un temps plus ou moins long.

» L'histoire des états nous présente des intervalles de plusieurs siècles dans la succession des familles, tandis que les individus se succèdent presque toujours dans l'espace de quelques années.

» Ceux qui réclament le principe de l'égalité pour écarter le système héréditaire sont plus préoccupés des fantaisies particulières de l'ambition ou de la vanité que de la grande pensée du bien public. Une nation ne peut exister sans gouvernement ; dans toute société politique il est nécessaire qu'il y ait une magistrature suprême. La concession de cette magistrature à un seul, à plusieurs ou à une famille, ne saurait donc compromettre l'égalité qui doit régner entre les familles et les citoyens d'un même état. Cette égalité peut être blessée par des préférences arbitraires et injustes ; elle ne l'est pas par des institutions que l'intérêt public commande, et que la nation est autorisée à regarder comme la sauve garde de l'Etat.

» La loi de l'hérédité n'offense donc aucune de nos maximes nationales, et elle est elle-même un grand principe de conservation et de tranquillité publique.

» Dira-t-on que le dernier sénatus-consulte semblait prévenir tous les dangers du système électif par la faculté qu'il laissait au chef de l'Etat de désigner son successeur? Mais cette désignation n'était pas forcée ; elle pouvait n'être pas faite : le sort de l'Etat ne reposait donc sur aucune base fixe ; car, le magistrat suprême ne désignant point son successeur, nous retombions dans les abus et les dangers des élections ordinaires.

» En second lieu, suppose-t-on la désignation d'un successeur? Comment se ferait-elle? Serait-ce par un acte solennel et

entre-vifs? Un tel mode serait rarement choisi: on ne se donne
guère un héritier de son vivant: on ne pourrait même le faire
sans quelque danger. On pourrait avoir le désir de varier dans
son propre choix, et ce désir serait inséparable de quelque
trouble : avec les meilleures intentions, et avec la prudence la
plus consommée, il serait possible que l'on ne fît qu'un choix
dangereux pour soi-même et désastreux pour l'État. »

» Si l'on ne faisait qu'un choix secret dont le mystère ne dût
être révélé qu'après la mort de celui qui gouverne, un tel choix
ne serait pas plus respecté que ne l'ont été les testamens des
plus puissans princes.

» Au surplus, la désignation d'un successeur faite par celui
auquel on doit succéder n'est jamais qu'un acte arbitraire de la
volonté d'un homme ; or un tel acte, qui dans une foule de
circonstances peut produire des jalousies et des rivalités redoutables, n'est capable dans aucun cas d'imposer suffisamment
à l'opinion publique. Si d'on voit les peuples se plier facilement à ce qui est déterminé par les lois, par les formes établies, c'est qu'ils n'y voient que le résultat d'un système, au
lieu d'y voir les caprices d'un homme ; mais vous n'obtiendriez
plus la même confiance ni le même respect si vous mettiez la
volonté arbitraire d'un homme à la place d'un système établi
par la loi.

» L'hérédité est donc préférable à tout ; elle ne laisse aucun
intervalle entre celui qui gouverne et celui qui lui succède. La
personne qui est revêtue de la suprême magistrature meurt : le
prince ne meurt jamais ; il est toujours présent au corps entier
de la nation.

» Nous ajouterons que l'instinct des autorités constituées est
de marcher toujours dans le sens des institutions existantes :
on a plus d'une fois remarqué qu'elles demeurent constamment
fidèles à l'ordre établi, dans leur égarement même (1). C'est
donc un très grand avantage du système héréditaire que de
leur offrir un point de ralliement qui n'est offert par aucun
autre système. Les autorités constituées entraînent la masse,
plus jalouse du repos que du pouvoir, et elles sont ordinairement plus fortes qu'une faction, qui peut s'élever, mais qui
n'a rien préparé, et qui peut être écartée avec facilité par ceux
qui parlent au nom des lois, et qui sont armés de la puissance.

» Aussi la sagesse des grandes nations n'a pas hésité de préférer le système héréditaire à tout autre. Ce système, nous le
savons, ne s'est naturalisé dans les divers états de l'Europe que

---

(1) Mémoires du cardinal de Retz.

peu à peu et par une sorte d'usage indélibéré. Les hommes ne sauraient être, avant l'expérience, ce qu'ils ne peuvent devenir que par elle; mais aujourd'hui, où tant d'évènemens nous ont éclairés sur nos vrais intérêts, serait-il convenable, en s'abandonnant au temps, de s'exposer aux dangers que le temps peut amener, et que la prudence peut prévenir? Dans les siècles barbares on a pu laisser l'initiative à la coutume; nous serions inexcusables de ne pas la donner à la raison.

» Le système héréditaire est donc adopté par le projet de sénatus-consulte.

» Dans ce projet on s'est occupé de désigner la magistrature suprême de l'État par un titre qui pût assortir dignement cette grande magistrature, sans compromettre les droits de la liberté nationale.

» Le titre de roi, dans la plupart des gouvernemens connus, tient plus ou moins à des principes de seigneurie féodale; parmi nous ces principes sont proscrits, et cette proscription est une conquête de la liberté.

» *Si nous avons un prince*, disait Pline à Trajan, *c'est pour nous empêcher d'avoir un maître.*

» Il fallait donc donner au chef suprême de l'État un titre qui ne supposât ni maître ni esclaves, et qui fût compatible avec la qualité de citoyen et d'homme libre.

» Le titre d'*empereur* a été indiqué par la voix publique, et adopté par le projet de sénatus-consulte.

» Ce titre n'est pas plus étranger aux républiques qu'aux monarchies; il ne s'est jamais lié à des idées de pouvoir absolu dans le prince, ni a des idées de *servage* dans les citoyens: ainsi l'ancienne Rome avait ses empereurs; le titre d'empereur est donné au chef du corps germanique, qui est une république de rois.

» D'autre part, ce titre n'est point une de ces dénominations arbitraires choisies pour satisfaire le besoin du moment, ou pour se conformer aux idées du jour : de telles dénominations, qui s'écartent des titres et des noms que le respect des peuples a consacrés, semblent ne tenir qu'à la mobilité des événemens multipliés dont une révolution se compose; elles se lient à des idées de changement bien plus qu'à des idées de stabilité; elles peuvent entretenir des espérances perfides. Il ne suffit pas qu'une nation ait la conscience de sa propre dignité; il faut encore qu'elle en inspire le sentiment aux autres. Le choix des titres et des noms destinés à désigner la première magistrature d'un état ne saurait être indifférent; rien n'est petit dans un si grand intérêt : c'est par les noms et les titres que l'on parle aux sens, à l'imagination, et à l'opinion; les mots accréditent

les choses ; ils ont sur les nations comme sur les particuliers
une grande puissance : il importait donc plus qu'on ne pense
de revenir à des expressions qui rappellent aux hommes tout
ce qu'il y a de sacré , de saint et d'auguste dans l'exercice de
la suprême magistrature.

» La puissance impériale est déférée à Napoléon Bonaparte
et à sa famille. Ici le projet de sénatus-consulte ne fait que
promulguer le vœu de tous les Français. Quel autre que
l'homme extraordinaire qui a sauvé la France pourrait être
appelé à la gouverner ? quelle autre famille que la sienne pourrait offrir les mêmes droits, les mêmes espérances et la même
garantie ?

» Nous apprenons par l'histoire que la bienfaisance, la
sagesse, le courage, le talent, le génie, aidés de la fortune,
ont été les premiers fondateurs des empires. Les peuples se
seraient civilisés plus tard, ou, dans d'autres circonstances,
ils eussent été plus longtemps dévorés par l'anarchie, si la
nature n'eût produit par intervalle, et à des époques décisives,
quelqu'une de ces âmes vastes, élevées, nées pour les grandes
choses, marquées des caractères d'une sorte de souveraineté
naturelle, et capables d'influer sur la destinée des nations. La
nature, il est vrai, n'a fait ni magistrats, ni princes, ni
citoyens ; elle n'a fait que des hommes ; mais elle a, pour ainsi
dire, ébauché tous les gouvernemens en faisant sentir à la
multitude le besoin d'un ordre public, et en donnant à quelques
hommes l'aptitude et les qualités qui les disposent à faire le
bien des autres.

» Sachons donc profiter de tous nos avantages. Qu'il soit
empereur des Français- celui qui a su agrandir leur territoire
par ses succès et ses triomphes, et les conduire au bonheur par
la sagesse de son administration ; que la puissance impériale
soit héréditaire dans une famille dont les membres se sont déjà
distingués par d'importans services rendus à l'État, et dans
laquelle de grands souvenirs ne pourront que perpétuer de
grandes vertus.

» En rendant la puissance impériale héréditaire dans la
famille de Napoléon Bonaparte, on a réglé le plan de cette
hérédité d'après des principes conformes au goût et aux mœurs
de la nation. Le projet de sénatus-consulte appelle uniquement les mâles, l'ordre de primogéniture gardé. Chez un
peuple essentiellement guerrier, les femmes ont dû être perpétuellement exclues. La loi civile n'a pu à cet égard diriger la
loi politique, car on ne saurait gouverner par les mêmes principes des choses qui sont d'un ordre si différent.

» Il était impossible de ne pas prévoir les cas de minorité et de régence, qui peuvent se vérifier plus ou moins fréquemment dans le système héréditaire ; relativement à ces cas, on a distingué ce qui concerne la garde de la personne du mineur d'avec ce qui concerne l'administration de l'Etat,

» On donne des conseils au régent ; on limite son pouvoir ; on en règle sagement l'exercice.

» On détermine que la minorité finira à dix-huit ans : elle finissait autrefois à quatorze ; on a toujours senti la nécessité de ne pas prolonger un intervalle pendant lequel l'Etat est exposé à languir.

» Quand on défère la suprême magistrature à un chef et à sa famille, il y a une grande distance entre ce chef, les membres de sa famille et les citoyens ordinaires ; l'Etat manquerait donc de liaison s'il n'y avait pas des dignités, des institutions et des corps intermédiaires. De là le projet de sénatus-consulte vous présente l'établissement de grands dignitaires, de grands officiers dans l'ordre civil et militaire, que l'on déclare inamovibles, et qui sont à la fois une décoration pour le trône impérial, et un lien de communication entre le prince et les citoyens.

» Le chef de l'Empire n'exerce point des droits qui lui soient propres ; il exerce ceux de la nation. Sa dignité est donc celle de la nation elle-même : on ne saurait environner de trop de majesté le chef d'un grand empire. Il est chargé de faire respecter les lois dans l'intérieur, et de représenter partout la majesté nationale. Tout ce que l'on donne à l'appareil, à la grandeur, adoucit l'exercice de la puissance : on n'a pas besoin alors d'arracher par la force ce qui est toujours librement offert par le respect, l'admiration et l'amour.

» Quand les formes d'un gouvernement changent, c'est ou parce qu'il se corrompt, ou parce qu'il s'améliore.

» Le gouvernement se corrompt quand les principes s'affaiblissent ou se dénaturent à mesure que les formes changent ; il s'améliore quand on ne change les formes que pour mieux assurer les principes.

» Or le projet de sénatus-consulte consacre les grands principes de la souveraineté nationale, de l'égalité des droits, de la liberté politique, civile et religieuse des citoyens. Il conserve toutes les institutions existantes ; il leur communique une nouvelle force, et il les environne d'un plus grand éclat ; il trace le serment solennel que l'empereur doit prêter pour s'engager à les défendre, serment qui est comme l'abrégé de toutes les constitutions de l'Empire.

» Dans ce moment permettez-moi, citoyens sénateurs, de fixer votre attention sur un objet qui n'est peut-être pas assez observé.

» Quelle était la position de la France quand le gouvernement a été confié au héros qui la gouverne? Je ne rétracerai
point le tableau de nos malheurs passés; mais je dirai que
l'État inclinait vers la démocratie absolue, espèce de gouvernement si peu convenable à un grand état; toute l'autorité était
tombée entre les mains du peuple ou de ses représentans. Une
assemblée représentative qui parle et agit au nom du peuple,
qui fait les lois et les change quand elle veut, qui peut à
chaque instant accuser ou détruire le pouvoir chargé de les
exécuter, ne connaît point de limites à ses droits; en limitant
son pouvoir, elle croirait attenter à la souveraineté même du
peuple. Un tel ordre de choses ne présente pour ainsi dire
qu'un gouvernement sans gouvernement; il n'offre qu'une
puissance redoutable que rien n'arrête, et qui menace tout.

» Dans une situation si périlleuse, une nation est exposée à
perdre jusqu'à l'ombre de sa liberté, si, au lieu de tomber dans
les bras d'un libérateur, elle est jetée par les événemens dans
ceux d'un oppresseur ambitieux qui la subjugue et l'enchaîne :
aussi nous voyons par l'histoire qu'il n'y a pas de servitude
pareille à celle d'un peuple qui passe subitement de la démocratie au gouvernement absolu d'un seul; le pouvoir du despote est alors d'autant plus immense qu'il remplace celui du
peuple, qui n'avait pas pensé à limiter son propre pouvoir.

» Que serait devenue la France si, à l'époque dont nous
parlons, un génie tutélaire n'eût pas veillé sur ses destinées?
Mais ce génie, se promenant sur l'abîme dans lequel nous
étions plongés, a débrouillé le chaos, et a ramassé les débris
épars; il a refait et recomposé l'ordre social; il a détruit la
tyrannie populaire au profit du peuple; en acceptant le pouvoir qu'on lui confiait, il a laissé à la liberté le soin de créer
des institutions capables de le tempérer; plus prévoyant que
la liberté même, il a cherché à donner successivement à ces
institutions une forme plus régulière, une action plus forte, et
à les rendre populaires et nationales, par l'établissement des
colléges électoraux : quels titres n'a-t-il donc pas à notre
reconnaissance!

» C'est le grand homme à qui nous sommes redevables de
tant d'institutions libérales qui est appelé à gouverner l'Empire. Un Sénat permanent continuera de veiller sur les destinées de la France. Ce Sénat, sans partager le pouvoir législatif,
aura la garde et le dépôt des lois; il garantira la Constitution
des surprises qui pourraient être faites au législateur lui-même;
il remplira auprès de l'empereur, et dans certains cas déterminés, l'office de la conscience, en l'avertissant des erreurs
qui peuvent se glisser dans les lois nouvelles, et qui seraient

capables de compromettre les droits que nous avons conquis par la révolution.

» Le même Sénat protégera la liberté de la presse contre les prohibitions arbitraires, et la liberté individuelle contre les arrestations illégales : rien n'est plus propre à rehausser la dignité du citoyen que de voir le premier corps de l'Etat occupé à protéger et à défendre les droits du moindre particulier, avec la même sollicitude que s'il s'agissait de défendre la Constitution même.

» Les lois ne sont pas de purs actes de puissance ; ce sont des actes de raison , de sagesse et de justice. La délibération est de l'essence des lois ; elles continueront d'être préparées dans le conseil du prince , d'être épurées par les discussions du Tribunat, et d'être sanctionnées par les députés du peuple.

» Dans un gouvernement libre le respect pour la propriété ne permet pas de lever des impôts et des taxes sans le consentement des députés choisis par des assemblées de propriétaires ; ce grand principe est maintenu et respecté.

» Les tribunaux acquièrent une nouvelle dignité, et ils conservent leur première indépendance.

» Personne ne pouvant être au-dessus de la justice, comme personne ne peut être avili au-dessous de l'humanité, une haute-cour jugera les ministres et ceux qui remplissent de grandes fonctions dans l'Etat.

» La même cour jugera les crimes commis ou tramés contre la patrie, contre la personne de l'empereur et celle de l'héritier présomptif du trône. Elle jugera pareillement les délits personnels des princes , des titulaires des grandes dignités, des grands officiers , des sénateurs, et des conseillers d'etat.

» Cette attribution ne rompt pas l'égalité ; elle la rétablit ; car des hommes qui exercent une censure sur les autres , ou qui peuvent être l'objet de leur jalousie, seraient plus exposés et plus malheureux que les citoyens ordinaires s'ils pouvaient être justiciables de ceux mêmes sur lesquels ils exercent leur juridiction , ou dont ils peuvent exciter le mécontentement et la haine.

» Le siége de la haute-cour sera dans le Sénat : son organisation est telle qu'elle offrira une garantie suffisante à l'Etat contre l'impunité, et une garantie suffisante aux accusés contre l'injustice.

» Le gouvernement doit être essentiellement *un*. Toutes les parties doivent correspondre entre elles pour former le même tout ; elles doivent aboutir à un centre commun : ce centre est la puissance impériale, qui est comme la clé de la voûte.

» Tous les actes seront faits au nom de l'*empereur* : c'est

une conséquence nécessaire du grand principe de l'unité de la
puissance publique.

» Les différentes branches de cette puissance seront dis-
tinctes sans être divisées ; elles ne reposeront pas dans les
mêmes mains, mais elles seront dirigées par le même esprit.
Aucune volonté particulière ne pourra prévaloir sur la volonté
générale. Les cours d'appel, les membres de la cour de cassation, en cas de forfaiture ou de prise à partie, pourront être
cités devant la haute cour, qui est chargée de juger les justices mêmes.

» On ne s'est pas uniquement occupé de ce qui peut organiser
l'Etat; on s'est occupé encore de ce qui pouvait former et maintenir les mœurs et l'esprit général de la nation. La Légion
d'Honneur devient pour cet objet un grand ressort. Les membres
de cette Légion sont distribués dans les départemens et dans
les collèges électoraux pour y propager l'amour de la patrie,
et pour y perpétuer le véritable esprit public. On a pensé avec
raison que des hommes qui se sont distingués par le courage
militaire ou par le courage civil peuvent entretenir et faire
naître les bonnes pensées et les bons sentimens, et devenir pour
ainsi dire les canaux par lesquels les véritables vertus civiles
peuvent circuler et se répandre dans toutes les classes de
citoyens.

» Tel est, citoyens sénateurs, l'ensemble du projet de séna-
tus-consultes. Vous en avez jeté les premières bases ; achevez
votre ouvrage. Vous allez donner une nouvelle vie au corps
politique, et une nouvelle garantie à la nation, en adoptant
le plan d'organisation que nous avons l'honneur de vous présenter. Quel moment plus favorable pour assurer à jamais le
bonheur de la France ! Le temps est passé où chaque nouvelle
loi était une tempête ; aujourd'hui chaque nouvelle loi est un
bienfait. Je parle d'après votre vœu, d'après celui de la nation:
qu'il soit *empereur des Français* celui sur qui le salut de la
France entière repose, et que nos nouvelles institutions soient
immortelles comme sa gloire! »

RAPPORT *sur le Sénatus-consulte organique présenté le 26 floréal an 12 ; fait au Sénat par Lacépède, organe de la commission spéciale de dix membres* (1). — *Séance du 28 floréal an 12, présidée par le consul Cambacérès.*

» Citoyen consul président, le Sénat a renvoyé à sa commission spéciale le projet de sénatus-consulte organique qui lui a été présenté par des orateurs du gouvernement, et dont je viens de faire lecture.

» La commission m'a chargé d'avoir l'honneur de soumettre au Sénat les résultats de l'examen qu'elle a fait de ce projet.

» Ce sera une grande époque dans l'histoire des nations que celle où le peuple français, faisant entendre de nouveau sa volonté souveraine, met un frein à la fureur des discordes civiles, termine la plus mémorable des révolutions, fixe ses glorieuses destinées, et consacre un monument digne de lui à la liberté, à l'égalité, à la raison, à la reconnaissance, en assurant dans la famille de son héros cette couronne impériale qui va briller sur un front décoré tant de fois des lauriers de la victoire!

» C'est vous, citoyens sénateurs, qui avez pressenti ce grand événement, qui l'avez préparé, et dont la décision, que désire avec tant d'ardeur la France attentive, va donner le mouvement aux élans généreux de la grande nation.

» Mais les pères de la patrie doivent commander à l'enthousiasme du sentiment. Vous avez émis un vœu solennel pour que le gouvernement de la République fût confié à Napoléon, empereur héréditaire; vous avez désiré que nos institutions fussent en même temps perfectionnées pour assurer à jamais le règne de la liberté et de l'égalité. Les mesures qui doivent garantir et les droits de la nation et la durée de l'empire héréditaire vous sont aujourd'hui présentées dans les formes prescrites par les constitutions de la République.

» Le projet de sénatus-consulte qui les renferme est sous vos yeux. L'orateur du gouvernement vous en a développé les motifs. Vous avez pu en méditer la nature, en rechercher les résultats, en observer les liaisons.

» Vous avez surtout étudié ces rapports secrets qui lient les

_____

(1) François (de Neufchâteau), Fouché, Rœderer, Lecouteulx-Canteleu, Boissy d'Anglas, Vernier, Lacépède, Vaubois, Laplace, Fargues.

unes aux autres les différentes parties de ses nombreuses dispositions.

« Ils peuvent échapper à des yeux vulgaires ces rapports
qui font concourir au même but tant de moyens divers, qui
rapprochent tant d'objets éloignés, qui fortifient tant de ressorts, qui modèrent tant de mouvemens, et qui établissent
dans le tout cette correspondance, cette harmonie et cet équilibre garans de la stabilité.

» Mais qui sait mieux que vous, citoyens sénateurs, que les
grandes institutions ne peuvent être bien jugées que d'en haut;
qu'en cherchant à perfectionner un détail on dénature souvent l'ensemble, et que tant de lois n'ont produit des effets
opposés à ceux que l'on attendait que parce que, dans leur
examen, on n'avait considéré qu'une face, on n'avait écouté
qu'une crainte, on n'avait consulté qu'une espérance !

» Votre commission a donc cru superflu de vous retracer
des dispositions que vous connaissez, des motifs que chacun
de vous a pesés, des mesures dont vous avez vu l'enchaîne-
ment.

» Vous avez dû remarquer, citoyens sénateurs, avec quelle
attention on a prévu tous les événemens qui auraient pu, en
rendant le droit de succéder douteux et l'hérédité incertaine,
exposer la patrie à ces guerres désastreuses dont elle a tant
souffert, et ramener ces calamités effroyables sous lesquelles
nos pères, braves, mais malheureux contemporains de l'infortuné Charles VI, ont vu la France presque expirante par les
coups d'enfans dénaturés de la mère commune, et par ceux
d'un ennemi audacieux et perfide.

» L'ordre prescrit pour la succession à l'empire présente
le nom du sage que la patrie reconnaissante a vu à Lunéville et
dans les murs d'Amiens faire briller du doux éclat de la paix
l'olivier consolateur que lui avait remis la main triomphante
de son auguste frère ; et celui de ce jeune Louis, qui, compagnon de l'Hercule français dès l'âge le plus tendre, et combattant près du héros de l'Europe, de l'Afrique et de l'Asie,
dans les plaines de l'Italie, sur les rives du Nil, et non loin
des ruines de l'antique Sidon, a pu de bonne heure accoutumer ses yeux à tout l'éclat de la gloire.

» En ordonnant que les pères de la patrie régleront avec le
chef suprême de l'empire l'éducation des princes appelés à
gouverner un jour la République, la loi fondamentale de
l'Etat assure à nos neveux que les premières pensées de ceux
qui devront perpétuer leur bonheur seront pour les devoirs que
leur imposera la patrie, et leurs premières affections pour le
peuple qui aura élevé leur race sur le pavois impérial.

» Admis de bonne heure dans cette enceinte, et dans celle du Conseil d'état, ils y trouveront, au milieu des nombreux résultats d'une longue expérience, cette suite imposante de maximes fondamentales et sacrées qui ne se développent et ne se conservent que dans les corps dont le renouvellement est insensible, et qui donnent aux institutions et tant de durée, et tant de force,. et tant de majesté.

» La régence, établie avec prévoyance, n'étant jamais ni usurpée, ni contestée, ni livrée à des mains trop faibles ou étrangères, ne confère le pouvoir de conserver qu'en enchaînant l'autorité qui tendrait à détruire.

» De grandes dignités, ajoutant à la splendeur du trône, en fortifient la base sans pouvoir l'ébranler; en détournent la foudre dans les temps orageux; donnent aux conseils plus de maturité; peuvent, en écartant toute barrière funeste, ne laisser aucune pensée utile perdue pour l'empereur, aucune action vertueuse.perdue pour l'Etat, aucune affection de l'empereur perdue pour le peuple; offrent aux plus grands services la plus brillante palme; ne deviennent l'objet de toutes les ambitions que pour les éloigner de tout dessein pervers; n'inspirent les grands projets et les grandes actions qu'en forçant à maintenir la Constitution de l'Etat, et n'élèvent des citoyens dans un rang éclatant que pour faire voir de plus loin le triomphe de l'égalité.

» Toutes les fois qu'un nouveau prince prend les rênes du gouvernement son serment solennel lui rappelle ses devoirs, les droits inviolables de la propriété, et tous les autres droits imprescriptibles du peuple.

» Le dépôt sacré de la liberté individuelle et de la liberté de la presse est remis au Sénat plus spécialement que jamais.

» Et dans quelles mains pourrait-il être plus en sûreté!

» Ne trouve-t-on pas dans le Sénat *le nombre*, qui, par la diversité des opinions, des affections et des intérêts, écarte de la majorité tous les germes de séduction; l'âge, qui fait taire toutes les passions devant celle du devoir; *la perpétuité*, qui ôte à l'avenir toute influence dangereuse sur le présent; *l'étendue de l'autorité et la prééminence du rang*, qui délivrent des illusions funestes l'ambition satisfaite?

» La liberté sainte, devant laquelle sont tombés les remparts de la Bastille, déposera donc ses craintes; l'homme d'état sera satisfait; et les ombres illustres du sage l'Hôpital, du grand Montesquieu et du vertueux Malesherbes seront consolées de n'avoir pu que proposer l'heureuse institution que consacre le sénatus-consulte.

» Les difficultés relatives aux opérations des collèges électoraux ne pouvant être résolues qu'avec l'intervention du Sénat, le vœu du peuple ne sera jamais méconnu.

» Les listes des candidats que ces colléges choisissent étant souvent renouvelées, l'une des plus belles portions de la souveraineté du peuple sera fréquemment exercée.

» Les membres du Corps législatif, rééligibles sans intervalle, seront, s'il est possible, des organes plus fidèles de la volonté nationale; les discussions auxquelles ils se livréront, et leurs communications plus grandes avec le Tribunat, éclaireront de plus en plus les objets soumis à leur approbation ; et une plus longue durée des fonctions des tribuns ajoutera à leur expérience dans les affaires.

» Une haute-cour, garante des prérogatives nationales confiées aux grandes autorités, de la sûreté de l'Etat et de celle des citoyens, formera un tribunal véritablement indépendant et auguste, consacré à la justice et à la patrie.

» Son siége tutélaire et redoutable sera dans cette enceinte.

» Les conservateurs du pacte social, les dépositaires des lois civiles y rassureront l'innocence, en faisant trembler le crime, qu'aucun asile ne pourra dérober à la puissance de la nation.

» L'aréopage d'Athènes jugeait au milieu des ombres de la nuit ; c'était un emblème de l'impartiale équité. La France aura la réalité de cette image.

» La haute-cour, placée au sommet de l'Etat, n'apercevra ni les intérêts privés ni les affections particulières, que la distance fera disparaître.

» Elle ne verra que la République et la loi.

» Elle assurera la responsabilité des grands fonctionnaires, de ceux particulièrement qu'un grand éloignement de la métropole pourrait soustraire à la crainte de la vengeance des lois.

» Elle assurera surtout la responsabilité des ministres, cette responsabilité sans laquelle la liberté n'est qu'un fantôme derrière lequel se cache le despotisme.

» Enfin le sénatus-consulte organique rend l'hommage le plus éclatant à la souveraineté nationale.

» Il détermine que le peuple prononcera lui-même sur la proposition d'établir l'hérédité impériale dans la famille de Napoléon Bonaparte.

» Il fait plus, et je prie qu'on soit attentif à cette observation, il consacre et fortifie, par de sages institutions, le gouvernement que la nation française a voulu dans les plus beaux jours de la révolution, et lorsqu'elle a manifesté sa volonté avec le plus d'éclat, de force et de grandeur.

» La commission a donc pensé, à l'unanimité, qu'elle devait

proposer au Sénat d'adopter le projet de sénatus-consulte qui
lui a été présenté.

» Que Napoléon Bonaparte soit empereur des Français!

» Et puisse-t-il faire le bonheur de nos arrière-neveux,
comme il fera à jamais l'admiration de la postérité!

» Ce sentiment nous amène à l'expression de la reconnaissance publique envers les deux consuls, qui, pendant tout le
cours de leur haute magistrature, n'ont cessé de bien mériter
de la patrie, et que l'estime du Sénat suivra dans tous les rangs
où le bien de l'État les portera.

» Mais, citoyens sénateurs, lorsque vous aurez adopté le
projet de sénatus-consulte qui vous est présenté, il vous restera
encore un grand devoir à remplir envers la patrie.

» Le peuple sera consulté sur la proposition de l'hérédité de
la dignité impériale dans la famille de Napoléon Bonaparte.

» Nous attendrons avec respect sa décision souveraine sur
cette importante proposition.

» Mais c'est par le sénatus-consulte organique qui vous est
soumis que la dignité consulaire est changée en dignité impériale pour Napoléon, et pour le successeur que les constitutions actuelles de la République lui donnent le droit de présenter.

» A l'instant où vous aurez imprimé le sceau de votre autorité au sénatus-consulte, *Napoléon est empereur des Français.*

» Hâtez-vous de satisfaire la juste impatience des citoyens,
des magistrats, de l'armée, de la flotte, de la France entière!

» Donnez le signal qu'on vous demande de toutes parts, et
qu'une démarche solennelle proclame l'empereur!

» Votre commission a donc l'honneur de vous proposer, à
l'unanimité :

» *Premièrement* d'adopter le projet de sénatus-consulte
organique présenté par les orateurs du gouvernement;

» *Secondement* de rendre le décret suivant :

» *Le Sénat en corps présentera, immédiatement après sa*
» *séance, le sénatus-consulte organique de ce jour à Na-*
» *poléon Bonaparte, empereur des Français.*

« *Le président du Sénat, Cambacérès, portera la parole.* »

(« Le Sénat, sur ce rapport, a dans la même séance adopté
le projet de sénatus-consulte organique.

» Il a pareillement adopté le projet de décret proposé par sa
commission.

» En conséquence de ce décret, le Sénat en corps s'est mis
en marche pour Saint-Cloud immédiatement après la fin de sa

séance. Le cortége était accompagné de différens corps de cavalerie.

» Le Sénat, à son arrivée , a été admis à l'audience de l'empereur. » — *Procès-verbal.*)

DISCOURS *prononcé par le second consul, président du Sénat,* Cambacérès , *en remettant au premier consul le sénatus-consulte organique du* 28 *floréal an* 12. — (*Le même jour à Saint-Cloud.*)

« Sire, le décret que le Sénat vient de rendre, et qu'il s'empresse de présenter à Votre Majesté impériale, n'est que l'expression authentique d'une volonté déjà manifestée par la nation.

» Ce décret, qui vous défère un nouveau titre, et qui après vous en assure l'hérédité à votre race, n'ajoute rien ni à votre gloire ni à vos droits.

» L'amour et la reconnaissance du peuple français ont depuis quatre années confié à Votre Majesté les rênes du gouvernement, et les Constitutions de l'Etat se reposaient déjà sur vous du choix d'un successeur.

» La dénomination plus imposante qui vous est décernée n'est donc qu'un tribut que la nation paie à sa propre dignité, et au besoin qu'elle sent de vous donner chaque jour des témoignages d'un respect et d'un attachement que chaque jour voit augmenter.

» Eh! comment le peuple français pourrait-il trouver des bornes pour sa reconnaissance, lorsque vous n'en mettez aucune à vos soins et à votre sollicitude pour lui ?

» Comment pourrait-il, conservant le souvenir des maux qu'il a soufferts lorsqu'il fut livré à lui-même, penser sans enthousiasme au bonheur qu'il éprouve depuis que la providence lui a inspiré de se jeter dans vos bras !

» Les armées étaient vaincues, les finances en désordre, le crédit public anéanti ; les factions se disputaient les restes de notre antique splendeur ; les idées de religion et même de morale s'étaient obscurcies ; l'habitude de donner et de reprendre le pouvoir laissait les magistrats sans considération, et même avait rendu odieuse toute espèce d'autorité.

» Votre Majesté a paru. Elle a rappelé la victoire sous nos drapeaux ; elle a établi la règle et l'économie dans les dépenses publiques : la nation, rassurée par l'usage que vous en avez su faire, a repris confiance dans ses propres ressources : votre sagesse a calmé la fureur des partis ; la religion a vu relever ses autels ; les notions du juste et de l'injuste se sont réveillées

dans l'âme des citoyens quand on a vu la peine suivre le
crime, et d'honorables distinctions récompenser et signaler les
vertus.

» Enfin, et c'est là sans doute le plus grand des miracles
opérés par votre génie, ce peuple, que l'effervescence civile
avait rendu indocile à toute contrainte, ennemi de toute autorité, vous avez su lui faire chérir et respecter un pouvoir
qui ne s'exerçait que pour sa gloire et son repos.

» Le peuple français ne prétend point s'ériger en juge des
constitutions des autres états.

» Il n'a point de critiques à faire, point d'exemples à suivre;
l'expérience désormais devient sa leçon.

» Il a pendant des siècles goûté les avantages attachés à l'hérédité du pouvoir.

» Il a fait une épreuve courte, mais pénible, du système
contraire.

» Il rentre, par l'effet d'une délibération libre et réfléchie,
dans un sentier conforme à son génie.

» Il use librement de ses droits pour déléguer à Votre
Majesté impériale une puissance que son intérêt lui défend
d'exercer par lui-même.

» Il stipule pour les générations à venir, et, par un pacte
solennel, il confie le bonheur de ses neveux à des rejetons de
votre race.

» Ceux-ci imiteront vos vertus.

» Ceux-là hériteront de notre amour et de notre fidélité.

» Heureuse la nation qui, après tant de troubles et d'incertitudes, trouve dans son sein un homme digne d'apaiser la
tempête des passions, de concilier tous les intérêts, et de
réunir toutes les voix!

» Heureux le prince qui tient son pouvoir de la volonté, de
la confiance et de l'affection des citoyens!

» S'il est dans les principes de notre Constitution, et déjà
plusieurs exemples semblables ont été donnés, de soumettre à
la sanction du peuple la partie du décret qui concerne l'établissement d'un gouvernement héréditaire, le Sénat a pensé
qu'il devait supplier Votre Majesté impériale d'agréer que les
dispositions organiques reçussent immédiatement leur exécution; et, pour la gloire comme pour le bonheur de la République, il proclame à l'instant même Napoléon empereur des
Français. »

(« L'Empereur a répondu en ces termes : »)

« Tout ce qui peut contribuer au bien de la patrie est essentiellement lié à mon bonheur.

» J'accepte le titre que vous croyez utile à la gloire de la
» nation.

» Je soumets à la sanction du peuple la loi de l'hérédité.
» J'espère que la France ne se repentira jamais des honneurs
» dont elle environnera ma famille.

» Dans tous les cas, mon esprit ne sera plus avec ma pos-
» térité le jour où elle cesserait de mériter l'amour et la con-
» fiance de la grande nation.. »

(« Le Sénat a été ensuite admis à l'audience de Sa Majesté l'impératrice. Le consul Cambacérès, président, lui a dit : »)

« Madame, nous venons de présenter à votre auguste époux
le décret qui lui donne le titre d'empereur, et qui, établissant
dans sa famille le gouvernement héréditaire, associe les races
futures au bonheur de la génération présente.

» Il reste au Sénat un devoir bien doux à remplir, celui
d'offrir à Votre Majesté impériale l'hommage de son respect,
et l'expression de la gratitude des Français.

» Oui, Madame, la renommée publie le bien que vous ne
cessez de faire; elle dit que, toujours accessible aux malheureux, vous n'usez de votre crédit auprès du chef de l'Etat que
pour soulager leur infortune, et qu'au plaisir d'obliger Votre
Majesté ajoute cette délicatesse aimable qui rend la reconnaissance plus douce, et le bienfait plus précieux.

» Cette disposition présage que le nom de l'impératrice Jo-
séphine sera le signal de la consolation et de l'espérance; et,
comme les vertus de Napoléon serviront toujours d'exemple à
ses successeurs pour leur apprendre l'art de gouverner les nations, la mémoire vivante de votre bonté apprendra à leurs
augustes compagnes que le soin de sécher les larmes est le
moyen le plus sûr de régner sur tous les cœurs.

» Le Sénat se félicite de saluer le premier Votre Majesté
impériale; et celui qui a l'honneur d'être son organe ose espérer que vous daignerez le compter au nombre de vos plus
fidèles serviteurs. »

« LETTRE de Sa Majesté impériale aux consuls Cambacérès et Lebrun.»
(Remise à Saint-Cloud le même jour.)

« Citoyen consul Cambacérès (Lebrun), votre titre va
changer; vos fonctions et ma confiance restent les mêmes.
Dans la haute dignité d'archi-chancelier de l'Empire (d'archi-
trésorier) dont vous allez être revêtu, vous manifesterez,
comme vous l'avez fait dans celle de consul, la sagesse de vos
conseils et les talens distingués qui vous ont acquis une part
aussi importante dans tout ce que je puis avoir fait de bien.

» Je n'ai donc à désirer de vous que la continuation des
mêmes sentimens pour l'Etat et pour moi.

» Donné au palais de Saint-Cloud, le 28 floréal an 12.

» *Signé* NAPOLÉON. Par l'empereur, le secrétaire d'état
H.-B. MARET. »

SÉNATUS-CONSULTE ORGANIQUE.

Du 28 floréal an 12 (18 mai 1804).

TITRE PREMIER.

Art. 1er. Le gouvernement de la République est confié à
un empereur, qui prend le titre d'EMPEREUR DES FRANÇAIS.

La justice se rend, au nom de l'EMPEREUR, par les officiers
qu'il institue.

2. NAPOLÉON BONAPARTE, premier consul actuel de la République, est EMPEREUR DES FRANÇAIS.

TITRE II. — *De l'Hérédité.*

3. La dignité impériale est héréditaire dans la descendance
directe, naturelle et légitime de Napoléon Bonaparte, de mâle
en mâle, par ordre de primogéniture, et à l'exclusion perpétuelle des femmes et de leur descendance.

4. Napoléon Bonaparte peut adopter les enfans ou petits-
enfans de ses frères, pourvu qu'ils aient atteint l'âge de dix-
huit ans accomplis, et que lui-même n'ait point d'enfans mâles
au moment de l'adoption.

Ses fils adoptifs entrent dans la ligne de sa descendance
directe.

Si, postérieurement à l'adoption, il lui survient des enfans
mâles, ses fils adoptifs ne peuvent être appelés qu'après les descendans naturels et légitimes.

L'adoption est interdite aux successeurs de Napoléon Bonaparte et à leurs descendans.

5. A défaut d'héritier naturel et légitime, ou d'héritier
adoptif de Napoléon Bonaparte, la dignité impériale est dévolue et déférée à *Joseph Bonaparte*, et à ses descendans naturels et légitimes, par ordre de primogéniture et de mâle en
mâle, à l'exclusion perpétuelle des femmes et de leur descendance.

6. A défaut de *Joseph Bonaparte*, et de ses descendans
mâles, la dignité impériale est dévolue et déférée à *Louis*

Bonaparte et à ses descendans naturels et légitimes, par ordre de primogéniture et de mâle en mâle, à l'exclusion perpétuelle des femmes et de leur descendance.

7. A défaut d'héritier naturel et légitime, ou d'héritier adoptif de Napoléon Bonaparte ;

A défaut d'héritiers naturels et légitimes de *Joseph Bonaparte* et de ses descendans mâles ;

De *Louis Bonaparte* et de ses descendans mâles ,

Un sénatus consulte organique, proposé au Sénat par les titulaires des grandes dignités de l'Empire, et soumis à l'acceptation du peuple , nomme l'empereur ; et règle dans sa famille l'ordre de l'hérédité de mâle en mâle, à l'exclusion perpétuelle des femmes et de leur descendance.

8. Jusqu'au moment où l'élection du nouvel empereur est consommée , les affaires de l'Etat sont gouvernées par les ministres, qui se forment en conseil de gouvernement, et qui délibèrent à la majorité des voix. Le secrétaire d'état tient le registre des délibérations.

Titre III. — *De la famille impériale.*

9. Les membres de la famille impériale, dans l'ordre de l'hérédité , portent le titre de *princes français.*

Le fils aîné de l'empereur porte celui de *prince impérial.*

10. Un sénatus-consulte règle le mode de l'éducation des princes français.

11. Ils sont membres du Sénat et du Conseil d'état lorsqu'ils ont atteint leur dix-huitième année.

12. Ils ne peuvent se marier sans l'autorisation de l'empereur.

Le mariage d'un prince français fait sans l'autorisation de l'empereur emporte privation de tout droit à l'hérédité tant pour celui qui l'a contracté que pour ses descendans.

Néanmoins, s'il n'existe point d'enfant de ce mariage, et qu'il vienne à se dissoudre, le prince qui l'avait contracté recouvre ses droits à l'hérédité.

13. Les actes qui constatent la naissance, les mariages et les décès des membres de la famille impériale sont transmis sur un ordre de l'empereur au Sénat, qui en ordonne la transcription sur ses registres et le dépôt dans ses archives.

14. Napoléon Bonaparte établit, par des statuts auxquels ses successeurs sont tenus de se conformer :

1°. Les devoirs des individus de tout sexe , membres de la famille impériale , envers l'empereur;

2°. Une organisation du palais impérial conforme à la dignité du trône et à la grandeur de la nation.

15. La liste civile reste réglée ainsi qu'elle l'a été par les articles 1 et 4 du décret du 26 mai 1791.

Les princes français *Joseph* et *Louis Bonaparte*, et à l'avenir les fils puînés naturels et légitimes de l'empereur, seront traités conformément aux articles 1, 10, 11, 12 et 13 du décret du 21 décembre 1790.

L'empereur pourra fixer le douaire de l'impératrice, et l'assigner sur la liste civile. Ses successeurs ne pourront rien changer aux dispositions qu'il aura faites à cet égard.

16. L'empereur visite les départemens; en conséquence des palais impériaux sont établis aux quatre points principaux de l'Empire.

Ces palais sont désignés, et leurs dépendances déterminées par une loi.

Titre IV. — *De la Régence.*

17. L'empereur est mineur jusqu'à l'âge de dix-huit ans accomplis; pendant sa minorité il y a un régent de l'Empire.

18. Le régent doit être âgé au moins de vingt-cinq ans accomplis.

Les femmes sont exclues de la régence.

19. L'empereur désigne le régent parmi les princes français ayant l'âge exigé par l'article précédent; et à leur défaut parmi les titulaires des grandes dignités de l'Empire.

20. A défaut de désignation de la part de l'empereur, la régence est déférée au prince le plus proche en degré, dans l'ordre de l'hérédité, ayant vingt-cinq ans accomplis.

21. Si, l'empereur n'ayant pas désigné le régent, aucun des princes français n'est âgé de vingt-cinq ans accomplis, le Sénat élit le régent parmi les titulaires des grandes dignités de l'Empire.

22. Si, à raison de la minorité d'âge du prince appelé à la régence dans l'ordre de l'hérédité, elle a été déférée à un parent plus éloigné, ou à l'un des titulaires des grandes dignités de l'Empire, le régent entré en exercice continue ses fonctions jusqu'à la majorité de l'empereur.

23. Aucun sénatus-consulte organique ne peut être rendu pendant la régence ni avant la fin de la troisième année qui suit la majorité.

24. Le régent exerce jusqu'à la majorité de l'empereur toutes les attributions de la dignité impériale.

Néanmoins il ne peut nommer ni aux grandes dignités de l'Empire ni aux places de grands-officiers qui se trouveraient vacantes à l'époque de la régence, ou qui viendraient à vaquer pendant la minorité, ni user de la prérogative réservée à l'empereur d'élever des citoyens au rang de sénateur.

Il ne peut révoquer ni le grand-juge ni le secrétaire d'état.

25. Il n'est pas personnellement responsable des actes de son administration.

26. Tous les actes de la régence sont au nom de l'empereur mineur.

27. Le régent ne propose aucun projet de loi ou de sénatus-consulte, et n'adopte aucun réglement d'administration publique qu'après avoir pris l'avis du conseil de régence, composé des titulaires des grandes dignités de l'Empire.

Il ne peut déclarer la guerre, ni signer des traités de paix, d'alliance ou de commerce, qu'après en avoir délibéré dans le conseil de régence, dont les membres, pour ce seul cas, ont voix délibérative. La délibération a lieu à la majorité des voix, et, s'il y a partage, elle passe à l'avis du régent.

Le ministre des relations extérieures prend séance au conseil de régence lorsque ce conseil délibère sur des objets relatifs à son département.

Le grand-juge, ministre de la justice, peut y être appelé par l'ordre du régent.

Le secrétaire d'état tient le registre des délibérations.

28. La régence ne confère aucun droit sur la personne de l'empereur mineur.

29. Le traitement du régent est fixé au quart du montant de la liste civile.

30. La garde de l'empereur mineur est confiée à sa mère, et à son défaut au prince désigné à cet effet par le prédécesseur de l'empereur mineur.

A défaut de la mère de l'empereur mineur et d'un prince désigné par l'empereur, le Sénat confie la garde de l'empereur mineur à l'un des titulaires des grandes dignités de l'Empire.

Ne peuvent être élus pour la garde de l'empereur mineur ni le régent et ses descendans, ni les femmes.

31. Dans le cas où Napoléon Bonaparte usera de la faculté qui lui est conférée par l'article 4, titre II, l'acte d'adoption sera fait en présence des titulaires des grandes dignités de l'Empire, reçu par le secrétaire d'état, et transmis aussitôt au Sénat pour être transcrit sur ses registres et déposé dans ses archives.

Lorsque l'empereur désigne soit un régent pour la minorité, soit un prince pour la garde d'un empereur mineur, les mêmes formalités sont observées.

Les actes de désignation soit d'un régent pour la minorité, soit d'un prince pour la garde d'un empereur mineur, sont révocables à volonté par l'empereur.

Tout acte d'adoption, de désignation ou de révocation de désignation qui n'aura pas été transcrit sur les registres du Sénat avant le décès de l'empereur, sera nul et de nul effet.

TITRE V. — *Des grandes dignités de l'Empire.*

32. Les grandes dignités de l'Empire sont celles :
De grand-électeur ;
D'archi-chancelier de l'Empire,
D'archi-chancelier d'état,
D'archi-trésorier,
De connétable,
De grand-amiral.

33. Les titulaires des grandes dignités de l'Empire sont nommés par l'empereur.

Ils jouissent des mêmes honneurs que les princes français, et prennent rang immédiatement après eux.

L'époque de leur réception détermine le rang qu'ils occupent respectivement.

34. Les grandes dignités de l'Empire sont inamovibles.

35. Les titulaires des grandes dignités de l'Empire sont sénateurs et conseillers d'état.

36. Ils forment le grand conseil de l'empereur.

Ils sont membres du conseil privé.

Ils composent le grand conseil de la Légion d'Honneur.

Les membres actuels du grand conseil de la Légion d'Honneur conservent, pour la durée de leur vie, leurs titres, fonctions et prérogatives.

37. Le Sénat et le Conseil d'état sont présidés par l'empereur.

Lorsque l'empereur ne préside pas le Sénat ou le Conseil d'état, il désigne celui des titulaires des grandes dignités de l'Empire qui doit présider.

38. Tous les actes du Sénat et du Corps législatif sont rendus au nom de l'empereur, et promulgués ou publiés sous le sceau impérial.

39. Le grand-électeur fait les fonctions de chancelier :
1°. Pour la convocation du Corps législatif, des colléges électoraux et des assemblées de canton ;
2°. Pour la promulgation des sénatus-consulte portant dissolution soit du Corps législatif, soit des colléges électoraux.

Le grand-électeur préside en l'absence de l'empereur lorsque le Sénat procède aux nominations des sénateurs, des législateurs et des tribuns.

Il peut résider au palais du Sénat.

Il porte à la connaissance de l'empereur les réclamations formées par les colléges électoraux ou par les assemblées de canton pour la conservation de leurs prérogatives.

Lorsqu'un membre d'un collége électoral est dénoncé, conformément à l'article 21 du sénatus-consulte organique du 16 thermidor an 10, comme s'étant permis quelque acte contraire à l'honneur ou à la patrie, le grand-électeur invite le collége à manifester son vœu. Il porte le vœu du collége à la connaissance de l'empereur.

Le grand-électeur présente les membres du Sénat, du Conseil d'état, du Corps législatif et du Tribunat, au serment qu'ils prêtent entre les mains de l'empereur.

Il reçoit le serment des présidens des colléges électoraux de département et des assemblées de canton.

Il présente les députations solennelles du Sénat, du Conseil d'état, du Corps législatif, du Tribunat et des colléges électoraux, lorsqu'elles sont admises à l'audience de l'empereur.

40. L'archi-chancelier de l'Empire fait les fonctions de chancelier pour la promulgation des sénatus-consulte organiques et des lois.

Il fait également celles de chancelier du palais impérial.

Il est présent au travail annuel dans lequel le grand-juge ministre de la justice rend compte à l'empereur des abus qui peuvent s'être introduits dans l'administration de la justice, soit civile, soit criminelle.

Il préside la haute-cour impériale.

Il préside les sections réunies du Conseil d'état et du Tribunat, conformément à l'article 95, titre XI.

Il est présent à la célébration des mariages et à la naissance des princes; au couronnement et aux obsèques de l'empereur; il signe le procès-verbal que dresse le secrétaire d'état.

Il présente les titulaires des grandes dignités de l'Empire, les ministres et le secrétaire d'état, les grands officiers civils de la couronne, et le premier président de la cour de cassation, au serment qu'ils prêtent entre les mains de l'empereur.

Il reçoit le serment des membres et du parquet de la cour de cassation, des présidens et procureurs-généraux des cours d'appel et des cours criminelles.

Il présente les députations solennelles et les membres des cours de justice admis à l'audience de l'empereur.

Il signe et scelle les commissions et brevets des membres des cours de justice et des officiers ministériels; il scelle les commissions et brevets des fonctions civiles, administratives, et les autres actes qui seront désignés dans le réglement portant organisation du sceau.

41. L'archi-chancelier d'état fait les fonctions de chancelier pour la promulgation des traités de paix et d'alliance, et pour les déclarations de guerre.

Il présente à l'empereur et signe les lettres de créance et la correspondance d'étiquette avec les différentes cours de l'Europe, rédigées suivant les formes du protocole impérial, dont il est le gardien.

Il est présent au travail annuel dans lequel le ministre des relations extérieures rend compte à l'empereur de la situation politique de l'Etat.

Il présente les ambassadeurs et ministres de l'empereur dans les cours étrangères au serment qu'ils prêtent entre les mains de S. M. I.

Il reçoit le serment des résidens, chargés d'affaires, secrétaires d'ambassade et de légation, et des commissaires généraux et commissaires des relations commerciales.

Il présente les ambassades extraordinaires et les ambassadeurs et ministres français et étrangers.

42. L'archi-trésorier est présent au travail annuel dans lequel les ministres des finances] et du trésor public rendent à l'empereur les comptes des recettes et des dépenses de l'Etat et exposent leurs vues sur les besoins des finances de l'Empire.

Les comptes des recettes et des dépenses annuelles, avant d'être présentés à l'empereur, sont revêtus de son *visa*.

Il préside les sections réunies du Conseil d'état et du Tribunat, conformément à l'article 95, titre XI.

Il reçoit tous les trois mois le compte des travaux de la comptabilité nationale, et tous les ans le résultat général et les vues de réforme et d'amélioration dans les différentes parties de la comptabilité; il les porte à la connaissance de l'empereur.

Il arrête tous les ans le grand livre de la dette publique.

Il signe les brevets des pensions civiles.

Il reçoit le serment des membres de la comptabilité nationale, des administrations de finances, et des principaux agens du trésor public.

Il présente les députations de la comptabilité nationale et des administrations de finances admises à l'audience de l'empereur.

43. Le connétable est présent au travail annuel dans lequel le ministre de la guerre et le directeur de l'administration de la guerre rendent compte à l'empereur des dispositions à prendre pour compléter le système de défense des frontières, l'entretien, les réparations et l'approvisionnement des places.

Il pose la première pierre des places fortes dont la construction est ordonnée.

Il est gouverneur des écoles militaires.

Lorsque l'empereur ne remet pas en personne les drapeaux aux corps de l'armée, ils leur sont remis en son nom par le connétable.

En l'absence de l'empereur le connétable passe les grandes revues de la garde impériale.

Lorsqu'un général d'armée est prévenu d'un délit spécifié au code pénal militaire, le connétable peut présider le conseil de guerre qui doit juger.

Il présente les maréchaux de l'Empire, les colonels généraux, les inspecteurs généraux, les officiers généraux et les colonels de toutes les armes, au serment qu'ils prêtent entre les mains de l'empereur.

Il reçoit le serment des majors, chefs de bataillon et d'escadron de toutes les armes.

Il instale les maréchaux de l'Empire.

Il présente les officiers généraux et les colonels, majors, chefs de bataillon et d'escadron de toutes les armes, lorsqu'ils sont admis à l'audience de l'empereur.

Il signe les brevets de l'armée et ceux des militaires pensionnaires de l'Etat.

44. Le grand-amiral est présent au travail annuel dans lequel le ministre de la marine rend compte à l'empereur de l'état des constructions navales, des arsenaux et des approvisionnemens.

Il reçoit annuellement et présente à l'empereur les comptes de la caisse des invalides de la marine.

Lorsqu'un amiral, vice-amiral ou contre-amiral, commandant en chef une armée navale, est prévenu d'un délit spécifié au code pénal maritime, le grand-amiral peut présider la cour martiale qui doit juger.

Il présente les amiraux, les vice-amiraux, les contre-amiraux et les capitaines de vaisseau, au serment qu'ils prêtent entre les mains de l'empereur.

Il reçoit le serment des membres du conseil des prises et des capitaines de frégate.

Il présente les amiraux, les vice-amiraux, les contre-amiraux, les capitaines de vaisseau et de frégate, et les membres du conseil des prises, lorsqu'ils sont admis à l'audience de l'empereur.

Il signe les brevets des officiers de l'armée navale et ceux des marins pensionnaires de l'Etat.

45. Chaque titulaire des grandes dignités de l'Empire préside un collége électoral de département.

Le collége électoral séant à Bruxelles est présidé par le grand-électeur.

Le collége électoral séant à Bordeaux est présidé par l'archi-chancelier de l'Empire.

Le collége électoral séant à Nantes est présidé par l'archi-chancelier d'état.

Le collége électoral séant à Lyon est présidé par l'archi-trésorier de l'Empire.

Le collége électoral séant à Turin est présidé par le conné-table.

Le collége électoral séant à Marseille est présidé par le grand-amiral.

46. Chaque titulaire des grandes dignités de l'Empire reçoit annuellement, à titre de traitement fixe, le tiers de la somme affectée aux princes conformément au décret du 21 décembre 1790.

47. Un statut de l'empereur règle les fonctions des titulaires des grandes dignités de l'Empire auprès de l'empereur, et détermine leur costume dans les grandes cérémonies. Les suc-cesseurs de l'empereur ne peuvent déroger à ce statut que par un sénatus-consulte.

TITRE VI. — *Des grands officiers de l'Empire.*

48. Les grands officiers de l'Empire sont :

Premièrement, des maréchaux de l'Empire, choisis parmi les généraux les plus distingués.

Leur nombre n'excède pas celui de seize.

Ne font point partie de ce nombre les maréchaux de l'Em-pire qui sont sénateurs.

Secondement, huit inspecteurs et colonels généraux de l'artillerie et du génie, des troupes à cheval et de la marine.

Troisièmement, des grands officiers civils de la couronne, tels qu'ils seront institués par les statuts de l'empereur.

49. Les places des grands officiers sont inamovibles.

50. Chacun des grands officiers de l'Empire préside un col-lége électoral qui lui est spécialement affecté au moment de sa nomination.

51. Si, par un ordre de l'empereur, ou par toute autre cause que ce puisse être, un titulaire d'une grande dignité de l'Em-pire ou un grand officier vient à cesser ses fonctions, il con-serve son titre, son rang, ses prérogatives, et la moitié de son traitement. Il ne les perd que par un jugement de la Haute-Cour impériale.

TITRE VII. — *Des sermens.*

52. Dans les deux ans qui suivent son avénement ou sa majorité, l'empereur, accompagné

Des titulaires des grandes dignités de l'Empire ,
Des ministres ,
Des grands officiers de l'Empire,
Prête serment au peuple français sur l'Evangile , et en présence
Du Sénat ,
Du Conseil d'état,
Du Corps législatif,
Du Tribunat,
De la Cour de cassation ,
Des archevêques ;
Des évêques,
Des grands officiers de la Légion d'Honneur ,
De la comptabilité nationale,
Des présidens des cours d'appel ,
Des présidens des colléges électoraux ,
Des présidens des assemblées de canton ,
Des présidens des consistoires ,
Et des maires des trente-six principales villes de l'Empire.
Le secrétaire d'état dresse procès-verbal de la prestation du serment.

53. Le serment de l'empereur est ainsi conçu :

« Je jure de maintenir l'intégrité du territoire de la Répu-
» blique ; de respecter et de faire respecter les lois du concor-
» dat et la liberté des cultes ; de respecter et de faire respecter
» l'égalité des droits, la liberté politique et civile , l'irrévoca-
» bilité des ventes des biens nationaux ; de ne lever aucun
» impôt, de n'établir aucune taxe qu'en vertu de la loi ; de
» maintenir l'institution de la Légion-d'Honneur ; de gouver-
» ner dans la seule vue de l'intérêt, du bonheur et de la gloire
» du peuple français. »

54. Avant de commencer l'exercice de ses fonctions , le régent, accompagné
Des titulaires des grandes dignités de l'Empire ,
Des ministres ,
Des grands officiers de l'Empire ,
Prête serment sur l'Evangile, et en présence
Du Sénat ,
Du Conseil d'état ,
Du président et des questeurs du Corps législatif.
Du président et des questeurs du Tribunat ,
Et des grands officiers de la Légion d'Honneur.
Le secrétaire d'état dresse procès-verbal de la prestation du serment.

55. Le serment du régent est conçu en ces termes :

« Je jure d'administrer les affaires de l'Etat conformément
» aux Constitutions de l'Empire, aux sénatus-consulte et aux
» lois ; de maintenir dans toute leur intégrité le territoire de
» la République, les droits de la nation et ceux de la dignité
» impériale, et de remettre fidèlement à l'empereur, au
» moment de sa majorité, le pouvoir dont l'exercice m'est
» confié. »

56. Les titulaires des grandes dignités de l'Empire, les
ministres et le secrétaire d'état, les grands officiers, les membres du Sénat, du Conseil d'état, du Corps législatif, du
Tribunat, des colléges électoraux et des assemblées de canton,
prêtent serment en ces termes :

« Je jure obéissance aux Constitutions de l'Empire et fidélité
» à l'empereur. »

Les fonctionnaires publics civils et judiciaires, et les officiers et soldats de l'armée de terre et de mer, prêtent le même
serment.

TITRE VIII. — *Du Sénat.*

57. Le Sénat se compose :

1°. Des princes français ayant atteint leur dix-huitième
année ;

2°. Des titulaires des grandes dignités de l'Empire ;

3°. Des quatre-vingts membres nommés sur la présentation
de candidats choisis par l'empereur sur les listes formées par
les colléges électoraux de département ;

4°. Des citoyens que l'empereur juge convenable d'élever à
la dignité de sénateur.

Dans le cas où le nombre de sénateurs excédera celui qui a
été fixé par l'article 63 du sénatus-consulte organique du
16 thermidor an 10, il sera à cet égard pourvu par une loi à
l'exécution de l'article 17 du sénatus-consulte du 14 nivose
an 11.

58. Le président du Sénat est nommé par l'empereur, et choisi
parmi les sénateurs.

Ses fonctions durent un an.

59. Il convoque le Sénat sur un ordre du propre mouvement de l'empereur, et sur la demande ou des commissions
dont il sera parlé ci après, articles 60 et 64, ou d'un sénateur,
conformément aux dispositions de l'article 70, ou d'un officier
du Sénat pour les affaires intérieures du corps.

Il rend compte à l'empereur des convocations faites sur la
demande des commissions ou d'un sénateur, de leur objet, et
des résultats des délibérations du Sénat.

60. Une commission de sept membres, nommés par le Sénat

et choisis dans son sein , prend connaissance, sur la communication qui lui en est donnée par les ministres , des arrestations
effectuées conformément à l'article 46 de la Constitution ,
lorsque les personnes arrêtées n'ont pas été traduites devant les
tribunaux dans les dix jours de leur arrestation.

Cette commission est appelée *commission sénatoriale de la
liberté individuelle.*

61. Toutes les personnes arrêtées et non mises en jugement
après les dix jours de leur arrestation peuvent recourir directement, par elles, leurs parens ou leurs représentans, et par
voie de pétition, à la commission sénatoriale de la liberté individuelle.

62. Lorsque la commission estime que la détention prolongée au-delà des dix jours de l'arrestation n'est pas justifiée par
l'intérêt de l'Etat , elle invite le ministre qui a ordonné l'arrestation à faire mettre en liberté la personne détenue, ou à la renvoyer devant les tribunaux ordinaires.

63. Si, après trois invitations consécutives, renouvelées
dans l'espace d'un mois , la personne détenue n'est pas mise en
liberté ou renvoyée devant les tribunaux ordinaires, la commission demande une assemblée du Sénat, qui est convoqué par le
président , et qui rend , s'il y a lieu , la déclaration suivante :

« Il y a de fortes présomptions que N. est détenu arbitrai-
» rement. »

On procède ensuite conformément aux dispositions de l'article 112, titre XIII, *de la Haute-Cour impériale.*

64. Une commission de sept membres, nommés par le Sénat
et choisis dans son sein , est chargée de veiller à la liberté de
la presse.

Ne sont point compris dans son attribution les ouvrages qui
s'impriment et se distribuent par abonnement et à des époques
périodiques.

Cette commission est appelée *commission sénatoriale de la
liberté de la presse.*

65. Les auteurs , imprimeurs ou libraires qui se croient
fondés à se plaindre d'empêchement mis à l'impression ou à la
circulation d'un ouvrage , peuvent recourir directement et par
voie de pétition à la commission sénatoriale de la liberté de la
presse.

66. Lorsque la commission estime que les empêchemens ne
sont pas justifiés par l'intérêt de l'Etat , elle invite le ministre
qui a donné l'ordre à le révoquer.

67. Si, après trois invitations consécutives, renouvelées dans
l'espace d'un mois , les empêchemens subsistent , la commission demande une assemblée du Sénat , qui est convoqué

par le président, et qui rend, s'il y a lieu, la déclaration
suivante :

« Il y a de fortes présomptions que la liberté de la presse a
été violée. »

On procède ensuite conformément aux dispositions de l'article 112, titre XIII, *de la Haute-Cour impériale.*

68. Un membre de chacune des commissions sénatoriales
cesse ses fonctions tous les quatre mois.

69. Les projets de loi décrétés par le Corps législatif sont
transmis, le jour même de leur adoption, au Sénat, et déposés
dans ses archives.

70. Tout décret rendu par le Corps législatif peut être dénoncé au Sénat par un sénateur, 1° comme tendant au rétablissement du régime féodal ; 2° comme contraire à l'irrévocabilité des ventes des domaines nationaux ; 3° comme n'ayant
pas été délibéré dans les formes prescrites par les Constitutions
de l'Empire, les réglemens et les lois ; 4° comme portant
atteinte aux prérogatives de la dignité impériale et à celles du
Sénat, sans préjudice de l'exécution des articles 21 et 37 de
l'Acte des Constitutions de l'Empire en date du 22 frimaire
an 8.

71. Le Sénat, dans les six jours qui suivent l'adoption du
projet de loi, délibérant sur le rapport d'une commission spéciale, et après avoir entendu trois lectures du décret dans trois
séances tenues à des jours différens, peut exprimer l'opinion
qu'il n'y a pas lieu à promulguer la loi.

Le président porte à l'empereur la délibération motivée du
Sénat.

72. L'empereur, après avoir entendu le Conseil d'état, ou
déclare par un décret son adhésion à la délibération du Sénat,
ou fait promulguer la loi.

73. Toute loi dont la promulgation dans cette circonstance
n'a pas été faite avant l'expiration du délai de dix jours, ne
peut plus être promulguée si elle n'a été de nouveau délibérée
et adoptée par le Corps législatif.

74. Les opérations entières d'un collége électoral, et les opérations partielles qui sont relatives à la présentation des candidats au Sénat, au Corps législatif et au Tribunat, ne peuvent
être annullées pour cause d'inconstitutionnalité que par un
sénatus-consulte.

TITRE IX. — *Du Conseil d'état.*

75. Lorsque le Conseil d'état délibère sur les projets de lois
ou sur les réglemens d'administration publique, les deux tiers

des membres du Conseil en service ordinaire doivent être présens.

Le nombre des conseillers d'état présens ne peut être moindre de vingt-cinq.

76. Le Conseil d'état se divise en six sections ; savoir :

Section de la législation,

Section de l'intérieur,

Section des finances,

Section de la guerre,

Section de la marine,

Et section du commerce.

77. Lorsqu'un membre du Conseil d'état a été porté pendant cinq années sur la liste des membres du Conseil en service ordinaire, il reçoit un brevet de conseiller d'état à vie.

Lorsqu'il cesse d'être porté sur la liste du Conseil d'état en service ordinaire ou extraordinaire, il n'a droit qu'au tiers du traitement de conseiller d'état.

Il ne perd son titre et ses droits que par un jugement de la haute-cour impériale emportant peine afflictive ou infamante.

Titre X. — *Du Corps législatif.*

78. Les membres sortant du Corps législatif peuvent être réélus sans intervalle.

79. Les projets de lois présentés au Corps législatif sont renvoyés aux trois sections du Tribunat.

80. Les séances du Corps législatif se distinguent en séances ordinaires et en comités généraux.

81. Les séances ordinaires sont composées des membres du Corps législatif, des orateurs du Conseil d'état, des orateurs des trois sections du Tribunat.

Les comités généraux ne sont composés que des membres du Corps législatif.

Le président du Corps législatif préside les séances ordinaires et les comités généraux.

82. En séance ordinaire, le Corps législatif entend les orateurs du Conseil d'état et ceux des trois sections du Tribunat, et vote sur le projet de loi.

En comité général, les membres du Corps législatif discutent entre eux les avantages et les inconvéniens du projet de loi.

83. Le Corps législatif se forme en comité général :

1°. Sur l'invitation du président pour les affaires intérieures du corps ;

2°. Sur une demande faite au président, et signée par cinquante membres présens:

Dans ces deux cas le comité général est secret , et les discussions ne doivent être ni imprimées ni divulguées :

3°. Sur la demande des orateurs du Conseil d'état spécialement autorisés à cet effet :

Dans ce cas le comité général est nécessairement public.

· Aucune délibération ne peut être prise dans les comités
généraux.

84. Lorsque la discussion en comité général est fermée , la
délibération est ajournée au lendemain en séance ordinaire.

85. Le Corps législatif , le jour où il doit voter sur le projet
de loi , entend, dans la même séance , le résumé que font les
orateurs du Conseil d'état.

86. La délibération d'un projet de loi ne peut , dans aucun
cas, être différée de plus de trois jours au-delà de celui qui
avait été fixé pour la clôture de la discussion.

87. Les sections du Tribunat constituent les seules commissions du Corps législatif, qui ne peut en former d'autres que
dans le cas énoncé article 113 , titre XIII , *de la Haute-Cour
impériale.*

Titre XI. — *Du Tribunat.*

88. Les fonctions des membres du Tribunat durent dix ans.

89. Le Tribunat est renouvelé par moitié tous les cinq ans.

Le premier renouvellement aura lieu pour la session de
l'an 17 , conformément au sénatus-consulte organique du 16
thermidor an 10.

90. Le président du Tribunat est nommé par l'empereur,
sur une présentation de trois candidats faite par le Tribunat au
scrutin secret et à la majorité absolue.

91. Les fonctions du président du Tribunat durent deux
ans.

92. Le Tribunat a deux questeurs.

Ils sont nommés par l'empereur , sur une liste triple de candidats choisis par le Tribunat au scrutin secret et à la majorité
absolue.

Leurs fonctions sont les mêmes que celles attribuées aux
questeurs du Corps législatif par les articles 19, 20, 21, 22,
23 , 24 et 25 du sénatus-consulte organique du 24 frimaire
an 12.

Un des questeurs est renouvelé chaque année.

93. Le Tribunat est divisé en trois sections; savoir :

Section de la législation ,

Section de l'intérieur,

Section des finances.

94. Chaque section forme une liste de trois de ses membres;

parmi lesquels le président du Tribunat désigne le président de la section.

Les fonctions de président de section durent un an.

95. Lorsque les sections respectives du Conseil d'état et du Tribunat demandent à se réunir, les conférences ont lieu sous la présidence de l'archi-chancelier de l'Empire, ou de l'archi-trésorier, suivant la nature des objets à examiner.

96. Chaque section discute séparément et en assemblée de section les projets de loi qui lui sont transmis par le Corps législatif.

Deux orateurs de chacune des trois sections portent au Corps législatif le vœu de leurs sections, et en développent les motifs.

97. En aucun cas les projets de loi ne peuvent être discutés par le Tribunat en assemblée générale.

Il se réunit en assemblée générale, sous la présidence de son président, pour l'exercice de ses autres attributions.

TITRE XII. — *Des colléges électoraux.*

98. Toutes les fois qu'un collége électoral de département est réuni pour la formation de la liste des candidats au Corps législatif, les listes de candidats pour le Sénat sont renouvelées.

Chaque renouvellement rend les presentations antérieures de nul effet.

99. Les grands officiers, les commandans et les officiers de la Légion d'Honneur sont membres du collége électoral du département dans lequel ils ont leur domicile, ou de l'un des départemens de la cohorte à laquelle ils appartiennent.

Les légionnaires sont membres du collége électoral de leur arrondissement.

Les membres de la Légion d'Honneur sont admis au collége électoral dont ils doivent faire partie, sur la présentation d'un brevet qui leur est délivré à cet effet par le grand-électeur.

100. Les préfets et les commandans militaires des départemens ne peuvent être élus candidats au Sénat par les colléges électoraux des départemens dans lesquels ils exercent leurs fonctions.

TITRE XIII. — *De la Haute-Cour impériale.*

101. Une Haute-Cour impériale connaît :

1°. Des délits personnels commis par des membres de la famille impériale, par des titulaires des grandes dignités de l'Empire, par des ministres, par le secrétaire d'état, par de grands officiers, par des sénateurs, par des conseillers d'état;

2°. Des crimes, attentats et complots contre la sûreté intérieure et extérieure de l'Etat, la personne de l'empereur et celle de l'héritier présomptif de l'Empire ;

3°. Des délits de *responsabilité d'office* commis par les ministres et les conseillers d'état chargés spécialement d'une partie d'administration publique ;

4°. Des prévarications et abus de pouvoir commis soit par des capitaines généraux des colonies, des préfets coloniaux et des commandans des établissemens français hors du continent, soit par des administrateurs généraux employés extraordinairement, soit par des généraux de terre ou de mer ; sans préjudice, à l'égard de ceux-ci, des poursuites de la juridiction militaire dans les cas déterminés par les lois ;

5°. Du fait de désobéissance des généraux de terre ou de mer qui contreviennent à leurs instructions ;

6°. Des concussions et dilapidations dont les préfets de l'intérieur se rendent coupables dans l'exercice de leurs fonctions ;

7°. Des forfaitures ou prises à partie qui peuvent être encourues par une cour d'appel, ou par une cour de justice criminelle, ou par des membres de la cour de cassation ;

8°. Des dénonciations pour cause de détention arbitraire et de violation de la liberté de la presse.

102. Le siége de la Haute-Cour impériale est dans le *Sénat.*

103. Elle est présidée par l'archi-chancelier de l'Empire.

S'il est malade, absent ou légitimement empêché, elle est présidée par un autre titulaire d'une grande dignité de l'Empire.

104. La Haute-Cour impériale est composée des princes, des titulaires des grandes dignités et grands officiers de l'Empire, du grand-juge ministre de la justice, de soixante sénateurs, des six présidens de section du Conseil d'état, de quatorze conseillers d'état, et de vingt membres de la cour de cassation.

Les sénateurs, les conseillers d'état et les membres de la cour de cassation sont appelés par ordre d'ancienneté.

105. Il y a auprès de la Haute-Cour impériale un procureur-général, nommé à vie par l'empereur.

Il exerce le ministère public, étant assisté de trois tribuns, nommés chaque année par le Corps législatif, sur une liste de neuf candidats présentés par le Tribunat, et de trois magistrats que l'empereur nomme aussi, chaque année, parmi les officiers des cours d'appel ou de justice criminelle.

106. Il y a auprès de la Haute-Cour impériale un greffier en chef, nommé à vie par l'empereur.

107. Le président de la Haute-Cour impériale ne peut jamais être récusé ; il peut s'abstenir pour des causes légitimes.

108. La haute-cour impériale ne peut agir que sur les poursuites du ministère public. Dans les délits commis par ceux que leur qualité rend justiciables de la cour impériale, s'il y a un plaignant, le ministère public devient nécessairement partie jointe et poursuivante, et procède ainsi qu'il est réglé ci-après.

Le ministère public est également partie jointe et poursuivante dans les cas de forfaiture ou de prise à partie.

109. Les magistrats de sûreté et les directeurs de juri sont tenus de s'arrêter, et de renvoyer, dans le délai de huitaine, au procureur général près la haute-cour impériale, toutes les pièces de la procédure lorsque, dans les délits dont ils poursuivent la réparation, il résulte, soit de la qualité des personnes, soit du titre de l'accusation, soit des circonstances, que le fait est de la compétence de la haute-cour impériale.

Néanmoins les magistrats de sûreté continuent à recueillir les preuves et les traces du délit.

110. Les ministres, ou les conseillers d'état chargés d'une partie quelconque d'administration publique, peuvent être dénoncés par le Corps législatif s'ils ont donné des ordres contraires aux Constitutions et aux lois de l'Empire.

111. Peuvent être également dénoncés par le Corps législatif :

Les capitaines généraux des colonies, les préfets coloniaux, les commandans des établissemens français hors du continent, les administrateurs généraux, lorsqu'ils ont prévariqué ou abusé de leur pouvoir ;

Les généraux de terre ou de mer qui ont désobéi à leurs instructions ;

Les préfets de l'intérieur qui se sont rendus coupables de dilapidation ou de concussion.

112. Le Corps législatif dénonce pareillement les ministres ou agens de l'autorité lorsqu'il y a eu, de la part du Sénat, déclaration de *forte présomption de détention arbitraire* ou de *violation de la liberté de la presse*.

113. La dénonciation du Corps législatif ne peut être arrêtée que sur la demande du Tribunat, ou sur la réclamation de cinquante membres du Corps législatif, qui requièrent un comité secret à l'effet de faire désigner, par la voie du scrutin, dix d'entre eux pour rédiger le projet de dénonciation.

114. Dans l'un et l'autre cas la demande ou la réclamation doit être faite par écrit, signée par le président et les secrétaires du Tribunat, ou par les dix membres du Corps législatif.

Si elle est dirigée contre un ministre ou contre un conseiller d'état chargé d'une partie d'administration publique, elle leur est communiquée dans le délai d'un mois.

115. Le ministre ou le conseiller d'état dénoncé ne comparaît point pour y répondre.

L'empereur nomme trois conseillers d'état pour se rendre au Corps législatif le jour qui est indiqué, et donner des éclaircissemens sur les faits de la dénonciation.

116. Le Corps législatif discute en comité secret les faits compris dans la demande ou dans la réclamation, et il délibère par la voie du scrutin.

117. L'acte de dénonciation doit être circonstancié, signé par le président et par les secrétaires du Corps législatif.

Il est adressé par un message à l'archi-chancelier de l'Empire, qui le transmet au procureur-général près la haute-cour impériale.

118. Les prévarications ou abus de pouvoir des capitaines généraux des colonies, des préfets coloniaux, des commandans des établissemens hors du continent, des administrateurs généraux ; les faits de désobéissance de la part des généraux de terre ou de mer aux instructions qui leur ont été données, les dilapidations et concussions des préfets, sont aussi dénoncés par les ministres, chacun dans ses attributions, aux officiers chargés du ministère public.

Si la dénonciation est faite par le grand-juge ministre de la justice, il ne peut point assister ni prendre part aux jugemens qui interviennent sur sa dénonciation.

119. Dans les cas déterminés par les articles 110, 111, 112 et 118, le procureur général informe sous trois jours l'archi-chancelier de l'Empire qu'il y a lieu de réunir la haute-cour impériale.

L'archi-chancelier, après avoir pris les ordres de l'empereur, fixe dans la huitaine l'ouverture des séances.

120. Dans la première séance de la haute-cour impériale elle doit juger sa compétence.

121. Lorsqu'il y a dénonciation ou plainte, le procureur général, de concert avec les tribuns et les trois magistrats officiers du parquet, examine s'il y a lieu à poursuites.

La décision lui appartient; l'un des magistrats du parquet peut être chargé par le procureur général de diriger les poursuites.

Si le ministère public estime que la plainte ou la dénonciation ne doit pas être admise, il motive les conclusions sur lesquelles la haute-cour impériale prononce, après avoir entendu le magistrat chargé du rapport.

122. Lorsque les conclusions sont adoptées, la haute-cour impériale termine l'affaire par un jugement définitif.

Lorsqu'elles sont rejetées, le ministère public est tenu de continuer les poursuites.

123. Dans le second des cas prévus par l'article précédent, et aussi lorsque le ministère public estime que la plainte ou la dénonciation doit être admise, il est tenu de dresser l'acte d'accusation dans la huitaine, et de le communiquer au commissaire et au suppléant, que l'archi-chancelier de l'Empire nomme parmi les juges de la cour de cassation qui sont membres de la haute-cour impériale. Les fonctions de ce commissaire, et à son défaut du suppléant, consistent à faire l'instruction et le rapport.

124. Le rapporteur ou son suppléant soumet l'acte d'accusation à douze commissaires de la haute-cour impériale, choisis par l'archi-chancelier de l'Empire, six parmi les sénateurs, et six parmi les autres membres de la haute-cour impériale. Les membres choisis ne concourent point au jugement de la haute-cour impériale.

125. Si les douze commissaires jugent qu'il y a lieu à accusation, le commissaire rapporteur rend une ordonnance conforme, décerne les mandats d'arrêt, et procède à l'instruction.

126. Si les commissaires estiment au contraire qu'il n'y a pas lieu à accusation, il en est référé par le rapporteur à la haute-cour impériale, qui prononce définitivement.

127. La haute-cour impériale ne peut juger à moins de soixante membres. Dix de la totalité des membres qui sont appelés à la composer peuvent être récusés sans motifs déterminés par l'accusé, et dix par la partie publique. L'arrêt est rendu à la majorité absolue des voix.

128. Les débats et le jugement ont lieu en public.

129. Les accusés ont des défenseurs; s'ils n'en présentent point, l'archi-chancelier de l'empire leur en donne d'office.

130. La haute-cour impériale ne peut prononcer que des peines portées par le code pénal.

Elle prononce, s'il y a lieu, la condamnation aux dommages et intérêts civils.

131. Lorsqu'elle acquitte, elle peut mettre ceux qui sont absous sous la surveillance ou à la disposition de la haute police de l'Etat pour le temps qu'elle détermine.

132. Les arrêts rendus par la haute-cour impériale ne sont soumis à aucun recours.

Ceux qui prononcent une condamnation à une peine afflictive ou infamante ne peuvent être exécutés que lorsqu'ils ont été signés par l'empereur.

133. Un senatus-consulte particulier contient le surplus des dispositions relatives à l'organisation et à l'action de la haute-cour impériale.

Titre XIV. — *De l'Ordre judiciaire.*

134. Les jugemens des cours de justice sont intitulés arrêts.

135. Les présidens de la cour de cassation, des cours d'appel et de justice criminelle sont nommés à vie par l'empereur, et peuvent être choisis hors des cours qu'ils doivent présider.

136. Le tribunal de cassation prend la dénomination de *cour de cassation.*

Les tribunaux d'appel prennent la dénomination de *cours d'appel.*

Les tribunaux criminels celle de *cours de justice criminelle.*

Le président de la cour de cassation, et celui des cours d'appel divisées en sections, prennent le titre de *premier président.*

Les vice-présidens prennent celui de *président.*

Les commissaires du gouvernement près de la cour de cassation, des cours d'appel et des cours de justice criminelle, prennent le titre de *procureurs-généraux impériaux.*

Les commissaires du gouvernement auprès des tribunaux prennent le titre de *procureurs impériaux.*

Titre XV. — *De la promulgation.*

137. L'empereur fait sceller et fait promulguer les senatus-consulte organiques,

Les senatus-consulte,

Les actes du Sénat,

Les lois.

Les senatus-consulte organiques, les sénatus-consulte, les actes du Sénat, sont promulgués au plus tard le dixième jour qui suit leur émission.

138. Il est fait deux expéditions originales de chacun des actes mentionnés en l'article précédent.

Toutes deux sont signées par l'empereur, visées par l'un des titulaires des grandes dignités, chacun suivant leurs droits et leurs attributions, contre-signées par le secrétaire d'état et le ministre de la justice, et scellées du grand sceau de l'Etat.

139. L'une de ces expéditions est déposée aux archives du sceau, et l'autre est remise aux archives de l'autorité publique de laquelle l'acte est émané.

140. La promulgation est ainsi conçue :

« N. (*le prénom de l'empereur*), par la grâce de Dieu et » les Constitutions de la République, empereur des Français, » à tous présens et à venir, salut :

» Le Sénat, après avoir entendu les orateurs du Conseil » d'état, a décrété (ou arrêté), et nous ordonnons ce qui » suit : »

(Et s'il s'agit d'une loi :)

« Le Corps législatif a rendu , le. . . . . *(la date)* le décret
» suivant , conformément à la proposition faite au nom de
» l'empereur , et après avoir entendu les orateurs du Conseil
» d'Etat et des sections du Tribunat le. . . . . . Mandons et
» ordonnons que les présentes , revêtues des sceaux de l'Etat ,
« insérées au Bulletin des Lois , soient adressées aux cours ,
» aux tribunaux et aux autorités administratives, pour qu'ils
» les inscrivent dans leurs registres , les observent et les
» fassent observer ; et le grand-juge, ministre de la justice ,
» est chargé d'en surveiller la publication. »

141. Les expéditions exécutoires des jugemens sont rédigées
ainsi qu'il suit :

« N. (*le prénom de l'empereur*), par la grâce de Dieu et
» les Constitutions de la République , empereur des Français ,
» à tous présens et à venir , SALUT :

» La cour de. . . . (*ou* le tribunal de. . . . . *si c'est un*
» *tribunal de première instance*) a rendu le jugement sui-
» vant :

(Ici copier l'arrêt ou le jugement.)

» Mandons et ordonnons à tous huissiers sur ce requis de
» mettre ledit jugement à exécution ; à nos procureurs géné-
» raux et à nos procureurs près les tribunaux de première
» instance d'y tenir la main ; à tous commandans et officiers
» de la force publique de prêter main-forte lorsqu'ils en seront
» légalement requis.

» En foi de quoi le présent jugement a été signé par le pré-
» sident de la cour (*ou* du tribunal) et par le greffier. »

TITRE XVI ET DERNIER.

142. La proposition suivante sera présentée à l'acceptation
du peuple dans les formes déterminées par l'arrêté du 20 floréal an 10.

« Le peuple veut l'hérédité de la dignité impériale dans la
» descendance directe , naturelle, légitime et adoptive de *Na-*
» *poléon Bonaparte* , et dans la descendance directe , natu-
» relle et légitime de *Joseph Bonaparte* et de *Louis Bona-*
» *parte* , ainsi qu'il est réglé par le senatus - consulte orga-
» nique. »

Présidens *du Corps législatif pendant le régime consulaire.*

An 8.	Nivose,		Perrin.
	Pluviose,	1re quinzaine,	Duval.
		2^e	Girod-Pouzols.
	Ventose,	1re	Dedelay.
		2^e	Tarteyron.
An 9.	Frimaire,	1re	Chatry-Lafosse.
		2^e	Pisou-Dugallan.
	Nivose,	1re	Bourg-Laprade.
		2^e	Bréard.
	Pluviose,	1re	Rossée.
		2^e	Poisson.
	Ventose,	1re	Leclerc.
		2^e	Lefevre-Cayet.
An 10.	Frimaire,	1re	Dupuis.
		2^e	Barailon.
	Nivose,	1re	Lefevre-Laroche.
		2^e	Belzais-Courmenil.
	Ventose,	1re	Couzard.
		2^e	Devisme.
	Germinal,		Marcorelle.
	Floréal,	1re	Lohjoie.
		2^e	Rabaud-Pommier.
An 11.	Ventose,	1re	Delatre.
		2^e	Meric.
	Germinal,	1re	Girod (de l'Ain).
		2^e	Félix-Faucon.
	Floréal,	1re	Vaublanc.
		2^e	Lagrange.
	Prairial,		Reynaud-Lascours.
An 12.	Nivose,		Fontanes, *nommé conformément au senatus-consulte du 28 frimaire an 12.*

Présidens du Tribunat.

An 8.	Nivose.	Daunou.
	Pluviose.	Desmeuniers.
	Ventose.	Chassiron.
	Germinal.	Bérenger.
	Floréal.	Faure.
	Prairial.	Duchesne.
	Messidor.	Jard-Panvilliers.
	Thermidor.	Moreau.
	Fructidor.	Andrieux.

An 9.	Vendémiaire.	Crassous.
	Brumaire.	Siméon.
	Frimaire.	Thiessé.
	Nivose.	Mouricault.
	Pluviose.	Thibault.
	Ventose.	Savoye-Rollin.
	Germinal.	Humbert.

(Ajournement de trois mois.)

	Thermidor,	Curée.
	Fructidor.	Fabre (de l'Aude.)

An 10.	Vendémiaire.	Arnould.
	Brumaire.	Perrée.
	Frimaire.	Chabaud-Latour.
	Nivose.	Favard.
	Pluviose.	Delpierre.
	Ventose.	Goupil-Préfeln.
	Germinal.	Girardin.
	Floréal.	Chabot (de l'Allier).
	Prairial.	Gallois.
	Messidor.	Adet.
	Thermidor.	Challan.
	Fructidor.	Laussat.

An 11.	Vendémiaire.	Grenier.
	Brumaire.	Jaucourt.
	Frimaire.	Malès.
	Nivose.	Gillet.
	Pluviose.	Fréville.
	Ventose.	Garry.
	Germinal.	Duveyrier.
	Floréal.	Costaz.
	Prairial.	Trouvé.

Messidor.	Costé.
Thermidor.	Riouffe.
Fructidor.	Lebreton.

An 12.	*Vendémiaire.*	Perreau.
	Brumaire.	Beaujour.
	Frimaire.	Boissy-d'Anglas.
	Nivose.	Carrion-Nisas.
	Pluviose.	Jaubert.
	Ventose.	Duvidal.
	Germinal.	Gillet-Lajaqueminière.
	Floréal.	Fabre.

MINISTRES.

DE LA JUSTICE. De brumaire à nivose an 8 , *Cambacérès* ; de nivose an 8 à fructidor an 10 , *Abrial* , alors remplacé par *Régnier* , grand-juge.

DE L'INTÉRIEUR. De brumaire à nivose an 8 , *Laplace* ; de nivose an 8 à brumaire an 9 , *Lucien Bonaparte*, alors remplacé par *Chaptal.*

DES RELATIONS EXTÉRIEURES. *Talleyrand* , continué depuis brumaire an 8.

DE LA GUERRE. De brumaire à germinal an 8 , *Berthier*, alors remplacé par *Carnot*; en vendémiaire an 9, rentrée de *Berthier* au ministère.

DE LA MARINE. An 8 , *Forfait*, remplacé dans l'an 9 par *Decrès.*

DES FINANCES. Depuis brumaire an 8 , *Gaudin.*

DU TRÉSOR. *Barbé-Marbois* , pluviose an 9. (Création de ce ministère.)

DE LA POLICE. De brumaire an 8 à fructidor an 10, *Fouché.* Le ministère de la police fut alors réuni à celui de la justice.

ERRATA.

Le rapport fait par Daru sur la rupture du traité d'Amiens , page 290, a été imprimé d'après le Moniteur, *contre l'usage adopté pour la rédaction de ce recueil : on n'avait pu s'en procurer une autre copie. Depuis il a été communiqué un exemplaire de l'édition in-4° de cette pièce importante, imprimée par ordre du Tribunat; et voici les fautes et omissions à rectifier :*

Dans la commission spéciale dont il était le rapporteur, Daru *avait pour collègues :* Gallois , Boissy-d'Anglas , Siméon , Jaucourt , Koch , Fabre.

Page 292 , ligne 4, après les mots en Afrique et en Asie, *ajoutez :* « Vingt états de l'Europe changeront de face par votre volonté. Des trônes renversés, des sceptres donnés, attesteront votre puissance. Un homme , etc. »

Même page , ligne 14 , au lieu de probabilité, *lisez* possibilité.

Même page , ligne dernière, après les mots proposer le partage , *ajoutez :*

« Enfin la victoire décida plusieurs de ces questions; il ne fut plus permis de contester au peuple français le droit d'avoir une volonté, ni de lui proposer de perdre le premier rang entre les puissances de l'Europe. Les puissances les plus maltraitées par la guerre ouvrirent les yeux sur leurs véritables intérêts ; plusieurs firent des traités ; aucune n'eut à s'en repentir ; et l'histoire est là pour attester que les plus heureuses sont celles qui ont traité de meilleure foi et les premières.

» La République vit successivement , etc. »

Page 294, ligne 4 , au lieu de déplorable , *lisez* désirable.

Page 297 , ligne 33, entre les mots avaient *eu* besoin, *supprimez* eu.

Page 299 , ligne première, au lieu de s'élever , *lisez* se lever.

Même page , ligne 8, au lieu de peuvent, *lisez* pouvaient.

Page 302 , ligne 36, au lieu de ce traité , *lisez* ce projet.

Page 303 , *ligne* 17 , *après les mots* cercle de Popilíus ,
ajoutez : « Mais Popilius était Romain , et le roi de Syrie
ne commandait pas à un million de braves. Et envers qui
la nation anglaise ose-t-elle employer la menace ? Envers
un peuple qu'elle croit dans l'impossibilité de l'atteindre , et
qu'elle ne viendra pas chercher.

» Quelque étrange , etc. »

Page 307 , *ligne* 27 , *après les mots* captivité moins rigoureuse, *ajoutez :* « Et cette grande cause, plaidée avec solennité,
leur rappellera ces temps de la république romaine où les
rois de l'Asie, par l'organe des jurisconsultes , réclamaient devant le Sénat leurs états envahis par des proconsuls romains.

» Mais ces malheureux princes , etc. »

Page 308 , *ligne* 38 , *au lieu de* et des résultats de la
guerre, *lisez* et des résultats probables de la guerre.

Page 309 , *ligne* 25 , *après les mots* puissance de la Grande-
Bretagne , *ajoutez :*

« Quel serait l'avantage qui en résulterait pour la République ? Celui de n'avoir pas la guerre avec la Grande-
Bretagne. Ainsi , toutes les fois que cette puissance désirera
une possession dépendante de quelque autre état, il faudra
que la France , après avoir obligé le roi de Naples , l'ordre de
Malte à se dépouiller en faveur des Anglais , soit auprès de
toute autre puissance le ministre de leur volonté. Il faudra
que la France finisse par provoquer la haine de tous les peuples
de l'Europe pour éviter le courroux des Anglais. Et quelle
est donc dans notre histoire la bassesse qui fait regarder comme
possible un tel excès d'humiliation ? Quelle est la calamité, que
j'ignore , qui nous a réduits à un tel état de faiblesse , et qui
autorise ce délire de l'orgueil ?

» Je ne veux point ici, etc. »

Page 310 , *ligne* 35 , *après les mots* commerce de la
Méditerranée, *lisez ainsi toute la fin du rapport :*

« Verrons-nous dans cette grande occasion des esprits
timides répéter ces exclamations par lesquelles on ébranle
toujours ceux qui craignent de se décider , ou qui veulent se
réserver le droit de blâmer les hommes qui savent prendre un
parti ? *La guerre est un fléau qu'on ne saurait éviter par
de trop grands sacrifices ! Elle amène le désordre , elle
épuise nos finances !*

» La guerre est un fléau... Craignez que la paix ne vous coûte
encore plus cher ! *Elle accroît le désordre...* Et n'y a-t-il
de désordres que ceux que vous reprochez à votre administra-

tion ? N'est-ce pas un désordre effrayant que des traités violés,
des brigandages qui précèdent la déclaration de la guerre,
des conspirations autorisées, votre dignité compromise ? *Elle*
épuise les finances.... Et les conditions qu'on imposera à votre
commerce ne les épuiseront-elles pas ? Et la diminution de
votre influence politique ne leur nuira-t-elle pas ? On est hardi
pour accuser l'administration, et personne moins que moi ne
demandera grâce pour ses fautes ; mais lorsqu'un ennemi
armé vous pille, vous outrage, il y a toujours certains hommes
qui affectent de l'excuser. Je me trompe ; ce n'est pas l'ennemi
qu'ils excusent, c'est leur propre faiblesse, leur propre avarice
qu'ils cherchent à justifier, parce que pour le repousser il
faudrait des sacrifices et du courage.

» Ils sont vos amis, dites-vous, ceux qui vous vantent la
paix. Beau mérite en effet ! Eh ! que sont donc ceux qui, par
leurs énergiques conseils vous l'assurent ou vous la préparent,
mais, durable, glorieuse, digne de vous ? Ne traiterez-vous
d'ennemi que celui qui n'est pas assez indifférent sur votre
gloire, ni assez adroit pour vous dissimuler les injures que
vous avez reçues ? Quoi ! on vous a insultés ! Oui, toute
l'Europe le sait à cette heure, dans toute l'Europe on lit
avec étonnement la correspondance du cabinet britannique
avec cette nation qui fit trembler le monde ! D'autres cabinets peut-être calculent déjà l'instant où ils pourront emprunter le même style. L'Angleterre se vante de ses outrages ;
les jaloux y applaudissent. Sera-ce en France qu'on prendra
le soin de les colorer, de les dissimuler, de les excuser ?

» Vous chérissez la paix. Hé bien, vous l'avez, et elle ne
vous a pas préservés des menaces ; elle n'a pas empêché une
autre puissance de persister dans son agrandissement. Vous
chérissez la paix. Eh ! qu'a-t-on fait pour la rompre ? Rien.
Qu'a-t-on fait pour la conserver ? On a offert à l'Angleterre
ce que de tout temps elle a dit être le seul objet désirable.
Que lui a-t-on refusé ? Ce qui ne nous appartenait pas.
Qu'exige-t-elle ? La violation d'un traité. Que faut-il faire dans
ces circonstances ? Choisir. Mais quoi, choisir ! Le pouvez-vous ?
Dépend-il de vous d'avoir la paix ou la guerre ? Attendre ?
Quoi ? La paix, un traité ? Mais vous avez tout cela, et on vous
insulte, on vous impose des conditions offensantes ! La guerre ?
Eh ! pourquoi donc ne vous vois-je point armés ?

» Vous avez entendu ce qu'on vous propose, ou plutôt ce
qu'on exige de vous.

» Est-ce là une forme de négociation que vous puissiez admettre ? Sont-ce là des prétentions que vous puissiez consacrer ?
Français, chéririez-vous votre repos jusqu'à lui sacrifier votre

gloire ? Y aurait-il un homme doué d'assez de courage pour
vous donner ces indignes conseils ? Ecoutez-le : si vous êtes
capables de l'entendre, vos magistrats doivent se taire ; il serait
inutile d'entreprendre de vous persuader. Mais non ; c'est
votre indignation qu'il faut contenir ! Vous n'êtes restés muets
après tant d'outrages que par l'impossibilité, je ne dis pas de
les justifier, mais de les concevoir. Est-ce bien au peuple
français que l'on a osé tenir ce langage ? Non. L'Angleterre
se croit sans doute revenue au temps où ces rois, qui, suivant
son expression, faisaient si bien respecter notre nation au
dehors, signaient les traités de commerce qu'elle avait dictés,
comblaient nos ports parce qu'elle l'ordonnait, et payaient
un commissaire anglais pour mieux constater notre humiliation
par sa présence.

» A cette paix si dangereuse opposons la supposition de
l'état de guerre. Les objets que le commerce nous apporte de
l'Inde et de l'Amérique n'arriveront que difficilement et aug-
menteront de prix ; mais si ces denrées, qu'on peut appeler
de luxe, deviennent plus rares pour nous, la denrée de première nécessité, le pain, doublera de prix en Angleterre.
Notre commerce pourra être intercepté ; mais celui de nos
ennemis aura moins de débouchés. Nous conserverons ou nous
reprendrons des positions qui peuvent nous faciliter l'attaque
ou la défense. Les puissances du continent qui ont signé ou
garanti le traité d'Amiens n'en approuveront pas sans doute
l'infraction ; elles ne pourront pas blâmer les prétentions de
la France, puisqu'elle ne demande rien ; elles ne pourront
voir sans inquiétude le système de domination d'une puissance
usurpatrice ; le continent enfin évitera, nous devons le croire,
de rallumer une guerre générale pour favoriser l'ambition du
gouvernement anglais.

» Quelle sera l'attitude des deux puissances belligérantes ?
L'une fera voltiger ses vaisseaux autour de nos côtes sans oser
y aborder. A cet égard, votre sécurité est parfaite : on ne
conçoit pas même la possibilité d'une entreprise ; et si au
moment où je parle on venait vous apprendre que les Anglais
ont opéré un débarquement sur nos côtes, quel est celui de
vous qui ne voudrait qu'on leur laissât faire de grands pas
dans le continent, pour être plus certain de leur entière destruction ? Comparez l'impression que ferait ici cette nouvelle
à l'alarme que répandrait en Angleterre l'arrivée d'une armée
française, dont le passage est plus difficile sans doute, mais
dont l'effet serait bien plus terrible. La Grande-Bretagne
peut gêner notre commerce ; elle peut inquiéter quelques
unes de nos colonies, qui sont cependant dans un état de

défense respectable : la prise même de toutes nos colonies, en la supposant possible, diminuerait notre richesse sans détruire notre puissance. Nous, nous sommes les maîtres de conquérir les états que le roi d'Angleterre possède sur le continent ; et si nous mettons le pied dans son île, la puissance anglaise est renversée. Elle ne peut nous faire que de légères blessures ; nous pouvons l'atteindre au cœur.

» Il n'est aucun de vous qui n'ait remarqué que depuis les provocations du ministère anglais, depuis son appel aux armes, depuis qu'il a déployé cet appareil menaçant qu'il croit fait pour nous intimider, le gouvernement de la République n'est venu demander ni des secours pécuniaires ni un accroissement de l'armée; les impôts sont diminués, et le recrutement, toujours calculé sur le pied de paix, n'est pas même accéléré.

» Cette armée de quatre cent mille hommes si bien aguerris est prête à s'élancer sur le territoire d'une nation rivale : et ce gouvernement, qui a peu de troupes de terre, se verra obligé de porter une grande partie de sa population sur les côtes pour attendre notre débarquement. La presse excite déjà de violens murmures ; la milice achevera le mécontentement. Le séjour d'une grande armée sur les côtes sera nécessairement fort dispendieux pour nos ennemis, tandis qu'il ne nous occasionnera aucun surcroît de dépenses. Leurs campagnes, leurs manufactures en souffriront, et ils verront diminuer les moyens de pourvoir à l'insuffisance de leurs récoltes. Enfin il est possible que la France termine cette guerre en un jour, et on ne peut dire combien il faudrait d'années pour obliger la France à demander la paix.

» Ces considérations n'échapperont pas sans doute aux membres du parlement britannique qui ne partagent pas les passions de leur ministère ; mais nous, qui ne pouvons craindre la guerre, nous savons apprécier la paix. Remercions notre premier magistrat des efforts qu'il a faits pour la maintenir ; remercions-le d'avoir surmonté cette indignation qu'il a dû sentir plus encore que nous-mêmes ; disons-lui qu'on ne l'accusera pas d'avoir désiré la guerre, puisque ni la nation ni lui n'ont besoin ni de plus de gloire, ni de plus de puissance ; disons-lui que le peuple français confirme cette négociation. Il ne faut pas que le gouvernement anglais s'accoutume à traiter la République comme les princes de l'Asie, et à calculer froidement son oppression sur la patience de la faiblesse ! Il faut que l'Europe, spectatrice de ces grands événemens, voie l'Angleterre provoquer notre indignation par des outrages, et attaquer la France parce qu'elle ne consent pas à la violation des traités ! Et vous , représentans du peuple français , après avoir éclairé ce grand peuple sur ses intérêts les plus chers , entendez ce cri unanime qui vous commande de maintenir l'honneur national ; donnez l'exemple d'une sage énergie ; et, calmes au milieu du tumulte des armes , poursuivez vos nobles travaux ! C'est votre organisation intérieure, et non pas l'agrandissement supposé de votre territoire , qu'un ennemi jaloux veut empêcher. Que tous les pouvoirs se consolident, que l'administration continue de se perfectionner, que l'ordre s'améliore dans nos finances ! Il sera beau de voir l'édifice de nos lois s'élever majestueusement pendant la guerre, et la même main à qui vous avez remis l'épée , la main qui signe vos lois , sceller un jour un traité plus digne de la République française que celui qu'on ose lui dicter en ce moment !

» Mais aujourd'hui que devons-nous proposer ? De continuer les négociations ? Le cabinet britannique les a interrompues. De prouver la justice de notre cause ? Elle résulte de la négociation. D'applaudir à la conduite du gouvernement de la République ? Vous l'avez fait. De choisir entre la paix ou la guerre ? Vous ne le pouvez pas. Toutes nos paroles sont vaines ; les étrangers sont déterminés , et ne veulent pas être convaincus. D'attendre leur déclaration de guerre ? Oui , sans doute ; mais dans cette attente votre commission vous propose le projet de vœu dont la teneur suit :

» Le Tribunat, etc. » (*Suivre comme à la page* 312.)

FIN DU TOME XVIII.

Lightning Source UK Ltd.
Milton Keynes UK
UKHW012250110219
337137UK00006B/893/P